西方公共行政思想史

李水金 ◎ 著

中国社会科学出版社

图书在版编目（CIP）数据

西方公共行政思想史 / 李水金著 . —北京：中国社会科学出版社，2021.11
ISBN 978 – 7 – 5203 – 9086 – 6

Ⅰ.①西⋯　Ⅱ.①李⋯　Ⅲ.①行政学—政治思想史—研究—西方国家　Ⅳ.①D035 – 0

中国版本图书馆 CIP 数据核字（2021）第 184150 号

出 版 人	赵剑英
责任编辑	马　明　孙砚文
责任校对	王佳萌
责任印制	王　超

出　　版	中国社会科学出版社
社　　址	北京鼓楼西大街甲 158 号
邮　　编	100720
网　　址	http://www.csspw.cn
发 行 部	010 – 84083685
门 市 部	010 – 84029450
经　　销	新华书店及其他书店

印　　刷	北京明恒达印务有限公司
装　　订	廊坊市广阳区广增装订厂
版　　次	2021 年 11 月第 1 版
印　　次	2021 年 11 月第 1 次印刷

开　　本	710×1000　1/16
印　　张	32.5
插　　页	2
字　　数	520 千字
定　　价	139.00 元

凡购买中国社会科学出版社图书，如有质量问题请与本社营销中心联系调换
电话：010 – 84083683
版权所有　侵权必究

目　　录

绪　论 ……………………………………………………………… (1)
  第一节　为什么要学习西方公共行政思想史？ ……………… (1)
  第二节　西方公共行政学的兴起、理论流派及发展阶段 ……… (4)
  第三节　西方公共行政学的概念内涵、研究范式与研究视角 …… (9)
  第四节　西方公共行政学的学术争论、发展主线与发展动力 …… (17)

第一篇　公共行政学独立之前的行政思想

第一章　古希腊与古罗马的行政思想 ………………………… (33)
  第一节　柏拉图的行政思想 ……………………………………… (35)
  第二节　亚里士多德的行政思想 ………………………………… (45)
  第三节　西塞罗的行政思想 ……………………………………… (57)

第二章　文艺复兴以来欧洲的行政思想 ……………………… (66)
  第一节　马基雅维里的君主论 …………………………………… (67)
  第二节　霍布斯的国家理论 ……………………………………… (75)
  第三节　洛克的政府起源与政府解体学说 ……………………… (82)
  第四节　孟德斯鸠的政府权力制衡说 …………………………… (89)
  第五节　卢梭的人民主权理论 …………………………………… (99)
  第六节　亚当·斯密的守夜人政府理论 ………………………… (107)
  第七节　密尔的代议制政府理论 ………………………………… (115)

第三章　美国公共行政的三大传统 ……………………（122）
第一节　汉密尔顿的大政府理论 ……………………（122）
第二节　杰斐逊的小政府理论 ………………………（126）
第三节　麦迪逊的平衡政府理论 ……………………（130）

第二篇　公共行政学的创立与完善时期

第四章　公共行政学之创立 ……………………………（137）
第一节　公共行政学创立的背景 ……………………（137）
第二节　威尔逊的行政之研究 ………………………（140）
第三节　古德诺的"政治与行政" ……………………（148）

第五章　公共行政学的完善 ……………………………（157）
第一节　泰勒的科学管理理论 ………………………（157）
第二节　法约尔的一般管理理论 ……………………（164）
第三节　韦伯的理想型官僚组织理论 ………………（170）
第四节　怀特的行政管理系统化理论 ………………（179）
第五节　古利克与厄威克的行政原则 ………………（183）

第三篇　公共行政学的发展与繁荣时期

第六章　巴纳德的社会系统理论 ………………………（193）
第一节　社会系统中的组织理论 ……………………（194）
第二节　社会系统中的经理人员职能 ………………（199）

第七章　西蒙的行为主义行政学说 ……………………（202）
第一节　行为主义行政学说产生的背景 ……………（203）
第二节　行为主义行政学说的主要内容 ……………（205）

第八章 沃尔多的行政国家理论 (214)
- 第一节 沃尔多行政国家理论的主要内容 (216)
- 第二节 西蒙与沃尔多之争 (231)

第九章 里格斯的行政生态学 (235)
- 第一节 行政生态学的五种生态要素 (236)
- 第二节 行政生态学的三种行政模式 (239)

第十章 公共政策学派 (244)
- 第一节 德罗尔的逆境中的政策制定 (245)
- 第二节 林德布洛姆的渐进决策理论 (253)
- 第三节 约翰·金登的公共政策多源流理论 (259)

第十一章 明诺布鲁克会议与新公共行政学派 (271)
- 第一节 明诺布鲁克会议与新公共行政学派的兴起 (271)
- 第二节 弗雷德里克森的新公共行政 (273)
- 第三节 公共行政的精神 (280)

第十二章 黑堡学派 (286)
- 第一节 万斯莱的重建民主行政理论 (287)
- 第二节 葛德塞尔的为官僚制正名 (291)

第十三章 公共选择理论 (297)
- 第一节 阿罗的不可能性定理 (298)
- 第二节 布坎南的政府失败说 (302)
- 第三节 奥斯特罗姆的公共行政的思想危机 (307)

第十四章 制度理论 (313)
- 第一节 科斯的交易成本理论 (314)
- 第二节 诺斯的制度变迁理论 (318)

第三节　彼得斯的新制度主义 …………………………………… (325)

第十五章　新公共管理理论 …………………………………… (330)
第一节　胡德的新公共管理思想 ………………………………… (330)
第二节　奥斯本的企业家政府理论 ……………………………… (332)
第三节　萨瓦斯的民营化与公私部门伙伴关系理论 …………… (343)

第十六章　新公共服务理论 …………………………………… (350)
第一节　新公共服务理论产生的背景 …………………………… (350)
第二节　新公共服务的理论来源 ………………………………… (353)
第三节　新公共服务理论的基本内容 …………………………… (354)
第四节　新公共服务与新公共管理及老公共行政的比较 ……… (357)

第十七章　罗森布鲁姆的多元行政观 ………………………… (360)
第一节　公共行政概念的再认识 ………………………………… (361)
第二节　公共行政的管理、政治、法律三种认知途径 ………… (364)
第三节　公共行政三种认知途径的冲突与整合 ………………… (369)

第十八章　赖特的政府间关系理论 …………………………… (372)
第一节　联邦主义、府际关系与府际管理的起源 ……………… (373)
第二节　联邦主义、府际关系与府际管理的比较 ……………… (377)

第十九章　治理理论 …………………………………………… (381)
第一节　彼得斯的政府未来治理模式 …………………………… (381)
第二节　博克斯的公民治理理论 ………………………………… (387)
第三节　史蒂芬·奥斯本的新公共治理理论 …………………… (394)

第二十章　公共伦理与公共利益理论 ………………………… (402)
第一节　赫林的公共行政与公共利益 …………………………… (403)
第二节　艾赅博的揭开行政之恶 ………………………………… (406)

第三节　库珀的行政伦理理论 …………………………………… (410)

第四篇　公共行政学的创新与探索时期

第二十一章　后现代公共行政理论 ………………………………… (419)
　　第一节　福克斯和米勒的后现代公共行政的话语理论 ………… (420)
　　第二节　法默尔的公共行政的语言 ……………………………… (425)
　　第三节　麦克斯怀特的公共行政合法性理论 …………………… (435)

第二十二章　整体性政府理论 ……………………………………… (443)
　　第一节　希克斯的整体政府思想 ………………………………… (444)
　　第二节　克里斯滕森的全局型政府思想 ………………………… (449)
　　第三节　汤姆·凌的协同政府理论 ……………………………… (453)

第二十三章　国家能力理论 ………………………………………… (458)
　　第一节　福山的国家建构理论 …………………………………… (458)
　　第二节　阿西莫格鲁与罗宾逊的国家为什么失败 ……………… (462)
　　第三节　保罗·肯尼迪的大国兴衰理论 ………………………… (470)

第二十四章　数字化政府理论 ……………………………………… (477)
　　第一节　施瓦布的第四次工业革命 ……………………………… (477)
　　第二节　舍恩伯格与库克耶的大数据理论 ……………………… (485)

参考文献 ……………………………………………………………… (496)

后　记 ………………………………………………………………… (509)

绪　　论

公共行政的历史和人类的历史一样悠久，沃尔多在探寻公共行政的历史根源时指出：自历史之初就有了公共行政的研究。人类数千年兴衰的历史，也是一部公共行政不断追寻人类良好治理及美好生活的历史。尽管公共行政作为一门独立的学科被公认是 1887 年威尔逊在《行政之研究》中提出的，但是我们将研究的视野拓展到了两千多年前的古希腊古罗马时代，并选取了公共行政领域二十余个理论与思想流派以及六十多位行政思想家进行研究。从两千多年来公共行政发展的时空来看，各种公共行政的思想、理论与流派相互碰撞、相互批判、相互吸纳，从而组成了一部琳琅满目、异彩纷呈的公共行政演化史。"凡学不考其源流，莫能通古今不变；不别其得失，天以获从人之途。"研究公共行政思想产生、发展和演进规律，聆听千百年来智者们探索治国之道、经世之理、强国之智和富民之术，对于推进中国公共行政理论与实践的创新和超越，具有重要的启示意义。

第一节　为什么要学习西方公共行政思想史？

格拉登（Gladden）在《公共行政的历史》中指出：从公共行政的历史经验中可以获得很多好处。当前，特别是在后疫情时代价值冲突的背景下，中国公共管理面临着构建本土化话语体系的巨大机遇和挑战。对于构建中国特色社会主义公共管理的理论体系和知识体系，并展现中国之治下的中国经验、中国方案与中国智慧，具有重要的价值。

学习西方公共行政思想史至少有以下几方面的必要。

从国家治理的角度讲，学习西方公共行政思想史是推进国家治理体系与治理能力现代化的需要。2019年10月31日，中国共产党第十九届中央委员会第四次全体会议审议通过了《中共中央关于坚持和完善中国特色社会主义制度　推进国家治理体系和治理能力现代化若干重大问题的决定》，指出坚持和完善中国特色社会主义制度、推进国家治理体系和治理能力现代化的总体目标是："到我们党成立一百年时，在各方面制度更加成熟更加定型上取得明显成效；到二〇三五年，各方面制度更加完善，基本实现国家治理体系和治理能力现代化；到新中国成立一百年时，全面实现国家治理体系和治理能力现代化，使中国特色社会主义制度更加巩固、优越性充分展现。"西方公共行政学自古罗马古希腊、文艺复兴以来有关于国家政体更迭的研究以及关于国家治理兴衰历史经验的研究，这些优秀成果为我国实现国家治理体系与治理能力的现代，也具有重要的参考价值。

从政府的角度来看，学习西方公共行政思想史是掌握政府运作规律、挖掘中国治理优势的需要。西方公共行政学关注的焦点是如何追寻和实现政府的良好治理，不管是汉密尔顿关于"大政府"的治理还是杰斐逊关于"小政府"的治理抑或麦迪逊关于"平衡政府"的治理，不管是协同型治理还是整体治理性、也不管是以制度为核心的治理还是以人为核心的民主治理，虽然都以西方国家为参照物，但是这些公共管理的经验对中国政府治理的完善也具有重要的启示意义。这种启示意义就在于政府可以获得如下经验：知道政府是如何运作的；知道政府在什么情况下需要变革；知道政府与市场的关系是如何演变的；知道政府与民众的关系如何定位；知道政府的核心职能是什么；知道技术进步对政府有怎么样的影响；知道公共政策的制定如何实现科学化与民主化；知道政府追求的核心价值是什么；知道政府如何实现良好治理和人们美好生活；等等。此外，通过对西方公共行政学的治理批判的研究，我们也可以认识到西方国家的政府治理方面也存在诸多问题和缺陷，这一方面可以使我们吸取教训，在政府治理方面少走弯路、减少失误；另一方面可以坚定信仰，在比较优势中充分挖掘中国公共管理的"价值优势、制度优势、能力优势、文化优势以及治理优势"①。

从个体的角度来看，学习西方公共管理思想史是完善公共行政知识体系并培养批判与创新精神的需要。任何一门学科，就和任何一个人或任何一个组织一样，要了解它，最好的方法之一就是考察其历史演化的背景与规律，以便更好地洞察现实。不管是公共管理专业的学生还是非公共管理专业的读者，都或多或少需要与政府打交道。这是因为政府的公共服务无处不在，从生老病死到医疗、交通、就业、疾病防治、法律遵守等，都需要与政府打交道。所以学者们将整个社会分为三个部门，即政府、企业和非营利组织。对于从事公共管理专业的决策者、管理者、研究者以及学生来说，学习西方公共管理思想史，不仅可以拓展知识视野，提高理论修养；更重要的是：可以获得一种社会极为稀缺的批判精神和创新思维能力。从西方公共管理的历史演化过程中，各种理论层出不穷，其中有两个重要的力量，即批判与创新精神。举个例子：当学者们都在批判官僚制的低效与无能时，葛德塞尔提出了要为"官僚制正名"，提示人们没有证据表明私人部门的效率一定比公共部门的要高；当很多学者高举理性、科学、技术至上的观念来推进公共行政时，后现代公共行政的学者们却对这些概念进行了无情的解构；当风靡全球的新公共管理理论主张运用企业化的方法来重塑政府时，新公共服务却提出了猛烈的批判，指出民主、公平、正义才是公共行政的终极价值。因此，只有培养一种批判与创新的精神，才能推动任何学科的创新与超越。

从国际交流来看，学习西方公共行政思想史是促进公共行政国际交流与合作的需要。长期以来，国际公共行政的话语讨论是以西方国家的公共行政为核心的，这是因为西方国家的公共行政研究占据了主导地位。这种情况现在有了转变，很多学者开始关注中国真实世界中的公共行政话语，深刻挖掘和总结中国之治下公共行政的理论与实践经验，这无疑越来越使中国公共行政的话语走向了国际舞台。学习西方公共行政思想史，一方面可以在批判性地学习西方公共行政知识体系时更好地进行国际公共行政的学术交流；另一方面，在学习西方公共行政思想中经验教

---

① 李水金：《后疫情时代中国公共管理的本土化之路：一个比较优势的视角》，载《天津行政学院学报》2021年第6期。

训的同时，更好地推动中国公共行政理论与实践的创新与超越，可以有效地开展为全球治理贡献中国智慧和中国方案。

最后从公共行政学科本身来看，学习西方公共行政思想史是促进人类美好生活与实现人类良好治理的需要。一部公共行政的思想史，也是一部追求人类良好治理的发展史。在西方公共行政思想史上，各种理论流派从不同的视角对人类的良好治理进行了独到的探索。例如柏拉图认为人类良好的治理需要由"哲学王"来治理，杰斐逊认为人类良好的治理在于"人的自由民主权利"的保障，麦迪逊认为人类良好的治理是"平衡派系冲突"，孟德斯鸠认为人类良好的治理需要从"法的精神"来理解，新制度主义理论认为人类良好治理的根源在于制度的完善，新公共管理认为人类良好的治理在于建设一个"企业化的政府"，新公共行政认为公平正义才是人类良好治理的追求目标，数字治理理论认为人类良好治理的关键在于"颠覆性技术"的发展，后现代公共行政则认为人类的良好治理即是建构一种"话语民主的秩序"等。所有这些，都是人类美好生活与良好治理中的重要一环。对于我国而言，党的十九大报告指出了中国社会主要矛盾"已经转化为人民日益增长的美好生活需要和不平衡不充分的发展之间的矛盾"，公共行政发展的最终追求目标即是实现人类的美好生活的良好治理，正如习近平指出的："随时随刻倾听人民呼声、回应人民期待，保证人民平等参与、平等发展权利，维护社会公平正义，在学有所教、劳有所得、病有所医、老有所养、住有所居上持续取得新进展，不断实现好、维护好、发展好最广大人民根本利益，使发展成果更多更公平惠及全体人民。"[①]

第二节　西方公共行政学的兴起、理论流派及发展阶段

公共行政是人类最古老的活动，"从某种意义上说，只要有人群，有国家，有社会，就一定有公共事务和公共管理活动"。[②] 尽管学术界将

---

① 习近平：《习近平谈治国理政》（第一卷），外文出版社2018年版，第41页。
② 唐任伍：《公共管理思想史》，商务印书馆2020年版，第9页。

1887年威尔逊发表的《行政之研究》视为公共行政学作为一门独立学科的开端，但是事实上，公共行政与人类的其他学科一样，具有十分悠久的历史。只不过，公共行政作为一门独立学科之前的历史是与政治、经济、社会、法律等思想深深融合在一起的。古希腊古罗马的柏拉图、亚里士多德、西塞罗等就对城邦治理、政府体制的选择以及国家治理的艺术等进行了研究；即使在欧洲神权统治时期，但丁、马西略等不仅反对神权统治，也对世俗国家的治理进行了探索。文艺复兴时期的启蒙时代以来，许多政治思想家对政府管理进行了探索，如马基雅维里的《君主论》、霍布斯的《利维坦》、洛克的《政府论》、孟德斯鸠的《论法的精神》、卢梭的《社会契约论》、斯密的《国富论》等经典著作中蕴含着丰富的行政思想。而美国建国以来也出现了三大公共行政的传统：汉密尔顿的古典主义行政模式，即"大政府"传统；杰斐逊的浪漫主义行政模式，即"小政府"传统；麦迪逊的新古典主义行政模式，即"平衡政府"传统。

虽然行政学作为一门独立学科最早出现于美国，但是美国的公共行政学也是舶来品，主要来源于传统的欧洲行政学。正如美国学者威尔逊在《行政之研究》中指出的：行政科学的博士都产生在欧洲，这门科学不是我们创造的，而是一门外来的科学。事实上，"行政学"一词最早出现在德国的文献中，德国学者斯坦因在1865—1868年出现的七卷本著作《行政学》中就从行政法的角度使用了"行政学"一词。1887年，威尔逊在借鉴了集权国家即德国与法国的行政学思想之后，发表了著名的《行政之研究》，标志着公共行政学作为一门独立学科诞生。此后，公共行政伴随着19世纪90年代到20世纪20年代美国进步时代（progressive era）的经济繁荣而快速发展，正如学者指出的："公共行政学起源于美国，但是，更确切地说，美国公共行政学的理论源泉就在进步时代，美国进步时代的改革是美国公共行政学之'根'。"[①] 1990年古德诺出版了《政治与行政》，从"政治—行政二分法"视角进一步完善了传统公共行政；1911年泰勒的《科学管理》及后来韦伯的"理想官僚行政组织体

[①] 马骏、刘亚平主编：《美国进步时代的政府改革及其对中国的启示》，格致出版社、上海人民出版社2010年版，第3页。

系"分别从管理技术及组织结构方面完善传统的公共行政;1926年怀特出版了第一部行政学著作《行政学概论》,系统论述了公共行政的一般思想;而古立克和厄威克提出的"行政原则"使行政学进一步成为一个完善的体系。

公共行政学作为一门独立的学科建立和完善之后,就进入了一个发展与繁荣时期,这一时期,各种理论流派相互批判、相互争论、相互交流与促进,共同推动着公共行政向前发展。1929—1933年的经济大危机,使得斯密的"自由主义政府学说"受到批评,公共行政的地位得到快速提升。1933年罗斯福上台后实施"新政",即政府推行以"救济(Relief)、复兴(Recovery)和改革(Reform)"为核心的干预政策;1936年凯恩斯在《就业、利息和货币通论》中提出了"政府干预主义理论";1937年布朗洛报告(The Brownlow Report)进一步增强了总统的行政权力,要求"调查并特别报告总统履行美国宪法赋予他的行使行政权力的一项最重要的职责——即行政管理(administrative managemnet)"。[1] 1938年巴纳德的"社会系统理论"、1941年福莱特的"动态行政学理论"等进一步拓展公共行政学的边界。

第二次世界大战后,由于战争对人类造成巨大灾难,公共行政学者开始反思传统公共行政在面对社会问题时的缺陷。1947年西蒙出版的《管理行为》对传统公共行政进行了猛烈的批评,将传统公共行政的"政治—行政二分法"视为"行政谚语",试图用"事实—价值"来取代"政治—行政二分法"并试图借鉴行为主义科学来构建其"逻辑实证主义行政学";而罗伯特·A. 达尔(Robert A. Dahl)也在1947年发表的《公共行政科学的三个问题》(*The Science of Public Administration: Three Problems*)中同样质疑了正统公共行政的基础及其作为一门科学的合法性,并从规范价值(Normative Values)、人的行为(Human Behavior)以及社会环境(Social Setting)三方面分析了公共行政的核心问题,指出"如果不具备下列条件,就不可能建立一门真正的行政科学:(1)清晰地界定规范价值的地位;(2)公共行政中的人性能得到更好地理解并且他的行为

---

[1] Frederick C. Mosher, *Basic Documents of American: Public Administration (1776 – 1950)*, New York: Holmes & Meier Publishers, Inc., 1976, p.112.

是可预测的;(3)通过比较研究发现超越国界及特殊历史经验的一般原则与原理"。①

1948年沃尔多的《行政国家》一书则在批判传统行政学的同时也批判了西蒙的"行为主义(逻辑实证)行政学",提出需要更加关注公共行政的"价值"而不是"事实"。而沃尔多与西蒙围绕着公共行政的学科地位、研究方法、价值追求等进行了长达半个世纪的争论,从而使公共行政陷入了可怕的"身份危机"和"合法性危机"。

尽管公共行政存在诸多争议,但是公共行政并没有停止发展的步伐。1940—1960年美国"洛杉矶光化学烟雾事件"、1952年英国"伦敦雾霾事件"以及1955年"日本四日市污染事件"等环境危机促进了"行政生态学"的兴起。这一时期还由于美苏争霸,公共行政学的政策研究或者说决策理论研究成为热门,如林德布洛姆的"激进决策理论"以及此后的德罗尔的"逆境中的政策制定"、奎德的"政策分析理论"就是重要的反映。此外,这一时期由于研究公共政策的需要,经济学被作为一个重要的变量引入了公共行政的研究,出现了一个影响深远、理论众多的"公共选择学派",如阿罗在1951年的《社会选择和个人价值》中提出的"不可能性定理"、布坎南的"政府失败学说"等。

进入60年代,越南战争、种族骚乱、水门事件、公民权运行等使西方国家出现了一系列严重的社会、经济与政治问题,以"经济与效率"为核心的公共行政面临严重挑战,从而在罗尔斯《正义论》的基础上出现了以"社会公平"为核心的新公共行政运动。但是70年代以来特别是1973—1975年的经济危机使西方国家进入"滞胀"局面,危机的重要后果是造成西方国家普遍的三大危机,即财政危机、管理危机和信任危机。为了减轻政府负担和解决危机,英国自70年代末实行了"民营化改革",采用合同承包等方式将公共服务外包给民营部门,实行"公私合作伙伴关系"。1981年美国里根总统上台后迅速推进国家经济政策的转型,减少国家对经济的干预,放权于市场和社会。里根总统在就职演说中就提出了"政府不能解决问题,它本身就是问题"的著名论断。为此,西方国

---

① Frederick C. Mosher, *Basic Literature of American Public Administration* (1787–1950), New York: Holmes & Meier Publishers, Inc., 1981, p. 284.

家掀起了声势浩大的"政府再造运动"（Reinventing Government），试图运用私人部门成功的方法与技术来重塑政府部门，打破官僚制的"伊甸园"。政府再造直接影响了克林顿政府自1993年开始的长达八年的"重塑政府"运动，政府再造运动最终演变为影响全球的新公共管理运动。但是新公共管理理论过分重视"效率"与"经济"而忽视"公平"与"公民权"的主张受到猛烈批评，为此，新公共服务理论应运而生，新公共服务理论更加重视公民权、重视公共利益、重视公共服务，成为一种试图替代新公共管理的新理论。此外，政府改革过程中，还出现了一个新的理论，即治理理论，治理理论本身是很多概念、思想、理论与流派的大杂烩，如"政府未来的治理模式""没有政府的治理""公民治理""新公共治理""元治理"等，治理理论的核心主张是打破政府对公共服务的垄断，实现政府、市场与社会的多元合作治理，以满足多样化的社会需求。

伴随着现代主义哲学向后现代主义哲学的转向，公共行政领域也发生了重要的转变。当公共行政的学者们聚集于现代主义公共行政时，后现代主义公共行政学者却将研究的视野转向了后现代主义公共行政学的研究。以福克斯、米勒、法默尔、麦克斯怀特等为代表的后现代公共行政学者借助后现代哲学理论猛烈批判了以理性、科学、技术、中心化为核心的现代主义公共行政，对现代公共行政的无情解构使得公共行政处于"身份危机"与"合法性危机"之中。后现代公共行政试图构建一种回归民主价值的"话语理论"，如福克斯和米勒提出的"公共能量场"就是典型的一例。此外，20世纪90年代后，随着信息技术与网络化的发展，"整体性政府理论"随之出现，它包括整体政府（Holistic Government）、全局型政府（The Whole-of-Government）、协同政府（Joined-up Government）等，整体政府理论试图克服治理过程中的碎片化，实现共治、整治、智治。而伴随21世纪全球化的发展及国际间竞争的加剧，一种古老而又新的理论出现，即国家能力理论，这一理论侧重于研究国家作为一个整体的治理能力，例如福山的"国家建构理论"，阿西莫格鲁与罗宾逊的"包容性制度与汲取性制度"理论，保罗·肯尼迪的"大国兴衰理论"，等等。此外，随着大数据、人工智能、云计算等颠覆性技术的涌现，公共行政在不断创新中出现了一些新的理论，如"数字化政府理论""智慧治理理论"等。

从上述可以看出,西方公共行政在数千年的发展与演化过程中,不断进行理论创新与突破,这个过程可以分四个阶段,即公共行政学成为一门独立学科前的公共行政思想阶段、公共行政的创立和完善时期的阶段、公共行政发展与繁荣时期的阶段以及公共行政创新与探索时期的阶段。在每一个阶段,公共行政的思想和理论创新总是伴随着制度创新、社会危机、技术突破或重大事件而发生的,是为探寻真实世界中的问题而寻求的解决方案,是为追求不同境况下的人类良好治理而贡献的不同制度安排,这些思想遗产构成了人类的共同文明成果。

第三节 西方公共行政学的概念内涵、研究范式与研究视角

一 公共行政的概念内涵

从西方公共行政思想史的发展过程来看,公共行政的概念也是不断变化的,并且不同的学者有不同的理解。要理解公共行政的概念,首先需要区分公共行政(Public Administration)与行政管理(Administration Management)、公共管理(Public Management)的关系。从公共行政与行政管理的关系来看,二者都是以政府为核心对公共政策的执行与对公共事务的管理,本质区别不大。如果非要说有什么区别,那就是公共行政侧重于"公共",注重行政过程的公共性;而行政管理则侧重于"管理",注重行政过程的管理性。威尔逊的《行政之研究》、古德诺的《政治与行政》、怀特的《行政学概论》中使用的公共行政的英文单词是"administration"或"public administration";而行政管理的英文单词则是"administration management",罗斯福新政之后,美国对经济实行干预政策,充分体现了国家在经济过程中的作用,公共行政转向了行政管理。1937年由布朗洛(Louis Brownlow)、梅里亚姆(Charles E. Merriam)以及古利克(Luther Gulick)牵头提交的"总统行政管理委员会报告"(Report of the President's Committee on Administration Management)即布朗洛报告(The Brownlow Report)中使用了"Administration Management"一词,强调行政管理关注焦点在于"最高行政首脑及其职责、管理助理和参谋助手、

组织体制、人员配备和财政制度，因为这些都是人民政府充分实现人民意志之必不可少的手段"。①

从公共行政与公共管理的关系来看，二者既有区别也有联系。在西方国家，公共管理是伴随着20世纪70年代公共部门的民营化改革特别是新公共管理改革运动而流行起来的。人们在谈论公共行政的问题时，往往使用"public management"去替代"public administration"，这反映了"人们除旧布新的追求，要求用公共管理取代公共行政"。②事实上，较早使用公共管理一词的是"国际市政经理协会"（International City Manager Association），该协会于1926年召开了第十三次大会，提议将"City Manager Magazine"变更为"Public Management"（公共管理）。"公共管理"一词虽然提出较早，但是在很长时间内没有得到关注，直到20世纪70年代以来民营化运动、新公共管理运动以及此后的治理改革运动才受到重视，原因在于这些改革运动主张的治理主体多元化打破了政府是唯一主体的传统，使得主张多主体共治的公共管理开始流行起来。但是尽管如此，关于公共行政与公共管理的关系仍存在许多的争论：一种观点认为，公共管理从属于公共行政，是公共行政的一个技术子领域。如格拉哈姆（Hughes）认为，公共管理即是"关注效率、义务、目标实现及其他大量管理性和技术性的问题"。③另一种观点认为，公共管理是一个超越了公共行政的新的范式，如欧文·休斯就认为："公共行政注重的是过程、程序和符合规定，公共管理涉及的内容则更广泛。一个公共管理者不仅仅是服从指令，他注重的是取得'结果'和为此负有责任。……因此，使用'公共管理'一词正在成为人们的偏好，'公共行政'一词即使还未被丢弃，现在也似乎已经过时了。"④值得注意的是，尽管公共行政与公共管理存在差异，但是公共管理并不是要替代公共行政，也不是要否定公

---

① ［美］杰伊·M.沙夫里茨、艾伯特·C.海德、桑德拉·J.帕克斯：《公共行政学经典》（第七版·中国版），刘俊生译，中国人民大学出版社2019年版，第97页。

② 张康之、张乾友：《学术史中的公共行政学概念澄明——三个基本概念的经典用法辨析》，《中国社会科学》2013年第2期。

③ Owen E. Hughes, *Public Management and Administration: An Introduction*, Martin Press, 1994, p. 7.

④ ［澳］欧文·E.休斯：《公共管理导论》（第二版），彭和平等译，中国人民大学出版社2001年版，第6—7页。

共行政，而是传承了公共行政关于"行政部分"的核心思想，只不过公共管理更加强调管理主体的多元性，二者在本质上并无很大差异，这就是为什么今天公共行政及公共管理两个概念都受到重视的原因。

从西方公共行政思想史来看，学者们对公共行政的理解可谓五花八门，至少有以下几种代表性观点。

一是从行政与政治的关系来理解公共行政的概念。如威尔逊在《行政之研究》中对"行政"使用的英文词汇是"administration"，在威尔逊看来，行政即是相对于政治而言的一个用语，"行政是政府最为明显的构成部分；它是行动中的政府，是政府的执行者、政府的操作者、政府的最外显的方面"。[1] 古德诺继承了这一观点，将"政治"视为国家意志的表达功能，而将"行政"视为国家意志的执行功能，他指出："在所有的政府体制中都存在两种主要的或基本的政府功能，即国家意志的表达和国家意志的执行。"[2]

二是从多元行政观的视角来理解公共行政。例如罗森布鲁姆结合美国三权分立的特点，从政治、法律与管理的途径综合视角来理解公共行政的概念，他将公共行政定义为："公共行政乃是运用管理、政治以及法律的理论和过程来实现立法、行政以及司法部门的指令，为整个社会或者社会的局部提供所需的管制与服务功能。"[3]

三是将公共行政视为一种语言。后现公共行政学者批判了现代公共行政关于理性、科学、技术以及中心化的概念，从后现代话语理论的角度来理解公共行政的概念，将公共行政视为一个话语、一种语言。当然，这里的语言不仅是语言学意义的语言，而且是一种后现代哲学意义的语言，正如法默尔指出："语言不只是思维、认知和思想交流的工具。它也是构成我们世界观的观念、方法、直觉、假设和欲望的制造厂；语言建构了我们。"[4]

---

[1] [美]杰伊·M.沙夫里茨、艾伯特·C.海德：《公共行政学经典》（第七版·中国版），刘俊生译，中国人民大学出版社2019年版，第19页。

[2] [美]弗兰克·古德诺：《政治与行政：政府之研究》，丰俊功译，北京大学出版社2012年版，第18页。

[3] [美]戴维·H.罗森布鲁姆、罗伯特·S.克拉夫丘克：《公共行政学：管理、政治和法律的途径》（第五版），张成福译，中国人民大学出版社2002年版，第5—6页。

[4] [美]戴维·约翰·法默尔：《公共行政的语言——官僚制、现代性和后现代性》，吴琼译，中国人民大学出版社2005年版，第1页。

四是将公共行政视为一种国家管理的艺术。例如胡德在《国家的艺术》中指出："公共管理即'国家的艺术',可以松散地被定义为如何设计和运作公共服务部门并且细化政府执行部门的工作。"[1]

五是将公共行政视为一个司法活动。持这种观点的学者将公共行政视为一种执行或司法活动,认为行政即是法律的执行。例如日本行政法学者南博方认为,"行政是通过认定具体事实、解释使用法律来实现的,行政必须始终一贯,具有连续性,整体上保持统一性"。[2]

六是将公共行政视为分配社会稀缺资源的手段。詹姆斯·密尔从功利主义的视角出发,认为政府的存在是实现绝大多数人幸福的手段,为此就必须合理分配社会稀缺资源。他指出:"通过政府这一手段要实现的目标是:分配实现幸福所需的稀缺资源,以确保社会成员在总体上获得最大多数的幸福,防止任何个人或团体干涉这种分配或是使某个人获得少于他应有的份额。"[3] 总之,行政学者们从政治、法律、社会、管理等视角来理解公共行政,使公共行政的概念处于不断变化之中,但是万变不离其宗,公共行政作为政府的重要职能,其核心是"公共性",其目的在于实现公共利益,这一点与私人部门的行政有着本质的区别。

二 西方公共行政学的范式转换与研究途径

(一)公共行政的范式转换

在公共行政思想史的演化过程中,出现了许多不同的范式转型,但这些研究范式在学界仍存在诸多争议,争议的焦点是这些范式能不能称得上一种范式?这里的"范式"(paradigms)一词用托马斯·库恩(Thomas S. Kuhn)在《科学革命的结构》中的解释即是与"常规科学"密切相关的一个术语,它指"某些实际科学实践的公认范例——它们包括定律、理论、应用和仪器在一起——为特定的连贯的科学研究的传统

---

[1] Christopher Hood, *The Art of the State: Culture, Rhetoric, and Public Management*, Oxford: Clarendon Press, 1998, p. 3.

[2] [日]南博方:《日本行政法》,杨建顺等译,中国人民大学出版社1988年版,第8—9页。

[3] [英]詹姆斯·密尔:《论政府》,朱含译,商务印书馆2018年版,第3页。

提供模型"。① 西方公共行政的学者们在研究公共行政的范式转换时，其中比较典型的是尼古拉斯·亨利提出的"六范式论"，尽管该范式也受到许多质疑。亨利根据公共行政的"定向"与"焦点"，将公共行政演化历程分为六个范式，如下。

一是政治与行政的二分法（1900—1926年）。政治与行政二分法的范式以威尔逊在1887年发表的《行政之研究》为起点，威尔逊观察到"执行宪法比制定宪法来得更困难"，从而主张将行政从政治中分离出来，确立了"政治—行政二分法"的基础；1990年古德诺在《政治与行政》中进一步完善了"政治—行政二分法"的基础，指出政治是"国家意志的表达功能"，行政是"国家意志的执行功能"。"政治—行政二分法"范式的定向是"公共行政应该在哪里"，显然，该范式强调公共行政应该以官僚体制为中心。

二是公共行政原则（1927—1937年）。公共行政原则范式以魏劳毕（Willoughby）的《公共行政原则》为起点，此外，"洛克菲勒慈善事业"（the Rockefeller philanthropies）起了推动作用，因为公共行政的重要事件几乎都受到它的影响。公共行政原则范式的定向可以在任何地方，原则就是原则，公共行政就是公共行政。

三是作为政治学的公共行政（1950—1970年）。由于公共行政在20世纪40年代受到冷酷的理智批判，使得其敏捷地回到了政治学温暖的怀抱，其结果是公共行政学重新定向于政府官僚体制，但是缺乏相应的焦点。这一时期重视公共行政的案例研究，比较和发展公共行政兴起来了，政治科学的民主价值、公民参与等公共行政产生了深远影响。

四是作为管理学的公共行政（1956—1970年）。由于公共行政在政治学系里处于"二等公民"的地位，公共行政学开始寻求替代途径，而管理学的选择成为公共行政学的可行途径，这是因为公共行政与私人部门的管理"在所有不重要方面基本相似"②。作为范式，管理学提供了焦点

---

① ［美］托马斯·库恩著，伊安·哈金导读：《科学革命的结构》（第四版），金吾伦、胡新和译，北京大学出版社2003年版，第8页。
② ［美］尼古拉斯·亨利：《公共行政与公共事务》（第八版），张昕等译，中国人民大学出版社2002年版，第69页。

而不是定向,这种焦点就是技术、非常精细的技术,也就是管理学技术与方法在公共行政中的运用。

五是作为公共行政的公共行政(1970—1990年)。这一范式的标志性起点是1970年全美公共事务暨公共行政院校联合会的成立,该联合会宣称公共行政日益成为一个独立的、有自我意识的研究领域。这样,公共行政又从政治科学与管理学领域脱离出来,并且这个趋势在现实中真实存在。重回公共行政后,公共行政摆脱了管理学"效率"概念的主导地位,公共行政着重于追求"公共性",公共利益成为公共行政的核心属性。

六是作为治理的公共行政(1990年至今)。"作为治理的公共行政"范式是伴随着治理理论的出现而兴起的,社会经济的发展使得很多公共问题具有了跨地区、跨领域、跨行业的属性,需要部门、行业、地区甚至国家之间的协同与合作,而治理强调主体的多元性和合作性,正适应了公共行政的发展需求。

(二)公共行政的研究途径

从西方公共行政思想史的演化过程来看,其研究途径丰富多彩,除了传统的"政治—行政二分法"途径外,还采取了"事实与价值"途径、P途径和B途径、行为主义途径、后现代主义途径、制度主义途径等。

一是"政治—行政二分法"的研究途径。行政学作为一门独立的学科,其研究基础是建立在"政治—行政二分法"之上的。威尔逊于1887年将行政学从政治学中分离出来之后,就确立了"政治—行政二分法"的研究途径。1900年古德诺在《政治与行政》中指出政治即是国家意志的表达,行政即是国家意志的执行,从而进一步完善了"政治—行政二分法"的研究途径。此后,"政治—行政二分法"作为一种公共行政的研究范式尽管饱受质疑、指责和批判,但是这种研究途径直到今天仍未动摇。

二是"事实—价值"的研究途径。由于"政治—行政二分法"途径不断受到批评,行政学者们试图寻求一种替代途径,而"事实—价值"的研究途径就是在这种情况下提出来。西蒙在《管理行为》一书中批判了"政治—行政二分法"没有确立一个公共行政价值的中立性,因为行政中也有决策等价值因素。因此,西蒙提出了用"事实—价值"来取代

"政治—行政二分法",试图确立公共行政的一个价值中立领域,即公共行政侧重于公共行政"事实"的实证研究。但是这一途径也受到了批评,批评者认为这一范式忽视了规范性价值在公共行政中的地位。

三是公共行政研究的 P 途径和 B 途径。波兹曼(Bany Bozeman)在《公共管理:艺术的现状》中提出了公共行政研究的两种途径,即"P 途径"和"B 途径"。"P 途径"即是政策分析的途径,它认为公共组织与私人组织在所有不重要的方面是相同的,但是公共行政侧重于公共性,因此,公共政策的分析要以公共利益为核心目标;而 B 途径即是商业管理的途径,它强调公共部门的管理与私人部门的管理具有相通性,因此,主张在公共部门中引入私人部门的管理理论、方法与技术,以实现效率的目标。

四是管理、政治与法律的研究途径。罗森布姆在《公共行政学:管理、政治和法律的途径》中认为公共行政的研究有本条途径,即管理的途径、政治的途径与法律的途径,他说:"公共行政的研究有三条相对分明的途径,各自对公共行政有不同的阐述。一些人把公共行政视作一种'管理行为'(management endeavor),与民营部门的运作相类似,另外一些人则强调公共行政的'公共性'(publicness),从而关注其政治层面;还有一些人注意到了主权、宪法及管制实践在公共行政中的重要性,从而把公共行政视作一种法律事务。三种不同的研究途径,对于公共行政运作,倾向于强调不同的价值和程序、不同的结构安排,亦用不同的方法看待公民个人,而每一个途径对如何发展公共行政知识亦有各自不同主张。"[1]

五是生态学及物理学的研究途径。里格斯的《行政生态学》将生态学的方法理论引入公共行政的研究之中,从而创建了"行政生态学",并认为行政生态学是研究"自然以及人类文化环境与公共政策运行之间的相互影响情形"的一门行政学分支学科。此外,里格斯还用物理学的光谱折射现象来研究公共行政,从而提出了三种行政模式:一束光线在进入棱镜之前是白色的,象征传统农业社会的融合型行政模式;当光线进

---

[1] [美] 戴维·H. 罗森布鲁姆、罗伯特·S. 克拉夫丘克:《公共行政学:管理、政治和法律的途径》(第五版),张成福译,中国人民大学出版社 2002 年版,第 16 页。

入棱镜之中时，象征过渡社会的棱柱型行政模式；当光线从棱镜中衍射出来时，象征分工细密的工业社会的衍射型行政模式。

六是经济学的研究途径。这是公共行政领域最常见的一种研究途径，也即采用经济学的理论假设、概念框架、分析方法及技术来研究公共行政。例如公共选择理论将经济学的理论假设引入公共部门，认为除了经济的市场外，政治和政府也是一种选择性的市场，政府也会因为追求自身利益最大化而导致"政府失灵"。而新制度主义经济学则避开了主流经济理论的"经济人"假设，侧重于从交易成本、产权、制度等方面来研究公共行政，新制度经济学提出的制度移植理论、制度变迁理论、制度创新理论等都对公共行政产生重要影响。

七是行为主义研究途径。行为主义起源于20世纪20年代发生在西方电气公司著名的"霍桑实验"，它是在反思泰罗"科学管理"思想的基础上发展起来的。霍桑实验开启了对人的行为的研究，人的作用开始受到重视，梅奥在霍桑实验的基础上提出了"人际关系学说"，后来演变为行为主义科学。西蒙的《管理行为》将行政主义科学引入公共行政的研究中，从而创建了"行为主义行政学说"，使公共行政学正式成为一门实证科学。

八是后现代主义研究途径。随着后现代主义思潮的出现，以福克斯、法默尔等为代表的后现代公共行政学者将后现代主义的哲学思想引入公共行政领域，从而产生了"后现代公共行政"。后现代公共行政解构了现代主义公共行政的理性主义、特殊主义、科学主义、技术主义、中心主义等思想，试图构建起符合后现代的去中心化、去权威化、去理性化、去科学化的民主治理理论。如福克斯在《后现代公共行政》中提出的"公共能量场"即是一个表演公共政策话语的场所，公共政策在这里制定和修订，公共政策的制定和修订过程同时是具有不同意向性的政策话语在某一重复性实践的语境中为获取意义而相互斗争的过程，在这里，没有一个意义先天地是真的或者说是本体论地确定的。

九是制度主义的研究途径。制度主义的途径主要是运用制度的方法来研究公共行政，包括制度起源、制度构成、制度功能、制度变迁、制度移植、制度创新等。如科斯的交易成本理论、诺斯的制度变迁理论、彼得斯的新制度主义等。

十是网络主义的研究途径。随着互联网及颠覆性技术的发展,特别是大数据、人工智能、云计算等新兴技术的出现,为公共行政的研究提供了新的途径。一些学者运用网络技术来进行公共行政的数据收集、数据分析、数据处理等,从而形成了网络主义的研究任务。如智慧治理理论、数字治理理论、政策网络理论、神经网络模型等。

第四节 西方公共行政学的学术争论、发展主线与发展动力

一 西方公共行政思想史中的学术争论

在西方公共行政思想史上,发生了许多有趣的学术争论,可以说,公共行政的发展史,也是一部学术争论史;这些学术争论的主题,也成为公共行政的发展主线。总体看来,西方公共行政思想史上影响比较大的学术争论至少有以下几个。

(一)"西—沃"之争

"西—沃"之争,即西蒙与沃尔多关于公共行政学的争论。西蒙与沃尔多分别于1947年和1948年出版了《管理行为》和《行政国家》两部著作,在这两部著作中,西蒙主张引入逻辑实证主义,重建一门以效率为导向的行政科学;沃尔多则注重将民主等规范价值引入公共行政中,强调公共行政学就是一种政治理论。由于这两部著作的观点、方法与旨趣截然不同,两人产生了激烈的争论,从而掀起了历史上长达半个多世纪的"西—沃之争"。这场争论始于沃尔多1952年在《美国政治科学评论》发表一篇题为《民主行政理论的发展》的论文,其中脚注对西蒙的"逻辑实证主义方法论"进行了批评,西蒙很快作出回应并反击,从此拉开了争论的序幕。争论主要集中于学科定位、哲学方法、价值取向三个方面,西蒙认为自然科学完全可以应用于公共行政从而建立一门行政科学,行政科学坚持实证、实证主义方法,其价值导向是效率为主;而沃尔多则反对将公共行政视为一门科学,而认为它只是一种政治理论,其研究方法是规范性的,并且认为效率自身不是一个价值观,效率只有根据目的才能定义,"效率的描述性或客观性的含义,只有在一个被有意识

地坚持的价值框架里,才是有效的和有用的"。①

(二)"芬—弗"之争

"芬—弗"之争,即赫尔曼·芬纳(Herman Finer)和卡尔·弗里德里克(Carl Friedrich)关于公共行政民主合法性地位的争论。"芬—弗"之争的焦点在于,运用公共行政的裁量权执行公共政策时是否需要责任心。弗里德里克认为行政活动作为一种具有自由裁量权的具体活动,其存在一定程度的不负责任是在所难免的。他说:"即使是在最好的安排下,行政活动中的大量的不负责任的行为也是难以避免的。"② 在弗里德里克看来,由于现代政府的复杂性,代理人与委托人之间达成一致的协议只能是部分的、不完全的,一旦考虑到选民与立法机构,那么显而易见的是,除非通过详尽的技术清楚地阐明公共政策许多不同阶段的活动及其目的,否则这些委托人不可能有效地确保公共事务行为是负责任的。因此,公共行政中所面对的真正问题不是要控制行政人员的行为,相反,更为重要的是确保任何有效的行为,负责任的行为就是政府官员对实现政府的目标采取必要的主动,并消除议会对行政官员进行钳制的威胁。而芬纳则对弗里德里克的观点进行反驳,芬纳认为必须对行政人员加以"纠正和惩罚"来确保责任,"人们(行政人员只是他们中的特殊)必须受监督;如果不通过惩罚的威胁让他们担负起责任,他们就会无法无天"。③

(三)"哈—葛"之争

"哈—葛"之争,即拉夫尔·哈默尔(Relph P. Hummel)与查尔斯·葛德塞尔(Charles T. Goodsell)关于官僚制之争。公共行政学创立之初,韦伯就提出了"理想的官僚行政组织体系",官僚制成为政府组织结构的基础。但是随着社会的不断发展,"官僚制"由于自身的低效率、僵化、缺乏灵活性等而受到广泛的批评,正如葛德塞尔指出的:"官僚制在学术界(至少在大多数人看来)的名声是臭名昭著的,它被经济学家、社会

---

① [美]德怀特·沃尔多:《行政国家:美国公共行政的政治理论研究》,颜昌武译,中央编译出版社2017年版,第250页。
② 颜昌武、马骏编译:《公共行政学百年争论》,中国人民大学出版社2010年版,第1页。
③ [美]O. C. 麦克斯怀特:《公共行政的合法性:一种话语分析》,吴琼译,中国人民大学出版社2002年版,第35页。

学家、心理学家、政治学家，甚至是公共行政和公共政策的学者所诟病。官僚人员被认为是工作业绩差的群体、预算是最大化者、庞大的蚁群和帝国的营造者，他们残忍地压迫自己的员工和他们的服务对象。"① 在这些反官僚制的学者中，哈默尔就是著名的一员。哈默尔认为，葛德塞尔对官僚制的辩护会对官僚们（或更准确地说是对公务员）造成伤害，因为许多公务员陷入了一种两难困境中，他们想把工作做好，但他们在官僚体制类型的机构中工作，受到制度和规章的限制。在哈默尔看来，正是因为我们是反官僚体制的，我们才是公务员；如果没有对官僚制的批评，就不会有人提议并培育后官僚制组织，如果没有官僚制的批评，就不可能导入高效管理与团队合作。而葛德塞尔认为哈默尔的批评是站不住脚的，因为他们并没有提出替代官僚制的模式，并没有促使官僚制"向官僚制转变"。葛德塞尔反驳道："反官僚主义理论家的根本错误在于他们进行了这样的推演，即只要形式上是官僚制（如科层制、规则等）的，组织就会自动地禁锢工作人员，压榨顾客，并干出其他令人讨厌的事情。当然，这一假设是胡说八道。"② 在葛德塞尔看来，对官僚制的刻板印象是由人们的误解造成的，官僚制的恶被过分夸大了，事实上，现实中的官僚制仍然在富有效率地运转。他说："尽管每天都有人在对我们强化那些政府行政人员的负面形象，但当我们在日常生活中接触这些行政人员时，他们的举动却和我们原先因受到引导而预计的有着很大的不同。不管是前面说到的税务人员、警察、海关官员，还是农业部的检查人员，都表明我们很可能会遇到一些辛勤工作并为大众的利益着想的行政人员，他们一点儿也不炫耀权势，反而表现得彬彬有礼并且幽默诙谐，他们会竭尽全力来帮助我们。然而这些人的薪水并不高。他们每天做着枯燥、困难，甚至是危险的工作。"③

---

① ［美］查尔斯·T. 葛德塞尔：《为官僚制正名：一场公共行政的辩论》（第四版），张怡译，复旦大学出版社2007年版，第21页。
② 颜昌武、马骏编译：《公共行政学百年争论》，中国人民大学出版社2010年版，第126—127页。
③ ［美］查尔斯·T. 葛德塞尔：《为官僚制正名：一场公共行政的辩论》（第四版），张怡译，复旦大学出版社2007年版，第3页。

（四）"特—弗"之争

"特—弗"之争，即拉里·特里（Larry D. Terry）与霍华德·弗兰特（Howard L. Frant）关于"企业化政府"的辩论。20 世纪 70 年代末 80 年代初以来，伴随着西方经济危机的发展，西方国家普遍陷入严重的财政危机、管理危机和信任危机，此时的政府就如里根总统说的"政府不是我们问题的解决手段，政府就是问题本身"。为了解决危机，一些国家掀起了"政府再造"运动，试图引用私人部门成功的管理理论、技术与方法来重塑政府部门，建立"企业化政府"，推进公共服务的"公私伙伴关系"，"政府再造"运动在新管理主义的推动下，逐渐发展成为影响全球的"新公共管理运动"。但是新公共管理理论也受到广泛的批评，除了登哈特、葛德塞尔对新公共管理提出批评外，还有其他学者提出了不同的批评。例如在特里看来，这场以"新管理主义"为信念的新公共管理运动的声音对民主治理构成了威胁，并且企业家模式也是可疑的。他指出："当新公共管理迅速地发展到高潮时，这些声音变得越来越大了。但是，这些声音的刺耳的、高声调的特质并不能阻止我们听到公共企业家精神隐含的危险的警号声。当从民主治理的角度来看时，这些危险就是真实存在的。此外，被这种构成解放型管理和市场导向的管理之基础的新管理主义培育和滋养出来的企业家领导也有些令人讨厌的特征。"[①] 然而在霍华德看来，特里所描绘的那种新公共管理对民主构成威胁的意识形态并不存在，特里认为新管理主义者是自利的、机会主义的革新者和极端变化的冒险主义者，这是完全的误解，是一种"怪异"的幻想。事实上，霍华德认为，就代理理论来说，管理者要比民选官员更能了解项目现场的操作情况；并且人们不能假定政治家总会是公民最完美的代理者，在这种情况下，管理者别无选择，唯有成为企业家。

总之，正是西方公共行政发展史上的这些争论，一方面使公共行政学面临着可怕的"身份危机"（identity crisis）和"合法性危机"（legitimacy crisis）；另一方面也不断推动着公共行政理论与实践创新与超越。

[①] 颜昌武、马骏编译：《公共行政学百年争论》，中国人民大学出版社 2010 年版，第 137 页。

二　西方公共行政的发展主线

事实上，西方公共行政思想史中学术争论构成了公共行政的发展主题或发展主线。这些主线至少可以用下面几个方面来归纳。

（一）政治还是行政

公共行政学建立之初，就是建立在"政治—行政二分法"的基础之上的，威尔逊将行政从政治中分离出来，古德诺进一步完善了"政治—行政二分法"，行政学作为一门独立学科才得以实现，西方国家建立中立的文官制度，将文官分为政务官与事务官，事务官保持中立以维持政局稳定性，这些就是以"政治—行政二分法"为基础的。但是围绕着政治还是行政，学者们展开了长期的争论，争论的核心问题是：行政与政治到底能不能分开？如果能分开，能分开到什么程度？一些学者认为只有"政治—行政二分法"是行政学独立的基础，因此，行政完全可以独立于政治；但是许多学者对"政治—行政二分法"持批判态度，西蒙认为"'政治—行政二分法'没能确立一个构建行政学所需的价值中立领域，因为行政者卷入了政策功能和价值考虑"。[①] 而沃尔多认为，不管是对事实的描述还是对改革的谋划，"政治—行政二分法"都是不适当的；而新公共行政学派则认为政治与行政的分离纯粹是一种虚幻的理论。

（二）事实还是价值

事实与价值或者说实证与规范哪个更重要？西蒙在《管理行为》中认为行政学应该坚持价值中立，严格区分事实和价值，在此基础上采用行为主义方法研究行政活动的具体事实，而不是事先提出价值目标，然后根据这种价值前提来"缘木求鱼"。在公共行政发展过程中，学者们提出的实证主义、实用主义、工具主义、功利主义、实验主义、经验主义等，都属于事实研究的范畴。但是沃尔多则坚持规范研究，认为"公共行政学的定向是价值而不是事实，即使它不能清晰地看到或陈述这些价

[①] ［美］赫伯特·A. 西蒙：《管理行为：行政组织决策过程研究》（第4版），詹正茂译，机械工业出版社2017年版，第62页。

值"。① 此外,事实与价值之间的纷争一直没有停止,直到今天仍有争议。

(三) 市场还是政府

市场与政府的关系涉及的问题是:市场与政府在公共行政过程中各自发挥着什么样的作用?政府在公共服务中是否可以引入市场机制?政府在多大程度上可以干预市场?自从斯密1776年在《国富论》中提出"自由主义政府学说"后,政府在经济发展中充当"守夜人"的角色;1929—1933年的经济危机打破了政府充当"守夜人"角色的神话,罗斯福新政发现了政府在经济中的主导地位,而凯恩斯在《货币通论》中提出的"政府干预主义理论"结束了放任自由的市场主义。市场与政府的关系之争还体现在20世纪70年代末80年代初以来的新公共管理运动中,新公共管理主张引入市场机制以及服务外包的方式来推进"公私合作伙伴关系";而新公共服务、新公共行政以及为官僚制辩护的学者们认为公共管理与私人管理有着本质的区别,并且没有切实的证据"表明公共组织在管理效率上比私人组织低"。②

(四) 效率还是公平

效率与公平的关系进一步讲即是效率、经济、效益与公平、平等、正义等之间的关系。西方公共行政思想史可以说是一部效率与公平价值的博弈、平衡与融合的发展史。公共行政自成立之初,就是以效率为中心,威尔逊在《行政之研究》中就指出行政学的研究目标与任务之一即是"发现政府怎样才能以尽可能高的效率和尽可能少的财力、精力完成这些正确的事情"。③ 此后,西蒙的行为主义行政学、企业化政府理论、新公共管理等都主张公共行政以效率、经济与效能为中心。然而对效率的追求可能损及社会公平、民主、法律的价值,因而凡以"效率"为核心的公共行政理论受到猛烈的批评。例如新公共行政在批判效率主义的基础上提出了以"社会公平"为核心的公共行政,其代表人物弗雷德里

---

① [美]德怀特·沃尔多:《行政国家:美国公共行政的政治理论研究》(米勒序),颜昌武译,中央编译出版社2017年版,第11页。
② [美]查尔斯·T.葛德塞尔:《为官僚制正名:一场公共行政的辩论》(第四版),张怡译,复旦大学出版社2007年版,第76页。
③ [美]杰伊·M.沙夫里茨、艾伯特·C.海德:《公共行政学经典》(第七版·中国版),刘俊生译,中国人民大学出版社2019年版,第18页。

克森指出:"传统和古典的公共行政不外乎试图回答下列问题:(1)我们怎样才能利用可用的资源提供更多或更好的服务呢(效率)?(2)我们怎样才能在节省支出的同时保持我们的服务水平呢(经济)?而新公共行政则要添加这样一个问题:这种服务是否增进了社会公平(social equity)?"[1] 事实上,公平、平等、正义的价值可以追溯到古希腊古罗马时代,亚里士多德就认为城邦的目的是追求正义和善业,他指出:"所有城邦都是某种共同体,所有共同体都是为着某种善而建立的。"[2] 而柏拉图则批驳了那种"强权即是正义"的观点,指出"没有一门科学或技艺是只顾到寻求强者的利益而不顾及它所支配的弱者的利益"。[3] 就作为平等的公平而言,卢梭认为平等即是"就权力而言,则它应该不能成为任何暴力,并且只有凭职位与法律才能加以行使;就财富而言,则没有一个公民可以富得足以购买另一人,也没有一个公民穷得不得不出卖自身"。[4]

(五)公共还是私人

公共管理是追求公共利益还是私人利益?公共管理可以借鉴私人部门的管理技术与方法吗?一些学者认为,公共管理的核心思想在于其追求公共利益,它与私人管理有着本质的区别,因此私人部门的管理方法与技术并不适应于公共部门;另一些学者认为,公共管理与私人管理作为一种管理方法在本质上是相通的,私人部门的管理理论、方法与技术完全可以嫁接到公共部门,形成公私合作伙伴关系。

(六)官僚还是民主

官僚制与民主的冲突是公共行政思想史一个不可回避的重要话题。自韦伯提出理想的"官僚行政组织体系"之后,官僚制就成为学者长期关注的重要对象,并发挥过重要的作用。对待官僚制也出现两种态度,一种是为官僚制辩护,例如葛德塞尔在《为官僚制正名》中就指出官僚制虽然复杂但是往往可靠,官僚制的负面形象是人们的误解造成的;另

---

[1] Frank Marini, *Toward a New Public Administration: the Minnowbrood Perspective*, San Francisco: Chandler Publishing Company, 1971, p.311.
[2] [古希腊]亚里士多德:《政治学》,颜一、秦典华译,中国人民大学出版社2003年版,第1页。
[3] [古希腊]柏拉图:《理想国》,郭斌和、张竹明译,商务印书馆1989年版,第24页。
[4] [法]卢梭:《社会契约论》,何兆武译,商务印书馆2003年版,第66页。

一种态度是大部分学者对现代官僚制的批判，认为它是无能的和反民主的。例如文森特·奥斯特罗姆在《美国公共行政的思想危机》中就认为要克服公共行政面临的"合法性危机"，就要来一场"哥白尼式的革命"，实现公共行政从官僚行政向民主行政的范式转换，也即通过宪政体制"使民主制行政持续地成为普遍的公共行政模式，与官僚制行政相对"。①

（七）集权还是分权

集权与分权也成为西方公共行政的一条重要主线，早在美国建国之初，就产生了集权与分权之争。美国开国元勋汉密尔顿倾向于联邦集权，他认为如果一个联邦国家没有一个集权的联邦政府，那是一个非常可怕的景象。汉密尔顿相信只有一个牢固的联邦才能保护各州的和平与自由，因此他坚定不移地"要求赋予中央政府无上权威的目标"。②而杰斐逊则反对汉密尔顿的联邦集权，杰斐逊认为分权是一条公理，好的政府将实现最大程度的分权以便成功地执行公共政策和保护人的自由。在杰斐逊看来，"只有分权的政府才是自由的政府，并且是最具活力的政府"。③ 行政学独立出来后，法约尔将集权与分权视为一条组织的原则，而沃尔多在《行政国家》一书中则将集权视作一种"教条"，并指出集权与分权出现了一种"折中"的趋势，以调和二者的矛盾。

（八）科学、事业还是专业

公共行政到底是科学、事业、专业还是其他？这一问题贯穿着公共行政思想史的演化过程。例如西蒙就将公共行政学视作一门科学，而沃尔多则倾向于将公共行政学视为一门专业，虽然它在严格意义也称不上一门专业。而弗雷德里克森则在《新公共行政》中倾向于认为公共行政是一个专业，他说："公共行政未必是一个学科，也不应该是一个学科。即使公共行政不是一个专业，但它必定已经具备了一个专业的许多特性；

---

① ［美］文森特·奥斯特罗姆：《美国公共行政的思想危机》，毛寿龙译，上海三联书店1999年版，第132页。

② ［美］查尔斯·亚瑟·科南特：《美国国父列传：亚历山大·汉密尔顿》，欧亚戈译，北京大学出版社2014年版，第22页。

③ Lynton K. Caldwell, *The administrative Theories of Hamilton & Jefferson: Their Contribution to Thought on Public Administration*, Second Edition, New York: Holmes & Meier Publishers, 1988, p.136.

而且，如果说公共行政不是一个跨学科的领域，那么或许根本就不存在这样的东西。"① 而小劳伦斯·E. 林恩（Laurence E. Lynn, Jr.）在《公共管理：艺术、科学还是职业》中不仅将公共管理视为一门实践性很强的艺术（Art）与科学（Science），更将其视为一种与官僚行为紧密联系的职业（Profession）。

三　西方公共行政学发展的动力

（一）经济社会危机的推动

经济社会危机是推动公共行政理论与实践不断向前发展的重要动力来源，每一次危机都意味着传统的思想、经验与方法遇到了困难，需要新的理论与新的方法来解决危机，从而推动了公共行政理论的不断创新与超越。在西方公共行政思想史上，发生了很多次的经济社会危机，1929—1933年的经济危机，就使学者们反思斯密"自由主义政府学说"的缺陷，从而推动了罗斯福新政和凯恩斯"政府干预主义理论"的兴起；20世纪60年代的越南战争、种族骚乱、水门事件、公民权运行等社会危机促使学者们反思传统以"效率"为核心的公共行政的不足，从而兴起了以"社会公平"为核心的新公共行政。此后，福利国家的财政危机、管理危机、信任危机又催生了影响全球的借鉴私人部门管理方法与技术的民营化浪潮及新公共管理运动。

（二）技术革新的推动

每一次技术革新，都蕴含着重大改革的萌芽，成为推动公共行政新理论、新思想、新范式、新方法出现的最常见契机。人类历史经历过三次工业革命，每一次都对公共行政产生深远的影响。第一次工业革命发生于18世纪中叶到19世纪末，以蒸汽机的发明与应用为核心特征进入"蒸汽时代"，带来了市场的繁荣，政府的角色成为"守夜人"，斯密的"自由主义政府学说"以及"道德情操论"就出现于这一些时期。第二次工业革命从19世纪末到20世纪初，以标准流水生产线和规模化生产为特征进入"电气时代"，这一时期行政学开始创立，并产生了泰罗的科学管

---

① ［美］H. 乔治·弗雷德里克森：《新公共行政》，丁煌、方兴译，中国人民大学出版社2011年版，第67页。

理、法约尔的工业管理与一般管理等思想。第三次工业革命始于20世纪60年代，以计算机、数字技术为核心特征进入"信息时代"，这一时期公共行政进入繁荣发展阶段，涌现了新公共行政理论、新公共管理理论、新公共服务理论、新公共治理理论等。进入21世纪，物联网、大数据、人工智能、云计算、高级智能机器人等颠覆性技术的出现使人类进入了"数字时代"，学者们称之为第四次工业革命，与前三次革命相比，第四次工业革命是"以往工业革命发生速度的10倍，规模的300倍，影响的3000倍"。① 并且在第四次工业革命背景下，"创新的发展速度和传播速度比以往任何时候都快"②，这对政府治理创新提出了重大挑战，"智慧治理""智能治理""数字治理"等成为这一时期的重要特征。

（三）社会思潮的推动

从系统的角度来看，公共行政作为一个系统，是社会大系统的一个组成部分。因此，每一次重大社会思潮或政治思潮，都会对公共行政产生重要的影响。19世纪出现的三大社会思潮，即自由主义、保守主义和社会主义，都对公共行政产生重要影响。自由主义相信理性的力量，尊重人性和市场机制，从而产生了自由主义的政府学说和借鉴市场力量并信奉管理主义的行政理论。保守主义起源于古希腊古罗马，兴起于18世纪末19世纪初，是与卢梭的激进主义相对的一种相对保守的政治思想，柏克（Burke）是保守主义思想和观点的集大成者，被公认为是保守主义的鼻祖，保守主义保守什么呢？概括说即是保守自由的传统价值、反对极端民主和权力专制、反对激进主义和理性主义、弘扬个人自由、信奉自由市场经济能产生自由和繁荣，但是与理性倾向的自由主义不同，保守主义的自由是建立在秩序基础上的自由，正如柏克指出的："我所指的自由是与秩序联系起来的自由，自由不仅与秩序和美德并存，而且没有后两者就没有自由。"③ 这一点与哈耶克在《致命的自负》中提出的"自发扩展的秩序"有异曲同工之妙。保守主义对西方公共行政的影响体现

---

① *Artificial Intelligence: The Return of the Machinery Question*, The Economist, June 25, 2016.

② ［德］克劳斯·施瓦布：《第四次工业革命：转型的力量》，李菁译，中信出版集团2016年版，第7页。

③ 转引自刘军宁《保守主义》（第三版），东方出版社2014年版，第12页。

为，公共行政不仅追求自由民主的宪政价值，还要追求以秩序为核心的制度价值。而社会主义起源于空想社会主义，马克思和恩格斯将其发展成为科学社会主义，其核心思想是强调集体主义、强调共同体的平等和互助、强调对财产进行调控、强调对人类苦难的同情等。社会主义思潮对西方公共行政发展的影响是：强调公共行政是一项集体行动而不是单个人的行动、强调公共行政的适当集权、强调公共行政满足民主需求、强调公共行政的人性化等。此外，20世纪60年代以来人类开始进入后现代时代，相应地出现了后现代主义思潮（postmodernism），后现代主义思潮的核心就是反理性主义，并表达了对科学主义、技术主义、中心权威的怀疑，正如戴维·哈维在《后现代的状况：对文化变迁之缘起的探究》中指出的："分裂，不确定性，对一切普遍的或'总体化的'话语（为了使用受偏爱的词语）的强烈不信任，成为后现代主义思想的标志。"[1] 后现代主义对公共行政的影响是：福克斯和米勒在《后现代公共行政》中运用后现代主义的方法研究公共行政，提出了公共行政基于民主治理的"话语"理论；法默尔则将后现代状况下的公共行政理论视为一个语言、一个话语；而麦克斯怀特则发现后现代状况下公共行政陷入了理性主义的"合法性危机"，指出公共行政"与其说是像是一个功能不良的系统，不如说是一个更大的功能不良系统中'被确诊的病人'，这不仅包括它的父辈学科政治科学，而且包括一般的社会科学以及管理科学本身"[2]。

（四）政府更迭的推动

推动公共行政发展的还来自政府的更迭，包括政府解体、政体更替、政府班子更换等。在洛克看来，政府解体有两种方式，一种是政府因外敌入侵而解体；另一种是政府因内溃而解体。政府解体会导致新旧思想冲突、斗争与创新，新思想会对现有政府进行批判，而现有政府则会进行守成和巩固以应对危机，这些都会推动公共行政理论的创新。霍布斯

---

[1] ［美］戴维·哈维：《后现代的状况：对文化变迁之缘起的探究》，阎嘉译，商务印书馆2003年版，第15页。

[2] ［美］O. C. 麦克斯怀特：《公共行政的合法性：一种话语分析》，吴琼译，中国人民大学出版社2002年版，第9页。

的利维坦、马其雅维里的君主论、卢梭的社会契约论等，都是新旧思想冲突的产物。政体形式的更迭也会导致公共行政思想的创新，柏拉图认为政体可以分为荣誉政体、寡头政体、民主政体、僭主政体、贤人政体五种，其中由哲学王治理的"贤人政体"最好；而亚里士多德将政体分为六种——君主制、贵族制、共和制及其反面的僭主制、寡头政体、平民政体，亚里士多德认为共和制最好，最可容忍的政体是平民政体；而西塞罗则认为最好的政体是混合政体，而最不认同的政体是民主政体，因为民主政体里"必然是自由到处泛滥，以致不但所有的家庭都没有主人，而且这种无政府的邪恶甚至扩散到家畜，一直到最后，父亲畏惧他的儿子，儿子嘲笑他的父亲，所有的羞耻感都没有了，所有的人都绝对自由，公民与外邦人之间也没有区别"。[①] 此外，当政府班子更换时，也会推动公共行政的创新，这里因为当两党或多党进行竞争时，其施政方针总是有差异的，不同的政党上台会导致不同的施政方针，从而导致公共行政的研究旨趣也会发生重要变化。

（五）公共行政实践的推动

理论是灰色的，实践之树常青。从西方公共行政学的发展历程来看，公共行政的研究是以问题为导向的，而公共行政实践中的公共问题千变万化，极其复杂，并且不同的公共问题有不同的解决途径，而同一个公共问题也有不同的解决方法，从而推动着公共行政理论的不断创新与超越。例如为了解决经济危机，出现了"国家干预主义理论"；针对20世纪70年代以来财政危机、管理危机和财政危机，出现了"企业化政府"理论；针对国家治理失败问题，出现了"国家能力理论"；针对全球公共问题的日益增多，出现了"全球治理理论"等等。

此外，公共行政的发展还受到对人性不同理解的推动。"人性"始终是西方公共行政学不可回避的重要话题。从亚里士多德的"人是天生的政治动物"到斯密的"人性自利"、从霍布斯的"人人相互为战"到布坎南的"政治市场"、从马基雅维里的"人性恶"到麦迪逊的"人的两面性"，深刻反映了对人性的不同理解是推动公共行政不断创新发展的重

---

① [古罗马] 西塞罗：《国家篇 法律篇》，沈叔平、苏力译，商务印书馆1999年版，第52页。

要力量。正如休谟指出:"显然,一切科学对于人性总是或多或少地有些关系,任何学科不论似乎与人性离得多远,它们总是会通过这样或那样的途径回到人性。"①

---

① [英]休谟:《人性论》(上册),关文运译,商务印书馆2018年版,第2页。

第一篇

公共行政学独立之前的行政思想

公共行政与人类的历史一样悠久，行政学在独立出来之前就存在，正如沃尔多在探寻公共行政的历史根源（historical roots）时指出："自历史之初就有了公共行政的研究。"① Gladden 在《公共行政的历史》中也指出："从公共行政的历史经验中可以获得很多好处（much profit）。"② 在行政学独立之前，行政学与政治学、哲学、社会学、法学、经济学、管理学等紧密结合在一起。从古希腊古罗马开始，政治学中就蕴含着丰富的行政学思想，行政学在一定程度上依附于政治学。由于行政学独立之前依附于政治，行政学是以政治学的形式展现的，因为行政学的思想与理论也需要从政治学等学科中去寻找。从古希腊到古罗马、从文艺复兴到资产阶级革命、从代议制政府到美国的三大公共行政传统，分别从不同角度、不同学科、不同立场阐述和完善了行政学的思想体系、理论体系与方法体系。

---

① Dwight Waldo, *The Study of Public Administration*, NY: Random House, 1955, p. 15.
② E. N. Gladden, *A History of Public Administration*, London: Frank Cass, 1972, p. vii.

第 一 章

古希腊与古罗马的行政思想

  不管是思想上还是艺术上,古希腊与古罗马都是西方文明的发源地和思想的发祥地,并对后世产生了深远的影响。古希腊作为人类文明发祥地之一,其地理位置优越,地处欧洲南部、地中海东北部,沿海土地肥沃、商贸发达、人员复杂、交往密切,从而为各种思想的产生提供了条件。公元前12世纪到公元前8世纪,古希腊人经历了"荷马时代"后,从氏族社会进入了奴隶社会。马克思指出:"氏族制度已经过时了。它被分工及其后果即社会之分裂为阶级所炸毁。它被国家代替了。"[①] 古希腊进入奴隶社会后,城邦生活与城邦治理就成为古希腊哲学家、思想家、法律家以及行政思想家们讨论的主题。公元前594年,梭伦当选为雅典首席执政官后进行了一系列政治与行政改革,包括确立最高权力机关公民大会、设立新的政府机关议事会、建立陪审法院等,从而奠定了古希腊的民主体制;而伯里克利则提出了城邦民主治理的四原则,即民主原则、平等原则、自由原则以及城邦个人利益与城邦利益相统一的原则,使雅典成为古希腊的典范。伯里克利因此自豪地说:"我们的政治制度不是从我们邻人的制度中模仿得来的。我们的制度是别人的模范,而不是我们模仿任何其他的人的。我们的制度之所以称为民主政治,因为政权是在全体公民手中而不是少数人手中。"[②] 此后,柏拉图、亚里士多德等论述了国家的起源、国家的目的、政府的形式、政体的选择、城邦治理

---

  ① 《马克思恩格斯选集》(第四卷),人民出版社2012年第3版,第185—186页。
  ② [古希腊]修昔底德:《伯罗奔尼撒战争史》(上册),谢德风译,商务印书馆1985年版,第130页。

以及自然法等。

古罗马的行政思想是在继承和发展古希腊行政思想的基础上形成的。古罗马形成于公共前6世纪,从公元前3世纪开始,古罗马在意大利统一后成为横跨欧、亚、非三大洲的强大帝国,古希腊的文化思想也迅速传播到古罗马。但是随着财富的增加,内部矛盾日益激化;而随着阶级关系的深刻变化,外部矛盾也日益加深。因此,古罗马的行政思想家们把讨论的主题放在了如何维护国家的统一以及推进法治等方面。波利比在《罗马史》中就提出了"政体循环论"和"权力制衡"等思想,指出最优的政府形式是君主政体、贵族政体、民主政体三种政体形式的混合,并实现执政官的军政大权、元老院的决策权以及人民大会立法权之间的相互分工与相互制约。而古罗马执行官西塞罗则继承了柏拉图、亚里士多德以及波利比的行政思想,认为国家的目的在于实现正义,主张实现智者治理,并论述了政体选择及国家治理的艺术。

476年,西罗马国家在日耳曼"蛮族"入侵下覆灭。从此,西欧进入了封建社会,处于神学的统治之下,俗称为中世纪的"黑暗时代",直到1640年资产阶级革命开始。封建社会分为三个阶段:公元5世纪到10世纪为早期封建社会形成阶段;11世纪到14世纪为封建制度繁荣时期;14世纪到17世纪称为"文艺复兴"时期。即使在教会与神权的统治之下,也出现了很多论述国家起源、国家功能与国家治理的思想家,如奥古斯丁提出了"双国论"的神权思想,指出人是有原罪的,需要同时服从于上帝之国"神国"与世俗之国"俗国"的统治,人要进入上帝之国,就必须服从地上之国;阿奎那提出了"法"的思想,认为法的本质即是受理性节制的意识,他将法律分为永恒法、自然法、人类法、神圣法,其中永恒法、自然法、神圣法是神法,人类法需要服从于神法,世俗国家需要服从神权、从属于教会。

在欧洲神权政治统治时,也有一些思想家反对神权,从而为后来的文艺复兴奠定了基础,其中但丁(1265—1321)就成了欧洲文艺复兴的伟大先驱。但丁在其《神曲》与《论世界帝国》中将教皇和国家比作两个灯塔,一个照耀精神世界,一个照耀俗尘世界,王权在世俗生活中拥有最高权威,而教皇在精神生活中是最高权威,两者分工不同,不应把教权置于皇权之上;另一位著名的反神权的思想家是马西略(1275—

1343），他在《和平的保卫者》中继承了亚里士多德的国家学说，认为国家产生于自然而不是教会安排，任何人都要受到法律的约束，世俗的政治才是世界和平的真正保卫者，因此需要改革宗教体制，限制教会和教皇权力。但丁、马西略被称为文艺复兴运动的伟大先驱。

第一节　柏拉图的行政思想

柏拉图（Plato，前427—前347），古希腊著名的哲学家、思想家、政治学家，也是整个西方文化中最伟大的哲学家和思想家之一。柏拉图和他的老师苏格拉底以及他的学生亚里士多德并称为希腊三贤。公元前427年，柏拉图出生于希腊雅典贵族世家，当时正值伯罗奔尼撒战争爆发后的第五年，奴隶民主政治已开始没落。柏拉图从小受到良好的教育，20岁时跟随著名哲学家苏格拉底学习，成为苏格拉底的得意门生。他热爱祖国、热爱哲学。他的最高理想就是哲学家应该成为政治家、政治家应有哲学头脑。公元前399年，苏格拉底被控传播异说、藐视传统宗教、腐化青少年等罪名，被当权的雅典民主派判处死刑。柏拉图目睹老师遇难，伤心欲绝，被迫离开雅典，流亡埃及、南意大利、西西里、麦加拉等地，详细考察了当地的政治、法律、教育、自然科学、宗教等，并受到埃及的几何学、毕达哥拉斯学派等的影响。公元前387年，柏拉图40岁时返回雅典，创办了阿克德米学园，开始招收学生，讲学著说。柏拉图著述颇丰，大部分是由对话体写成，主要有《理想家》、《政治家篇》和《法律篇》。其中《理想国》是柏拉图最重要的代表作，该书从"正义论"出发，系统论述了理想的国家治理方案，几乎"代表了整个希腊的文化"。柏拉图生活在雅典民主制走向没落的时期，民主制的软弱无能和派系斗争使他对这种制度不抱任何幻想，特别是苏格拉底的死使他对民主制度深恶痛绝，从而深深感觉到"贤人治理"的重要性。他在《书札》第七中说道："当初我对于政治，雄心勃勃，但一再考虑，看到政局混乱，我彷徨四顾，莫知所措。我反复思之，唯有大声疾呼，推崇真正的哲学，使哲学家获得政权，成为政治家，或者政治家奇迹般地成为哲学家，否则人类灾祸总是无法避免的。"①

一　城邦正义论

正义论是柏拉图政治与行政思想的基础，也是柏拉图国家理论的出发点和归宿。在柏拉图之前，许多哲学家、政治学家从不同的角度对正义进行了探索。雅典著名执行官梭伦在改革过程中把正义看成平衡和安稳，即各等级之间的协调；毕达哥拉斯认为正义就是和谐，就是美德；赫拉克利特认为正义就是斗争，通过斗争来求得和谐；智者色拉叙马霍斯认为正义就是强者的利益；德谟克利特认为正义就是恰如其分，就是节制。这些对正义的探索为柏拉图的正义理论提供了丰富的思想养料。

(一) 正义是城邦全体人民的公共利益

柏拉图驳斥了所谓"正义就是强者的利益"的观点。这种观点认为：每一种统治者都制定对自己有利的法律，这些法律明告大家，凡是对政府有利的对百姓来说就是正义的，谁不遵守，谁就是违法犯罪，谁就是不正义的；因此，"在任何国家里，所谓正义就是当时政府的利益。政府当然有权，所以唯一合理的结论应该说：不管在什么地方，正义就是强者的利益"②。柏拉图在驳斥其观点后指出："没有一门科学或技艺是只顾到寻求强者的利益而不顾及它所支配的弱者的利益。"③ 医生所寻求的不是自己的利益，而是对人体的利益；真正的舵手也不是为了自己的利益，而是他部下水手们的利益。因此，柏拉图指出："在任何政府里，一个统治者，当他是统治者的时候，他不能只顾自己的利益而不顾属下老百姓的利益，他的一言一行都为了老百姓的利益。"④

(二) 正义是智慧与善

在柏拉图看来，正因为正义能够给人们带来好处、带来利益、带来美德，正义比不正义更强更有力，这些是智慧与善的体现，因此柏拉图

---

① ［古希腊］柏拉图：《理想国》（译者前言），郭斌和、张竹明译，商务印书馆1989年版，第ⅱ页。
② ［古希腊］柏拉图：《理想国》，郭斌和、张竹明译，商务印书馆1989年版，第19页。
③ ［古希腊］柏拉图：《理想国》，郭斌和、张竹明译，商务印书馆1989年版，第24页。
④ ［古希腊］柏拉图：《理想国》，郭斌和、张竹明译，商务印书馆1989年版，第25页。

指出："正义是智慧和善，而不正义是愚昧无知。"① 柏拉图批驳了那种"不正义比正义生活得更好更快乐"的观点，这种观点认为：最不正义的人就是最快乐的人，不愿意为非作歹的人也就是最吃亏苦恼的人，正直总是对别人有利而对自己有害，而那些不仅掠夺人民钱财，而且剥夺人民身体和自由的人，不但没有恶名，反而被认为有福，一般人之所以谴责不正义，并不是怕做不正义的事，而是怕吃不正义的亏，所以，"不正义的事只要干得大，是比正义更有力，更如意，更气派"。② 柏拉图批驳道，不论国家、家庭、军队或者任何团体里面，不正义者首先使他们不能一致行动，其次使他们自己彼此为敌，跟对立面为敌，并且也跟正义的人们为敌，于是他们就会分裂、仇恨、争斗，他们哪里能快乐呢？因此，柏拉图指出："正义的心灵正义的人生活得好，不正义的人生活得坏"，并且"正义者是快乐的，不正义者是痛苦的"。③

（三）正义是每个人做适合自己天性的事

柏拉图认为，正义就是只做自己的事而不兼做别人的事。他指出："每个人必须在国家里执行一种最适合他天性的职务。"④ 这主要包括两个方面。一方面是社会必须分工。城邦是由人们的分工和互助产生，城邦的每一个人只能做一件事情，做最适合自己的事情。如鞋匠只能做鞋匠，不能做舵工；农夫只能是农夫，不能去做法官；兵士只能做兵士，不能去做商人。同理，生意人只能做生意、辅助城邦的人只能做辅助工作、护国者只能做护卫工作，"当生意人、辅助者和护国者这三种人在国家里各做各的事而不相互干扰时，便有了正义，从而也使国家成为正义的国家了。"⑤ 另一方面是每个人都在一个等级中从事自己的适当的工作。在柏拉图看来，城邦是有等级的，这主要源于人的天性。人的天性有三种：理智、意志和欲望。理智体现了智慧的美德，意志体现了勇敢的美德，欲望的美德是节制。由于城邦是由个人组成的，人的天性决定了每一个人在城邦中的地位。根据人的天性来划分，城邦主要分为三个等级：统

---

① ［古希腊］柏拉图：《理想国》，郭斌和、张竹明译，商务印书馆1989年版，第37页。
② ［古希腊］柏拉图：《理想国》，郭斌和、张竹明译，商务印书馆1989年版，第27页。
③ ［古希腊］柏拉图：《理想国》，郭斌和、张竹明译，商务印书馆1989年版，第42页。
④ ［古希腊］柏拉图：《理想国》，郭斌和、张竹明译，商务印书馆1989年版，第154页。
⑤ ［古希腊］柏拉图：《理想国》，郭斌和、张竹明译，商务印书馆1989年版，第156页。

治者、辅助者、生产者。在柏拉图看来，每个等级的人都是由不同的材料制成的，他说："老天铸造他们的时候，在有些人的身上加入了黄金，这些人因而是最可宝贵的，是统治者。在辅助者（军人）的身上加入了白银。在农民以及其他技工身上加入了铁和铜。但是又由于同属一类，虽则父子天赋相承，有时不免金父生银子，银父生金子，错综变化，不一而足。"① 此外，不同的等级需要具有不同的美德，第一等级的统治者需要具有智慧的美德，第二等级的辅助者需要具有勇敢的美德，第三等级的生产者需要具有节制的美德。三个等级各司其职，就能保证城邦的正义，"当城邦里的这三种自然的人各做各的事时，城邦被认为是正义，并且，城邦也由于这三种人的其他某些情感和性格而被认为是有节制的、勇敢的和智慧的"。②

二　由"哲学王"来治理国家

（一）什么是管理得最好的国家

什么是管理得最好的国家呢？柏拉图认为，一个国家每个人各司其职，从事适合他天性的事情，同时国家作为一个整体又协作得像一个人在那里运作时就是最好的国家。他说："当一个国家最最象一个人的时候，它是管理得最好的国家。比如象我们中间某一个人的手指受伤了，整个身心作为一个人的有机体，在统一指挥下，对一部分所感受的痛苦，浑身都感觉到了，这就是我们说这个人在手指部分有痛苦了。……管理得最好的国家最象各部分痛痒相关的一个有机体。"③ 柏拉图指出，管理得最好的国家也是规模适度的国家，"当政者在考虑城邦的规模或要拥有的疆土大小时似乎应该规定一个不能超过的最佳限度"。④ 也就是说，国家不能太大，也不能太小，国家大到还能保持统一，这就是国家规模的限度。

（二）理想的国家治理由"哲学王"来承担

那么要使国家管理得最好，应由谁来管理呢？在这里，柏拉图提出

---

① ［古希腊］柏拉图：《理想国》，郭斌和、张竹明译，商务印书馆1989年版，第128页。
② ［古希腊］柏拉图：《理想国》，郭斌和、张竹明译，商务印书馆1989年版，第157页。
③ ［古希腊］柏拉图：《理想国》，郭斌和、张竹明译，商务印书馆1989年版，第197页。
④ ［古希腊］柏拉图：《理想国》，郭斌和、张竹明译，商务印书馆1989年版，第137页。

了"哲学王"的思想，认为国家必须由哲学家来治理，才是最理想的，这就是"贤人治理"。他指出："除非哲学家成为我们这些国家的国王，或者我们目前称之为国王和统治者的那些人物，能严肃认真地追求智慧，使政治权力与聪明才智合而为一；那些得此失彼，不能兼有的庸庸碌碌之徒，必须排除出去。否则，我亲爱的格劳孔，对国家甚至我想对全人类都将祸害无穷，永无宁日。"① 柏拉图认为要由哲学家来治理国家的主要原因有三个方面。一是哲学家是智慧的爱好者。他们不仅是爱智慧的一部分，而是爱它的全部，能够把国家当成一个整体来看待，并看到国家的本质。而那些只看到许多美的东西、许多正义的东西、许多其他东西的人，虽然有人指导，也看不到美的本身、看不到正义的本身。此外，哲学家还是那些能够把握永恒不变事物的人，而那些做不到这一点，并被千差万别的事物的多样性搞得迷失了方向的人就不是哲学家。二是这是由哲学家的天性决定的。在柏拉图看来，哲学家的天性就在于："永远酷爱那种能让他们看到永恒的不受产生与灭亡过程影响的实体的知识。"② 并且哲学家爱实体的知识就是爱其全部，不会情愿拒绝它的一个无论大点的还是小点的、荣誉大点的还是小点的部分，他们追求的是完整和完全。三是由哲学家的品德决定。一方面，哲学家追求真理，并且从小就是一直在追求真理；另一方面，哲学家能够拒绝欲望的诱惑。"当一个人的欲望被引导流向知识及一切这类事情上去时，我认为，他就会参与自身心灵的快乐，不去注意肉体的快乐，如果他不是一个冒牌的而是一个真正的哲学家的话。……这种人肯定是有节制的，是无论如何也不会贪财的；因为，别的人热心追求财富和巨大花费所要达到的那种目的，是不会被他们当作一件重要事情对待的。"③ 总之，哲学家是真正完善的人，是最有智慧和认识、最有远见、最爱真理、心胸最宽广并且品德最完善的人，是知识、美德与权力结合得最好的人，他们"天赋具有良好的记性，敏于理解，豁达大度，温文尔雅，爱好和亲近真理、正义、勇敢和

---

① ［古希腊］柏拉图：《理想国》，郭斌和、张竹明译，商务印书馆1989年版，第214—215页。
② ［古希腊］柏拉图：《理想国》，郭斌和、张竹明译，商务印书馆1989年版，第230页。
③ ［古希腊］柏拉图：《理想国》，郭斌和、张竹明译，商务印书馆1989年版，第231页。

节制"。①

柏拉图批驳了那些"哲学家无用论"的观点。在柏拉图看来，现实中确实有些优秀的哲学家对于世人无用，但是造成这种无用的原因其责任"不在哲学家本身，而在于别人不用哲学家。"② 并且即使大多数哲学家变坏也是可能存在的，这也不能归咎于哲学家，况且还有少数没有变坏而被说成无用的哲学家存在。在柏拉图看来，造成哲学家变坏的原因除了一部分虚假的哲学家败坏了哲学声誉外，还在于"坏教育和坏环境的影响"，使得那些最配得上哲学的人就这么离弃了哲学，使她孤独凄凉，他们自己也因而过着不合适的、不真实的生活，与此同时那些配不上的追求者看到哲学没有亲人保护，乘虚而入，玷污了她，并使她蒙受了那些反对者加给她的恶名。最后导致的结果是："极少数的真哲学家全象一个人落入了野兽群中一样，既不愿意参与作恶，又不能单枪匹马地对抗所有野兽，因此，大概只好在能够对城邦或朋友有所帮助之前就对己对人都无贡献地早死了。"③ 因此，柏拉图认为，"哲学王"只有在合适的国度里才能保卫公共利益："要不是碰巧生活在一个合适的国度里，一个哲学家是不可能有最大成就的，因为只有在一个合适的国度里，哲学家本人才能得到充分的成长，进而能以保卫自己的和公共的利益。"④

（三）"哲学王"的培养

既然哲学王对国家治理有如此重要的意义，那么如何培养、选择哲学王就成为一个关键问题。在柏拉图看来，培养哲学王的途径主要有三个。一是优生。由于哲学王需要全面的才能与品德，因此，坚持优生是首要选择。柏拉图从斯巴达特殊的培养方式中吸取经验，认为优生国家推选最佳生育年龄的男子与最佳生育年龄的优秀女子相配，鼓励多生育，由专人培养和教育，为哲学王的培养提供良好的前提基础。柏拉图指出："结婚的机会对于优秀人物，应该多多益善，以便让他们尽可能地多生孩

---

① [古希腊] 柏拉图：《理想国》，郭斌和、张竹明译，商务印书馆1989年版，第233页。
② [古希腊] 柏拉图：《理想国》，郭斌和、张竹明译，商务印书馆1989年版，第236页。
③ [古希腊] 柏拉图：《理想国》，郭斌和、张竹明译，商务印书馆1989年版，第247—248页。
④ [古希腊] 柏拉图：《理想国》，郭斌和、张竹明译，商务印书馆1989年版，第248页。

子。"① 二是教育。柏拉图非常重视教育,特别是儿童与青少年的教育,认为教育需要从小就持续不断地抓。一方面,需要从小进行正面教育,"我们必须寻找一些艺人巨匠,用其大才美德,开辟一条道理,使我们的年轻人由此而进,如入健康之乡;眼睛所看到的,耳朵所听到的,艺术作品,到处都是;使他们如坐春风如沾化雨,潜移默化,不知不觉之间受到熏陶,从童年时,就和优美、理智融合为一。"② 另一方面,要重视全面才能的教育,包括音乐、体育、自然科学、数学几何、辩证法等。柏拉图特别重视儿童的文艺教育,认为这是产生良好品德的基础。他指出:"儿童阶段文艺教育最关紧要。一个儿童从小受了好的教育,节奏与和谐浸入了他的心灵深处,在那里牢牢地生了根,他就会变得温文有礼;如果受了坏的教育,结果就会相反。再者,一个受过适当教育的儿童,对于人工作品或自然物的缺点也最敏感,因而对丑恶的东西会非常反感,对优美的东西会非常赞赏,感受其鼓舞,并从中吸取营养,使自己的心灵成长得既美且善。"③ 三是选择。柏拉图认为,不是每个人都具有哲学王的天赋的,因此,必须挑选那些最有天赋最有能力最有勇气的人来培养。他说:"我们必须挑选那些具有同样天赋品质的人。必须挑选出最坚定、最勇敢在可能范围内也最有风度的人。此外,我们还得要求他们不仅性格高贵严肃而且还要具有适合这类教育的天赋。"④

三 政体理论

柏拉图认为政治制度是从城邦公民的习惯里产生出来的,习惯的倾向决定政治发展的方向。据此,柏拉图将国家政体分为两类五种。

第一类是"善的、正义的"的政体,这类政体有两个名称:王政或贵族政治。该政体"如果是由统治者中的一个卓越的个人掌权便叫王政,如果是由两个以上的统治者掌权便叫做贵族政治"。⑤ 柏拉图认为最理想

---

① [古希腊] 柏拉图:《理想国》,郭斌和、张竹明译,商务印书馆1989年版,第207页。
② [古希腊] 柏拉图:《理想国》,郭斌和、张竹明译,商务印书馆1989年版,第107页。
③ [古希腊] 柏拉图:《理想国》,郭斌和、张竹明译,商务印书馆1989年版,第107—108页。
④ [古希腊] 柏拉图:《理想国》,郭斌和、张竹明译,商务印书馆1989年版,第302页。
⑤ [古希腊] 柏拉图:《理想国》,郭斌和、张竹明译,商务印书馆1989年版,第175页。

的政体是由哲学王治理的贤人政体,而贵族政府最符合这种理想的政体形式,因为这种政体在管理国家和培养个人品质方面,是"一种善的制度安排"。①

第二类政体是恶的、非正义的政体,主要包括四种:斯巴达和克里特政体(荣誉政体)、寡头政体、民主政体、僭主政体。这四种政体在柏拉图看来都不理想,其中僭主政体最不理想,荣誉政体相对理想一点。他把以斯巴达政体为原型的荣誉政体视为现实中较好的政体。四类政体也会发生变更,柏拉图认为政治制度的变动都是由领导阶层的不和而起的,如果领导阶层团结一致,哪怕只有很少一致,政治制度变动也是不可能的。每种政体具有不同的特征。

斯巴达和克里特政体,也称荣誉政体。它是从贵族政体转变而来的,介于贵族政体和寡头政体之间。由于它不敢让智慧者执掌国家权力,而宁可选择较为单纯而勇敢的人来统治国家,这些人大部分不适于和平而适于战争,因而处于这种政体的国家大部分时间都在战争,这种政体的统治者爱好财富,但它最突出的特征即是好胜而爱荣誉。

寡头政体是由少数人统治的政体,这种政体是从荣誉政体中产生出来的政体。这种政体的政治权力在富人手里,而不在穷人手里。寡头利用手里的私有财产,挥霍浪费,违法乱纪,无恶不作。在这种政体里,德性不受尊重,因为"一个国家里尊重了钱财,尊重了有钱财的人,善德与善人便不受尊重了"。② 在寡头政体里,城邦必须不是一个人而是两个人,一个是富人的国家,一个是穷人的国家,双方总是阴谋对付对方;由于城邦分为两种人而无法进行动员用来战争;此外,一人还可能身兼多种不同的职业,违背了城邦各司其职原则。

民主政体是从寡头政体中产生的。其最大的特点是极端的自由。正由于广泛的自由,这种政体包括了一切类型的制度,因而这种制度也是最宽容的,可以随心所欲,人物性格也各色各样,你可以有资格掌权,也可以不去掌权,你可以服务命令,也可以不愿意服务命令。但是在柏拉图看来,民主政体存在诸多的弊端。一是党争和内战。由于民主制度

---

① [古希腊]柏拉图:《理想国》,郭斌和、张竹明译,商务印书馆1989年版,第177页。
② [古希腊]柏拉图:《理想国》,郭斌和、张竹明译,商务印书馆1989年版,第322页。

存在不同的派别和利益,容易产生内部矛盾从而产生内战。二是过度的欲望。有些是必要的欲望,有些是不必要的欲望,不必要的欲望或浪费的欲望不仅对身体有害,而且妨碍了节制与智慧的美德。三是过度自由可能导致极权政治。这是因为:"一个民主的城邦由于渴望自由,有可能让一些坏分子当上了领导人,受到他们的欺骗,喝了太多的醇酒,烂醉如泥。而如果正派的领导人想要稍加约束,不是过分放任纵容,这个社会就要起来指控他们,叫他们寡头分子,要求惩办他们。"① 四是民主政体还会导致无政府主义,"这里的公民灵魂变得非常敏感,只要有谁建议要稍加约束,他们就会觉得受不了,就要火发雷霆。到最后象你所知道的,他们真的不要任何人管了,连法律也不放心上,不管成文的还是不成文的"。② 五是极端自由产生奴役。"无论在个人方面还是在国家方面,极端的自由其结果不可能变为别人,只能变成极端的奴役。"③

僭主政体从民主政体中产生,这是一种极端奴役的政体,也是最不理想的政体。僭主不能容忍与他人相争的对手,在品德上受不正义的激情支配,他的欲望永远无法满足,正派人都会厌恶他、回避他,僭主掌权时间越长,暴君的性质也就越强。生活在这个城邦里是一种不幸,"没有一个城邦比僭主统治的城邦更不幸的,也没有一个城邦比王者统治的城邦更幸福的。"④

四 法治思想

法治思想也是柏拉图行政思想的重要组成部分。《法律篇》是柏拉图晚年创作一部重要作品,也是人类历史上第一部法学著作,其内容涉及国家政体、城市管理、教育、艺术、婚姻、财产、税收、刑法、诉讼、司法、监察、军事及外交等方方面面,对后世法学理论的发展影响巨大,开启了2400多年法治传统的历史。柏拉图74岁时才着手写作《法律篇》,去世后由其学生整理而出版。事实上,柏拉图的思想经历了三个阶

---

① [古希腊]柏拉图:《理想国》,郭斌和、张竹明译,商务印书馆1989年版,第340页。
② [古希腊]柏拉图:《理想国》,郭斌和、张竹明译,商务印书馆1989年版,第341页。
③ [古希腊]柏拉图:《理想国》,郭斌和、张竹明译,商务印书馆1989年版,第342页。
④ [古希腊]柏拉图:《理想国》,郭斌和、张竹明译,商务印书馆1989年版,第360页。

段：第一阶段是壮志雄心的幻灭时期，目睹导师苏格拉底被处罚深受打击；第二阶段转而求助于"哲学王"来治理国家；第三阶段是求助于法治阶段，柏拉图发现"哲学王"来治国的理想离现实差距太大，最终不得已而"舍正义而思刑罚""弃德化而谈法治"，因为他已经看到："从纯主观原则推理得出的那种依靠知识统治的贤人政体根本无法在现实城邦中实行。所以，他不得不从现实中汲取合理的法律因素，转而重视法律。"① 因此，《法律篇》"较之于《理想国》，思想上一个最大的转变或者说对我们今天最具指导意义的是从'人治'即'哲学王之治'转向'法治'。柏拉图指出，如果一个国家的统治者不是哲学家，而且在较短的时间内又没有好的方法把统治者变成哲学家，则法治仍然比人治要好"。②

柏拉图认为，法律的目的与城邦的目标一样，都是为了追求善业、美德和正义。他指出："每个立法者制定每项法律的目的是获得最大的善。"③ 在柏拉图看来，这个最大善既不是对外战争也不是内部战争，而是人们之间的和平与善意。如果一个真正的立法者需要关注战争而制定法律的话，那么他应该把战争的法律当作和平的工具，而不是把和平的立法当成战争的工具。柏拉图强调法律重在执行，而且必须任用称职的国家公职人员来执行法律，以实现依法治国。否则，如果公职人员不称职，再好的法律也落实不下去，"当你有了一个组织得很好的国家，这个国家又有着制定得很完整的法律，那么任命不称职的官员负责施行法典乃是浪费了优良法典，整个事业沦为一出滑稽戏"。④ 那么，称职的公职人员应该具备什么品德与能力呢？柏拉图认为，称职的公职人员必须具备四种美德，即勇敢、智慧、节制、正义，国家任用公职人员必须才能与职责相匹配。他指出："一个人拥有极大的财富，如果他缺少美德，或

---

① 王振槐：《西方政治思想史》，南京大学出版社1993年版，第21页。
② ［古希腊］柏拉图：《法律篇》（第二版译序），张智仁、何勤华译，张增霖译，商务印书馆2016年版，第6页。
③ ［古希腊］柏拉图：《法律篇》（第二版），张智仁、何勤华译，张增霖译，商务印书馆2016年版，第12页。
④ ［古希腊］柏拉图：《法律篇》（第二版），张智仁、何勤华译，张增霖译，商务印书馆2016年版，第160页。

者即使他有，但却没有自制力，那么国家给他的职务，不得特别高出于他的管理才能，他的优美的外表或者他的强健体格同样不成为他获得公职的理由。"①

第二节　亚里士多德的行政思想

亚里士多德（Aristotle，前384—前322），古希腊著名哲学家、伦理学家与政治学家。他学识渊博，在自然科学和社会科学许多领域做出了杰出贡献，被马克思称为"古代最伟大的思想家"。公元前322年，亚里士多德出生于希腊北部靠近马其顿王国的斯塔吉拉，父亲尼各马可曾任职为马其顿国王腓力二世的御医。亚里士多德17岁时来到雅典，进入阿卡德米学园，求学于著名哲学家、思想家柏拉图，历时20年之久。柏拉图的熏陶对亚里士多德的学术生涯产生了深远的影响，但是亚里士多德没有照搬导师的思想理论，而是本着"吾爱吾师，吾尤爱真理"的治学精神，对柏拉图的政治与哲学思想采取了批判性继承的态度，尤其是批判了导师唯心主义观念和"哲学王"思想。公元前343年，亚里士多德41岁时被聘为马其顿王子亚历山大的家庭教师，其间收集了大量城邦政治的相关资料。公元前336年，亚历山大即位后，马其顿征服了希腊，次年亚里士多德重返雅典，在城郊吕克昂神庙创办了自己的学园，招收弟子，从事讲学与理论研究工作。十年后，即公元前326年，亚里士多德58岁时出版了他的名著《政治学》。《政治学》系统地论述了政治学的基本原理，考察了国家的起源、目的、任务、政体选择以及道德伦理等问题，与导师柏拉图不同，亚里士多德的思想主张大都是建立在大量经验考察的基础上，亚里士多德写下了150多个城邦考察的调查报告，这种经验研究方法也对马基雅维利、孟德斯鸠等产生了重要的影响。亚里士多德的著述非常丰富，除了《政治学》外，还有《雅典政制》《形而上学》《尼各马可伦理学》（*Ethica Nicomachea*）等几十种出版物，涉及自然科学、社会科学等广泛的领域。

---

① ［古希腊］柏拉图：《法律篇》（第二版），张智仁、何勤华译，张增霖译，商务印书馆2016年版，第99页。

一 城邦的起源与目的

(一) 人是天生的政治动物

亚里士多德论述城邦理论时,是从人的本性出发的。那么人的本性是什么呢?亚里士多德认为,和蜜蜂以及所有其他群居动物比较起来,人更是一种群居的政治动物。他说:"人天生是一种政治动物,在本性上而非偶然地脱离城邦的人,他要么是一位超人,要么是一个鄙夫。"[①] 人与动物的一个重要区别是:人是唯一使用语言的动物。语言可以表达利和弊以及公正或不公正等,正是因为人具有语言,所以人适合过群居的生活,结成家庭和村落,最后形成城邦。此外,人与动物还有一个区别,那就是人是具有判断力的动物,可以辨别善与恶、是与非、公平与不公正等这些政治上的情感,因而人在本性上是属于政治动物。

(二) 城邦的起源

亚里士多德认为,城邦的起源是自然演化的结果,是自然的产物,是由人的本性决定的。正因为人是群居的政治动物,所以人们首先组成了家庭。家庭是为了满足人们日常生活需要自然形成的共同体。一个完整的家庭由奴隶和自由人组成,家庭最基本的构成要素是主奴、夫妻和父子,家庭存在四种管理关系,即主奴关系、配偶关系、父子关系和维持家庭的"致富术"。在各种关系里,亚里士多德认为人与人之间天生就是有区别的,"一部分人天生就注定治于人,一部分人则注定治人"。[②] 也就说是,能够运筹帷幄的人天生就适于做统治者和主人,那些能够用身体去劳作的人是被统治者,而且是天生的奴隶。此外,一个家庭最普遍的维持生计的方式主要是畜牧、农耕、掠夺、捕鱼与狩猎,但是这些美好的生活是没有限度的,于是家庭需要一种"致富术"。有两种致富方法:一种是家务管理的致富术,例如通过狩猎和农耕把物品贮存起来,这是财富的真正要素;另一种是以钱币为基础的零售贸易。在这里,亚

[①] [古希腊] 亚里士多德:《政治学》,颜一、秦典华译,中国人民大学出版社 2003 年版,第 4 页。

[②] [古希腊] 亚里士多德:《政治学》,颜一、秦典华译,中国人民大学出版社 2003 年版,第 8 页。

里士多德是反对出于非自然而以利益为目标的商业交换,他指出:"由交换构成的后者则应受到指责,因为它是不自然的,而且它采用的是一种从他人处获利的方式。最为可恶的是高利贷,人们这样讨厌它是极有道理的,它是用金钱本身来牟取暴利,而不是通过金钱的自然目的来获利。"① 亚里士多德认为,当多个家庭为着比生活必需品更多的东西而联合起来时,村落就产生了,同样,当多个村落为了生活得更美好而组成一个共同体时,城邦就产生了。他说:"当多个村落为了满足生活需要,以有为了生活得美好结合成一个完全的共同体,大到足以自足或近于自足时,城邦就产生了。"② 在城邦与家庭的关系上,亚里士多德认为城邦在本性上先于家庭和个人,因为整体必然优先于部分,既然城邦实际上由家庭组成,所以个体需要参与城邦生活,服从城邦的管理。

(三) 城邦的目的

人们通过联合组成了城邦,那么城邦存在的目是什么呢?亚里士多德强调,城邦的目的在于完成某种高尚的善业,城邦追求的是一种最高而又最广泛的善业。他指出:"所有城邦都是某种共同体,所有共同体都是为着某种善而建立的(因为人的一切行为都是为着他们所认为的善),很显然,由于所有的共同体旨在追求某种善,因而,所有共同体中最崇高、最有权威、并且包含了一切其他共同体的共同体,所追求的一定是至善。"③ 在这里,亚里士多德继承了柏拉图关于"善"的思想,他在《尼各马可伦理学》中指出"所有事物都以善为目的",但是与个人的善相比,城邦的善却是所要获得和保持的更重要、更完满的善,这是因为"为一个人获得这种善诚然可喜,为一个城邦获得这种善则更高尚[高贵]、更神圣"。④ 在亚里士多德看来,"善"可以分为三类:"即外在诸

---

① [古希腊] 亚里士多德:《政治学》,颜一、秦典华译,中国人民大学出版社2003年版,第20—21页。

② [古希腊] 亚里士多德:《政治学》,颜一、秦典华译,中国人民大学出版社2003年版,第3—4页。

③ [古希腊] 亚里士多德:《政治学》,颜一、秦典华译,中国人民大学出版社2003年版,第1页。

④ [古希腊] 亚里士多德:《尼各马可伦理学》,廖申白译注,商务印书馆2003年版,第4页。

善，身体中的诸善和灵魂中的诸善，而至福之人拥有全部这些善。"① 也就是说，从善的角度来看，国家需要使每个公民具有适量的财富、强健的体魄和高尚的品德。在这三者中，促进高尚的品德是最重要的。此外，还有一种善即政治上的善，政治上的善在亚里士多德看来"即是公正，也就是全体公民的共同利益"②。既然城邦是若干家庭和种族结合成的保障优良生活的共同体，以完美的、自足的生活为目标，那么只有有道德的生活才是城邦真正需要和幸福的生活。他说："最优良的生活对于个人或城邦共同体而言，是具备了足够的需用的德性以至能够拥有适合于德性的行为生活。"③

二 城邦的治理

亚里士多德认为，城邦治理的原则主要有以下几方面。

（1）城邦需要有德性和能力的人来治理。既然城邦的目的在于善业，那么政治共同体的确立应以高尚的行为为目标，城邦就需要由那些品德高尚并且具有才能的人来治理。他指出："凡是对城邦共同体有卓著贡献的人，与那些在出身方面同样是自由人或更加尊贵但是在政治德性方面却不及的人相比，或者与在财产方面超出他人而在德性方面却被人超出的人相比，理应在城邦中享有更加显赫的地位。"④ 此外，城邦还应该"让那些最有能力治理的人来当政"。

（2）城邦的公民可以参与公共事务治理并轮番执政。城邦是由一定数量的公民形成的某个整体。因此，公民可以这样理解："凡有资格参与城邦的议事和审判事务的人都可以称为该邦的公民，而城邦简而言之就

---

① ［古希腊］亚里士多德：《政治学》，颜一、秦典华译，中国人民大学出版社2003年版，第227页。
② ［古希腊］亚里士多德：《政治学》，颜一、秦典华译，中国人民大学出版社2003年版，第95页。
③ ［古希腊］亚里士多德：《政治学》，颜一、秦典华译，中国人民大学出版社2003年版，第229页。
④ ［古希腊］亚里士多德：《政治学》，颜一、秦典华译，中国人民大学出版社2003年版，第90页。

是其人数足以维持自足生活的公民组合体。"① 在亚里士多德看来，公民参与公共事务具有判断上的优越性，"只要群众不是过于卑贱，即使他们各自为政时在判断上不如那些行家里手，然而全部聚在一起时，群众整体的判断就会优于或者至少不逊于行家的判断"。② 同时，公民作为一个平等的主体，他们既是统治者又是被统治者，应当轮番执政。

（3）城邦需要安排公共事务的治理。在公共事务治理方面，亚里士多德认为并不是每一个人都对公共事务感兴趣，并不是每一个都会关心公共利益。他说："一件事物为愈多的人所共有，则人们对它的关心便愈少。任何人主要考虑的是他自己，对公共利益几乎很少顾及，如果顾及那也仅仅只是在其与他个人利益相关时。除了其他一些考虑外，人们一旦期望某事情由他人来经手，那么他便会更多地倾向于忽视这一事情。"③ 正因为每个人只重视自己的事务，不关心公共利益，所以亚里士多德认为公共事务的治理需要公共机构，即城邦来安排。

（4）城邦财产的私有公用制度。亚里士多德提出了城邦财产分配的"私有公用"制度，他指出："显然财产私有而公共使用的制度要优良得多；立法者的专门任务就是让人们具有这种仁厚的精神。"④ 也就是说，一方面，财产在某种意义上应当公有。这是因为财产公有会促使人们分享自己的东西，有利于促进城邦的善业。例如斯巴达人就像使用自己的东西一样使用别人的奴隶、马匹和狗，当人们在旅途上缺乏食品时，他们可以在任何乡间的庄稼地里寻找食物。但是另一方面，一般而论财产则是私有的。这是因为"为朋友、宾客或同伴效力和做好事会令人感到莫大的喜悦，而这只有在财产私有时人们才会如此"。⑤

---

① ［古希腊］亚里士多德：《政治学》，颜一、秦典华译，中国人民大学出版社 2003 年版，第 73 页。
② ［古希腊］亚里士多德：《政治学》，颜一、秦典华译，中国人民大学出版社 2003 年版，第 94 页。
③ ［古希腊］亚里士多德：《政治学》，颜一、秦典华译，中国人民大学出版社 2003 年版，第 33 页。
④ ［古希腊］亚里士多德：《政治学》，颜一、秦典华译，中国人民大学出版社 2003 年版，第 37 页。
⑤ ［古希腊］亚里士多德：《政治学》，颜一、秦典华译，中国人民大学出版社 2003 年版，第 38 页。

（5）城邦需要推行法治。在亚里士多德看来，法治优于人治，法治比任何一位公民的统治都更为可取。他说："崇尚法治的人可以说是惟独崇尚神和理智的统治的人，而崇尚人治的人则在其中掺入了几分兽性；因为欲望就带有兽性，而生命激情自会扭曲统治者甚至包括最优秀之人的心灵。法律即是摒绝了欲望的理智。"①

（6）城邦如何防治犯罪。亚里士多德认为，由于人的贫困、贪婪和野心，城邦犯罪是存在的事实，防治城邦犯罪的方法主要有四种。一是使财产和所占有之物适中。财产问题是一切动乱的根源。财富的充裕并不是一件坏事，但是财富的额度应尽量保持均衡，使得更强大的邻邦不会因你的财富过分充裕而发动战争，你也不会因你的财富过少而受到战争的威胁。二是培养节制的习俗。这里的节制在亚里士多德看来即是"快乐方面的适度"。人类的贪欲是永无止境的，而大多数人仅仅只是为了满足自己的欲望而活着。因此，一个城邦"应该具备节制、勇敢和坚韧等德性"。② 三是通过教育。亚里士多德特别重视教育的作用，认为教育是保全政体最重要的一条措施。在亚里士多德看来，立法者最应关心的事情是青少年的教育，因为"那些没有这样做的城邦的政体都深受其害"。这些教育包括读写、体育、音乐、绘画等。四是依靠哲学。由于人类的快乐来自内心深处的检验，这种检验只能依靠自己而不是别人，而哲学的性质可以满足这种快乐。亚里士多德指出："如果人们所欲望的快乐要依赖自己，那么他们将会发现，惟有哲学才能满足这种欲望，其他所有快乐我们都得依靠别人。"③

（7）城邦的权力归属。亚里士多德认为城邦的权力归属问题是一个复杂的问题，执掌城邦权力的情况有以下几种：掌权者或是多数人，或是富有的人，或是贤明的人，或是所有人中最高贵的一个人。那么，权力应该归属于谁来掌控才是合理的呢？在亚里士多德看来，城邦由多数

---

① ［古希腊］亚里士多德：《政治学》，颜一、秦典华译，中国人民大学出版社2003年版，第110页。

② ［古希腊］亚里士多德：《政治学》，颜一、秦典华译，中国人民大学出版社2003年版，第259页。

③ ［古希腊］亚里士多德：《政治学》，颜一、秦典华译，中国人民大学出版社2003年版，第48页。

人执政虽然也存在一些问题，但是多数人执政仍然胜过由少数人执政，这是因为"一旦过多的人被排斥于公职之外，城邦中就会遍地是仇敌。惟一的解救办法是让他们参与议事和审判义务"。① 此外，多数人执政从整体智力上来看，也优于少数人执政，因为多数人聚焦到一起，有更充分的感知能力和判断能力。并且，由多数人执政较之于少数人执政更加"不易腐败"。

（8）城邦的人口与疆域需要适当。一个城邦必须有一定数量的人口，并且能够自己供养这些基本的人口，使其过上优良的生活。但是城邦的人口是有界限的，有一个最佳的数值。亚里士多德指出："一个城邦的最佳人口界限，就是人们在其中能有自给自足的舒适生活并且易于览视的最大人口数量。"② 此外，疆域问题也是如此，在数量和大小上，疆域应该能够使域内的居民过上"闲暇、宽裕并且是节制"的生活。

三 政体类型、更迭及保存

（一）政体就是政府

关于政体的概念，亚里士多德认为政体即是对城邦中的各种官职尤其是拥有最高权力的官职的某种制度或安排。在亚里士多德看来，政体与政府是同一个概念，"政府在城邦的任何地方都有管辖权，而政体即是政府"。③

（二）政体的类型

亚里士多德的政体理论吸收了柏拉图在《政治家篇》中的观点，提出了区分政体类型的两条原则：第一条原则是该政体是为公共利益着想还是只为自己的私利着想；第二条原则是掌权者人数的多少。根据这两条原则，亚里士多德将政体分为两类六种，其中正确的政体有三种：由一人掌权并为共同利益着想的君主政体称为君主制；由多于一人但仍为

---

① ［古希腊］亚里士多德：《政治学》，颜一、秦典华译，中国人民大学出版社 2003 年版，第 93 页。
② ［古希腊］亚里士多德：《政治学》，颜一、秦典华译，中国人民大学出版社 2003 年版，第 238 页。
③ ［古希腊］亚里士多德：《政治学》，颜一、秦典华译，中国人民大学出版社 2003 年版，第 82 页。

少数人执掌的为共同利益着想的政体称为贵族制;当执政者是多数人并为被治理者的利益着想的共和政体称为共和制。而蜕变的政体也有三种:僭主制是君主制的变体,寡头政体是贵族政体的变体,平民政体是共和政体的变体。在亚里士多德看来,僭主制或暴君制是最恶劣的政体,寡头政体次之,三类变体中最可容忍的政体是平民政体。

（三）政体职能

亚里士多德认为,一切政体都包含着三个部分或要素,这些部分或要素构成政体的主要职能。他说:"第一个部分或要素是与公共事务有关的议事机构,第二个要素与各种行政官职有关,它决定应该由什么人来主宰什么人或事,和应该通过什么样的方式来选举各类官员,第三个要素决定司法机构的组成。"① 其中议事机构主管战争与和平、结盟与解盟方面的事务,以及法律、死刑、放逐、没收、官员选举与审查等事务;行政官职方面主要包括官职的性质、官职的数目、官职的权力范围、官职的任用和任期等;司法审判主要包括法庭的形式、法庭由什么人组成、法庭审判什么事情、法庭的成员及产生方式。

（四）政体更迭

亚里士多德认为,政体不是永恒的,政体是会更迭的,例如群政体可能被僭主政体取代、贵族政体可能被寡头政体取代、共和政体可能被平民政体取代。那么,导致政体更迭的原因有哪些呢?亚里士多德认为,城邦动乱导致政体更迭的原因主要有三:"发动内乱者的心态如何;他们为了什么;以及第三点,政局动荡和党派之争往往是从什么事情上开始的。"② 具体说来,图谋变更在心态方面普遍的也是最主要的原因在于曲解了公正和平等的原则,认为其他与自己平等的人多占了便宜或与其所得应该多于却并未多于他人;此外,暴虐、恐惧、贪婪、优越或僭越、轻蔑、舞弊、疏懈、忽视小节和比例失调等都可能导致内乱。在亚里士多德看来,每一种政体更迭的原因是不同的:平民政体变更最主要的原

---

① ［古希腊］亚里士多德:《政治学》,颜一、秦典华译,中国人民大学出版社2003年版,第145页。
② ［古希腊］亚里士多德:《政治学》,颜一、秦典华译,中国人民大学出版社2003年版,第161页。

因在于"平民领袖们的放肆",他们或是私下里中伤富人、迫使富人联合起来,或者是在公开场合鼓动群众围攻富人。寡头政体的更迭途径有两个:一是群众蒙受了不公正的待遇,二是寡头集团内部的自相倾轧;共和政体与贵族政体之所以倾覆,是由于它们背离了"政体自身的公正原则"。贵族政体中的动乱来源于"名位仅为少数人所占据",倘若群众也和统治者一样贤明,内乱最有可能发生。僭主制覆灭的原因一方面是外有敌患;另一方面是内部失和导致党争而失败。

(五)政体的保全之策

亚里士多德认为,尽管不同的政体有不同的保全策略。但是对于任何政体而言,共同的保全之策主要有以下几种方法。

一是在奖赏与惩罚时要学会"温水煮青蛙"。"不能让某个人的势力得以异乎寻常地膨胀,更应当尽理设法在长时间内一点一滴地授人以名位,而不是骤然间授之以显赫高位。因为人们是会腐化堕落的,毕竟不是人人都能交上好运。倘若已经做错,照样不能骤然剥夺那些在骤然之间所给出的名位,而须逐次缓慢地予以剥夺。"[①]

二是要求助于法律,实行法治。制定各种法律尽力防止任何人拥有过多过大的权力,通过法律在城邦家政的各个领域树立起良好的秩序,杜绝各类官员借职牟取钱财。

三是要建立专门的监察官监督官员的私生活。这是因为"既然人们的私生活也可能引起政体的变革,就应当委用一位官员专事监督那些其私生活与现行政体不相协调的人"。[②]

四是实行权力制衡,增扩中产阶层。把管理权和行政官职分别授予彼此反对的部分,并增扩中产阶层,以便消除不平等的起因。

五是选拔忠诚、德性又富有才能的官吏。在亚里士多德看来,政体中重要官职的人选必须具备三个条件:"首先,必须忠于现存政体;其次,必须具有为政方面的最高才能;第三,必须具备为每一政体特有的、与

[①] [古希腊]亚里士多德:《政治学》,颜一、秦典华译,中国人民大学出版社2003年版,第181—182页。

[②] [古希腊]亚里士多德:《政治学》,颜一、秦典华译,中国人民大学出版社2003年版,第182页。

该政体相称的那种德性和正真。"①

六是保持稳定的力量大于变革的力量。亚里士多德指出："我们多次强调过的最重要的一个因素是,愿意维持现政体的人众的势力必须强于不愿维持现政体者的势力。在这一切之外,不应忽视但在今天为诸种蜕变了的政体所忽视的一点是:中庸。"②

七是实行公民教育。亚里士多德指出："在我们述及的所有保全政体的措施中,最重要的一条是依照政体的宗旨对公民实施教育,不幸在今天所有人都忽视了这点。最有益的法律,而且得到了其所辖的全体公民的称道,如果在政体范围内未能形成风尚及通过公民教育深入人心,这样的法律就依然是无用的。"③

不同的政体有不同的保存方法。例如贵族政体最重要的是行政官员要处理好政体内外的关系;寡头政体需要更多关心穷人,让穷人有更多机会步入富人之列;平民政体中则应当设法保护富人,不能剥夺其财产与收入;君主政体则因谦恭有度得以保全。但是由于僭主制是最坏的政体,所在保存起来麻烦些。僭主制的保存方法主要表现为如下三方面。(1) 运用僭术。这些僭术可以概括为三端:"在公民中制造不信任的气氛;使公民们无力举事;使公民们心志狭窄。"④ (2) 保持权力。不管臣民愿意不愿意,一定要死死抓住权力,放弃权力就无异于放弃了僭主政体。(3) 像君主一样行动。或者说培养君主特质,至少要让人们觉得自己大有君主风范——一是他应当表现得留意城邦财政收入,不挥霍或浪费;二是他应当显得征收赋税只是为了城邦的公益事业;三是他应不露严厉,只显尊贵,让见到他的人心生尊敬而不是畏惧;四是僭主本人及随从都不能公然强暴其臣民;五是他必须最大限度地保持节制,若是做不到的话,至少也应设法掩过他人耳目;六是他应显得格外虔诚敬神,

---

① [古希腊] 亚里士多德:《政治学》,颜一、秦典华译,中国人民大学出版社2003年版,第184页。
② [古希腊] 亚里士多德:《政治学》,颜一、秦典华译,中国人民大学出版社2003年版,第184—185页。
③ [古希腊] 亚里士多德:《政治学》,颜一、秦典华译,中国人民大学出版社2003年版,第186页。
④ [古希腊] 亚里士多德:《政治学》,颜一、秦典华译,中国人民大学出版社2003年版,第199页。

"因为只要人们觉得他们的统治者信奉神灵并对诸神虔诚恭敬,他们对蒙受非法待遇的担心或恐惧就会减轻不少"①;七是防止任何一个人爬得太高,如果有了这样一个人,就应增至多人;八是他应当避免一些暴虐行为,尤其避免对人身及青少年的侵凌;九是他应该努力让穷人和富人保持平衡,并让他们相信,由于他的统治他们才得以延续其生存,并且彼此之间互无侵害;十是僭主应向其臣民表明,"自己不是一位僭主而是一位总管家或君王,不是为自己谋私利,而是公共利益的监护人";② 十一是在生活方面他应追求节制,决不能骄纵失度;十二是他应与显贵阶层为伍,在群众面前充当平民领袖。做到这一切之后,僭主的统治就必定会变得既高尚又令人欣羡。

四 最优政府的选择

首先,最优良的政府是使大多数人过着有德性的优良生活的政府。在亚里士多德看来,最优良的生活即是最幸福的有德性的中庸的生活,"幸福的生活在于无忧无虑的德性,而德性又在于中庸,那么中庸的生活必然就是最优良的生活"。③ "最优秀的政体必然是这样一种政体,遵从它人们能够有最善良的行为和最快乐的生活。"④

其次,最优良的政府是由中产阶层执掌政权的政府。亚里士多德认为,任何一个城邦的公民均可分为三个阶层:极富阶层、极穷阶层、中间阶层。亚里士多德认为,中产阶层构成的城邦或政府是最理性的,也是最优的,这种政府必定能得到最出色的治理。其原因主要基于如下四点。(1)中产阶层是最安分守己的群体。"他们不会像穷人那样觊觎他人的财富,也不会像富人那样引起穷人的觊觎,没有别的人会打他们的主

---

① [古希腊]亚里士多德:《政治学》,颜一、秦典华译,中国人民大学出版社2003年版,第201页。
② [古希腊]亚里士多德:《政治学》,颜一、秦典华译,中国人民大学出版社2003年版,第203页。
③ [古希腊]亚里士多德:《政治学》,颜一、秦典华译,中国人民大学出版社2003年版,第137页。
④ [古希腊]亚里士多德:《政治学》,颜一、秦典华译,中国人民大学出版社2003年版,第230页。

意。他们不想算计他人,也无被人算计之虞。"① (2) 中产阶层是最具有中庸美德的群体。这种情况使得中产阶层最具有理性,在中庸处境下"人最容易听从理性,而处于极端境况的人,如那些在相貌、力气、出身、财富以及诸如此类的其他方面超人一等的人,或者是与上述人相反的那些过于贫穷、孱弱和卑贱的人,他们都很难听从理性的安排"。② (3) 中产阶层保持中间状态有利于排除党争。"凡是中产阶层庞大的地方,公民之间就很少有党派之纷争。"③ (4) 中产阶层有利于保持政体的稳定性。因为"中产阶层参加权力角逐,就可以改变力量的对比,防止政体向任何一个极端演变"。④ 在亚里士多德看来,平民政体比寡头政体更稳定和持久,也是因为平民政体中的中产阶层人数较多的缘故,如果一个政体中缺少了中产阶层,穷人在数量上占绝对优势,那么内乱很快就会发生。

再次,最优良政府是综合了多种政体优点的共和政府。共和政府的优势主要表现为三个方面。第一,共和政府是由多数人掌权的政体。共和政体拥有庞大的中产阶层,多数人的智慧和意见要超过少数人的智慧和意见,"在许多事情上众人的判断要优于一人的判断"。⑤ 第二,共和政府吸纳了平民政体和寡头政体的某些要素混合而成的中间体系。在亚里士多德看来,共和政体中的各个因素倘若混合得越好越平衡,这个政体就会存在得越久。第三,共和政府是最能保护大多数公民利益的政体。在共和政体中,一方面,公民进行了广泛的参与,从而保障了自己人权利;另一方面,以法治为治理原则的理念保障了公平正义和长治久安。

---

① [古希腊] 亚里士多德:《政治学》,颜一、秦典华译,中国人民大学出版社2003年版,第138—139页。

② [古希腊] 亚里士多德:《政治学》,颜一、秦典华译,中国人民大学出版社2003年版,第138页。

③ [古希腊] 亚里士多德:《政治学》,颜一、秦典华译,中国人民大学出版社2003年版,第139页。

④ [古希腊] 亚里士多德:《政治学》,颜一、秦典华译,中国人民大学出版社2003年版,第139页。

⑤ [古希腊] 亚里士多德:《政治学》,颜一、秦典华译,中国人民大学出版社2003年版,第107页。

第三节 西塞罗的行政思想

马尔库斯·杜利乌斯·西塞罗（Marcus Tullius Cicero，前106—前43），罗马共和国末期的著名政治家、思想家、哲学家。公元前106年，西塞罗出生于古罗马一个富裕的骑士家庭，从小受到良好教育，曾在希腊学习。他兴趣广泛，知识渊博，深入研究过柏拉图、亚里士多德、斯多葛学派的著作。公元前80年，西塞罗为罗西乌斯辩护，开始在法律界崭露头角并于公元前66年担任大法官。公元前63年，西塞罗43岁时在贵族保守派的支持下担任罗马执政官。由于他平息了一场企图推翻罗马共和国的阴谋动乱，曾获得了"国父"的尊号。公元前58年，西塞罗因被迫支持"前三巨头"庞贝、恺撒、克拉苏的联盟而主动疏远政界，集中精神从事写作，完成了《论演说术》《论共和国》等著作。公元前51年，西塞罗出任小亚细亚西里西亚行省总督。公元前48年，庞贝在与恺撒的争斗中失败，西塞罗因不满恺撒的独裁又主动脱离政界，从事著书写作，恺撒曾劝他回来，但是没有成功。公元前44年，55岁的恺撒被元老院密谋刺杀后，西塞罗重出政坛，担任元老院发言人，但是支持恺撒的继承人屋大维，因政见不同与执政官安东尼结下了矛盾。不久，因罗马政局不稳，"后三巨头"安东尼、屋大维、雷必达开始结盟，追捕恺撒的刺杀者，西塞罗因支持特赦刺杀者而卷入这场矛盾冲突，并最终成为被惩罚的"300名元老、2000名骑士"中最著名的牺牲者。屋大维曾打算赦免西塞罗，但安东尼坚决反对，随后西塞罗被安东尼手下刺杀。

西塞罗著述甚丰，一生留下了30多部著作和880多封书信，《国家篇 法律篇》是其最著名的代表作。西塞罗生活在罗马共和国向罗马帝国过渡的大转折时期，目睹了罗马独裁势力对元老贵族权力的削弱，希望恢复古罗马共和国制度以实现昔日的繁荣，但是当他看到罗马内部斗争中元老贵族的软弱无能时又深感君主权力的重要性，赞美君主制度的优越性，试图挽救即将衰亡的罗马共和国。

西塞罗作为一个博学多才的雄辩家和思想家，既有理论上的建树，又有对实践的深刻体验。其行政思想主要体现为其对国家理论、政体理论、正义价值以及法治的深刻阐述。其思想在西方思想发展过程中占据了一个其他思想家无法替代的地位，因为"他几乎是从古希腊时期到欧洲进入中世纪这一历史时期唯一具有代表性的政治思想人物"。① 有学者甚至认为文艺复兴在本质上是对西塞罗的复兴，西塞罗的影响在启蒙时代达到了顶峰，其作品深深影响着洛克、休谟、孟德斯鸠、汉密尔顿等哲学家、思想家与政治学家。

一 国家理论

（一）国家起源

西塞罗认为，国家是由民族组成的，是一个民族的财产；而民族是由个体的某种"社会精神"而组成的，这种社会精神在西塞罗看来即是出于人的本性的某种自然结合的精神。西塞罗继承了亚里士多德的"人是天生的政治动物"的观点，认为人本性是一种合群的动物，需要为了共同利益而结合某种共同体，"因为人并非一种独居或不合群（unsoial）的造物，他生来便有这样一种天性，即使在任何一种富足繁荣的条件下，他也不愿孤立于他的同胞。"② 从这一点来看，国家即是基于正义和共同利益的人民的联合体，它是"很多人依据一项关于正义的协议和一个为了共同利益的伙伴关系而联合起来的一个集合体"。③

（二）国家目的

既然国家是基于正义和共同利益而建立起来的一个联合体，那么，国家存在的目的即是在于维护公共利益和实现社会正义。首先，国家的存在是为了维护公共利益和人们的生活幸福。在西塞罗看来，国家即是"人民的财产"，是属于人民的，是为了维护人民的共同利益而存在的；在维护人民共同利益的同时也是为了实现人民的幸福生活。西塞罗以罗马共和国为例指出国家的目的是"公民伙伴的幸福生活，是以财富支持

---

① ［古罗马］西塞罗：《国家篇 法律篇》，沈叔平、苏力译，商务印书馆1999年版，译者前言第ⅲ页。

② ［古罗马］西塞罗：《国家篇 法律篇》，沈叔平、苏力译，商务印书馆1999年版，第35页。

③ ［古罗马］西塞罗：《国家篇 法律篇》，沈叔平、苏力译，商务印书馆1999年版，第35页。

的、物质资源丰富的、因光荣而伟大以及因美德而受称赞的幸福生活"。①另外，国家也是为了正义而存在的，"如果没有最严格的正义治理就不可能"。② 在西塞罗看来，正义也是实现国家和谐的需要，"一个国家是通过不同因素之间协调而获得和谐的，其方法是把上、中、下三层阶级（似乎他们就是音乐中的音调）公正且合乎情理地混合在一起。音乐家所说的歌曲和谐就是一个国家的一致，这是任何共和国中永久联盟的最强有力和最佳的纽带；而没有正义来帮助，这种一致是永远不会出现"③。

（三）智者治国

西塞罗继承了柏拉图关于由"哲学王"来治理国家的思想，认为国家的治理需要由智者即哲学家来治理。一方面，西塞罗强调智者首先要有积极入世治理国家的理想与奉献精神。西塞罗本身就有这样的理想，作为大法官与执政官，西塞罗对治理国家满怀抱负与希望，即使面临不幸时也是如此。他说："我还将毫不犹豫地献身于最凶猛的暴风雨，而且，我甚至还要说，我可以面对雷电的轰击，为了我的同胞公民的安全，我愿意以个人的危险换取所有人的安宁生活。老实说，我们的祖国生养教育我们，并非不期望——在某种程度上——我们给予某些积极的回报；祖国并非仅仅为了使我们便利，给我们的闲适一个安全的庇护所，为我们的安宁提供一个安静的隐居地；相反，她给予了我们这些有利条件，她就可以在她需要时使用我们的勇敢和才华中的更大和更重要的部分，留给我们个人使用的，仅仅是她的需要得到满足之后而可能留下来的那些。"④ 另一方面，西塞罗强调治理国家是智者的重要责任。即使智者不愿降低其高尚位置而从事治国术，但是如果国家需要，他就不应拒绝这种责任。西塞罗指出："如果还有什么人为哲学家的权威所左右，那么就让他再聆听并关注一下那些在博学中具有最高权威与声望的人物吧；这

---

① ［古罗马］西塞罗：《国家篇 法律篇》，沈叔平、苏力译，商务印书馆1999年版，第124页。

② ［古罗马］西塞罗：《国家篇 法律篇》，沈叔平、苏力译，商务印书馆1999年版，第92页。

③ ［古罗马］西塞罗：《国家篇 法律篇》，沈叔平、苏力译，商务印书馆1999年版，第91页。

④ ［古罗马］西塞罗：《国家篇 法律篇》，沈叔平、苏力译，商务印书馆1999年版，第16页。

些人，即使他们并未亲自治理过国家，但是由于他们在许多研究和著作中都讨论过国家，我认为他们在国家中已经履行了他们自己的某些职能。事实上，我还注意到希腊人称之为'智者'的七个人，都曾在治国事务中承担过重要角色。"① 此外，西塞罗认为只有智者才具备掌握国家治理艺术和训练人民的才能、知识和品德。他指出："除了心灵自然拥有和在公共事务中通过经验获得的那些技能外，还应当增加学问和丰富知识，那么，人人便应该认为一个兼有这些才识的人要比所有其他的人都高出一筹。因为，还有什么东西能比把处理种种大事的经验与其研究和掌握的其他技艺统一起来更值得钦佩的呢？"②

二 最好的政府形式是混合政体

西塞罗继承了柏拉图、亚里士多德等人的政体理论，并在此基础上将政体理论进行了更深入的研究，他认为只有将君主政体、贵族政体、民主政体的积极因素综合起来的混合政体才是最好的政体。

西塞罗也将政体为分三类：君主政体、贵族政体和民众政体。君主政体即是最高权力掌握在一人手中；贵族政体即是最高权力掌握在被挑选出来的部分公民手中；民众政体或民主政体，其最高权力完全掌握在人民手中。西塞罗认为这三种政体虽然都有合理之处，但是都有缺陷，都不太完美，都有一条陡峭泥泞的道路并会导致一个与它邻近的腐败形式。这三种政府形式"尽管不完善或在我看来不是最好，都还是可以忍受的；当然，其中某一种可能比另一种更为优越"。③ 每一种政府形式都有自己的优缺点，并且都有自己的支持者，君主制的支持者认为如果君主由最有品德的人来治理就可以像对待自己的孩子一样来对待公民；而贵族制的支持者认为咨询多人要比咨询一人更多些智慧；而民主政体的支持者则认为没有什么比自由更可贵。从这方面来看，君主制的吸引力

---

① ［古罗马］西塞罗：《国家篇 法律篇》，沈叔平、苏力译，商务印书馆1999年版，第18页。

② ［古罗马］西塞罗：《国家篇 法律篇》，沈叔平、苏力译，商务印书馆1999年版，第94—95页。

③ ［古罗马］西塞罗：《国家篇 法律篇》，沈叔平、苏力译，商务印书馆1999年版，第36页。

在于其感情,贵族制的吸引力在于其智慧,民主政府的吸引力在于其自由。

西塞罗认为,从现实中看,如果非要在上面三种政府形式里面选择,君主政体是相对较好的一种,"在我看来,君主制就是这三种基本政府形式中最好的一种。"① 但这里有一个前提,即君主本身具备完美的道德与才能,并且公正行事,"只有公民的安全、平等权利和安宁由一个单一统治者的终身权威、他的正义和他的完善智慧来维护才能实现"。② 与柏拉图一样,西塞罗也极端不认同民主政府,认为民主政府存在重大缺陷。一是民主政府导致自由泛滥。"在这种国家里,必然是自由到处泛滥,以致不但所有的家庭都没有主人,而且这种无政府的邪恶甚至扩散到家畜,一直到最后,父亲畏惧他的儿子,儿子嘲笑他的父亲,所有的羞耻感都没有了,所有的人都绝对自由,公民与外邦人之间也没有区别;学校校长畏惧并奉承他的学生,而学生鄙视他们的教师;年轻人摆出老人的庄严,而老人则谄媚青年的游戏,因为老人们生怕后生不喜欢他们,怕被认为太严肃了。"③ 二是民主政府会导致极端的奴役。西塞罗指出,任何极端的事物在其条件过分优越时会走向其反面,国家治理也是如此。他说:"无论是民族还是个人,过度的自由会变成一种极端的奴役。这种极端自由造就了僭主制的完全不正义和残酷奴役。因为从这样一个没有治理的,或者,更确切地说,不受约束的民众中,常常有某一人——有些鲁莽并堕落的人——被挑选出来当领袖,去反对那些受到迫害并被赶下领导岗位的上层公民,他常常无耻地折磨一些甚至是有功于国的人,他求宠于人民,并把他人的以至自己的财产馈赠给他们,……最终,他成为一个僭主,统治的正是那些当初推举他掌权的人们。"④

西塞罗认为,还存在第四种政府形式,即混合政体,这种政府形式

---

① [古罗马]西塞罗:《国家篇 法律篇》,沈叔平、苏力译,商务印书馆1999年版,第53页。
② [古罗马]西塞罗:《国家篇 法律篇》,沈叔平、苏力译,商务印书馆1999年版,第77页。
③ [古罗马]西塞罗:《国家篇 法律篇》,沈叔平、苏力译,商务印书馆1999年版,第52页。
④ [古罗马]西塞罗:《国家篇 法律篇》,沈叔平、苏力译,商务印书馆1999年版,第53页。

最理想的政府形式,也是最值得推荐的。因为"如果仅仅采用其中一种,我不赞成其中的任何一种,我认为它们三者结合的形式优于其中任何单独的一种"。① 西塞罗认为混合制比君主制更为可取,因为混合政府形式具有其他政府形式没有的优点。一是混合政体提供了高度的平等。一种理想的政体一方面必须有一种最高的和高贵的成分;另一方面又应该留给民众来判断和欲求的部分。这样一个政体是通过宪制来实现,它保证了政体里面公民间的平等,而平等则是自由人在任何比较长的时间内难以置之不顾的。二是混合政体具有稳定性。前面三种政体很难长久地自我维持,因为君主政体容易为暴君所取代、贵族政体容易蜕化为寡头统治,而民主政体容易为暴民和无政府状态取代。但是情况对"混合的而又恰当均衡的宪制来说却不经常发生,除非统治阶级中犯了一些重大错误"。② 三是混合政体能够是一个平衡与和谐的政体。西塞罗指出,混合政体能够在不同阶层之间实现权利、义务与职能的平衡,"一个国家中必须存在一种权利、义务与职能之间的平衡,因此行政官员拥有足够的权力,显赫公民的顾问们有足够的影响力,以及人民有足够的自由,否则的话,这样的政府就不可能免除革命。"③ 在西塞罗看来,罗马共和国就是这种混合政府形式的体现,执政官是君主政体的因素,元老院是贵族政体的因素,公民大会是民主政体的因素。西塞罗的混合政体理论实际上也是继承了波利比阿的混合政体理论。

三 治理国家的艺术

从西塞罗的行政思想来看,可以将西塞罗治理国家的艺术分为三个方面。

(一) 法治

法治即是依靠法律来治理。西塞罗在《国家篇 法律篇》一书中着重

---

① [古罗马] 西塞罗:《国家篇 法律篇》,沈叔平、苏力译,商务印书馆1999年版,第43页。

② [古罗马] 西塞罗:《国家篇 法律篇》,沈叔平、苏力译,商务印书馆1999年版,第54页。

③ [古罗马] 西塞罗:《国家篇 法律篇》,沈叔平、苏力译,商务印书馆1999年版,第85页。

论述了法治的思想,他将"法"分为三类,即自然法、人类法与神法。自然法即是来源于自然的法,它并非是思想的产物,而是一些永恒的东西,来源于人的本性,而人的本性则是理性。西塞罗指出:"法律是植根于自然的、指挥应然行为并禁止相反行为的最高理性(reason),那么看来他们是正确的。这一理性,当它在人类的意识中牢固确定并完全展开后,就是法律。"① 在西塞罗看来,法律并非在形成文字后才出现,而是理性一存在就成了法律。西塞罗认为,自然法既是理性的,也是绝对正义的和永恒的,"真正的法律是与本性(nature)相合的正确的理性;它是普遍适用的、不变的和永恒的;它以其指令提出义务,并以其禁令来避免做坏事"。② 但是西塞罗认为人类光有自然法还不够,自然法由于是人的理性决定,所以只能对善良的人们有约束作用,而对缺乏理性行为的恶人并不奏效。因此,除了自然法,人类还需要人类法,人类法的主要作用是约束恶人,"它对邪恶者施以惩罚,而保卫和保护善者"。③ 但是人类法仍然需要以自然法为基础,而不能违背或削弱自然法。而神法则是以理性为基础的支配整个宇宙的法。在西塞罗看来,既然没有比理性更好的东西,而且它在人心和神心之中都存在,那么人和神第一个共有的"就是理性",那么"人也与神共同拥有法"④。这样,西塞罗通过"理性"这一词,将自然法、人类法、神法统一起来了,它们的共同目的是服务于人类的正义:"正义只有一个;它对所有的人类社会都有约束力,并且它是基于一个大写的法,这个法是运用于指令和禁令的正确理性。无论谁,不了解这个大写的法——无论这个法律是否以文字形式记录在什么地方——就是没有正义。"⑤

---

① [古罗马]西塞罗:《国家篇 法律篇》,沈叔平、苏力译,商务印书馆1999年版,第160页。

② [古罗马]西塞罗:《国家篇 法律篇》,沈叔平、苏力译,商务印书馆1999年版,第106页。

③ [古罗马]西塞罗:《国家篇 法律篇》,沈叔平、苏力译,商务印书馆1999年版,第191页。

④ [古罗马]西塞罗:《国家篇 法律篇》,沈叔平、苏力译,商务印书馆1999年版,第162页。

⑤ [古罗马]西塞罗:《国家篇 法律篇》,沈叔平、苏力译,商务印书馆1999年版,第172页。

(二) 德治

西塞罗不仅强调法律在国家治理中保护公民安全、维护国家稳定以及保障人们生活的安宁与幸福，而且特别重得美德在国家治理中的作用。一是德治是要依靠品德来治理国家。否则，如果只依靠权力、名望或财富来治理国家，就会导致国家的腐败。西塞罗指出："当财富、名望和权力在缺少关于如何生活和如何统治他人的智慧和知识时，就充满了不光彩和傲慢的自负，没有比这种把最富者算作最优者更为腐败的国家形式了。但是，有什么能够比依据品德来治理国家更为高贵的呢？"① 二是德治可以培养人们羞耻心，而羞耻感比法律更具震慑力。正如西塞罗指出的："因畏惧法律所规定的刑罚而阻止他们犯罪的震慑力，并不如羞耻感的震慑力，这种羞耻感是大自然给予人的，令他们害怕正当的责备。当政的政治家在共和国中通过公共舆论的力量强化了这种感觉，并以原则的灌输和系统的训练使它完善起来，因此在震慑公民使之不犯罪的作用上，羞耻感并不比畏惧感更少效力。"② 三是德治可以培养人们良好的风俗。国家治理除了法律外，还需要好的风俗习惯。西塞罗指出，罗马共和国之所以长期维持和延伸得如此广阔，靠的就是"我们祖先的风俗习惯培养了杰出的人，而杰出的人维护了我们古老的风俗习惯和他们祖先的制度"。③

(三) 国家治理技艺的运用

西塞罗强调智者治理国家的技艺在于对智慧、品德与才能的运用。他指出："品德存在完全取决于对它的使用；而对它最高贵的使用便是治理国家，是把那些哲学家在其各自角落喋喋不休地向我们耳朵所灌输的那些东西变为现实，而不是变为语词。"④ 在西塞罗看来，不管是权力、财富还是人的品德、才能，只有使用才有意义，这是大自然的法则，这

---

① [古罗马] 西塞罗：《国家篇 法律篇》，沈叔平、苏力译，商务印书馆 1999 年版，第 41 页。
② [古罗马] 西塞罗：《国家篇 法律篇》，沈叔平、苏力译，商务印书馆 1999 年版，第 123—124 页。
③ [古罗马] 西塞罗：《国家篇 法律篇》，沈叔平、苏力译，商务印书馆 1999 年版，第 121 页。
④ [古罗马] 西塞罗：《国家篇 法律篇》，沈叔平、苏力译，商务印书馆 1999 年版，第 12 页。

也是必要之物与可欲之物的区别。他说:"大自然的法则禁止任何东西为任何人所有,除非他知道这东西的用处以及如何使用它;只有这样的人才可能认为我们的军事统帅和执政官都应划归为必要之物和可欲之物,应该出于责任感而承担,而不应出于追逐名利而承担。"[①]

[①] [古罗马]西塞罗:《国家篇 法律篇》,沈叔平、苏力译,商务印书馆1999年版,第28页。

第 二 章

文艺复兴以来欧洲的行政思想

文艺复兴是指 14 世纪到 17 世纪的西欧思想文化解放运动，文艺复兴从意大利开始，传播到欧洲其他地区。文艺复兴出现的原因，至少有以下几方面。一是生产力的发展特别是科技的发展，改变了人们认识世界的方式，促进了艺术、建筑、哲学、文学、音乐、科技、政治、社会的全面发展，"科学革命既是文艺复兴的最后表现，也是它对现代世界观的突出贡献。"[1] 哥白尼、开普勒、伽利略、牛顿等科学家的发明转变了人们认识世界的方式。二是新兴的资产阶级权利意识的觉醒，开始怀疑宗教神学的绝对权威，不满教会对精神世界的统治，开始追求自身的利益。三是发生于 14 世纪中叶的欧洲大瘟疫"黑死病"，夺走了数千万人的生命，并对社会造成巨大影响，人们不再相信万能的上帝。四是一些宗教改革运动的思想家如但丁、马西略等，反对宗教与神权统治，使得人们开始怀疑宗教神学的绝对统治。五是欧洲复杂的社会形势特别是瘟疫促使人们开始思考人的尊严与价值问题，人文主义精神开始兴起，人文主义精神的核心是以人为中心而不是以神为中心，将人从神学的桎梏下解放出来，倡导个性解放，不仅促进了文艺复兴运动的发展，也为思想的启蒙提供了广阔的舞台。文艺复兴运动之后，17、18 世纪的欧洲出现了第二次思想解放运动，称为欧洲思想启蒙运动，以法国的伏尔泰、孟德斯鸠、卢梭等为代表，此后席卷欧美。欧洲思想启蒙运动在文艺复兴运动所宣扬的人文主义的基础上，又向前发展了一大步，它宣扬理性主义，

---

[1] ［美］理查德·塔纳斯：《西方思想史》，吴象婴、晏可佳、张广勇译，上海社会科学院出版社 2017 年版，第 248 页。

反封建专制及教会思想，不仅促进了人类思想的大繁荣，也为资本主义国家的治理奠定了重要的思想和理论基础。文艺复兴运动以及资产阶级革命时期的启蒙运动，都是思想的大解放，各种思想不断碰撞、传承、交融，促进了人类思想的大发展、大进步、大繁荣。特别是在批判传统教会统治的同时把人的幸福从天国带到了人间，促进人们去追求"地上的幸福"而不是想象中的"天国的幸福"。即使地上的幸福并不完美，但它是现实的、真实存在的，"地上的幸福""不再有神的光环，不再有竖琴，也不再有合唱的天使"。① 这一时期的代表人物和代表学说非常多，如马基雅维里的君主论、霍布斯的国家理论、洛克的政府起源与政府解体学说、孟德斯鸠的政府权力制衡学说、卢梭的社会契约学说、斯密的守夜人政府理论、密尔的代议制政府理论等。

第一节 马基雅维里的君主论

尼科洛·马基雅维里（Niccolò Machiavelli，1469—1527），文艺复兴时期意大利佛罗伦萨的思想家、政治军事家、外交家，是近代资产阶级政治思想的奠基者之一。马基雅维里的时代正处于文艺复兴时期，他是第一个使政治学独立、同伦理彻底分家的人，有"资产阶级政治学奠基人"之称，恩格斯称他是"这个伟大时代的巨人之一"。② 马基雅维里出身于佛罗伦萨一个破落的贵族家庭，他的父亲贝尔纳多（Bernado）获法学博士后虽然成为一名律师，但是却很贫穷，爱好研究古典著作，藏有大量书籍，这对马基雅维里的研究兴趣产生了深刻的影响；他的母亲能作诗。马基雅维里七岁入学，但是家里除图书外一无所有，他主要以自学为主，勤奋努力、博览群书，利用父亲的藏书阅读了西塞罗的著作以及《罗马史》等，并对社会哲学产生了兴趣。马基雅维里在佛罗伦萨大学完成了教育，并受到人文主义者语言学家马尔切诺·阿德里亚尼（Marcello Adriani）的古典文学训练，为此后的著述奠定了良好的基础。

---

① ［法］保罗·阿扎尔：《欧洲思想的危机（1680—1715）》，方颂华译，商务印书馆2019年版，第274页。

② 《马克思恩格斯全集》第20卷，人民出版社2001年版，第361页。

马基雅维里的时代正处于文艺复兴时期人文主义思潮蓬勃发展的时期。但是由于新航线开辟，世界商业贸易中心转移到了大西洋沿岸，意大利经济落后了，政治上也处于割据时期，各城市共和国、王国、公国、教皇等分而治之，意大利处于四分五裂之中，特别是1494年法国查理八世入侵佛罗伦萨，使意大利进入内忧外患交并的困难时期。1498年，29岁的马基雅维里被佛罗伦萨共和国政府任命为第二秘书厅秘书长，随后又担任"自由与和平十人委员会"秘书，在最高行政机关"执政团"领导下负责外交与军政事务，先后到法国、德国、瑞士等国以及意大利各城邦开展交流，积累了丰富的政治外交与行政经验，并为其写作《君主论》提供了广泛的实践素材，并他深感"弱国无外交"。1512年，由于原先被起义军驱逐的梅迪奇家族（The Medici）卷土重来，佛罗伦萨共和国政府遭到颠覆，马基雅维里被投入狱，后被释放。马基雅维里出狱后，全家迁居到佛罗伦萨附近的一个小村庄，他与妻子一家七口在乡下过着贫困的农民生活。由于生活拮据，他甚至在给友人的信中这样哀叹，"我不如死了好些，我的家族如果没有我会较好些，因为我只是家族的一项负担"。即使在这样的情况下，马基雅维里也没有忘记经国治世的理想，他把生活分为两截：白天在农民当中劳动和生活；黑夜单独"与古人晤对"，探索治国之道。《君主论》就是在这种情况下完成的。

马基雅维里潜心研究古代历史，仍然希望能够获得梅迪奇殿下的任用，继续为国效力，他在上书梅迪奇殿下时曾这样写道："凡是想要获得君主恩宠的人们，向来都是把自己认为最宝贵的东西或者自以为君主最喜爱的东西作为献礼。因此我们常常看见人们把骏马呵、武器呵、锦绣呵、宝玉呵以及同君主的伟大相称的一类装饰品献给君主们。现在我想向殿下献呈本人对你一片忠诚的证据，我学得在我所有的东西里面，我认为最宝贵和最有价值的莫过于我对伟大人物事迹的知识了。"[①] 但最终《君主论》一书也没有到达梅迪奇殿下手中，马基雅维里本人也并没有被起用。1527年梅迪奇家族再次被推翻，佛罗伦萨恢复共和国，但新政府因他一度追随梅迪奇政权而没有任用他。同年，德国与西班牙军队进行了"罗马洗劫"，史称文艺复兴运动终结。面对命运的沉重打击，马基雅

---

① ［意］尼科洛·马基雅维里：《君主论》，潘汉典译，商务印书馆1985年版，第1页。

维里在忧郁中病逝。但是《君主论》使马基雅维里获得了举世周知的名声，在宗教界、政界、学术领域和社会上广泛地引起了各种强烈的反响，直到四百多年后的今天，书中的部分观点仍引起人们的兴趣和争论。马基雅维里对行政学的贡献集中体现在《君主论》（*The Prince*）一书中，其他著作还有作为《君主论》姊妹篇《李维史论》《论战争的艺术》《佛罗伦萨史》《曼陀罗花》等。

一 国家盛衰的根源

（一）国家失败的根源

马基雅维里认为雇佣军是国家失败最主要的根源。马基雅维里所处的时代正是文艺复兴时期，但在意大利却是混乱与割据的时代。佛罗伦萨乃至整个意大利处于普遍的分裂之中：内部四分五裂，各派系相互钩心斗角，再加上邻国虎视眈眈，民族的命运危在旦夕。造成这一切的根源是什么呢？这是作为具有14年从政经验的马基雅维里苦苦寻求的问题。马基雅维里认为，雇佣军是国家一切灾难的根源，"雇佣军和援军是无益的，并且是危险的，一个人如果以这种雇佣军队作为基础来确保他的国家，那么他既不会稳固亦不会安全，因为这些雇佣军队是不团结的，怀有野心的，毫无纪律，不讲忠义，在朋友当中则耀武扬威，在敌人面前则表现怯懦。"[①] 在马基雅维里看来，意大利的崩溃不是在于别的原因，而是由于多年来"依赖雇佣军"，虽然其提供了一些帮助，但是雇佣军如果打败了，你就完了；如果雇佣军赢得了胜利，你就要成为他们的俘虏。所以，雇佣军是一切失败之源，一个国家最可靠的就是自己的军队。此外，国家的失败除了雇佣军，还与君主是否采取的适当策略及预防措施有关。马基雅维里在分析意大利的君主们为什么丧失了其国家的原因时指出："首先，由于前面详细讨论过的原因，他们的军队有一个共同的缺陷；其次，我们会看到，他们当中有些人要么为人民所敌视，要么尽管人民对他们友好，但他们却不知道如何保护自己的安全免于大人物为患。"[②] 在马基雅

[①] [意]尼科洛·马基雅维里：《君主论》，潘汉典译，商务印书馆1985年版，第57页。
[②] [意]马基雅维里：《君主论：拿破仑批注版》，刘训练译注，中央编译出版社2017年版，第326页。

里看来，君主失败的原因还在于缺乏远见，即"在天气好的时候从不考虑可能出现的变化"。①

(二) 国家强盛的基础

马基雅维里认为国家的强盛需要拥有自己的军队。建立自己的国民军是马基雅维里一生的梦想和追求，特别是在外交过程中，马基雅维里多次目睹国家被倾覆，深感弱国无外交，国家要强大，必须建立自己的国民军。马基雅维里认为，军队是维护国家法律与秩序的基础，"一切国家，无论是新的国家、旧的国家或者混合国，其主要的基础乃是良好的法律和良好的军队，因为如果没有良好的军队，那里就不可能有良好的法律，同时如果那里有良好的军队，那里就一定会有良好的法律。"② 在马基雅维里看来，正是缺乏自己的国民军，使得国家缺乏足够的权威来执行法律，导致意大利内部四分五裂。因此，国家需要建立自己的军队，任何一个君主国如果没有自己的军队，它是不稳固的，"世界上最弱和最不牢固的东西，莫过于不以自己的力量为基础的权力的声誉了。"③

二 国家治理的艺术

(一) 国家选择什么样的政体

马基雅维里在《君主论》开篇中就谈到，从古至今，统治人类的一切国家，一切政权，不是共和国就是君主国。而有史以来的君主国都是用两种不同的方法统治的，一种是由一位君主以及一群臣仆统治，另一种是由君主和诸侯统治。马基雅维里吸纳了亚里士多德以及西塞罗的政体分类思想，认为人类历史上出现过三种政体即君主政体、贵族政体及共和政体，而其变态则是暴君政体、寡头政体和群氓政体。马基雅维里虽然在《君主论》中花了很大篇幅论证君主制对一个强大国家的重要性，但是由于人性自利，君主制国家存在很大的不确定性，只能算是一种特殊时期的安排。他所主张的君主制国家只是一种特殊的手段，共和制才

---

① [意] 马基雅维里:《君主论: 拿破仑批注版》, 刘训练译注, 中央编译出版社 2017 年版, 第 328 页。
② [意] 尼科洛·马基雅维里:《君主论》, 潘汉典译, 商务印书馆 1985 年版, 第 57 页。
③ [意] 尼科洛·马基雅维里:《君主论》, 潘汉典译, 商务印书馆 1985 年版, 第 68 页。

是他最终的理想。罗素就指出:"他只是把君主制作为统一意大利的一种特殊的、临时的非常手段而已,共和制度仍是他的最终理想。"①

马基雅维里在《李维史论》中总结了共和政体的四个优势:第一,它把君主制、贵族制和民主制的原则结合在一起,是最稳固的国家形式,能适应各个不同时代的状况;第二,它能够使社会财富增长得更快,以增进人民的福利,使大多数人都有得到物质利益的机会,防止社会财富落入君主手中;第三,它比较容易实现人民的自由和平等,容易废止少数人的特权,使人民能够参加国家管理,发挥他们的智慧和力量;第四,它能够按照人民的要求和意愿来选择和使用官吏,无须担心统治者营私舞弊。②

(二)国家如何巩固政权

在马基雅维里看来,国家政权的巩固是国家治理艺术最重要的表现,世袭国家政权守成是比较容易的,难的是那些依靠征服或其他力量来获得政权的国家。国家政权巩固的艺术主要表现为三个方面。一是对于同一地区和同一语言的国家而言,最重要的是瓦解旧制度而保持原有语言与习惯。也就是说,在去掉旧君传统的同时"既不要改变它们的法律,也不要改变它们的赋税"。③ 二是对于语言、习惯和各种制度不同的国家而言,最好的办法是驻节与或派遣殖民。也就是说,君主亲自前往,驻节在那里,这样政权就会更稳固、更持久,这是因为如果有自己的人在那里的话,骚乱只要一露头就可以察觉。三是巩固政权另一个有效的办法是爱抚和提供保护。从爱抚方面来看,要保持爱抚的威慑力,这是因为人们受到了轻微的侵害就能够进行报复,但是对于大的损害就无能为力了;从保护来看,君主应当"使自己成为那些较弱小的邻近国家的首领和保持者,并且设法削弱它们当中较强大的势力,同时要注意不让任何一个同自己一般强大的外国人利用任何意外事件插足那里"。④ 在马基

---

① [英]伯特兰·罗素:《西方哲学史》,耿丽译,重庆出版社、重庆出版集团2016年版,第338页。
② 叶立煊、郝宇青:《西方政治思想史》,华东师范大学出版社2017年版,第58页。
③ [意]尼科洛·马基雅维里:《君主论》,潘汉典译,商务印书馆1985年版,第8页。
④ [意]尼科洛·马基雅维里:《君主论》,潘汉典译,商务印书馆1985年版,第10页。

雅维里看来,"谁是促使他人强大的原因,谁就是自取灭亡"。① 马基雅维里认为法国路易十二世之所以没能维持住自己的国家政权,是因为他犯了五个致命错误:"他灭掉弱小的国家;扩大了在意大利的一个强国的势力;把最强有力的外国人引入意大利;他既不驻节那里;又不遣送殖民到那里去。"②

(三) 治理手段的正当性

在马基雅维里看来,只要目标正当,手段只是为目的服务,可以不计较手段的使用。也就是说,君主可以不择手段达到目标。"君主采用任何实现国家主义目标的手段都是正确的;暴力、欺骗、严刑和对所谓道德法则的违反都可以通过这一伟大的目标而得到合理辩护。"③ 马基雅维里之所以认为目的正当性可以不考虑手段的正当性,根植于他对人性的悲观主义观念,在他看来,人性是恶劣的(tristi),"关于人类,一般的可以这样说:他们是忘恩负义、容易变心的,是伪装者、冒牌货,是逃避危难,追逐利益的。"④ 因此,除了用武力对抗武力、以欺骗对抗欺骗、以武器对抗恶魔外,马基雅维里看不到其他有效的解决办法。

三 怎样做一个伟大的君主

(一) 君主应当怎样守信

首先,手段为目的服务。在马基雅维里看来,君主守信,立身行事,不使用诡计,而是一本正直,这是多么值得赞美呵。"然而我们这个时代的经验表明:那些曾经建立丰功伟绩的君主们却不重视守信,而是懂得怎样运用诡计,使人们晕头转向,并且终于把那些一贯守信的人们征服了。"⑤ 其次,君主必须同时效法狐狸和狮子。马基雅维里认为,人类斗争的方法有两个,即人性和兽性。人性是运用法律的方法,而兽性是运

---

① [意] 尼科洛·马基雅维里:《君主论》,潘汉典译,商务印书馆1985年版,第17页。
② [意] 尼科洛·马基雅维里:《君主论》,潘汉典译,商务印书馆1985年版,第15—16页。
③ [美] 弗兰克·梯利:《西方哲学史》,贾辰阳、解本远译,光明日报出版社2014年版,第252页。
④ [意] 尼科洛·马基雅维里:《君主论》,潘汉典译,商务印书馆1985年版,第80页。
⑤ [意] 尼科洛·马基雅维里:《君主论》,潘汉典译,商务印书馆1985年版,第83页。

用野兽的方法。一位英明的君主,必须懂得善于运用野兽的方法,同时效法狐狸和狮子,这是因为狮子不能防止自己落入陷阱,而狐狸则不能抵御豺狼。因此,"君主必须是一头狐狸以便认识陷阱,同时又必须是一头狮子,以便使豺狼惊骇。"① 但是重要的是,君主必须深知怎样掩饰这种兽性,并且做一个伟大的伪装者和假好人。再次,是君主需要遵守信用吗？在马基雅维里看来,除非人们全都是善良的,否则,一位英明的君主绝不应当死板地遵守信义,"当遵守信义反而对自己不利的时候,或者原来使自己作出诺言的理由现在不复存在的时候,一位英明的统治者绝不能够,也不应当遵守信义。"② 最后,是君主要不要讲道德？马基雅维里是第一个将政治与伦理彻底分家的人,在他看来,君主的道德是一种伟大的伪装,"你要显得慈悲为怀、笃守信义、合乎人道、清廉正直、虔敬信神,并且还要这样去做,但是你同时要有精神准备做好安排：当你需要改弦易辙的时候,你要能够并且懂得怎么作一百八十度的转变"。③在马基雅维里看来,君主之所以可以在道德上做伪装,是因为"人们进行判断,一般依赖眼睛更甚于依靠双手,因为每一个都能够看到你,但是很少人能够接触你；每一个人都看到我的外表是怎样的,但很少人摸透你是怎样一个人,而且这些少数人是不敢反对多数人的意见的,因为后者受到国家最高权威的保护"。④

（二）君主需要赢得人民的好感和爱戴

马基雅维里认为,深深地认识人民的性质的人应该是君主,而深深地认识君主的性质的人应该是人民。不管君主是如何成为领导者的,君主在处理人民关系方面一个最重要的原则即是要想方设法赢得人民的尊重,"君主必须同人民保持友谊,否则他在逆境之中就没有补救办法了。"⑤ 当然,赢得人民好感的最重要办法是施恩惠,维持人民对国家或君主的需求,"一个英明的君主应该考虑一个办法,使他的市民在无论哪

---

① [意]尼科洛·马基雅维里：《君主论》,潘汉典译,商务印书馆1985年版,第84页。
② [意]尼科洛·马基雅维里：《君主论》,潘汉典译,商务印书馆1985年版,第84页。
③ [意]尼科洛·马基雅维里：《君主论》,潘汉典译,商务印书馆1985年版,第85页。
④ [意]尼科洛·马基雅维里：《君主论》,潘汉典译,商务印书馆1985年版,第85—86页。
⑤ [意]尼科洛·马基雅维里：《君主论》,潘汉典译,商务印书馆1985年版,第47页。

一个时期对于国家和他个人都有所需求，他们就会永远对他效忠了"。①此外，要赢得人民的爱戴和好感，君主还必须避免引起人们的憎恨，其中最重要的就是不要碰他人的财产，因为"人们忘记父亲之死比忘记遗产的丧失还来得快些"。②

（三）君主需要什么样的品质

首先是慷慨和吝啬。慷慨往往被人们认为是好的，而吝啬则往往被认为是一种恶名。但马基雅维里认为情况刚好相反，君主最需要的是吝啬而不是慷慨，"君主除非使自己负担损失，否则就不能够运用这种慷慨的德性扬名于世，所以，如果君主是英明的话，对于吝啬之名就不应该有所介意。"③在马基雅维里看来，只有那些曾经被称为吝啬的人们才做出了伟大的事业。这是因为慷慨带有豪侈的性质，君主如果想保住慷慨之名，他就需要非同寻常地加重人民的负担，最后可能把自己的财力都消耗尽了。因此，为了不去掠夺老百姓、为了不陷于穷困以致为人们所轻蔑、为了不致变成勒索强夺之徒，君主对于招来的吝啬之名不应该介意。其次是残酷与仁慈。每一位君主都希望被人认为是仁慈善良的，这是一个美好的设想。但是马基雅维里认为，为了使臣民团结一致和同心同德，君主没必要介意残酷的恶名，这是因为："除了极少数的事例之外，他比起那些由于过分仁慈、坐视发生混乱、凶杀、劫掠随之而起的人说来，是仁慈得多了，因为后者总是使整个社会受到损害，而君主执行刑罚不过损害个别人罢了。"④再次是爱戴与畏惧。在马基雅维里看来，爱戴与畏惧都是可取的（desirable），但是两者兼顾是困难的，如果需要二者选一，被人畏惧比被人爱戴安全得多。这是因为"人们冒犯一个自己爱戴的人比冒犯一个自己畏惧的人较少顾忌"。⑤在任何时候，人是自利的，人们随时会根据需要把靠恩义的爱戴一刀两断，但是对于畏惧，由于害怕受到绝不会放弃的惩罚而保持着。最后是如何运用惩罚与恩惠。马基雅维里认为，君主在国家治理过程中必然涉及各种利益，不管是给

---

① ［意］尼科洛·马基雅维里：《君主论》，潘汉典译，商务印书馆1985年版，第49页。
② ［意］尼科洛·马基雅维里：《君主论》，潘汉典译，商务印书馆1985年版，第81页。
③ ［意］尼科洛·马基雅维里：《君主论》，潘汉典译，商务印书馆1985年版，第76页。
④ ［意］尼科洛·马基雅维里：《君主论》，潘汉典译，商务印书馆1985年版，第79页。
⑤ ［意］尼科洛·马基雅维里：《君主论》，潘汉典译，商务印书馆1985年版，第80页。

予惩罚还是施予恩惠，都需要注意方法："损害行为应该一下子干完，以便人民少受一些损害，他们的积怨就少些；而恩惠应该是一点儿一点儿地赐予，以便人民能够更好地品尝恩惠的滋味。"①

第二节 霍布斯的国家理论

托马斯·霍布斯（Thomas Hobbes，1588—1679），17世纪英国著名的机械唯物主义哲学家和政治思想家，君主制的推崇者，自然法学说的著名代表。在那个风起云涌、革旧创新的大时代，特别是在英国，造就了一批挑战旧制度、创建新制度的思想家，霍布斯就是典型的代表，他把社会推向了近代史的阶段，其1651年出版的名著《利维坦》，奠定了现代国家理论与政府体制的基础。霍布斯出生于英国南部威尔特郡的一个小镇，他的父亲是一个乡村教区牧师，母亲是一个普通农妇。由于家境贫寒，霍布斯幼年在本镇读书之后，由其伯父抚养。但霍布斯从小生性聪颖，好学深思，14岁时通晓希腊文和拉丁文。15岁时霍布斯进入牛津大学学习，系统学习了经院派逻辑和亚里士多德的著作，毕业后留校讲授逻辑学。22岁时霍布斯经校长推荐担任了英国一个大勋爵的家庭教师，并陪伴这个勋爵到法国及欧洲其他国家游学，不仅大开眼界，而且在意大利结识了著名科学家伽利略等人。在阅读伽利略、开普勒等人的著作后，霍布斯认为牛津大学所学的知识没让他得到任何益处，意识到世界需要重新认识，特别是目睹法国国王亨利四世被教徒所害造成政局混乱的局面后，他认识到了建立强有力国家的必要性。1640年英国资产阶级革命后，霍布斯因反对民主制而激怒了国会中的资产阶级，不得不逃亡法国巴黎。在巴黎期间，霍布斯集中精力撰写著作，于1651年出版了名著《利维坦》一书，从理论上论证了社会需要一个绝对权威的必要性，声称即使"最坏的专制也比无政府主义强"。② 此外，他还于1655年出版了《论物体》、1658年出版了《论人性》两部重要著作。

---

① ［意］尼科洛·马基雅维里：《君主论》，潘汉典译，商务印书馆1985年版，第44页。
② ［英］伯特兰·罗素：《西方哲学史》（第3版），耿丽译，重庆出版社、重庆出版集团2016年，第361页。

一 自然状态与自然法理论

霍布斯眼中的自然状态是一种"人人相互为战"的战争状态。但是作为唯物主义者，霍布斯认为人是自然的生物，自然使人在身心两方面的能力都十分相等，以致有时某人的体力虽则显然比另一个强，或是脑力比另一个人敏捷，但这一切总加在一起，也不会使人与人之间的差别大到使这人能要求获得人家不能像他一样要求的任何利益。

为什么自然状态会成为"人人相互为战"的战争状态呢？这需要从人性说起。在霍布斯看来，人与其他动物一样，是趋利避害的，人的本性是自私自利、恐惧、贪婪、残暴无情的。人性的自私起源于人的贪婪与希望的平等，任何两个人如果想取得同一东西而又不能同时享用时，彼此就会成为仇敌，为了自保，就会彼此摧毁或征服对方，从而使人与人之间处于战争状态。正是由于人们这样互相疑惧，"于是自保之道最合理的就是先发制人，也就是用武力或机诈来控制一切他所能控制的人，直到他看到没有其他力量足以危害他为止。这并没有超出他的自我保全所要求的限度"。① 霍布斯认为，造成人与人之间战争状态的情形主要有三种：第一是竞争，第二是猜疑，第三是荣誉。第一种情形主要是为了求利，第二种情形主要是为了求安全，第三种情形主要是为了求名誉而进行侵犯。在霍布斯看来，这种战争状态如果没有一个共同的最高权力来裁判，是避免不了的。也就是说，"在没有一个共同权力使大家慑服的时候，人们便处于所谓的战争状态之下。这种战争是每一个人对每个人的战争。"② 在这种状态中，"人对人像狼一样。对于财富、荣誉和权力的争夺使得人们倾向于竞争、仇恨和发动战争，因为只有通过这一方式，一个竞争者才能够满足他杀死、征服、取代或者驱逐他的对手的这一愿望"。③

这种战争状态造成的危害是显而易见的。首先，经济活动无法顺利

---

① [英] 霍布斯：《利维坦》，黎思复、黎廷弼译，商务印书馆1985年版，第93页。
② [英] 霍布斯：《利维坦》，黎思复、黎廷弼译，商务印书馆1985年版，第94页。
③ [美] 弗兰克·梯利：《西方哲学史》，贾辰阳、解本远译，光明日报出版社2014年版，第274页。

开展。"举凡土地的栽培、航海、外洋进口商品的运用、舒适的建筑、移动与卸除须费巨大力量的物体的工具、地貌的知识、时间的记载、文艺、文学、社会等等都将不存在。"① 其次，最糟糕的是人们不断处于暴力死亡的恐惧和危险中，人的生活孤独、贫困、卑污、残忍而短寿。再次，是公正和法律被破坏。是和非以及公正与不公正的观念在这儿都不能存在，也没有财产、没有统治权、没有"你的"和"我的"之分，暴力与欺诈在这种战争状态下则被视为美德。

霍布斯认为，人类除了单纯的人性之处，还有理性，要超脱"人人相互为战"的自然状态，就需要"靠人们的理性"，理性或理智"提示出可以使人同意的方便易行的和平条件"②，这种和平条件在霍布斯看来即是自然律，自然律即是理性所发现的诫条或一般法则，也称之为自然法，它可以约束人们的行为，也是保证人们处于和平状态的必要条件。霍布斯认为自然法是维护人性自我保全最适合的手段，"这种诫条或一般法则禁止人们去做损毁自己的生命或剥夺保全自己生命的手段的事情，并禁止人们不去做自己认为最有利于生命保全的事情"。③

霍布斯提出了避免战争状态的自然法的十五条原则，如下。

（1）每一个人在存在和平的希望时，就应当力求和平；在不能获得和平时，他就可以求助并利用战争的一切有利条件和助力。这条法则包括两部分："第一部分包含着第一个同时也是基本的自然律——寻求和平、信守和平。第二部分则是自然权利的概括——利用一切可能的办法来保卫我们自己。"④

（2）自然律要求人们力求和平，当一个人为了和平与自卫的目的而认为有必要时，会自愿放弃对一切事物的权利，而在对他人的自由权方面满足相当于自己让他人对自己所具有的自由权利。这里的自由，霍布斯看来即是"外界障碍不存在的状态"，因为只要每个人都保有凭自己喜好做任何事情的权利，那么其他人也可以这样做，这样就使所有的人永

---

① ［英］霍布斯：《利维坦》，黎思复、黎廷弼译，商务印书馆1985年版，第95页。
② ［英］霍布斯：《利维坦》，黎思复、黎廷弼译，商务印书馆1985年版，第96页。
③ ［英］霍布斯：《利维坦》，黎思复、黎廷弼译，商务印书馆1985年版，第97页。
④ ［英］霍布斯：《利维坦》，黎思复、黎廷弼译，商务印书馆1985年版，第98页。

远处于战争状态之中。

（3）所订立的契约必须履行。遵守契约即是正义和公道，不履行契约即是非正义。没有这一条自然法，信约就会无用，徒具虚文。

（4）接受他人单纯依据恩惠而施与的利益时，应当努力使施惠者没有合理的理由对自己的善意感到后悔。换句话说，人们要学会感恩，才会使施惠者不至于后悔。

（5）每一个人都应当力图使自己适应他人。因为遵守自然法需要合群或和顺，而顽固、桀骜不驯和刚愎自用等不合群行为则会破坏自然法。

（6）当悔过的人保证将来不会再犯时，是一种和平的表示，对于其宽恕行为应当给予许可，以便宽恕他们过去的罪过。

（7）在报复过程中，也就是当人们以怨报怨时，应当看到的不是过去的恶很大，而是将来的好处很多，这是因为没有理由的残忍的伤害经常引发战争。

（8）由于一切仇恨和轻视都容易引发战争，因此任何人都不得用言语、行为、表情或姿态等表现来仇恨或蔑视他人。

（9）人生而平等，每一个人应当承认他人与自己一样是生而平等的。

（10）进入和平状态时，每个人都不应要求为自己保留任何他不赞成其余每一个人要为自己保留的权利。

（11）任何人如果受人信托，需要在人与人之间进行裁断，那么就应当秉公处理。

（12）不能分割之物如果能够共享，就应当实现共享，数量允许时，应不加限制，否则就应当根据有权分享的人数来按比例分享。

（13）凡斡旋和平的任何人，都应当给予安全通行方面的保证。

（14）当发生争议时，争议的各方应将其权利交付公断人去裁断。

（15）自然法还要加上这样一条原则："根据自然之理来说，每一个人在战争中对于和平时期内保卫自己的权力当局应当尽力加以保卫。"①

霍布斯认为所有这些自然法原则可以精简为一条简易的总则，即：己所不欲，勿施于人。这条总则说明，认识自然法时所要办到的只是以下一点："当一个人把他人的行为和自己的行为放在天平里加以权衡，发

---

① [英]霍布斯：《利维坦》，黎思复、黎廷弼译，商务印书馆1985年版，第569页。

现他人的行为总显得太重时,就要把他人的行为换到另一边,再把自己的行为换到他人行为的位置上去,以便使自己的激情与自重感不在里面增加重量,这时前述的自然法就没有一条在他看来不是十分合理了。"①在霍布斯看来,自然法是永恒不变的,是一种关于善与美德的伦理规则,"和平是善,因而达成和平的方式或手段,如我在前面所说的正义、感恩、谦谨、公道、仁慈以及其他自然法也是善;换句话说,它们都是美德,而其反面的恶行则是恶。"②

二　霍布斯的国家理论

（一）国家的产生

霍布斯认为,在战争状态中,由于相互为战,导致人人处于恐惧之中。在这种状态下,人们就会想方设法保全自己,"自我保全"就成了最主要的目的。但是当人们处于"每一个人对每一个人的交战状态"时,又如何实现"自我保全"呢?霍布斯认为,保全自我的方式应当依靠理性的力量来制定自然法,然而自然法的执行需要一个强大的权威来保障,这个权威即是国家。霍布斯指出,如果没有一个强有力的权威,信约就成为一纸空文,自然法也就无法执行,人与人之间仍然会处于战争状态,"虽然有自然法,要是没有建立一个权力或权力不足,以保障我们的安全的话,每一个人就会、而且也可以合法地依靠自己的力量和计策来戒备所有其他的人。"③

霍布斯指出,国家即是人们通过相互订立契约而形成的。那么人类为什么不能像蚂蚁和蜜蜂那样进行协作而群处相安地生活呢?在霍布斯看来,这主要归于以下几个原因:④ 一是人类不断谋求荣誉和地位,而蚂蚁和蜜蜂的协作则是天然形成的,受各自的欲望和判断指挥;二是这些动物在共同利益和个人利益方面没有分歧,而人类的快乐在于把自己和

---

① ［英］霍布斯:《利维坦》,黎思复、黎廷弼译,商务印书馆1985年版,第120页。
② ［英］霍布斯:《利维坦》,黎思复、黎廷弼译,商务印书馆1985年版,第121—122页。
③ ［英］伯特兰·罗素:《西方哲学史》(第3版),耿丽译,重庆出版社、重庆出版集团2016年版,第128页。
④ ［英］伯特兰·罗素:《西方哲学史》(第3版),耿丽译,重庆出版社、重庆出版集团2016年版,第130—131页。

别人做比较；三这些动物也不人类一样运用理智，但是人类总是认为自己比别人聪明；四是这些动物虽然可以用声音来表达欲望和情感，但是没有人类那种能把善说成恶、把恶说成善的语词技巧；五是没有理智的动物不能区别无形的侵害和有形的损失，而人类喜欢显示自己的聪明；六是这些动物之间的协同一致是自然的，而人类的协议只能根据人为的契约而制定。因此，霍布斯认为只有通过契约来建立国家，才能保障人类的和平与幸福。另一个问题是：为什么人类明知权力必须会给个人自由带来种种限制，却依然甘愿服从权力呢？霍布斯认为，人类给自己加上约束，有一个重大理由："那就是当爱好个人自由和爱好支配旁人的矛盾激化后，在引起总体混战里得到自我保护。"①

霍布斯认为建立国家的唯一途径就是把所有人的权力和力量集中起来，付托给某一个人或一个能把多数意志转化为一个意志的多人组成的集体，从而使全体能够真正统一于唯一的人格之中。这一人格是大家相互订立契约形成的，其方式就好像是人人都向每一个其他的人说："我承认这个人或这个集体，并放弃我管理自己的权利，把它授与这人或这个集体，但条件是你也把自己的权利拿出来授与他，并以同样的方式承认他的一切行为。这一点办到之后，象这样统一在一个人格之中的一群人就称为国家，在拉丁文中称为城邦。这就是伟大的利维坦（Leviathan）的诞生。"② 这里的"利维坦"是《圣经》中描述的一个力大无穷的巨兽，霍布斯将其比喻成一个强大的国家，承担这一人格的人就被称为主权者，其余人则都是他的臣民。

（二）国家的职能

霍布斯认为，国家的职能即是运用托付给它的权力与力量，通过其威慑力将大家的意志组织起来，对内谋求和平，对外抵御外敌。在霍布斯看来，国家在本质是代表全体意志并能运用全体力量与手段的统一的一个人格。他指出："国家的本质就存在于他身上。用一个定义来说，这

---

① ［英］伯特兰·罗素：《西方哲学史》（第 3 版），耿丽译，重庆出版社、重庆出版集团 2016 年版，第 360 页。

② ［英］伯特兰·罗素：《西方哲学史》（第 3 版），耿丽译，重庆出版社、重庆出版集团 2016 年版，第 131—132 页。

就是一大群人相互订立信约、每人都对它的行为授权，以便使它能按其认为有利于大家的和平与共同防卫的方式运用全体的力量和手段的一个人格。"①

（三）国家良好治理的方法

霍布斯认为，国家不是永恒的，国家和人一样，也有疾病，也会解体。导致国家解体的情况有外部暴力和内部失调两种。其中内部失调表现为权力不足、谬论流传、政府形式改变、最高权力与主权对立等。霍布斯认为，防止国家解体，主权者就需要对国家进行良好的治理，这些治理的方法主要有以下几方面。（1）保卫人民的安全，包括生命、劳动、财产、生活享受等。（2）要保证主权者基本权利的完整性，主权者的权力是至高无上的，是不可分割也不能转让的。（3）对臣民进行教育：应当教导人民不要认为在邻邦中所见到的任何政府形式更优于自己的政府形式，因为每一种政府形式都有自己的优势；教导人民对任何其他国家的臣民，不论地位多高，不要以尊主权者之礼或服从的方式对待他们；教导人民不要对主权者加以非议、议论或抗拒；教导人民要学习正义之德，爱邻如爱己。（4）对各等级的人平等施法。（5）公平征税。（6）由国家法律规定慈善事业，救济无法维持生活的人。（7）制定良法。在霍布斯看来，这里的良法不是公正的法律，因为任何法律都不可能是不公正的，这里的良法是"为人民的利益所需而又清晰明确的法律"。②（8）公正地执行赏罚。（9）甄选负责任的参议人员。（10）要挑选受人爱戴与敬畏的军事统帅。（11）对另一个国家的主权者要遵守万民法，即约束全人类的自然法。

三 霍布斯的政体理论

霍布斯认为国家的区别在于主权者的不同，主权者必然不是一个人就是许多人，如果是许多人，便不是全体组成的会议就是一部分人组成

---

① ［英］伯特兰·罗素：《西方哲学史》（第3版），耿丽译，重庆出版社、重庆出版集团2016年版，第132页。

② ［英］伯特兰·罗素：《西方哲学史》（第3版），耿丽译，重庆出版社、重庆出版集团2016年版，第270页。

的会议。这样，根据主权者或代表者人数的多少，国家政府的形态就只有三种："当代表者只是一个人的时候，国家就是君主国，如果是集在一起的全部人的会议时便是民主国家或平民国家，如果只是一部分人组成的会议便称为贵族国家。"① 其他政体是同一类政府形式遭人憎恶时的名称：对君主政体感到不满意的人就称之为僭主政体，对贵族政体不高兴的人就称之为寡头政体，而对民主政体感到不满的人就称之为无政府状态。

霍布斯推崇君主制，认为君主政体是理想的政体。他设想的政体是：国家权力中存在着一种至高权力，这种权力由一个人或一个议会掌控，掌控者即为主权者（君主）。在霍布斯看来，君主制政体相比贵族政体和民主政体，具有"四个优势"和"两个流弊"。② 其中四个优势表现为：（1）在君主国家中，私人利益与公共利益是同一回事，凡是公共利益与私人利益结合得最紧密的地方，公共利益的实现程度也大；（2）君主可以随便在任何时候、任何地点听取任何人的建议而不管其处于哪一个阶层，也不管其品位如何；（3）君主的决断除人性本身朝三暮四所造成的情形以外，一般不会出现前后不一致；（4）君主绝不可能因嫉妒或利益而自己反对自己，但议会却会充满反对声，这些反对声甚至达到了可以引起内战的程度。君主政体的两个流弊表现为：（1）任何臣民的全部财产都可能被独断的权力所剥夺，用以养肥君主的宠臣或谄佞人物；（2）国家主权可能传到一个孺子或不辨善恶的人手中。即使君主政体存在缺陷，但霍布斯仍认为议会造成的混乱局面和内战流弊更大。

第三节　洛克的政府起源与政府解体学说

约翰·洛克（John Locke，1632—1704），是 17 世纪英国著名的政治家、哲学家和医学家，西方自由主义学说的始祖，作为 17 世纪最有影响

---

① ［英］伯特兰·罗素：《西方哲学史》（第 3 版），耿丽译，重庆出版社、重庆出版集团 2016 年版，第 142 页。

② ［英］伯特兰·罗素：《西方哲学史》（第 3 版），耿丽译，重庆出版社、重庆出版集团 2016 年版，第 144—146 页。

力的一个启蒙思想家，洛克的行政思想深受英国革命的影响。洛克出生于英国一个律师家族，1652 年洛克 20 岁时进入牛津大学学习哲学、自然科学与医学，但他几乎没有从大学的课堂上得到乐趣，根本不喜欢那些辩论和演说，而是喜欢上了笛卡尔的哲学思想。从牛津大学毕业后洛克一直留校任教，1665 年洛克担任英国驻德国公使馆秘书，1667 年洛克 35 岁时担任了艾希利勋爵的私人秘书与医学顾问，在其家住了 15 年，并多次在其手下出任政府公职，两人结下了持久的友谊。艾希利勋爵是辉格党的创始人之一，坚定地支持君主立宪制，其激进民主思想对洛克影响较大。1681 年，洛克流亡荷兰，直到 1688 年英国"光荣革命"后才获得了自由。经历过流亡与目睹"光荣革命"的洛克开始思考社会问题，并进行刻苦的理论研究。返回英国后出版了《政府论》(1690)、《论宽容》(1690)、《人类理解论》(1693)、《教育漫话》(1695) 等，建立了哲学、政治学、宗教学、行政学、伦理学、教育学的庞大思想体系。其中《政府论》上、下篇是其主要代表作，洛克提出的自然权利说、政府起源说、权力制衡说以及政府解体说等，不仅为资产阶级革命提供了强大的武器，其分权学说为孟德斯鸠发展为立法、司法和行政三权分立学说，奠定了西方现代民主理论与实践的基础。

一 自然权利与战争状态

与霍布斯的狼与狼一样的自然状态不同，洛克的自然状态是一种自由、平等、和平与安全的状态。洛克眼中的自然状态有四个特征，如下。一是自然状态是完全自由的状态，人们在自然法的范围内，依据他们自己认为合适的方法，决定和处理他们的行动、财产和人身，而不必获得任何人的同意或听命于任何人的意志。二是这种自然状态也是一种平等的状态，"在这种状态中，一切权力和管辖权都是相互的，没有一个人享有多于别人的权力。"[①] 三是自然状态并不是放任的状态。自然状态不是放任的状态，而是必须遵从自然法的约束，"自然状态有一种为人人所应遵守的自然法对它起着支配作用；而理性，也就是自然法，教导着有意遵从理性的全人类：人们既然都是平等和独立的，任何人就不得侵害他

---

① [英] 洛克：《政府论》下篇，叶启芳、瞿菊农译，商务印书馆 1964 年版，第 3 页。

人的生命、健康、自由或财产。"① 四是自然状态也是一种人人都有执行自然法权力的状态。也即人人享有为了制止犯罪行为而对罪犯进行惩罚的权利以及人身与财产受到损害时要求赔偿的权利。洛克认为，自然状态中，个体执行自然法比政府执行自然法要好得多。虽然有人认为个体执行自然法有很多缺陷：人们充当自己案件的裁决者是不合适的，人们容易因自私而偏袒自己及朋友，感情用事、心地不良和报复心理会使案件执行过分。但是洛克认为政府如果由一个专制君主来统领，在执行自然法方面会坏得多，因为专制君主也是人，"如果一个统御众人的人享有充当自己案件的裁判者的自由，可以任意处置他的一切臣民，任何人不享有过问或控制那些凭个人好恶办事的人的丝毫自由，而不论他所做的事情是由理性、错误或情感所支配，臣民都必须加以服从，那是什么样的一种政府，它比自然状态究竟好多少？"②

洛克认为，生命权、自由权和财产权是自然法赋予人类的最基本权利，是不可转让或剥夺的。其中，洛克认为财产权是所有权利中最为核心的东西。所谓财产，在洛克看来即是对共有物施加的劳动，"只要有人愿意对于原来共有的东西施加劳动，劳动就给与财产权。"③ 当然，这种财产权需要在施加劳动影响之物败坏前加以使用，否则他就获得了多于他应得的部分，从而掠夺了其他人。

在洛克看来，自然状态中会发生战争从而进入战争状态，战争状态是一种敌对、恶意、暴力和互相残杀的状态。如果有一个人企图使用强力将另一个人置于绝对权力之下，而又不存在可以向其请求救助的共同裁判者时，就会发生战争状态；即使存在可以诉诸的法律和裁判者，如果存在审判过程中的枉法行为和对法律的牵强歪曲，不能用来惩罚某些人或某一集团所作的暴行或损害，也会处于战争状态。在洛克看来，避免战争状态就需要脱离自然状态进入政治状态，即离开自然状态组建政府，"如果人间有一种权威、一种权力，可以向其诉请救济，那么战争状

---

① [英]洛克：《政府论》下篇，叶启芳、瞿菊农译，商务印书馆1964年版，第4页。
② [英]洛克：《政府论》下篇，叶启芳、瞿菊农译，商务印书馆1964年版，第8—9页。
③ [英]洛克：《政府论》下篇，叶启芳、瞿菊农译，商务印书馆1964年版，第29页。

态就不再继续存在,纠纷就可以由那个权力来裁决。"①

二 社会契约与政府起源说

洛克认为,虽然人们享有生命、自由、财产权利,但是在自然状态下,要保持这些权利是有困难的。因为自然状态存在三种缺陷,如下。第一,在自然状态中,"缺少一种确定的、规定了的、众所周知的法律,为共同的同意接受和承认为是非的标准和裁判他们之间一切纠纷的共同尺度。"② 第二,在自然状态中,缺少一个有权依照法律来裁决一切争执的公正的裁判者。第三,自然状态也往往缺少一个公正的权威来执行裁决的结果。

正是由于自然状态存在的这些缺陷,使得人们必须进入政治社会。政治社会由每一个成员放弃部分自然权力并在基于同意的基础上而协议组成。也就是说,在政治社会中,人们与他人订立协议,组成一个共同体或政府来保障他们彼此之间舒适、安全与和平地生活,以便安全地享有他们的财产并且有更大的力量来防止外部人的侵犯。在洛克看来,真正的和唯一的政治社会是:"在这个社会中,每一成员都放弃了这一自然权力,把所有不排斥他可以向社会所建立的法律请求保护的事项都交由社会处理。于是每一个别成员的一切私人判决都被排除,社会成了仲裁人,用明确不变的法规来公正地和同等地对待一切当事人;通过那些由社会授权来执行这些法规的人来判断该社会成员之间可能发生的关于任何权利问题的一切争执,并以法律规定的刑罚来处罚任何成员对社会的犯罪;这样就容易辨别谁是和谁不是共同处在一个政治社会中。"③ 这样,在政治状态中,人们相互协商,订立契约,每个人毫无例外地自愿放弃部分自然权利,交给指定的专门人员来行使,并按照一致同意的规定行使,于是人们便联合成国家并置身于政府的统治之下。

那么人们组成政府的目的是什么呢?洛克认为,政府的目的即是为

---

① [英]洛克:《政府论》下篇,叶启芳、瞿菊农译,商务印书馆1964年版,第14页。
② [英]洛克:《政府论》下篇,叶启芳、瞿菊农译,商务印书馆1964年版,第77—78页。
③ [英]洛克:《政府论》下篇,叶启芳、瞿菊农译,商务印书馆1964年版,第53页。

了维护人们的生命、自由和财产的安全,而主要目的是保护人们的财产权,"人们联合成为国家和置身于政府之下的重大的和主要的目的,就是保护他们的财产。"① 此外,为了克服自然状态的缺陷和维护人们的和平、安全和福利,社会还需要强化立法权和执行权来保障政府目标的实现,"谁握有国家的立法权或最高权力,谁就应该以既定的、向全国人民公布周知的、经常有效的法律,而不是以临时的命令来实行统治;应该由公正无私的法官根据这些法律来裁判纠纷;并且只是对内为了执行这些法律,对外为了防止或索偿外国所造成的损害,以及为了保障社会不受入侵和侵略,才得使用社会的力量。"②

三 政府有限权力说

洛克认为,政府权力的有限源于人们出让权利的有限。在政治状态中,人们出让给政府的权力只有两种:一是出让了为保护自己和他人而做他认为合适的任何事情的权力;二是出让了惩罚那些违反自然法的罪行的权力。而生命权、自由权及财产权是人们在订立契约时不可放弃或转让的。因此,政府的权力是有限的,一切政府就其权力而言都是有限的,而且政府的权力需要"按照社会所一致同意的或他们为此目的而授权的代表所一致同意的规定来行使"。③ 此外,洛克认为政府还有一项重要的权力,即特权。这里的特权在洛克看来即是"并无法律规定、有时甚至违反法律而依照自由裁处来为公众谋福利的权力"。④ 洛克认为,特权一方面具有其必要性和合理性。因为对于政府而言,制定法律的权力不是经常存在的,而且对于执行所需的速度来说,用法律来规范过于缓慢,同时对于那些偶然事故或紧急事件,法律难以预见和规范。因此,对于法律所没有规定的许多特殊事情,要留给执行权以相当范围的自由裁量权来加以处理,此时对特权的每一部分加以限定既无必要也无可能。但是另一方面,洛克认为特权也需要受到一定的限制。这种限制来自

---

① [英] 洛克:《政府论》下篇,叶启芳、瞿菊农译,商务印书馆1964年版,第77页。
② [英] 洛克:《政府论》下篇,叶启芳、瞿菊农译,商务印书馆1964年版,第80页。
③ [英] 洛克:《政府论》下篇,叶启芳、瞿菊农译,商务印书馆1964年版,第78页。
④ [英] 洛克:《政府论》下篇,叶启芳、瞿菊农译,商务印书馆1964年版,第102—103页。

"人民的反抗权"①。这里的反抗权在洛克看来即是"滥用职权并违反对他的委托而施强力于人民,这是与人民为敌,人民有权恢复立法机关,使它重新行使权力"。②为此,洛克提出警告:特权的滥用是"执行权或者贤明的君主应该永远提防的事情,这是一切事情中他们最需要避免的事情,也是一切事情中最危险的。"③

四 立法权与行政权的分权制衡说

洛克极力反对君主专制制度,他认为,君主为所欲为,不受任何约束,这是政治上不可思议的事情,是造成君主无限权力的原因,人们处于这种状况下,"就是要把自己置于比自然状态更坏的境地"。④洛克认为理想的政体是君主立宪制,国家有三种权力:立法权、执行权、外交权。在洛克看来,立法权是国家的最高权力,其余一切权力都处于从属地位。但是由于立法权是一种受委托的权力,因此它必须受到某种限制:第一,立法权对于人民的生命财产不能够绝对地专断;第二,立法权或最高权力机关不能以临时的专断命令来揽有权力并进行统治,而是必须以颁布过的有效的法律为标准并由有资格的法官来执行司法和裁决臣民的案件;第三,未经本人同意,最高权力不能剥夺任何人的财产的任何部分;第四,立法机关不能把受人们委托的制定法律的权力转让给任何他人。⑤否则,"当人民发现立法行为与他们的委托相抵触时,人民仍然享有最高的权力来罢免或更换立法机关。"⑥ 执行权即是一个经常存在的权力,负责执行立法机关制定的相关法律。而外交权则是一种对外交往的权力,包括决定战争与和平的权力、联合与联盟的权力以及同国外进行公务活动的权力,外交权难以预先规定,往往凭谋略和才能来判定。

在立法权、执行权、外交权的关系方面,洛克认为立法权是最高权

---

① 蒋政:《洛克的"正当特权"理论:一个严格限定的政治妥协》,《岭南学刊》2015年第1期。

② [英]洛克:《政府论》下篇,叶启芳、瞿菊农译,商务印书馆1964年版,第97页。

③ [英]洛克:《政府论》下篇,叶启芳、瞿菊农译,商务印书馆1964年版,第107页。

④ [英]洛克:《政府论》下篇,叶启芳、瞿菊农译,商务印书馆1964年版,第86页。

⑤ [英]洛克:《政府论》下篇,叶启芳、瞿菊农译,商务印书馆1964年版,第84—89页。

⑥ [英]洛克:《政府论》下篇,叶启芳、瞿菊农译,商务印书馆1964年版,第94页。

力，其他权力处于从属地位；此外，立法权与执行权必须分立，否则"只要有人被认为独揽大权，将立法权与执行权集于一身，那么就不存在裁判者"。① 而执行权与外交权虽然有区别，但是又几乎总是联合在一起，因此，它们可以统称为行政权。这样，洛克的立法权、执行权、外交权实际上可以合并为两权，即立法权和行政权。立法权由民选机关负责，行政权由政府行使，但政府必须按照法律办事，不得滥用权力，否则便是向人民开战，人民有权通过暴力推翻它，重建新政府。

五 政府解体说

洛克认为，政府不是生而亘古的东西，它是有可能解体的，政府解体有两种方式：一是因外国武力的入侵而解体；二是因政府内溃而解体。

（一）政府因外国武力入侵而解体

在洛克看来，外国武力入侵后颠覆了原有政府，打碎了原有的社会，被征服的人们由于脱离了原应保护他们免受暴力侵犯的社会所提供的保护和依赖，这样，随着社会的解体，政府也就不存在了。这种情况就如构成房屋的材料被飓风吹散和移动了位置或因地震破坏变成一堆瓦砾时，房屋的骨架不复存在一样。

（二）政府因内溃而解体

政府因内溃而解体的情况又可以分为如下两种。（1）当立法机关变更、破坏或解散的时候。"立法机关是给予国家以形态、生命和统一的灵魂，分散的成员因此才能彼此发生相互的影响、同情和联系。但是当立法机关被破坏或解散的时候，随之而来的是解体和消亡。"② 而立法机关的变更又有四种情况：第一，如果君主以他个人的专断意志来代替立法机关所表达的法律的意志时，立法机关就变更了；第二，如果君主阻止立法机关自由行使职权以完成既定的目标时，立法机关就被变更了；第三，如果君主使用专断权力，在未经取得人民同意的情况下擅自变更人们的选举权或选举的方式，立法机关就被变更了；第四，如果君主或立法机关未能保护人民并使人民屈服于外国的势力，这种情况也改变了立

---

① ［英］约翰·洛克：《政府论两篇》，赵伯英译，陕西人民出版社2004版，第180页。
② ［英］约翰·洛克：《政府论两篇》，赵伯英译，陕西人民出版社2004版，第135页。

法机关，从而政府也解体了。(2) 当立法机关与君主这二者中的任何一方在行动上违背人们的委托的时候。例如，当立法机关图谋夺取和破坏人民的财产或使人们处于专断权力的奴役状态时，政府也就解体了；同理，这里的话对于最高执行者的君主也同样适用，当君主以专断的意志来代替社会的法律时，君主的行为就违背了人们的委托，政府也随之解体；当君主运用强力、财富和政府机构来收买人们的代表，使代表们服务于君主个人目的，或公然告知要求选民们选举君主曾以甘言、威胁、诺言或其他方法收买过来的人，或要求选民们选出事前内定的人，那么君主的行为也违背了人们的委托，这样，政府也解体了，因为人民有权起来反抗，建立新政府。

(三) 政府解体的限度

政府在内溃到什么程度才解体呢？是不是政府只要存在不够严重的腐败现象或一些轻微的罪行就可以解体呢？洛克认为，政府解体有一定的限度，革命并不是在"稍有失政"的情况下发生，政府也不是"稍有失政"就会解体，而是有一定的限度。这种限度就是："对于统治者的失败、一些错误的和不适当的法律和人类弱点所造成的一切过失，人民都会加以容忍，不致反抗或口出怨言的。"[①] 在洛克看来，只有政府的内溃程度使人们从自然状态、政治状态进入战争状态时，政府解体才会发生。

第四节　孟德斯鸠的政府权力制衡说

孟德斯鸠（Montesquieu，1689—1755），原名查理·路易·德·色贡达，十八世纪法国著名的启蒙思想家、法学家、政治学家。1689 年孟德斯鸠出生于法国波尔多附近一个庄园的贵族世家。孟德斯鸠的祖父曾任波尔多议会议长，这个职位后由他伯父继承。他的父亲是一名军人。孟德斯鸠 1706 年开始学习法律，1708 年获学士学位后担任议会律师，1714 年担任波尔多郡议会议员。1716 年孟德斯鸠 27 岁时承袭了伯父"孟德斯鸠男爵"的尊号和波尔多议会议长的职位。孟德斯鸠与一位有钱的女子结婚后，获得十万英镑嫁资，后来又卖掉了议长职务，迁居巴黎，虽然

---

① [英] 洛克：《政府论》下篇，叶启芳、瞿菊农译，商务印书馆 1964 年版，第 142 页。

过着比较富裕的生活,但是却把所有的时间投入研究。1728年孟德斯鸠出国考察,先后到过奥地利、匈牙利、意大利、瑞士、德国、荷兰等国,并在英国定居两年,研究洛克的著作,这对他的三权分立学说产生了重大影响。1731年,孟德斯鸠42岁时回到了法国波尔多,专门从事著述。1748年,孟德斯鸠出版了他的名著《论法的精神》,提出了著名的"三权分立"理论。此书的写作是一个艰辛的过程,孟德斯鸠"曾屡次着手去写,也曾屡次搁置下来",从构思到完稿前后花了20年的时间,正如孟德斯鸠指出的:"在二十年的过程中,我看到了我的著作开始、增长、成熟、完成。"[1]《论法的精神》出书后轰动一时,不到两年印行22版,并有许多外文译本。但是由于反对宗教、反对神学、反对封建专制主义,该书被列为禁书。同时《论法的精神》对1789年法国大革命以及美国独立战争产生了显著的影响,美国独立战争(1775—1783年)将《论法的精神》中的分权理论订入了宪法,成为"宪政理论"的重要思想来源。《论法的精神》在1913年被主张"君主立宪制"的严复译成汉文出版,并对19世纪末及20世纪初的中国产生了重要的影响。孟德斯鸠的其他重要著作还有《波斯人信札》(1721)、《罗马盛衰原因论》(1734)等。

一 法的概念与法的精神

(一)法的概念

孟德斯鸠是以法的世界观和法的精神来研究他的政治与行政思想的,那么什么是法呢?孟德斯鸠认为,法即是事物本质所产生的规律,一切事物都有它的规律,都受到规律的支配,这些规律是确定不移的。他指出:"从最广泛的意义来说,法是由事物的性质产生出来的必然关系。"[2]在孟德斯鸠看来,任何事物都存在着一个根本理性,法就是这个根本理性和存在物之间的关系,同时法也是存在物彼此之间的关系。事实上,任何存在物都有它们自己的法,上帝有上帝的法,物质世界有物质世界的法,兽类有兽类的法,人类也有人类的法。

孟德斯鸠将事物的规律分为智能世界的规律和物理世界的规律。尽

---

[1] [法]孟德斯鸠:《论法的精神》(上册),张雁深译,商务印书馆1959年版,第30页。
[2] [法]孟德斯鸠:《论法的精神》(上册),张雁深译,商务印书馆1959年版,第1页。

管这两种规律在性质上不可改变,但是智能世界并不像物理世界那样永恒不变地遵循着自己的规律,由于智能世界受到诸如独立行动、欲望本性等的限制,智能世界容易犯错误,他们并不总是遵守原始的规律。即使是他们自己制定出来的规律,也并不总是得到遵守。而人具有双重属性,他既是物理世界的存在物,也是智能世界的存在物。作为物理世界的存在物来说,人和一切物体一样,受到不变规律的支配;但是作为智能世界的存在物来说,人不仅违背上帝所制定的规律,而且更改自己所制定的规律。从这个意义上来说,人是一个"有局限性的存在物","他和一切'局限性的智灵'一样,不能免于无知和错误;他甚至于连自己微薄的知识也忘掉了。作为有感觉的动物,他受到千百种的情欲的支配。这样的一个存在物,就能够随时把他的创造者忘掉;上帝通过宗教的规律让他记起上帝来。这样的一个存在物,就能够随时忘掉他自己;哲学家们通过道德的规律劝告了他。他生来就是要过社会生活的;但是他在社会里却可能把其他的人忘掉;立法者通过政治的和民事的法律使他们尽他们的责任"。①

(二) 自然状态与自然法

孟德斯鸠认为,人类的自然状态中产生了自然法,并受自然法的支配。这里的自然法,在孟德斯鸠看来即是"单纯渊源于我们生命的本质"的规律。也就是说,自然法是自然状态下的法,它是先于人类社会而存在的。孟德斯鸠依据自然人的本性引申出四条自然法规律。第一条是和平。当人在自然状态下时,他应当只有获得知识的能力,而绝不会有推理的思想,在这种情况下,人类首要的原则是如何保住自己的生命,然后才能去推究他的生命的起源。在这种状态下,人是软弱的、自卑的,并不是像霍布斯认为的那样处于"战争状态",而是互相不想攻打,只想保全自己。第二条是寻找食物。在自然状态下,人会感到软弱,又感觉到需要,于是会想方设法去寻找食物。第三条是相互之间的爱慕。在自然状态下,畏惧使人逃跑,但是相互畏惧也使人类互相亲近,因为这种亲近会增加快乐,特别是两性由于彼此间的差异而感觉到的情趣也增加了这种快乐,于是人类在亲近中产生了爱慕之情。第四条是希望过社会

---

① [法]孟德斯鸠:《论法的精神》(上册),张雁深译,商务印书馆1959年版,第4页。

生活。人类除了感情外，还得到了知识，这是其他动物所没有的。于是人类便有了一个相互结合的理由，希望过上社会生活。

（三）社会状态与人为法

孟德斯鸠认为，人类一有了社会，便进入了社会状态，这时人为法就产生了。在社会状态中人类立即失去了自身软弱的感觉，而且他们之间的平等也消失了，于是战争状态就开始了。在孟德斯鸠看来，战争状态主要表现为两种情况：由于每一个社会都感觉到了自己的力量，于是就产生了国与国之间的战争状态；同时每一个社会中的个体也开始感觉到了自己所拥有的力量，并且他们企图将通过掠夺这个社会的主要利益来使自己享受，于是便产生了个人之间的战争状态。这样，战争状态就使人为法得到建立，产生了处理国与国之间关系的国际法、处理统治者与被统治者之间关系的政治法以及处理一切公民关系的民法。在孟德斯鸠看来，人为法也是人类理性的体现，"一般地说，法律，在它支配着地球上所有人民的场合，就是人类的理性；每个国家的政治法规和民事法规应该只是把这种人类理性适用于个别的情况。"①

（四）法的精神

孟德斯鸠认为，法的精神存在于法律和各种事物的种种可能性关系之中，"法律应该同已建立或将要建立的政体的性质和原则有关系；不论这些法律是组成政体的政治法规、或是维持政体的民事法规。法律应该和国家的自然状态有关系；和寒、热、温的气候有关系；和土地的质量、形势与面积有关系；和农、猎、牧各种人民的生活方式有关系。法律应该和政制所能容忍的自由程度有关系；和居民的宗教、性癖、财富、人口、贸易、风俗、习惯相适应。最后，法律和法律之间也有关系，法律和它们的渊源，和立法者的目的，以及和作为法律建立的基础的事物的秩序也有关系。"② 在孟德斯鸠看来，所有这些关系"综合起来就构成所谓的'法的精神'"。③ 值得注意的是，孟德斯鸠在这里讨论的不是法律

---

① ［法］孟德斯鸠：《论法的精神》（上册），张雁深译，商务印书馆1959年版，第7页。
② ［法］孟德斯鸠：《论法的精神》（上册），张雁深译，商务印书馆1959年版，第7—8页。
③ ［法］孟德斯鸠：《论法的精神》（上册），张雁深译，商务印书馆1959年版，第8页。

本身，而是法的精神，二者是有区别的。

二 政体理论

（一）政体性质与法律

孟德斯鸠将政体区分为政体性质和政体原则，政体性质与政体原则是有差别的："政体的性质是构成政体的东西；而政体的原则是使政体行动的东西。一个是政体本身的构造；一个是使政体运动的感情。"①

孟德斯鸠指出，历史上有三类政体，即共和政体、君主政体和专制政体。其中"共和政体是全体人民或仅仅一部分人民握有最高权力的政体；君主政体是由单独一个人执政，不过遵照固定的和确立了的法律；专制政体是既无法律又无规章，由单独一个人按照已有的意志与反复无常的性情领导一切"。②然而孟德斯鸠将政体分类四种类型：民主政体、贵族政体、君主政体、专制政体。在这里，孟德斯鸠并没有指出哪一种政体更优越，而是认为每一个政体都有其自身的特点及适应范围。

在孟德斯鸠看来，政体的性质决定政体选择何种法律，即有什么样的政体，就会选择什么样的法律。主要有如下四种情况。（1）由民主政体决定的基本法是基于投标权利的选举法。在民主政体下，握有最高权力的人民应该自己做他所能做得好的一切事情，只有人民才可以制定法律，但是那些自己做不好的事情应该让代理人即参政院或参议会去做，但是参议院的成员应该由人民选择，这是因为"人民在公共的地方比君主在深宫中更能知道这些事情"。③（2）由贵族政体决定的基本法是设置参议会。贵族政体是一种最高权力掌握在部分人手中的政体，由于贵族数目较多，因此需要设置一个参议会来让贵族参与公共事务的治理，所以参议会在某种程度上就是贵族政治，而人民则什么也不是。在孟德斯鸠看来，"最好的贵族政治是没有参与国家权力的那部分人民数目很少，并且很穷，那么，占支配地位的那部分人民就没有兴趣去压迫他们了。"④

---

① ［法］孟德斯鸠：《论法的精神》（上册），张雁深译，商务印书馆1959年版，第22页。
② ［法］孟德斯鸠：《论法的精神》（上册），张雁深译，商务印书馆1959年版，第9页。
③ ［法］孟德斯鸠：《论法的精神》（上册），张雁深译，商务印书馆1959年版，第11页。
④ ［法］孟德斯鸠：《论法的精神》（上册），张雁深译，商务印书馆1959年版，第17页。

贵族政治越是接近于民主政治，它便越是完善；越是接近于君主政体，它便越不完善，而最不完善的贵族政治便是处于被统治地位的那部分人成为处于统治地位的那部分人的私人奴隶。（3）由君主政体决定的基本法律是设置中间的、附属的、依赖的权力去执行法律。因为君主是一切权力的源泉，君主政体的基本法律要推行下去，就必然需要一个"中间"途径去执行，而最自然的、附属的、中间的权力即是贵族权力。君主政体的基本准则是："没有君主就没有贵族，没有贵族就没有君主。"① 但是一个君主国只有一个中间阶级仍是不够的，还要有一个负责法律实施的保卫机构，而能够承担这个保卫职能的只能是政治团体，这些政治团体在法律制定时便颁布法律，在法律被忘掉时，则唤起人们的记忆。也就是说，政治团体需要不断地把法律从被贵族的无知、怠惰和轻视所掩埋的尘土中发掘出来。（4）由专制政体决定的基本法是设置一个宰相。专制政体的君主自然就是懒惰、愚昧、放纵、耽于娱乐的，他几乎把一切事情都放弃不管，这时拥有权力的下属之间就会经常发生纠纷或斗争，所以最简单的办法是把行政委托给一个宰相。

（二）政体原则与法律

孟德斯鸠认为，政体原则是由政体性质决定的，是从政体的性质推衍出来的。根据政体的性质，可以推衍出四种政体原则。（1）民主政体的原则是品德。这里的品德在孟德斯鸠看来即是"爱共和国"，爱共和国是一种感情，而不是知识的产物。孟德斯鸠认为，"在民主政治下，爱共和国就是爱民主政治；爱民主政治就是爱平等。爱民主政体也是爱俭朴。"② （2）贵族政体的原则是品德与节制。虽然贵族政体也需要品德，但不是绝对地需要它。也就是说，贵族政治统治下的人民比民主政治统治下的人民较少需要品德。贵族政治具有民主政治所没有的一个重要力量即是贵族团体，贵族团体为了私人利益可以通过特权来抑制人民。但是贵族团体抑制别人容易，抑制自己难。因此，贵族政体的原则除了依靠品德外，还需要某种程度的节制，"节制是贵族政治的灵魂。"③

---

① ［法］孟德斯鸠：《论法的精神》（上册），张雁深译，商务印书馆1959年版，第18页。
② ［法］孟德斯鸠：《论法的精神》（上册），张雁深译，商务印书馆1959年版，第50页。
③ ［法］孟德斯鸠：《论法的精神》（上册），张雁深译，商务印书馆1959年版，第26页。

(3) 君主政体的原则是荣誉。孟德斯鸠认为，虽然君主政体并不排除品德，而且有品德的君主事实上也不在少数，但是品德并不是维系君主政体的唯一动力，在君主政体下要使人民表现出品德是困难的，这是因为"在君主国里，法律代替了所有这一切品德的地位；人们对品德没有任何需要；国家也不要求人们具备这些品德"。① 孟德斯鸠认为，君主政体的原则是荣誉，荣誉代替了政治品德，并且处处做品德的代表。在君主政体里，荣誉是一向心力，代表着公共利益的行动。正如孟德斯鸠指出："荣誉推动着政治机体的各个部分；它用自己的作用把各部分连结起来。这样当每个人自以为是奔向个人利益的时候，就是走向了公共的利益。"②
(4) 专制政体的原则是恐怖。孟德斯鸠认为，在专制政体下，君主掌握了一切权力，因此品德是绝不需要的，而荣誉也是危险的东西，这是因为"那些有强烈自尊心的人们，就有可能在那里进行革命，所以就要用恐怖去压制人们的一切勇气，去窒息一切野心"。③

孟德斯鸠认为，政体原则决定法律，法律应和不同的政体原则相适应。民主政体下的法律要激励人们爱平等、爱俭朴，从而克服人们的政治上和财富上的不平等。贵族政体的法律应该尽可能地鼓励宽和的平等精神，因为贵族政体的财富是不平等的，法律上的平等精神可以掩饰这种不平等，当贵族"不矫饰任何高贵的样子时，当他们同平民混在一起时，当他们同平民穿相似的衣裳时，当他们让平民共同享受他们一切的快乐时，平民便会忘记自己的贫弱"。④ 君主政体的法律除了要维护一切与政治相符合的贸易以及维护良好的征税秩序外，还要努力支持贵族，这是因为君主政体的荣誉"可以说就是贵族的产儿，又是贵族的生父"。⑤ 而专制政体里的法律则是君主的意志，专制政体的原则是恐怖，而胆怯、愚昧、沮丧的人民是不太需要法律的，当法律不太需要时，保有军队和推行宗教就显得格外重要，因为它是恐怖之上再加的恐怖。在专制政体下，政治治理与民事治理可以简化为："使政治、民事的管理和君主家庭

---

① ［法］孟德斯鸠：《论法的精神》（上册），张雁深译，商务印书馆1959年版，第27页。
② ［法］孟德斯鸠：《论法的精神》（上册），张雁深译，商务印书馆1959年版，第29页。
③ ［法］孟德斯鸠：《论法的精神》（上册），张雁深译，商务印书馆1959年版，第31页。
④ ［法］孟德斯鸠：《论法的精神》（上册），张雁深译，商务印书馆1959年版，第61页。
⑤ ［法］孟德斯鸠：《论法的精神》（上册），张雁深译，商务印书馆1959年版，第65页。

的管理相调和，使国家的官吏和君主后宫的官吏相调和。"①

（三）政体原则的腐化及防止

孟德斯鸠认为，各类政体是会发生腐化的，而政体的腐化几乎总是由政体原则的腐化开始的。（1）民主政体的腐化。孟德斯鸠认为，民主政体原则腐化的时候，人们不但丧失了原有的平等精神，而且还产生了极端平等的精神，每个人都想同其他人平等，甚至想要与他们选举出来的领袖平等，人民甚至不能容忍把权力委托于他人。这个时候，共和国里就不再有风纪，不再爱秩序，也不再有品德了。在孟德斯鸠看来，民主政体腐化的原因在于两个极端，即不平等的精神和极端平等的精神，"不平等的精神使一个民主国走向贵族政治或一人执政的政体；极端平等的精神使一个民主国走向一人独裁的专制主义，就像一人独裁的专制主义是以征服而告结束一样。"② 民主政体腐败的另一个特殊原因在于"巨大的成功，尤其是人民有了巨大贡献的成功，以致不可能再领导他们。他们嫉视官吏，进而变为对一切官职的嫉视；他们敌视执政的人，不久又变成了政治制度的敌人"。③ （2）贵族政体的腐化。贵族政体的腐化表现为贵族的权力不受法律约束，贵族权力成为了专横的权力，贵族政体异化为相当于一个由许多暴君统治的专制政体，当贵族成为世袭的时候，贵族政体就腐化到了极点。（3）君主政体的腐化。当君主逐渐剥夺了其他团体或个人的特权的时候，结果就导向了一人的专制主义，君主政体就腐化了。孟德斯鸠认为君主政体的腐化有四种情况：一是当一个君主"认为他应该改变而不应遵循事物的秩序才更能表现他的权威的时候，当他剥夺某一些人的世袭职位进而武断地把这些职位赏赐给另一些人的时候，当他喜欢一时的意欲胜于他的意志的时候，君主政体就腐化了"④；二是当一个君主事必躬亲，把朝廷中的所有事务集中于一身的时候，君

---

① ［法］孟德斯鸠：《论法的精神》（上册），张雁深译，商务印书馆1959年版，第71页。
② ［法］孟德斯鸠：《论法的精神》（上册），张雁深译，商务印书馆1959年版，第135页。
③ ［法］孟德斯鸠：《论法的精神》（上册），张雁深译，商务印书馆1959年版，第136页。
④ ［法］孟德斯鸠：《论法的精神》（上册），张雁深译，商务印书馆1959年版，第139页。

主政体就腐化了；三是当君主误解了自己的权威、地位和人民对他的爱戴，不完全相信自己是处在安全之中的时候，君主政体就腐化了；四是当荣赏和荣誉之间存在矛盾的时候，当恶名与品爵可以同时被一个人占据的时候，当大人物丧失了人民的尊敬而成为专横权力的卑鄙工具时，当卑鄙的人能够从奴颜婢膝中获得显贵而引以为荣的身份的时候，君主政体也腐化了。（4）专制政体的腐化。孟德斯鸠认为，专制政体的原则本身就是不断腐化的，这是因为"这个原则在性质上就是腐化的东西"。①也就是说，专制政体的灭亡是由其自身所固有的缺陷造成的，即使出现一些偶然的积极因素，也是不能防止专制政体原则腐化的。

孟德斯鸠提出了保持三种政体原则以不让它腐化的方法：保持共和国政体原则的方法是领土应该狭小；保持君主政体原则的方法是维持适中的领土；保持专制政体原则的方法是维持广大的帝国。因此，"如果从自然特质来说，小国宜于共和政体，中等国宜于由君主治理，大帝国宜于由专制君主治理的话，那么，要维持原有政体的原则，就应该维持原有的疆域，疆域的缩小或扩张都会变更国家的精神。"②

三 三权分立的政府理论

（一）政治自由

什么是自由？在孟德斯鸠看来，没有一个词像自由那样拥有更多的含义，并在人们的思想中留下更多不同的印象了。一些人认为能够获得废黜他们曾经赋予专制权力的人的权力，那就是自由；另一些人认为能够拥有选举他们应该服从的人的权利就是自由；也有些人把自由视作携带武器和必要时候实施暴力的一种特权；还有些人把自由当作按照自己的法律接受统治的特权。此外，欣赏共和政体的人则认同共和政体的自由，喜欢君主政体的人则认同君主政体的自由，每个人都把符合自己利益、习惯和偏好的政体叫作自由。然而，政治自由并不是"愿意做什么

---

① ［法］孟德斯鸠：《论法的精神》（上册），张雁深译，商务印书馆1959年版，第141页。

② ［法］孟德斯鸠：《论法的精神》（上册），张雁深译，商务印书馆1959年版，第150页。

就什么",也不是人民利益与偏好的表示。孟德斯鸠认为,自由就是在法律范围内的活动,做法律许可的事情。他说:"在一个有法律的社会里,自由仅仅是:一个人能够做他应该做的事情,而不被强迫去做他不应该做的事情。"[1] 在孟德斯鸠看来,"自由是做法律所许可的一切事情的权利;如果一个公民能够做法律所禁止的事情,他就不再有自由了,因为其他的人也同样会有这个权利。"[2]

孟德斯鸠认为政治自由只有在权力不被滥用的时候才存在。这是因为:"一切有权力的人都容易滥用权力,这是万古不易的一条经验。有权力的人们使用权力一直到遇有界限的地方才休止。"[3] 孟德斯鸠指出,要保障政治自由,就要防止权力滥用,以权力来制衡权力。他指出:"从事物的性质来说,要防止滥用权力,就必须以权力制约权力。"[4] 而权力制约权力的关键在于分权,即把国家权力分开,由不同部门行使,实现权力之间的相互约束与制衡。

(二) 构建权力制衡的政府

孟德斯鸠继承了洛克的分权理论,认为每一个国家和政府都有三种权力。(1) 立法权力。即国王或执政官制定、修正或废除法律的权力。(2) 行政权力。即行使媾和或宣战、派遣或接受使节、维护公共安全、防御侵略等方面的权力。(3) 司法权力。即惩罚罪犯的权力和裁决私人讼争的权力。

孟德斯鸠认为,要保障公民的政治自由,就需要建立这样一个政府,在这个政府的统治之下,一个公民不惧怕另一个公民,而只有分权的政府才能保障这种自由。如果三权不分立,或者其中两个权力掌握在一个人或一群人手里,自由便不再存在了。首先是立法权与行政权要分开。他指出:"当立法权和行政权集中在同一个人或同一个机关之手,自由便

---

[1] [法] 孟德斯鸠:《论法的精神》(上册),张雁深译,商务印书馆1959年版,第183页。
[2] [法] 孟德斯鸠:《论法的精神》(上册),张雁深译,商务印书馆1959年版,第183页。
[3] [法] 孟德斯鸠:《论法的精神》(上册),张雁深译,商务印书馆1959年版,第184页。
[4] [法] 孟德斯鸠:《论法的精神》(上册),张雁深译,商务印书馆1959年版,第184页。

不复存在的；因为人们将要害怕这个国王或议会制定暴虐的法律，并暴虐地执行这些法律。"① 其次是司法权与立法权、行政权之间的相互分开。"如果司法权不同立法权和行政权分立，自由也就不存在了。如果司法权同立法权合而为一，则将对公民的生命和自由施行专断的权力，因为法官就是立法者。如果司法权同行政权合而为一，法官便将握有压迫者的力量。"② 再次是三个权力绝不能放在同一个人或机关的手里。"如果同一个人或是由重要人物、贵族或平民组成的同一个机关行使这三种权力，即制定法律权、执行公共决议权和裁判私人犯罪或争讼权，则一切便都完了。"③

第五节　卢梭的人民主权理论

让·雅克·卢梭（Jean-Jacques Rousseau，1712-1778），瑞士裔法国启蒙思想家、哲学家、政治家、教育家、文学家，是十八世纪启蒙运动最卓越的代表人物之一。他的学说在法国大革命时期被资产阶级革命家奉为"革命圣经"，成为资产阶级反封建的思想武器。1712年，卢梭出生于瑞士日内瓦一个钟表匠家庭，祖上是从法国流亡到瑞士的新教徒。由于母亲早年去世，卢梭家境十分贫寒，他没有受过系统的教育，但是受父亲的影响，少年时阅读了大量书籍。10岁时在舅舅家寄住两年，舅舅也曾把他送到一个牧师处学习古典语文、绘图和教学。16岁时逃离日内瓦流浪，当过学徒、杂役、教师、家庭秘书、流浪音乐家等，并结识了法国著名启蒙思想家、哲学家、作家德尼·狄德罗（Denis Diderot，1713-1784）等人。1762年，卢梭因出版《爱弥儿》和《社会契约论》受到迫害。法国巴黎大主教对《爱弥儿》发出禁令，并下令追捕卢梭，卢梭只身从巴黎逃至日内瓦。但是日内瓦当局也焚烧《爱弥儿》和《社

---

① ［法］孟德斯鸠：《论法的精神》（上册），张雁深译，商务印书馆1959年版，第185页。

② ［法］孟德斯鸠：《论法的精神》（上册），张雁深译，商务印书馆1959年版，第185—186页。

③ ［法］孟德斯鸠：《论法的精神》（上册），张雁深译，商务印书馆1959年版，第186页。

会契约论》，并下令追捕作者，卢梭不得不再次逃亡。长期颠沛游离的生活，使卢梭深切同情广大劳动人民的疾苦，也认识到了改革现有社会制度的必要。卢梭的著作主要有：《论人类不平等的起源和基础》（1755）、《社会契约论》（1762）、《爱弥儿》（1762）、《忏悔录》（1982—1989）。其中最为有名的是《社会契约论》，这部书为18世纪末法国资产阶级民主革命和美国的资产阶级民主革命提供了思想与理论纲领。

一　社会公约与国家的起源

卢梭认为，国家是通过人们订立公约而建立的。当自然状态不利于人类生存的种种障碍在阻力上超过了每个个人在那种状态中为了自存所能运用的力量时，原初的自然状态就难以为继了，这时人们就需要订立社会契约来建立国家。因此，国家的产生是为了解决以下根本问题："要寻找出一种结合的形式，使它能以全部共同的力量来卫护和保障每个结合者的人身和财富，并且由于这一结合而使得每一个与全体相联合的个人又只不过是在服从其本人，并且仍然像以往一样地自由。"① 也就是说，一方面要使国家整体有最大的权威和力量来保障个体人身和财富，同时个人必须服从国家；另一方面，又要保障每个人原本就享有的自由，服从国家就是服从"其本人"一样。

卢梭认为，国家需要每个个体在社会公约中转让全部权利而不是部分权利。卢梭指出："每个结合者及其自身的一切权利全部都转让给整个集体。"② 在卢梭看来，这主要是基于以下几点原因：一是每个人都把自己全部地奉献出来，这样，由于每个人都奉献出自己的全部，这对所有人来说都是平等的，也就不存在所谓的一个人对另一个人的负担了；二是每个人奉献自己组成的联合体会尽可能地完美，这是因为每个人都毫无保留地把自己奉献出去，这样每个人在完美的联合体中也就不会有其他要求了；三是每个人既然是向全体奉献自己，他就并没有向任何人奉献出自己，而且既然人们可以从任何一个结合者那里获得自己本身所让渡给他人的同样的权利，这样，所有人就得到了自己所丧失的一切东西

---

① ［法］卢梭：《社会契约论》，何兆武译，商务印书馆2003年版，第19页。
② ［法］卢梭：《社会契约论》，何兆武译，商务印书馆2003年版，第19页。

的等价物以及更大的力量来保全自己的所有。这就是社会公约,这种社会公约可以表述如下:"我们每个人都以其自身及其全部的力量共同置于公意的最高指导之下,并且我们在共同体中接纳每一个成员作为全体之不可分割的一部分。"①

这样,全体个人通过结合行为便产生了一个道德的与集体的共同体,以代替每个订约者的个人,这便是国家。卢梭指出:"这一由全体个人的结合所形成的公共人格,以前称之为城邦,现在则称为共和国或政治体;当它是被动时,它的成员就称它为国家;当它是主动时,就称它为主权者;而以之和它的同类相比较时,则称它为政权。"②

二 人民主权思想

(一) 主权的来源和内涵

卢梭在《社会契约论》中第一次完整地阐述了人民主权思想。那么什么是主权呢?其来源是什么呢?卢梭认为,主权来源于公意所指导的绝对权力,"正如自然赋予了每个人以支配自己各部分肢体的绝对权力一样,社会公约也赋予了政治体以支配它的各个成员的绝对权力。正是这种权力,当其受到公意指导时,如上所述,就获得了主权这个名称"。③在卢梭看来,主权的实质是全体意志,这种意志是受到公意指导的。那么什么是公意呢?在卢梭看来,公意即是公共的利益,这一点与众意不同,众意只是个别意志的总和。公意是永远公正的,而且永远是以公共利益为依归的。公意作为全体成员共同利益的体现,它的目标只能服务于整体而不是个别,"公意必须从全体出发,才能对全体都适用;并且,当它倾向于某种个别人、特定的目标时,它就会丧失它的天然的公正性"。④既然公意是公共利益的体现,那么全体人民就必须服务它,正如卢梭所言:"为了使社会公约不至于成为一纸空文,它就默契地包含着这样一种规定——唯有这一规定才能使得其他规定具有力量——即任何人

---

① [法]卢梭:《社会契约论》,何兆武译,商务印书馆2003年版,第20页。
② [法]卢梭:《社会契约论》,何兆武译,商务印书馆2003年版,第21页。
③ [法]卢梭:《社会契约论》,何兆武译,商务印书馆2003年版,第37页。
④ [法]卢梭:《社会契约论》,何兆武译,商务印书馆2003年版,第39页。

拒不服从公意的，全体就要迫使他服从公意。"①

（二）主权者与臣民的关系

一是个体具有双重身份。卢梭认为，人们订立公约建立国家后，每个个体就获得了双重身份：对于个人来说，他就是主权者的一个成员；而对于主权者，他就是国家的一个成员。二是主权者与臣民权力的不对称性。卢梭认为，主权者具有最高权威，臣民可以服从主权者，但是不能要求主权者约束自身。公众的决定可以责成全体臣民服从主权者，然而却不能以相反的理由责成主权者约束其自身。三是主权者的利益与臣民的利益是一致的。"主权者既然只能由组成主权者的各个人所构成，所以主权者就没有、而且也不能有与他们的利益相反的任何利益；因此，主权权力就无需对于臣民提供任何保证，因为共同体不可能想要损害它的全体成员。"②

（三）人民主权的原则

卢梭提出了人民主权的四个原则。第一，主权是不可转让的。主权是公意的运用，主权是国家的灵魂和集体的生命，主权不可转让。卢梭指出："主权既然不外是公意的运用，所以就永远不能转让；并且主权者既然只不过是一个集体的生命，所以就只能由他自己来代表自己；权力可以转移，但是意志却不可以转移。"③ 第二，主权是不可分割的。主权是全体成员公共意志的体现，而公共意志作为一个整体不可分割，因此主权是不可分割的。卢梭反对把立法权、行政权、司法权、内政权、外交权并列起来，认为这样就把主权者弄成一个支离破碎的怪物了！第三，主权是不能代表的。卢梭认为，正如主权是不能转让的，主权也是不能代表的；主权在本质上是公意所构成的，而意志又是绝不可以代表的；它只能是同一个意志，或者是另一个意志，而绝不能有什么中间的东西，因此人民的议员就不是且不可能是人民的代表，他们只不过是人民的办事员罢了；他们并不能作出任何肯定的决定。卢梭反对代表制，认为只要有人选出了自己的代表，自由就不存在了。但是卢梭指出，虽然人民

---

① ［法］卢梭：《社会契约论》，何兆武译，商务印书馆 2003 年版，第 24 页。
② ［法］卢梭：《社会契约论》，何兆武译，商务印书馆 2003 年版，第 23 页。
③ ［法］卢梭：《社会契约论》，何兆武译，商务印书馆 2003 年版，第 31 页。

在立法权力上不能被代表，但是在行政权力上，人民是可能并且应该被代表的，因为行政权力不外是把力量运用在法律上而已。第四，主权是绝对的、神圣不可侵犯的。主权既然是公意的体现，是政治体的灵魂，它就具有绝对权威性，是任何人都不能侵犯和摧毁的。但是主权也有一定的界限，正如卢梭指出的："主权权力虽然是绝对的、完全神圣的、完全不可侵犯的，却不会超过公共约定的界限；并且人人都可以任意处置这种约定所留给自己的财富和自由。"① 在卢梭看来，这种界限就是主权者永远不能有权对某一个臣民要求得比对另一个臣民更多。

（四）自由与平等

在人民主权原则下，人人享有自由与平等。与洛克一样，卢梭也认为自由是人类的主要"天然禀赋"，正如卢梭指出："人是生而自由的，但却无往不在枷锁之中。自以为是其他一切的主人的人，反而比其他一切更是奴隶。"② 在卢梭看来，自然状态下的人拥有自然的自由权利，为了生存可以凭自己的意愿与能力去做想做的事，这是人性使然。但是当人们通过订立契约从自然状态进入社会状态时，人们就失去了自然的自由，但是却获得了社会的自由与道德的自由。在卢梭看来："唯有道德的自由才使人类真正成为自己的主人；因为仅只有嗜欲的冲动便是奴隶，而唯有服从人们自己为自己所规定的法律，才是自由。"③ 至于平等，卢梭认为，私有制是造成人类不平等的根源。他说："平等的状态被打破之后，随之而来的是可怕的混乱：富人的强取豪夺、穷人的到处劫掠和人们疯狂的贪欲，这一切扼杀了人的天然的怜悯心和微弱的公正的声音，使人变成了吝啬鬼、野心家和恶人。"④ 当然，在卢梭看来，平等也不是权力和财富的绝对相等，平等是相对的，"就权力而言，则它应该不能成为任何暴力，并且只有凭职位与法律才能加以行使；就财富而言，则没有一个公民可以富得足以购买另一人，也没有一个公民穷得不得不出卖

---

① ［法］卢梭：《社会契约论》，何兆武译，商务印书馆2003年版，第41页。
② ［法］卢梭：《社会契约论》，何兆武译，商务印书馆2003年版，第4页。
③ ［法］卢梭：《社会契约论》，何兆武译，商务印书馆2003年版，第26页。
④ ［法］卢梭：《论人与人之间不平等的起因和基础》，李平沤译，商务印书馆2015年版，第101页。

自身"。① 为此，人们需要建立社会公约，成立国家和政府来保障人的平等权利；如果不平等是由暴君统治带来的，则人们有革命的权力，从而通过暴力来建立新政府，以保障人的自由与平等。

三 人民主权与政府管理

(一) 什么是政府

卢梭认为，政府就是介于臣民与主权者之间的一个中间体和执行力量。"政府就是在臣民与主权者之间所建立的一个中间体，以便两者得以互相适合，它负责执行法律并维护社会的以及政治的自由。"② 这个中间体的成员就是执政者，也称之为行政官或国王；而这一整个的中间体则称为君主。在卢梭看来，政府存在的理由就是充当国家与主权者之间的联系，按照公意的指示而活动，其所起的作用很有点像是灵魂与肉体的结合对一个人所起的作用那样，这就是国家之中所以要有政府的理由。政府的任务就是作为公共力量的代理人来执行法律，维护社会的和政治的自由。

(二) 政府与主权者、政府与立法机关、政府与国家的关系

在政府与主权者的关系方面，有人把主权者当成了政府，卢梭认为这是混淆了政府与主权者的区别。事实上政府与主权者是两个不同的概念，政府作为一个中间体，它只不过"是主权者的执行人"。主权者是一种精神的力量，是最高权威，而政府则是一种行动的力量。政府不是由契约建立起来的，而是主权者按照自己制定的法律而建立的。政府的权力也来自主权者的一种委托，只能按照主权者的意志而采取行动。因此，政府的权力是受制于主权者的，主权者可以随时限制、改变和收回这种权力，正如卢梭指出："他们仅仅是主权者的官吏，是以主权者的名义在行使着主权者所委托给他们的权力，而且只要主权者高兴，他就可以限制、改变和收回这种权力。"③ 卢梭认为随着政府权力的不断扩大和政府职务的诱惑力的逐步增长，代表人民利益的主权者应该掌握更大的力量

---

① [法]卢梭：《社会契约论》，何兆武译，商务印书馆2003年版，第66页。
② [法]卢梭：《社会契约论》，何兆武译，商务印书馆2003年版，第72页。
③ [法]卢梭：《社会契约论》，何兆武译，商务印书馆2003年版，第73页。

来约束政府,防止政府官吏违反法律、篡夺权力和谋取私利。

政府也不是立法机关。卢梭认为,一切自由行为,都是由两种原因的结合而产生的:一种是精神的原因,亦即决定这种行动的意志;另一种是物理的原因,亦即执行这种行动的力量。政治体也有两种动力:一个是意志,一个是力量。前者叫立法权力,是属于人民的,而且"只能是属于人民的";后者叫作行政权力,是属于政府的,它只是一个局部的权力,主体集中于执行力领域。在卢梭看来,行政权力并不能具有像立法者或主权者那样的普遍性,这是因为行政权力"仅只包括个别的行动,这些个别行动根本不属于法律的能力,从而也就不属于主权者的能力,因为主权者的一切行为都只能是法律"。①

卢梭明确把国家与政府区分开来。卢梭认为国家不是从来就有的,而是通过契约成立的。国家是为了增强人类生存的力量通过相互订立契约而建立的:"随着自然状态的发展,人类达到了这样的境地,即阻碍人类生存原力量超过了维持人类生存的力量,于是原始状态不能维持下去。如果人类不改变生存方式,就会导致灭亡。由于人类不能产生新的力量,因此只能把已有的力量结合起来,形成一种力量的总和。"② 而政府不是通过契约成立的,政府是受主权者委托建立的。此外,在卢梭看来,政府是国家之内的一个新的共同体,二者的存在方式是不同的。国家作为一个统一的整体,每一个整体里的结合者只不过是在"服从自己本人";而政府的权力是主权者赋予的,因此政府只能服从于主权者,正如卢梭指出:"国家是由于它自身而存在的,但政府则只能是由于主权者而存在的。"③

(三)政府的类型、适宜条件及好政府的标准

卢梭认为,政府类型主要有四类:民主制、贵族制、国君制或皇朝政府、混合制。民主制政府即是主权者把政府权力委之于全体人民或者绝大部分的人民,从而使行政官的数目多于个别的单纯的公民数目。贵族制政府即是把政府权力集中于少数人手里,从而使单纯的公民的数目

---

① [法]卢梭:《社会契约论》,何兆武译,商务印书馆2003年版,第72页。
② 叶立煊、郝宇青:《西方政治思想史》,华东师范大学出版社2017年版,第137页。
③ [法]卢梭:《社会契约论》,何兆武译,商务印书馆2003年版,第76页。

多于行政官的数目。国君制政府即是把整个政府的权力都集中于一个独一无二的行政官之手,其余人则要么没有权力、要么只能从这个行政官那里获得权力。此外,卢梭指出,由于这几种类型的政府在某些情况下会发生或多或少的变化,甚至在特殊情况下会发生大幅度的变化,同时一种政府类型还可以同时孕育着其他政府类型,使得一种政府类型可以出现多种施政方式,这样,上述三种政府类型又可以相互结合而产生出混合政府形式,这就是第四种政府类型。

那么,政府类型既然有四种,哪一种类型更好呢?卢梭认为,每一种政府类型都有自己的优点和弊端,没有一种政府形式是适用于一切国家的,"它们之中的每一种形式在一定的情况下都可以是最好的,但在另一种情况下又都可以是最坏的"。① 卢梭根据最高行政官的人数与公民数目成反比的原则,认为每一种政府类型都有其适宜环境,他根据孟德斯鸠关于地理环境制约国家政治法律的观点,指出"国君制只适宜于富饶的国家;贵族制只适宜于财富和版图都适中的国家;民主制则适宜于小而贫穷的国家"。②

卢梭之所以认为民主制政府只适宜于小国,是因为民主制存在许多缺陷。一方面,真正的民主制不存在。卢梭认为,民主政府本身就是一种乌托邦,多数人去统治而少数人被统治,那是违反自然的秩序的,"就民主制这个名词的严格意义而言,真正的民主制从来就不曾有过"。③ 另一方面,民主制的条件很难达到:"首先,要有一个很小的国家,使人民很容易集会并使每个公民都能很容易认识所有其他公民;其次,要有极其淳朴的风尚,以免发生种种繁难的事务和棘手的争论;然后,要有地位上与财产上的高度平等,否则权利上和权威上的平等便无法长期维持;最后,还要很少有或者根本没有奢侈。"④ 此外,民主制容易发生内乱甚至内战,正如卢梭指出的:"没有别的政府是像民主的政府或者说人民的政府那样易于发生内战和内乱的了。"⑤ 因此,卢梭感叹民主制的政府

---

① [法] 卢梭:《社会契约论》,何兆武译,商务印书馆 2003 年版,第 83 页。
② [法] 卢梭:《社会契约论》,何兆武译,商务印书馆 2003 年版,第 100—101 页。
③ [法] 卢梭:《社会契约论》,何兆武译,商务印书馆 2003 年版,第 84 页。
④ [法] 卢梭:《社会契约论》,何兆武译,商务印书馆 2003 年版,第 84—85 页。
⑤ [法] 卢梭:《社会契约论》,何兆武译,商务印书馆 2003 年版,第 85 页。

"还得要有多少难于结合的条件啊"!①

卢梭认为最好的政体是适度的民主共和国。卢梭指出："凡是实行法治的国家——无论它的行政形式如何——我就称之为共同国；因为唯有在这里才是公共利益在统治着，公共事物才是作数的。一切合法的政府都是共和制。"②也就是说，不管民主制、贵族制还是君主制，只要是真正推行法治、实现公共利益，就是好的政府体制。那么，这种共和制为什么要适度呢？在卢梭看来，一个体制最良好的国家有一个界限，为的是使它既不能太大以致不能很好地加以治理，也不能太小以致不能维持自己。这是因为距离越远，行政也就越困难，随着层次的繁多，行政负担也就越来越重，"人民对于自己所永远见不到面的首领、对于看来有如茫茫世界的祖国以及对于大部分都是自己所陌生的同胞公民们，也就会更缺少感情。……在这样一种彼此互不相识而全靠着一个至高无上的行政宝座才把他们聚集在一起的人群里，才智就会被埋没，德行就会没有人重视，罪恶也不会受到惩罚……这样，他们就再也没有余力来关心人民的幸福了，在必要的关头，他们也几乎毫无余力来保卫人民"。③

第六节 亚当·斯密的守夜人政府理论

亚当·斯密（Adam Smith，1723—1790），英国著名经济学家、哲学家、政治学家，西方经济学的主要创立者，被誉为"古典经济学之父"。1723年斯密出生于苏格兰一个以港口和制造业出名的小城镇寇克卡迪（Kirkcaldy），他的父亲是海关审计员，在他出生前就去世了。斯密长期以来都是与母亲玛格丽特（Margaret）相依为命。由于从小聪明好学，斯密14岁时进入格拉斯哥大学学习拉丁语、希腊语、数学以及道德哲学，并对经济学产生兴趣。17岁时转入牛津大学学习道德哲学、政治科学与语言学。毕业后他又自学了2年，然后在爱丁堡大学讲授修辞学、文学和经济学。1751—1764年回到母校格拉斯哥大学担任逻辑学和道德哲学

---

① ［法］卢梭：《社会契约论》，何兆武译，商务印书馆2003年版，第84页。
② ［法］卢梭：《社会契约论》，何兆武译，商务印书馆2003年版，第48页。
③ ［法］卢梭：《社会契约论》，何兆武译，商务印书馆2003年版，第60—61页。

教授。1759年出版了《道德情操论》(*The Theory of Moral Sentiments*)，主要探讨道德哲学与经济学的关系，获得了学界极高评价。之后，斯密将研究的重点从道德哲学转向了法学和政治经济学。

1763年，斯密辞去教授职务，担任了英国财政大臣查尔斯·汤森的养子的家庭教师。斯密利用他做家庭教师的收入，在法国生活了两年多，在那里他与重农主义魁奈等人经常来往，促使斯密的经济理论走向成熟。斯密返回苏格兰故乡之后就退休了，专心从事写作，他的家庭教师职位使他获得了每年300英镑的年金，并且终其一生。1768年，斯密开始整理在法国考察时的经济理论，着手研究《国富论》，5年后完成初稿，此后又修改了3年，到1776年斯密53岁时正式出版了他的名著《国富论》，其全名为《国民财富的性质和原因的研究》(An Inquiry into the Nature and Causes of the Wealth of Nations)。

《国富论》的出版标志着经济学作为一门独立学科的诞生，在欧美引起了巨大的反响，书中提出的"看不见的手"即自由市场来调节经济的主张对自由主义经济学产生了深远的影响，其提出的"守夜人政府理论"也为欧美的有限政府主张奠定了理论基础，斯密也因此成为数百年来最杰出的经济学家之一。

一　守夜人政府的角色

(一) 市场的优越性

斯密论述的市场是建立在劳动分工的基础之上，只有劳动进行了分工，才能使劳动者熟练掌握生产技巧，从而使劳动生产力得到改良。他指出："劳动生产力上最大的改良，以及在任何处指导劳动或应用劳动时所用的熟练技巧和判断力的大部分，都是分工的结果。"[1] 在劳动分工的基础上，人与人之间才有了物质交换与购买的需要，于是满足了相互的需要并使人类相互依存与协作。在斯密看来，在人性自利的驱动下，由"看不见的手"即市场来调节经济，能够实现资源配置的最佳效益。这是因为市场中成千上万的主体在人性自利的驱动下，各自寻求符合自身利益的最佳方法，并与其他人一起进行自由竞争，从而使得资源能够得到

---

[1] [英] 亚当·斯密：《国富论》(上)，杨敬年译，陕西人民出版社2001年版，第1页。

有效配置。这种情况比单一的政府效率要高得多,最终导致"在没有政府干预的竞争性市场上会出现资源的最佳配置"。①

斯密认为,由"看不见的手"来调节经济,还可以在分工中形成合作的好处,并促进经济增长。这是因为市场中的"理性经济人"在追求自身利益最大化的过程中,会努力去寻求市场缝隙中的机会,生产优质的产品来服务他人,当市场过程中有成千上万的人在同时做这件事时,就会产生市场广泛的自动合作。他指出:"没有成千上万人的帮助和合作,一个文明社会中的最卑贱的工人,就不可能得到他普通所得到的那种平常的简单生活用品。"②

斯密还认为,市场可以产生利他主义。学者们通常认为,市场自由主义由于每个个体或组织都努力追求自身利益,必须使公共利益或社会利益受损。但是斯密不认为这样,斯密认为市场自由主义中的主体在追求个人利益过程中也自然地促进了公共利益或社会利益,因为他在利自己的同时也在利他,这有点像"有心栽花花不开,无心插柳柳成荫"。斯密指出:"他们通例没有促进社会利益的心思。他们亦不知道他们自己曾怎样促进社会利益。他们所以宁愿投资维持国内产业,而不愿投资维持国外产业,完全为了他们自己的安全;他们所以会如此指导产业,使其生产物价值达到最大程度,亦只是为了他们自己的利益。在这场合,像在其他许多场合一样,他们是受着一只看不见的手的指导,促进了他们全不放在心上的目的。他们不把这目的放在心上,不必是社会之害。他们各自追求各自的利益,往往更能有效的促进社会的利益;他们如真想促进社会的利益,还往往不能那样有效。"③

斯密认为市场自由主义能够自动产生利他道德的观点,后来被很多经济学家与政治学家继承。哈耶克在《致命的自负》一书中提出的"自发扩展的秩序"就是一种能够产生良好道德效果的秩序。哈耶克指出:"严格地只去做那些对具体的他人明显有利的事情,并不足以形成扩展秩

---

① [美]哈里·兰德雷斯、大卫·C. 柯南德尔:《经济思想史》(第四版),周文译,人民邮电出版社 2014 年版,第 89 页。
② [英]亚当·斯密:《国富论》(上),杨敬年译,陕西人民出版社 2001 年版,第 15 页。
③ [英]亚当·斯密:《国富论》(下),郭大力、王亚南译,译林出版社 2011 年版,第 24 页。

序,甚至与这种秩序相悖。市场的道德规则使我们惠及他人,不是因为我们愿望这样做,而是因为它让我们按照正好可以造成这种结果的方式采取行动。扩展秩序以一种单凭良好的愿望无法做到的方式,弥补了个人的无知(由此也使我们——就像前面讨论的那样——适应了未知的事物),因而确实使我们的努力产生了利他主义的结果。"①

(二)守夜人政府的角色

既然由"看不见的手"即市场来调节经济的运行有诸多的好处,那么政府的角色如何界定呢?在斯密看来,在自由竞争的市场过程中,政府的主要角色是充当"守夜人",为市场经济的发展保驾护航。政府不具体干预市场的经济活动,只起一个辅助性作用,充当"守夜人"的角色。政府的这种"守夜人"角色主要表现为:一是公共利益的维护者。由于市场能否促进公共利益存在争议,但是政府却是公共利益坚定的促进者。政府可以通过运用公权力来促进司法、教育、交通、财税、安全等来保障社会的公共利益。二是规则制定者的角色。守夜人政府虽然不干预具体的经济活动,但是却可以通过制定经济发展的规则如税收、法律来保障市场竞争的公平。三是市场矫正者的角色。由"看不见的手"来调节经济活动,其意义显而易见,但是其缺陷也是明显的,正如斯密指出的:"世人尊敬的目光比较强烈地投向有钱与有势的人,而不是投向有智慧与有美德的人。"② 这些只有通过政府才能进行矫正。

二 守夜人政府的经济政策

(一)自由主义的经济政策

斯密认为人类是理性的,是有私心的,受利己主义动机的驱使。如果放任不管,每个个体将追求他或她自身的私利,在促进私利的同时也促进了社会利益。政府不应当干预这一过程,而应当遵循自由放任的政策。他说:"个人的私利关系与情欲,自然会使他们投资于通常最有利于社会的用途,但若由于这种自然的倾向,而致此等用途的资本过多,则

---

① [英] F. A. 哈耶克:《致命的自负:社会主义的谬误》,冯克利、胡晋华等译,冯克利统校,中国社会科学出版社2000年版,第91页。

② [英] 亚当·斯密:《道德情操论》,谢宗林译,中央编译出版社2008年版,第71页。

其利润必降落，其他各用途的利润必提高，从而，立即使他改变这错误的分配。用不着法律干涉，个人的利害关系与情欲，已经自然会引导人们把社会的资本，尽可能，按照最适合于全社会利害关系的比例而配分于国内一切不同的用途。"①

（二）自由放任的产业政策

斯密不仅倡导市场配置资源的优越性，而且主张自由放任的产业政策。斯密强调政府要废除一切特惠或限制的产业政策，政府不应对产业采取鼓励或限制的措施。他指出："凡是一种学说，如要对于特定产业，予以异常奖励，违反自然所趋，以社会上过大部分资本，拉入这种产业，又或要对于特定产业加以异常的限制，违反自然所趋，强迫一部分原来要投在这产业上的资本，离去这种产业，那实际上，都足颠倒他所要促进的大目的。那只能阻碍社会富强之进步，不能使它加速，只能减少其土地劳动年产物的真实价值，不能把它增加。"② 在斯密看来，每一个人或产业，在他不违犯正义的法律时，都应完全自由地在自己方法下追求他自己的利益，并以其勤劳及资本去参与竞争，如果政府监督私人产业或指导私人产业使其最合适于社会利益的义务，这完全扭曲了市场的正当性，不利于产业的协调均衡发展，应完全废除。在这里，斯密既批判重商主义，也批判重农主义，强调政府不能过度干预产业政策，而是要在市场原则指导下促进产业的自然均衡发展。

（三）政府干预的弊端

斯密强调市场配置资源的优越性，极力反对政府对经济的干预。这是因为斯密认为政府干预存在一些弊端，主要表现为以下几方面。一是政府干预不专业。斯密认为，具体经济活动是千变万化的，只有千百个个体的头脑才能随时做出市场的反映，而政治家、立法家在干预经济方面不专业，也判断不准。"政治家、立法家的判断，绝没有他个人自己的判断那样准确，因为个人处在当事人的地位。政治家指导私人应如何投

---

① ［英］亚当·斯密：《国富论》（下），郭大力、王亚南译，译林出版社 2011 年版，第 188—189 页。

② ［英］亚当·斯密：《国富论》（下），郭大力、王亚南译，译林出版社 2011 年版，第 239—240 页。

资营业，结局不过加重自身的责任，去注意那种最不必注意的问题，从而扩大自身的权力。把这种权力委在迂愚僭越自认宜于为此的人手中，真再危险没有。"① 二是政府干预的低效率。斯密认为，政府本身就存在浪费行为，必然是低效率的。"英格兰王公大臣，竟有时不自反省，颁布节俭法令，甚至禁止国外奢侈品输入，倡言要监督私人经济。他们不知道，他们自己就常常是社会上最浪费的阶级。"② 三是政府干预容易导致腐败。政府与个人一样，也有它自身的利益，它会利用权力索取私人利益，甚至把公共利益置于自己的私欲之下，产生"独占"，这样会导致一系列腐败行为。

三 守夜人政府的职能

值得注意的是，斯密主张的自由放任并不等于放纵不管，事实上，政府在经济上也需要发挥重要的功能。斯坦利·L. 布鲁等人评论道："我们很容易给斯密贴上自由放任提倡者的标签，我们注意到他反对政府干预经济。但是，和其他更极端的自由放任主义提倡者不同，斯密确定认识到了政府尽管有限但非常重要的作用。"③ 在斯密看来，守夜人政府的主要职能表现为三个方面："第一，保护社会，使不受其他独立社会的扰害侵犯。第二，尽其所能，保护社会上各个人，使不受社会上任何其他个人的虐待压迫，即设立严正的司法机关。第三，建设并维持一定的公共土木事业及一定的公共设施。"④ 简言之，守夜人政府的职能可以概括如下。

（一）保护社会免遭外部势力的入侵

这一项职能最重要的是国防，这是任何国家的政府都必须履行的。在斯密看来，君主的职责，首在策本国社会之安全，使不受其他独立社

---

① ［英］亚当·斯密：《国富论》（下），郭大力、王亚南译，译林出版社 2011 年版，第 24 页。
② ［英］亚当·斯密：《国富论》（上），郭大力、王亚南译，译林出版社 2011 年版，第 299 页。
③ ［美］斯坦利·L. 布鲁、兰迪·R. 格兰特：《经济思想史》，邸晓燕译，北京大学出版社 2014 年版，第 63 页。
④ ［英］亚当·斯密：《国富论》（下），郭大力、王亚南译，译林出版社 2011 年版，第 240 页。

会之暴行与侵略。为此,就需要发展制造业技术、改进战争技术、维持常备军、强化规律与秩序、提高服从意识、增加军费等。

(二)维护司法正义

由于政府不能干涉自由市场具体的经济活动,那么,当自由市场中发生矛盾与冲突时怎么办呢?在斯密看来,靠严格的司法正义来解决,这是守夜人政府的重要职责。严格的司法正义一方面可以保护人们的各项权利特别是财产权利不受侵犯,正如斯密指出:"由多年劳动或累世劳动蓄积起来的财产的所有者,没有司法官保障庇护,他哪能高枕而卧哩。富者随时都有不可测知的敌人在包围他,他纵没有激怒敌人,他却无法缓和敌人。他想避免这不正义的侵略,那只好依赖强有力的司法官的保护,司法官是可以不断惩治一切非法行为的。"① 司法正义另一方面可以有效维护市场秩序的良好运作,保护市场秩序不至于受到人为破坏。但是另一方面斯密也看到了司法自身也会存在腐败,司法行政也会成为一种敛财的组织,比如:"以大赠物请求裁判的人,每每可以得到正当判决;以小赠物请求裁判的人,就只能得到正当判决以下的便利,而且,为要使赠物频频送来,他往往多方迁延,不予判决;为要勒取被告的罚金,他往往把实在无罪者判为有罪。"② 那么,怎么解决司法上的弊端呢?在斯密看来,最主要的是司法独立。斯密指出:"司法权如不脱离行政权独立,要想裁判不为世俗所谓政治势力所牺牲,那就千难万难了。"③ 在斯密看来,为了更好地保护个人的权利,司法不仅要独立,而且裁判官的任免、报酬等都应与行政当局分离。他指出:"为要使各个人感到自己一切占有权利卓有保障,司法权不但有与行政权分离之必要,且有完全脱离行政权的独立之必要。裁判官不应由行政当局任意罢免,裁判官的额定报酬,也不应随行政当局的意向或经济状况而变更。"④

---

① [英]亚当·斯密:《国富论》(下),郭大力、王亚南译,译林出版社2011年版,第258页。
② [英]亚当·斯密:《国富论》(下),郭大力、王亚南译,译林出版社2011年版,第263页。
③ [英]亚当·斯密:《国富论》(下),郭大力、王亚南译,译林出版社2011年版,第268页。
④ [英]亚当·斯密:《国富论》(下),郭大力、王亚南译,译林出版社2011年版,第269页。

（三）提供基础设施等方面的公共服务

在斯密看来，对于公共教育、公共工程以及公共交通等这些便利于商业的公共设施及土木工事，由个人或少数人办理很困难，并且所得利润难以偿其所费，因此，私人力量不愿意或没有能力去承担，需要政府来承担。斯密认为，对于一些具有特定范围的土木工事，国家可以授权给地方政府办理，"一种土木工事，如其不能由自身的收入维持，而其便利，又只限于某特定场所或特定地域，那与其置于国家行政管理之下，由国家一般收入维持，往往总不若置于地方行政管理之下，由地方收入维持，来得妥当。"[1] 在基础设施服务方面，斯密还特别重视教育，因为教育是为市场培养有用人才之必经途径，因此，政府需要加大对青少年以及各年龄阶段人民的教育投入。斯密不仅重视教育，还重视教育的公平性，强调要关注普遍劳动者的教育。他指出："在文明的商业社会中，普通人民的教育，恐怕比较有身份有财产者的教育，更需要国家的注意吧。"[2] 此外，斯密还强调守夜人政府承担税收、保护国际贸易等方面职能。

（四）调节个人利益与公共利益的关系

斯密认为，个人利益与公共利益的关系除了市场的利他主义来调节外，还可以通过政府来调节。除此之外，斯密认为个人利益与公共利益的关系还可以通过"第三只手"来调节——道德的调节，而这也成为政府的重要职能之一，即维护道德秩序。斯密在《国富论》中虽然认为市场中的个体自利行为也会带来公共利益或社会利益，但是这种情况是没有那么明显。要真正使自利的个体行为朝着公共利益的方向向前时，还需要道德的调节，这一观点主要体现在斯密的《道德情操论》一书中。斯密认为，人性中是包含一些利他思想的。他指出："人，不管被认为是多么的自私，在他人性中显然还有一些原理，促使他关心他人的命运，使他人的幸福成为他的幸福必备的条件，尽管除了看到他人幸福他自己

---

[1] [英] 亚当·斯密：《国富论》（下），郭大力、王亚南译，译林出版社2011年版，第276页。

[2] [英] 亚当·斯密：《国富论》（下），郭大力、王亚南译，译林出版社2011年版，第320页。

也觉得快乐之外，他从他人的幸福中得不到任何其他好处。"① 这些原理包括怜悯、同情、仁慈、良心等。这种人既有利己心，又有同情心的现象，有学者称之为"斯密悖论"。斯密认为，人类需要用这些道德来约束人性的自私，以使个体在追求自身利益的同时更好地促进公共利益或社会利益。

四　守夜人政府的限度

尽管斯密极力反对政府干预经济，倡导经济自由主义。但是斯密反对政府干预并不意味着市场的绝对自由主义，也不意味着政府放弃一切必要的干预行为。也就是说，守夜人政府也是有限度的，这种限度体现出政府对自由市场必要的保护。一是政府对市场主体依法自由选择与合法经营可以不干预，但是对非法经营却需要进行积极干预。二是在微观经济领域，斯密主张实行自由放任政策，在市场自由竞争中实现发展。正如斯密指出的："竞争愈自由，愈普遍，那事业亦就愈有利于社会"。② 但是在宏观经济领域，斯密则主张政府进行积极与科学的干预，如国防、公共工程、交通、教育、银行监管等。三是自由放任与政府干预有时可以很好地结合起来。例如银行业，虽然属于政府干预的对象，但是在银行发行钞票方面，"若有限制且可随时兑现，即可不致妨碍社会安全，他的营业，亦就可任其自由。"③

第七节　密尔的代议制政府理论

约翰·斯图亚特·密尔（John Stuart Mill，1806—1873），19 世纪英国著名的哲学家、政治思想家，自由主义与功利主义的主要代表，代议制政府理论的主要倡导者。密尔 1806 年出生于英国伦敦，其父亲詹姆斯·密尔是当时英国著名的功利主义哲学家，在父亲的管教下，密尔 3

---

① ［英］亚当·斯密：《道德情操论》，谢宗林译，中央编译出版社 2008 年版，第 2 页。
② ［英］亚当·斯密：《国富论》（上），郭大力、王亚南译，译林出版社 2011 年版，第 285 页。
③ ［英］亚当·斯密：《国富论》（上），郭大力、王亚南译，译林出版社 2011 年版，第 285 页。

岁读希腊文，8 岁学习拉丁文、代数、几何，9 岁开始读希腊史家的著作，在少年时，密尔就具备了比大学毕业生还要广泛的知识。密尔在《自传》表示，人在成长时期只要经过适当的训练，就可以吸收和理解超乎常人所能想象的知识。密尔在青年时广泛涉猎了功利主义、政治经济学、法学、逻辑学、心理学等方面的著作，并在父亲影响下与功利主义主义代表边沁常有接触，成为边沁功利主义思想的重要继承人。1823—1856 年密尔进入东印度公司任职，在此期间花费了大量的时间从事思考与写作。但是密尔也经历了精神上的痛苦时期，他苦苦思考一个人的价值何在。后来在阅读具有不同观点的人士著作的过程中，修正了原来的功利主义思想。1865 年密尔担任国会议员，积极参与政治与社会的改革工作。密尔著述颇丰，出版了《逻辑体系》（1843）、《政治经济学原理》（1848）、《论自由》（1855）、《代议制政府》（Considerations on Representative Government，1861）、《功用主义》（1861）、《论社会主义》（1876）等。其中《代议制政府》是西方公认为有关议会民主制的一部经典著作，对英国以及欧美各国的政府制度产生了较大影响。密尔的行政思想也主要体现在《代议制政府》提出的"代议制政府理论"中。

一　政府在本质上是一种关于目的与手段的艺术

密尔认为，政府，严格地说是一种实际的艺术，是一种关于手段与目的艺术。既然政府作为一种艺术可以进行人为的创造和制作，那么人们就有权选择是否制作、怎样制作以及按照什么模式去制作一个政府的问题。在密尔看来，政府形式的选择主要经历三个阶段，即明确政府目的、选择政府手段、教育人民坚持这种选择。他说："政府是一个问题，应和任何其他事务问题一样加以处理。第一步是明确政府所须促进的目的。第二步，是研究什么样的政府形式是最适于实现这些目的。在做到了这两点并确定了最大好处和最小害处结合起来的政府形式之后，剩下的就是争取国人或所由设立该制度的人们同意我们私下得出的意见。发现最好的政府形式，劝说别人相信它是最好的，然后鼓动他们坚持要这种制度。"[①]

[①]　［英］J. S. 密尔：《代议制政府》，汪瑄译，商务印书馆 1982 年版，第 2 页。

既然政府在本质上是一种艺术，那么，政府的形式问题就是一个可设计的问题。密尔反驳了政府是"自然产物"的观点，"自然产物"的观点认为，"一国人民的根本的政治制度是从该国人民的特性和生活成长起来的一种有机的产物，是他们的习惯、本能和无意识的需要和愿望的产物，而绝不是故意的目的的产物"、① 密尔则认为政府不是自然的产物，而是人的意志的产物。他指出，政府"是人的劳作；它们的根源和全部存在均有赖于人的意志。人们并不曾在一个夏天的清晨醒来发现它们已经长成了。它们也不像树木那样，一旦种下去就'永远成长'，而人们却'在睡大觉'。在它们存在的每一阶段，它们的存在都是人的意志力作用的结果。所以它们像一切由人做成的东西那样，或者做得好，或者做得不好"。② 密尔指出，政府不仅可以设计，还可以进行选择，人们可以根据实际的需要和条件，选择适合自己的最好的政府形式。

二 好政府的标准

（一）政府的职能

密尔认为，要界定什么样的政府是好政府，首先必须明确政府的职能。政府的职能是什么呢？在密尔看来，政府的职能主要分为两类：一是对人类精神上的职能。精神上的职能即是促进社会在才智、美德、效率等精神上的进步；二是公共事务方面的职能。公共事务方面的职能即是将道德的、智力的和有价值的活动组织起来，以实现公共事务的良好治理。在密尔看来，政府的职能在实践生活中是不断发生变化的，不同的社会形态其政府的职能也是不一样的，但是落后社会状态中的政府职能比先进社会状态中的政府职能要广泛得多。

（二）好政府的标准

人们通常认为"秩序"与"进步"是好政府的标准，但在密尔看来，用"秩序"和"进步"来作为好政府的衡量标准是不科学和不合理的。因为"秩序"意味着服从，但是并不是每种秩序下的服从都是值得赞美的，例如专制制度下的无条件服从就不值得赞美；"进步"也同样难以成

---

① ［英］J. S. 密尔：《代议制政府》，汪瑄译，商务印书馆1982年版，第3页。
② ［英］J. S. 密尔：《代议制政府》，汪瑄译，商务印书馆1982年版，第4页。

为政府好坏的标准，因为"进步"可能以"秩序"的牺牲为代价，当我们在某方面取得某种美好的事物时，可能在别的方面损失其他美好的事物。例如我们可能获得了财富上的增长好处，但是却在美德上有所退化。

那么用什么作为好政府的标准呢？密尔认为，可以把"社会利益的总和"作为检验政府好坏的标准。密尔指出："评价一个政府的好坏，应该根据它对人们的行动，根据它对事情所采取的行动，根据它怎样训练公民，以及如何对待公民，根据它倾向于促使人民进步或是使人民堕落，以及它为人民和依靠人民所做工作的好坏。"[1] 在密尔看来，是否为好政府的标准具体可以分解为以下两条。

（1）政府能否促进人们的美德和智慧。也就是说，政府能够在履行职能过程中增进被统治者道德的和智力的品质方面的程度，来作为衡量好政府的一个标准。密尔指出："任何政府形式所具有的最重要的优点就是促进人民本身的美德和智慧。对任何政治制度来说，首要问题就是在任何程度上它们有助于培养社会成员的各种可想望的品质——道德的和智力的，或者可以说（按照边沁更完善的分类），道德的、智力的、积极的品质。在这方面做得最好的政府，就很可能在其他一切方面是最好的，因为政府的实际工作中一切可能的优点正是有赖于这些品质。"[2] 密尔为什么如此看重人们的美德与智慧呢？这是因为被统治者的好品质可以为政府这台机器的运转提供动力。否则，如果人民的道德败坏到证人说谎、法官受贿、狱官贪腐的地步，那么，法庭审判又有什么效用呢？如果人民对公共事务漠不关心，甚至把职务交给那些营私舞弊的人去担任，制度又如何能保证一个廉洁的政府呢？如果人民不能选择最好的议员，而是选择了那些愿意多花钱并许诺给予某种好处的人，那么最广泛的代议制度又有什么用处呢？因此，密尔指出："每当人民普遍倾向于只注意个人的私利而不考虑或关心他在总的利益中的一份时，在这样的事态下好的政府是不可能的。"[3]

（2）政府机器本身的性质。政府机器自身的性质就是"政府适应于

---

[1] ［英］J. S. 密尔：《代议制政府》，汪瑄译，商务印书馆1982年版，第26页。
[2] ［英］J. S. 密尔：《代议制政府》，汪瑄译，商务印书馆1982年版，第23—24页。
[3] ［英］J. S. 密尔：《代议制政府》，汪瑄译，商务印书馆1982年版，第23页。

利用每个时候存在的全部好性质来帮助实现正当目的的程度"。① 也就是说，政府作为一个手段自己不能活动，它需要善于运用社会的美德和智慧这些好性质来帮助政府促进管理。在很多时候，行政部门的手段也许是好的，但是手段不能自己使用，而取决于使用它们的人，正如徒有马笼头而无驭马者不能指挥马一样，"如果进行控制的官员和他们所要控制的官员一样腐败或玩忽职守，如果作为整个控制机器的大发条的公众太无知，太消极，或太不经心和不注意尽自己的本分，那么即使有最好的行政机构也不会得到多大好处"。②

三 最理想的政府形式

密尔认为，最理想的政府形式是代议制政府。这里的代议制政府，即是由全体或部分人民选举出来的代表来行使国家权力的政府。在密尔看来，代议制政府是最理想的政府形式。他指出："理想上最好的政府形式就是主权或作为最后手段的最高支配权力属于社会整个集体的那种政府；每个公民不仅对该最终的主权的行使者有发言权，而且，至少是有时，被要求实际上参加政府，亲自担任某种地方的或一般的公共职务。"③密尔之所以认为代议制政府是最理想的政府形式，最重要的原因在于代议制政府满足了好政府的标准。密尔指出："代议制政体就是这样一种手段，它使社会中现有的一般水平的智力和诚实，以及社会中最有智慧的成员的个人的才智和美德，更直接地对政府施加影响，并赋予他们以在政府中较之在任何其他组织形式下一般具有的更大的影响。"④

密尔认为最适合代议制政府的政体是平民政体，认为完全的平民政府是能够适应代议制政府的唯一政体。在密尔看来，平民政体相比其他政体的优点在于它不仅能提供公民参与的机会，从而有助于实现良好的治理；同时它也可以较好地促进民族性格的发展，并有利于社会繁荣。这是因为平民政府建立在两个原则之上："第一个原则是，每个人或任何

---

① [英] J. S. 密尔：《代议制政府》，汪瑄译，商务印书馆1982年版，第24页。
② [英] J. S. 密尔：《代议制政府》，汪瑄译，商务印书馆1982年版，第25页。
③ [英] J. S. 密尔：《代议制政府》，汪瑄译，商务印书馆1982年版，第41页。
④ [英] J. S. 密尔：《代议制政府》，汪瑄译，商务印书馆1982年版，第25—26页。

一个人的权利和利益,只有当有关的人本人能够并习惯于捍卫它们时,才可免于被忽视。第二个原则是,从事于促进普遍繁荣的个人能力愈大,愈是富于多样性,普遍繁荣就愈达到高度,愈是广泛普及。"① 在密尔看来,只有平民政府,才能使每个人成为自己权利与利益的可靠保卫者,从而免遭他人的祸害;也只有平民政府,才能保障人的自由,并促进普遍的繁荣,"一切自由社会,比之任何其他社会,或者比自由社会在丧失自由以后,既更能免除社会的不公正和犯罪,又可达到更辉煌的繁荣。"② 此外,平民政府的优越性还表现为对人的性格的塑造方面。密尔认为,好政府的标准之一是促进人的美德和智慧,而平民政府是实现这个目标的最好途径,因为平民政府以个人的自由权利为前提。他指出:"一切为自己谋利益的性格也都属于积极的和有力的性格,因为促进社会每个成员的利益的习惯和行为无疑至少是到头来最有助于整个社会进步的习惯和行为的一部分。"③ 密尔反对专制政府,认为即便最好的专制政治也完全是一种最危险的理想,甚至好的专制政治比坏的专制政治更有害。他指出:"在一个文明有所发展的国度,好的专制政治比坏的专制政治更为有害,因为它更加松懈和消磨人民的思想、感情和精力。"④ 当然密尔也认为代议制政府并不适用于所有文明形态,他指出:"不用说,理想上最好的政府形式,并不是指在一切文明状态都是实际可行的或适当的政府形式说的,而是指这样一种政府形式,在它是实际可行和适当的情况下,它伴随有最大数量有益后果,直接的和将来的。"⑤

在密尔看来,只有能够保障全体人民自由的政府才是好政府,哪怕是对最微小公共事务的参与也是有益的。这是因为"不管是谁只要有人被排除在自由以外,被排除者的利益也就得不到其余的人所得到的保证,并且他们在为他们自己以及社会的福祉发挥能力方面所具有的活动余地和所得到的鼓励就比未排除在外要少了,而国家的普遍繁荣总是和这种

---

① [英] J. S. 密尔:《代议制政府》,汪瑄译,商务印书馆 1982 年版,第 42 页。
② [英] J. S. 密尔:《代议制政府》,汪瑄译,商务印书馆 1982 年版,第 44 页。
③ [英] J. S. 密尔:《代议制政府》,汪瑄译,商务印书馆 1982 年版,第 46 页。
④ [英] J. S. 密尔:《代议制政府》,汪瑄译,商务印书馆 1982 年版,第 41 页。
⑤ [英] J. S. 密尔:《代议制政府》,汪瑄译,商务印书馆 1982 年版,第 41—42 页。

能力的发挥情况相适应的"。① 但是现实情况却是不可能让全体人民参与，最理想的政府最终也只能选择代议制政府，"既然在面积和人口超过一个小市镇的社会里除公共事务的某些极次要的部分外所有的人亲自参与公共事务是不可能的，从而就可以得出结论说，一个完善的政府的理想类型一定是代议制政府了。"②

当然，在密尔看来，代议制政府虽然是最理想的政府形式，有许多优点，同时也是有缺陷的，甚至会出现危险。这些缺陷和危险可以概括为两条："第一，议会中的普遍无知和无能，或者说得温和一点，智力条件不充分；第二，有受到和社会普遍福利不同的利益影响的危险。"③ 要化解代议制政府的危险，一方面要防止出现任何一个强大到足以压倒真理和正义以及地方利益总和的地方利益集团；另一方面对选举资格要做出限制，特别是在财产和教育方面的限制，给予少数人更多的机会，防止多数人对少数人的"暴政"。只有虽然占据少数但是其利益和意见仍然会被听到，并且有机会依靠品质和才智得到按他们的人数比例来说得不到的影响的政府，才是"唯一平等的、唯一公正的、唯一由一切人治理的一切人的政府、唯一真正的民主政体"。④

---

① [英] J. S. 密尔：《代议制政府》，汪瑄译，商务印书馆1982年版，第45页。
② [英] J. S. 密尔：《代议制政府》，汪瑄译，商务印书馆1982年版，第53页。
③ [英] J. S. 密尔：《代议制政府》，汪瑄译，商务印书馆1982年版，第83页。
④ [英] J. S. 密尔：《代议制政府》，汪瑄译，商务印书馆1982年版，第123页。

第 三 章

美国公共行政的三大传统[①]

美国作为世界上行政学最发达的国家之一，其行政学思想源远流长。但是历史地看，在行政学成为一门独立学科之前，美国的行政学也是舶来品，主要来源于欧洲行政学的传统。正如威尔逊在《行政之研究》中指出的："行政科学的博士都产生在欧洲。这门科学不是我们的创造，而是一门外来的科学，它很少使用英国或美国式的语言规则，它所使用的仅仅是外国腔调，所表述的是与我们的思想迥然不同的异邦观念。"[②] 尽管如此，美国在建国后发展起了三种行政传统：汉密尔顿的古典主义行政模式，即"大政府"传统；杰斐逊的浪漫主义行政模式，即"小政府"传统；麦迪逊的新古典主义行政模式，即"平衡政府"传统。公共行政的三大传统对美国公共行政学的后续发展产生了深远的影响。

第一节 汉密尔顿的大政府理论

亚历山大·汉密尔顿（Alexander Hamilton）（1757—1804），1757年出生于英属西印度群岛的尼维斯岛，1773年被他母亲的亲属送去纽约市国王学院学习法律专业，1776年美国内战爆发后成为华盛顿总司令的军事秘书和革命军团长，1786年被选举为纽约市立法代表，并参加了被称为制宪会议前驱的安纳波利斯会议，在制宪会议上汉密尔顿主张削减州

[①] 美国公共行政的三大传统参见李水金等《美国公共行政的三大传统：模式、内涵及逻辑演进》，《甘肃行政学院学报》2019年第3期。

[②] [美]伍德罗·威尔逊：《行政之研究》，载《公共行政学经典》（第七版·中国版），中国人民大学出版社2019年版，第21页。

政府权力，加强联邦政府权力。新政府成立后，1789年他得到华盛顿的信任担任首任财政部长。后来成为约翰·亚当斯总统内阁顾问，但是与亚当斯总统发生一些冲突，导致后来杰斐逊取胜担任第三任总统。汉密尔顿的古典主义行政传统又称"大政府"传统，它是建立在"古典主义行政模式"（the Classical Administration Pattern）基础之上的。它遵循了17世纪以来英、法、德以理性和集权为政治基础的古典主义思潮。汉密尔顿的古典主义行政传统集中反映于《联邦党人文集》（The Federalist）、《大陆主义者》（The Continentalist）等文献中。汉密尔顿古典主义行政传统的核心思想主要表现为三个方面，如下。

一 建立一个强大而统一的政府

建立一个强大的政府始终是汉密尔顿的目标。国会的无能、地方主义的兴起以及州政府暴露出来的问题都使汉密尔顿认识到"迫切需要一个在其职权范围内采取行动时拥有绝对权力的政府"。[①] 汉密尔顿指出，"只有强大的行政部门才能承担促进伟大利益的责任，那些因害怕专制（despotism）而用规章制度来限制和阻止行政权正常行使的人，反而会带来他们试图防止的灾难。"[②] 事实上，汉密尔顿的很多措施如建立国家银行、建立公共信用、强化税收、管理商业、掌控军队等，都反映了汉密尔顿强化政府权力和巩固联邦的努力。那么，强有力的政府应该拥有多大的权力呢？汉密尔顿的回答是：为实现其目的所必需的权力。汉密尔顿认为，"一个政府应该拥有全面完成交给它管理的事情和全面执行它应负责任所需要的各种权力，除了关心公益和人民的意见以外不受其他控制。"[③] 政府既然要拥有强大的权力，那么应该由谁来掌握权力呢？在政府各部门的管理中，汉密尔顿极力推崇以单个的人来掌舵（at the helm）

---

① ［美］查尔斯·亚瑟·科南特：《美国国父列传：亚历山大·汉密尔顿》，欧亚戈译，北京大学出版社2014年版，第20页。

② Lynton K. Caldwell, *The administrative Theories of Hamilton & Jefferson: Their Contribution to Thought on Public Administration*, Second Edition, New York: Holmes & Meier Publishers, 1988, p. 28.

③ ［美］汉密尔顿、杰伊、麦迪逊：《联邦党人文集》，程逢如等译，商务印书馆2004年版，第151页。

而不是由董事会和委员会来掌控。也就是说,权力既不由少数人掌握,也不由多数人掌握,而应由单个人来掌握,"如果政府由少数人控制,就容易形成少数人对多数人的暴政(tyrannize);如果政府掌握在多数人手里,则容易形成多数人暴政。"① 在汉密尔顿看来,政府不仅要强大,而且还要统一,对人民自由最好的保障不在于独立的地方政府,而在于一个统一的国家政府以及单一的行政部门对全体人民清晰而明确无误的责任。

二 建立一个中央集权的政府

在汉密尔顿看来,如果一个联邦国家没有一个集权的联邦政府,那是一个非常可怕的景象(awful spectacle)。因此,汉密尔顿坚定不移地"要求赋予中央政府无上权威的目标"。② 汉密尔顿相信只有一个牢固的联邦才能保护各州的和平与自由,在联邦集权的情况下,州政府对联邦政府的关系是处于从属地位,"各州完全合并为一个完全的全国性的主权国家,意味着各部分完全处于从属地位;各部分无论保留什么权力,都将完全取决于总的意志。"③ 汉密尔顿不信任分权、高度民主、行政权很薄弱、宪法又很僵化的政体,认为这种看似民主的政体实质上推动的都是"狭隘的地方性利益,而不是他们所相信的整个国家的福祉"。④ 但是汉密尔顿也认为联邦政府不能包揽一切权力,一些地方性的比较微小的利益,可以交由"地方政府管理,这些利益会形成许多影响的溪流,流经社会的每一个部分"。⑤ 在这里,汉密尔顿认为要赋予联邦政府足够权力的思

---

① Lynton K. Caldwell, *The administrative Theories of Hamilton & Jefferson: Their Contribution to Thought on Public Administration*, Second Edition, New York: Holmes & Meier Publishers, 1988, p. 10.

② [美]查尔斯·亚瑟·科南特:《美国国父列传:亚历山大·汉密尔顿》,欧亚戈译,北京大学出版社2014年版,第22页。

③ [美]汉密尔顿、杰伊、麦迪逊:《联邦党人文集》,程逢如等译,商务印书馆2004年版,第154页。

④ [美]约翰·菲尔林:《美利坚是怎样炼成的:杰斐逊与汉密尔顿》,王晓平等译,商务印书馆2015年版,第181页。

⑤ [美]汉密尔顿、杰伊、麦迪逊:《联邦党人文集》,程逢如等译,商务印书馆2004年版,第83页。

想与杰斐逊的小政府模式不同，汉密尔顿理解的联邦政府是民有（of the people）、民享（for the people）的政府，但不一定是民治（by the people）的政府。而杰斐逊更倾向于民治政府，认为民治政府就是每个人都可以在某种程度上直接参与和分权的政府。汉密尔顿相信一个强有力的联邦集权，而在杰斐逊看来这只不过是一个"君主政体"而已。

三　建立一个充满活力的政府

好的行政由什么组成呢？"好的行政必须充满活力（energetic），这是不言自明的。"[1] 在汉密尔顿看来，政府体制的建设有两个目标：一是保障人民安全；二是让行政充满活力。当这两个目标统一起来时，政府必将走向公共福利的目标。那么活力由什么因素组成？在汉密尔顿看来，这些因素包括统一、任期、足够的支持以及胜任的权力。汉密尔顿认为，加强行政权建设是保护政府活力不可或缺的重要条件，然而现实中的国会权力过大，对行政权造成了侵蚀（encroachment），"国会掌握了太多的权力，并插手了太多的细节事务；国会可以说是一个深思熟虑的团队，当它试图扮演执行官时，它就忘记了自己。"[2] 汉密尔顿对权力分立的原则是：重要的不在于权力必须分开，而是权力必须与责任相称，政府的每个主要部门都应当分配能够最好履行职责的权力，这是实现行政充满活力的保证。

总之，汉密尔顿古典主义大政府传统之所以主张建立一个强大而集权的"大政府"，主要基于以下原因。一是人性自利。人性自利是汉密尔顿构建其行政理论的出发点，他认为人类行为是两种主要的心理力量相互作用的结果：利己主义的内在动力和社会习俗的外部压力，后者部分地通过政府约束来表现。正是对人性本恶的悲观评价，使汉密尔顿无法容忍依靠大多数同胞来治理，而是需要建立一个由精英阶层来控制的中

---

[1] Lynton K. Caldwell, *The administrative Theories of Hamilton & Jefferson: Their Contribution to Thought on Public Administration*, Second Edition, New York: Holmes & Meier Publishers, 1988, p. 24.

[2] Lynton K. Caldwell, *The administrative Theories of Hamilton & Jefferson: Their Contribution to Thought on Public Administration*, Second Edition, New York: Holmes & Meier Publishers, p. 35.

央集权的"大政府模式",用政府的权力来制约人性的恶。二是国会的无能和各州的党派利益之争使得联邦政府集权成为必要。汉密尔顿担任华盛顿秘书时期正处于联邦政府行政管理最为混乱(maladministration)的时期,"国会的无能和各州的党派利益之争使其相信建立一个强大的、独立的、中央集权的政府的必要性,以便通过确保秩序和正义来维护美国的自由。"① 三是和汉密尔顿的个性有关,长期的军旅生涯及任职经历锻炼了汉密尔顿果断的办事风格及爱发号施令的性格,使他相信"除非有一个强大可靠的国家,否则个人自由无异于痴人说梦"。②

第二节 杰斐逊的小政府理论

托马斯·杰斐逊(Thomas Jefferson)(1743—1826),美国开国元勋之一,生于美国弗吉尼亚州的阿尔伯马尔县,曾求学于威廉斯堡的威廉与玛丽学院,1773年成为弗吉尼亚州通讯委员会的首批成员,1774年与1775年两次作为代表参与大陆会议,1776年选举为起草美国《独立宣言》的五位代表之一,1779年当选为弗吉尼亚州的州长。1784年和1789年杰斐逊分别考察了法国和英国,观察了法国大革命的开始阶段并非正式地接触了制定法国自由宪法的革命领袖,返回美国后被华盛顿总统任命为国务卿。而英国的经历使杰斐逊对将英国工业制度移植到美国并建立银行、推行城市化以及政府集权的努力保持警惕,因为所有这些努力对实现他主张建设一个分权化的美国农业共和国的梦想毫无帮助。杰斐逊不久就和汉密尔顿发生冲突和争吵,由于不愿意和汉密尔顿合作,杰斐逊于1793年从华盛顿政府辞职,开始了他的农场主生活,但是他并没有停止政治活动。1797年杰斐逊当选为副总统,1801年当选为美国第三任总统,1809年退休。与汉密尔顿主张建立一个"强有力的、有效率的、集权的、行动导向"的"大政府"模式不同,杰斐逊的浪漫主义行政传

---

① Lynton K. Caldwell, *The administrative Theories of Hamilton & Jefferson: Their Contribution to Thought on Public Administration*, Second Edition, New York: Holmes & Meier Publishers, 1988, p. 1.

② [美]约翰·菲尔林:《美利坚是怎样炼成的:杰斐逊与汉密尔顿》,王晓平等译,商务印书馆2015年版,第132页。

统是建立在"浪漫主义行政模式"(the Romantic Administrative Pattern)基础之上的,主张建立一个"基于个人自由的、民主的、分权的、有限的"小政府模式。杰斐逊的浪漫主义行政传统主要体现在《联邦党人文集》《杰斐逊选集》《杰斐逊自传》《美利坚是怎样炼成的》等文献中。

一 建立一个自由民主的政府

杰斐逊认为,政府的合法性根植于自然法,自然法赋予人自由平等的权利,是防止公共权力过度集中的无形壁垒。杰斐逊是真诚的平等主义者,同时也是一个个人主义者,在其起草的《独立宣言》中杰斐逊就指出:"人人生而平等,造物主赋予他们一些不可转让的权利,其中就包括生存、自由和追求幸福。"[1] 在杰斐逊看来,所有合法政府的目的都是为人的自由和幸福而设立的,"政府机构唯一公认的目标(only orthodox object)是确保与它相关的广大公民享有最大程度的幸福"。[2] 换句话说就是,政府所有的一切都是为了人民的幸福,"没有一个政府有正当权力去做与被统治者的幸福无关的事情。"[3] 并且,只有自由民主的政府才能保持人民对国家的热情,否则,"如果一旦他们对国家大事变得漠不关心,你和我、国会和州议会、法官和州长,就都会变成狼"。[4] 正因如此,政府的本质特征即在于"民治","它的统治者只是人民的代理人,并对人民完全负责,尽管他们享有尊严,但这种尊严并非来自头衔、权力或职务,而是来自人民的责任要求,即遵守法律层面上的公众意志并服务于公众审查。"[5] 在杰斐逊眼中,政府的一切权力皆来自人民,人民是政府权力唯一的安全依存者(safe depository),也是建立政府的唯一真正目

---

[1] [美]詹姆斯·麦迪逊:《辩论:美国制宪会议记录》,尹宣译,译林出版社2014年版,第707页。

[2] Lynton K. Caldwell, *The administrative Theories of Hamilton & Jefferson: Their Contribution to Thought on Public Administration*, Second Edition, New York: Holmes & Meier Publishers, 1988, p. 112.

[3] [美]托马斯·杰斐逊:《杰斐逊选集》,朱曾汶译,商务印书馆2017年版,第508页。

[4] [美]托马斯·杰斐逊:《杰斐逊选集》,朱曾汶译,商务印书馆2017年版,第406页。

[5] Lynton K. Caldwell, *The administrative Theories of Hamilton & Jefferson: Their Contribution to Thought on Public Administration*, Second Edition, New York: Holmes & Meier Publishers, 1988, p. 122.

的。杰斐逊反对君主制，反对国家集权，他在游历欧洲特别是法国后看到了国王、贵族和教士把这里"全世界人类最善良、最快乐和可爱"的人民"折磨得奄奄一息"。杰斐逊认为造成这些国家所有悲惨状况的原因是"一种拙劣政府形式"——君主制，这是导致"人们被压迫成粉末"的研磨器。①

二 建立一个分权的政府

杰斐逊认为，分权是一条公理，好的政府将实现最大程度的分权以便成功地执行公共政策和保护人的自由。在杰斐逊看来，"只有分权的政府才是自由的政府，并且是最具活力的政府。"② 杰斐逊对一个中央集权而强大的政府没有好感，认为它"总是压迫性的"，"它使统治者逍遥自在，而人民却饱受苦难"。③ 杰斐逊相信，"让每一个州独立，各自做各自的事情，这样远远好过让它们只听从一个离他们特别遥远的中央政府"。④这是因为州政府和地方政府比联邦政府更能靠近人民，每个州又划分成许多县，每个县又划分为许多镇区或选区，而每个镇区或选区又划分为许多农场，这些农场每天处理很细微的事情，"如果我们何时播种，何时收获，都要由华盛顿来发号施令，那我们很快就会没有饭吃。"⑤ 杰斐逊不仅主张联邦政府向州政府和地方政府分权，也主张公共部门向私营部门的分权。杰斐逊认为私营部门比公共部门更具有优势，"在平等的条件下，私营企业管理比政府管理好得多""公共部门最好的办法是去市场寻找它所需要的东西，因为竞争会将它的价值降到最低限度从而使政府花费更少"。⑥ 此外，在行政与立法、司法的权力分配方面，与汉密尔顿认

---

① ［美］约翰·菲尔林：《美利坚是怎样炼成的：杰斐逊与汉密尔顿》，王晓平等译，商务印书馆2015年版，第163页。
② Lynton K. Caldwell, *The Administrative Theories of Hamilton & Jefferson: Their Contribution to Thought on Public Administration*, Second Edition, New York: Holmes & Meier Publishers, 1988, p. 136.
③ ［美］托马斯·杰斐逊：《杰斐逊选集》，朱曾汶译，商务印书馆2017年版，第433页。
④ ［美］托马斯·杰斐逊：《托马斯·杰斐逊自传》，王劲松等译，华中科技大学出版社2015年版，第102页。
⑤ ［美］托马斯·杰斐逊：《杰斐逊选集》，朱曾汶译，商务印书馆2017年版，第105页。
⑥ Lynton K. Caldwell, *The Administrative Theories of Hamilton & Jefferson: Their Contribution to Thought on Public Administration*, Second Edition, New York: Holmes & Meier Publishers, 1988, p. 161.

为"立法部门正在侵蚀行政部门"的观点不同,杰斐逊认为现实中恰恰是行政部门权力过大,"我禁不住感到不安的是,我们看到行政部门正在吞噬(swallowed up)立法部门。"① 因此,杰斐逊认为,维护三权分立最重要的是防止行政权的过度扩张。

三 建立一个有限政府

与汉密尔顿强调中央集权的"大政府"不同,杰斐逊主张建立一个有限的政府(limited government)、一个最小化的政府(minimized government)以及受公众控制的政府(popular control government)。杰斐逊认为政府的权力是有限的,必须受到控制,因此,"有限政府是最好的政府(the best government)。"② 杰斐逊蔑视他的反对者即联邦主义者,认为联邦主义者主张的政府是一个浪费、复杂和远离人民的政府。在杰斐逊看来,有限政府即是节俭与简单的政府。有限政府也是受法律约束的政府,只有法律才能抑制权力的滥用,"凡是没有成文法、没有正式法庭的地方,我们心中就没有法律,手中就没有正当地用来扶正抑邪的权力。"③

总之,杰斐逊浪漫主义行政传统形成的主要原因归于三个方面。一是与杰斐逊对乡村生活的偏好有关。杰斐逊希望从事简单和谐的生活,向往浪漫式的田园乡村生活,不喜欢复杂的城市社会安排,"他相信乡下人比城市居民者更怀有善良之心,并且对那些不在农场谋生、不以有技巧性的贸易谋生或不依靠自己专业技能谋生的人的道德持怀疑态度。"④ 二是由美国当时的农业社会基础决定的。杰斐逊想象的美国社会是一种田园式的、由乡村自耕农组成的农业社会,他希望"今后数十年乃至数

---

① Lynton K. Caldwell, *The administrative Theories of Hamilton & Jefferson: Their Contribution to Thought on Public Administration*, Second Edition, New York: Holmes & Meier Publishers, 1988, p. 150.

② Richard J. Stillman II, *The Changing Patterns of Public Administration Theory in America. Joseph A. Uveges, Jr. Public Administration: History and Theory in Contemporary Perspective*, New York: Marcel Dekker, 1982, p. 9.

③ [美]托马斯·杰斐逊:《杰斐逊选集》,朱曾汶译,商务印书馆2017年版,第105页。

④ Lynton K. Caldwell, *The Administrative Theories of Hamilton & Jefferson: Their Contribution to Thought on Public Administration*, Second Edition, New York: Holmes & Meier Publishers, 1988, p. 106.

百年大多数美国人都会远离城市,在自己的土地上耕耘、播种"。① 这一点与拥挤的、城市集群化的、专制的欧洲不同。杰斐逊认为,只要政府是建立在农业基础之上,只要美国在任何地方还有大量广阔的空地可用,政府就会维持数个世纪的良好治理。三是对人民的关怀之情成为杰斐逊建设小政府的重要原因。在杰斐逊看来,人的自由权利是生而具有的,是无法剥夺的,"上帝赋予我们生命,同时也赋予我们自由,暴力可以摧毁它们,却不能拆散它们。"② 正是对人民的关怀之情,使杰斐逊坚信政府是有限的,是最小化的,这样才能最大限度地保护人的自由和权利。

第三节　麦迪逊的平衡政府理论

詹姆斯·麦迪逊(James Madison)(1751—1836),是美国独立运动的主要人物之一,曾参加第一届大陆会议,被誉为"美国宪法之父",并于1808年当选为美国第四任总统。麦迪逊的新古典主义行政传统是建立在"新古典主义行政模式"(the Neoclassical Administrative Pattern)的基础之上的。新古典主义模式主张建立一个适应利益集团社会的多元、集权、平衡而又稳定的平衡政府以促进国家利益并保护个人的自由,这种行政模式又称为"平衡政府"模式。新古典主义行政传统一方面继承了汉密尔顿古典主义行政传统的一些特点,主张建立一个强有力的联邦政府;但是与古典主义行政传统不同,新古典主义传统不仅关注联邦集权,它还将关注的焦点集中于政府的利益集团(interest group)与党争(faction,也称派系),这也是新古典主义传统最为重要的特点。

一　平衡政府是一个建立在利益集团理论基础之上的政府

利益集团与党争是麦迪逊分析美国行政理论的基石。麦迪逊认为,党争即是"一群公民,不论是公民整体中的大多数或少数,团结在一起,被某种共同的动力、情感或利益所驱使,反对其他公民的权利或社会持

---

① [美]约翰·菲尔林:《美利坚是怎样炼成的:杰斐逊与汉密尔顿》,王晓平等译,商务印书馆2015年版,第361—362页。

② [美]托马斯·杰斐逊:《杰斐逊选集》,朱曾汶译,商务印书馆2017年版,第308页。

久的集体利益"。① 麦迪逊认为党争的持续存在即是根植于人的两面性，例如一个人可能具有伟大、慈善及美德的能力，同时又具有情绪、自私与自负的动力，正是人性的复杂多样性，产生了社会利益集团的复杂多样性。在麦迪逊看来，人类发展的历史即是一部党争的历史，"在人类中间，为了调和不一致的意见、减少相互嫉妒和调整各种利益的所有重大会议和协商的历史，就是一部党争、争辩和失望的历史。"② 麦迪逊认为，消除党争的危害有两种方法：一种是消除其原因；另一种是控制其影响。因为党争深植于人性的两面性，麦迪逊认为党争的原因不能排除，只有用控制其结果的方法才能求得解决。而控制其结果的方法之一即是寻求一种合适的政体形式，在麦迪逊看来，这种政体形式只能是以代议制为核心特征的共和政体而不是民主政体，因为共和政体比民主政体管辖"更为众多的公民和更为辽阔的国土"，而"把范围扩大，就可包罗种类更多的党派和利益集团；全体中的多数有侵犯其他公民权利的共同动机可能性也就少了"。③ 这样，共和政体就比民主政体在控制党争影响方面更具优势。

二 平衡政府是一个多元化的政府

这里的多元，即是为数众多的利益和党派。多元化政府可以从三个层面理解。一是政府应该由多数人统治。为了摆脱少数贵族对政府的控制，需要建立起一个由多数人统治的政府。"对于这样一个政府来说，必要条件是：它是来自社会上的大多数人，而不是一小部分人，或者社会上某个幸运阶级；否则少数暴虐的贵族通过他们所代表的权力进行压迫，有可能钻入共和者的行列。"④ 二是多数人统治又需要防止多数人暴政。在麦迪逊看来，由于公民拥有自由权利，势必就会产生不同的利益，在突发

---

① Alexander Hamilton, John Jay, James Madison, *The Federalist*, New York: Random House, 1937, p. 54.
② [美]汉密尔顿、杰伊、麦迪逊：《联邦党人文集》，程逢如等译，商务印书馆2004年版，第183—184页。
③ [美]汉密尔顿、杰伊、麦迪逊：《联邦党人文集》，程逢如等译，商务印书馆2004年版，第50页。
④ [美]汉密尔顿、杰伊、麦迪逊：《联邦党人文集》，程逢如等译，商务印书馆2004年版，第193页。

的冲动驱使下,多数人的利益,会被引导去做一些不公正的事情,压迫少数人,唯一补救办法,"就是扩大治理范围,把整个社会划分成为数众多的利益和党派。这样,第一,多数人不大有可能在同一时间形成那种背离整体利益和少数利益的共同利益;第二,万一他们形成了那种利益,也不大可能联合起来追求那种利益"。① 三是尽管这是一个多数人统治的政府,但是政府的一切权力来自人民。如果建立在人民的坚实基础上,则"一定会更稳定、更持久"②。在这里,麦迪逊站到了杰斐逊一边。

三　平衡政府是一个联邦集权的政府

与汉密尔顿一样,麦迪逊也主张联邦集权。尽管受到利益集团的影响,他仍然坚定地支持扩大联邦政府的权力。事实上,麦迪逊行政理论方面的主要目标是建立一个富有权威的联邦政府,他指出:"最贴近我的内心,在我信念最深处的建议是,各州联合而成的联邦受到尊重,永世长存。"③ 麦迪逊认为只有建立一个强有力的联邦,才能防止合众国的分裂,"真正的危险是所有州将会分裂成两个邦联,只有建立一个新的、更明智、更坚强的联邦,才有可能避开灾难。"④ 也只有一个强有力的联邦政府,才能防止党争的危害。麦迪逊认为联邦在控制党争方面也明显优于各州,只有联邦"才能适当地医治党争的弊病,这种弊病证明对其他民主政府是致命的,而且在我们自己的政府中也已显出严重症候"。⑤ 但是麦迪逊也指出联邦政府的权力不是无限的,而要受到法律的约束。麦迪逊强烈支持从宪法上来约束政府的权力以免政府被利益集团俘获。他指出:"如果人都是天使,就不需要任何政府了。如果是天使统治人,就

---

① [美]詹姆斯·麦迪逊:《辩论:美国制宪会议记录》,尹宣译,译林出版社2014年版,第68页。

② [美]詹姆斯·麦迪逊:《辩论:美国制宪会议记录》,尹宣译,译林出版社2014年版,第26页。

③ [美]西德尼·霍华德·美伊:《美国国父列传:詹姆斯·麦迪逊》,欧亚戈译,北京大学出版社2014年版,第244页。

④ [美]西德尼·霍华德·美伊:《美国国父列传:詹姆斯·麦迪逊》,欧亚戈译,北京大学出版社2014年版,第59页。

⑤ [美]汉密尔顿、杰伊、麦迪逊:《联邦党人文集》,程逢如等译,商务印书馆2004年版,第55—56页。

不需要对政府有任何外来的或内在的控制了。"①

四 平衡政府是一个平衡权力与利益冲突的政府

麦迪逊认为政府的主要功能在于平衡各种利益冲突，"政府本质上是一个平衡机制（balancing mechanism）。"② 政府的平衡功能又可以分为两个层次。一是通过权力来平衡权力。这里的权力平衡主要表现为政府不同部门之间的权力平衡。麦迪逊认为，"野心必须用野心来约束"，"防止把某些权力逐渐集中于同一部门的最可靠办法，就是给予各部门的主管人抵制其他部门侵犯的必要法定手段和个人的主动。"③ 此外，权力平衡还表现为行政、司法、立法机关的相互平衡，在麦迪逊看来，实践中的议会权力过大造成了行政的不协调，为了限制立法部门侵蚀行政和司法部门的权力，麦迪逊主张扩大行政机关的权力来制约立法权力，增强行政官的力量，制止立法部门的不明智立法。二是通过利益来平衡利益。利益平衡利益又表现为两个方面，一方面是州政府和地方政府的特权可以平衡国家利益；另一方面是利益集团在政府内部的平衡。在麦迪逊看来，只有一个大社会的不同利益在政府内部得到恰当的平衡，才能够"减少多数人暴政（tyranny of the majority）的危险并同时保护少数人的利益（the interest of the minority）"。④ 在麦迪逊看来，政府平衡的艺术在于妥协，"在10个案例的9个案例里，或者100个案例的99个案例里，最明智的政治才能就是知道什么时候妥协和如何妥协"。⑤ 正因为利益平衡的复杂性，麦迪逊认为最终的政府并不能让所有人满意，只要符合大多数人的最大利益就行了，"给予同胞的并不是一个最适合于他们的幸福的

---

① [美]汉密尔顿、杰伊、麦迪逊：《联邦党人文集》，程逢如等译，商务印书馆2004年版，第264页。

② Joseph A. Uveges, Jr., *Public Administration: History and Theory in Contemporary Perspective*, New York: Marcel Dekker, 1982, p. 11.

③ [美]汉密尔顿、杰伊、麦迪逊：《联邦党人文集》，商务印书馆2004年版，第264页。

④ Joseph A. Uveges, Jr, *Public Administration: History and Theory in Contemporary Perspective*, New York: Marcel Dekker, 1982. p. 12.

⑤ [美]西德尼·霍华德·美伊：《美国国父列传：詹姆斯·麦迪逊》，欧亚戈译，北京大学出版社2014年版，第161页。

政府，而是一个最能容忍他们的偏见的政府。"①

总之，麦迪逊新古典主义行政模式之所以从利益集团的视角来看待公共行政，主要基于两个原因。一是美国社会本身就是一个利益集团的社会。与杰斐逊建构的同质社会（homogeneous）不同，麦迪逊认为基于党争基础的美国社会是一个"异质的（heterogeneous）、流动的（fluid）、进化的（evolving）"社会。异质社会产生大量不同的利益集团，有助于平衡各种利益冲突，"大规模的异质社会能够被认为是维护民主最安全天堂的小型同质城市国家在保护个人自由并同时促进国家利益方面更有效地平衡各种利益争夺。"② 二是现实的政治与行政过程充满了党派斗争、冲突与不确定性。正是现实中激烈的党争导致了政府的不确定性和不稳定性，破坏了公共行政的公共性和公正性，使麦迪逊相信"最好的控制是均衡各派系"③。

综上，汉密尔顿、杰斐逊、麦迪逊分别从不同的视角来理解美国的公共行政，对美国后续公共行政的发展产生了深远的影响。正如菲尔林指出的，"如今我们强大的中央政府、健全的金融系统和强劲的工业企业都是汉密尔顿的遗产。我们对平等的笃信不疑、对创新的孜孜以求，以及横跨美洲大陆的辽阔疆土都是杰斐逊留下的财富。"④ 而麦迪逊则在平衡社会利益冲突中保证了美国宪法的延续性和权威性，在这方面，"没有谁起的作用比他大"。⑤

---

① ［美］汉密尔顿、杰伊、麦迪逊：《联邦党人文集》，商务印书馆2004年版，第186页。
② Joseph A. Uveges, Jr, *Public Administration: History and Theory in Contemporary Perspective*, New York: Marcel Dekker, 1982. p. 12.
③ 张梦中：《美国公共行政百年回顾（上）》，《中国行政管理》2000年第5期。
④ ［美］约翰·菲尔林：《美利坚是怎样炼成的：杰斐逊与汉密尔顿》，王晓平等译，商务印书馆2015年版，第2页。
⑤ 杰斐逊与汉密尔顿西德尼·霍华德·美伊：《美国国父列传：詹姆斯·麦迪逊》，欧亚戈译，北京大学出版社2014年版，第87页。

第二篇

公共行政学的创立与完善时期

公共行政创立于1887年，随着公共事务日趋复杂，政府职能日益扩张，迫切需要加强政府的行政权力，但是现实情况是"执行宪法开始变得比制定宪法更为困难"，建立一门独立的行政学不仅成为时代的要求，也成为政府职能日益扩张的需要。在美国，公共行政学作为一门外来学科，是从集权制国家的德国与法国借鉴过来的。威尔逊于1887年发表了著名的《行政之研究》一文，该文被视为行政学独立的标志。古德诺进一步对作为行政学理论基础的"政治—行政二分法"进行了阐释。而泰勒与法约尔则从一般管理的技术、原则与方法上完善了传统的公共行政学。韦伯则从"理想官僚行政组织体系"的视角提出了政府理想的组织结构。古利克和厄威克着重研究了公共行政的原则。而著名行政学者怀特则写出了第一本公共行政学的教材，从而建立了完善的公共行政学知识体系、思想体系、理论体系与方法论体系。

第 四 章

公共行政学之创立

公共行政学之所以能够从政治学中独立出来成为一门学科，很大程度上归功于托马斯·伍德罗·威尔逊（Thomas Woodrow Wilson）和弗兰克·J. 古德诺（Frank Johnson Goodnow）。威尔逊于1887年发表了《行政之研究》，该文被公认为行政学作为一门独立学科的标志；而古德诺于1900年出版了《政治与行政》一书，进一步从"政治—行政"二分法的基础上完善了行政学作为一门独立学科的理论基础。

第一节 公共行政学创立的背景

行政管理的历史同人类的历史一样悠久，人类产生之初就有了简单的征服自然和进行自我保存的行政管理活动。国家出现后，公共管理获得了长足的发展，围绕着国家的管理与存续，产生了丰富的行政活动，只不过这时的行政学尚未成为一门独立学科，而是紧紧依附于政治、法律、哲学等学科而存在。那么，为什么行政学作为一门独立学科产生于19世纪末呢？

一 公共行政学创立的理论背景

在行政学创立之前，事实上很多学者从不同视角对行政管理活动进行了研究，这些研究包括政府的起源与解体、政府权力的限制、政府的组织结构、不同政府形式的保存策略、国家治理的艺术、政府管理过程中的法治与德治等。但是"行政学"一词是由德国行政学家劳伦斯·冯·斯坦因（Lorenz von Stein，1815—1890）首次提出的，他于1856年在研究行政法时提出了"行政"这一概念，他在1865—1868年撰写的三卷本著作《行政学研究》使他成为公共行政学领域的开拓人物。威尔逊指出，行政学科的博士都产生于欧洲，"这门科学是由法国和德国的教授们发展起来的，因此它在各个方面都与组织严密的国家之需要相适应，是为了适应高度集权的政府形式而建立起来"①。在德国普鲁士统治期间，行政已经得到"深入研究"并且几乎达到了"最完善的程度"。而在法国拿破仑期间通过专制统治者的个人意志使文职机器达到了完美的状态，"这些安排是如此的简单明了，从而打破了当地的偏见；是如此的符合逻辑，从而影响着民众的选择。这些安排或许是由一个制宪会议颁布的，但它却是由一个拥有无限权力的专制君主确立的。共和八年的体制虽是冷酷无情的，但又是周密完美的。"②

从理论上看，斯坦因对德国集权体制进行了深入研究，在一定程度将"政治"与"行政"进行了区分。斯坦因将国家视作一个有机体和活动人格，具有心理学意义上的意志与活动的两相对立。他指出："宪政是主体有组织的意志，行政则是主体依据意志的活动。宪政规定行政活动的轮廓，但行政的内容却不是来自宪政。"③ 在斯坦因看来，政治与行政需要实行一定程度的分离，行政研究的任务就是关注一国国民在特定历史时期的"外界实在"，为此就需要进行行政组织、行政行为与行政法规的研究。德国另一位著名政治学家布隆赤里（Biuntschli，1806—1881）提出了政治与行政在职能上进行适度分工的主张，他指出政治是国家"在重大而且带普性事项"方面的活动，而行政则是国家在"个别和细微事物"方面的活动。④

德国在行政研究中对政治与行政关系的阐述，特别是政治与行政两种职能活动规律的阐述，在思想上对威尔逊产生了重要的影响，为威尔

---

① ［美］杰伊·M.沙夫里茨、艾伯特·C.海德：《公共行政学经典》（第七版·中国版），刘俊生译，中国人民大学出版社2019年版，第21页。
② ［美］杰伊·M.沙夫里茨、艾伯特·C.海德：《公共行政学经典》（第七版·中国版），刘俊生译，中国人民大学出版社2019年版，第23页。
③ 丁煌：《西方行政学说史》（第二版），武汉大学出版社2004年版，第14页。
④ ［美］杰伊·M.沙夫里茨、艾伯特·C.海德：《公共行政学经典》（第七版·中国版），刘俊生译，中国人民大学出版社2019年版，第26页。

逊创建一门独立的行政学奠定了理论基础。

二 公共行政学创立的实践背景

(一) 美国文官制度的改革为行政学的创立奠定了实践基础

美国政府部门中的文官制度经历了漫长的时间，实现了从"个人徇私制"到"政党分赃制"再到"功绩制"的转变。其中最重要的是1883年的文官制度改革，1883年的文官制度改革主要针对长期以来"政党分赃制"的弊端而进行，"政党分赃制"使得每一次执政党的更迭都要导致大量公务员的更换，不仅造成了公务员任用上的混乱，任人唯亲、效率低下、政府腐败的现象十分严重，而且造成政党内部因分赃不均而相互攻讦。为了克服这一弊端，美国从19世纪中叶以后开始实行人事任用制度的重大改革，这一改革因1881年美国总统加菲尔德在政党内斗中被刺杀而加剧了，改革的结果是于1883年颁布了《调整和改革美国文官制度的法案》，即《彭德尔顿法》，从而结束了"政党分赃制"时期，开始了通过"公开竞争考试"择优录用国家公务员的"功绩制"时期。文官制度的改革，不仅为美国政府准备了一支通过竞争考试录用的、职务常任和政治中立的执行层面的文官队伍，从而为公共行政学的创立奠定了人事制度的基础；而且也凸显了行政在政府中的作用，要求加强行政权的建设就成为时代的需要。

(二) 新民主运动为行政学的创立奠定了民意基础

美国建国初期存在三大公共行政的传统，分别是汉密尔顿的大政府传统、杰斐逊的小政府传统以及麦迪逊的平衡政府传统。但是美国独立战争后，选择了以自由主义为核心的小政府传统。但是到了20世纪后期，随着资本主义进入垄断阶段，这种自由主义的传统遭遇到许多新问题：一方面，少数工业资本巨头把自由、民主的旗帜抓在手中，鼓吹自由放任，鼓吹限制政府权力，反对扩大选举权，反对干预自由竞争，这种自由民主实际上是为垄断资本家的垄断需求服务的，是一种新的个人主义，偏离了传统自由主义的传统；另一方面，垄断资本家不仅要求经济上分享特权，同时也要求政治上分享特权，他们利用手中的巨大财富发起攻势，通过收买、贿赂等手段影响议会决策，成为一个潜在的"影子政府"，从而导致立法权威下降，威尔逊在《国会政体》中就批判了国会制度的无效和混乱，在竞选州长时准备做一个违宪的州长。面对这一困局，自由主义者、民主主义者掀起了一场新民主运动，要求改革政府体制，扩大选举权，主张国家应该成为社会进步的工具。这些都为行政力的增长以及行政学的独立创造了民意基础。但是具有讽刺意味的是，这场新民主运动对于早期民主主义者要求的权力分散和权力制衡进行了抨击，认为牵制和制衡非但不能支持自由，反而使自由遭到危害，低效无能的国会体制就证明自由遭到了侵害。因此，新民主运动主张在国会体制低效无能的情况下，需要通过行政权力的扩张来解决日益严重的社会问题，行政学的独立成了一种时代的要求。

三　公共行政学创立的技术背景

19世纪70年代以来，人类历史上发生了以电气技术的使用为标志的科技革命，学者们称之为"第二次工业革命"，人类开始由"蒸汽时代"进入"电气时代"。第二次工业革命极大地推动了社会生产力和生产关系的变革，发电机的问世、内燃机的创新和使用、电讯事业的发展等一方面大大拓展了经济活动的领域与范围，并迅速促成了资本的集中与垄断，而垄断的发展要求分享政府治理的权力，促进了政府职能的扩张，政府需要制定出更精细化的政策来调节社会的发展、促进社会公平；另一方面，科学技术迅速运用到了政府管理领域，在给政府带来机遇的同时也带来了挑战，如何有效利用科学技术带来的机遇和应对科学技术带来的挑战，需要有科学的理论指导，这样，行政学的功能就日益凸显出来，行政学作为一门独立学科的重要性在科学技术推动下也日益显得迫切。

第二节　威尔逊的行政之研究

威尔逊（1856—1924），美国著名政治家、行政学家、历史学家，第28任美国总统，被认为是美国历史上学术成就最高的总统之一。由于其于1887年发表《行政之研究》而被公认为公共行政学的创始人。1856年，威尔逊出生于美国弗吉尼亚州，1879年毕业于普林斯顿大学，立志成为政治家。1879—1880年进入弗吉尼亚大学法学院学习。1883年进入约翰斯·霍普金斯大学研究政府与历史，并于1885年出版了《国会政体：美国政治研究》（*Congressional Government：A Study of in American Politics*），该书成为研究美国立法的重要作品，1886年威尔逊30岁时获得霍普金斯大学政治学博士学位。1887年威尔逊31岁时在美国《政治学季刊》（Political Science Quarterly）上发表了著名的《行政之研究》（*The Study of Administration*），该文开始定为《行政须知》，后改为《政府的艺术》，最后定稿为《行政之研究》。起初，《行政之研究》并没有引起广泛的关注，但是随着行政事务的发展，该文的重要性逐渐为人们所关注，后来美国公共行政学会将其认定为"促使公共行政成为特定研究领域的开端"，由于该文开创了行政学作为一门独立研究领域的先河，威尔逊本人被誉为美国"行政学之父"（Father of Administration）。

一 行政学研究的必要性

（一）公共事务的复杂性需要行政科学化

威尔逊认为，行政像政府一样悠久。但在早先的时代，政府职能相对简单，因为生活本身就比较简单，公共事务的管理也没有那么复杂。但是在今天，政府面临的形势发生了巨大变化，随着社会经济的发展，政府将手触及每一个领域，公共事务的治理变得复杂、困难而多样化，这时就迫切需要行政管理了。威尔逊指出："如果认为在过去许多个世纪政府行动的困难在不断地聚集，那么这些困难在我们这个世纪则被积累到了极点。"[①]

（二）法律执行中的困难需要加强行政学研究

在行政学独立之前，行政学是与政治学结合在一起的，或者说是依附于政治学的。而政治学侧重于政治权力的分配、党派利益的争斗、国家法律的协调等，这样国会与政府就把大量的精力用于处理政治过程中的矛盾与冲突，而忽视了政策执行层面的落实，导致行政执行效率低下、行动困难。所以威尔逊在《国会政体：美国政治研究》一书中就对国会制度的无效和混乱进行了批评，在竞选州长时声称准备做一个违宪的州长。这是因为"这些宪法原则已不再比行政问题更为突出。执行宪法开

---

① [美]杰伊·M.沙夫里茨、艾伯特·C.海德：《公共行政学经典》（第七版·中国版），刘俊生译，中国人民大学出版社2019年版，第20页。

始变得比制定宪法更为困难"。①

（三）政府职能的拓展需要行政科学指导

在威尔逊看来，政府职能拓展的一个重要方面即是政府必须回应民意的需求，以往政府只有少数主人，主要是回应朝廷的需求，但是现在政府却有很多主人，并且大多数人不只是听命于政府，还在指导着政府，这样政府需要不断插手新的任务，导致政府的职能比以往更加广泛和复杂。他说："以往政府对朝廷唯命是从，而现在的政府却必须遵从国民的旨意。同时，国民的这些意见正在稳步地扩展为新的国家责任观念，这样便使得政府职能不仅在数量上大大地增加，而且也日益变得复杂和困难。"②

（四）政府自身存在的低效、腐败与失调需要行政科学

威尔逊站在美国的立场上，指出由于缺乏行政科学的指导，美国政府存在着低效与腐败。他指出："市政府中存在着道德堕落气氛，各州行政当局存在着幕后交易，华盛顿政府机构中存在着屡见不鲜的杂乱无章、人浮于事和贪污腐化现象，这些都使得我们绝不会相信，那些清晰完美的行政观念已经在当今美国大地上广泛地流行开来。绝对没有！"③

（五）改善行政方法与行政技能需要行政科学化

威尔逊认为，美国政府自身还存在着政治与行政失调现象，政府奉行自由主义原则，具有处理现实政治足够的技能，但是行政技能与方法却很落后。他说："尽管我们在政治自由方面，特别是在务实性的政治技能和政治智慧方面拥有巨大的优势，然而在行政组织和行政技能方面，有那么多的国家走在了我们的前面。"④ 威尔逊指出，英国的情况也是如此，"他们更多的是训练自己去控制政府而非激励政府，他们关心得更多

---

① ［美］杰伊·M. 沙夫里茨、艾伯特·C. 海德：《公共行政学经典》（第七版·中国版），刘俊生译，中国人民大学出版社2019年版，第20页。
② ［美］杰伊·M. 沙夫里茨、艾伯特·C. 海德：《公共行政学经典》（第七版·中国版），刘俊生译，中国人民大学出版社2019年版，第21页。
③ ［美］杰伊·M. 沙夫里茨、艾伯特·C. 海德：《公共行政学经典》（第七版·中国版），刘俊生译，中国人民大学出版社2019年版，第21页。
④ ［美］杰伊·M. 沙夫里茨、艾伯特·C. 海德：《公共行政学经典》（第七版·中国版），刘俊生译，中国人民大学出版社2019年版，第24页。

的，是使政府公正和温和而非使政府灵巧、有序和高效。"① 正因为政治与行政的不协调，导致美国政府就像一个跛子，机体失衡，正如威尔逊指出的："我们的政府如同一个健壮如牛的小伙子：机能得到极大膨胀，身体长得极为健硕，但行动变得笨拙不堪。总而言之，其生命的精力和年龄的增长，都已与生活技能不相适应。它得到了力量，但却没有获得相应的行为。"②

总之，行政学迫切需要从政治学中独立出来，成为一门独立的学科。正如威尔逊强调的："这就是为什么应该有一门行政科学之原因。这门科学旨在使政府不走弯路，使政府高效地完成它应该做的事务，使政府加强和纯洁其组织机构，并为政府的尽职尽责行为带来美誉。这就是这门科学存在的唯一理由。"③

二 行政学研究的目的和任务

任何一门学科，需要有独立的研究目标、研究任务与研究主题。那么行政学独立出来后，其研究目的、任务是什么呢？威尔逊认为，行政学的研究目标与任务可以概括为两点："一是发现政府能够正确且成功地做什么；二是发现政府怎样才能以尽可能高的效率和尽可能少的财力、精力完成这些正确的事情。"④

从威尔逊关于行政学研究目标与任务的第一点来看，主要是侧重于政府的职能，也就是说政府的职能到底有哪些？哪些职能由政治家去解决，哪些职能由市场去解决，哪些职能由社会去解决，哪些职能由政府行政去完成？这就是政府能够正确且成功地做什么的原因。如果政府不能正确地做、不能成功地做，或者说不擅长做的职能，就可以委托给政治、市场、社会去做。

---

① [美]杰伊·M. 沙夫里茨、艾伯特·C. 海德：《公共行政学经典》（第七版·中国版），刘俊生译，中国人民大学出版社2019年版，第24页。

② [美]杰伊·M. 沙夫里茨、艾伯特·C. 海德：《公共行政学经典》（第七版·中国版），刘俊生译，中国人民大学出版社2019年版，第22页。

③ [美]杰伊·M. 沙夫里茨、艾伯特·C. 海德：《公共行政学经典》（第七版·中国版），刘俊生译，中国人民大学出版社2019年版，第21页。

④ [美]杰伊·M. 沙夫里茨、艾伯特·C. 海德：《公共行政学经典》（第七版·中国版），刘俊生译，中国人民大学出版社2019年版，第18页。

从威尔逊关于行政学研究目的与任务的第二点来看，主要涉及政府价值取向。也就是说，政府是以什么为价值取向的？是以效率、交通还是公平、民主？在威尔逊看来，因为美国政府有了自由民主的价值，只是政府效率由于政治争斗而低下。因此，威尔逊认为政府的价值自然是以效率为目标，这就需要用尽可能少的财力和投入来获取尽可能高的产出和效率。

三 行政学的内涵和主题

行政学如果要从政治学中脱离出来成为一门独立的学科，就必须界定其内涵。那么什么是行政呢？它和政治有什么区别呢？它和国家的法律、公共舆论等又是什么关系呢？这就是威尔逊下一步要回答的问题。

（一）行政的内涵

关于行政的内涵，威尔逊的观点是，（1）行政即是执行，是行动中的政府。威尔逊指出："行政是政府最为明显的构成部分；它是行动中的政府，是政府的执行者、政府的操作者、政府的最外显的方面。"[1]（2）行政独立于政治。虽然行政与政治联系紧密，但是威尔逊认为行政问题并不是政治问题，行政独立于政治。他说："行政问题并非政治问题。尽管行政的任务由政治决定，但政治却无须自寻烦恼地去操纵行政机构。"[2] 行政独立于政治的关系在古德诺那里进一步阐述为：政治是国家意志的表达职能，行政则是国家意志的执行职能。（3）行政具有独立的研究领域。威尔逊认为，行政作为一个独立的研究领域，不同于政治，行政侧重于公共事务的治理。"行政领域是事务性的活动领域，与政治领域的那种混乱与冲突相去甚远，在大多数问题上也与宪法研究中的那些争议甚多的场面迥然不同。"[3]

---

[1] [美] 杰伊·M. 沙夫里茨、艾伯特·C. 海德：《公共行政学经典》（第七版·中国版），刘俊生译，中国人民大学出版社 2019 年版，第 19 页。

[2] [美] 杰伊·M. 沙夫里茨、艾伯特·C. 海德：《公共行政学经典》（第七版·中国版），刘俊生译，中国人民大学出版社 2019 年版，第 26 页。

[3] [美] 杰伊·M. 沙夫里茨、艾伯特·C. 海德：《公共行政学经典》（第七版·中国版），刘俊生译，中国人民大学出版社 2019 年版，第 26 页。

(二) 行政研究的主题

威尔逊认为,行政研究的主题主要是厘清以下几个关系。

(1) 行政与政治的关系。在威尔逊看来,虽然行政仍是政治生活的一部分,但行政又超出了政治。他说:"行政是构成政治生活的一部分,就像会计方法构成社会生活的一个部分以及机器成为制成品的一部分那样。但行政同时又大大超出那种仅仅纠缠于技术细节的单调无趣的水平,因为行政实际上通过更高的原则与那些经久不衰的政治智慧箴言直接联系起来,并且与那些永恒不变的政治发展原理直接联系起来。"[①]

(2) 行政与法律的关系。威尔逊认为,宪政问题与行政问题之间的区别在于政府调整是为了符合宪法原则还是为了有助于便利性原则。例如就行使自由的便利性来说,自由绝对是更多地依赖于行政而非宪法,这是因为政府拥有自由裁量权,可以决定自由的便利程度。在威尔逊看来,行政是以宪政原则为指导的,自由也不能脱离宪法的原则。他指出:"自由不能脱离宪法原则而存在,而且任何行政,无论其方法多么完美,其方式多么开明自由,只要它不以自由的统治原则为基础,那它就不可能给予人们比一种可怜兮兮的虚假自由更多的东西。"[②] 在行政与法律的关系方面,还必须处理好行政的自由裁量权问题。威尔逊认为,宪法应该赋予行政以足够的自由裁量权,这是因为广泛的权力和不受限制的自由裁量权是履行行政责任必不可缺的条件,如果一个机关首长和机关各部门首长"感受到已被赋予广泛的自由裁量权,那么他的权力越大,就越不可能滥用权力,就越会受到鼓励、越会头脑清醒和越会精神振奋。而他的权力越小,无疑他就越感觉到其职位模糊不清、无足轻重,越容易滑落到不负责的状态中去"。[③]

(3) 行政与公共舆论的关系。威尔逊认为,公共舆论监督政府是必要的,但是又防止公共舆论过度干预,"问题在于如何既能使公共舆论有

---

① [美] 杰伊·M. 沙夫里茨、艾伯特·C. 海德:《公共行政学经典》(第七版·中国版),刘俊生译,中国人民大学出版社 2019 年版,第 26 页。
② [美] 杰伊·M. 沙夫里茨、艾伯特·C. 海德:《公共行政学经典》(第七版·中国版),刘俊生译,中国人民大学出版社 2019 年版,第 27 页。
③ [美] 杰伊·M. 沙夫里茨、艾伯特·C. 海德:《公共行政学经典》(第七版·中国版),刘俊生译,中国人民大学出版社 2019 年版,第 28 页。

效地发挥作用又免遭其事事干涉之苦。"① 在威尔逊看来，应该让行政研究去找到那些既使公众批判获得控制权又使公众批评从所有其他干扰中摆脱出来的最佳方法。

（4）行政管理中的文官制度改革。威尔逊认为，行政学要有效地执行国家政策，就必须培养一大批适应行政执行的高素质文官队伍。在威尔逊看来，理想的文官队伍是一支"具有文化教养和自主精神的文官队伍，它完全能够有理智和充满活力地开展活动，但是它也能够借助选举和经常性公开讨论的方式与民众的想法保持密切联系，让专断和等级思想没有存在的余地"。② 为此需要加强两方面的工作。一方面要推进以功绩制为基础的文官制度改革，保持文官制度的中立性和非党派化，通过端正机关工作的动机来"净化官场生活中的道德风气"。二是要建立文官竞争性考试制度，培养一支接受过技术训练的文官队伍。

四 行政学的研究方法

（一）行政学是一门外来的科学

威尔逊指出，对美国而言，行政是一门外来学科，"美国的学者们迄今为止还没有在这门科学的发展中扮演非常重要的角色。行政科学的博士都产生在欧洲。这门科学不是我们的创造，而是一门外来的科学，它很少使用英国或美国式的语言规则，它所使用的仅仅是外国腔调，所表述的是与我们的思想迥然不同的异邦观念"③。

（二）行政学可以采用比较研究的方法

威尔逊认为，在行政学领域中使用比较是可靠的。这主要基于两点：一是对于一切政府，我们却只可能找到一种进行良好行政管理的规则，并且在与行政管理职能有关的各个方面，一切政府都具有很强的结构方面的相似性；二是所有相似的政府在行政的合法性目标上也是相同的。

---

① ［美］杰伊·M. 沙夫里茨、艾伯特·C. 海德：《公共行政学经典》（第七版·中国版），刘俊生译，中国人民大学出版社2019年版，第29页。
② ［美］杰伊·M. 沙夫里茨、艾伯特·C. 海德：《公共行政学经典》（第七版·中国版），刘俊生译，中国人民大学出版社2019年版，第30页。
③ ［美］杰伊·M. 沙夫里茨、艾伯特·C. 海德：《公共行政学经典》（第七版·中国版），刘俊生译，中国人民大学出版社2019年版，第21页。

威尔逊指出，弄明白这一点是"为了不使人们一想到要从外国行政制度中获得启示和建议就吓得要死，也是为了使人们摆脱这样的忧虑，即我们或许会盲目地引进某些与我们的原则不相容的东西"。①

（三）美国建立行政科学遇到的阻力

威尔逊认为，在美国建立行政学必然遇到两大阻力。一是人民主权。威尔逊认为，民主国家要将行政安排得有条不紊要比君主国家困难得多，这是因为"作为最高统治者的许多人，即人民，没有可以倾听我们声音的耳朵，他们也是自私、无知、胆怯、顽固或者是愚蠢的，并且是数以万计的人的自私自利、愚昧无知、顽固不化、胆小羞怯或者愚蠢荒唐——尽管也有数以百计的聪明人"。②因此，在全体人民有一大堆不同意见的情况下，任何改革和进展都必须通过妥协、调和不同意见、反复修改计划以及禁止太过明确的原则才能够取得。二是公共舆论。威尔逊认为，当尊重舆论被当作政府的最高原则时，其实际的改革必须是缓慢的，并且一切改革都必须是充满妥协。这是因为"大多数人缺乏哲学头脑，而今天的情况却是大多数人拥有投票权。民众们每天一大早就要跑去上班，要让他们弄清楚一个真理，那这个真理就首先必须是简单明了和通俗易懂的；并且必须向民众表明，若不按照此真理行事就必将会带来某些重大的痛苦和不便，这样民众才会下定决心照此行事"。③

（四）行政学实行美国化的方法

既然行政科学是一门外来科学，而且是适应于高度集权的政府形式而建立起来的；既然行政科学在美国的实行会遇到阻力，那么对于高度分权的美国政府，它是否适应呢？威尔逊的回答是肯定的。但是需要根据美国国情进行调整，使之由适应于简单而严密的国家到适应于复杂而多元的国家、适应于高度分权的政府形态。威尔逊指出："我们若要应用这门科学，就必须使之美国化，不只是从形式上和语言上美国化，也要

---

① ［美］杰伊·M. 沙夫里茨、艾伯特·C. 海德：《公共行政学经典》（第七版·中国版），刘俊生译，中国人民大学出版社2019年版，第31页。

② ［美］杰伊·M. 沙夫里茨、艾伯特·C. 海德：《公共行政学经典》（第七版·中国版），刘俊生译，中国人民大学出版社2019年版，第25页。

③ ［美］杰伊·M. 沙夫里茨、艾伯特·C. 海德：《公共行政学经典》（第七版·中国版），刘俊生译，中国人民大学出版社2019年版，第25页。

从思想上、原则上和目的上彻底美国化。它必须把我们的制度铭记在心，必须把官僚狂热病（bureaucratic fever）从其脉络中剔除出去，必须多多地吸入自由之美国空气。"[①] 同时，借鉴欧洲行政科学需要采用批判性的方法，要以美国的政治为一切理论的试金石。"我们只需要运用我们的法律法规对其进行过滤，只需要将其放在批判的文火上烘烤，并将其带来的杂质气体蒸馏出去即可。"[②] 从威尔逊强烈建议从欧洲学习行政科学可以看出，美国的行政科学是从高度集权的欧洲国家借鉴来的，这也表明了没有证据证明民主国家的行政管理一定比非民主国家搞得好。

第三节 古德诺的"政治与行政"

弗兰克·J. 古德诺（Frank Johnson Goodnow，1859—1939），美国著名政治学家、行政学家、法学家，美国"公共行政之父"（Father of Public Administration）。古德诺1859年1月生于纽约市的布鲁克林，分别于1879年和1882年获得美国阿默斯特学院文学学士学位和哥伦比亚大学法学学士学位，之后曾赴法国政治学院和德国柏林大学学习。1887年，古德诺又在阿默斯特学院获得文学硕士学位。正是多学科背景使古德诺能够跳出法律看政治、跳出法律看行政。从1888年起，古德诺在哥伦比亚大学谋得教职，在哥伦比亚大学从事教学与科研工作近30年，主讲行政法学等课程。

1900年古德诺参与起草了《纽约市宪章》，同一年，古德诺在年仅41岁时发表了其名著《政治与行政：一个对政府的研究》（*Politics and Administration: A Study in Government*），确立了他在公共行政学界的开创性地位，并因此而被誉为美国的"公共行政学之父"。古德诺还是美国政治学会的主要创建人，并于1903—1905年担任该学会的第一任主席。1911—1912年，古德诺被聘为美国塔夫脱总统的经济与效率委员会委员，

[①] ［美］杰伊·M. 沙夫里茨、艾伯特·C. 海德：《公共行政学经典》（第七版·中国版），刘俊生译，中国人民大学出版社2019年版，第21页。

[②] ［美］杰伊·M. 沙夫里茨、艾伯特·C. 海德：《公共行政学经典》（第七版·中国版），刘俊生译，中国人民大学出版社2019年版，第32页。

成为总统在政治与行政方面的重要顾问。

古德诺在1913—1914年担任当时中国政府的法律顾问,发表过有关中国问题的著述《解析中国》《中华民国宪法之评议》《共和与君主论》等,因卷入中国复辟帝制的政治旋涡而背负骂名。1914—1929年,古德诺担任约翰斯·霍普金斯大学校长。

除了1900年的代表作《政治与行政:一个对政府的研究》外,古德诺的其他著作还有:《比较行政法》(1893)、《市政问题》(*Municipal Problems*, 1897)、《美国行政法原则》(*Principles of Administration Laws of the United States*, 1905)、《宪法政府的原则》(*Principles of Constitutional*, 1916)、《社会改革与宪法》(*Social Rrforms and the Constitution*, 1914)等。

一　古德诺的"政治—行政二分法"理论

(一)　国家意志表达功能与国家意志执行功能

当威尔逊将行政学从政治学中独立出来后,初步形成了"政治—行政二分法"的传统。但是威尔逊没有进一步论述"政治与行政二分法"传统的内在关系。古德诺在威尔逊的基础上进一步完善了"政治—行政二分法"的传统,他将"政治"视为国家意志的表达功能,而将"行政"视为国家意志的执行功能。古德诺指出:"在所有的政府体制中都存在两种主要的或基本的政府功能,即国家意志的表达和国家意志的执行。此外,所有国家也都设立了分立机构,每个机构主要负责这些功能中的某项功能。这些功能分别是:政治与行政。"[1]

古德诺是从抽象的国家概念来进一步阐述"政治—行政二分法"理论的,他将国家视为一个"有机体",视为一个建立在人性基础上并具有某种程度相似性的"有机体",而人性则是有了心理活动才有了个人行动,国家也是一样,有了国家意志或主权意志之后才会引发政府行为。因此,无论政府体制的外在形式是什么,"国家或国家机构采取的所有行

---

[1] [美]弗兰克·古德诺:《政治与行政:政府之研究》,丰俊功译,北京大学出版社2012年版,第18页。

动都是为了促进这种意志的表达或推动这种意志的执行。"①

（二）国家意志表达功能与国家意志执行功能的内在关系

古德诺对"政治—行政二分法"的主要贡献之一即在于论证了国家意志功能与国家意志执行功能之间的内在关系，这种关系主要体现为三个方面。

一是法外制度对政治体制的影响更大。什么是法外制度？古德诺认为，人们习惯性地从法律的角度来思考当前的政治制度，习惯从成文法的角度来论证政治制度的合理性。古德诺认为这种考察是有缺陷的，因为它忽视了一些不成文制度如政府具体的行政行为、政党等的影响。例如英国的公法对君主、枢密院和议会制度进行了法律上的设计，但是却没有给对真实政治产生更重大影响的内阁行政体制进行设计，这就导致了法律规定的正式政府体制与现实中的政府体制的差异。因此，古德诺不能忽视法外制度对政治体制的重要影响，他指出："政府体制的特点不仅是由法律制度决定的，同样也是由法外制度决定的。实际上，事实确实如此，与仅能够提供法律框架的法律形式相比，法外制度对政治体制产生的影响更大。"② 在这里，古德诺实际上强调了"行政"对一个国家制度的塑造具有更重要的影响，他指出："不了解行政体制就无法理解宪法。"③

二是国家意志表达与执行分属不同的机构并且意志表达是意志执行的前提。古德诺认为，国家意志的表达与执行需要分属不同的机构，而且意志的执行要以意志的表达为前提。古德诺指出："就政治行为而言，主权者的意志不仅必须要在执行之前进行明确的表述或表达，而且这种意志的执行不应该委托给表述或表达这种意志的机构，而应该委托给其他机构。"

三是国家意志表达与执行之间存在着某种交叉。古德诺认为，国家

---

① ［美］弗兰克·古德诺：《政治与行政：政府之研究》，丰俊功译，北京大学出版社2012年版，第9页。

② ［美］弗兰克·古德诺：《政治与行政：政府之研究》，丰俊功译，北京大学出版社2012年版，第3页。

③ ［美］弗兰克·古德诺：《政治与行政：政府之研究》，丰俊功译，北京大学出版社2012年版，第7页。

意志的表达功能不能只交给制定国家规则的机构去执行，就如国家意志的执行功能不能只交给执行机构一样，后者存在着交叉。他说："对于那些以执行国家意志为主要功能的政府机构而言，它们经常——实际上通常都被委以执行国家意志表达的具体任务。然而，执行这些具体任务必须遵守以表达国家意志为主要功能的政府机构制定一般性原则。这也就是说，在绝大多数情况下，被称为执行机关的机构拥有相当大的制定法令权或立法权。"① 造成意志表达与意志执行之间交叉现象的原因在于权力分立与机构分立自身的缺陷，各政府机构间的交界处存在着"公地"，每个政府机构都占用着"公地"，因而也必须容忍其他机构占用"公地"。例如法院的多次破例裁决就是这一现象的反映，这种例外裁决并没有严格按照权力分立与机构分立原则来执行。从这一点来看，古德诺事实上扬弃了孟德斯鸠"立法、行政、司法"三权分立原则的不足，认为权力分立与机构分立原则作为一项法律原则在现实中"是行不通的"。

四是政治与行政需要取得某种形式的协调。既然国家意志的表达与国家意志的执行存在着某种交叉，必须存在某种程度的矛盾与冲突，而且权力与机构完全分立在实践中行不通。那么如何处理政治与行政二者的关系呢？古德诺的答案是：政治与行政必须存在某种程度的协调。古德诺指出："实际的政治需要要求国家意志的表达和国家意志的执行须保持协调一致。"② 在古德诺看来，如果国家意志的表达得不到贯彻执行，那么它就形同虚设；如果执行一种并非国家意志所表达的行为准则，实际上就是执行机关在行使表达国家意志的权利。

二 政治与行政之间的协调途径

古德诺认为政治与行政是不能彻底分开的，二者之间必须取得某种形式的协调，因为二者之间如何取得某种协调成为研究的重点。古德诺认为，政治与行政二者协调的途径主要有三种，如下。

---

① [美] 弗兰克·古德诺：《政治与行政：政府之研究》，丰俊功译，北京大学出版社2012年版，第13页。

② [美] 弗兰克·古德诺：《政治与行政：政府之研究》，丰俊功译，北京大学出版社2012年版，第21页。

（一）保持政治对行政的适度控制

古德诺认为，要保持国家意志的表达和国家意志的协调，就必须实现政治对行政的适度控制，这主要有以下几点。

首先，政府必须对行政要具有一定的控制权。古德诺认为，实际的政治需要根本不可能使行政功能从政治功能中分离出来，从政治功能自身的特点来看，政治与行政是不能彻底分开的，而且因为表达机关更能代表民意，因此执行机关应该服从表达机关的安排。这样，政治对行政的适度控制的问题就首先变成了"政治必须对行政具有一定的控制权"。[①]

其次，政治对行政的控制必须在法律之外进行。这是因为法律已经赋予了执行官员独立的地位，既然行政的这种独立地位是由法律规定的，那么要在正式的政府体制范围内实现政治对行政的控制就难以成真了。那么到哪里去寻求政治对行政的控制呢？古德诺的回答是通过政党来实现。这是因为政党具有自身独特的优点："美国政党不仅忙于选举行政官员和执行官员，还忙于选举具有明显政治特点且与国家意志表达相关的机关。"[②] 这样，政党自然成为政治对行政实行控制的法外之地。

再次，政府对行政的控制又必须保持在一定的限度范围内。也就是说，政治对行政的控制必须适度，不能超出一定的限度，否则，它会即刻失去存在的理由。这有两种情形：一方面政治对行政的控制应该尽量拓展，直到国家意志的表达和执行之间产生十分必要的协调为止；另一方面，政治对行政的控制又不能过度，这是因为过度扩展这种控制可能会妨碍行政功能的高效执行，还可能"导致人们利用行政体制影响国家意志的表达，有时会造成国意志形式上的表达与实际的国家意志不符合"[③]。因此，"为了确保国家意志的执行，政治应该对行政进行控制，但是，为了确保民治政府的利益和实现高效的行政，同时又不应该使这种

---

① ［美］弗兰克·古德诺：《政治与行政：政府之研究》，丰俊功译，北京大学出版社2012年版，第22。

② ［美］弗兰克·古德诺：《政治与行政：政府之研究》，丰俊功译，北京大学出版社2012年版，第22页。

③ ［美］弗兰克·古德诺：《政治与行政：政府之研究》，丰俊功译，北京大学出版社2012年版，第34页。

控制超出必要的限制来实现其存在的合理目的。"① 此外，古德诺还主张，为了防止国家意志表达过程中利用控制权来满足私欲或实现不当影响，在国家意志的表达成为一项实际行为的准则前，必须"得到执行机关的同意"②。

最后，政治对行政的适度控制还要求保持行政的相对独立性。古德诺认为，为了防止国家意志的表达机关完全控制执行机关，必须保持执行机关的相对独立性。他说："明确允许政治机构控制司法行政的做法是非常危险的，被授权执行国家意志的机关应被赋予极大的独立性，即使已表达的国家意志丧失了成为实际行为准则所具备的资格，那也在所不惜。"③ 此外，培养健全的公共舆论也可以保持行政的相对独立性，防控政治对行政的过度控制。

（二）行政的适度集权

古德诺认为，政治与行政之间的协调不仅需要保持政治对行政的适度控制，而且也需要行政的适度集权。这是因为美国是将分权理论精神贯彻得最彻底的国家，国家权力不仅在横向上实现立法、司法与行政权力相互制衡，而且在纵向上实现了联邦政府向州政府和地方政府的分权。这种分权体制尽管有其合理性，但是也暴露出许多问题，由于权力过度分散，造成行政统一力量的破坏，降低了国家意志执行的效率，导致政治与行政之间的失调。在古德诺看来，随着政府事务的急剧增加，为了提高执行效率，需要实现行政的适度集权。他指出："只有在行政实现了某种程度的集权之后，才可以实现政治功能与行政功能之间的必要协调。"④在古德诺看来，行政集权的发展方向是不可抗拒的潮流，不必要担心行政的过度集权，因为可以通过立法机关以及高级行政官员拥有的控制权来获得对行政的必要政治控制。因此，如果我们希望提高行政效

---

① ［美］弗兰克·古德诺：《政治与行政：政府之研究》，丰俊功译，北京大学出版社2012年版，第30页。
② ［美］弗兰克·古德诺：《政治与行政：政府之研究》，丰俊功译，北京大学出版社2012年版，第31页。
③ ［美］弗兰克·古德诺：《政治与行政：政府之研究》，丰俊功译，北京大学出版社2012年版，第33页。
④ ［美］弗兰克·古德诺：《政治与行政：政府之研究》，丰俊功译，北京大学出版社2012年版，第101页。

率，实现政府与行政的必要协调，就"应该鼓励朝着行政集权发展的这种趋势，而不是阻碍它的发展"。① 针对有人担心"集权体制很容易被用来谋求政党利益而牺牲民众意志的表达"以及"集权行政可能会成为不负责任政党领袖手中的工具并导致民治政府消失"等观点，古德诺认为只要能够防止政治对行政施加过多的影响和防止控制行政的政党利用行政对表达公共意志施加不当影响，民治政府就不会消失。

（三）政治与行政功能协调的政党调节

古德诺认为，国家意志的表达功能与国家意志执行功能之间的协调除了"政治对行政的适度控制"以及"行政适度集权"外，还有第三种调节途径，即政党调节。在古德诺看来，政党调节只能是一种法外调节，这是因为宪法赋予了正式政府体制中立法机关、行政机关以及司法机关独立的地位，这样要在这种正式的政府体制中实现政治与行政之间的协调就变得不可能了，那么就必须在政府体制之外去寻找，而这只能在政党组织中找到。他指出："要想使政府协调运转，就必须找到某种使国家意志的表达和执行协调的方法。如前所述，这种方法不可能在政府体制内部找到的，因此只能在政府体制之外的法外制度中去寻找。实际上，我们可以在政党内找到这种方法。根据政府体制理论，政党不仅担负着选举那些表达国家意志的机关官员的重任（即选举立法机关的官员），还担负着选举执行这种意志的机关官员的重任（即选举执行官员）。政党必须选择中央执行官员，因为权力分立原则解除了立法机关对其施加的任何有效控制。政党还必须选择所有的地方官员，因为行政体制的极端分权特点解除了国家对他们施加的任何有效控制。"② 也就是说，"通过政党对立法机构成员和执行机构成员的挑选，而恢复了被法定政府体制割断了的立法机构对行政机构的某种有效控制；通过政党对中央行政官员和地方行政官员的挑选，而恢复了被法定体制所阻止的国家行政系统的大一统性质，建立起一种必要的行政集权。"③

---

① ［美］弗兰克·古德诺：《政治与行政：政府之研究》，丰俊功译，北京大学出版社 2012 年版，第 102 页。

② ［美］弗兰克·古德诺：《政治与行政：政府之研究》，丰俊功译，北京大学出版社 2012 年版，第 84 页。

③ 丁煌：《西方行政学说史》（第二版），武汉大学出版社 2004 年版，第 37 页。

三 政党组织改革是政治体制改革的核心

既然政党在美国政府体制中具有如此重要的作用，那么就必须对政府体制作出某种调整以容纳政党这个重要的组织，同时政党自身也必须进行改革以发挥政党在政治与行政协调过程中的应有功能。在古德诺看来，实现这个目标的有效方法是推进政治体制改革，而政治体制的核心又是政党组织的变革。

一是推进政府权力的集中与统一以加强政党对政府的控制。在古德诺看来，不仅立法机关与行政机关的权力必须保持一致，各种执行机关的权力也需要保持一致，以便更好地实现政党对政府的控制。否则，如果由一个政党选举一位官员，另一个政党选出另一位官员，那就会产生冲突和矛盾，这将导致政府瘫痪，无法采取行动。因此，必须改革美国权力分散的体制，将行政权力集中到一个行政长官手中，从而使政党对整个政府负起统一的责任。古德诺指出："当行政权集于一位官员之手时，与体制分权以及不同行政官员任期不一致的情况相比，政党在选举中会更好地加强对政府的控制。"[①]

二是要保持政党组织的完整、权威和秩序。古德诺认为，尽管政党是为着某种目的而存在，但是为了防止政党自身成为目的，需要保持政党成员对政党的忠诚，同时需要保持政党组织的完整性以及维护成功政党领袖的权威，党员必须服从政党领袖而不是进行领导，而保持政党领袖权威的前提是政党领袖必须有能力制定符合党员要求的政策。此外，还需要保持政党组织内部的良好秩序以维护民治政府，此时政党组织需要满足两个条件："全体民众对其没有信心的政党应该退出对政府的有效控制；失去政党信任的政党领袖也应该退出对政党的有效控制。"[②]

三是政党组织必须强大且长久。在古德诺看来，为了实现各政府机构间的协调，为了保障政党组织在国家政治生活中的地位，政党首先必

[①] ［美］弗兰克·古德诺：《政治与行政：政府之研究》，丰俊功译，北京大学出版社2012年版，第164—165页。

[②] ［美］弗兰克·古德诺：《政治与行政：政府之研究》，丰俊功译，北京大学出版社2012年版，第123页。

须发展壮大，而且政党不仅需要自身强大，还需要长久存在。这是因为政党本身担负着协调表达和执行国家意志的重担，需要通过多次长期的选举政治来控制政府部门，"如果它们希望在政治行动中实现建党原则，那么就必须努力长期控制所有的政府部门。"[1] 同时，一个相当强大的政党体制也往往是"民治政府和高效行政的必要前提"。[2]

四是保持政党领袖、政党本身的纯洁性。这里的政党领袖在古德诺看来即是党魁，党魁即是拥有巨大影响力权力的政治领袖。在古德诺看来，党魁在实际发展过程中无法摆脱腐败是完全可能的，这对民主制度是一种威胁，也会损害政党组织的基础。古德诺认为保持党魁的纯洁性主要有以下几方面：一方面是保持政治领袖对公共意志的责任。"为了使他们负责任，使他们不再腐败，对于所有希望由一个良好政府为现在这种改革或那种改革而奋斗的人而言，他们有必要永远牢记，最终目标不是要毁掉这一制度，而是要使他对公共意志负责任。"[3] 另一方面是要保持政党对民众负责，"做不到这一点，党魁将会在其堡垒内受到攻击，从而被迫投降。"[4]此外，还需要保持政党本身的纯洁性，这一方面需要依靠"越来越频繁地运用全民投票（公投）"[5]；另一方面需要实现法治，接受"司法监督"。

---

[1] ［美］弗兰克·古德诺：《政治与行政：政府之研究》，丰俊功译，北京大学出版社2012年版，第131—132页。

[2] ［美］弗兰克·古德诺：《政治与行政：政府之研究》，丰俊功译，北京大学出版社2012年版，第109页。

[3] ［美］弗兰克·古德诺：《政治与行政：政府之研究》，丰俊功译，北京大学出版社2012年版，第158页。

[4] ［美］弗兰克·古德诺：《政治与行政：政府之研究》，丰俊功译，北京大学出版社2012年版，第159页。

[5] ［美］弗兰克·古德诺：《政治与行政：政府之研究》，丰俊功译，北京大学出版社2012年版，第165页。

第 五 章

公共行政学的完善

威尔逊、古德诺在"政治—行政二分法"的基础上创立行政学后，行政学作为一门独立学科的知识体系、方法体系、理论体系就不断完善。泰勒从管理技术与管理方法上完善了传统的公共行政学，法约尔从管理的一般原则上完善传统的公共行政学，而韦伯则从官僚制的视角建立了理想的官僚行政组织体系，而怀特则出版了第一部公共行政学教材，从而使公共行政学的知识体系不断理论化、系统化。

第一节 泰勒的科学管理理论

弗雷德里克·温斯洛·泰勒（Frederick Winslow Taylor，1856—1915），因其于1911年出版了《科学管理原理》（The Principles of Scientific Management）而被誉为"科学管理之父"。1856年，泰勒出生在美国宾夕法尼亚州一个富裕的律师家庭，从小受到良好的教育，他的父亲希望他继承己业，成为一名律师。1874年，泰勒以优异成绩考上哈佛大学法律系，但是由于视力受损而被迫辍学。1875—1878年，泰勒在费城一个液压机厂做学徒工，在这里泰勒看到了"工人磨洋工、管理低劣及劳资之间缺乏融洽气氛"等。1878年，泰勒22岁时转到米德维尔钢铁厂当一名机械工人，从最基层干起，历任职员、车间管理员、小组长、工长、维修工长、制图部主任、总技师等，1884年泰勒28岁时升任总工程师。泰勒在米德维尔钢铁厂的12年间自学了机械工程学位并进行了一系列改进管理工作的调查研究和实验研究，为科学管理理论的产生奠定了良好的实践基础。1898—1901年，泰勒受雇于宾夕法尼亚州伯利恒钢铁公司做咨询工作。1901年泰勒45岁时离开了伯利恒钢铁公司，他把大部分时间用来从事咨询、演讲与科学研究。泰勒不仅实践经验丰富，获得了一百多种专利发明，而且理论著述颇丰，主要有《计件工资制》（1895）、《工场管理》（1903）、《论金属切削技术》（1906）、《制造业者为什么不喜欢大学生》（1909）、《效率的福音》及《科学管理原理》（1911）等。其中《科学管理原理》最为著名，该书开创了科学管理的浪潮，迅速在西方工厂传播，其理论观点也传播到了政府部门，标志着一个管理新时代的开始。

一　泰勒科学管理理论的四大基础

泰勒的科学管理理论是建立在以下四个基础之上的。

（一）管理的目标的财富最大化

泰勒认为，管理的目标即是追求财富的最大化："管理的主要目标应该是确保雇主的财富（prosperity）最大化，同时也使每一位雇员的财富最大化。"[1] 在泰勒看来，财富最大化只能是生产率最大化的结果，从这个方面来看，管理的目标也可以说是以效率至上。他说："只有以最低的全部支出（包括人力、自然资源和以机器、建筑物形式存在的资本费用）完成企业的工作，才能为工人和雇主带来永久的最大化财富。或者，用另一种方式来说明这个道理：只有在企业的工人和机器的生产率达到了最大，也即，只有当工人和机器的产出达到了最大，才可实现财富的最大化。"[2]

（二）雇主与雇员的真正利益是一致的

泰勒批判了"雇主与雇员的根本利益必然对立"的观点，认为事实是恰恰相反，雇主与雇员利益的一致性是科学管理的坚实基础。他指出："科学管理则坚信：雇主与雇员的真正利益是一致的；除非实现了雇员的财富最大化，否则不可能永久地实现雇主的财富最大化，反之亦然；同

---

[1] Frederick Winslow Taylor, *The Principles of Scientific Management*, New York: Harper & Brothers Publishers, 1911, p.9.

[2] ［美］弗雷德里克·泰勒：《科学管理原理》，马风才译，机械工业出版社2007年版，第4—5页。

时满足工人的高薪酬这一最大需求和雇主的低产品工时成本这一目标,是可能的。"①

(三) 挖掘每个人的潜能

要实现财富的最大化,就需要提高生产率,而提高生产率则需要靠一流的工人来完成。因此,泰勒认为在管理过程中需要努力挖掘每个人的潜能,以便培养一流的工人。他说:"工人和管理者双方最重要的目标是培训和发掘企业中每个人的技能,以便每个人都能尽其天赋之所能,以最快的速度、用最高的劳动生产率从事适合他的等级最高的工作。"②

(四) 用科学管理代替经验管理

泰勒认为人是"经济人",关心的只是如何提高自己的货币收入,并且自利倾向也会导致工人"磨洋工",降低生产率。他说:"每个工人为了自己的利益,显然不会让某项工作完成得比过去更快一些。"③ 泰勒认为,只有用科学管理方法来代替传统的经验管理方法,才能消除"磨洋工"现象,并使每位工人和每台机器的产出"成倍增长";同时也只有通过科学管理,才能扩大国内外市场,并提高与贸易竞争对手的竞争力。他指出:"科学管理可排除经济萧条、失业、贫困等根本原因,因而其影响将会比那些正在被采用的,试图缓和上述问题和灾难的,头痛医头、脚痛医脚的措施更为持久,也更为深远。这也使得更高的工资、更短的工作时间、更优越的工作和家庭条件成为可能。"④

二 泰勒科学管理的四大原理

泰勒的科学管理不同于传统的管理制度。传统管理制度通常所采用的最佳管理模式可以定义为:使工人充分发挥其"积极性",作为回报,工人可以从其雇主那里得到"特殊激励"的一种管理体制,这种管理即

---

① [美] 弗雷德里克·泰勒:《科学管理原理》,马风才译,机械工业出版社2007年版,第3页。
② [美] 弗雷德里克·泰勒:《科学管理原理》,马风才译,机械工业出版社2007年版,第5页。
③ [美] 弗雷德里克·泰勒:《科学管理原理》,马风才译,机械工业出版社2007年版,第13页。
④ [美] 弗雷德里克·泰勒:《科学管理原理》,马风才译,机械工业出版社2007年版,第7页。

是"积极性加激励"的管理。泰勒认为这种"积极性加激励"的管理制度存在重大缺陷，是侧重于"工人改革"的一种管理制度，管理者的作用被忽视了，是一种经验式的管理制度。泰勒认为，科学管理与"积极性加激励"的管理不同，科学管理不仅侧重工人管理，更侧重管理者在管理过程中的决定性作用，管理者需要承担新的职责和任务，并按照"科学规律"去从事这些职责与任务。归纳起来，科学管理与传统管理不同之处在于："在'积极性加激励'管理制度下，实际上全部问题由'工人决定'，而在科学管理制度下，一半的问题由'管理者决定'。"[1] 泰勒认为，与传统管理重视经验、工人等要素的方法不同，科学管理具有如下要素："科学，而不是单凭经验方法；协调，而不是分歧；合作，而不是个人主义；最大的产出，而不是有限制的产出；实现每个人的劳动生产率最大化，富裕最大化，而不是贫困。"[2]

泰勒认为科学管理最重要的是增加了管理者的职责和任务，这些职责和任务构成了科学管理的基本原理。这些基本原理可以归纳为以下四个方面："第一，提出工人操作的每一动作的科学方法，以代替过去单凭经验从事的方法。第二，科学地挑选工人，并进行培训和教育，使之成长成才，而不是像过去那样由工人选择各自的工作，并各尽其能地进行自我培训。第三，与工人密切合作，以确保所有工作都按照所制定的科学原则行事。第四，管理者与工人的工作和职责几乎是均分的。管理者应该承担起那些自身比工人更胜任的工作，而在过去，管理者把几乎所有的工作和大部分职责都推给了工人。"[3] 这四个原理是相互联系、相互促进的，形成一个科学管理的整体，具体情况见下。

（一）用科学方法代替经验方法

泰勒认为，从每个工人的每项操作中，都可以归纳出科学规律来，这是靠经验的方法难以获得的。在伯利恒钢铁公司的"搬运生铁"实验

---

[1] ［美］弗雷德里克·泰勒：《科学管理原理》，马风才译，机械工业出版社2007年版，第29页。

[2] ［美］弗雷德里克·泰勒：《科学管理原理》，马风才译，机械工业出版社2007年版，第108页。

[3] ［美］弗雷德里克·泰勒：《科学管理原理》，马风才译，机械工业出版社2007年版，第27页。

过程中泰勒指出："搬运生铁所包含的科学非常深奥。结果是，即使那些十分胜任这项工作的工人也无法理解其中的管理原理，也无法按照这些原则去操作，除非一位比他受过更好培训的人帮助他。进一步的例证将表明，对几乎所有的机构工艺，存在于每个工人操作背后的科学是如此之深奥，以至于十分胜任这些工作的工人也不可能（缺乏培训或智商不高）领会其中的微妙。"①

在搬运生铁的实验中，泰勒首先通过科学实验来确定工作定额，即通过科学的时间和动作研究、培训工人使用新方法并采用计件工资制来激励工人提高生产率，最终每个工人搬运生铁的工作量，从原先的每天12.5长吨上升到了每天47长吨，而这就成了每天的工作定额，被称为定额管理（norm management）；同时工人待遇也从原来的1.15美元/天上升到了1.85美元。泰罗指出，要把工作定额与工作绩效挂钩，让工人非常乐意接受。他指出："在推行新的工作标准时，不至于引起工人罢工，不与工人发生争执；让他们在以每人每天搬运47长吨生铁而不是原来的12.5长吨生铁时更愉快、更满足。"②

在确定每天工作定额之后，泰勒还认为工人需要采用标准化（standardization）的作业工具和作业方法。为此他进行了另一个科学实验，即"铲运工实验"。一开始工人采用经验的方法，600名铲运工都有自己的铁锹，同时用来铲运铁矿石和煤屑，这样既浪费了体力，效率也低下。通过挑选工人进行了数千次的科学实验，确定了每天21磅的工作定额，由工厂统一提供8—10种不同的铁锹，不允许铲运工使用自己的铁锹。这样，铲运矿石时，用小规模铁锹；铲运灰土时，用大规模的铁锹。由于生产工具进行了标准化，生产效率大大提高了。

（二）科学地选择工人并进行教育和培训

泰勒极为重视工人的教育和培训，他指出："在所有的工艺技术上，作为每个工人行为基础的科学是如此之深奥，以至于即使他胜任所从事

---

① ［美］弗雷德里克·泰勒：《科学管理原理》，马风才译，机械工业出版社2007年版，第30页。

② ［美］弗雷德里克·泰勒：《科学管理原理》，马风才译，机械工业出版社2007年版，第32页。

的实际工作，由于缺乏教育或智力不够高，也理解不了这一科学。"[①] 只有精心挑选工人并给予适当培训和教育，才能使工人使用正确的方法来"最有效地使用其力气"，并掌握新的方法和新的标准，从而提高工作效率和获得更多奖金。而管理者的主要任务之一即是为工人的教育与培训提供良好的工作环境，"'管理者'必须不断地提供一位或更多的教师，为每个新工人讲述新的更简捷的动作；必须经常注意到干得慢的那些工人，不断地帮助他们，直到他们的速度达到规定要求。"[②]

（三）管理者与工人之间亲密友好地合作

泰勒十分重视管理者与工人之间良好关系的建构，他认为传统经验管理中的"磨洋工"主要来源之一即是雇主与雇员之间的不良关系。工人总是蓄意不让雇主了解究竟多快才能完成一项工作；而雇主总是为各等级的人确定一个他们认为合适的最高工资额，而不论这些人是计时工还是计件工。泰勒认为不管是计时还是计件工资，都会导致工人"磨洋工"，在计时工资制下，那些本来就好的人必须会逐渐地放慢他们的工作节奏，以"向那些最差的、效率最低的人看齐"；而计件工资制则把"磨洋工"发展到了极点，这是因为"当一个工人由于干得卖力而增加了产量，结果从每件产品所得的工资反而降低了两三倍，他就会横下一条心，完全无视雇主方面的利益。只要磨洋工能防止进一步削减实际工资，他便决定使用这一手段"。[③] 要消除工人"磨洋工"，一方面要采用科学的计酬方法。泰勒主张采用"差别计件工资制"（piece-rate differential system）来激励工人，即在计件工资基础上根据每个工人的产量和质量来相应增加工资，"对工作质量好的，相应地，增加工资的幅度更大。"[④] 另一方面，管理者与工人之间需要形成良好合作关系。泰勒认为管理者与工人之间的利益是一致的，在实际的管理中也完全可以实现管理人员和工

---

① ［美］弗雷德里克·泰勒：《科学管理原理》，马风才译，机械工业出版社2007年版，第75页。
② ［美］弗雷德里克·泰勒：《科学管理原理》，马风才译，机械工业出版社2007年版，第63页。
③ ［美］弗雷德里克·泰勒：《科学管理原理》，马风才译，机械工业出版社2007年版，第14页。
④ ［美］弗雷德里克·泰勒：《科学管理原理》，马风才译，机械工业出版社2007年版，第72页。

人之间的亲密合作。他指出:"管理人员和工人亲密无间的、个人之间的协作,是现代科学或任务管理的精髓。"①

(四) 管理者承担更多的管理职责

这些职责包括:一是教育、培训、帮助和激励工人,管理者需要不断帮助工人学会新方法、新工具和新流程并激励他们采用科学的管理方法;二是管理者需要建立管理制度。他指出:"为使每位工人在开始每项新工作时都能领到合适的工具,得到正确的作业指南,就有必要建立一套详细的制度。"② 例如对工人可以进行分类管理,一类人员本身是熟练的工人,充当教师角色;一类人员在工具库工作,为工人配备工具;还有一类人从事计划工作等。

三 泰勒科学管理理论对公共行政的影响

泰勒提出科学管理之后,"管理"一词迅速成为人们关注的焦点,不管是公共部门还是私营部门,都掀起了运用管理思想来提高效率的浪潮,不断有行政学家将科学管理视为提高政府行政效率的有效途径,甚至20世纪70年代末以来的遍及西方世界的新公共管理浪潮,有学者将其称为"新泰勒主义的回归"。

曾经担任美国全国办公室管理协会会长的威廉·亨·莱芬韦尔(1876—1934)是"第一个把泰勒的科学管理的原则运用于机关办公室的管理工作中去并取得成功的人"。③ 他于1916年10月发表的《我把"科学管理"应用于办公室的计划》将科学管理的思想运用到了日常办公室的管理过程中,推广科学的办公室管理。在办公室的管理改革过程中,提出了办公室科学管理的"八原则",将科学管理原理应用于办公室的每一项工作,甚至对打字员进行了工作时间与动作的研究,记录打字员的头部和手臂动作,录下每个动作时间,据此调整桌椅高度、工作标准和工作时间。

---

① [美] 弗雷德里克·泰勒:《科学管理原理》,马风才译,机械工业出版社2007年版,第17页。
② [美] 弗雷德里克·泰勒:《科学管理原理》,马风才译,机械工业出版社2007年版,第51页。
③ 丁煌:《西方行政学说史》(第二版),武汉大学出版社2004年版,第51页。

泰勒的合作者莫里斯·卢埃林·库克（1872—1960）成功地将科学管理应用到了市政管理中。1911年，库克在当选为费城公共工程局局长期间，在申诉处理、财务计划、装备更新、人事行政、存货记录、工程转包、作业标准化等方面运用科学管理思想进行了大胆的改革，建立了职能管理的组织结构，聘请了专业人士来管理城市，通过参与决策来加强管理者与工人之间的协作等，这大大提高了城市管理的效率，在四年的时间中，他为费城节省了100多万美元的清扫垃圾费，使公用事业费用减少了125万美元，解雇了1000多名工作效率低的工人，……并且使市政府管理工作从烟雾弥漫的房间走向了阳光灿烂的天地。这些表明，科学管理完全可以从私营部门移植到公共部门，也完全可以保证公共部门的服务效率质量。

第二节　法约尔的一般管理理论

亨利·法约尔（Henri Fayol，1841—1925），古典管理理论的主要代表人物之一，是典型的大器晚成的著名管理学家，直到晚年他的思想与理论才为世人所熟知。1841年法约尔出生于法国的一个小资产阶级家庭，19岁时取得矿业工程师资格并顺利毕业。毕业后法约尔进入了法国一流的矿业公司科芒特里-富香博-德卡维尔，并在这家公司度过了他的整个职业生涯，直至退休。其中1860—1872年的12年间，法约尔主要担任下级管理人员和技术人员；1872—1888年的16年间，法约尔被提升为领导一批矿井的经理；1888年，法约尔在公司濒临破产之时临危受命，担任公司总经理一职，他把自己的管理思想和理论运用于实践，对公司进行了大胆的改革和整顿，使公司在法国的地位不可动摇。1900年，法约尔59岁时在一次矿业会议上发表了关于工业管理方面的演讲，这次演讲被认为是《工业管理与一般管理》一书的起源；1908年法约尔67岁时又在另一次会议上将自己的演讲稿进行了修改，系统阐述了他对工业管理的一般观点。此后8年，法约尔继续完善其管理思想，终于在1916年75岁时出版了他的名著《工业管理与一般管理》，标志着一般管理理论的"诞生"，法约尔也因此和泰勒、韦伯一起，被视为古典管理理论的三位代表人物。

一 一般管理的概念

（一）管理适应于包括政府在内的所有组织

在法约尔看来，管理是适应于所有组织包括政府在内。事实上，学术界在将法文版的《工业管理与一般管理》翻译成英文时，就存在过争议，尤其是能否将法文版的"administration"翻译成英文的"management"就存在不同的观点，学者们担心用"administration"容易误导读者法约尔的管理思想仅仅限于工业管理领域。事实上，法约尔的管理之所以被称为一般管理理论，是因为它适用于所有领域。法约尔在《工业管理与一般管理》的前言中就指出："大千世界几乎所有的领域，大的、小的、工业、商业、政治以及宗教，管理都发挥着主导作用，且充当了非常重要的角色。"[1] 此外，法约尔不断地将管理的视野拓展到了公共行政领域，《国家在管理上的无能》《公共精神的觉醒》《国家行政理论》等都是公共行政领域的重要作品，其中《国家行政理论》就被认为是对公共行政理论的发展作出了重要贡献并被收入古利克和厄威克合编的《行政科学论文集》。

（二）管理的职能

法约尔认为："工业企业从事的所有活动可以划分为技术、商业、金融、安保、会计和管理六类活动。"[2] 在法约尔看来，这六类活动即是组织的基本职能。其中，管理活动或管理职能与其他五种活动明显区分，法约尔认为管理就是"计划（forecast）、组织（plan）、指挥（command）、协调（co-ordinate）以及控制（control）"，在法约尔看来，管理是一种普遍性的活动："管理既不是公司领导或高级职员的一项特权，也不是他们的独有责任。像其他活动一样，管理的范围上至公司领导，下至普通职员。"[3]

---

[1] ［法］亨利·法约尔：《工业管理与一般管理》，迟力耕、张璇译，机械工业出版社2007年版。

[2] Henri Fayol, *general and industrial management*, trans. by Constance Storrs, Franch：Pitman publishing corporation, 1949, p. 3.

[3] Henri Fayol, *general and industrial management*, trans. by Constance Storrs, Franch：Pitman publishing corporation, 1949, p. 3.

法约尔强调了切记不要将领导与管理混淆，领导是指为了达到目标，带领企业利用拥有的一切资源，发挥出最大的优势，确保六种基本活动的稳定运行；管理只是这六种基本活动中的一项。但是，由于管理在领导层的职务占据了很大一部分，有时候人们会认为领导就是单纯的管理。

（三）基本职能与专门能力

法约尔认为每一项基本职能都有相应的专门能力。每一种专门能力都需要具备一系列素质和知识：（1）生理素质：健康、精力、敏捷；（2）智力素质：理解和学习能力、判断能力、脑力、头脑的灵活性；（3）道德素质：毅力、坚强、承担责任的勇气、创新精神、献身精神、机智、自尊；（4）综合文化素养：具备各种非专业领域内的知识；（5）专业知识：涉及技术、商业、金融、管理等专门知识；（6）经验：人们在实践中取得的经验教训。

法约尔认为，不同的职能其专门能力的重要性也是不一样的。也就是说，"构成能力的每种因素的重要性同职能的重要性和性质有关。"[1] 在法约尔看来，如果将一个大型企业技术职能人员分为六个层次，即工人、工长、车间主任、分厂长、部门经理、经理，则每一个层次所需要的必备能力是不同的，具有如下规律：（1）工人的主要能力是技术能力；（2）随着等级地位的提高，管理能力的重要性递增，同时技术能力的重要性递减，在第三或第四个阶层，两种能力趋于平衡；（3）经理的主要能力是管理能力；（4）商业、金融、安全和财务能力在第五阶层或第六阶层有其最大的相对重要性，随着等级地位继续提高，这些能力在总体价值中的比率会降低并趋于平衡；（5）从第四和第五阶层开始，管理能力所占比率随其他比率的减少而增加。法约尔总结指出："在所有类型的企业中，下层员工的主要能力是具有企业专业特征的能力，而高层领导者的主要能力是管理能力。"[2]

（四）管理教育

法约尔认为，人们或多或少需要管理知识，需要管理能力，就应该

---

[1] ［法］亨利·法约尔：《工业管理与一般管理》，迟力耕、张璇译，机械工业出版社2007年版，第8页。

[2] ［法］亨利·法约尔：《工业管理与一般管理》，迟力耕、张璇译，机械工业出版社2007年版，第14页。

解决管理教育问题，管理教育应该普及。对家庭或国家事务而言，对管理能力的需求与事务的重要性有关，对个人而言，如果职位越高，管理能力就越重要。在法约尔看来，管理教育不是让所有人成为优秀管理者，而是在启迪年轻人。他说："教育并不能让所有学生成为优秀管理者，如同技术教育也没有把所有学生造就成工程师一样。我们仅希望管理教育能起到和技术教育同样的效果。何乐而不为呢？更重要的是启蒙年轻人理解和运用经验教训。"[①]

二　管理的 14 项原则

法约尔指出，组织的良好运作取决于某些条件，这些条件即是原则、规律或规则，原则是灵活的，适用于任何事物，原则没有限制，每一种管理规律和方法，只要它能巩固组织，使其运作简单易行，它就是原则的一种。在法约尔看来，从管理的经验来看，管理的一般原则共有 14 条，这就是法约尔著名的"管理 14 项原则"，主要内容如下。

（一）劳动分工（Division of work）

劳动分工属于自然规律，随着社会的发展，新的机构会不断涌现，以代替从前担负全部职能的单一机构。分工的目的即是为了在同样的付出下能够得到"更多更好的产出"。劳动分工不仅可以用在技术上，也可运用于管理过程中，以实现职能专业化和权力分离。

（二）权力与责任（Authority）

法约尔认为，权责需要统一，我们无法想象没有责任的权力，我们无法设想在执行权力的过程中没有奖惩；责任是权力的伴生物，是自然的结果，是必要的补充。权力所到之处，责任随之产生。

（三）纪律（Discipline）

为了企业的良好发展，纪律是不可或缺的；没有纪律，任何公司不能繁荣发展，这已经深入人心、众所公认。这里的纪律即是遵守各项协议，它要求人们服从、勤勉，做出行动并表现出相应的尊重。纪律应一视同仁，既约束最高领导人，也规范下属员工。

---

① ［法］亨利·法约尔：《工业管理与一般管理》，迟力耕、张璇译，机械工业出版社 2007 年版，第 17 页。

（四）统一指挥（Unity of command）

法约尔认为，不管什么行动，下属都应该只听从一位领导的命令。否则，如果由两位领导或多位领导对一个人或一项事务行使权力，那么权力就要被损害、纪律就要被破坏、秩序将会混乱、稳定将受到威胁。

（五）统一领导（Unity of direction）

为达到一个共同目标，由一位领导人，按照统一规划，领导并协调全体行动。法约尔认为这里的统一领导不同于统一指挥，统一领导通常只有一位领导、一个计划，而统一指挥则是下属只能服从一位领导的命令。人们通常建立完善的社会组织来实现统一领导，统一指挥则取决于个人如何发挥作用。他指出："没有统一领导，统一指挥就不存在，但统一指挥并不来自于统一领导。"[①]

（六）个人利益服从整体利益（Subordination of individual interests to the general interest）

法约尔认为，员工的个人利益或员工的团体利益不能凌驾于公司利益之上；家庭利益要排在任何一位成员利益之前；而国家利益则高于公民个体或公民团体的利益。

（七）人员报酬（Remuneration）

人员报酬是所付出劳动的回报价格，人员报酬应尽可能公正，让员工、雇主和公司都满意，并能有效激发员工的积极性。

（八）集中（Centralization）

集中与劳动分工一样，是一种自然规律，其目的是尽可能充分利用个人的才能，本身并无好坏之分。集中与分权问题只是一个单纯的尺度问题，重要的是找到企业适合的尺度。如果领导者的才能、威望、智慧、经验、反应能力允许他扩大领导范围，那他就可以加强权力集中；如果他愿意保留部分管理特权，而向合作者求助经验、观点和意见，那他就可以采取广泛的分权。

（九）等级链（Scalar chain/Line of authority）

等级链即是从最高权力机构到最低层下属间的一系列领导层级，等

[①] ［法］亨利·法约尔：《工业管理与一般管理》，迟力耕、张璇译，机械工业出版社2007年版，第27页。

级链是一条经过所有等级的路径，它并不总是快速有效的，有时它会非常漫长。法约尔认为，为了快速反应的需要，有时需要把遵守等级链与快速行动结合起来，其办法是在两个下属之间搭建一个"天桥"。如果 A 和 B 两位下属之间需要沟通信息，那么原先他们需要层层向各自的上级报告，直到最高领导，然后再由最高领导层层下达，有时需要经由几层甚至几十层的传达；而如果采用"天桥"的方式，则 A、B 两位下属可以直接建立联系，那么就省去了很多中间环节，而且只要 A、B 两位下属立刻向各自的领导汇报了他们达成的协议，那整个情况就完全合乎规则。这样，通过使用"天桥"，"不仅使沟通的路径缩短，同时也培养了承担责任的习惯和勇气。"①

（十）秩序（Order）

在法约尔看来，自然秩序规则即是：每件东西都有一个位置，每件东西都在其位置上；社会秩序规则也一样：每个人都有一个位置，每个人都在他的位置上。也就是说，合适的人要在合适的位置上。

（十一）公平（Equity）

公平即是公道与善意的结合。对待员工时，需要重视他们希望得到公平和平等的愿望，努力使公平深入各级人员心中。为达到公平，需要有理智、丰富的经验和善良的心地。

（十二）人员的稳定（Stability of tenure of personnel）

稳定原则也是一个尺度问题。繁荣的企业，其管理层是稳定的；不景气的企业，其管理层亦不稳定。但是由于人的流动性，人的变动也是不可避免的，关键在于把握一个合适的尺度。

（十三）创新精神（Initiative）

创新精神能够激发人们的工作热情，并增强他们的行动力，因此，应该尽可能鼓励和发展这种能力。在法约尔看来，除了领导应具备创新精神外，全体员工的创新精神也是必要的，这是使公司强大的力量，特别是在艰难时刻更是如此。

---

① ［法］亨利·法约尔：《工业管理与一般管理》，迟力耕、张璇译，机械工业出版社2007年版，第37页。

(十四）团结精神（Esprit de corps）

法约尔认为，一个公司的成员和谐而又团结是一个巨大的力量，所以应该努力做到团结，企业领导应好好思考这个问题。

法约尔认为，要想执行好管理职能，就需要依赖这 14 条原则。无论商业、工业、政治、宗教、战争或慈善事业，管理无处不在。原则就是我们前进方向上的灯塔，正如法约尔指出的，"没有原则，我们就会陷入黑暗和混乱；没有经验和尺度，即使有最好的原则，我们也会举步维艰。原则是为我们指明道路的灯塔：它只为知道大门开在哪里的人们服务。"①

第三节　韦伯的理想型官僚组织理论

马克斯·韦伯（Max Weber，1864—1920），是和泰勒、法约尔同时代的著名社会学家、政治学家、行政学家。韦伯被认为是官僚制理论的集大成者，也是现代公共行政学的最重要代表人之一，他提出的"理想官僚型官僚组织理论"为现代政府的构建奠定了组织基础。韦伯1864年4月21日出生于德国图林根的埃尔福特市一个富有的家庭，从小受到良好的教育，20岁时进入柏林大学和哥丁根大学攻读法律，25岁时就以题为《中世纪贸易商社史》（The History of Medieval Business Organisations）的论文获得博士学位，之后曾在柏林大学、弗赖堡大学、维也纳大学、海德堡大学、慕尼黑大学等学校任教，并游历了英格兰、苏格兰、比利时、意大利和美国。1905年出版了《新教伦理与资本主义精神》（The Protestant Ethic and the Spirit of Capitalism）一书。除了《新教伦理与资本主义精神》外，主要著作还有：《一般经济史》（1923）、《经济与社会（共两卷）》（Economy and Societion，1925）、《社会和经济组织的理论》（Theory of Social and Economic Organization，1925）、《宗教社会学文集》（1920—1921）、《社会科学与社会政策文集》等。韦伯在公共行政思想上的最大贡献就在于他在《经济与社会》一书中提出并系统地构建了"理想的官僚行政组织体系"，从理论上为政府构建一套理想的官僚制组织结

---

① ［法］亨利·法约尔：《工业管理与一般管理》，迟力耕、张璇译，机械工业出版社2007年版，第43页。

构,并对后来的帕森斯、巴纳德以及官僚制的研究者米塞斯、黑顿、唐斯等人产生了深远的影响。正因如此,韦伯被称为古典管理理论的三位先驱之一。

一 统治权威的来源

韦伯认为统治权威主要有三个来源。

(一)魅力型统治权威

韦伯将"建立在特别神圣、个人英雄主义和非凡品质、规范模式或规定秩序的信念基础上的权威"定义为魅力型统治权威。他认为这种权威是完全基于直接影响社会关系的、充满正义的个人魅力和品质。魅力型统治权威是一种"基于领袖的个人超凡品质或独特洞察力和成就所展示的合法化力量,从而激发了追随者的忠诚和服从"。[1] 在古代中国和欧洲,都存在过诸如具有魅力型品质的个人的统治时期,他们或是具有超凡的个人影响力,或是源于氏族、宗族和体现在其个人本身的神圣性。

依靠魅力型统治权威建立起来的统治具有组织内部管理随意化和组织稳定性较差的特点,正如韦伯指出的:"超凡魅力权威天生就是不稳定的。"[2] 首先,魅力型权威统治的基础主要取决于领袖,其统治没有常规的准则,统治者在管理组织内部时,很大程度上是依赖于别人所感知的权威合法性,是一种较为独断的人治统治。其次,在魅力型权威统治中,并没有相应的法律约束与章法的规定,领袖的权威会随着追随者信念的消失而消失。

"如果这不是一种纯粹而短暂的权威现象,而是具有形成稳定的门徒社会或是一群追随者、亦或是一种党政组织以及任何形式政治性或者僧侣统治的权威,将魅力型权威统治的特点进行根本性的改变是十分必要的。"[3]

---

[1] Diana Kendall, Jane Lothian Murray, Rick Linden, *Sociology in Our Time*, Scarborough: Nelson, 2000, p. 438.
[2] [德]马克斯·韦伯:《经济与社会》(第二卷下册),阎克文译,上海人民出版社2010年版,第1264页。
[3] Max Weber, *The Theory of Social and Economic Organization*, Oxford: Oxford University Press, 1947, p. 364.

韦伯认为，魅力型统治权威不能长期保持一种稳定的状态，但是可以通过某些方式将魅力型统治权威转变为传统型或是法理型统治权威的某一种权威形式，或者是两者融合的权威形式。如在选举下一个领袖或是领袖去世后的继承问题，若是通过世袭的方式来解决，这种魅力型统治权威随之将演变成传统型统治权威；若是通过制定的法律来解决，则会演变成法理型统治权威。

（二）传统型统治权威

传统型权威的统治权力来自传统，它建立在长期形成的传统惯例的基础上，根据相沿成习的风俗和习惯来获得权力。相较于魅力型统治权威而言，传统型统治权威中的领袖不再是以个人魅力来实现统治的合法性，而是其所扮演的角色是以对传统文化的信仰与尊重为基础的。韦伯将传统型统治权威分为了两种，即"世袭制"和"封建制"。在"世袭制"的统治权威中，官员被看作领袖的奴仆，只能从领袖那获得报酬，其最典型的代表为秦统一后的中国；在"封建制"的统治权威中，官员作为层级中的人员，拥有自己的收入来源，与领袖保持着一种忠诚关系，最典型代表为中世纪的西欧。通常，传统型统治权威都是两者之间的融合，即具有世袭性、封建性的特性。在韦伯的研究中，专门对东西方官僚制的形成和发展作了比较与考察。他认为在古代的中国、埃及和晚期罗马帝国都存在过官僚形式，并且官僚制的存在也是这些伟大帝国强盛的标志之一。通过分析，韦伯将公共工程建设的需要归结为官僚制产生的原因，治水、建筑等浩大的公共工程需要促使官僚制在皇家的保护下发展起来了。但是，这些官僚制存在的形式并非是理性的统治形式，因此不属于真正程序化的官僚制。

总的来看，传统型统治权威表现出以下特点：一是领袖与追随者之间通常存在某些血缘、宗族关系，领袖获得统治权威是因其具有某种特定的身份与地位；二是领袖与追随者之间是一种"主人"与"臣仆"的关系，通过个人的忠诚和义务来维持两者之间的关系；三是领袖本身具有至高无上的权威，追随者的地位根据其亲疏、好恶来决定；四是基于传统的自给自足经济环境下，领袖的统治缺乏经济理性，对于财政收入与管理缺乏科学性和独立性；五是具有强烈的守旧性与宗教性。

(三) 法理型统治权威

由于市场经济的兴起、传统性权威社会关系的解体以及魅力型统治权威的短暂性使法理型统治权威的出现与发展成了"一种难以避免的命运"。在法理型统治中，统治的合法性建立在组织成员与法律的关系之上，各种规则成为行使权威的基础和依据。韦伯认为，法理型统治权威是现代社会的主流，他将其基本特征总结为以下几点：[1]

(1) 法理型权威是一个受规则约束的管理功能的持续性组织；

(2) 有明确的职能范围，包括执行划分系统的劳动分工的特定功能的义务范围；授予在职者必要的、去完成这些功能的权力，强制且明确定义及使用权力的特定环境的必要手段；

(3) 组织内的各个职位遵守等级原则，下级服从上级的管理与监督；

(4) 调节一个职位的行为可以是技术性的规定，也可以是法规上的规定；

(5) 在这种理性类型的组织中，行政管理者们应该完全与生产或行政管理工具的所有权相分离，官员、雇员以及工人只能在行使其职责的时候使用它们，而不是拥有这些工具；

(6) 这种理性类型的组织中，在职者同样应完全无视职位能为其带来的私利；

(7) 一切管理的行动、决定和规则都应用书面形式表述和记录，甚至是在口头讨论或是命令也应如此；

(8) 法理型统治权威能够在不同的环境中表现为不同的形式。

基于对三种统治权威的归纳与分析，韦伯指出，以魅力型统治权威为基础的组织类型更多地带有感情色彩，管理组织的依据一般为神秘或神圣的启示，往往带来支配行为的主观性和随意性。以传统型统治权威为基础的组织类型则是为了保存过去的传统行事，对于领袖的推选依据不是按统治能力来进行的，因而会导致管理效率的低下。魅力型和传统型统治权威，以及建立在这二者基础上的组织类型都属于非理性的范畴，不宜作为现代官僚组织及其行为的基础，只有法理型统治权威符合现代

---

[1] Max Weber, *The Theory of Social and Economic Organization*, Oxford: Oxford University Press, 1947, pp. 329 – 332.

官僚组织的需要，是理想的官僚制形式。

二　理想的官僚行政组织体系

（一）理想官僚行政组织体系的特征

随着资本主义国家进入垄断阶段，不管是企业还是公共部门，组织结构的变革成为紧迫需求。韦伯一直在探寻为大型组织建立结构的努力，1908年，韦伯在《古代经济》一文中提出"官僚制"，这是他最早开始研究官僚制的文献。但他对官僚制进行深入探讨是在《经济与社会》中，他所描述的理想的官僚行政组织体系，其核心概念为"层级制"（hierarchy），是建立在法理性权威基础之上的以分工、集权、层级节制为主要特点的现代组织结构形式。韦伯认为理想的官僚行政组织体系具有如下特点。

（1）合理的分工。官僚组织是具有明确的权责领域和范围规定的行政机构，无论是管理层还是执行层都有一种高度明确的分工，科学划分每一个工作单元。在清晰了每一个人的权力和责任后，把这些权利和责任作为正式的职责使之合法化。韦伯认为，规定合理的职权范围不仅提高了人的可靠性和胜任能力，还可以使普通人发挥个人专长去达到不平常的目标，进而更有利于提高组织的工作效率。

（2）层级制的权力体系。官僚制组织拥有数量众多的行政人员，需要按照层级制进行管理、协作，最终形成了"一种公认的高级职务监督低级职务的上下级隶属关系"。[①] 也就是说，组织成员的行动方向由处在更高一级职位的成员决定，下级服从上级的指挥与管理，由此形成一个自上而下、等级严密的层级分明的权力体系。韦伯认为，这种权力体系可以使组织中的每位成员都能确切地指导从何获取命令以及把命令传达至何人或是执行到何处，有助于克服组织管理中混乱的现象，提高管理效率。

（3）制度化的运作。官僚制组织的成员的管理通常要制定一整套规则和程序来规范其行为，以保证整个组织管理工作的一致性和明确性。

---

① ［德］马克斯·韦伯：《经济与社会》（第二卷上册），阎克文译，上海人民出版社2010年版，第1096页。

每位组织成员都要了解自身要履行的岗位职责和组织运作的规范，即使是最高层管理者也不能越规办事。韦伯认为，官僚制组织内的这些规则和程序的制定原则具有合理性与合法性，且具有稳定性和连续性。这样的规范体系是为了保证无论从事某项工作的人员数量有多少，都能通过规定清晰每一个成员的职责和成员之间的关系，使得所有人按照规定的标准去做，最终获得一致的结果。

（4）非人格化的管理。在日常生活中，人们的个人情感和好恶等非理性因素经常会影响事务的客观性、合理性。在官僚组织内，如果人们依据其私人情绪办事，会助长亲情、裙带和偏好等关系，从而弱化规则的权威性。韦伯认为，官僚制的统治意味着没有憎恨和激情，因此也没有"爱"和"狂热"，其管理权限由"法律或行政规章决定的"[①]。不会因人而异，个人的性格和意志在这样的体系内将难以有所作为，也就是说，组织内的人员服从的不再是特定的个人，而是特定的职务。

（5）技术化的人员。官僚制发展的重要标志之一就是专业管理人员的增加及在各部门中的专家人数的增多。在官僚组织中，组织成员凭借其专业所长、技术能力获得工作的机会，获取相应的工资报酬。韦伯认为，官僚制是建立在高度分工与专业化基础上的，为有效处理繁杂的事务和解决各种各样的问题，各部门都需有一套稳定而详细的技术规范要求，所以组织部门在各领域都应配备技术人员和专家，以适应工作的需要。

（6）科学的人事行政制度。在官僚组织内，所有部门都应按照以下标准来确定适合与起作用的人事职位：①人员任用的依据应是工作性质的要求和人员本身所具备的资格条件，而不是其信仰、籍贯、性别以及关系等；②根据职位等级给予人员职位合理的安排，使其能在相匹配的职位中发挥才能；③人员的职务通过自由契约关系承担，且不能随意结束契约关系；④每个职务都具有法律意义上明确规定的职责范围与具备的专业、能力及经验；⑤根据人员的职位等级、职责大小、年资与社会地位来确定货币工资；⑥组织中人员的奖惩应根据工作的优劣来决定；

---

① ［德］马克斯·韦伯：《经济与社会》（第二卷上册），阎克文译，上海人民出版社2010年版，第1095页。

⑦职位的晋升应根据其工作成绩和资历；⑧任何人员都不能将自己的职位私自转让或继承；⑨组织内人员不拥有任何获取职位的手段且不能滥用职位权力；⑩行政人员在行使职权时要受到规则的约束与控制。

（7）文档的书面化。以书面文件档案形式记录一切重要决定和命令，是官僚制组织管理的基础，文档制度能够使官僚组织独立于成员个人之外。它具有相对的稳定性，是明确人员职责、权限的主要依据，无论组织成员如何变动，正规的文件档案都有详细规定。

（二）理想官僚行政组织体系的优点

韦伯所设计的理想的官僚行政组织体系以分工分层、层级节制、合法权威、按章办事等特征，适应了现代大型组织的结构需求，具有自身独特的优越之处。尽管人们一谈到官僚制，就会想起"官僚主义"。但是韦伯设计的"官僚制"本身是一个中性词，甚至还暗含一点褒义的意味，绝不是人们所痛恨的"官僚主义"，也不是"低效率"的代名词。事实上，不管是公共部门还是私营部门，官僚制组织在纯技术层面上始终优越于任何其他形式的组织。在韦伯看来，官僚制组织的优点表现为："高度发达的官僚机器和其他组织相比，犹如一套机构装置和非机械化产生方式的关系。精确、迅速、明晰、档案知识、连续性、酌处权、统一性、严格的隶属关系、减少摩擦、降低物力人力成本，在严谨的——尤其是独断形式的——官僚制行政中都可以达到最佳状态。与任何团契行政、荣誉行政或业余行政方式相比，训练有素的官僚在所有这些方面都处于优越地位。而且，只要涉及错综复杂的任务，那么有薪的官僚劳动不仅会更精确，归根结底，往往还会比形式上无薪的荣誉服务更便宜。"[1]

三 官僚制理论的后续发展

官僚制作为一个古老而又影响深远的理论，在后续的发展过程中不断丰富、拓展、完善甚至受到质疑，出现了众多的理论流派。诺思科特·帕金森等于1957年出版的《帕金森法则：职场潜规则》（*Parkinson's Law and Other Studies in Administration*）中就提出了"帕金森法则"理论，

---

[1] ［德］马克斯·韦伯：《经济与社会》（第二卷上册），阎克文译，上海人民出版社2010年版，第1113页。

他以一个老太太给侄子寄明信片为例：如果给一个大忙人做，三分钟就可以完成；但是清闲的老太太能花上整整一天的时间，找卡片要一个小时，找老花镜又一个小时，查地址半小时，写卡片用了一个小时十五分钟，考虑出去要不要带伞又花了二十分钟……，帕金森由此提出结论："工作效率低下的人不一定显得无所事事，工作量不多的人也不一定显得清闲散漫。……帕金森法则表明的事实是：雇员的数量和实际工作量之间根本不存在任何联系。"[①]

安东尼·唐斯（Anthony Downs）在1967年出版的《官僚制内幕》（*Inside Bureaucracy*）中就提出了著名的"官僚组织生命周期理论"，指出官僚组织像人类一样，有一个起源、生存、扩张、成熟和衰落的过程。表现为：首先是官僚组织的起源，官僚组织的起源有三个共同的特点：官僚组织首先由倡导者或狂热者所支配，它通常经历一个迅速发展的早期阶段，然后必须开始寻找外在资源支持以求生存；在生存阶段，官僚组织也可能被它的对手消灭掉，因此，官僚组织必须迅速组织起来，为用户提供有价值的服务，只有这样才能激励用户支持它的存在；官僚组织生存之后就会进入扩张期，扩张的好处在于扩大组织规模可以提高组织绩效、吸引更多人才、增加生存的机会，并达到规模经济；随着官僚组织越来越成熟，这时行政官员的数量和比例将上升，官僚们会变得越来越愿意修改官僚组织最初的目标，官僚组织受技术变革的影响越来越大，它所提供的社会职能的范围越来越广，协调职能也越来越重要，这时官僚组织遵循渐进保守主义的定律："所有的组织，随着自身的成熟，将倾向于变得更加保守，除非它们正处于快速成长时期或者内部颠覆时期。"[②] 最后是官僚组织的死亡，唐斯认为官僚组织死亡的原因在于它们没有能够执行足够重要的社会职能，以使其成员或客户愿意为那些职能赋予必不可少的资源，在唐斯看来，官僚组织和处于垄断地位的大型公司的"死亡率"都非常低，这说明官僚组织很难消亡的一个最重要的原

---

① ［英］诺思科特·帕金森、罗伯特·奥斯本：《帕金森法则》，刘四元、叶凯译，中国人民大学出版社2007年版，第2—4页。

② ［美］安东尼·唐斯：《官僚制内幕》，郭小聪等译，中国人民大学出版社2006年版，第21页。

因即在于其庞大的规模，规模越大，存活率越高。

唐斯在分析官僚制生命周期的基础上，还分析了官僚的行为动机和行为分类。

唐斯指出，官僚也是追求效用最大化者，其一般动机主要有以下几个方面[①]：（1）权力，包括官僚组织内部或外部的权力；（2）金钱收入；（3）声望；（4）便利，包括要求增加个人努力的抵制与接受减少个人努力的变化的意愿；（5）安全，即未来丧失权力、收入、声望或便利的概率比较低；（6）个人忠诚，即官僚对自己的工作群体、作为整体的官僚组织、包括官僚组织的更大型组织或国家的个人忠诚；（7）精通工作的自豪感；（8）为公共利益服务的渴望，即每一个官僚都相信官僚组织应该为履行社会职能尽力；（9）对特定行动计划的承诺，一些人是如此倾注于某项特殊政策，以至于在决定他们的行为时，该政策本身就是一项很有意义的动力。在唐斯看来，上述动机包括个人利益的动机、利他主义的动机以及混乱动机，因此，官僚的行为动机是由利己目标和利他目标构成的。

根据官僚的动机，唐斯将官僚的类型分为两个大类五种类型，即完全自私的官僚（权力攀登者、保守者）和混合动机的官僚（狂热者、倡导者、政治家）。[②]

（1）权力攀登者（climbers）。即寻求权力、收入和声望最大化，他们希望通过晋升、扩张、跳槽等技巧来实现这个抱负。

（2）保守者（conservers）。即设法保持目标拥有的权力、收入和声望水平，紧紧把握住所有已经拥有的利益，并尽可能降低努力的程度，他们本质是躲避变革者。

（3）狂热者（zealots）。狂热者的性格属于内在驱动型，乐观、精力充沛、很有冲劲，常以好像寻求公共利益的方式行事，推动某些非常具体的政策目标的实现，而不顾自己所处的职位或可能遇到的反对；他们

---

① ［美］安东尼·唐斯：《官僚制内幕》，郭小聪等译，中国人民大学出版社2006年版，第89—90页。

② ［美］安东尼·唐斯：《官僚制内幕》，郭小聪等译，中国人民大学出版社2006年版，第98—118页。

追寻努力，一方面因为权力本身有好处，另一方面是为了影响他们效忠的政策。

（4）倡导者（advocates）。倡导者基本上属于乐观的类型，通常情况下很积极，他们也追寻权力，因为他们想对那些与职责和组织相关的政策和行为产生重要的影响，他们易受到上司、同级和下属的强烈影响，对于其认为适合组织的任何事物锲而不舍。

（5）政治家（statesmen）。政治家对国家或社会忠诚，他们渴望得到权力，因为要对国家政策和行为有重要影响就需要拥有权力；他们有大局观，即使其责任非常具体；但他们不喜欢冲突的局面，乐于通过一种基于广泛忠诚的妥协来调和不同观点的冲突。

第四节　怀特的行政管理系统化理论

伦纳德·怀特（Leonard D. White，1891—1958），美国杰出的行政学家、历史学家，公共行政学最重要的奠基人之一。1926年怀特出版了公共行政学领域第一本系统化的教材《行政学概论》，从而第一次使公共行政学的思想系统化、理论化，使之成为一门比较完善的学科体系。1891年，怀特出生于马萨诸塞州的阿克顿市。1915年获得达特茅斯学院的文学学士学位，1921年获得芝加哥大学哲学博士学位，博士毕业后留在芝加哥大学担任政治学与历史学教授。1940年，担任芝加哥大学政治系主任，1945年担任美国政治学会的第39任主席。除了教学与科研外，怀特还具有丰富的行政管理经历。他曾在富兰克林·罗斯福政府任职，创建了联邦人事部，建立了初级文官考试制度，推动了美国文官制度的改革，并担任过文官委员会主席等职。正是怀特教授的杰出贡献，使得芝加哥大学的行政学研究在美国乃至全球公共行政学界享有很高的声誉，也使得公共行政学作为一门独立的学科具有了完善的知识体系和理论体系。怀特的公共行政学领域成就卓著、著述颇丰，主要著作有：《行政学概论》（*Introduction to the Study of Public Administration*，1926）、《现代国家公务员制度》（1930）、《近代公共行政的趋势》（1933）、《外国公务员制度：英国、加拿大、法国和德国》（1935）等。此外，怀特还出版了四卷本的美国公共行政历史，它们是：《联邦时期》（1948）、《杰斐逊时期》

(1952)、《杰克逊时期》(1954)、《共和党时期》(1958)。其中怀特的《行政学概论》被公认为是美国公共行政的第一本教科书，为现代公共行政学构建了一个完整的知识体系和理论体系。为了纪念怀特对公共行政学做出的杰出贡献，美国芝加哥大学特设立"伦纳德·怀特奖"（Leonard D. White Award），每年对公共行政学领域的优秀论文给予奖励。

一 行政是现代政府问题的心脏

（一）行政学研究的四个假设

怀特致力于为行政学提供一个基本的理论范式及学科体系，在《行政学概论》一书的序言中，怀特提出了现代行政学的四个基本假设，这四个假设可以概括为：行政具有共同的特质、行政是以管理而不是法律为基础、行政是一种技艺、行政是现代政府问题的核心。他说："第一个假设是行政是一单独的过程（single process），无论在何处，其在本质特征上大体相同，以这样的思路就可以避免市行政、州行政和联邦行政的分类研究。第二个假设是行政学研究应该以管理为基础（base of management），而不是以法律为基础，因此，要更多关注美国管理协会的事务，而不是法院的判决。第三个假设是行政基本上仍然主要是一种技艺（still primarily an art），但要特别注意它转变为一门科学（science）的重要趋势。第四个假设是行政已经成为并且将一直成为现代政府问题的心脏（the heart of the problem of modern government）。"[①]

（二）行政学的性质与目的

怀特认为，各级政府在行政的本质上具有一致性。无论是市政府、州政府，还是联邦政府，其行政过程都具有某种程度的一致性，无须对此问题作"层次"上的分类，也就是说不用再区分为市行政、州行政和联邦行政。这是因为"各种基本问题，即如公务员创造才能之发展，个人胜任及廉洁、负责、合作、财政监督、领袖资格及纪律等项之确得，事实上在各级政府之中莫不皆然，而行政方面之大部事件，亦诚足打破

[①] Leonard D. White, *Introduction to the Study of Public Administration*, Fourth Edition, New York: The Macmillan Company, 1954, p. xvi.

地方政府与邦政府之政治界限"。① 因此，行政就是一个单独的过程，是一个市政府、州政府与联邦政府共有一个过程，需要把市政府、州政府、联邦政府的行政当作一个整体来看待。

怀特认为，行政学研究的目的在于对各种资源的最有效利用。这些资源包括日常支出，公共建筑，机械、道路、运河等基础设施以及为国家服务的工作人员等。怀特指出："良好之行政，适在多方设法避免浪费、保存物料与精力，迅速且圆满完成国家之目的；同时更以节约及工作人员之福利为前提。"②

（三）行政的含义

那么什么是行政呢？怀特认为，行政就是执行公共事务的活动。他指出："行政不外为公家事务之执行；而行政活动之标的，则不外为政务计划最敏捷、最经济、最圆满之成功。"③ 在怀特看来，行政执行公共事务的活动除了对资源的有效利用外，还包括诸如人权的保障、公民能力和公民责任感的发展、公共秩序的维持、国家最低福利的供给、促进私营部门服务公益事业等。行政的研究范围就是对市政府、州政府与联邦政府具有共性的公共事务的治理。

（四）政治与行政的关系

怀特一方面继承了威尔逊与古德诺的观点，认为政治与行政可以在一定程度上实现分离，试图把行政中的政治因素剔除出去，以建立一支高效率的行政力量和一门独立的公共行政科学，以实现"行政是现代政府心脏"的使命；另一方面，怀特认为在实践中行政与政治不能彻底分开，它们又是相互联系的。他指出："政治与行政应该相互分开与相互独立是站不住脚的（hardly defensible）。"④ 但是怀特又认为，政治与行政不能分离并不意味着整个公共服务应该政治化，这是因为行政工作在很大程度上是政治中立的（politically neutral），并且行政工作在政治党派的操纵下（partisan domination）要实现专业化、科学化和技术化是几乎不可

---

① ［美］怀特：《行政学概论》，刘世传译，商务印书馆1947年版，第1—2页。
② ［美］怀特：《行政学概论》，刘世传译，商务印书馆1947年版，第2页。
③ ［美］怀特：《行政学概论》，刘世传译，商务印书馆1947年版，第4页。
④ Leonard D. White, *Introduction to the Study of Public Administration*, Fourth Edition, New York: The Macmillan Company, 1954, p. 8.

能的。

二 公共行政学的知识体系

作为行政学领域第一本系统性的教材，怀特对行政学的知识体系进行了逐步丰富和完善，在其第四版的《行政学概论》中，怀特将行政学的知识体系划分为三十四章。它们的内容是：第一章为公共行政的艺术（The Art of Administration）；第二章为美国公共行政的形式与精神；第三章为组织的基本面；第四章为首席行政官与协调；第五章为管理机构的服务范围（Service-Wide）；第六章为组织与管理部门的协调；第七章为中层管理（Middle Management）；第八章为首脑关系；第九章为独立的监管委员会；第十章为政府间合作；第十一章为联邦与州政府关系；第十二章为国家、州与地方官员的行政关系；第十三章为改组（Reorganization）；第十四章为政治层面的在线功能（The Line Function）；第十五章为职业部门的在线功能；第十六章为组织人事管理；第十七章为预算程序与实践；第十八章为预算战略与策略；第十九章为行政支出控制；第二十章为国会支出控制与审计；第二十一章为公共人事管理的兴起；第二十二章为政府职业服务（Career Service）；第二十三章为招聘、考试和认证；第二十四章为职位分类；第二十五章为公务员的教育与培训；第二十六章为晋升、绩效与考核；第二十七章为公共服务组织与工会；第二十八章为公共服务中的劳资关系（Industrial Relations）；第二十九章为忠诚与公共安全；第三十章为信誉、道德及公共服务伦理（Public Service Ethics）；第三十一章为行政权力；第三十二章为行政处罚权；第三十三章为行政责任；第三十四章为行政与法院。

三 公共行政研究的四个途径

怀特认为，公共行政的研究有许多的方法与途径，归纳起来主要存在四个研究途径。[①] 第一个途径是公共行政研究的法律途径（law）。这一途径主要关注公共权威的合法权威、行政行为的合法形式以及对公共权

---

① Leonard D. White, *Introduction to the Study of Public Administration*, Fourth Edition, New York: The Macmillan Company, 1954, p. 11.

力的限制，公职人员依法对普通司法法院负责。第二个研究途径与科学管理（scientific management）有关。主要关注行政机构的管理，把行政机构看作管理部门，体现效率的标准。第三个研究途径涉及历史传记类的题材（historical and biographical materials）。这些题材反映行政体系的变化以及行政思想的发展。第四个就是行为主义的社会心理途径（sociological-psychological）。此路径对于理解官员行为的原因有重要帮助。

第五节 古利克与厄威克的行政原则

自1926年怀特出版了第一本公共行政学教材后，公共行政学继续往前发展。特别是20世纪20年代末及30年代初的经济危机推动了"罗斯福新政"的出现，公共行政需要在经济社会中发挥更重要的作用，需要寻求一些更好的公共行政原则。古利克（Luther H. Gulick）和厄威克（F. Urwick）在总结泰勒科学管理、法约尔一般管理、韦伯官僚制组织理论以及魏劳毕（William F. Willoughby）的行政学原理的基础上，系统地提出了公共行政的原则思想，从而将正统公共行政理论推向了高峰。

一 古利克的公共行政原则

卢瑟·哈尔希·古利克（Luther H. Gulick，1892—1993），美国公共行政理论家和改革者。1892年1月17日出生于日本，其家庭的美国祖先中即有学者、医生、教师、科学家、作家，也有传教士和牧师。古利克在日本度过了童年时期，1904年举家回到了美国。1914年，古利克以优异成绩毕业于俄亥俄州的奥柏林学院政治学专业，1920年获得哥伦比亚大学公法博士学位，继而被任命为纽约市政局研究局长，后来该局被重建为美国国家公共行政研究所。1931年，古利克进入美国哥伦比亚大学担任市政学和公共行政学教授。1935—1937年，古利克担任美国总统行政委员会委员。第二次世界大战期间他去了华盛顿，担任财政部和军事部部长的顾问等职，并游览了欧洲各国、苏联、日本和菲律宾。二战后回到纽约，重新从事公共行政的研究。1962年，古利克年逾古稀，仍然担任了美国国家公共行政研究所的董事会主席，1982年90岁高龄时还被任命为公共行政研究所荣誉所长。

古利克的代表作是与厄威克于 1937 年共同出版的著名的《行政科学论文集》(*Papers on the Science of Administration*),在这本论文集中,古利克收录了自己的两篇论文《组织理论评论》和《科学、价值观与公共行政》,仅此两篇论文,就奠定了古利克在公共行政学思想史中的重要地位。古利克一生获得诸多殊荣,包括美国全国城市联合会的"杰出公民奖"、美国公共行政学会的"德怀特·沃尔多奖"、美国国家公共行政研究院的"公共服务奖"等。

(一) 组织协调的困难和原则

古利克认为,组织协调是组织存在的必要条件,这是因为组织存在分工,而分工又是组织成立的原因。分工之所以必要,是因为人的性格、能力和技能存在差异;另外,一个人不可能同一时间待在两个地方或同时做两件事。分工的必要性还在于知识和技能的广阔无限性,而人在有限的生命里所掌握的知识和能力都是有限的。

但是分工也有局限性,会使组织整体和局部之间存在矛盾与冲突,从而导致组织协调的困难。在古利克看来,组织协调的困难主要表现为以下五个方面[①]:(1) 对未来的不确定性,这种不确定性不仅仅表现在自然现象方面,如雨水和农作物,更表现为个体行为和群体行为的冲突;(2) 组织领导人可能缺乏知识、经验、智慧和品格,导致混乱了理想和目标之间的关系,导致二者之间的相互冲突;(3) 缺乏管理技能和技巧;(4) 协调涉及太多的变量,而人类的知识又是不完整的,特别是关于人类和生命的知识缺乏,也是导致协调困难的因素;(5) 缺乏制定、思考、完善和采纳新思想、新方案的有序方法。

古利克认为,如果工作的细分是不可避免的,那么协调就成了必不可少的。组织协调需要遵循两个原则:通过组织协调的原则和通过观念协调的原则。正如古利克指出的,[②] 第一个原则是通过组织来协调。也就是说,把细分的工作分配给处于权力结构中的人,以便使组织各部分相

[①] Luther Gulick and L. Urwick, *Papers on the Science of Administration*, New York: Institute of Public Administration, 1937, p. 40.

[②] Luther Gulick and L. Urwick, *Papers on the Science of Administration*, New York: Institute of Public Administration, 1937, p. 6.

互连接起来，这样，组织可以通过上级的发号施令来对下属进行协调。第二个原则是通过观念来协调，即对共同工作的团体人员的思想和意愿（minds and wills）提出一个专心单一的目标，以使每个工人都能以自己的技能和热情把自己的任务融入整体中。

在古利克看来，组织协调具有以下几个步骤：第一步：确定要做的工作，例如以尽可能低的成本向给定区域内的所有人和行业提供纯净水；第二步：提供一名主任，以确保目标的实现；第三步：确定将工作细化和专业化工作单位的性质和数量；第四步：建立和完善首长与最终工作部门之间的权力结构。其中第四步是组织理论的核心，它是组织的一项职能，以便使首长能够协调和激励所有的工作，从而有效地实现组织的主要目标。

（二）行政改革的原则

古利克在1925年发表的《行政的原则》一文中还提出了行政改革应该遵循的十一条指导原则：[①]

1. 相关的工作应该作为一个单元来完成；

2. 所有的机构应该合并成为一个单元来完成；

3. 每一个单元的行政工作都应该由单独的一个根据能力、专业知识和经验选举产生的负责官员来指挥；

4. 部门领导的权力与其责任应该相称；

5. 每一个部门的领导都应该有一个负责工作评估的参谋机构；

6. 每一种职能的责任都应该归属于一个具体明确的官员；

7. 应该减少民选官员的人数；

8. 委员会不应该用于行政工作，它们只应该承担准立法职能和准司法职能；

9. 所有的行政工作都应该由单一的首长来领导，这个单一的行政首长应该由民选或选民代表直接选举产生并且对他们负责；

10. 行政首长应该有权任命和免除部门领导的职务并且有权指挥他们的工作；

11. 行政首长应该有一个研究参谋机构来汇报各部门的工作和探究更

[①] 参见丁煌《西方行政学说史》第1版，武汉大学出版社2004年版，第112—113页。

好的工作方法。

（三）"管理七职能"理论

古利克对法约尔将管理职能视为计划、组织、指挥、协调、控制五种基本功能的观点进行了修正，并从分工与整体、全体与部分的关系入手提出了著名的"管理七职能"理论，即"POSDCORB"，古利克指出，"POSDCORB"这个由首字母组成的词旨在唤起人们对首席执行官工作的各种功能要素的关注，因为行政和管理已经失去了所有具体内容，它代表以下职能活动。[①]

1. 计划职能（planning）。计划职能是指为了实现组织所设定的目标而制定出所要做的事情的大致轮廓（broad outline）以及如何做。

2. 组织职能（organizing）。组织职能是指为了实现所设定的目标，就必须建立的正式的权力机构和组织体系，以便对各个工作部门加以安排、规定和协调。

3. 人事职能（staffing）。人事职能包括整个人事系统的职工选择与训练、人员培养以及岗位的适当安排等。

4. 指挥职能（directing）。指挥职能包括以下各项的一种连续工作：做出决策；以各种指示和命令指决策具体化；作为领导者对下属进行领导、监督和激励。

5. 协调职能（coordinating）。协调职能即是为了使组织各部门之间工作和谐而步调协同，共同实现组织目标，而使工作的各个部门互相联系起来的活动。

6. 报告职能（reporting）。报告职能是指经理人员应该获得其所负责的有关正在进行情况的相关报告，并使他及其下属通过记录、调查和检查而得到有关情报。

7. 预算职能（budgeting）。预算职能包括所有的财务计划、会计和控制形式出现的预算。

在古利克看来，七项管理职能是普遍适用的，行政组织应该围绕这些职能来建立，其中计划职能是"管理七职能"的首要职能，具有相当

[①] Luther Gulick and L. Urwick, *Papers on the Science of Administration*, New York: Institute of Public Administration, 1937, p. 13.

重要的地位，计划是目标转化为方案的手段，应该由专家来执行。

二　厄威克的系统化行政原则

林德尔·福恩斯·厄威克（Lyndall Fownes Urwick，1891—1983），英国著名公共行政学家。1891年出生于英格兰的伍斯特市，年轻时就读于著名的私立学校莱普顿学校，后在英国牛津大学专攻历史。在第一次世界大战期间和第二次世界大战期间在英国皇家军队中服役，官至中校军衔，获得"厄威克中校"的美称，并获得过"十字军功章"。一战后在公司任职，1928—1933年担任设在日内瓦的国际管理协会的首任会长，并且是伦敦的厄威克和奥尔管理咨询合伙有限公司的董事长，长期从事管理咨询工作。退休后定居澳大利亚，继续从事管理方面的研究。

厄威克一生中著述颇丰，除了与古利克合作出版了《行政科学论文集》，还出版了《组织的科学原则》（1938）、《动态行政学》（与福莱特合作，1941）、《行政的要素》（1944）、《科学管理的形成》（共三卷，与布雷克合著，1948—1951）、《高层管理者的负担》（1954）、《管理的模式》（1957）、《二十世纪的领导》（1957）、《管理学金典》（1984）等。

（一）组织的原则

厄威克认为，通过对人类组织经验的研究，可以归纳出一些原则，这些原则支配着任何形式的人类交往安排。这些原则也可以作为一个技术问题来进行研究，而不考虑所在组织的目的、组成人员，也不考虑所在组织创立所依据的任何宪法、政治或社会理论。在厄威克看来，这些原则涉及的是"将所有活动、职责和责任进行细分并分配给个人的方法，这些活动、职责和责任对预期的目的、个体间的相互关系以及对个人工作的持续控制都至关重要，以便确保最经济和最有效（the most economical and the most effective）地实现目标"。[①]

1938年，厄威克在《科学原则与组织》（*Scientific Principles and Organization*）中提出了所有组织所共有的八条原则，即目标原则、人员与组织结构相适应原则、责任原则、专业化原则、层级链原则、权责相等

[①] Luther Gulick and L. Urwick, *Papers on the Science of Administration*, New York: Institute of Public Administration, 1937, p. 49.

原则、明确性原则和控制幅度原则。①

1. 目标原则。即所有的组织都应该具有明确的目标，以便组织起来进行工作。组织目标是组织活动的方向和标准，组织有了目标，其成员才能有所适从，明确清晰的目标既是组织存在的前提又是其群体凝聚力的基础。

2. 人员与组织结构相适应原则。即要为组织机构配备合适的人员。组织要正常工作，就必须没有任何倾向地确定相应的结构和机构，然后再将合适的人员配备在合适的机构岗位上，以使组织人员能够适应于组织结构。

3. 责任原则。即管理者或监督者不要将责任转移到别人身上。在组织中，管理者应该承担管理者的责任，即使可以授权于别人，但责任还是自己承担，这样有利于权力集中、责任明确、指挥统一、行动迅速，有助于行政效率的提高。

4. 专业化原则。即组织中的每个雇员都应该限定于自己的主要职能或活动，不能出现职责混淆。

5. 层级链原则。即组织结构中必须建立"层级链"以实现快速的沟通。该项原则大致与法约尔的"等级链"思想相同。法约尔的"等级链"即是从最高权力机构到最低层下属间的一系列领导层级，为了快速反应的需要，有时需要把遵守等级链与快速行动结合起来，其办法是在两个下属之间搭建一个"天桥"，采用"天桥"的方式，下属可以直接建立联系，那么就省去了很多层层上报的中间环节，而且只要下属向各自的领导汇报了他们达成的协议，那么沟通的效率就会大大提高。

6. 权责相等原则。即有权必要责，权责必须相符。厄威克认为，只把责任加在某些管理人员身上是不够的，还必须授予其履行这些责任所必需的权力，并且被授予权力的人必须对下级的所有工作承担个人责任，在各级管理人员中，责任和权力都必须相符。

7. 明确性原则。即对于每项职务都要有明确的规定。该原则认为，各种职责都应当有明确清晰的界线，要使从上到下的每个组织成员都明

---

① 参见谭功荣《西方公共行政学思想与流派》，北京大学出版社2008年版，第100—101页。

确地了解并承担各自的职责，而且每一职位的职、权、责以及职位之间的相互关系均应以书面形式确定下来并传达给组织所有成员。

8. 控制幅度原则。控制幅度即是每一个上级直接领导的下属的人数。厄威克认为，一个行政领导人员直属的下级人员数量应有一定的限度，宜小不宜大，通常为五人合适。

（二）组织管理的系统化

为什么把厄威克的行政原则称为系统化的原则呢？这是因为厄威克对前人的研究成果进行了系统的综合和归纳，并进而提出了自己关于行政原则的设想，从这一点上看，他的行政原则思想是系统的、综合的。例如厄威克在1944年发表的《行政要素》(The Elements of Administration)中就对包括泰勒、法约尔、福莱特、穆尼等的思想和理论进行系统分析和归纳，并使它们处于相互联系之中，便于从整体上来把握其发展规律，从而综合成了一个基本的原则和结构。在研究过程中，厄威克不仅从泰勒那里吸收了管理过程中的科学调研思想，并运用于行政原则的研究，而且从法约尔那里吸纳了"管理五职能（计划、组织、指挥、协调、控制）"思想以及一般管理的原则思想，从而形成了自己的行政原则。正是通过厄威克的分析，科学管理和古典组织理论才得以结合，开始形成了古典管理理论。

总之，古利克和厄威克的行政原则思想系统归纳了自泰勒科学管理以来的公共行政原则、理论与思想，从而使公共行政原则走向了系统化、理论化的道路，为公共行政的实践提供重要的指导。但是行政原则也受到学者的猛烈批评，最主要的批评来自西蒙，西蒙将这些公认的行政原则视为"行政格言"（也称行政谚语），西蒙批评道："遗憾的是，构成当今行政理论主体的多数命题都具有格言的这种缺陷。因为对于几乎所有原则来说，人们都可以找到一个同样貌似合理的和可以接受的矛盾原则。然而，两项原则构成一对儿可以产生完全相反的两个组织建议，理论上很难指出哪个建议适宜应用。"[1]

---

[1] ［美］杰伊·M. 沙夫里茨、艾伯特·C. 海德：《公共行政学经典》（第七版·中国版），刘俊生译，中国人民大学出版社2019年版，第126—127页。

第三篇

公共行政学的发展与繁荣时期

自1887年威尔逊发表《行政之研究》到1937年古利克和厄威克的行政原则时期，被称为公共行政的正统时期，这一时期公共行政学作为一门完整的学科展现在世人面前。此后，公共行政学进入了发展与繁荣时期，这个时期出现了诸多理论流派，可以说公共行政进入了理论的丛林时代。丛林时代的理论出现两个取向：一是公共行政的拓展取向，即在正统公共行政学的基础上不断拓展公共行政的知识边界；二是公共行政的批判取向，即在不断批判正统行政学的基础上向前发展。在公共行政的丛林时代，各种理论流派相互影响、相互碰撞、相互争论、相互融合，形成公共行政的理论大丛林。

第六章

巴纳德的社会系统理论

社会系统学派是20世纪30年代出现的运用系统的观点对行政组织进行考察的一个学派，认为各级组织都是社会中的一个协作系统，而行政组织中人的相互关系也是一种协作系统。社会系统学派的主要代表人物是切斯特·巴纳德（Chester Irving Barnard，1886—1961）。

巴纳德是社会系统学派的创始人，也是现代管理理论的主要奠基人之一。1886年11月7日出生于美国的马萨诸塞州，5岁失去了母亲，由外祖父收养。外祖父一家人都爱好音乐和探讨哲学，这使巴纳德从小就拥有了哲学与音乐方面的素养。由于家庭生活困难，巴纳德靠为别人弹奏钢琴读完了高中。1906—1909年靠助学金在哈佛大学学习，但是由于缺少实验学科的成绩而未能获得学士学位。毕业后于1909年进入美国电报电话公司工作，负责收费问题，第一次世界大战期间担任电话收费方面的技术顾问。1915年被提升为美国电话电报公司的商业工程师，1922年进入美国宾夕法尼亚州贝尔电话公司做管理工作，1926年升任该公司经理。1927年担任规模庞大的新泽西贝尔电话公司总裁，一直到退休。巴纳德在电报电话公司从事的管理、技术以及领导职务为他创立社会系统学派奠定了良好的实践基础。巴纳德还是一位社会活动家，1948年退休后担任美国洛克菲勒基金会董事长，参加了许多组织的社会活动。巴纳德虽然没有获得学士学位，但是酷爱读书，认真阅读了德国社会学家马克斯·韦伯、意大利著名社会学家维尔弗雷多·帕雷托以及美国管理学家库尔特·卢因等人的著作，深受影响。丰富的经验和刻苦的学习使巴纳德在人群组织理论研究方面做出了杰出的贡献，并获得了布朗大学、普林斯顿大学和宾夕法尼亚大学等七个著名大学的荣誉博士学位。

巴纳德一生著述很多，其中最主要的代表作是 1938 年出版的《经理人员的职能》(*The Functions of the Executive*)，该书被管理学界称为美国管理文献中的经典著作。此外，巴纳德还出版了《组织实践中的业务原则》(1922)、《经理人员能力的培养》(1925)、《关于经济行为中的非理性》(1938)、《集体协作》(1940)、《伦理和现代组织》(1945)、《组织和管理》(1948) 等。

第一节　社会系统中的组织理论

巴纳德的管理思想丰富，其中组织理论又是巴纳德最重要的管理思想，巴纳德的组织主要包括组织的定义、组织的构成要素、组织平衡、组织决策、组织管理等。

一　构成组织的三要素

巴纳德认为，正式的组织是一个协作的系统。他说，正式的组织是"经过自觉协调的、两个或两个以上的人的活动和力量所构成系统"。[①] 在巴纳德看来，要形成一个组织，必须具备三个条件：首先要存在能够彼此交流的人，其次组织中的人愿意做出他们的贡献，再次是具有共同的目标。与此相适应，组织的构成要素也有三个。

（一）合作的意愿

巴纳德认为，合作意愿即是组织诱因与个体牺牲之间的净结果或净满足。他说："合作意愿首先是把诱因与所需要做出的牺牲进行比较的'净结果'；其次是与其他机会所提供的、实际可以得到的'净满足'进行比较的结果。"[②] 也就是说，合作意愿的逻辑在于：首先需要解决的问题是合作是否比个体的独立行动更为有利，如果进行合作更为有利，那么其次就要考虑目前合作的机会是否比与其他合作的机会更大或更小，

[①] [美] 切斯特·I. 巴纳德：《经理人员的职能》，王永贵译，机械工业出版社 2016 年版，第 61 页。

[②] [美] 切斯特·I. 巴纳德：《经理人员的职能》，王永贵译，机械工业出版社 2016 年版，第 65 页。

然后才决定是否采取合作行动。合作的意愿也可以从两个方面来考察：从个人的视角来看，合作意愿是个人愿望与憎恨之间权衡的结果；从组织的视角来看，合作即是组织所提供的客观诱因与所承受的负担之间的权衡结果。但是巴纳德认为，个人意愿的强度存在很大差异，其等级是从强烈的贡献意愿到中立或没有贡献的意愿，再下降到不愿意、反对或憎恨；同时任何个人的贡献意愿都不是不变的，而是间断的、变动的，因此，组织贡献愿意的总量也是不稳定的。由于现代社会绝大多数人对任何组织或者是漠不关心，或者是积极反对，因此组织需要努力提高"个人的动机和满足个人的诱因"。

（二）共同的目标

巴纳德认为，只有确定合作的共同目标，才能形成合作的意愿，如果没有这样一个共同的目标，就无法确定个体需要做出什么样的努力，并且在很多情况下也无法知道个体可能期望着什么样的需求。巴纳德指出，对每一个参加合作的人来说，合作目的都具有两个方面的含义：一方面是合作性，即只有当合作的参加者觉得他们对合作目标的理解不存在严重分歧时，这一目的才可能成为合作系统的构成要素，这就是为什么组织需要不断进行思想教育工作来反复灌输存在着共同目标的信念；另一方面是主观性，参加组织的每个个体都具有双重人格，即组织人格和个体人格，严格说来，组织目标对个人并没有直接意义，真正对个体有意义的是组织与个体的关系，也就是组织施加给个体的负担与利益，人们常常认为组织的共同目标与个体的动机是一致的，但事实情况并非如此，尤其是在现代社会条件下，出现这种情况的机会很少，况且组织也会经常改变它的统一目标。这是因为"比较而言，个人动机必然是内在的、个人的、主观的事物；而共同的目的则必然是外在的非个人的、客观的事物"。[①]

（三）信息的沟通交流

巴纳德认为，沟通与交流在组织理论中占据着核心的地位。实现组织共同目标的可能性与愿意为这个共同目标做出贡献的成员之间是一个

[①] ［美］切斯特·I.巴纳德：《经理人员的职能》，王永贵译，机械工业出版社2016年版，第67页。

动态的过程，这个过程需要沟通与交流。因此，共同的目的必须为组织成员所共知，而且需要以某种方式进行沟通与交流；与此相类似，对个体的诱因也在一定程度上依赖于合作者之间的沟通与交流。沟通与交流的方式主要就是语言，还包括具有明显意义的动作或行动以及存在"以人传人"的情形。在巴纳德看来，组织中的沟通需要遵循以下原则[①]：(1) 沟通渠道要清楚地为大家所熟知；(2) 要求组织的每一个成员拥有明确的、正式的沟通渠道；(3) 要求沟通线路要尽可能的直接和短捷；(4) 原则上应当使用完整的沟通线路；(5) 提供信息沟通服务的职员和监督者必须通力合作；(6) 沟通线路在组织行使职能中不能中断；(7) 每次沟通都需要得到认证。

二 正式组织中的非正式组织

巴纳德认为，正式组织中存在着非正式组织，当人们离开一个正式组织或并不受一个正式组织的管辖时，却仍然能够相互接触和相互作用，这是因为存在着非正式组织。关于非正式组织的概念，巴纳德认为它是组织人际接触、相互作用和相关群体的总合，其特点是："它们的发生和持续或重复，并没有特定的、有意识的目的。这种接触可能是偶然的、有组织的活动所附带发生的或者是出于某些个人愿望或群体本能所产生的；它可能是友好的，也可能是敌对的。不管这些接触、群体和相互作用是怎么引起的，它们都会改变相关人员的经验、知识、态度和感情。"[②]

巴纳德认为非正式组织会产生两种结果。一是非正式组织使人们形成一定的态度、理解、习惯、习俗和风俗。正如巴纳德指出："在非正式的产生的结果中，最普遍、直接的结果就是形成了一些风俗、道德观念、民俗、习俗、社会规范和理想。"[③] 二是非正式组织为正式组织的产生创造了良好的条件，因为要使正式组织中的共同目标获得认可、沟通成为

---

① [美] 切斯特·I. 巴纳德：《经理人员的职能》，王永贵译，机械工业出版社 2016 年版，第 128—132 页。
② [美] 切斯特·I. 巴纳德：《经理人员的职能》，王永贵译，机械工业出版社 2016 年版，第 86 页。
③ [美] 切斯特·I. 巴纳德：《经理人员的职能》，王永贵译，机械工业出版社 2016 年版，第 87 页。

可能、合作意愿得到支持，就必须有一个事前的非正式接触和相互作用的过程，而这个事前的非正式接触和相互作用过程就是由非正式组织来完成的。因此，非正式组织就为正式组织的成立创造了前提条件。同时，巴纳德也指出，虽然正式组织产生于非正式组织，而非正式组织则依赖于正式组织，但是在正式组织形成之后，它既需要非正式组织，也会创造非正式组织，二者是相互影响的。

既然正式组织需要非正式组织，那么，非正式组织有哪些职能呢？巴纳德认为，非正式组织的职能或作用可以表现为三个方面：第一项职能是沟通职能，即促进组织系统内部与外部之间的沟通。第二项职能是维持正式组织的凝聚力，即"调控人们努力做出贡献的意愿和客观权力的稳定性"。[①] 第三项职能是维持人们的个人人格、自尊心和独立选择能力。

三　组织决策理论

巴纳德认为，组织目标制定与实现过程中包含着一般决策，决策往往分布在组织的各个层面和部门，一般不可能集中在少数人身上。他认为，组织中的决策分为两种：组织决策和个人决策。组织决策即是与个人结果没有直接的或特别的关系并由组织做出的决策行为，如由理事会、委员会等做出的决策行为就属于组织决策；而个人决策则是决策行为由个人做出，即个人决定是否贡献努力的决策过程。巴纳德指出，个人决策与组织决策的主要差异是："个人决策通常不能委托别人来做；而组织决策即使不是始终可以，但也常常可以委托别人去做。"[②] 此外，在个人决策的执行过程中往往会发生一些后续的、有关细节的补充性决策；而组织决策则在多数情况下需要明确决策的责任，决策具有相当的稳定性，一般不轻易更改。

巴纳德认为，组织决策需要考虑决策的环境，这些环境包括两个方

[①] ［美］切斯特·I. 巴纳德：《经理人员的职能》，王永贵译，机械工业出版社2016年版，第91页。

[②] ［美］切斯特·I. 巴纳德：《经理人员的职能》，王永贵译，机械工业出版社2016年版，第138页。

面：一是目的，组织决策虽然与个人目的无关，但与组织目的有关，决策需要实现组织目的，组织目的既是决策的前提环境，也是决策的目标结果；二是除了目的以外的决策环境，"主要包括：原子和分子；运动着的、有生命力的事物集合；人和感情；物质规律和社会规律；社会信念；活动准则以及作用力和反作用力。就其数量而言，往往是无限的，而且始终存在并一直变化着"。[1]

最后，巴纳德论证了决策的时机与艺术。从决策的时机来看，决策时机往往起源于以下三个方面：一是决策时机来自上级，即做出决策的时机来自上级权威性的命令或一般要求，如关于上级命令的解释、分派和应用，这种决策通常是不可回避的；二是决策时机来自下级，即做出决策的时机来自下级，如下级缺乏能力、面临新情况、责任范围冲突、多重命令的矛盾、责权不对称等方面的申诉就是一个重要的决策时机；三是决策时机来自自身，如经理人员在内外环境变化的情况下根据自己的才能和主动性来发现问题并做出改变，这就是一个重要的决策时机。对于决策的艺术，巴纳德进行精辟的分析，他指出决策的艺术在于："对现在还不适合决定的问题暂不做出决策；时机不成熟时不做出决策；不做不能有效实行的决策；不对应该由别人决定的事情做出决策。"[2] 对现在还不适合决策的问题不做决策，原因在于避免决策失误造成重大损失；时机不成熟不做决策，原因在于避免偏见或过早决策造成决策效果达不到预期目标；不做不能有效实行的决策，原因在于避免自己的权力被轻视；不对应该由别人来做决定的决策，原因在于避免决策冲突造成组织内部矛盾。巴纳德指出："不发出不能或不会得到执行的命令。这条原则是良好的组织管理行为中最为确定的原则。"[3]

---

[1] [美]切斯特·I. 巴纳德：《经理人员的职能》，王永贵译，机械工业出版社2016年版，第143—144页。

[2] [美]切斯特·I. 巴纳德：《经理人员的职能》，王永贵译，机械工业出版社2016年版，第141页。

[3] [美]切斯特·I. 巴纳德：《经理人员的职能》，王永贵译，机械工业出版社2016年版，第123页。

第二节　社会系统中的经理人员职能

巴纳德认为，经理人员的职能主要有三种，即维护组织中的沟通系统、促使个人提供必要的服务、制定和界定组织的目标。在巴纳德看来，并不是在经理职位上的人员所从事的全部工作都与经理人员的职能有关。例如组织中有很多协调工作，如果这些协调工作是部门之间的常规性协调工作，那就不是经理人员的工作。因此，需要明确的是："并不是组织的所有工作都是经理人员的工作，只有维持组织运营的专业化工作（Specialized work）才是经理人员的工作。"[①]

一　维护组织中的沟通体系

巴纳德认为，维护组织中的沟通体系是经理人员的核心职能，为此需要把经理人员和管理职位这两个方面结合起来。管理职位也称组织安排，它主要是组织中人员的配置问题，也就是组织的职能专业化的问题、时间专业化、社会专业化以及地理专业化问题。它可以简化为组织图、职务说明书以及分工描述等，如目标任务的分解、各类人员服务的种类和数量、合作系统的人员配备、诱因与贡献机会等。

在巴纳德看来，通过管理职位来维持组织沟通体系，经理人员需要具备四个品质，即忠诚、责任心、组织人格以及个人能力。而个人能力又包括两方面："第一类是较一般的能力，其中包括一般的机敏性、广泛的兴趣、适应性、调节能力、平静和勇气等；第二类是以特殊素质和所获技能为基础的专门能力。"[②] 由于职位越大，权力越高，能力要求也会更加全面，因此，巴纳德建议在经理人员身边安排一些在时间、精力、能力方面能够给予经理人员帮助的参谋人员，以便减轻经理人员的负担并进行正确的决策和管理，同时这样也有助于改正由于过于专业化和直

[①] Chester I. Barnard, *The Functions of the Executire*, Cambridge, Massachusetts: Harvard University Press, 1938, p. 215.

[②] ［美］切斯特·I. 巴纳德：《经理人员的职能》，王永贵译，机械工业出版社2016年版，第163页。

线经理人员减少所带来的缺点。

此外，巴纳德认为，在组织沟通体系中，还需要维持非正式的管理组织并把其作为沟通的一个重要手段。非正式的管理组织的职能就是对组织中存在的无形的意见、建议、疑虑及创新的观点进行沟通，以维持组织的良好文化氛围。此外，它的职能还包括："尽量减少由于利益和观点分歧过大而产生一些小的政治派别，加强群体的自律，使得对组织重要的个人影响能够得到发展。"①

二 促使个人提供必要的服务

巴纳德认为，促使个人提供必要的服务是经理人员的第二项职能，这主要包括以下两方面。（1）促使个体与组织建立起合作关系。而个体与组织建立起合作关系可以分为以下两部分：一部分为把人们吸引到组织特定的影响范围之内，以便组织可以对其施加影响；另一部分是当把人们吸引到组织影响范围之内的时候，就需要对他们采取相应的行动如说服、提供诱因或刺激以及直接谈判等，以使他们实际上参加到组织中来。（2）在个体与组织建立起合作关系以后，使个体能够提供必要的服务。也就是说，当个体与组织建立合作关系后，就需要采取措施使成员所做出的贡献高于组织尚未采取措施之前他们所做出的贡献。为了使组织成员更好地做出服务，组织需要努力提高其成员的忠诚性、可靠性、责任心、热情、工作的质量和数量。为此，作为经理人员，可以采取一些适当的方法来做到这一点：维持诱因安排、维持士气、维持威慑安排、进行监督与检查、安排教育和培训等。

三 制定和界定组织的目标

巴纳德认为，制定和界定组织的目的和目标是经理人员的第三项职能。这里的目标是由总体行动来界定的，而总体行动即是有关目的和环境的决策方案，它可以逐步地接近具体行为。也就是说，总体行动实质上是一个目标体系和努力体系的结合，"努力体系的所有贡献者都必须接

---

① [美] 切斯特·I. 巴纳德：《经理人员的职能》，王永贵译，机械工业出版社2016年版，第165页。

受目的，而且必须要对目的进行分解，分解成各项具体目标。其中，所分解目标不仅按照时间顺序排列，以便可以生成各项详细目标和详细行动，并形成一系列渐进式合作，而且还要同时按照各个单位组织内在的专业化（地区的、社会的、职能的专业化）来进行分解。"① 在巴纳德看来，与其他职能相比，经理人员的这项职能意味着整个管理组织在制定、分解和执行着无数同时进行的、循序渐进的任务和行动，而这些任务和行动构成了目的或行为的完美组合，任何单个的经理人员在任何条件下都无法单独地执行这项职能，而只能执行属于他在组织中的那一部分职能。

　　总之，巴纳德从系统的视角对组织进行了全面深入的考察，将组织视为一个协作的开放的动态系统，并提出了组织系统的三要素，即协作的意愿、共同的目标与信息的沟通。同时巴纳德还提出了维持组织作为一人系统的内外平衡而需要的三项职能，即维持组织沟通系统、促使个人提供必要的服务、界定组织目标等，从而组织理论做出了杰出的贡献，巴纳德本人作为社会系统学派的创始人，是当之无愧的。

---

① ［美］切斯特·I. 巴纳德：《经理人员的职能》，王永贵译，机械工业出版社 2016 年版，第 169 页。

第 七 章

西蒙的行为主义行政学说

赫伯特·A. 西蒙（Herbert A. Simon，1916—2001），美国著名的行政学家、决策理论学家，"行为主义行政学说"或者说"逻辑实证主义行政学说"创始人。其研究领域涉及行政学、管理学、政治学、心理学、数学、计算机科学，并在各领域都有较深厚的造诣，堪称社会科学的通才。1916 年 6 月 15 日西蒙出生在美国威斯康辛州的密尔沃基。分别于 1936 年和 1943 年在芝加哥大学获得学士学位和博士学位，并且先后获有耶鲁大学、凯斯技术学院、瑞典伦德大学、加拿大麦吉尔大学以及荷兰经济学院等多所大学的荣誉学位。1942—1949 在伊利诺伊技术学院任职并担任该校政治科学与社会科学系主任。1949 年担任卡耐基—梅隆大学行政学和心理学教授，后来还担任该校工业管理系主任、工业管理研究生院副院长以及计算机科学系与心理学系荣誉教授等职。此外，西蒙实践经验丰富，曾任美国总统科学咨询委员会顾问、美国社会科学研究会主席和全美科学研究会行为科学研究分会主席等。西蒙著述颇丰，主要著作有：《决策与行政组织》（1944）、《管理行为：行政组织决策过程研究》（1947）、《公共行政学》（合著，1950）、《理性选择的行为模型》（1955）、《人的模式》（1957）、《组织》（合著，1958）、《管理决策新科学》（1960）、《人与管理的自动化形态》（1965）、《人工科学》（1969）、《人类的问题解决》（合著，1972）、《思维的模型》（1979）、《有限理性模型》（1982）、《后现代主义之后：重建意识形态的批判》（1994）、《基于实证的微观经济学》（1997）等。其中《管理行为：行政组织决策过程研究》（*Administrative Behavior: A Study of Decision—Making Processes in Administration Organizations*）是西蒙最重要的代表作之一，该书初版于 1947

年，1997年出版了第四版。因为西蒙在管理领域特别是在决策领域的杰出贡献，于1978年获得了诺贝尔奖，这历史上唯一的一位以非经济学家身份获得诺贝尔经济学奖的学者。其他奖项主要有：1969年获美国心理学会的杰出科学贡献奖，1975年获美国计算机协会最高级别奖——图灵奖，1986年获得具有国家最高荣誉的美国科学奖，1996年获得美国设计与程序科学学会的"金质奖章"。

第一节 行为主义行政学说产生的背景

行为主义行政学说借鉴了行为主义的研究方法与理论，而行为主义起源于20世纪20年代发生在西方电气公司著名的"霍桑实验"。行为主义是在反思泰勒"科学管理"思想的基础上发展起来的。科学管理主张的标准化、工作定额、效率至上等管理理念不断被质疑为把人看作"活的机器"而缺乏人性化，特别是其"经济人"假设忽视了组织成员之间的交往及工作的感情、态度等社会因素对生产效率的影响。雷恩就指出，科学管理"对效率的逻辑的强调，窒息了个人获得团体认可的愿望和获得社会满足的愿望，以及通过公共生活达到社会目标的愿望"。[1] 为此，在1924—1932年，梅奥领导了在美国芝加哥西方电气公司霍桑工厂进行的一系列试验。该实验进行了八年，产生了广泛而深远的影响，"在管理学历史上，没有任何一项研究像美国西方电气公司在其霍桑工厂里所进行的那样如此广泛地受人注目，并被人们提出过这么多种不同的解释，以及受到了同样众多的赞扬和彻底的批评。"[2]

霍桑实验主要分为三个阶段，如下。（1）试验室研究（1924—1927年）。主要进行了工作场所的"照明实验"和"继电器装配室实验"。照明实验的结果表明：照明强度的变化对生产率几乎没有影响；在继电器装配室实验中，改善工作条件如增加工间休息时间、供应茶点等，发现

---

[1] ［美］丹尼尔·A. 雷恩：《管理思想的演变》，李柱流等译，中国社会科学出版社1997年版，第327页。

[2] ［美］丹尼尔·A. 雷恩：《管理思想的演变》，李柱流等译，中国社会科学出版社1997年版，第308页。

产量上升了，但取消这些条件后，它们的产量仍维持在一个高的水平上。实验表明：工作条件本身的变化对工作效率的影响不大。（2）访谈研究（1928—1931年）。对21000人进行的访谈说明：影响生产力的最重要的因素是工作中发展起来的人际关系，而不是待遇和工作环境。（3）观察研究（1931—1932年）。研究表明：在一个部门中单纯研究个人的心理是不够的，人们不能孤立地组成一个工作部门，他们在团体内要建立各种规范，形成小派系，成为非正式组织。这些小团体对工人起着两种作用：（1）它保护其成员免于遭受内部成员不当行为的伤害，如生产冒尖或生产落后；（2）它保护其成员免受管理当局的外来干预，如提高产量标准，降低工资率，或阻止他们"闹着玩"。①

霍桑实验开启了对人的行为的研究，人的作用开始受到重视。梅奥根据霍桑实验，于1933年出版了《工业文明中人的问题》，提出了"人际关系学说"，其主要内容表现为三点。（1）工人是"社会人"，而不是"经济人"。正如梅奥指出："人的问题在于，管理者认为工业问题的答案在于技术效率，而事实上它是一个社会和人的问题。"②（2）企业中存在非正式组织。非正式组织对工人的作用是：一方面保护工人免受内部成员疏忽所造成的损失；另一方面保护工人免受非正式组织以外的管理人员干涉所形成的损失。（3）生产率的提高主要取决于工人的工作态度以及他和周围人的关系，管理的核心应以"人为中心"。

霍桑实验之后，行为主义理论开始受到关注并不断发展，不断在学科交融中得到拓展，行为的研究也从个体行为拓展到了群体行为以及组织行为的研究。1949年，在美国芝加哥大学召开了一次有哲学家、精神病学家、心理学家、生物学家和社会学家参加的跨学科的科学会议，讨论了应用现代科学知识来研究人类行为的一般理论。会议给这门综合性的学科定义为"行为科学"。西蒙正是受到梅奥等人霍桑实验的影响，结合其在政府公共部门的工作经验，认为行政学的正统研究方法缺乏科学

---

① ［美］丹尼尔·A. 雷恩：《管理思想的演变》，李柱流等译，中国社会科学出版社1997年版，第320页。
② ［美］丹尼尔·A. 雷恩：《管理思想的演变》，李柱流等译，中国社会科学出版社1997年版，第328页。

性，而将行为主义理论引入了公共行政领域，率先将行为主义的研究方法和决策概念与行政管理研究结合，主张以行政行为研究代替正统行政学研究，从而提出了"行为主义行政学说"。

第二节　行为主义行政学说的主要内容

一　传统公共行政的批判

（一）对行政原则作为"行政谚语"的批判

西蒙认为，自1887年威尔逊提出建立一门独立的行政科学以来，学者们特别是正统（传统）时期的管理学家如韦伯、古利克、厄威克等均认为，从"科学研究"中可以抽象和引申出一些举世公认的行政原则（法则），如专业分工、集权与分权、层级节制、指挥统一等。但是，这些所谓原则既相互矛盾又彼此并行不悖，因而不是真正的科学原则，只能是"行政谚语"罢了！他指出："目前流行的管理原则有一个致命的缺陷，就如俗话说的'福无双至，祸不单行'一样，管理原则也总是成对出现。无论对哪个原则来说，几乎都能找到另一个看来同样可信、可接受的对立原则。虽然成对的两人原则会提出两种完全对立的组织建议，可是，管理理论里却没有指明，究竟哪个原则才适用。"[①] 例如就专业化与命令统一而言，决策过程需要专业，以便在组织里最恰当的地方熟练地制定每个决策；但是命令统一却又规定任何位置上的个人的决策都只能受到来自一个权威渠道的影响，这势必引起二者之间的矛盾和冲突。因此，这些所谓管理原则充其量只是"谚语"而已。

（二）对传统"政治—行政二分法"的反思

传统行政学是建立在"政治—行政二分法"的基础之上的。但是西蒙认为，"政治—行政二分法"没能确立一个构建行政学所需的价值中立领域，因为行政者卷入了政策功能和价值考虑。因为一方面，出于政治原因，立法机构往往希望避免制定明确的政策，而把政策制定工作转交给行政管理机构去做；另一方面，行政管理者也并不是"一个中立而顺

[①] ［美］赫伯特·A. 西蒙：《管理行为：行政组织决策过程研究》（第4版），詹正茂译，机械工业出版社2017年版，第28页。

从的人","他可能（而且往往如此）有自己一套明确的个人价值观，而且希望他的管理型组织按照其意图行事，他也可能会抵制立法机关独揽政策制定权的做法，或通过执行政策的个人方式，故意破坏立法机关的决定。"① 因此，按照"政治—行政二分法"来划分立法机关和管理者的任务，实在是有点幼稚。西蒙主张用"事实—价值二分法"来取代传统公共行政学的"政治—行政"二分法。

（三）对传统行政学方法论的批判

西蒙认为，传统的行政学研究之所以只能抽象和概括出一些"行政谚语"，关键的原因在于以往的研究是一种静态的制度研究方法。并且它只是从价值判断的角度提出政府管理"应该怎么样"，或者说要达到的理想的价值目标是什么的问题。它忽视了对当下的政府管理"是什么"，即现实中的政府管理存在哪些问题、为什么会出现这些问题的动态的实证分析。西蒙主张将行为主义科学运用到公共行政领域的研究，主张公共行政理论应该加强对人类行为的研究，他指出："在现实世界中，人类行为才是有意的理性行为，但只是有限的理性行为，也只有在现实世界里，真正的组织理论和管理理论才有生存的空间。"②

二 行政学研究方法

（一）事实与价值的区分

西蒙提出，行政学研究应该坚持价值中立，严格区分事实与价值。在此基础上，采用行为主义方法研究行政活动的具体事实，而不是事先提出价值目标，然后根据这种价值前提来"缘木求鱼"。为此，西蒙将逻辑实证主义引入决策理论中，提出了"事实命题"与"价值命题"的区分，在这里，"逻辑实证主义为讨论'是'和'应该是'提供了哲学基础"③。所谓事实命题是对可观察的世界及其运作方式的陈述，它属于是

---

① ［美］赫伯特·A. 西蒙：《管理行为：行政组织决策过程研究》（第4版），詹正茂译，机械工业出版社2017年版，第62页。
② ［美］赫伯特·A. 西蒙：《管理行为：行政组织决策过程研究》（第4版），詹正茂译，机械工业出版社2017年版，第84页。
③ ［美］赫伯特·A. 西蒙：《管理行为：行政组织决策过程研究》（第4版），詹正茂译，机械工业出版社2017年版，第64页。

然问题、描述性问题；而价值命题则是关于偏好的表达，属于应然问题、规范性陈述。在西蒙看来，每个决策都包括两种要素，分别称为"事实"要素和"价值"要素，也就是说，决策既包含事实成分，又包含道德成分。这样，决策正确与否的问题就可以转化为如"应该"、"好"和"更优"这类道德术语是否有纯粹的事实意义的问题。在西蒙看来：道德术语不完全能还原成事实术语。他指出："任何推理都不可能从道德命题推导出事实命题，道德命题也不可能与事实直接比较，因为它们的主张是'应该如何'，这并不是事实，所以我们无法通过经验或理性方式检验道德命题的正确性。"① 也就是说，道德命题是一种主观偏好，但它并不能证明事实命题的正确与否。如果某个判定宣称"应该"出现某种特定事态，或某特定事态"更可取""很称心"，那么这个判定就有支配作用，而不论其自身真实与否、正确与否。由于决策里就包括这类评价，所以我们也不能客观地说决策是正确的还是错误的。进一步说，"固然可以说某决策是'好的'，但是要说它是'正确的'或'真实的'还需要进一步的证明。"②

在实践中，事实命题与价值命题可以用手段与目的来表述，手段是事实，目的是价值。没有目的性的管理毫无意义，因此，每项决策都包括选择目标和与目标相关的行为，而此目标可能又是实现另一个更远目标的中间目标，这样就形成了目标的层级式结构，"每一层相对于其下层都是目的，相对于其上层又是手段。"③ 在西蒙看来，"只要是导向最终目标选择的决策，就称为'价值判断'；只要是包含最终目标实现的决策，就称为'事实判断'。"④ 在西蒙看来，人们不能对目标本身的正确与否进行判断，因为它属于价值判断的问题，但人们可以对实现这个目标所采取的行动方案正确与否进行科学的评价，因为它属于事实要素问题。

---

① [美] 赫伯特·A. 西蒙：《管理行为：行政组织决策过程研究》（第4版），詹正茂译，机械工业出版社2017年版，第53页。
② [美] 赫伯特·A. 西蒙：《管理行为：行政组织决策过程研究》（第4版），詹正茂译，机械工业出版社2017年版，第54页。
③ [美] 赫伯特·A. 西蒙：《管理行为：行政组织决策过程研究》（第4版），詹正茂译，机械工业出版社2017年版，第72页。
④ [美] 赫伯特·A. 西蒙：《管理行为：行政组织决策过程研究》（第4版），詹正茂译，机械工业出版社2017年版，第4页。

但是由于手段与目的关系比较复杂,在某些情况下,价值要素和事实要素可以组合在同一目标中,例如逮捕并处罚违法者是公安部门一个目标,但是从另一个角度来说,逮捕罪犯又是保护公民、改造罪犯和告诫潜在罪犯的一种手段;同时手段与目的关系中还存在一些局限性,在真实情况下,往往无法将手段与目的完全分离,并采用实现某个特定目的的特定手段,也可能产生其他始料不及的后果。因此,"手段和目的"与"事实与价值"没有完全一一对应。

(二)政策问题与行政问题的区分原则

西蒙认为从决策与执行的观点来区分政治与行政并不妥当,因为行政也必须作决策。西蒙提出了区分政策问题与行政(管理)问题的三个原则(1)第一个原则是:一个决策问题是应该交给立法机关还是应该交给行政机关,这取决于"决策问题中包含的事实要素和道德要素的相对重要性,以及对事实问题的争论程度"。[①](2)第二个原则是:立法机关如果需要做出事实判断,这种事实判断不仅需要行动方案的建议,还需要立法机关面临的备选方案所导致的客观结果的事实信息。(3)第三个原则是:行政机关的价值判断必须反映社会价值,价值判断有争议时,则行政机关对这种价值判断必须向立法机关负完全责任,即立法机关对这种价值判断保留控制权。也就是说,就政策问题而言,价值因素在其中占有重要地位,衡量决策正确与否的标准主要取决于立法人员的主观价值;而对于行政问题来说,事实因素在其中占据着重要的地位,所涉及的价值问题主要是反映社会价值,所以衡量其决策正确与否的标准主要在于客观、实证的真实性。

(三)科学只关注事实论述

西蒙认为,科学可以分为理论科学和实践科学,这两种科学具有相同的事实含义,但是在道德方面"存在差异"。正如在判断决策正误之前必须排除其中的道德因素一样,实践科学的论断同样要用假设形式来叙述,才能排除其中的道德因素。因此,科学只对验证有关的论断感兴趣,

---

① [美]赫伯特·A. 西蒙:《管理行为:行政组织决策过程研究》(第4版),詹正茂译,机械工业出版社2017年版,第61—62页。

"科学关心的是论断含义的事实层面，而不是道德层面。"[1] 自然科学与社会科学的关系也与理论科学与实践一样，二者在事实方面也没有本质的区别，因此，自然科学的方法是适用于所有的研究领域的。行政科学也同任何一门科学一样，"只关心事实论述。科学体系中没有道德论断的立足之地。一旦有道德论述出现，我们总可以将其分解成事实和道德两部分，只有前者与科学有关。"[2]

三 决策理论

（一）决策行为是管理的核心

行政决策是西蒙行为主义行政理论的核心内容，虽然古立克和巴纳德等人在将决策纳入公共行政的研究范畴。但是决策真正在公共行政领域占据核心地位的，当归属于西蒙的贡献。西蒙在《管理行为：行政组织决策过程研究》第1版前言中就指出："如果一定要说本书包含了什么'理论'的话，那么就只有：决策行为是管理的核心；管理理论的词汇必须从人类抉择的逻辑学和心理学中导出。"[3] 在第4版的导言中也指出：本书的宗旨就是介绍如何从组织决策过程的角度来理解组织。在西蒙看来，行政管理的过程也是一个决策的过程，他指出："管理过程就是决策过程：它们先分离出组织成员决策制定过程中的某些要素，再建立规范的组织程序，来选择和确定这些要素，并将要素的信息传递给组织内相关的成员。"[4] 从这个意义上来说，决策行为成为公共行政的心脏。

（二）有限理性、行政人假设与满意决策

西蒙认为，决策过程必然涉及理性。这里的理性即是根据评价行为结果的某些价值系统来选择偏好的行动方案。在西蒙看来，理性必须与

---

[1] ［美］赫伯特·A. 西蒙：《管理行为：行政组织决策过程研究》（第4版），詹正茂译，机械工业出版社2017年版，第340页。

[2] ［美］赫伯特·A. 西蒙：《管理行为：行政组织决策过程研究》（第4版），詹正茂译，机械工业出版社2017年版，第343页。

[3] ［美］赫伯特·A. 西蒙：《管理行为：行政组织决策过程研究》（第4版），詹正茂译，机械工业出版社2017年版，第XVIII页。

[4] ［美］赫伯特A·西蒙：《管理行为：行政组织决策过程研究》（第4版），詹正茂译，机械工业出版社2017年版，第6—7页。

某些限定词搭配使用有才明确的含义,这些含义包括客观的、主观的、自觉的、刻意的、组织的和个人的等。他指出:"如果某项决策确实能在给定的情况下实现给定价值的最大化,就可以称之为'客观'理性;如果这只是相对于决策者对主题的实际了解而言,这项决策就是'主观'理性的。手段对目的的适应过程只要是自觉进行的,就是'自觉'理性的;手段对目的的适应过程如果是个人或组织刻意进行的,就是'刻意'理性的。决策如果以组织目标为指导,就是'组织'理性的;如果以个人目标为指导,就是'个人'理性的。"[1]

决策过程采取哪种理性呢?西蒙认为,决策过程是一个有限理性的过程,而不是一个客观理性的过程。这是因为人的理性是有限度的。西蒙驳斥了传统决策理论关于人是"客观理性"或"完全理性"的观点,传统决策理论以古典经济学的"经济人"假设为前提条件,认为人是理性的动物,人类的一切经济行为都是为了追求利益最大化的,因此人类在决策过程中也会遵循"客观理性"以追求"决策的最优化"。而要做到"客观理性"就必须符合以下三个条件[2]:(1)决策前从全局的角度来看待各备选行动方案;(2)考虑每个决策所导致的全部结果;(3)使用价值系统作为从所有备选方案中选出一个最佳方案的决策准则。但在西蒙看来,在真实的决策行为中,至少有三个方面不符合"客观理性"的条件[3]:(1)理性要求具有对每项决策后果的足够知识和预期,实际上,对后果的预期总是零碎的(always fragmentary);(2)既然这些后果出现在未来,在给它们估值时就需要运用想象力来弥补缺乏真实体验的不足,但对价值只能做不充分的预计(only imperfectly);(3)理性要求行为主体在所有备选方案中做出一个选择,但在真实的决策行为中,只能考虑到少数(a very few)备选方案。因此,任何组织和个人都只能被视为一个具有学习及适应能力的系统,而非一个绝对理性的体系。

---

[1] [美]赫伯特·A. 西蒙:《管理行为:行政组织决策过程研究》(第4版),詹正茂译,机械工业出版社 2017 年版,第 81 页。

[2] [美]赫伯特·A. 西蒙:《管理行为:行政组织决策过程研究》(第4版),詹正茂译,机械工业出版社 2017 年版,第 90 页。

[3] Herbert A. Simon, *Administrative Behavior: A Study of Decision – Making Processes in Administrative Organization*, New York: the Macmillan Company, 1947, p. 81.

正因为人是有限理性的，西蒙主张用"行政人"假设来代替传统的"经济人"假设。"经济人"认为人具有"客观理性"或"绝对理性"，而"行政人"则认为人是"有限理性的"；另一方面，"经济人"以复杂性来考虑现实世界，而"行政人"则将现实世界视为相对简化的模型加以分析。西蒙指出，与"经济人"相比，"行政人"假设具有如下特点："感知的世界只是对纷繁真实世界的极度简化模型；各种情境只是松散地连接在一起，真实世界里的多数事实都与某一具体情境没有多大关系；最重要的因果链非常简短。因此，我们可以把在特定时间看似无关紧要的大部分现实暂时置之不理。管理人只考虑少数几个最攸关也最关键的要素，其实在这方面，所有人都是这样。特别是，他们一次只能处理一个或少数几个问题，因为注意力存在限制，所以他们不可能一下子就注意到一切。"①

西蒙认为，建立在"行政人"基础之上的决策行为只能采用"满意解"的原则。这一点不同于"经济人"假设采用的"最优解"原则。"经济人"主张在所有备选方案中选择"最优方案"；而"行政人"则追求满意（satisfactory）的或者相比之下"足够好的"（good enough）行动方案。西蒙指出，行政理论的焦点是"关于人类社会行为中的理性和非理性的分界线"，尤其是"关于刻意理性与有限理性的理论"，也就是"关于因为没有寻求最优化的才智，所以退而寻求满意的人类行为的理论"。②

（三）程序化决策和非程序化决策

西蒙将决策的类型为分为两种，即程序化决策和非程序化决策。程序化决策是可以用固定的程序和模式来处理的重复出现、反复出现或例行状态的决策情形；而非程序化决策处理的决策情形则是"新颖的、无结构"状态的情形，是一种没有先例或惯例可遵循的决策。但是西蒙并没有将这两种决策的类型划分绝对化，他认为，程序化决策和非程序化

---

① ［美］赫伯特·A. 西蒙：《管理行为：行政组织决策过程研究》（第4版），詹正茂译，机械工业出版社2017年版，第111—112页。
② ［美］赫伯特·A. 西蒙：《管理行为：行政组织决策过程研究》（第4版），詹正茂译，机械工业出版社2017年版，第111页。

决策就如同一个光谱的一个连续统一体："其一端为高度程序化的决策，而另一端为高度非程序化的决策。我们沿着这个光谱式的统一体或以找到不同灰色梯度的各种决策，而采用程序化和非程序化两个词也只是用来作为光谱的黑色频段与白色频段的标志而已。"①

西蒙指出，对于程序化决策与非程序化决策，可以采用不同的决策技术。程序化决策的传统技术主要有习惯性技能和操作规程等；程序化决策的现代技术包括运筹学如线性规划、博弈论、排队论、概率论等数字工具以及计算机模拟等电子数据处理技术。而非程序化决策的传统技术包括判断、直觉和创造等；非程序化决策的现代技术主要包括探索式问题解决技术，包括决策者的培训及探索式计算机程序的编制等。二者的关系见表7—1。

表7—1　　　　程序化决策与非程序化决策的关系

决策类型	决策制定技术	
	传统式	现代式
程序化的：常规性、反复性决策，组织为处理上述决策而研制的特定过程	1. 习惯。2. 事务性常规工作：标准操作规程。3. 组织结构：普通可能性；次目标系统；明确规定的信息通道	1. 运筹学：数字分析；模型；计算机模拟。 2. 电子数据处理
非程序化的：单射式，结构不良，新的政策性决策；用通用问题解决过程处理的	1. 判断、直觉和创造。 2. 概测法。 3. 经理的遴选和培训	探索式问题解决技术适用于： （1）培训人类决策制定者； （2）编制探索式计算机程序

资料来源：［美］赫伯特·A. 西蒙：《管理决策新科学》，李柱流等译，中国社会科学出版社1982年版，第41页。

---

① ［美］赫伯特·A. 西蒙：《管理决策新科学》，李柱流等译，中国社会科学出版社1982年版，第39页。

总之，西蒙提出的"行为主义行政学"，并采用"价值—事实"的分析法来研究公共行政，使公共行政走向了实证研究与科学的方向；其对传统行政学作为"行政谚语"的批判，使正统行政学处于反思危机之中；其对决策理论的奉献，特别是"有限理论"观点，对公共决策产生了重要的影响。当然，西蒙的行为主义行政学也受到了质疑和批评，这些批评和质疑主要来自沃尔多的价值取向的行政学。

第八章

沃尔多的行政国家理论

自西蒙1947年出版《管理行为》一书并提出"行为主义行政学说"以来，公共行政的研究重心转向了"事实"与"实证"。然而1948年沃尔多出版了《行政国家》一书，对以事实、科学与实证为取向的行政学提出了猛烈的批评，并提出了以"价值"与"规范"为取向的行政国家理论。于是，公共行政学掀起了历史上著名的"西—沃之争"，公共行政由此进入了长达半个多世纪的分离与争辩过程中，从而也使公共行政不断处于"身份危机"（identity crisis）之中。

德怀特·沃尔多（Dwight Waldo，1913—2000），美国著名的公共行政评论家、哲学家和史学家。1913年生于美国内布拉斯加州一个农民家庭。少年时，由于家境贫穷，就读于当地的卫斯理神学院，1935年获内布拉斯加州州立师范学院文学学士学位，1937年获内布拉斯加大学政治学硕士学位，之后前往美国耶鲁大学深造，专攻政治思想史，1942年获得耶鲁大学哲学博士学位，其博士学位论文题目是《美国公共行政学文献的理论层面》（*Theoretical Aspects of the American Literature of Public Administration*）。最初沃尔多的博士学位论文题目取名为《民主传统中的专长理论》，打算探索民主在多大程度上应该服务专家意见这一主题。后来在阅读了大量公共行政的经典文献之后，他的研究兴趣转向了公共行政问题。博士毕业后，沃尔多放弃了在芝加哥大学担任教职的机会，而是选择去了华盛顿物价局工作，两年后又到预算局任职了两年。虽然沃尔多认为自己的四年政府官员职业生涯是失败的，但是却使他具备了更敏锐的行政洞察力，也使他日益认识到了公共行政仅仅关注"事实"是远远不够的，沃尔多深信：一个人如果对公共事务没有经验，他就不能教授政治学。第二次世界大战后,沃尔多于1946应聘到了美国加利福尼亚大学伯克利分校教授政治学,他开设的政治学课程深受师生欢迎,课堂经常座无虚席,在这里通过阅读韦伯等人的著作,沃尔多日益爱上了公共行政学,并开始了比较行政的研究。1961年,沃尔多担任美国政治学会副会长,1963年又提任美国公共行政学会理事,1966年担任《公共行政评论》主编。1979年退休后在西密歇根大学、加利福尼亚大学伯克利分校以及锡拉丘兹大学马克斯韦尔学院任教,他的思想对许多学者产生了深远的影响。

作为一位著名的学者,沃尔多的著述除了1948年在其博士学位论文基础上出版的《行政国家:美国公共行政的政治理论研究》(The Administration State: A Study of the Political Theory of American Public Administration, 1948)代表作外,还出版了《公共行政的思想和问题》(1953)、《公共行政研究》(1955)、《研究行政学的各种观点》(1956)、《比较公共行政学:序幕、问题与承诺》(1963)、《动荡时期的公共行政》(1971)、《公共行政学的任务》(1980)等。其中沃尔多出版的《行政国家》(1948)比西蒙的《管理行为》(1947)晚了一年,由于两位学者的研究旨趣不同,从而引发了公共行政学史上著名的"西—沃之争",即1952年西蒙与沃尔多之间的辩论,这场辩论正式结束了公共行政学的古典时期,自此公共行政分裂成许多流派,进入了一个长达半个多世纪的分离、发展与竞争时期。

值得一提的是,沃尔多在20世纪60年代还组织发起了公共行政学史上著名的"明诺布鲁克会议"(Minnowbrook Conference)。在他的组织和发起下(尽管没亲自参加),数十位年轻的公共行政学者于1968年组织了明诺布鲁克会议,兴起了"新公共行政运动",他的信徒弗雷德里克森被誉为新公共行政运动的"旗手"。由于在学术上的杰出成就,沃尔多被公认为现代公共行政学的核心人物及近百年来最重要的政治科学家之一,为了纪念沃尔多的突出贡献,美国公共行政学会(ASPA)设立了"德怀特·沃尔多奖",该奖项被公认为美国公共行政学领域的最高学术奖项。

第一节 沃尔多行政国家理论的主要内容

关于行政国家理论的概念内涵，国内不少学者提出了不同的观点，不过显而易见的是，一些学者误解了沃尔多的行政国家理论。比如有学者认为，"行政国家的行动原则是实证主义或实用主义"、行政国家奉行"科学"以及"逻辑实证主义"的理念等。但是恰恰相反的是，沃尔多的行政国家因其对"民主价值"的推崇而追求的是"规范"与"价值"而不是"科学"与"事实"，更不是"逻辑实证主义"，而对"实用主义"、"实证主义"及"功利主义"则持批判态度。要很好地理解沃尔多的行政国家理论，首先要明确行政国家兴起的背景及其特点，其次需要深入探讨行政国家关注的基本政治哲学问题从而理解其基本内涵；最后需要理解沃尔多对传统公共行政的批判并提出自己关于公共行政的一些主张。

一 行政国家兴起的背景

沃尔多认为，公共行政的兴起是物质背景与意识背景相互作用的结果。物质背景主要侧重于从经济的、体制的、历史的角度来考察行政国家的兴起，而意识背景侧重从意识观念层面来考察行政国家的兴起。在沃尔多看来，这种物质与意识的区分也是相对的，这是因为"物质事件"中也偶尔涉及意识，但是意识背景却是占主导地位的，他指出："不管怎样，都可以假定：观念既影响又反映事件的过程。"[1]

（一）行政国家兴起的物质背景

物质背景包括管理一个高度复杂而又相互联系的伟大社会、基于人工和谐的拓疆的完成、商业文明的兴起、企业革命及其在公共行政中的运用、城市化及其治理、以泰勒科学管理为基础的第二次工业革命、专业化与职业化的增长，以及两次世界大战、大繁荣与大萧条等，物质背景促进了行政活动的复杂性、行政职能的专业性、行政权力的扩张性，这些都是行政国家的表现形式。

---

[1] ［美］德怀特·沃尔多：《行政国家：美国公共行政的政治理论研究》，颜昌武译，中央编译出版社2017年版，第13页。

(二) 行政国家兴起的意识背景

意识形态背景包括民主的理念及相关观念、对"基本法"的信念、进步学说与"进步主义"、对效率的崇尚及对科学的信仰等。从民主与基本法的观念来看，沃尔多指出，美国的使命就是被设想为在世人面前见证民主，将自由与平等的理念及其物质福祉带给世界各国，行政学者需要勇敢地通过改善我们的体制来努力实现民主这一信念。从进步主义意识形态来看，存在两种关于社会前景的观点：一种是认为将来的社会是一个有计划、受管理的社会，需要通过有效率的管理主义的路径来实现；另一种坚持原有的自由信念，主张通过必要的机构改革和社会改革来实现自由民主的理想，"他们认为人的心灵是纯洁的，但却受到坏制度的破坏和腐蚀，要实现自由个体的理想，就要限制政府的权力、维护开放的市场。这些人相信，'要治愈民主，我们需要更多的民主'，为达此目的，他们提出了诸如公民创制权、复决权、罢免权、直接选举参议员、地方自治和比例代表制等改革措施。"[1] 民主与效率的协调，是行政国家必须正视的中心主题。从效率和科学的角度来看，在进步时代，效率位居支配地位，它成了一个国民流行语，一种运动，一个进步主义的主题，一种"福音"。但在沃尔多看来，正是对效率和科学信仰的过分崇尚使得公共行政的研究热衷于科学和科学的方法进而远离政治理论领域，这给行政国家带来了严重挑战。

(三) 行政国家的特点

行政国家，简言之，即是行政主导的国家，反映其权力与结构方面即是行政权力的增长及行政结构的扩张。有学者从三个维度来理解行政国家的特点：第一个维度，行政国家是一种"政府国家"（Governmental State），这个角度提醒我们要从整体社会力量的对比来理解行政国家，即相对于市场与社会，国家的力量显著增强，政府权力渗透到社会经济生活的方方面面，人们在其生命的整个过程中都离不开政府，政府的一举一动都能够影响人们的生命、自由和财产的得失与安危；第二个维度，行政国家是一种"执行国家"（Executive State），这个角度提醒我们从政

---

[1] [美] 德怀特·沃尔多：《行政国家：美国公共行政的政治理论研究》，颜昌武译，中央编译出版社2017年版，第19页。

府系统内部的力量对比来理解行政国家，即相对于立法权与司法权，行政权不断扩充，空前壮大，屡屡入侵传统的立法和司法领域，行政分支凸显为最重要的力量，行政成为现代政府的核心；第三个维度，行政国家是一种"官僚国家"（Bureaucratic State），这个角度提醒我们要从行政系统内部的力量对比来理解行政国家，即相对于选举官员和政治任命官员（政务官），官僚体系（文官）在政府过程中占据了支配性地位，不容易受到政治的有效控制。

事实上，行政国家的特点还可以从另外两个角度来理解。一是行政国家作为一种政治理论，追求的是公共行政的民主价值。没有民主政治，就没有行政国家的存在。这是因为专制国家也强调行政权的扩大，如果仅仅从行政权的角度来理解行政国家，那么，专制时代的国家可能更有资格成为"行政国家"。为了区别于专制国家的特点，沃尔多强调了行政国家对民主政治价值的追求，他说："民主不仅是美国人民的政府形式，更是一种信念和理想，一个浪漫的愿景。"[①] 二是行政国家以美好生活为目标。沃尔多是从目的与手段的关系来看待行政国家理论的，他认为美好生活是目标而不是手段。沃尔多认为，这种美好生活或美好社会的终极价值在于：个人主义（Individualism）、物质主义（Materialism）、和平（Peace）、自由和平等（Liberty and Equality）、城市化（Urbanization）。[②]

二 行政国家理论的基本内涵

在沃尔多看来，行政国家思想作为一种政治理论，需要解决一些基本的政治哲学问题，而这些基本的政治哲学问题就成了行政国家的基本内涵，它们主要包括价值追求、行动准则、统治主体、权力分立以及权力配置（集权与分权）等五方面。

（一）行政国家的价值追求：美好生活

沃尔多指出，任何政治哲学家都怀有关于美好生活（The Good Life）

[①] ［美］德怀特·沃尔多：《行政国家：美国公共行政的政治理论研究》，颜昌武译，中央编译出版社2017年版，第14页。

[②] Dwight Waldo, *The Administrative State: A Study of Political Theory of American Public Administration*, New Brunswick and London, New Jersey, 2007, pp. 71–73.

的理想并希望实现这种理想,例如马基雅维里的美好理想就是建立一个由具有健康、节俭、勇敢和进取精神的公民组成的强大国家;马克思主义者的美好理想是当阶级、种族、国家界限消失且没有政府存在时进入共产主义社会等,公共行政也不例外。

那么行政国家的美好生活理想是什么呢?在沃尔多看来即是通过行政国家建设建立一个文明、平等、自由、和平、民主的美好社会(Good Society),从而使人成为自己命运的主宰。沃尔多指出:"公共行政学者的美好社会,和明日世界或大都市的50年规划模型有着惊人的相似之处。在美好社会里,人类最终成了自己命运的主宰,并建立起与自身需要和愿望相称的文明。"① 在沃尔多看来,行政国家追求的美好生活理想具有如下特征。

(1) 城市化。城市是与文明相关联的,美好生活就是一种都市生活,都市的存在"不仅仅是一种为了实现其所欲之目的而必须承受的手段。城市文明是更好和更高的东西;城市本身就是目的"。②

(2) 机械的文明。要维系一个城市,就需要工业,人类就需要尽力摆脱环境的束缚,而技术的进步以及机器的使用使人类自身摆脱环境的束缚,并第一次将文明的福音传递给每一个社会成员。

(3) "有计划的"社会。计划作为一种手段,对美好生活是必不可少的。计划是手段与目的之间的必经桥梁,人们借助于计划,可以实现那些社会科学学科的目标。尽管对于计划的本质与合理限度仍然存在某种争议,但行政学者全是"计划主义者"。沃尔多引用古利克的观点指出:"对政府和个人来说,'美好生活'都在于均衡和适度——'一分也不多'且一分都不少。一座城市不能将它全部的精神与资源都用在公路上,或都用在桥梁、学校、下水道或治安上。它对这些事情的处理必须要适度。"③

---

① [美] 德怀特·沃尔多:《行政国家:美国公共行政的政治理论研究》,颜昌武译,中央编译出版社2017年版,第80页。

② [美] 德怀特·沃尔多:《行政国家:美国公共行政的政治理论研究》,颜昌武译,中央编译出版社2017年版,第89—90页。

③ [美] 德怀特·沃尔多:《行政国家:美国公共行政的政治理论研究》,颜昌武译,中央编译出版社2017年版,第83页。

（4）公共利益的拓展。今天的学者们放弃了自由放任主义的观点，认同政府具有社会目标，好的行政就是帮助人们通过自身的努力获得正义、安全、更稳定的就业、更好的生活与工作条件，同时整体利益高于且优先于特定的或私人的利益。

（5）平等、自由与民主。在沃尔多看来，平等意味着至少没有明显的财富过分集中，当然也没有贫困的迹象；而自由被赋予了实质性的内容，如工作、食物、衣服、住所、闲暇等。在沃尔多看来，民主是一种目的，没有效果的民主没有意义。

（6）和平。美好生活的理想是和平的，因为它没有把任何精力用于战争，而公共行政的关切点仍是维护和平。

（7）个人主义。政府是为个人而存在的。"政府是为个人服务的工具。除此之外，它没有其他的存在理由。无论是国家、民族还是其他更小范围的组织，都没有自在之目的。它们之所以存在，仅仅是为了服务于个人。"①

（二）行政国家的行动准则：公共行政的行为原则

行政国家的行动准则是什么？当需要做出决策与行动时，他们所权衡的因素又是什么呢？在沃尔多看来，行政国家的行动准则，包括功利主义、法律现实主义、原则主义、行政主义、实用主义、实证主义等，都是作为"我们应该做什么"这一问题的答案或答问技巧呈现出来的，也就是说，它涉及的是一个价值问题，但是在实践中却偏离了这个方向。

首先从功利主义、法律现实主义及行政主义来看：功利主义关注立法部门，法律现实主义关注司法部门，行政主义关注执行或行政部门，三者在倾向、动机与哲学假设上是非常相似的。在实践中，功利主义者抛弃了"高级法（道德法）"和其他抽象准则，代之以单一的"效用"标准，主张最大多数人的最大幸福，他们拒斥先天的和先验的东西，也不认同各种快乐有什么质的区别，其信条是"一人只算一份，没有人可多算一份"，但是实际上却是按照高于效用或多于效用的基本信念来行事；法律现实主义拒绝承认先天的、理论的东西，并提出经验主义的、

---

① ［美］德怀特·沃尔多：《行政国家：美国公共行政的政治理论研究》，颜昌武译，中央编译出版社2017年版，第87页。

工具主义的、实验主义的概念，并认为其观点是实际的、客观的，其表现形式为社会进步、公共福利等，但和功利主义一样，其基本假设与其客观性和科学性的声明不符，在沃尔多看来它只是"过于乐观的愤世嫉俗者"①。行政主义同样宣称效用、务实、客观性和经验主义，也同样自夸讲求实效，其任务是运用行政工具，以迅捷、实际和科学的方法，来实现"最大的幸福、最小的痛苦"，但是行政主义专注行政，具有明显的"反法律倾向"。

在沃尔多看来，功利主义、法律现实主义、行政主义、实证主义、实用主义和经验主义、实验主义、工具主义一样，都反对理性主义、先天主义以及抽象和理论的东西，它们都希望求助于"科学"或"事实"来求得问题的解决。然而，科学与事实都是有局限性的，它们不仅缺乏目的，也缺乏价值关怀。正如沃尔多指出："应该清楚，'科学'是没有目的的；的确，科学缺乏价值关怀，这向来是科学的信徒们引以为荣的事，他们发誓无论结果怎样都只关注事实。不管是'最大多数人的最大幸福'，还是任何其他'美好生活'的概念，都不能在'科学'的范围内求得许可。"② 此外，它们还犯了"自然主义谬误"，该谬误认为"人类的任何'应该'都能够简单地从现存世界的'实然'中推演出来"。③沃尔多反问道：最精确的人口统计这一事实，能决定应该有多少人口居住在该地吗？

（三）行政国家的统治：行政人员的选择

任何政治哲学都必须回答"谁应统治"的问题，柏拉图的《理想国》中推崇具有知识与美德的"哲学王"来统治、马克思主义者主张由"无产阶级"来统治、孔德宣称"科学家"是合法的统治者、无政府主义者则认为"无人"可以成为统治者。在沃尔多看来，由谁来统治是现代政府必须解决的迫切问题，这是因为"现代世界需要一支庞大且技术熟练

---

① ［美］德怀特·沃尔多：《行政国家：美国公共行政的政治理论研究》，颜昌武译，中央编译出版社2017年版，第96页。

② ［美］德怀特·沃尔多：《行政国家：美国公共行政的政治理论研究》，颜昌武译，中央编译出版社2017年版，第99页。

③ ［美］德怀特·沃尔多：《行政国家：美国公共行政的政治理论研究》，颜昌武译，中央编译出版社2017年版，第208页。

的官僚、行政官员或专家队伍；科学方法及其给生活环境所带来的巨大变化、民族国家体系的存在（或世界政府的希望）、各社会阶层都要求把政府看作实现美好生活的工具——这些惊人的事实迫使我们认识到有必要拥有一个'统治阶层'"。①

行政学者提出了许多关于"由谁来统治的设想"。如政府应当有"专家"来进行服务；公共行政的运行有赖于"获得本国最优秀的头脑和领导力"；行政官员是具有先天禀赋、接受过良好教育、富有教养的"通才型专家"等。但是沃尔多认为，这些关于"由谁统治"的文献并不令人满意，它们只是给出了大量肤浅的、荒谬的答案，"通才型专家"也是缺乏根据的。它们只是"激发了这一问题而不是滋养了这一问题。公共行政运动中所有的冲突与矛盾都在此交汇；运动中所有没有解决的理论问题都在此显露。应该迅速补上一点：实际上，所有这些冲突、矛盾与未解决的问题，并不是公共行政文献所特有的，而是由处于人类知识与国际关系之现阶段的、大规模的、技术先进的、民主的社会所引发的普遍问题"。② 在沃尔多看来，一个民主的统治阶层不应仅仅依靠行政机器，并且需要更广泛的参与，它相信一种内在的和谐，相信事情无须"管理"就能运转自如。他说："没有理由相信，仅仅依靠行政机器将会比救世主（deus ex machina）能更好地解决问题。"③

（四）行政国家的权力分立：政治与行政的协调

权力分立被视为美国自由的守护神。但是1883年联邦层面的独立机构创设以及州和地方行政权的膨胀，使"三权分立"理论遭到了侵犯，它要么被重新应用，要么被修正或抛弃。在沃尔多看来，"总体看来，行政学者对于权力三分怀有敌意"。④ 威洛比（Willoughby）在《现代国家政府》中批判了三权分立思想，认为政府有五种权力，"它分别是：执行

---

① [美]德怀特·沃尔多：《行政国家：美国公共行政的政治理论研究》，颜昌武译，中央编译出版社2017年版，第111页。
② [美]德怀特·沃尔多：《行政国家：美国公共行政的政治理论研究》，颜昌武译，中央编译出版社2017年版，第125页。
③ [美]德怀特·沃尔多：《行政国家：美国公共行政的政治理论研究》，颜昌武译，中央编译出版社2017年版，第128页。
④ [美]德怀特·沃尔多：《行政国家：美国公共行政的政治理论研究》，颜昌武译，中央编译出版社2017年版，第130页。

权、立法权、司法权、行政权与选举权。因此，三权分立的设计实在是一个混乱的过分简化物。"① 菲夫纳则从政策与执行的角度认为政治应该坚守政策制定的领域，而行政则限于技术过程的应用，以免受到政治干扰的影响。美国总统委员会（President's Committee on Administration Management）虽然坚持了三权分立原则，但在权力分立中存在的第四分支即独立机构侵害了宪法承认只有三个分支的基本理论；而布鲁金斯学会（Brookings Institution）则认为国会过度控制了行政，解决办法是寻求独立机构。

此外，另一些学者则反对将政治与行政截然分开，这一现象在沃尔多看来即是"异端的兴起"。例如斯通（H. A. Stone）等人就认为政府的运作在本质上是一个"统一体"，因为将政治与行政进行严格的区分是不现实的；弗雷德里克（C. J. Friedrich）认为政治与行政不是两个"相互排斥的对手"，而是同一过程紧密联系的两个部分。而古利克（Gulick）则干脆认为"政治—行政二分法"是错误的，这是因为行政中存在自由裁量权，"任何一个拥有自由裁量权的人，哪怕是最卑微的雇员，都可以进行决策。"② 还有一种观点则是行政性政治（Administration Politics），由德拉姆（G. H. Durham）提出，认为既然行政不能离开政治，那就可以"致力于从行政中提取政治的某些方面"。③

对于上述关于"政治—行政二分法"的观点，沃尔多的评论是：威洛比的权力五分实际上是从总统右手拿到的东西又回到了他的左手，他的观点整体上经不住一致性的考验；"政治—行政"统一体理论则是"异端的兴起"；古利克的观点则是"虎头蛇尾"。在沃尔多看来，不管是作为对事实的描述，还是对改革的谋划，简单地将政府二分为政治与行政都是不适当的。他指出："作为对事实的描述，它是不适当的，因为治理过程是一张'由自由裁量权和行动构成的无缝之网'。作为对改革的谋

---

① ［美］德怀特·沃尔多：《行政国家：美国公共行政的政治理论研究》，颜昌武译，中央编译出版社 2017 年版，第 139 页。
② ［美］德怀特·沃尔多：《行政国家：美国公共行政的政治理论研究》，颜昌武译，中央编译出版社 2017 年版，第 155 页。
③ ［美］德怀特·沃尔多：《行政国家：美国公共行政的政治理论研究》，颜昌武译，中央编译出版社 2017 年版，第 124 页。

划,它是不适当的,因为它具有和它所企图取而代之的三分方案同样的缺陷:它自身带有分歧、异议和反对声音。"①

(五)行政国家的权力配置:民主与效率的协调

行政国家的权力配置涉及集权与分权问题,在沃尔多看来,集权与分权的关系涉及民主与效率之间的冲突与协调。

首先是集权的教条。早期的改革者面临的政府治理现状是:政府的不作为和乱作为,广泛的贪污与公然的腐败,普遍的平庸与总体的无能,选民们道德败坏,傲慢地标榜民意,大众对公共事务漠不关心,极其无知,利益集团肆意掠夺公共利益。在改革者看来,这种现象的出现是"制衡的"和"离心的"的政府机制造成的,这种机制使得"坏政府"和"制衡"与"分权"的政治体制联系在一起,而这正是激发改革者"愤怒的经纬线",其结果导致一个不可避免的替代方案的出现,即集权。主张集权的改革者将制衡的政府视为一种坏制度,主张用集权的新制度来取代制衡与分权的旧制度。在改革者们看来:"如果政府和行政是坏的,而人本身并无缺陷,那一定是坏制度的问题。因为制衡与分权的制度是与恶共存且容许恶的制度,而补救式的制度,依据严格的逻辑与明显的经验证明,是集权式的、简单化的和统一制度。"② 那么,集权的效率与分权的民主是否可以相容呢?改良主义和进步主义认为,如果能找到民主与效率的实际特性,并建立恰当的机制,那么"真正的"民主和"真正的"效率并非不相容,从而实现政府"既民主又有效率","一个真正民主的政府同时也是有效率的政府:它对公众需求的反应灵敏,它以智慧、真诚、经济和快速来实现民意。同样,真正有效率的政府同时也是民主的政府:它会满足其所代表的公民的真实需要。"③ 在沃尔多看来,集权制的理由看来是如此清晰、如此不容置疑,以至于它所规定和适用的方法看起来似乎是普遍有效的"原则",这种原则即是一种"集权

---

① [美]德怀特·沃尔多:《行政国家:美国公共行政的政治理论研究》,颜昌武译,中央编译出版社2017年版,第161页。

② [美]德怀特·沃尔多:《行政国家:美国公共行政的政治理论研究》,颜昌武译,中央编译出版社2017年版,第165页。

③ [美]德怀特·沃尔多:《行政国家:美国公共行政的政治理论研究》,颜昌武译,中央编译出版社2017年版,第166页。

的教条"。

其次是为分权辩护。集权的观念一直存在反对之声。早期质疑集权的温和派代表科克尔在1922年的《行政改革的教条》中就指出行政机构服从单一的行政权威是难以履行好职责的。最彻底和最坚定反对集权理念的当属爱德华兹（W. H. Edwards），他认为由单一个体对繁杂的州政府事务进行管理是荒谬的，重组者过于强调统一化和简单化，而忽视了局势和事务的复杂性，在实践中，强化州长的权力会导致人事和政策的不连续性、分赃者代替专家，还会产生执法不公的问题。而集权思想的坚强反对者海纳曼（C. S. Hyneman）认为，没有任何证据能使一位中立的观察者相信，单个官员比委员会更能胜任行政管理工作。沃克（Harvey Walker）是反对民选执行长官和行政首长集于一身的杰出代表，他认为州长是一个执行的、政治的和礼仪的角色，他很可能没受到行政的相关训练并且也没有时间，而且也没有什么可以预防州长滥用权力的安全阀，因此，把这些当作保障好的与负责任的行政的机制是愚蠢的。在沃尔多看来，这种民选行政长官集权的现象可以被称为"阿喀琉斯之踵"[1]。还有些学者则主张通过分权化行政来推进激发人民参与，实现民主的价值。蒂德在《民主的新冒险》中就坚信"民主是一种生活方式，必须渗透到我们生活的方方面面"。[2]

再次是集权与分权的折中。最近出现的新趋势是试图调和集权与分权之间的矛盾。如迪默克（Demock）等人就设想联邦政府既要赋予"总经理"相当的集权，而在金字塔的底层又强调分权的协调和决策。

三 对公共行政本身的认识

（一）对公共行政的总体评论

沃尔多认为，很难全面、准确地考察公共行政的文献。但是从目前来看，公共行政是充满活力的。他指出，公共行政的现状是这样的："既

---

[1] ［美］德怀特·沃尔多：《行政国家：美国公共行政的政治理论研究》，颜昌武译，中央编译出版社2017年版，第179页。
[2] ［美］德怀特·沃尔多：《行政国家：美国公共行政的政治理论研究》，颜昌武译，中央编译出版社2017年版，第186页。

有大量'正统的'公共行政思想,也有相当多的对'正统论'的怀疑甚至反叛;越来越多的人从事经验研究和功能研究,这些研究对理论假设采取了淡化甚或拒斥的态度,但也有一些人关注具有潜在重要意义的理论问题;还有一些理论问题亟待认识,亟须清晰地阐述与恰当地讨论。公共行政领域目前充满活力,蓬勃发展;能够肯定地预期的是,该领域将在批评、整合与创造性思想上取得可观的进步。"①

在沃尔多看来,"正统论"公共行政的意识形态核心有三个原则:一是认为真正的民主和真正的效率是同一的,至少可以进行调和,调和过程中拥有一些基本的准则;二是遵循政治—行政二分法的教条,认为政治的工作可以分为决策和执行两部分,而执行是一门科学或可以成为一门科学,而科学则意味着采取实用主义态度,发现事实,拒斥理论;三是通过科学研究能够发现那些在科学上和伦理上都有效的原则,并认为商业价值与实践能够为政府的行政工作所用。

沃尔多对"正统论"公共行政的评价是:"正统论"公共行政除了第一条原则"真正的民主和真正的效率是可调和的"外,其他两个原则都受到了质疑。第一条原则是根本性的,尽管任何一位美国公共行政学者都难以拒斥它,但是也出现了一些批判性思考,主要是对民主与效率的含义进行了一些拓展。第二条原则是政治与行政二分法,不管在可行性不审合意性方面,都受到了批评与质疑。至于第三条科学与原则,其关系变得越来越精细,并越来越具批判性,而商业价值在政府部门的应用也受到了批评。

对于"正统论"公共行政之后的公共行政,其明显的特征是基于"事实"、"经验性"及"专业化"的研究越来越多,但是这些研究关注的重点是行政的功能层面,而非其制度层面,更缺乏对规范性及价值的关注。

(二)公共行政本质是政治理论而不是一门科学

沃尔多指出,公共行政仍是一个与物质环境及意识形态相关联的政治理论,而不是纯粹追求效率的技术性科学。他说:"公共行政学已发展

---

① [美]德怀特·沃尔多:《行政国家:美国公共行政的政治理论研究》,颜昌武译,中央编译出版社2017年版,第254页。

出无疑与其经济、社会、政治和意识形态状况相关联的政治理论,尽管有人声称公共行政学是一门具有普遍有效性原则的科学。"①

但是在过去 50 年时间里,公共行政却是被作为一门科学来研究的,沃尔多指出说:"如果说中世纪的关键词是信仰、恩泽与上帝;18 世纪的关键词是理性、自然与权利;美国过去 50 年的关键词是原因、回应、科学、专家、进步——和效率。"② 在这一时期,学者们及各种改革者都致力于推进公共行政的科学化:学者们致力于从事一个被称为科学方法论的新的、深奥的研究分支,改革者们则或使用科学方法的现有概念,或简单地将科学的外衣套在旧的方法上。这种对科学与科学方法之效能的信仰,彻底地渗透在公共行政的文献里:科学有其专家,所以我们必须要有政府专家;科学依赖于精密测量,那就让行政数据成为可测量的;科学仅关注事实,那就让"事实"成为主宰;科学要运用实验,那就让行政发展的模式成为可实验的。对这一"将公共行政视为一门科学"的现象,沃尔多则提出了质疑,"许多行政学者似乎相信他们自身是远离政治理论领域的,但事实远非如此,这种对被称为'科学'的现实概念的执着,使得行政学者成了政治理论这一著名共同体的组成部分。"③

但是沃尔多并不排斥科学方法在公共行政中的运用。他指出:"我们并非存心贬损'常识'或行政学研究中的'科学方法'。常识是一种罕见的品质、一种珍贵的优点。行政也急需科学的方法。"④ 即使这样,沃尔多仍坚定质疑公共行政成为一门"科学"的可能性,这是因为方法是由主题的性质来确定的,人们并不能从事实来推导出事物的性质,因此许多行政事务并不简单地适合物理科学的方法。他强调指出:"最后的忠告

---

① [美]德怀特·沃尔多:《行政国家:美国公共行政的政治理论研究》,颜昌武译,中央编译出版社 2017 年版,第 3 页。
② [美]德怀特·沃尔多:《行政国家:美国公共行政的政治理论研究》,颜昌武译,中央编译出版社 2017 年版,第 21 页。
③ [美]德怀特·沃尔多:《行政国家:美国公共行政的政治理论研究》,颜昌武译,中央编译出版社 2017 年版,第 24 页。
④ [美]德怀特·沃尔多:《行政国家:美国公共行政的政治理论研究》,颜昌武译,中央编译出版社 2017 年版,第 233 页。

是：这并不意味着行政能成为一门'科学'。"①

（三）公共行政的定向是价值而不是事实

在沃尔多看来，公共行政作为一种政治理论，它是以民主的价值为取向的。而价值则是一个"应然问题"而不是"实然问题"。沃尔多指出："物理科学的问题是'事实是什么'的问题。而行政学的问题典型地表现为'应该做什么'的问题。和任何'社会科学'一样，行政学研究主要关注的是人，人的特征在于思考和评价……思考意味着创造力和自由意志。评价意味着道德和对与错的观念。我们认为，既有科学的技术不适合对人进行思考和评价。"② 虽然沃尔多也认为一些行政事务是可以用自然科学来处理的，但是学者们所持的关于科学与科学方法的概念是"经不住批判性审查的"。这是因为这些学者假定"事实"是不依赖于发现事实的人而存在的，它是自发的、可认知的，也或多或少是自由而平等的"东西"；事实上，"科学只关注事实而无关概念与理论"是一个普遍谬论，沃尔多指出："不存在与所有概念和理论相分离的'纯粹事实'。"③ 因此，科学处理不了价值问题，正如沃尔多指出："行政中通常充斥着价值问题。我们认为，这些价值问题不宜以科学的方式来处理。'如果能产生一门关于因果关系的科学，就可能告诉政府应该做什么和应该何时做出回应'——这一观点在我们看来，根本就是错误的。"④

（四）对公共行政科学主义与效率主义的批判

首先是对科学主义的批判。科学管理使得研究、事实与测量成为科学的中心，任何真实的东西或至少有意义的东西都是"事实"，科学家的职责就是发现事实，发现事实的方法就是研究，研究的主要手段就是测量。这样，科学就被赋予了特殊的使命：只要累积了足够的事实，提出了足够的数据，设计出了更多更好的测量方法，研究了充足的经验并记

---

① [美]德怀特·沃尔多：《行政国家：美国公共行政的政治理论研究》，颜昌武译，中央编译出版社2017年版，第235页。
② [美]德怀特·沃尔多：《行政国家：美国公共行政的政治理论研究》，颜昌武译，中央编译出版社2017年版，第223—224页。
③ [美]德怀特·沃尔多：《行政国家：美国公共行政的政治理论研究》，颜昌武译，中央编译出版社2017年版，第220页。
④ [美]德怀特·沃尔多：《行政国家：美国公共行政的政治理论研究》，颜昌武译，中央编译出版社2017年版，第224页。

录了实验过程,那么,终将发展出一门行政学科,不仅能回答"情况是怎样的",更神奇的是,还能回答"我们应该做什么"。在沃尔多看来,"虽然行政学者总是援引科学之名,但若只是宣称'这是科学的'或'那是科学的',并不能使得它事实上就是科学的。"① 沃尔多进一步指出,不存在脱离观念或目标的可言传的"事实",而且科学理论并不必然来自或依赖于数据的大量累积或实例的重要出现,"如果盲目地相信,只要堆积足够多的事实,最终就一定能产生一门科学,并带着这种信仰去堆积事实,那么,这只能叫天真。"②

其次是关于效率主义的批评。19世纪末20世纪初,"经济与效率"连同"科学"等其他概念,取代了政府改良的"道德主义途径"。人们普遍认为:道德或许是合意的,但仅有道德是不够的,民主必须接地气,政府不应该浪费时间、金钱和精力,效率成了公共行政的信条。艾伦(Allen)指出:"如果所有那些致力于使明天更美好的人和机构都采纳了效率标准,那么,对人类有着恒久价值的好(goodness)就会得到极大的改善和广泛的传播。"③ 迪莫克(Dimock)则提出了用"社会效率"代替机械效率的概念,认为行政不是冰冷的机器,它充满着人性、热情和活力,没有社会效率的效率不是真正的效率。而古利克则将效率视为花费最少的人力和物力去完成工作,因而是行政价值尺度上的最高原则。在沃尔多看来,上述观点将"行政科学"建立在效率的基础上,这一提议是有待商榷的,因为效率没有真正标示出这门科学的特殊性。沃尔多认为,效率需要依目标而定:"效率自身不能成为一种'价值'。相反,这它是在价值体系的缝隙中起作用的;它规定价值体系各部分之间的关系(比率或比例);通过排序与吸纳,它获得了其'道德内涵'。事物不能简单地说是有'效率的'或'无效率的'。它们只有对于既定的目标,才能说是有效率的或无效率的,并且,对一个目标有效率,对另一个目标可

---

① [美]德怀特·沃尔多:《行政国家:美国公共行政的政治理论研究》,颜昌武译,中央编译出版社2017年版,第218页。

② [美]德怀特·沃尔多:《行政国家:美国公共行政的政治理论研究》,颜昌武译,中央编译出版社2017年版,第223页。

③ [美]德怀特·沃尔多:《行政国家:美国公共行政的政治理论研究》,颜昌武译,中央编译出版社2017年版,第238页。

能就没有效率。"① 在沃尔多看来，可以将效率拆分为"规范效率"和"客观效率"，并指出效率的描述性或客观性的含义，只有在一个被有意识地坚持的价值框架里，才是有效的有用的。也就是说，效率既具有描述性的含义，也有规范性的价值，只要清楚地确定参照系，公共行政中对"效率"的研究也是"可能的和有用的"。

（五）公共行政的未来

对于公共行政的未来，沃尔多显得有一点悲观，认为行政思想近期难以成为未来的主力军。"行政思想将会影响和反映未来的事件。但至少在不远的将来，它不会成为一种主力军。其信徒的数量和影响的范围都相当有限。只是到了今天，它才从那件自我设计、限制其广度和范围的紧身衣中解脱出来——这件紧身衣就是"政治—行政二分法"的工具主义哲学。"② 在沃尔多看来，公共行政的未来怎么样，要看世界尤其是美国会发生什么，为此有两种趋向：一是集权化趋势，因为二战带来的混乱和危机，总是导致权力的集中与整合，我们将会看到集权与整合的趋势得到强化，因为这结束了战争，带来了和平；第二种趋势是分权化趋势，主要是民主运动带来的分权化和民主化。虽然"正统论"的信念仍然代表着时代的"真理"和我们的需求，但是"旧观点要瓦解，新观点要合成。无论如何，如果审慎考虑摒弃政治—行政二分法，如果要满足现代世界文明对公共行政的需求，那么，行政思想就必须与人类知识王国中每一个主要领域都建立起一种工作关系。"③

总之，从读者的角度看，阅读沃尔多教授的《行政国家》，就像是在阅读一本公共行政的百科全书。因为沃尔多的研究对象即是公共行政的文献，著作中汇集了公共行政领域的大量经典文献。事实上，在沃尔多写作博士论文时，其导师柯克尔（Francis Coker）教授就建议他从政治思想史的角度研究公共行政的文献。沃尔多与其说是一个理论家，不如说

---

① [美] 德怀特·沃尔多：《行政国家：美国公共行政的政治理论研究》，颜昌武译，中央编译出版社2017年版，第249页。
② [美] 德怀特·沃尔多：《行政国家：美国公共行政的政治理论研究》，颜昌武译，中央编译出版社2017年版，第256—257页。
③ [美] 德怀特·沃尔多：《行政国家：美国公共行政的政治理论研究》，颜昌武译，中央编译出版社2017年版，第260页。

是一位评论家，一位批评家，甚或一个"颠覆者"。沃尔多在《行政国家：美国公共行政的政治理论研究》的前言中也指出："尽管对于行政学者们的许多信念我是认同的，但我将自己定位于一个批判者，并在其他学说中发现了那些我相信可以充当良好的批判基础的东西，我将据此批判公共行政学已然接受的诸多理论。"① 甚至沃尔多在出版其博士论文时，出版商劝告他不必要树敌太多，这会影响他今后的学术生涯，所以后来沃尔多将书中的语气改得缓和了一些。尽管这样，他还是发现自己起初被公共行政学界视为"贱民"，直到他的著作出版近十年之后，他才在公共行政学界获得学术的认可和尊重。

第二节　西蒙与沃尔多之争

西蒙与沃尔多分别于1947年和1948年出版了《管理行为：美国公共行政的政治理论研究》和《行政国家》两部著作，在这两部著作中，西蒙主张引入逻辑实证主义，重建一门更加精致、更有效率的行政科学；沃尔多注重将民主等规范价值引入公共行政中，强调公共行政学就是一种政治理论。由于这两部著作的观点、方法与旨趣截然不同，两人产生了激烈的争论，并分别有一大批追随者，从而掀起了历史上著名的长达半个多世纪的"西—沃之争"。

"西—沃之争"始于沃尔多在1952年《美国政治科学评论》（American Political Science Review）第1期上发表了一篇题为《民主行政理论的发展》（Development of Theory of Democratic Administration）的论文，在这篇长达23页并有47个脚注的论文中，其中1个脚注对西蒙的"逻辑实证主义方法论"进行了批评。沃尔多说："我相信，在决策中不存在这样一个可以将价值加以排除的'事实'领域，决策就是从备选方案中进行选择，而这样的选择就必须导入价值判断，赫伯特·西蒙显然对公共行政学做出了杰出贡献，但这种贡献只在不受他所宣称的方法论的影响时才

---

① ［美］德怀特·沃尔多：《行政国家：美国公共行政的政治理论研究》（前言），颜昌武译，中央编译出版社2017年版，第2页。

存在。"① 对沃尔多的这一批评,西蒙很快做出了回应。在《美国政治科学评论》第2期上,西蒙指出:"我相信这个脚注中的断言是不正确的(我希望我的这一自信不会受到责备),并因此希冀沃尔多先生会更加特别地指明逻辑上的断裂是在哪儿发生的,指明还有什么是达到我所得出的结论的正确前提和推理思路。"② 在西蒙看来,沃尔多的政治理论惯常采用的是那种"散漫式的、文学性的、隐喻式的方式",其不太严谨的标准在"在逻辑学的基本课程中也不会得到及格以上的分数"。在同一期上,沃尔多又对西蒙的批评做出了回应,直接批驳了西蒙的演绎方式所存在的漏洞,指出实证主义和经验主义并不享有"发现真理的独占权"。

从"西—沃"之争的内容来看,主要集中于以下几个层面。(1)学科定位之争:科学,还是理论?西蒙认为,自然科学与社会科学没有什么本质区别,"科学只关心语句含义的事实层面"就不仅适用于自然科学,也适用于社会科学;进而,自然科学的方法是适用于所有的研究领域的。这就为他将逻辑实证主义引入公共行政研究并主张建立一门真正的"行政科学"埋下了一个伏笔。沃尔多则对西蒙的观点展开了批评,认为公共行政不是一门科学性的学科,而是一种政治理论。社会科学和自然科学一样,对人类的发展做出了同样多的贡献,实际上,社会科学一直在制止暴力、阻止大规模的生命的毁灭、创造财富等方面发挥着作用,作为社会科学之一的公共行政学的价值同样不能被低估。(2)哲学方法论之争:实证,还是规范?西蒙认为,"正统论"行政学研究方法只能得到"谚语"而得不出行政原则,那我们就应在研究方法上寻求新的突破,把公共行政领域从当前的困境中解救出来。西蒙所说的新的方法就是在公共行政领域引入逻辑实证主义和行为主义方法。沃尔多则怀疑行政学作为一门科学的可能性:纯粹事实的科学方法给行政科学制造了麻烦,与价值相关的问题不能回避,对事实与价值的两分促进了手段与目的的分离,在这种倾向下,人们将只会关注方法与手段而忽视目的本身。沃

---

① Waldo, D., "Development of Theory of Democratic Administration", *American Political Science Review*, 1952, 46 (1), pp. 81–103.

② Simon, H., "Development of Theory of Democratic Administration: Replies and Comments", *American Political Science Review*, 1952, 46 (2), pp. 494–503.

尔多认为行政学研究本质上是规范性的，在行政研究中必须更多地借鉴其他社会科学的研究成果，将公共行政学建立在广泛的政治、历史、文化与道德的根基上。（3）价值取向之争：效率，还是民主？西蒙认为，正是通过引入逻辑实证主义而将事实与价值相分离，西蒙成功地将行政科学的价值取向设定在效率之上，也正是通过把效率作为行政理论的基础，公共行政才具备实质上的合法性。而在沃尔多看来，效率自身不是一个价值观，永远只能根据其追求的目的来定义，目的改变了，有效率就可能变成无效率。沃尔多指出："效率的描述性或客观性的含义，只有在一个被有意识地坚持的价值框架里，才是有效的和有用的。"[①]

那么谁赢得了胜利呢？有人说西蒙赢得了胜利，这是因为西蒙从"事实—价值二分法"出发，将"科学"的方法引入公共行政领域，强调公共行政的中立性与科学性，使公共行政成了一门可验证的、以行为与实证技术为导向的真正的科学，并为公共行政解决"真实世界中"的"事实问题"提供了科学与技术的途径。也有学者认为沃尔多取得了胜利，这些学者认为，正是沃尔多将"价值"引入了公共行政领域，使得公共行政从一门低层次的"技术领域"中摆脱出来，从而在道德与价值层面为社会的发展指明了方向，正如米勒（Miller）在给《行政国家》作的序中提到："对许多人而言，沃尔多是一个领路人。因此，不能仅把沃尔多看作公共行政批评者——他是一个有远见的哲学家，看到了公共行政在政治、社会、历史、文化和文明中的作用。"[②] 也有人认为西蒙与沃尔多共同赢得了胜利，事实上他们本人也持双赢的观点，沃尔多回顾说，通过这场争论，他和西蒙成了好朋友，并曾于1970年邀请西蒙去他所任职的雪城大学马克斯韦尔学院作演讲；西蒙在1995年接受美国公共行政学会颁发的"德怀特·瓦尔多奖"时也指出：我们的差别在于，对于哪些问题是最为紧迫的，我俩有着不同的选择，除此之外，我们之间并没有真正的冲突。

---

① ［美］德怀特·沃尔多：《行政国家：美国公共行政的政治理论研究》，颜昌武译，中央编译出版社2017年版，第250页。

② ［美］德怀特·沃尔多：《行政国家：美国公共行政的政治理论研究》（米勒序），颜昌武译，中央编译出版社2017年版，第15页。

事实上，最后真正获胜的是公共行政。"如果没有西蒙，公共行政学就不知如何一步步地向前迈进；但是，如果没有瓦尔多，公共行政学就不知道该朝哪一个方向迈进。从这个意义上说，西蒙更多地是公共行政学的一个建构者、一个创造者；而瓦尔多则更多地是公共行政学的一个导航者、一个引路人。因而，真正赢得这场争论的是公共行政学本身。"[1] 公共行政学依然既是公共的，必须立足于价值理性；又是行政的，必须依赖于技术理性。两者之间的冲突与张力是永恒的，一旦争论停止，公共行政也就停止了。

---

[1] 颜昌武、刘云东：《西蒙—瓦尔多之争——回顾与评论》，《公共行政评论》2008年第2期。

第九章

里格斯的行政生态学

里格斯（F. W. Riggs），美国著名的行政学家、比较行政学家、行政生态学的创始人。里格斯 1917 年出生于中国桂林，但父母都是美国人。1934—1935 年里格斯就读于中国南京大学，1938 年在美国伊利诺伊大学获得学士学位，1941 年获得硕士学位后就读哥伦比亚大学国际关系专业，1948 年 31 岁时获哥伦比亚大学政治科学博士学位。博士毕业后里格斯在美国对外政策协会任职，1956 年在印第安纳州立大学任教，1967—1987 年担任美国夏威夷大学东西方研究中心的资深研究员。里格斯出版了《行政生态学》（1961）、《发展中国家的行政：棱柱型社会理论》（1964）、《泰国：一个官僚政体的现代化》（1965）、《发展行政学的前沿问题》（1971）、《重返棱柱型社会》（1973）等著作，其中 1961 年出版的《行政生态学》（The Ecology of Public Administration）是里格斯主要的代表作之一，该书主要运用了生态学的方法来研究公共行政，并在比较研究的视角下对发展中国家的行政问题进行了研究，从而创立了运用生态学方法研究公共行政的新理论体系。因其从比较行政学的视角对泰勒公共行政学进行了深入的研究，里格斯于 1986 年获得泰国国王颁发的"白象勋章奖"（Order of White Elephant），1991 年获得美国公共行政学会颁发的"德怀特·沃尔多奖"。

值得一提的是，尽管里格斯使行政生态学成为一门理论完备的行政学分支并在行政学研究领域产生了重要影响。但是最早将生态学引入行政学研究的是美国哈佛大学的约翰·高斯（John M. Gaus，1894—1969），高斯在其 1947 年出版的著作《公共行政学的反思》中的《政府生态学》（The Ecology of Government）一文中就强调了外部生态因素对行政管理的重要影响。高斯对行政生态学的主要贡献是提出政府生态学的七条原则：[①]（1）作为社会的一员，政府需要持续有效地尽忠职守；（2）随着社会日益复杂性的增加，政府职能及其与人们的关系也日趋复杂；（3）政府必须有能力满足人们强大的服务需求；（4）政府职能的执行远比立法重要；（5）高效率的政府行政是社会繁荣的前提条件；（6）公共行政应该由不同阶层、不同能力的人组成并接受来自内外的建议性批评；（7）行政体制的有效运行不仅需要明确中央政府的责任，还需要明确地方政府和个人的责任。但是不幸的是，高斯的理论在当时并没有引起学术界的足够重视，导致"我们对公共行政与环境之间的相互关系仍缺乏足够的理论"。[②] 为了纪念高斯对公共行政学的贡献，美国政治学会以他的名字设立了"约翰·高斯奖"。

第一节　行政生态学的五种生态要素

行政生态学是运用生态学的方法与理论来研究公共行政，要理解行政生态学的概念，首先需要理解什么是生态学。作为生物学的一个分支学科，生态学研究的是生命有机体相互之间及其与周围环境之间所发生的相互关系和相互作用。而行政生态学则是研究"自然以及人类文化环境与行政体系运行之间的相互影响情形"的一门行政学分支学科，里格斯指出："行政生态学关注的焦点在于对行政环境中的敏感变量与行政体系之间的关系模式进行验证。"[③] 也就是说，行政生态学一方面研究各国的经济社会环境如何塑造该国公共行政的特质；另一方面研究各国的公共行政又如何影响着该国的经济社会变迁与发展。因此，要了解一个国家的公共行政，不应局限于公共行政本身，而应将公共行政置于一个国家的历史、经济、政治、文化、社会等大系统的背景下来考察，分析公

[①] John M. Gaus, "The Ecology of Public Administration", in Richard Stillman (ed.), *Public Administration: Concepts and Cases*, Boston, MA: Houghton Mifflin Co., 2005, p. 82.

[②] F. W. Riggs, *The Ecology of Public Administration*, Bombay: Asia Publishing House, 1961, p. 2.

[③] Fred W. Riggs, *Administration in Developing Countries: The Theory of a Prismatic Society*, Boston: Houghton Mifflin, 1964, p. 428.

共行政与其所处的社会环境之间的相互关系。

里格斯认为,虽然影响公共行政的生态因素有许多种,但是最重要的生态因素有五种,它们分别是:经济因素(Economic Factors)、社会因素(Social Factors)、沟通网络(The Communications Network)、符号系统(Symbol System)、政治框架(Political Framework)。

一 经济因素

里格斯认为,经济因素是影响公共行政最突出的因素,经济因素中的"效率""理性""实用主义""自由选择"等都对公共行政产生影响,公共行政的规划、沟通、公共关系、管理等都与市场紧密结合,并遵循市场规律,甚至行政当局也可以被视为一个"选择市场",在这个市场中,公共官员被视为最大限度地使用稀缺资源来有效实现公共政策的特定目标。因此,经济因素与公共行政的关系可以这样表述:"没有行政系统,经济就无法生存,而行政系统本身在许多方面是由经济的需求来决定的;此外,如果没有经济生产力提供的支持,行政系统也无法生存。"[1]

二 社会因素

里格斯认为,为了理解任何一个社会,我们还必须了解它的社会结构,了解社会群体是如何形成的,不管我们谈论的是家庭、宗教派别、政党、商业公司还是社会阶层,这种情况也影响到公共行政系统。特别是,我们如果了解社会团体在地位和阶级结构的性质,就能对政府有一个更清晰的印象。在里格斯看来,社会因素主要是指各类社会团体,它们都对公共行政有影响。社会团体包括两大类:一类是基于利益关系而结成的人为团体;一类是基于血缘关系而结成的自然团体。

三 沟通网络

里格斯认为,沟通网络包括社会舆论、通信技术、交通状况、文化水平以及使用语言的状态等,都会对公共行政产生影响。在里格斯看来,

---

[1] F. W. Riggs, *The Ecology of Public Administration*, Bombay: Asia Publishing House, 1961, p. 12.

沟通网络可以从两个变量来分析,即动员(mobilization)和同化(assimilation)。第一个变量"动员",即是人口加入或参与大规模通信网络的程度,显然,识字率的普及和大众传媒的传播促进了动员;第二个变量是"同化",指的是"一个群体在多大程度上与精英共享相同的符号,认同相同的基本价值观和目标"。[1] 在这里,语言是同化的主要工具,这是因为如果每个人都说同一种语言,他们就可以接收精英发出的信息,从而更容易与精英沟通。

四 符号系统

里格斯认为,符号系统即是指一系列具有政治象征意义的符号系统如政治神话(myth)、政治法则(formula)、政治典章(code)等,它们都对公共行政产生重要的影响。里格斯详细论述了政治神话、政治法则、政治典章的具体含义,他指出:"政治神话即是指用来描述主权的最终来源、人的本质和命运、人的权利、义务和本质关系的任何符号和信条。我们所说的公式是指一套规则,这些规则决定了政府的结构、统治者的选择以及他们的职责。而典章是指法律或法规。"[2]

五 政治框架

里格斯认为,尽管行政学从政治学中分离出来以后,大多数当代国家已通过成文宪法在政治机关和行政机关之间建立了正式的区分,但是在"多情况下,这种区分仍然是形式主义的(formalistic),政治家在制定政策时并不完全有效,行政人员也不只是执行政策的中立工具"。[3] 这就导致了政治架构仍然是影响公共行政的重要生态要素。

---

[1] F. W. Riggs, *The Ecology of Public Administration*, Bombay: Asia Publishing House, 1961, p. 36.

[2] F. W. Riggs, *The Ecology of Public Administration*, Bombay: Asia Publishing House, 1961, p. 41.

[3] F. W. Riggs, *The Ecology of Public Administration*, Bombay: Asia Publishing House, 1961, p. 50.

第二节　行政生态学的三种行政模式

里格斯在 1964 年出版的《发展中国家的行政：棱柱型社会理论》（*Administration in Developing Countries: the Theory of Prismatic Society*）中，里格斯将人类历史分为三个基本形态，即传统的农业社会、过渡型棱柱社会和现代工业化社会，传统泰国以及古代中国属于传统农业社会、现代泰国和菲律宾等国属于过渡型社会，而美国与英国则是现代工业社会的代表。与社会形态相适应，行政生态学的行政模式分为三种，即传统农业社会的融合型行政模式（fused model）、过渡社会的棱柱型行政模式（prismatic model）以及工业化社会的衍射型行政模式（diffracted model）。见图 9—1。

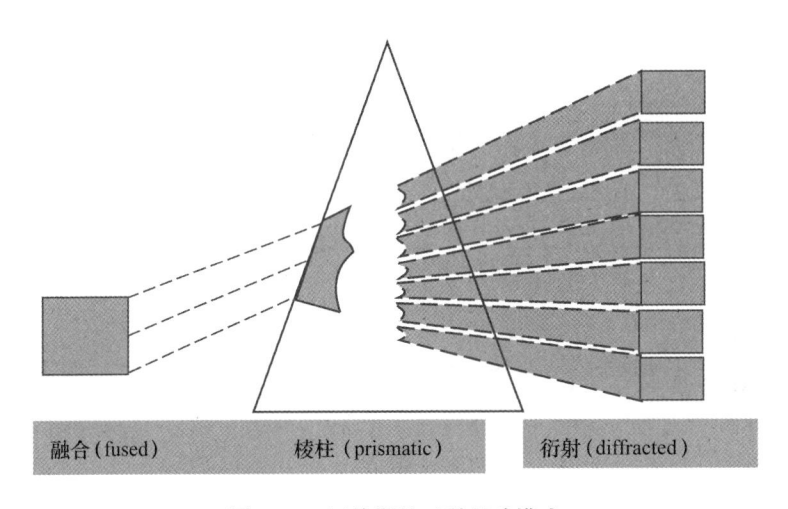

图 9—1　里格斯的三种行政模式

资料来源：Fred W. Riggs, *Administration in Developing Countries: the Theory of Prismatic Society*, Bombay: Houghton Mifflin Company, 1964, p. 27.

在三种行政模式的划分过程中，里格斯形象地运用了物理学上的"光谱分析法"来分析各种行政模式的形成过程及相互关系。根据光的折射现象，一束光线经过棱镜得到绕射的过程分为三个阶段：首先是折射前的阶段，这个阶段即是光线进入棱镜之前的阶段，这时光线只有一个颜色，即白色，因为所有的颜色都融合为一体，象征传统农业社会的融合型行政模式；其次是折射阶段，即光线进入棱镜后，在棱镜内部振动，这时光线既有融合的特点，又有衍射的特点，象征过渡社会的棱柱型行政模式；再次是绕射阶段，当光线经过棱镜并从棱镜中衍射出来时，光线得到绕射，变成了七彩，这象征着工业社会的衍射型行政模式。

里格斯指出，三种行政模式的特点及相互关系见下。

一　传统农业社会的融合型行政模式

里格斯认为，传统农业社会的社会结构混沌未开，就像光线在进入棱镜前的时候是融合在一起，因此这种社会的行政模式是融合型行政模式。里格斯以传统泰国和古代中国为例，说明了融合型行政模式的特点：其经济结构是"互惠—重配"结构，经济基础主要体现为传统农业生产力，土地成为收入的重要来源；政治与行政不分，政治、行政、立法、司法、军事、经济等社会行为混杂在一起；行政权力主要来自拥有巨大资源的君主、贵族等特权阶级，整个行政系统对集权统治者负责；行政官僚的行政风格带有浓厚的人情化色彩；由于行政层级增多，政府与民众的沟通较少；由于行政与政治不分，官僚作风较为严重，行政效率低下；行政活动范围以地域为主，缺乏专业化分工，行政的主要问题是维持行政的一致和命令的统一。

二　工业社会衍射型行政模式

里格斯认为，现代工业社会是一个高度分工的社会，就如白光进入棱镜后再从棱射衍射出来时发出的七色光谱，因此这种工业社会的行政模式是衍射型行政模式。里格斯以美国、英国和苏联为例，说明工业社会的衍射型行政模式具有如下特点：其经济结构是"市场—企业"型结构，经济基础是美国式的自由经济或苏联式的管制经济；社会分工精细，政府各职能部门分工明确，各司其职；行政风格体现为各司其职、平等取向、成就导向以及对事不对人的风格；工业社会沟通网络发达，政府与民众沟通密切，民众有足够的参与政府决策的渠道；行政追求效率与科学性，强调资源的最优利用；行政的主要问题主要是如何在分工与专业的基础上推进协调和统一。

三 过渡社会的棱柱型行政模式

过渡社会的行政模式是里格斯行政生态学关注重点,这是里格斯建立行政生态学的原因,其主要是研究发展中国家的行政现象,这也是里格斯建立比较行政学的原因所在,而传统家业社会的融合型行政模式和现代工业社会的衍射型行政模式都无法解释发展中国家的行政模式。在里格斯看来,发展中国家的行政就如一道白色光谱进入棱镜之中的情况,在棱镜内部,白色光谱既有进入棱镜前的白光的特性,又有工业社会的衍射光的因素,这就决定了过渡社会的行政模式是棱柱型行政模式。这种行政模式的特点是:其经济结构是"集市—有限市场"型的,经济基础处于过渡阶段,既有传统农业社会的特点,又有工业社会的市场化特征;在这种模式下行政具有"双面性"(bifocal),"尽管行政行为已经逐渐与其他社会行为分化开来,但是却尚未完全分化;尽管专业化的行政机构已经建立,但是它们还不能正常运转,其功能还很有限;尽管许多行政制度业已建立,但是它们在实际的行政过程中仍然受着各种传统势力的影响而不能起到约束和规范作用。"[1]

由于过渡型行政模式具有双面性,其政策和法令难以有效执行,官僚机构在执行政策与法令过程中存在严重的形式主义现象。在里格斯看来,这种形式主义的危害主要表现为以下6个方面。(1)首要表现即是宪法的形式主义。议员虽通过竞选产生,但他们对政府的政策根本没有影响力,国会只是装饰品。(2)造成行政权威合法性危机。不仅使社会经常反抗政府的非法之治,官僚机构内部也因缺乏监督而发生权力之争。(3)造成行政政治化。由于议会立法的脆弱,使得行政官僚在政策制定中扮演着更为活跃的角色,出现大量行政干预政治决策的现象,动摇了政治与行政二分法基础。(4)造成程序的仪式化。过去推行的法规、官僚习惯都固定为一种内在价值,墨守成规而缺乏创新及社会回应力。(5)影响行政行为的品质。政策、法令难以有效执行,行政官吏的贪污行为增多,老实的守法者处于不利的地位,行政效率和品质受损。(6)人事制度僵化。虽然依门第、种族、身份等的用人标准被放弃,但

---

[1] 丁煌:《西方行政学说史》(第二版),武汉大学出版社2004年版,第288页。

人事政策不确定，对证书与文凭的重视又导致社会出现专为文凭而考试的不良倾向。

四 行政生态学的五种要素与三种行政模式的结合

里格斯提出的五种生态要素与三种行政模式之间不是相互隔离的、相互独立的，而是相互联系、相互影响、相互作用的（见表9—1）。

表9—1　　　　行政生态学五种要素与三种行政模式的关系

生态要素	融合型行政模式	棱柱型行政模式	衍射型行政模式
经济因素	"互惠－重配"结构；行政与经济不分，行政行为与经济行为重合	"集市－有限市场"型结构；行政与经济实现一定程度分离，但行政受市场与身份的双重影响	"市场－企业"型结构；行政行为市场取向；政府机构与行政官之间是契约关系
社会因素	以血缘为纽带；家庭与宗族势力影响行政；公共利益实现程度低；行政效率低下	以家庭为纽带，但社团有了一定程度的发展；在个人利益基础上实现公共利益	分工发达，社团繁多；行政与社会关系密切；行政效率高
沟通网络	沟通网络不发达；各自为政，行政协调成本加大；动员和同化程度低	有限的沟通网络；局部动员能力高，整体动员能力低	沟通网络发达；公共舆论影响行政；动员与同化程度高
符合系统	君权神授；向上负责的体制，行政不对人民负责	宪法的形式主义；程序的仪式化；人事制度僵化	主权在民；政府对人民负责，受人民监督
政治框架	政治行政合而为一；行政高度集权；官僚政治	政治与行政尚未完全分离；官吏腐败增多；法令执行难；人情政治	行政与政治分开；行政服务于政治；民主行政

资料来源：作者制作。

总之，里格斯运用生态学的理论与方法来研究公共行政，并提出了公共行政的三种行政模式和影响公共行政的五个要素，这为公共行政学的发展提供了新的视角、新的理论和新的方法。此外，里格斯还对比较行政学和发展行政学进行了研究并产生了重要的影响。但是里格斯将公共行政视为三种行政模式，也受到了学界的批评，主要是三种行政模式难以概括复杂世界的丰富行政现象。

第十章

公共政策学派

公共行政的发展在20世纪50年代转向了政策领域,并形成了一个影响深远的学派,即公共政策学派,它的出现甚至被说成当代西方政治学和行政学乃至整个西方社会科学的一次"革命"。第二次世界大战后的两个重大事件促成了公共政策科学的兴起。第一个是20世纪四五十年代兴起的新科技革命,这次科技革命被冠以"第三次科技革命"之名,主要以电子计算机技术、原子能技术、航天技术等为代表,还包括分子生物学、人工合成材料和遗传工程等高新技术,新兴技术的出现为讲求实证分析的政策科学的发展提供了技术基础。第二个是美苏争夺世界霸权,第二次世界大战后,美与苏两个超级大国展开了关于世界霸权的竞争,美国于1947年、1948年、1949年先后推出了"杜鲁门主义"、"马歇尔计划"和"北大西洋公约组织"三根支柱,分别从政治、经济和军事上进行争霸。为了获得竞争优势,特别是为了在高科技领域占据主导权,美苏两国迅速推出了一系列政策,试图通过政策优势来吸引科技人才和提升科技竞争力,同时又对科学技术进行出口管制,例如美国1949年的《出口管制法》对科技领域的关键技术与材料实行限制政策。为了夺取主动权,这一时期还成立了一些著名的政策咨询公司如兰德公司等,以帮助政府进行科学的政策活动,所有这些促成了公共政策活动的兴起。1951年,美国著名公共政策学家哈罗德·D.拉斯韦尔(Harold D. Lasswell)和勒纳·丹尼尔(Lerner Daniel)在《政策科学:范围与方法的新近发展》(*The Policy Sciences: Recent Developments in Scope and Method*)中提出了"政策科学"(policy science)的概念,标志着政策科学的诞生,拉斯韦尔本人也是公认的"现代政策科学的创立者"。此后,政策科学在20世纪60年代逐步发展成为公共行政领域一门独具特色的学科,各种政策理论层出不穷。如爱德华·S.奎德的"政策分析理论"、戴维·伊斯顿的"政治系统理论"、德罗尔的"逆境中的政策制定思想"、约翰·金登（Kingdon）的"政策多源流理论"、斯通的"政策悖论"、古贝的"第四代评估理论"等。

第一节 德罗尔的逆境中的政策制定

叶海卡·德罗尔（Yehezkel Dror）是继拉斯韦尔之后公共政策领域最著名学者之一。德罗尔1928年出生于奥地利，10岁移居以色列，曾在希伯来大学和美国的哈佛大学学习法律、政治学和社会学，是政策、规划与计划方面的国际权威人士。作为一个社会实践家，德罗尔还担任了经济合作发展组织、联合国开发署等多个国际组织以及多国政府和大学、企业等的政策顾问和兼职研究员。德罗尔还与兰德公司教学部主任爱德华·S.奎德（Eaward S. Quade）一起创立了《政策科学》理论刊物，并创办了第一个政策科学国际培训班。德罗尔的主要研究包括：治国技巧、国家与历史的兴衰成败、高层决策、政策规划和战略抉择、决策过程管理、高层决策推理及政策哲学等。德罗尔的著述颇丰，在兰德公司任高级咨询顾问时曾出版了《公共政策制定的再审查》（1968）、《政策科学构想》（1971）和《政策科学探索》（1971）等著名著作。1986年德罗尔出版了其最重要的代表作《逆境中的政策制定》，该书与1983年再版的《公共政策制定的再审查》以及其后出版的《政策赌博》一起，被誉为"政策科学三部曲"。德罗尔的学术成就，也给他带来了诸多荣誉：1975年，被选为世界艺术与科学学会会员；1983年，获得国际政策研究联合会授予的首届哈罗德·拉斯韦尔年度奖；1986年，荣获"福尔布莱特40周年纪念的著名学者"称号。

一 逆境的普遍性、内涵及类型

德罗尔认为，在政策制定过程中，逆境是普遍存在的，"所有的政策制定都会遇到逆境因素，有时较少，而通常总是很多。"① 在德罗尔看来，逆境的普遍存在是人类社会发展的结果，虽然今天的人类在物质条件、经济、科技、文化等方面都优越于以往任何时代，但是同时人类也处于一个不断被各种逆境所包围的状况之中。无论是发展中国家、第三世界国家还是发达国家，每一个国家都有自己的逆境，发展中国家面临新旧制度交替、新旧观念冲突以及经济滑坡、信任下降等阵痛与逆境；第三世界国家面临贫富差距日益加大、环境污染、经济停滞等逆境；而发达国家则出现经济负增长、犯罪事件频现、失业率上升、人口老化等逆境。

那么什么是逆境呢？在德罗尔看来，逆境即是由于环境恶化而造成的一种社会紧张状态。他指出："在很大程度上，本书中的'逆境'泛指了一切政策紧张状态，并不是严格意义上的'逆境'。一般来说，'逆境'这一概念应从广义上理解，它包括那些由具有积极特征的变化所引起的政策紧张状态。"② 德罗尔认为，逆境与危机不同，危机是指有一定时限、要求迅速作出决策的突发性事件乃至灾难，而逆境则可根据需要用各种词语进行界定和形容，它泛指在制定政策过程中所面临的各种形式的严重困难。

德罗尔认为，逆境的存在会对政策起约束作用，会造成"迷宫政策行为"，德罗尔说："表现形式各异的逆境，在几乎所有的历史条件下都对政策制定起过制约作用，而且将来也会如此。"③ 那么是不是逆境一无是处呢？德罗尔认为，要从历史发展的独特角度来看待逆境的，从短期看，逆境使人们蒙受苦难，但生活本身就是这样；从长远来看，"逆境所构成的挑战也许正是人类进步的必要条件，虽然我们没有把它当成人类进步的绝对条件来看。"④

德罗尔指出，可以根据不同的标准对逆境进行分类：简单的逆境与

---

① ［以］叶海卡·德罗尔：《逆境中的政策制定》，王满传等译，上海远东出版社 1996 年版，第 4 页。
② ［以］叶海卡·德罗尔：《逆境中的政策制定》，王满传等译，上海远东出版社 1996 年版，第 26 页。
③ ［以］叶海卡·德罗尔：《逆境中的政策制定》，王满传等译，上海远东出版社 1996 年版，第 3 页。
④ ［以］叶海卡·德罗尔：《逆境中的政策制定》，王满传等译，上海远东出版社 1996 年版，第 23 页。

复杂的逆境、可以处理的逆境和难以驾驭的逆境、短期的逆境和时代性的逆境、内生逆境与外生逆境等。关于各类逆境的内涵，德罗尔解释道："简单的逆境是指由明确而易于把握的因素造成的逆境，如一种'敌对势力'所导致的逆境；复杂的逆境是指由多重往往是难于把握的原因造成的逆境。可以处理的逆境是指能够运用已知的、可行的政策措施来应付的逆境；难以驾驭的逆境是用尽各种已知的办法也无济于事的逆境。短期的逆境指只限于在一小段时间内出现，前面已定义过的极端'危机'形势是其极端形式。时代性的逆境则根源于社会基本结构特征的内在因素，它会持续很长时间，不论是以尖锐的对立冲突形式还是以传染性的形式表现出来，它都是会反复出现的。逆境可能是统治机制中内生的，即是政治制度本身特征中固有的；也有可能是外生的，与政治制度以外的乃至超过社会的现象相关，即是由所考察的社会及其范围之外的各种因素造成的。"[1]

二　政策制定对逆境的主要反应模式

德罗尔认为，对逆境的政策制定反应在不同的国家、不同的社会制度中具有不同的形态，具体说来可以归纳为以下 11 种反应模式。[2]

（1）对政策制定中逆境概念形成的不同认识。主要包括否认、简单化、客观外化、认识图式固化等四种。一是否认逆境严峻的一面，诸如逆境的蔓延与长期性，如总以为疫情是暂时的、经济很快会恢复等；二是简单化地理解逆境的性质和原因，将其简单地理解为几个影响因素；三是转嫁逆境的原因，如将经济衰退归为对手的打压等；四是固执地保持认知图式的一致似乎成了一条规律，如政策制定者总是将预测失败归为不可预测的偶然因素却从不从自身找原因等。

（2）试图影响政治公众对心目中逆境概念的尝试。包括三种形式：一是降低期望，即高层政治家们通过各种努力来降低公众对政府的期望

---

[1]　[以] 叶海卡·德罗尔：《逆境中的政策制定》，王满传等译，上海远东出版社 1996 年版，第 20 页。

[2]　[以] 叶海卡·德罗尔：《逆境中的政策制定》，王满传等译，上海远东出版社 1996 年版，第 50—59 页。

并使公众认识到困难的长期性;二是将逆境归为政治公众自身的不足;三是将逆境的原因外化和转嫁是影响公众心目中逆境概念的主要形式。

(3) 逆境常规化。逆境常规化是对逆境的一种特殊反应模式,它将逆境视作一个正常的社会常态来接受。

(4) 逆境美化。将逆境美化为上帝意志的一种表现、太平盛世的一段前奏或必定会加强与巩固国家和社会的一种考验。

(5) 名义性或表现性行动主义。例如拥有强大权力中心的国家通常运用一些戏剧性的行动来应付逆境;而一些民主国家则可能更多地倾向于名义性行动主义,通过安慰性政策如法律、宣言和表面化行为来应付逆境,以适应其政治分裂的国情。

(6) 政策制定责任的再分配。政策制定责任的再分配有两个方向:一是政府中枢决策系统分享权力,共同承担风险,以减轻决策压力;二是中央政策制定机构将权力集于自身,以便获得应付各类逆境所需的绝对权威。

(7) 渐进主义与偶发性跃变。即在常规情况下让政策制定沿用传统的渐进主义模式,当逆境愈演愈烈时,渐进主义模式已显然不恰当的时候,采取偶发性跃变以对泰山压顶式的外界刺激作出一种半痉挛性的反应。

(8) 大规模的行政改革。即进行大规模的行政改革,以提高政府的工作效率,并着重注意政府中央机构的运作以对逆境作出反应。如许多国家都曾在逆境显露出来之前就采取过这种模式。

(9) 削减公共开支。这是大多数国家对经济逆境的一种基本反应,通过采取坚决措施消减公共开支,从而超出了本来的手段性意义,而带上了某些半偶像的精神特征。

(10) 复活的或新的政策神学。当政策制定者遇到严重的困难或人们对现实政策表达失望时,便可能导致另一种主要反应模式的出现,这种模式接受某种政策神学作为行动的可靠指南。如新保守主义或第三条道路就是这种模式的反应。

(11) 非教条性宏观政策革新。即在非教条性原则的基础上对宏观政策的创新,如科技政策中的产业创新政策就是典型一例。

还有一些不常见的反应模式,如高层制定者不愿意放弃权力位置或采取停止不干的态度、在没有实行应急制度的民主国家很少会加强政府权力来应付日益深重的逆境等。

三 应付逆境的政策原则

德罗尔提出了应付逆境的六项政策原则。

(1) 社会改造原则。社会改造原则即是对一个社会的机构、结构和过程进行的必要的调整和变革。这种调整与变革主要是在中央政策制定的指导之下进行的，起因于两方面的矛盾：一方面是，生活方式与追求目标、经济、社会政策等方面需要进行调整和变革；另一方面，由于顽固的社会僵化妨碍了必需的调整，使得调整不能通过自发的过程来实现。因此，在中央政府协助下进行的社会改造是应付逆境的一条必要的原则。这种社会改造的特征主要是："对不断发展的现实实行的广泛干预；能动而复杂的目标，乃至多种现实可行的未来蓝图设想；组合起来达到临界质量的大量政策工具；综合的和纵向的决策框架；经常呈 L 型（而非 U 型）的超渐进变化；而且，以上所有这些特征都伴有一种不断了解新情况的态度，随时进行调整以适应剧变和对未来事态的无知。"[①]

(2) 临界质量原则。德罗尔认为，逆境的特征都有一个变化的阈限，"其阈值取决于这些特征的原动力、规模与复杂程度、社会状态是稳定还是动乱、各个具体领域以及其他因素。政策若要取得效果，必须达到一个适当的临界质量，足以对其对象产生预期的影响。"[②] 这里的临界质量包括使用工具的数量、决议的范围、时间跨度、政策干预的范围等。可以通过直接或间接地改变阈值来取得想要的效果，例如可以通过加大资源投入数量延长方案作用的时间跨度、强化政策干预的范围和力度来改变阈值，从而达到理想的目标。

(3) 有选择的激进主义。德罗尔认为，在政策制定过程中存在一个应付逆境的两难困境："渐进的改变相对易于分析、采纳和执行，有时候

---

① [以] 叶海卡·德罗尔：《逆境中的政策制定》，王满传等译，上海远东出版社 1996 年版，第 105 页。
② [以] 叶海卡·德罗尔：《逆境中的政策制定》，王满传等译，上海远东出版社 1996 年版，第 106 页。

伴有造成不如意和意外后果的小危险，但是，渐进的改变对阈值高的现实和受传统束缚的公共机构产生的影响很少。相反，全面的现实变革通常是不可行的，而且需付出很高的成本。或者，在革命的形势下，社会现实形态的转变即使可行，也难以驾驭，必定会产生许多意外和不希望的后果。"① 在这种情况下，有选择的激进主义就成为一个切实可行的选择。按照这条原则，只需要彻底改变有限的若干社会变量就可，这些变量经过精心挑选，并与其他同逆境有关的因素有非对称的耦合，而不被其他没有改变的变量的惰性所阻碍，以便产生重大的影响。有选择的激进主义还有一种极端形式，那就是突击政策，即实行强烈的干预，以期对某种体制产生重大影响。

（4）准备承担风险同时避免万一的原则。政策的一个关键方面即是其冒险倾向，在面临不确定状态时，政策具有赌博性，因而需要承担大量风险。当逆境严重时，如果不进行坚决的干预，而只采用渐进主义政策，逆境就会继续下去，最后会变成大风险，需要付出很高的成本。准备承担风险是一个价值判断问题，这一原则并不主张轻举妄动，也不主张下大赌注，而是要对风险有一个清醒的认识，在承担风险的同时有意识地采取相应的政策方式来规避风险，打破那种认为在面临逆境时也可推行风险很少政策的幻想。同时，认识到逆境中政策制定的模糊赌博性质以及所有政策，包括看起来最安全和传统的政策所包含的风险，也绝对必要的。这里需要预防"万一"的情况发生，"万一"即是在可能出现的情况范围内，所有有害的情况中最有害的情况，在政策制定中需要减少其出现的概率。

（5）产出价值优先原则。在德罗尔看来，政策制定受两套不同价值、目标和要求的支配："一套是产出方面，也就是政策对现实的影响方面的价值、目标和要求；另一套则属于制定和执行政策的形式方面，如公众参与、公开性以及考虑决议所影响的全体对象的同意。"② 在政策制定中，

---

① ［以］叶海卡·德罗尔：《逆境中的政策制定》，王满传等译，上海远东出版社1996年版，第109—110页。
② ［以］叶海卡·德罗尔：《逆境中的政策制定》，王满传等译，上海远东出版社1996年版，第112页。

需要满足形式价值和产出价值之间的相对权数分配。在德罗尔看来，在逆境形势下，与繁荣、富裕和不断进步的形势相比，实现应付逆境的产出价值更迫切。他指出："逆境要求优先满足政策的产出价值；相对来说，在较顺利的时期，形式价值可得到较重的权数。如果面临万一出现的严峻形势，就更应优先满足政策的产出价值。"①

（6）能动乃至强制原则。即应付逆境的政策需要具有能动性，必要时需要具有强制性。一方面，政策制定常常面临着各种僵化的体制和现有既有利益者的各种抵制和反对，这时就需要发挥政策的能动性，以克服和战胜既有利益者的抵制、惰性和反对；另一方面，当各种意见存在巨大分歧并且多数决定的正当性受到质疑时，除了宣布权威、强迫下层接受正式作出的决定外别无他法，这时政府中枢决策系统必须享有发号施令的权威，以强制政策的实施。

四　应对逆境的高质量政策制定

逆境中的高质量政策制定始终面临两难矛盾：一方面是逆境中的政策制定面对过于苛刻的要求，这些要求的满足能使政策制定对现实产生影响，促进现实好转；另一方面，政策制定系统又面临自身及环境等缺陷带来的缺陷和障碍，这被称为"政策无能"。政策无能主要表现为以下几方面：②（1）由于仅仅依靠以前的认识图式和教条来认识不断变化的现实，因而造成了了解新模式的诊断过程的固有的无能；（2）集体决策的固有局限，如寻求相互支持以作为一种主要动力；（3）组织具有先天性特征，如倾向于渐进主义和满足；（4）大众行为的顽固特征，如感情主义倾向，易于受象征性操纵的影响；（5）各种结构与过程之间存在的内部矛盾和紧张关系，如政治家与公务员之间的矛盾；（6）处于所有这些和其他无能之下的人类思维与精神情感过程的基本特征。

在德罗尔看来，要克服逆境中高质量政策制定中的矛盾，最重要的

---

① ［以］叶海卡·德罗尔：《逆境中的政策制定》，王满传等译，上海远东出版社1996年版，第113页。

② ［以］叶海卡·德罗尔：《逆境中的政策制定》，王满传等译，上海远东出版社1996年版，第133—134页。

就是要从消除应付逆境中的"政策无能"入手。具体说来有以下几方面。

（一）遵循逆境中高质量制定的 7 项总体要求

德罗尔认为，逆境中高质量的政策制定需要遵循 7 条要求，这 7 条要求构成逆境中政策制定所需素质的中央大厦。这 7 条总体要求是："精神理智素质，权力集中，未来蓝图、价值观与目标，执行管理，政策制定基础，政策制定总体文化与自我改造能力。"① 其中精神理智素质包括模式识别、想象、灵感、创造力、直觉、干劲和意志等；权力集中指应付逆境需要权力适度集中以及政治意志强化，这是有效地制定政策的必要基础；未来蓝图、价值观和目标是逆境中高质量政策制定的一个根本条件，不仅可以指明政策制定的正确方向，而且可以加强政策制定者的信仰并激励公民参与；执行管理即是在逆境中谨慎地执行政策，但是执行管理不要过分拘泥执行的细枝末节而冲淡政策目标；政策制定基础包括知识的社会积累、高质量的人类资源、广为接受的世界观、各种可供选择的政策思想传播、不同公共群体受政策启蒙的程度、对各种政策形式的合理性与公开性的态度等；政策制定总体文化包括容忍甚至积极支持磁悬浮"白热化"问题的"冷静"思考、对创造性的向往、对紧迫性问题的沉思与热情、政策制定价值与效力的凝聚力、远大抱负与对未来蓝图的信奉、持续的学习态度、高度忍受事态不明确性的态度等；自我改造能力即是政府中枢决策系统需要具备一种靠自身"改变其大脑"的能力，从而改变认知并重新构造其自身。

（二）应付逆境的高质量政策制定的 21 个具体要求

为了对政府组织中普遍存在的"政策无能"进行矫正，德罗尔提出了逆境中政策制定的"21 项具体要求"，这些要求代表了高质量政策制定必要条件的形式和方面，反映了不同层次和不同方面的高质量政策制定的具体要求。这 21 条具体要求分别是：综合的政策制定科学、重新考虑政策范式与揭露政策正统、诊断、备选方案的创新、广阔的视野与长远的眼光、复杂情况的处理、模糊赌博的复杂化处理、应用社会科学、集中力量、危机决策、强大而受制约的统治、政策事业家、悲剧性抉择、

---

① ［以］叶海卡·德罗尔：《逆境中的政策制定》，王满传等译，上海远东出版社 1996 年版，第 122 页。

执行指导、执行机构的改革、政策精英的素质表现、政策过程中的公众启蒙、政策思想的多元化、及时的政策学习、"元政策"制定和统治方式的重建等。

（三）提高政府中枢决策系统政策制定能力的9条建议

政府中枢决策系统在德罗尔的政策理论中占据着重要的地位，他在《逆境中的政策制定》中明确指出该书的核心主题是"政府中枢决策系统"，"它主要研究统治能力的一个核心方面——中央政府的高层政策制定，尤其是作为高层政策制定的实体和过程的'中枢系统'更是注意的焦点"。[①] 在德罗尔看来，要克服"政策无能"，最重要的是改进政府中枢决策系统的政策能力。为此他提出了9条的具体建议：[②]（1）在中央政策中心建立政策规划、分析与评估机构；（2）对重大政策的制定建立高级智囊团辅助决策；（3）建立独立的国情与政策情报收集机构；（4）加强政策制定者素质能力建设；（5）建立专业化的国家政策人才培养机构；（6）在第三世界国家，可以将军队纳入政策考虑范围；（7）赋予基层政策制定中一定程度的自主地位以鼓励政策创新；（8）提高公民的政策认同；（9）定期进行宪法修正以适应政策发展需求。

总之，德罗尔集中讨论高层政策决策中枢机构在面对政策逆境时的政策制定原则、要求与方法，对政策的科学的发展和政策制定的实践具有重要意义。因为"逆境"最容易暴露出统治管理的本质特征。但是该理论也存在一定的局限性：德罗尔对"高质量政策制定"的界定模糊不清，指标不明确，操作性也需要进一步探讨。

第二节　林德布洛姆的渐进决策理论

查尔斯·林德布洛姆（Charles Lindblom），美国著名的政治经济学家、公共政策理论家，1917年出生于美国加利福尼亚州，1945年获芝加

---

① ［以］叶海卡·德罗尔：《逆境中的政策制定》，王满传等译，上海远东出版社1996年版，第6页。

② ［以］叶海卡·德罗尔：《逆境中的政策制定》，王满传等译，上海远东出版社1996年版，第282—304页。

哥大学哲学博士学位。1946年起任教于耶鲁大学，曾任耶鲁大学政治学系主任、美国比较经济学会会长、美国政治学会会长、耶鲁大学经济学与政治学"首席讲座教授"和社会与政策研究所所长等职。主要著作有：《政策分析》（1956）、《决策过程》（1968年初版，1980年再版）、《政治与市场：世界的政治—经济体系》（1977）等。其中在公共政策研究领域的成名作《决策过程》（The Policy-Making Process），由于提出了"渐进决策模式"而饮誉政治学和行政学界。

一　对理性决策模式的批判

在渐进决策模式出现之前，占据统治地位的政治决策理论是理性决策模式。这一模式的主要观点是：①（1）面对一个存在的问题；（2）一个理性的人首先澄清他的目的、价值或目标，然后在头脑中将这些东西进行排列或用其他方法加以组织；（3）然后列出所有可能达到他目的的重要政策手段；（4）审查每项可供选择的政策会产生的所有重要后果；（5）这时他就能将每项政策的后果与目的进行比较；（6）因而选出其后果与目的最为相称的政策。显然，理性决策模式是建立在传统经济理论的"理性经济人"假设之上，假设人具有"完全理性"或"客观理性"，从规范性的视角去考察问题。但是由于完全满足理性决策模式的条件并不存在，理性决策模式受到了猛烈的批评，批评主要来自两个方面：一个是西蒙的"有限理性"决策模式理论；另一个就是林德布洛姆的"渐进决策模式"理论。西蒙用"有限理性"模式对"理性模式"进行了批驳，指出理性决策模式在现实中根本不存在："理性就意味着要完全了解每项抉择的精确结果，这在实际中是不可能达到的。事实上，每个人对于自己行动所处的环境条件中只有片面的了解，也只能稍微洞察其规律和规则，让他可以在了解目前状况的基础上，推导出未来的结果。"②

而林德布洛姆则从"渐进"的视角来批驳"理性决策模式"，他指出

---

① [美] 查尔斯·林德布洛姆：《决策过程》，竺乾威、胡君芳译，上海译文出版社1988年版，第19—20页。
② [美] 赫伯特·A. 西蒙：《管理行为：行政组织决策过程研究》（第4版），詹正茂译，机械工业出版社2017年版，第91页。

传统的理性决策模式存在如下缺陷。(1) 界说政策问题的困难。林德布洛姆指出，决策者并不是面对一个既定的问题，而是必须指认并明确说明他们的问题，但是在什么是"真正的问题"这点上是存在各种争论的，并且在新的目标出现时还会出现新的问题，没有任何可以通过分析来解决这一争论的方法，因此，传统的理性决策分析是存在局限的。(2) 复杂性和不充分的信息。林德布洛姆指出，对于复杂而面临信息不充分的政策问题，分析永远不会终止，因此永远不能证明它已经找到了正确的政策，它将一直面临挑战。因此，"一个明智的决策者甚至并不试图去完成这些步骤。澄清和组织所有有关的价值观，排列所有重要的、可能的政策选择，探究每个选择可能产生的无尽后果，然后将每一选择的多种后果同阐述的目标进行比较——所有这些都超越了人类的智能，超越了一个决策者为解决问题所能花费的时间和精力，事实上也超越了他所能得到的信息。决策者，不论是个人还是组织，在穷尽分析之前，他早已筋疲力尽了"[1]。(3) 确立目标和价值观的困难。在林德布洛姆看来，政策分析中的一个突出困难是发现指导政策选择的恰当的价值观，意见不一致是不可避免的，价值观冲突也是存在的。这种困难的根源一方面在于价值观的不确定性，因为价值观无法经验性地证实，理性分析即无法证明任何人的价值观，也不无命令人统一他们的价值观。(4) 对分析的抵制。对理性政策分析的抵制表现为：人们以冷漠和敌对的眼光来看待政策分析，其原因在于他们并不是完全理性的，他很可能基于感觉而行动；人们一直受到那些想操纵他人的人发出的大量信息的干扰；人们只想要政府满足他们个体的需求，而对其他问题无兴趣；等等。此外，人们还会受技术工具、意识形态等的影响，因此理性决策模式在实践中是很难得到实现的，政策分析者不可避免地会陷入复杂性的泥淖，找不到令人满意的合理性的解决标准。

二 渐进决策模式的优点

林德布洛姆认为，既然理性决策模式存在那么多缺陷，那么实际的

---

[1] [美]查尔斯·林德布洛姆：《决策过程》，竺乾威、胡君芳译，上海译文出版社1988年版，第22页。

决策过程必然是渐进的。决策过程只是决策者基于过去的经验对现行政策稍作调整而已，这是一个渐进的过程，看上去似乎行动缓慢，但积少成多，其实际速度要大于一次大的政策变动，政策上大起大落的变化是不可取的，往往"欲速则不达"，并会危及社会的稳定，因此，决策是在渐进中完善的。林德布洛姆指出："通常（虽非总是如此）在政治上切实可行的政策只是与现行政策逐渐地或稍为不同的政策。与现行政策大不相同的政策难免失败。此外，只专注于政策的逐步或微小改变，常常还由于其他原因而有助于提高政策的力量。"①

林德布洛姆批驳了那种将"渐进决策"视作"非理性"的观点，这种"非理性"认为渐进决策是一个犹豫不决、修修补补、羞羞答答、平庸浅薄、一管之见、没有定论、谨小慎微，以及拖延耽搁的过程。而林德布洛姆的看法则相反，他将渐进决策模式视作提高人类分析能力的有用方法。他指出："人类必须有非凡的创造力才能处理他面临的惊人的困难。他的分析方法不能限制于有条不紊的学究式的步骤上。按部就班、修修补补的渐进主义者或安于现状者或许看来不像个英雄人物，但他却是个正在同他清醒地认识到对他来说是硕大无朋的宇宙进行勇敢的角逐的足智多谋的问题解决者。"②

在林德布洛姆看来，渐进主义决策模式具有如下一些优点：③

1. 决策所选择的方案与现实状况相差不大，可以预测；

2. 在一时无法搞清人们的各种需求时，渐进方案会以不断尝试的方式，找出一种满意的结果；

3. 易于协调各种相互冲突的目标，不会因远离原有目标，搞乱了原目标间的秩序；

4. 渐进方式可以帮助人们检验所作的抉择是否正确，特别是在复杂条件下，可以孤立某些因素，比较其利弊；

5. 渐进方式比较稳妥，容易控制，能够及时纠正错误，不会造成大

---

① ［美］查尔斯·林德布洛姆：《决策过程》，竺乾威、胡君芳译，上海译文出版社1988年版，第42页。

② ［美］查尔斯·林德布洛姆：《决策过程》，竺乾威、胡君芳译，上海译文出版社1988年版，第43页。

③ 丁煌：《西方行政学说史》（第二版），武汉大学出版社2004年版，第242页。

起大落的状况。

三 决策过程

在林德布洛姆看来，决策过程即是权力运用中公民、投票人、政府、利益集团领袖和直接决策者各自行使权力，互相影响和互相作用的过程。因为权力掌握在少数人手里，因此，"政策是通过这些人彼此行使权力或影响力的复杂的过程被制定出来的"[①]。

在这些权力角色中，林德布洛姆认为直接决策者是权力运用的主要角色。直接决策者也是分专业的，包括国会众议员、参议员、总统、各类被任命的行政官员以及一些政党领导人，他们处于决策的顶端，他们的职责包括倡议、否决、协调、规划以及对所考虑的政策选择进行一般的限制、扩大选择范围、促进新的政策要求、裁决相互冲突的意图、通过财力进行控制等。但是直接决策者要受到利益集团、公众等其他力量的制约，直接决策者并非消极地对决策过程做出反应，而是运用说服、合作、权威、规则甚至金钱等各种手段去影响决策过程的相关利益者，这样，决策过程就是一个利益相互协调的渐进的循环过程。

在数种对决策产生影响的力量中，林德布洛姆认为公众的影响是微乎其微的、偶然的，"公民在民主的决策中的参与很少。大部分公民甚至对发挥小小的决策作用都毫无兴趣。美国公民中足有30%的人既不投票，不参加利益集团，不从事政党工作，不与代表交往，也不同朋友谈论政治，除了偶尔用一种含糊的、不知的方式谈论"[②]。但公民的作用并非一点没有，政党斗争给予了他们表达其愿望和进行选择的机会，他们主要通过政党对决策施加影响。而竞争的政党为了争取公众的支持，会对投票人进行大量无理性和非理性的控制和灌输，以便使投票人形成政党倾向的偏爱，正如林德布洛姆指出的："政党的作用不只是对投票人的偏爱作出反应（可不作出反应），而且还要形成这些偏爱。……他们也成功地

[①] [美] 查尔斯·林德布洛姆：《决策过程》，竺乾威、胡君芳译，上海译文出版社1988年版，第47页。

[②] [美] 查尔斯·林德布洛姆：《决策过程》，竺乾威、胡君芳译，上海译文出版社1988年版，第72页。

进行了大量无理性和非理性的灌输,因为公民把所选定的政党当作一个提供咨询的组织,就像家庭、教会、工会和其他组织一样,能在政治态度和问题上为他们指路。"①

利益集团是决策过程的积极参与者,他们是掌有实权的直接决策者的信息和分析的主要来源。在林德布洛姆看来,利益集团并非总是为自己的利益进行表达,许多利益集团也会追求"公共利益",如关注公共福利、推进公共设施改革等。为了使直接决策者注意他们的愿望,利益集团会以进行说服等形式来试图根本改变直接决策者的世界观、政治哲学等来达到期望的政策效果。此外,利益集团还会建立联盟来进行合作,以便让直接决策者听到最易做出响应的价值观。

在林德布洛姆看来,政党、直接决策者、利益集团领袖,以及其他领导人并不只对公众的偏爱作出反应,他们还以各种不同的方式告知、说服和教导公众。因此,决策过程是循环的,"可以把它看作一架梯子,行政首脑在上,普通公民在下,其他参与者居中。公民自下而上地反映他们的意见和偏爱,但在梯子的每一级,一个信息更丰富,更积极,或更负责的决策参与者自上而下地把一些有助于下一级参与者澄清和修正其政策立场的信息、分析和建议输送给他。这一输送到达最底层,以帮助公民理解和更好地表达他们自己的愿望和需要"②。

总之,林德布洛姆用"渐进决策模式"替代"理性决策模式",使决策过程更能有效地反映现实的需求,避免了决策的大起大落造成的损失;此外,渐进决策也提高了决策的连续性和可预见性,避免了政府更迭造成的决策断裂。但是渐进主义决策理论也受到批评,主要是在激变环境中,决策经常需要快速反应,而渐进决策的模式难以适应环境激变的需求。

---

① [美] 查尔斯·林德布洛姆:《决策过程》,竺乾威、胡君芳译,上海译文出版社1988年版,第99页。

② [美] 查尔斯·林德布洛姆:《决策过程》,竺乾威、胡君芳译,上海译文出版社1988年版,第197页。

第三节 约翰·金登的公共政策多源流理论

约翰·W. 金登（John W. Kingdon），美国著名的政策科学家和政治学家，师从美国公共行政学、政策科学和政治学领域的大师级学者艾伦·威尔达夫斯基（Aaron Wildavsky）。1965 年在威斯康星大学获博士学位。密歇根大学安娜堡分校政治科学荣誉教授，曾任该校政治学系主任、美国中西部政治学会主席。金登教授学识渊博、著述甚丰，主要有《议程、被选方案与公共政策》（*Agendas, Alternatives, and Public Policies*，1985）外，还撰有《国会议员的投票决策》（第 3 版，1989）和《异常的美国》（1999）等多部在美国学界和政界具有广泛影响的著作。其中《议程、被选方案与公共政策》是金登教授最主要的代表作，该书在四年中进行了多达 247 次细致访谈，被誉为"公共政策研究的不朽之作"。金登在该书中提出了著名的基于问题溪流、政策溪流、政治溪流"三流合一"的"多源流"理论，多源流理论关注的核心问题是"议程建立和公共政策的形成"，即"问题是怎么引起官员注意的？他们从中挑选的备选方案是如何产生的？政府议程是怎样建立的？一个思想的时代真正到来的原因何在？"①

一 公共政策中议程项目和备选方案的来源

（一）议程与备选方案的概念

金登关注的核心议题是议程建立及公共政策的形成，因此，首先需要对"议程"这个概念进行解释。在金登看来，公共政策可以视作一个过程，这个过程包括四个阶段：议程的建立、备选方案的形成、备选方案的选择、决策的执行，其中最重要的是前两个阶段即议程的建立和备选方案的形成，也就是要了解为什么有些问题在议程中变得很重要而其他的问题却不是这样以及为什么某些可供选择的备选方案很受重视而其他的备选方案则被忽视。这里的议程在金登看来即是"对政府官员以及

---

① ［美］约翰·W. 金登：《议程、备选方案与公共政策》（第二版·中文修订版，第一版前言），丁煌、方兴译，中国人民大学出版社 2017 年版，第 1 页。

与其密切相关的政府外人员在任何给定时间认真关注的问题进行的编目"。① 议程分为政府议程和决策议程，政府议程即是对正在为人们所关注的问题进行编目；决策议程则是指对政府议程内部的一些正在考虑就此做出某种积极决策的问题进行编目。议程建立的过程就是将一组问题的范围缩小到那些真正成为关注焦点的问题，它往往包含了备选方案的过程，而备选方案的阐明过程即是将所有备选方案的范围缩小至那些更受重视的备选方案上。

（二）议程与备选方案的内部参与者来源

金登认为，议程项目与备选方案的来源有两个：一是总统、国会、行政部门的官僚等政府内部的参与者；二是政府外的各种力量如利益集团、政党、媒体及普通公众等。例如议程的建立可能意味着将项目从一个非政府的"系统"议程转变为一个政府的"正式"议程，或在政策精英与官僚中间的传播中而被提上议程，或在政党、利益集团等的外力作用下而成为议程。从议程与备选方案的内部参与者看，主要有以下几类。

1. 行政当局。行政当局在议程建立过程中扮演着很重要的角色。行政当局包括三种角色中的一种或他们的组合。（1）总统本人。金登认为，总统在议程建立过程中居于突出的地位。这是因为总统拥有如下资源：一是制定资源，包括否决权以及雇用和解雇的特权；二是组织资源，一旦总统介入行政部门决策，很可能取胜；三是党派性因素，总统的议程受自己政党控制时更少受限制；四是总统对议程的影响取决于他的专注程度，总统专注于某一项议程，则该议程建立的可能性很大。（2）总统的办事人员。他们有些人是总统本人的高级私人顾问，另一些人则是像国内政策参谋局、经济顾问委员会以及行政管理与预算局这种行政机构的成员，他们对特定问题具有专长，可能成为真正促成问题解决的来源。（3）政治任命官员。政治任命官员包括内阁各部的部长、副部长到各局、处或其他各类机构的首长等，尽管他们应该是关键性的政策制定者，但是他们经常通过"抬高问题"来显示对议程的重视程度，并且他们在任期限制内希望尽快出名而支持某个议程。

---

① ［美］约翰·W. 金登：《议程、备选方案与公共政策》（第二版·中文修订版），丁煌、方兴译，中国人民大学出版社 2017 年版，第 3 页。

2. 官僚。金登认为，虽然官僚通常被认为是许多议程项目的来源，但他们对议程的影响并没有行政当局那么大。在金登看来，官僚在议程建立中拥有如下资源。一是长期任职。职业人员的长期性可能意味着他们可以战胜政治任命官，虽然行政当局的议程仍依赖于政治任命官，但是行政官僚可以说服他们的任命官强调和重视他们所偏好的问题。"如果他们有说服力，那么他们就能够在不依赖于政治任命官的情况下为他们自己的部门建立一项政策议程，而且他们最好的赌注就是等暴风雨过去，一直等到出现一批善于接受新思想的政治任命官为止。"① 二是专长。他们在执行政策项目、议程设置等方面具有丰富的经验。三是与国会和利益集团成员之间的关系。行政官僚与委员会、利益集团之间形成"铁三角"关系，使得官僚甚至可以不受总统、政治任命官或不在该委员会任职的议员所控制，从而在议程建立过程中拥有独特的地位。

3. 国会。在金登看来，国会在议程中的地位带有"混合"的性质，一方面，国会是人民代表的所在地，是媒体和公众关注的对象；另一方面，由于国会由535名议员组成，因此国会可能"产生535个无法协调的个人议程，可能会缺乏对执行的控制，可能会缺乏起草详细政策建议所必需的专长，可能会受制于到处拉拢他们的利益集团、选民和行政压力，进而使他们无法建立一项他们自己的议程"。② 但是金登认为，国会又是重要的议程建立者，这是因为国会又拥有如下资源。一是它的合法权威。这种权威使国会仍然成为政策领域最重要的参与者，有权修改现行法令和提供资金或削减拨款。二是令人生畏的公开性。议员可以举行听证会、提出议案以及发表演讲等来提出或支持某项议程。三是混合的信息。国会的信息混合了实体因素和政治因素、混合了学术界的信息和压力集团的信息、混合了官僚和选民的信息，并且国会议员和办事人员可以接触到各种研究项目、行政辩论、泄露的消息、利益集团的压力、选区的抱怨、选民关注的问题等信息，使其在议程建立中拥有独特的信

---

① ［美］约翰·W. 金登：《议程、备选方案与公共政策》（第二版·中文修订版），丁煌、方兴译，中国人民大学出版社2017年版，第32页。
② ［美］约翰·W. 金登：《议程、备选方案与公共政策》（第二版·中文修订版），丁煌、方兴译，中国人民大学出版社2017年版，第33页。

息优势。四是长期任职。这就使得国会议员资历深,为了获得更好的名誉,议员可能会为使选民满意而努力提出一些"新的政策创意"。

(三) 议程与备选方案的外部参与者来源

金登认为,没有正式政府职务的参与者包括利益集团、研究人员、学者、咨询顾问、媒体、政党以及社会公众,他们都对议程设置及备选方案产生影响。

1. 利益集团。利益集团包括工商业团体、专业团体、劳工团体、公共利益团体以及作为说客的政府官员。在金登看来,利益集团对议程及备选方案具有双重影响,"利益集团的有些活动具有积极作用,它们往往可以促进政府采取一些新的行动步骤,而利益集团的另一些活动则具有消极功能,它们常常会阻碍公共政策方面的变革。"[1] 在影响议程方面,利益集团的活动很多是将自己的备选方案依附在一些别人可能已经使其地位显著的议程项目上,他们即使对议程没有影响,也对所考虑的备选方案有影响,但金登认为利益集团真正促进政策议程项目的活动可能要少于其阻碍议程项目的活动。

2. 学者、研究人员和咨询人员。学者、研究人员和咨询人员是其重要性仅次于利益集团的非政府角色,国会、官僚、院外活动集团经常讨论来自学术文献的思想。但他们的影响在许多方面各不相同,例如学者对备选方案的影响可能大于对政府议程的影响,而咨询人员可能更深地影响政府议程。另外,尽管学术价值得到认可,但是在实践中,学术界的政策建议由于各种原因并非总是能得到实施。

3. 媒体。媒体常常被描述成有力的议程建立者,但是实践中其影响要大打折扣,访谈中,只有 26% 的人认为大众媒体对议程有重要影响,远低于利益集团(84%)和研究人员(66%)。媒体通过以下四个途径对议程产生影响:一是新闻媒体可以在政策共同体内部充当一种沟通者的角色,通过在很短时间内突出报道某一件事情而影响议程;二是媒体对一些在其他地方已经开始的活动进行夸张性报道来影响议程;三是媒体通过影响公共舆论来间接影响议程;四是媒体的重要性程度可能会因参

---

[1] [美] 约翰·W. 金登:《议程、备选方案与公共政策》(第二版·中文修订版),丁煌、方兴译,中国人民大学出版社 2017 年版,第 46 页。

与者的类型不同而有所差异，更容易影响大量的外部人士进而影响议程。

4. 与选举有关的参与者。由于政府中做出许多决策的官员是由选举产生的，因而选举可以影响政策议程。主要表现为两方面：一是竞选者对议程的影响。竞选者参与的竞选运动和竞争承诺可能会对竞选议程产生影响，而且一旦竞争者上台，这种影响就会更加深刻；二是政党对议程的影响。政党影响议程的途径可能包括其宣言的内容、其在国会乃至在国家中的领导作用、其对追随者所可能提出的要求以及它们所代表的意识形态等。特别是对执政党来说，其宣言可能构成其行政当局议程的核心内容。

5. 公共舆论。在金登看来，公共舆论对议程可能既有积极的影响，也有消极的影响。"虽然公共舆论有时可能会引导政府做某事，但是它更通常的是约束政府不能做某事。"[1] 金登认为，公共舆论对议程的影响要甚于其对备选方案的影响，"政府官员之所以会关注一组问题，其部分原因在于这些问题已经为很多普通老百姓所关注。但是我们却很难断言普通老百姓会同样想到政府所考虑的备选方案"[2]。事实上，即使是政策议程的建立，政府官员和其他的积极分子以大众方式影响议程要多于其用别的方式来影响议程。

二 公共政策议程中的问题溪流、政策溪流和政治溪流

（一）公共政策的"垃圾桶模型"

"垃圾桶模型"（garbage can model）由迈克尔·科恩（Michael Cohen）、詹姆斯·马奇（James March）以及约翰·奥尔森（John Olsen）提出。"垃圾桶模型"阐明了这样一个道理：一个组织有三个普遍的属性，即未定的偏好、不清楚的技术以及不固定的参与。就偏好而言，因为偏好在不同的个体间存在不同的表现形式，所以人们不能或很难精确地界定自己的偏好和目标，一旦界定了就必然会产生冲突；就不清楚的

---

[1] ［美］约翰·W. 金登：《议程、备选方案与公共政策》（第二版·中文修订版），丁煌、方兴译，中国人民大学出版社2017年版，第62页。

[2] ［美］约翰·W. 金登：《议程、备选方案与公共政策》（第二版·中文修订版），丁煌、方兴译，中国人民大学出版社2017年版，第63页。

技术来说,该组织的成员对于自己为什么正在做自己所做的事情只有不完全的初步认识;就不固定的参与来说,由于组织内外参与者在决策过程中"漂进漂出",使得组织的边界很不确定,从一个决策到另一个决策、从一个时间到下一个时间,参与都在变化。这样导致的结果就是:组织决策的四条溪流,即问题、解决办法、参与者以及选择机会相互分离和独立,当一次选择机会出现时,各种参与者都会卷入、各种问题都会引入、各种解决办法都会被考虑,"一个选择机会因而就是各种问题和解决办法在其产生时都被参与者填入其中的一个垃圾桶。"①

金登对"垃圾桶模型"进行了修正,将其运用于公共政策的研究领域。他认为进入"垃圾桶"的政策议程有三条溪流——问题溪流(problem stream)、政策溪流(policy stream)和政治溪流(political stream)。首先是进入垃圾桶的问题溪流引起政府内部及其周围人们的关注;其次是政策溪流,即产生政策建议的政策共同体,包括专家和官僚、规划评估人员、预算人员、国会办事人员、压力集团、学者与研究人员等,他们都有各自的想法和打算,并四处散发自己的思想;最后是政治溪流,包括像国民情绪的摇摆不定、公共舆论的变幻莫测、行政当局的更换、党派或意识形态分布状态以及利益集团的影响等,政治溪流往往不依赖于问题溪流和政策溪流。金登认为,这三条溪流在"垃圾桶"内相互独立,它们受不同的力量、不同的考虑和不同的风格所引导,并且每一种角色和过程都可能具有促进作用,也可能具有约束功能,这样就形成了公共政策的"垃圾桶模型"。在金登看来,在公共政策的"垃圾桶模型"中,议程的产生在于三条溪流的结合。他指出:"一旦我们认识了这些独立产生的溪流,那么理解议程和政策变化的关键就是它们的结合。这些溪流在一些关键的时候汇合在一起。一个问题被识别了,一个解决办法可以得到,这种政治气候便促成了适合变革的恰当时机,而且那些约束条件也阻止了不行动。一些倡议者提出了他们的建议,然后就等待随之会出现一些他们可以为其附上解决办法的问

---

① [美]约翰·W. 金登:《议程、备选方案与公共政策》(第二版·中文修订版),丁煌、方兴译,中国人民大学出版社2017年版,第81页。

题，或者等待政治溪流中出现像一种使其政策建议更有可能被采纳的行政当局更换一种发展状况。"① 这里的政策建议机会即是"政策之窗"，下面再论述。

（二）公共政策中的问题溪流

对议程的一种影响是迫切需要解决系统加以解决的问题，一次危机或一个重要事件都可能标志着这类问题的出现。问题引起决策者关注的原因常常在于某些指标表明那儿就存在一个需要解决的问题，这些指标如公路死亡人数、发病率、免疫率、消费者价格、权利性政策项目的代价、入学率等。但是问题并不是因这些指标而自明的，问题需要一些推动力来引起政府内外的关注。这些推动力可能是一次危机、一种变得流行的符号或政策制定者的个人经历这样的焦点事件所提供的。

但是危机、灾害、符号以及其他的焦点事件本身也很少单独将某一主题带入政策议程的显著位置上，它们还需要其他事物的"伴奏"。在金登看来，这种"伴奏"主要有以下几个途径：一是它们可以强化对某一问题的某种预定存在的知觉，使人们的注意力集中到一个已经"被人们忘到脑勺后边去了"的问题上；二是一次灾害或危机可以充当预警，如果后来考虑真的证实了过去有一种需要关注的普遍状况，那么某种可能被视为问题的事情就会吸引应上进心的人们关注，例如桥梁的安全事故如果不是一个孤立的事件，就可能成为一个引起连锁反应的预警，从而成为政策问题；三是这些焦点事件可以与其他类似事件配合起来影响政策问题的制定，如卫生领域的多次危机可能成为一个引起人们关注的政策问题。

问题引起决策者的关注后，还需要进一步的反馈信息才能成为最后的议程。在反馈过程中，有些问题会从议程的显著位置掉下来，主要原因在于：有时政府内部的人们觉得他们已经解决了某一个问题；有时政府官员觉得自己已经通过立法或做出一项行政决策来处理了这个问题；有些难以解决或不能解决的问题失去了重要议程项目的地位，因为解决问题需要时间、精力并动员许多角色和资源，行政当局不愿意再投

---

① ［美］约翰·W. 金登：《议程、备选方案与公共政策》（第二版·中文修订版），丁煌、方兴译，中国人民大学出版社 2017 年版，第 83 页。

入；有些问题就像在追求时尚，当它不再新颖时，就不再引起人们关注了。

（三）公共政策中的政策溪流

政策溪流即是某一特定领域专家中知识和观点的逐渐积累与"软化"过程，这个"软化"经历一个很长的过程：思想漂浮、提出议案、作演讲、草拟政策建议，然后根据反应修改议案，并且再一次漂浮起来，不同思想相互对抗和碰撞，并以各种各样的方式彼此结合，这种"汤"不仅通过出现一些全新的元素而发生变化，而且更多的是通过对以前就存在的元素进行重组而发生变化。这个过程，金登将其形象地比喻成"政策原汤"，如同生物自然选择过程一样，"只有那些符合某些标准的思想才会坚持下来。有些思想幸存下来并且得以成功；有些政策建议则比其他的政府建议更加受到重视。"①

在政策的"软化"过程中，政策共同体、政策企业家以及价值观等均发挥着重要的作用。政策共同体是由某一特定政策领域的专业人士组成，如卫生领域、住房领域、环境保护领域、司法审判领域等，他们彼此之间相互作用，努力向政策共同体的其他人推销自己的思想，有些政策建议很快就被舍弃，但是另一些建议则更加受到重视并且存留下来。政策企业家即是这样一群倡议者，"怀着未来会有所回报的希望而愿意投入自己的资源——时间、精力、声誉，而且有时还愿意投入资金。"② 政策企业家进行倡议所得到的回报形式可能表现为他们所赞成的政策，因参与而产生的满足感；甚或个人职业安全感的增强或职位的提升。在政策溪流中，价值观也发挥重要的作用，如效率、成本、公平等，政策共同体中幸存下来的政策建议往往都符合那些专业人员的价值观，正如金登指出："与专业人员的价值观不相符的政策建议较之符合专业人员价值观的政策建议具有更少的幸存机会。"③

---

① ［美］约翰·W. 金登：《议程、备选方案与公共政策》（第二版·中文修订版），丁煌、方兴译，中国人民大学出版社 2017 年版，第 111 页。
② ［美］约翰·W. 金登：《议程、备选方案与公共政策》（第二版·中文修订版），丁煌、方兴译，中国人民大学出版社 2017 年版，第 116 页。
③ ［美］约翰·W. 金登：《议程、备选方案与公共政策》（第二版·中文修订版），丁煌、方兴译，中国人民大学出版社 2017 年版，第 126 页。

（四）公共政策中的政治溪流

金登指出，那种认为公共政策的制定就是专业人员尤其是官僚、国会办事人员及研究人员的领地的看法是错误的，政治溪流也是政策制定的重要组成部分。这里的政治溪流即是"由诸如公众情绪，压力集团间的竞争、选举结果、政党或者意识形态在国会中的分布状况以及政府的变更等因素构成。"① 政治溪流独立于问题溪流与政策溪流，它有以下几种影响力量。一是国民情绪。国民情绪即是在一个国家里有大批的民众正沿着某些共同的路线思考，这种国民情绪可以像钟摆一样以明显的方式经常发生变化，从而对政策议程和政策结果产生重要影响。金登指出，政策制定者既可以通过国民情绪来促进一些项目被提上他们的政策议程，也可以用来抵制其他项目上升到议程的位置。二是有组织的政治力量。有组织的政治力量包括利益集团、政治动员以及政治精英行为等，在许多时候，有组织的力量之间的平衡可以减缓变化的进程。特别是具有必备资源的重要利益群体，不仅能够阻碍不合他们胃口的政策建议通过，而且还可以阻止该政策建议受到重视。这些都是政策制定者在推进变革时需要注意的力量。三是政府。在金登看来，政府也是一种重要的政治力量，一方面，政府行政当局自身的变化会带来政策议程的显著变化；另一方面，官僚机构与国会对政策地盘的争夺也会对政策议程产生重要影响；此外，政府重要的人事变动也会带来议程的变化，"要么担任权威职务上的人员改变他们优先考虑的项目并提出新的议程项目；要么这些职位上的人事发生了变动，从而因为人事的调整而使一些优先考虑的新项目进入议程之中。"②

政治溪流对议程的最终影响是通过政治共识实现的。金登指出，与政策溪流通过说服和传播的过程来建立共识不同，政治溪流的共识是通过讨价还价来实现的。"在政治溪流中，联盟是通过妥协以换取联盟的支持而建立的，或者是随着实际的联盟成员或潜在的联盟成员的讨价还价

---

① ［美］约翰·W. 金登：《议程、备选方案与公共政策》（第二版·中文修订版），丁煌、方兴译，中国人民大学出版社2017年版，第137页。

② ［美］约翰·W. 金登：《议程、备选方案与公共政策》（第二版·中文修订版），丁煌、方兴译，中国人民大学出版社2017年版，第144页。

而建立的。一个人之所以加入联盟，其原因并不是在于他完全被说服相信那个行动步骤的好处，而是因为他害怕不加入联盟就会得不到加入联盟所带来的利益。"①

三　政策之窗与溪流的结合

金登指出，问题溪流、政策溪流、政治溪流在关键的时刻需要汇合在一起，并进入政策之窗，政策议程才算真正启动了。这里的政策之窗，"即是政策建议的倡导者提出其最得意的解决办法的机会，或者是他们促使其特殊问题受到关注的机会。"②

（一）政策之窗开启的原因

在金登看来，政策之窗并不经常打开，并且敞开的时间也不长。"政策窗口是根据给定的动议而采取行动的机会，它们呈现并且只敞开很短暂的时间。如果参与者不能利用或者没有利用这些机会的话，那么他们就必须等待时机，直到下一次机会的降临。"③ 尽管政策之窗数量稀少，但是公共政策的重大变革却常常是由于这些机会的出现而导致的，所以对于政策参与者来说，抓住政策之窗开启的机会非常重要。

金登认为，政策之窗开启的原因在于问题溪流、政策溪流或政治溪流的变化。他指出："从根本上来看，一扇政策之窗之所以敞开，其原因在于政治溪流的变化（例如，行政当局的变更、政党或意识形态在国会席位分布上的改变、或者国民情绪的变化）；或者说，政策之窗之所以敞开，其原因在于一个新的问题引起了政府官员及其周围人们的关注。行政当局的变更可能是政策溪流中最明显的政策之窗。"④ 例如，某一问题溪流变得迫在眉睫，从而为一些政策建议的倡导者创造了将其解决办法附在问题上的机会。

---

① [美]约翰·W.金登：《议程、备选方案与公共政策》（第二版·中文修订版），丁煌、方兴译，中国人民大学出版社2017年版，第150页。
② [美]约翰·W.金登：《议程、备选方案与公共政策》（第二版·中文修订版），丁煌、方兴译，中国人民大学出版社2017年版，第155页。
③ [美]约翰·W.金登：《议程、备选方案与公共政策》（第二版·中文修订版），丁煌、方兴译，中国人民大学出版社2017年版，第156页。
④ [美]约翰·W.金登：《议程、备选方案与公共政策》（第二版·中文修订版），丁煌、方兴译，中国人民大学出版社2017年版，第158页。

金登指出，政策之窗会开启，但是政策之窗也会流逝。政策之窗关闭的原因有以下几种：一是参与者可能觉得他们已经通过决策或者立法把问题处理了；二是与此密切相关的是，参与者可能没有争取到行动，这样他们就不愿意投入更多时间、精力、政治资本或其他资源；三是促使政策之窗打开的事件可能会从舞台上消失，例如一次危机或焦点事件本身是短暂的，这种"蜜月期"很快会过去或被人们忘却；四是如果人事的变动打开了一扇政策之窗的话，那么人事就可能再度发生变化，因他们而带来的机会也是如此；五是政策之窗有时之所以关闭，是因为没有可行的备选方案。

（二）政策之窗打开的途径

政策之窗打开的时间有限，那么，作为政策参与者，就必须要"趁热打铁"，有效利用政策之窗。在金登看来，有效利用政策之窗可以通过以下途径。

第一种途径是有效利用问题之窗和政治之窗。一扇敞开的窗户需要什么？首先取决于是什么使窗户打开了或者是什么促使议程发生了变化。由于这种变化不是对政策溪流中的发展而是对问题溪流或政治溪流中的发展做出的一种反应，所以问题之窗与政治之窗显得更为重要。有时，促使政策之窗打开的因素是一个使政府感到压力很大或者至少会被逐渐视为很急迫的问题，这时问题之窗就获得机会；有时，政治溪流中的一个事件，如行政当局的变更、国民情绪的转变以及国会新成员的注入等，也可以打开一扇政策之窗。问题之窗与政治之窗是相互关联的，当一扇窗户因某一问题迫在眉睫而被打开时，如果作为问题的解决办法而被提出的备选方案也符合政治可接受性的检验标准，那么它们就会进展得更加顺利；同样，当一个政治事件打开了一扇窗户时，参与者就会力图找到一个可以把他们所提出的政策建议附加在其上的问题。

第二种途径是实现问题溪流、政策溪流、政治溪流在关键时间点的结合。在金登看来，问题或者政治本身就可以建构政府议程，然而，"如果所有三条溪流——问题溪流、政策溪流以及政治溪流——都汇合在一起的话，那么一个项目进入决策议程的可能性就会明显增强。"[1] 如果这

---

[1] ［美］约翰·W. 金登：《议程、备选方案与公共政策》（第二版·中文修订版），丁煌、方兴译，中国人民大学出版社2017年版，第167页。

三种因素缺少一种，即如果得不到一个解决办法，不能够发现问题或问题不太紧迫，或者缺少来自政治溪流的支持，那么该主题在决策议程中的位置就会转瞬即逝。金登认为，政策之窗的打开有时具有很大的可预测性，有时又出乎意料，这时需要充分发挥政策企业家的作用，特别是促进分离的溪流在政策制定系统中的相互结合作用。

总之，金登的公共政策多源流理论拓展了政策研究的新视野，其提出的公共政策议程中的问题溪流、政策溪流、政治溪流以及问题之窗等富有创意。但是该理论也受到一些质疑，主要是现实中的政策议程是千差万别的，仅造这三条溪流能否回应现实政策议程的多变性？

第十一章

明诺布鲁克会议与新公共行政学派

20世纪60年代晚期至70年代初期,这一时期被沃尔多称为"一个骚乱的时代"(time of turbulence),越南战争、种族骚乱、水门事件、公民权运行等使西方国家出现一系列严重的社会、经济与政治问题,以"经济与效率"为核心的公共行政面临严重挑战。1968年,一群年轻的学者汇聚于美国锡拉丘兹大学的明诺布鲁克会议中心,反思传统公共行政的缺陷,探索公共行政的未来,从而形成了一个新的学派——一个以"社会公平"为核心的新公共行政学派(New Public Administration),其主要代表人物是被誉为新公共行政学派"旗手"的乔治·弗雷德里克森。

第一节 明诺布鲁克会议与新公共
行政学派的兴起

在弗雷德里克森看来,自威尔逊将行政从政治中分离出来直到怀特出版《公共行政导论》以来,公共行政经历了三个阶段:第一阶段与文官制度改革、城市经理运动、良好政府运动及政府行政机构的专业化相关,这一时期提出了行政原则并在大学里设立了第一批公共行政领域的第一批学术项目,公共行政作为一门新兴学科运用了管理科学的成果;第二阶段始于"大萧条"和"新政"及后来的第二次世界大战,这一时期政府规模快速增长,政府权力日益集中;第三个阶段的特征是公共服务的快速增长和广泛的郊区化和都市化,使得公共服务不断增长又继续专业化,郊区化和都市化的过度扩张产生了种族、失业、能源、环境等危机,到20世纪60年代许多危机同时爆发,正如弗雷德里克森指出:

"发生在20世纪60年代中期和20世纪70年代之间的三个特殊事件或活动给社会、政府以及公共行政留下了难以磨灭的痕迹：越南战争、都市骚乱和持续的种族冲突以及水门事件。"[①] 这些危机事件使人们不断反思传统公共行政的问题并改变了公共行政的思维方式和实践方式。

1967年底，由美国政治学与社会科学研究院（American Academy of Political and Social Science）主办了"公共行政理论与实践年会"，对当前公共行政的现状提出了尖锐的批评，特别是一些年轻的理论家、实际工作者和学生更是直言不讳：（1）逃避种族暴乱、越南战争、贫富差距、公共官员道德责任等；（2）没有大胆地提出积极的新概念与新理论；（3）过分沿袭老的观念、概念和理论；（4）对社会变迁与变革关注不够；（5）过分相信专业知识和官僚能力，缺乏对官僚体制的基本质疑；（6）对经济社会的衰退及变化关注不够；（7）对公民需求的回应关注不够；（8）对行政机关的治理能力持过分乐观的态度。

此次会议让沃尔多受到启发，萌发了单独组织一次由年轻学者参与讨论公共行政主题的想法。在沃尔多看来，这主要出于两方面原因：一方面是沃尔多发现参与1967年"公共行政理论与实践年会"的缺乏年轻学者的代表。沃尔多指出："我发现我自己很困扰，参会人员大都是50多岁和60多岁，可能没有一个与会者在35岁以下，那么公共行政的未来（future）在哪里？"[②] 另一方面，沃尔多发现老学者们谈论的事情大都是与混乱和危险的现实世界脱节的问题，而这些正是需要年轻学者不得不处理的事情。

1968年9月，在沃尔多的发起和赞助下，明诺布鲁克会议（Minnowbrook Conference）终于召开，33位年轻的公共行政学者齐聚美国纽约州的锡拉丘兹大学明诺布鲁克会议中心，彻底反思与批判传统公共行政学的缺陷，以丰富的想象力和激昂的精神争辩公共行政学的当代主题，并展望公共行政未来发展的责任与担当。这次会议，标志着新公共行政学

---

① ［美］H. 乔治·弗雷德里克森：《新公共行政》，丁煌、方兴译，中国人民大学出版社2011年版，第2页。
② Frank Marini, *Toward a New Public Administration: the Minnowbrood Perspective*, San Francisco: Chandler Publishing Company, 1971, p. XIV.

的诞生。但是沃尔多本人并没有参与此会会议,他说自己只是一个赞助者(sponsor)和观察者(observer)。此次会议的成果后来由弗兰克·马里尼(Frank Marini)于1971年汇编成论文集,题目为《朝向新公共行政学：明诺布鲁克的观点》(Toward a New Public Administration: the Minnowbrook Perspective)。此书与其他两本书,即德怀特·沃尔多的《骚乱时代的公共行政》(Public Administration in a Time of Turbulence)以及乔治·弗雷德里克森的另一本《20世纪70年代的邻里控制》(Neighborhood Control in the 1970s)被称为新公共行政的主要代表作。由于明诺布鲁克会议提出的重要主题,如相关性、后实证主义、对骚乱环境的适应、新的组织形式等,有别于传统公共行政学或主流公共行政学的观点,与会者们同意将这次会议产生的理论与观点取名为"新公共行政学"。

随后每二十年在雪城大学举办一次明诺布鲁克会议,目前已经举办了三届会议。明诺布鲁克三次会议在美国公共行政学研究的发展历史上具有极为重要的意义,它"影响了美国公共行政研究的走向,并对每一阶段的研究起到了引领的作用,在一定程度上反映了美国公共行政研究的特点"。[①]

第二节　弗雷德里克森的新公共行政

H. 乔治·弗雷德里克森(H. George Frederickson,1934—2020)是美国著名政治学家、公共行政学家,新公共行政学派的领军人物。他还是美国著名公共行政学期刊《公共行政研究和理论杂志》的创立人与主编。1961年获得加利福尼亚大学公共行政学硕士学位、1967年获得南加利福尼亚大学公共管理博士学位,随后加入雪城大学马克斯韦尔学院(也称为锡拉丘兹大学)担任助理教授,1972年担任印第安纳大学公共与环境事务研究生院副院长,1974年调入密苏里大学担任公共与社区服务学院院长,1977年担任东华盛顿大学校长,同年被选为美国公共行政学会主

[①] 竺乾威:《明诺布鲁克三次会议与公共行政研究的演进》,《中国行政管理》2018年第5期。

席，1979 年被选为美国公共行政研究院院士。1987 年起弗雷德里克森出任堪萨斯大学公共行政学系的特聘教授。2003—2004 年赴牛津大学做访问学者，成为该校最著名、最古老学院之一的贝利奥尔学院（Balliol College）的研究员。

作为一位杰出的公共行政研究学者，弗雷德里克森获得过许多荣誉，如 1990 年获得美国公共行政学会和"公共事务与公共行政院校协会"共同颁发的"杰出研究奖"、1992 年获得美国公共行政协会颁发的"德怀特·沃尔多奖"、1999 年荣获美国政治学会颁发的"约翰·高斯奖"等。同时，弗雷德克里森出版了多部享有盛誉的专著，如《公共行政与公共政策》（1977）、《新公共行政》（1980）、《公共行政的精神》（1997）、《公共管理改革与创新：研究、理论与应用》（合著，1999）、《公共行政理论入门》（2003）、《公共管理伦理》（2005）等，其中《新公共行政》（*New Public Administration*）、《公共行政的精神》（*The Spirit of Public Administration*）是其主要的代表作。

一　新公共行政的概念内涵

在弗雷德里克森看来，给任何事物加上一个"新"的标签都是很危险的事情，而当理念、思想、概念、范式和理论被赋予"新"的标签时，危险就会翻倍。那么新公共行政的"新"体现在哪里呢？是不是在理论与方法上全部都是创造性的呢？沃尔多看来，这个"新"表明了公共行政的一种哲学转向，即朝着规范理论、哲学、社会关注和行动主义的方向前进。这可以从两个方面来理解："从消极方面来看，公共行政的这种趋势背离了实证主义（positivism）和科学主义（scientism），尽管大多数学者认为没有背离科学，学者们对于技术怀有一种矛盾心理，如果没有背离技术的话那也是一种冷漠（disinterest），并且对计划、预算和运筹学等方面明显缺乏兴趣；从积极方面来说，人们对发现和实现'适当价值'的哲学（明确地说是存在主义和现象学）感兴趣，甚至对个人与组织道德表达公开关切，一些关键词如相关性（relevance）、社会公平性（social equity）、顺应性（adaptation）和客户焦点（client-focus），都表达或暗示了对公共行政的特殊兴趣。"①

在弗雷德里克森看来,这里的"新"不在于织物时所使用的线,而在于织物时的编织方式。而且,这里的"新"还在于对这种织物恰当使用的论证——无论这种织物穿得有多么破旧。也就是说,新公共行政既并不排斥传统公共行政的价值与观点,甚至还有可能来自指导传统公共行政的价值观,只是"编织"的方式不同而已。正如弗雷德里克森指出的:"我强烈反对只有一个公认的新公共行政及其模型并且完全否认该领域过去的理论和规范的观点。这也就是说,新公共行政中的新东西直接来自指导传统公共行政价值观。而且,新公共行政在逻辑上也是出自对社会科学领域新知识的集聚以及将那些社会科学在公共问题上的聚焦。如果事实果真如此的话,那么新公共行政就是具有一个丰富而重要的世系。对这个世系的描述可能有助于将新公共行政置于时代背景之中并且有助于阐明新公共行政的目标。"② 在弗雷德里克森看来,新公共行政批评了传统公共行政仅仅关注"效率与经济"的价值是不够的,认为公共行政的核心价值在于对社会公平的倡导、对民主价值的肯定以及对社会广泛责任的承诺。

二 新公共行政的特征

在弗雷德里克森看来,新公共行政具有如下特点。

1. 对社会公平价值观的倡导。社会公平是新公共行政最核心的价值观。传统公共行政总是把经济与效率摆在第一位,而新公共行政则在传统公共行政价值观的基础上添加了社会公平。弗雷德里克森指出:"传统和古典的公共行政不外乎试图回答下列问题:(1)我们怎样才能利用可用的资源提供更多或更好的服务呢(效率)?(2)我们怎样才能在节省支出的同时保持我们的服务水平呢(经济)?而新公共行政则要添加这样一

---

① Frank Marini, *Toward a New Public Administration: the Minnowbrood Perspective*, San Francisco: Chandler Publishing Company, 1971, p. xvi.
② [美] H. 乔治·弗雷德里克森:《新公共行政》,丁煌、方兴译,中国人民大学出版社2011年版,第10页。

个问题：这种服务是否增进了社会公平（social equity）？"① 也就是说，新公共行政尽管也认同传统公共行政的观点，即追求效率与经济的价值，但更重要的是，新公共行政强调公共行政更应该追求社会公平的价值。

2. 新公共行政强调要公平对待公民。公平对待公民是新公共行政核心价值观之一，社会公平也因公平对待公民的价值前提而得到发展。然而，传统的多元主义政府却"有组织地特别优待业已设立的稳定官僚体制及其专业化的少数服务对象（例如，农业部和农场主），而歧视那些缺乏政治资源和经济资源的少数群体（例如，农场工人，既有移民也有永久居民）。其结果便是一个经济增长时代持续出现的广泛失业、贫困、疾病、无知和绝望"。② 而新公共行政倡导的社会公平则重视增强这些少数群体的政治权力并改进他们的福祉。

3. 新公共行政千方百计促进公民参与。新公共行政不仅强调内部参与，如公务员积极参与内部政策与决策的制定过程；新公共行政还倡导外部公民对政策制定过程中的积极参与。因此，公民参与、邻里控制、民主及分权等，都是新公共行政的标准主题。

4. 行政人员并非价值中立。新公共行政批判传统"政治—行政二分法"，认为其是一种理论虚构，认为公共行政人员不是而且也不应该像"中立"机器人一样去执行一项他们没有参与也不甚了解的公共政策。弗雷德里克森指出："'政治—行政二分法'缺乏经验依据，因为很明显的是行政人员既执行政策，又制定政策，使用'政治—行政连续体'在经验上更准确一些，但也只是回避了理论问题；新公共行政认为行政人员不是中立的，他应该致力于作为价值、预期目标或理论基础的良好管理和社会公平。"③ 因此，在弗雷德里克森看来，新公共行政必须拒斥行政人员是价值中立或行政理论是价值中立模型的概念。

5. 新公共行政强调问题解决导向。传统公共行政强调的是制度取向，

---

① Frank Marini, *Toward a New Public Administration: the Minnowbrood Perspective*, San Francisco: Chandler Publishing Company, 1971, p. 311.

② [美] H. 乔治·弗雷德里克森：《新公共行政》，丁煌、方兴译，中国人民大学出版社2011年版，第5页。

③ Frank Marini, *Toward a New Public Administration: the Minnowbrood Perspective*, San Francisco: Chandler Publishing Company, 1971, p. 312.

其关注的焦点从问题转向制度，试图用更多的制度解决制度本身的问题。而新公共行政则将关注的焦点放在问题上，并着眼于问题解决的所有制度方案，新公共行政对设计解决公共问题之替换手段的关注程度远胜于对建立制度的关注，因为官僚本身就是一个更大的公共问题。此外，新公共行政还强调，以问题为导向，就需要强化执行权力，建设一个"强势的行政型政府或执行型政府"，一方面尽可能有效且经济地执行立法机关的政策与命令；另一方面试图影响和执行对大众美好生活具有良好促进作用的公共政策。

6. 新公共行政强调公共行政的"公共性"。在弗雷德里克森看来，新公共行政的倡导者可以被贴切地描述为"后行为主义者"（post – Behaviorists）。后行为主义者强调的是公共行政的"公共部分"，尽管后行为主义者也认可科学认识组织行为方式和行为原因的重要性，但他们更关注组织及其服务对象之间的互动关系。尽管后行为主义者对自然科学模型之于社会现象的可应用性不太乐观，但他们并不是反实证主义者或反科学主义者，他们也试图利用科学技巧来帮助分析、试验和评估政策备选方案。总之，较之于前辈，后行为主义者"具有更少的'一般性'（generic）和更多的'公共性'（public）；具有更少的'描述性'（descriptive）和更多的'规定性'（prescriptive）；具有更少的'制度取向'（institution oriented）和更多的'服务对象效应取向'（client – impact oriented）；具有更少的'中立性'（neutral）和更多的'规范性'（normative），而且，后行为主义者不希望减少科学性"。①

7. 新公共行政对民主行政的倡导。新公共行政认为民主行政是现代政府的核心议题，因为政治上的民主实实在在地体现在了政府民主行政的过程中，而民主行政要求将公共利益和公众的权利视为行政体系运转的轴心，并认为公共利益始终高于政府自身的利益扩张和满足。弗雷德里克森指出："即使是最具有生产率的政府、最具有效率的政府以及最经济的政府仍然也不可能从根本上消除贫困、机会不平等以及不公正。无论是古典官僚模型，还是新官僚模型，它们在抵消那些趋势的道路上都

---

① ［美］H. 乔治·弗雷德里克森：《新公共行政》，丁煌、方兴译，中国人民大学出版社2011年版，第7页。

很少有什么作用。因此，现代公共行政不仅要在理论意义而且还要在规范意义上寻找文森特·奥斯特罗姆所谓的'民主行政'（democratic administration）。"①

8. 对传统公共行政价值观的传承。新公共行政并非完全拒斥传统公共行政，而是传承了传统公共行政的某些价值观。弗雷德里克森认为当代公共行政有五个基本的模型：追求效率、经济与效益的古典官僚模型（the classic bureaucratic model）；追求理性、效率、经济、生产率的新官僚模型（the neobureaucratic model）；追求科学、渐进主义、多元主义、批判主义的制度模型（the institutional model）；追求员工满意、个人成长与尊严的人类关系模型（the human relations model）以及追求公民选择与服务竞争的公共选择模型（the public choice model）。这些模型对公共行政都产生了重要影响，弗雷德里克森指出："指导传统公共行政的价值——效率、经济、生产率和理性——将会对新公共行政产生重大影响。公共行政的古典官僚模型、新官僚模型以及制度模型都强调了这些价值及其特征。"② 而人类关系模型与公共选择模型强调员工满足感、个人成长、个人尊严以及公民选择权这些价值，而这正是新公共行政倡导的公民参与所必需的。

三 新公共行政的核心价值：社会公平

社会公平在新公共行政中占据着核心的地位，是新公共行政追求的核心价值。弗雷德里克森指出："新公共行政奋力追求（striring for）的目标的便是公平。"③ 在弗雷德里克森看来，现代公共行政最令人感兴趣的发展并不是经验性的，而是哲学的、规范的和纯理论的，这些研究属于"社会公平"的范畴；公共问题也不应简单地屈从于事实分析，而应更侧重于行政组织的开放性、公共性和参与性，在这个背景下，我们所追求的

---

① ［美］H. 乔治·弗雷德里克森：《新公共行政》，丁煌、方兴译，中国人民大学出版社2011年版，第29—30页。

② ［美］H. 乔治·弗雷德里克森：《新公共行政》，丁煌、方兴译，中国人民大学出版社2011年版，第18页。

③ H. George Frederickson, New Public Administration, Alabama: The University of Alabama Press, 1980, p. 38.

是"发展一种公共行政的社会公平伦理"。那么什么是社会公平呢？弗雷德里克森指出："社会公平是一个包括一系列价值偏好、组织设计偏好以及管理风格偏好的短语。社会公平强调政府服务的平等，强调公共管理者决策和项目执行的责任，强调公共管理的变革，强调对公民需求而非公共组织需求的回应，强调对公共行政研究与教育的探讨，公共行政不仅具有跨学科性和应用性，而且具有解决问题的特性和理论上的合理性。"①

新公共行政直接从约翰·罗尔斯（John Rawls）的"作为公平的正义"思想体系中获取坚实的理论依据。弗雷德里克森直接引用了罗尔斯的两个正义原则："第一条原则是，每一个都平等且广泛地享有基本的自由权利。第二条原则是，社会不平等和经济不平等应该调整成以下状态：(1) 与正当挽救原则相一致，使最弱势的群体享有最大的利益；(2) 在机会平等的条件下，将政府职位向所有人开放。"② 罗尔斯的正义原则使组织的管理者知道，个人的权利无论何时何地都要受到保护。哈特（Hart）总结了正义论对社会公平的价值：（1）正义论将会提供具有伦理内涵的社会公平，对正义论的接受将会为公平的公共行政提供一些清楚的、发展良好的伦理准则，这些伦理准则将会给社会公平注入它现在所缺乏的力量；（2）正义论可以提供必要的伦理知识，公平的公共行政人员不仅有责任而且有义务为弱势群体造福；（3）正义论将会对所有复杂的公共组织施加限制，因为任何组织都不允许侵犯个人的基本自由；（4）正义论提供了解决伦理僵局的手段；（5）正义论将为公共行政提供一个要求致力于社会公平的职业准则。③

弗雷德里克森在正义论的基础上分析了社会公平的价值体系，包括回应性、决策中的员工和公民参与、社会公平、公民选择以及项目效益的行政责任等，实现这些价值体系需要运用一定的结构手段和管理手段。这就是"社会公平的价值、结构与管理模型"，见表11—1。

---

① ［美］H.乔治·弗雷德里克森：《新公共行政》，丁煌、方兴译，中国人民大学出版社2011年版，第4页。

② ［美］H.乔治·弗雷德里克森：《新公共行政》，丁煌、方兴译，中国人民大学出版社2011年版，第25页。

③ ［美］H.乔治·弗雷德里克森：《新公共行政》，丁煌、方兴译，中国人民大学出版社2011年版，第26页。

表 11—1　　　　　社会公平的价值、结构与管理模型

要最大限度实现的价值	实现价值的结构手段	实现价值的管理手段
回应性	分权（政治分权和行政分权） 签约 对街头官僚的邻里控制	顾客同雇员和管理者的日常互动对民主的管理定义，其中不仅仅包括对民选官员的回应，而且还包括对利益集团和被瓦解的少数群体的回应培训
决策中的员工与公民参与	有权的邻里委员会 重叠的工作群体 决策过程的员工参与	接受坚决主张员工和公民对直接影响其生活的决策过程具有参与权的伦理，组织发展方面的培训
社会公平	与地方分配体系一致的区域岁入体系 由社会阶级使其平等的公共服务产出与后果	表明公平的职业伦理准则，对多数人统治不能颠覆少数人享有平等公共服务权利这一原则的管理承诺
公民选择	为了拓宽选择范围而设计各种备选的服务形式 重叠 签约	减少对某项特定服务的管理垄断，例如保健或教育
项目效益的行政责任	分权 委派 绩效目标	测量绩效，不仅根据一般的组织标准进行绩效测量，而且由社会阶级进行绩效测量

资料来源：［美］H. 乔治·弗雷德里克森：《新公共行政》，丁煌、方兴译，中国人民大学出版社 2011 年版，第 22 页略有删减。

第三节　公共行政的精神

弗雷德里克森的另一本代表作《公共行政的精神》从公共行政的"公共性"谈起，对公共行政领域的社会公平、公共精神、伦理准则进行了进一步的探讨。

一 公共行政中的公共理论

要理解什么是公共行政的公共性，首先要理解什么是公共行政。在弗雷德里克森看来，公共行政有狭义和广义两种定义："狭义的公共行政往往只注重效率和经济等管理层面的价值。广义的公共行政，除了重视管理的价值之外，还强调公民精神、公正、公平、正义、伦理、回应性及爱国主义等的价值。"① 弗雷德里克森认为，尽管传统公共行政在管理层面上的价值具有一定的可取性，但是由于传统公共行政忽视了最重要的价值——公共性，因此，那些与广义公共行政相联系的价值更显得无比崇高。

弗雷德里克森对"公共"的含义从哲学与政治学的角度进行了梳理，并批判了传统学者关于"公共"概念的五种观点，这五种观点是：② 多元主义的观点，认为公共是利益集团；公共选择的观点，认为公共就是理性选择；立法的观点，认为公共是被代表者；服务提供的观点，认为公共是顾客；公共就是公民的观点。在弗雷德里克森看来，这五种观点虽然都有一定的优点，但是都存在问题。弗雷德里克森认为，公共行政的公共理论一方面必须具有理论上的独特性；另一方面必须能够指导公共行政的实践。为此，公共行政中的公共理论具有"四个构成要件"，它们是：

1. 公共理论的宪法要件。公共行政的公共的一般理论的第一个要件是，它必须建立在宪法的基础之上。弗雷德里克森认为，只有建立在宪法基础上的理论才是"稳固的、不可动摇的"，这些宪法基础包括人民主权、正当性法律程序、公民权利的平等保护、分权与制衡、联邦与州政府关系等。

2. 公共理论的品德要件。这里的品德要件即在于获得"品德崇高的公民"，一个好政府必须有一群它所代表的好公民，好公民的标准在于：

---

① [美] H. 乔治·弗雷德里克森：《公共行政的精神》，张成福等译，中国人民大学出版社 2013 年第 2 版，第 3 页。

② [美] H. 乔治·弗雷德里克森：《公共行政的精神》，张成福等译，中国人民大学出版社 2013 年第 2 版，第 21 页。

具有公民精神、具有良好的信念和操守、能够实践道德哲学并承担个人的道德责任。

3. 公共理论的制度要件。也就是说，公共行政建立和维持这样一种制度与程序，"它能够听到集体的和非集体的公共的利益要求，并能够对他们的要求做出回应。"① 在这种情况下，发展听证、问责、阳光法案、救济程序以及诸如此类的做法，对完善公共行政的公共理论尤为重要。

4. 公共行政的伦理要件。伦理要件要求公共行政的公共理论要建立在乐善好施（benevolence）与爱心的基础之上，乐善好施与对他人的爱心是公共理论的目的与关键所在。换句话说，"公共行政要重新赢得人们的尊重，唯有通过乐善好施与尊重才能实现。"②

在弗雷德里克森看来，公共行政的公共理论要在实践中真正运作，还应该包括以下四个概念，它们是："第一，陌生人之间的交往；第二，解决公共空间和公共关系的问题；第三，非人情化关系的有效性；第四，发展当代相互依存的公共关系。"③ 在陌生人交往方面，健康的公共生活是围绕着人们在无数次分离聚散的场合，与出出进进的人们不断地互动而进行的，这才是真正的公共生活；在公共空间方面，信息通信技术的发展及公共场所建筑的设计等都是提高公共生活质量的重要途径；在非人情化关系方面，要在公共领域中使人际关系保持一定的距离，防止公共权力对私人领域的侵入；在相互依存方面，在各种各样的场合，我们和素不相识的人谋面、交往，尽管许多交往是短暂的和偶然的，但如果在交往中我们有一种普遍的公共利益意识和集体责任感，那么我们的地球村就正在形成，我们可以看到一种公民精神正在形成。

总体看来，弗雷德里克森认为公共既是一种理念，也是一种能力。"作为一种理念，公共意味着所有的人们，为了公共的利益，而不是出于个人的或者家庭的目的才走到一起来。作为一种能力，公共意味着为了

---

① ［美］H. 乔治·弗雷德里克森：《公共行政的精神》，张成福等译，中国人民大学出版社2013年第2版，第31页。
② ［美］H. 乔治·弗雷德里克森：《公共行政的精神》，张成福等译，中国人民大学出版社2013年第2版，第32页。
③ ［美］H. 乔治·弗雷德里克森：《公共行政的精神》，张成福等译，中国人民大学出版社2013年第2版，第33页。

公共的利益而在一起工作的一种积极的、获取充分信息的能力。在许多情况下，这样的行动都是通过政府而进行的，但并不是所有的行动都要通过政府的。志愿者协会、非营利组织、公司都是公共的表现形式。"①

二 社会公平的复合理论

社会公平问题存在的一个重要前提是行政机关自由裁量权的存在。弗雷德里克森认为："允许行政机关具有广泛的自由裁量权，在理论上是正确的，在实践上也是适当的。"② 自由裁量权的存在使公平问题变得复杂多样和不断变化，把效率与经济作为公共行政的指导方针是有必要的，但仅此是不够的，必须加上社会公平作为公共行政的"第三个理论支柱"，为此就需要一种新的公平理论。弗雷德里克森试图对社会公平寻求"一个更具描述性的理论，一个更伟大的定义，一个更能应用于公共行政的理论、实践以及精神的定义"。③ 弗雷德里克森在整合公正、正义和平等的基础上提出了"社会公平的复合理论"（compound theory），其内涵包括如下六个方面。④

1. 纯粹的个人公平（simple individual equalities）。个人公平指一对一的个人公平关系，例如"一人一票"就是个人公平的典型例子。

2. 分段化的公平（segmented equality）。随着劳动分工的精细化和复杂化，更倾向于实施分段化的公平，这种公平主张同种类的人同等对待，不同种类的人则不同对待。

3. 集团的公平（block equalities）。纯粹的个人公平和分段化的公平主要是从个人层面建构的公平，而集团的公平则要求维持群体之间以及次级群体之间的公平。例如男女同工同酬就是例证。

4. 领域的公平（the domain of equality）。领域的公平可以用实际分配

---

① ［美］H. 乔治·弗雷德里克森：《公共行政的精神》，张成福等译，中国人民大学出版社2013年第2版，第35页。
② ［美］H. 乔治·弗雷德里克森：《公共行政的精神》，张成福等译，中国人民大学出版社2013年第2版，第8页。
③ ［美］H. 乔治·弗雷德里克森：《公共行政的精神》，张成福等译，中国人民大学出版社2013年第2版，第80页。
④ H. George Frederickson, *The Spirit of Public Administration*, San Francisco: Jossey - Bass Publishers, 1997, pp. 116 - 120.

的财物、服务或利益为划分标准，但是领域的公平总是在不断地转移、聚合或分散，有些领域的公平由政府控制，有些领域的公平由市场主导。通常情况下，"在政府控制的领域追求公平，目的是纠正市场带来的不公正，或是纠正以往的政府政策导致的不公平。政府实施的补偿性不公平，其目的是抵消分配领域之外但又属于更广泛的权利要求之内的不公平，失业保障、儿童抚恤、大学教育担保金、食品券等都是这样的例证。"①

5. 机会的公平（equalities of opportunity）。机会的公平分为预期的机会公平和手段的机会公平。预期的机会公平，即是如果两个人获得某个职位的可能性相同，那么他们之间就应该机会平等；而手段的机会公平则意味着，如果两个人获得某种职位的天资和资格相同，那么他们获得该职位的机会应该平等。

6. 价值的公平（the value of equality）。价值的公平表明的是：如果每个人拥有的"份额"是相等的，那么就应该认为其价值也是公平的。份额公平的优势在于"份额"易于测量和分配，但存在的问题在于份额的公平对重大的需求变化可能不敏感。

三　公共行政的精神：乐善好施的爱国主义

弗雷德里克森将公共服务中基本的道德责任界定为乐善好施的爱国主义，一种对人民的无限的爱。这里的"爱"体现为两个方面：一方面是对宪政体制的爱，称之为爱国主义；另一种是对人民的爱或者说对他人的爱，称之为乐善好施主义，这是民主政治必不可少的。这两种爱的结合体，就是公共服务的新模式，就是公共行政的精神。弗雷德里克森指出："在民主国家，公务员同公民之间的应该存在的特殊关系是建立在公民知晓他们是受到官僚爱戴的基础之上的。"②

在弗雷德里克森看来，乐善好施的爱国主义主要通过"代表性公民"来实现。这里的代表性公民即是具有"公民精神"和"道德责任"的公

---

① ［美］H. 乔治·弗雷德里克森：《公共行政的精神》，张成福等译，中国人民大学出版社 2013 年第 2 版，第 82 页。
② ［美］H. 乔治·弗雷德里克森：《公共行政的精神》，张成福等译，中国人民大学出版社 2013 年第 2 版，第 135 页。

共管理者，他们既代表公民的利益，又要执行和管理公民的事务；他们既是道德的思考者，又是道德的实践者，需要将道德责任置于职业主义之上而不是相反；他们既理解和相信宪政体制的价值，并履行公共行政对社会公平的承诺，又要对国家和人民深怀乐善好施的意识，并将乐善好施的爱国主义付诸实践。

第十二章

黑堡学派

自20世纪70年代以来,经济危机造成的政府困境使人们不断反思官僚制的缺陷,并推崇自由市场机制来解决广泛的公共问题。然而这导致两个后果:一方面,政府体系内弥漫着一股反官僚、反权威与批判官僚的风气,政治精英在大选中对文官体系毫不留情的批判和鞭挞,甚至将职业官僚看成"披羊皮的狼",而大众传媒则充斥着对公务员的责难、批评、贬损甚至攻击,导致政府管理不断处于混乱之中,因此,"美国必须纠正政治文化中鄙视和苛责行政部门和职业官僚的歪风,只有这样,有关政府绩效和治理问题的讨论和对话,才能富有意义,有所突破。"[①] 另一方面,对自由市场机制的过度推崇特别是将私人部门的管理方法引入公共部门,不仅产生了重大争议,而且也动摇了民主制度的基础,使得公共行政处于"合法性危机"之中。为了应对危机,1982年,来自弗吉尼亚理工学院的五位教授万斯莱(Gary L. Wamsley)、查尔斯·T.葛德塞尔(Charles T. Goodsell)、约翰·A.罗伯(John A. Rohr)、欧来恩·F.怀特(Orion F. White)、詹姆斯·F.沃尔夫(James F. Wolf)等利用度假的机会,以葛德塞尔的《为官僚制正名——一场公共行政的辩论》(*The Case for Bureaucracy: A Public Administration Polemic*)一书为基础,采用头脑风暴法对公共行政进行讨论,讨论的结果形成了《公共行政与治理过程:转变政治对话》(*Public Administration and the Governance Process: Shifting the Political Dialogue*)一文,这就是著名的《黑堡宣言》(*Blacksburg Manifesto*),黑堡宣言的名称来自弗吉尼亚大学的校址"黑堡",随后该

[①] 孙宇:《现代西方公共行政思想简史》,中国社会科学出版社2015年版,第178页。

文发表在 1984 年冬季《对话》杂志上，并于 1987 年收录于《美国行政国家百年史》(*A Centennial History of the American Administration State*)。1990 年，万斯莱等将《黑堡宣言》及后续研究成果与批评性文章进行整理，并出版了著名的《重建公共行政》(*Refounding Public Administration*) 一书；1996 年，万斯莱与沃尔夫出版了第二本书，即《重建民主行政：现代困境与后现代的挑战》(*Refounding Democratic Public Administration*: *Modern Paradoxes*, *Postmodern Challenges*)，阐明了"重建民主行政"的主张。《黑堡宣言》的提出不仅开启了"为官僚制辩护"与"重建公共行政"的道路，同时也标志着"黑堡学派"的诞生。黑堡学派作为新公共行政的继承与创新者，承担起重申宪政体制基础、重塑民主行政合法性、重新发现官僚体系价值的任务。但是黑堡学派与新公共行政不同的是，黑堡学派不仅主张民主与公平的价值，不仅反对将政府企业化的做法，而且还重新发现了官僚机构的公共利益与民主体系中的价值，正如葛德塞尔指出，黑堡学派的"这纸宣言阐明美国行政部门作为社会的积极力量具有极大的合法性。根植于美国宪法和在公共利益中体现的公共价值观，使得我们的行政机构成为维护社会准则、在各权力部门间协调政策的重要力量"。[①]

第一节　万斯莱的重建民主行政理论

加里·L. 万斯莱（Gary L. Wamsley），美国弗吉尼亚理工学院暨州立大学公共行政与政策中心教授，黑堡宣言的首席作者。万斯莱于加利福尼亚州大学获得学士及硕士学位，之后在匹兹堡大学取得博士学位，师从著名的社会学家查尔斯·佩罗（Charles Perrow）。1959—1963 年担任美国空军培训学校的军事理论教官；1963—1964 年担任加利福尼亚州财政局的预算分析师；1972—1977 年担任美国堪萨斯大学公共事务和社区发展学院的院长和教授；1977 年进入弗吉尼亚大学工作，并担任主任。1982 年，万斯莱因为担任《黑堡宣言》的首席作者而名声大噪。其主要

---

① ［美］查尔斯·T. 葛德塞尔：《为官僚制正名：一场公共行政的辩论》（第四版），张怡译，复旦大学出版社 2007 年版，第 27 页。

代表作品包括：1990 年出版的《重建公共行政》以及 1996 年出版的《重建民主行政：现代困境与后现代的挑战》。他的其他著作还有《公共组织的政治经济学：公共行政学的批评与研究途径》等。在《重建民主行政》中，万斯莱从治理、公共利益和公共行政的民主性三个方面重新审视公共行政，从而提出"重建民主行政"的主张。

一　强调公共行政在治理体系的合法性

治理意味着"在政治背景下进行管理"，并将能力指向尽可能广泛的公共利益。这包括维持"代理视角"和"宪法治理过程"的能力。① 公共行政是具有治理绩效、可以自我运行的机构，不仅能够执行公共政策，也能通过与外界的互动促进治理，是治理体系的合法性角色。万斯莱认为，备受推崇的重塑政府只是一场空谈，通过加强创业精神、个人主义、竞争和市场的治理并不能解决无效的监管实践、贬低服务和人事政策、短视的预算制度等问题，甚至可能导致更多的困境出现。"政府部门的运作方式不应像企业那样。"② 政府官员应该受到一种责任感和自尊心的激励，进而引发为他人服务的欲望，意识到公共行政是治理过程的一部分。与企业管理强调的价值不同，公共行政作为治理的一部分，它要具备在较复杂环境中追求公共利益目标的能力。因此，政府官员不需要效仿企业部门，他们应该促进长期以来与公共服务有关的独特责任、挑战和权力，以便使公共行政人员及其相关机构在治理过程中被视为合法的行动者。

此外，重塑政府的政治话语掩盖了公共事务的顽固和矛盾的本质，冲击了公共行政合法性治理的地位。政府绩效低下的主要原因是行政环境、行政问题的复杂性，而非完全受阻于官僚体系。因此，万斯莱主张，"重新发现公共行政作为治理体系的根源，强调公共行政在治理中的重要

---

① Wamsley, Gary L. Wolf, James F., *Refounding Democratic Public Administration*: *Modern Paradoxes*, *Postmodern Challenges*, Thousand Oaks, C. A. : Sage Publications, 1996, p. 38.

② Wamsley, Gary L. Wolf, James F., *Refounding Democratic Public Administration*: *Modern Paradoxes*, *Postmodern Challenges*, Thousand Oaks, C. A. : Sage Publications, 1996, p. 61.

角色,并在宪法基础上重建公共行政。"① 个人无法在没有集体或群体的支持下获得身份认同和成就感,公共行政也无法在丧失合法性的基础上成就一番事业。重建公共行政的治理角色,就要在包容性对话中选择公开策略、创建政民互动的民主宪政,遵循公共制度,完善公共组织的公共机构程序,抵消当代治理中存在的离心力,建立稳定与连贯的秩序,实现机构活动和一般政府合法化。

二 为公共利益而管理的官员角色

重建民主行政的关键之一就是转变公共行政官员的角色,他们不再是单纯的企业家,也不应仅仅服务于党派,而应为公共利益而管理。由于美国的政治和行政程序都与责任、法律、程序、制度和利益紧密相连。因此,公共行政官员角色创新需要实现多个不同环境的整合。公共行政人员不单纯是个人利益的追求者,而是公共利益的受托者。公共利益具有自身的构成规则或标准,管理公共利益需要一个人重新创造和重新定义自己的规则或标准。应当拓宽公共行政人员以自身为主的思考方式,把自己看作帮助公民理解公共行政的教育者和公共政策落实的促进者而不是把自己看作技术专家,从相互关联的角度思考行政问题而非专注于单一的问题。这不仅会进一步促进公共利益,而且有助于解决政府的信任危机。

另外,公共行政人员应有自己的价值追求,而不应仅仅成为受党派影响的工具。公共行政过程也不应仅仅遵循固有程序,公共行政人员需要了解,在不同的情况下,采取不同的应对措施是适当的。为了在一个相互联系的世界中有效地管理,跨组织的参考框架必须取代根深蒂固的分化和边界维护的取向。不论是在官僚机构、市场和社区这类更纯粹的领域,还是组织、机构和网络这三种更复杂的方式,如果要服务于公共利益,公共行政者就需要对政策问题作出不同的反应。此外,在政治回应、政治共识和议程意识作为管理公共利益标准的前提下,行政人员应意识到促进各标准之间的平衡、倾斜和融合的必要性。作为宪法的捍卫

---

① Wamsley, Gary L. Wolf, James F. , *Refounding Democratic Public Administration*: *Modern Paradoxes*, *Postmodern Challenges*, Thousand Oaks, C. A. : Sage Publications, 1996, p. 62.

者,"要使民主得以生存,就必须认识到找到民众一致性的必要性,尊重不同意见者的关切和意见,倾听无权者和有权者的需求。"① 因此,为了使治理既能发挥作用又能重新获得合法性,公共行政人员必须重新建立政治进程和各级公民之间的联系,既充当"宪法捍卫者"重塑公共行政价值体系,又充当"教育者"让公民意识到公共生活中的治理问题并参与进来。

三 公共行政是实现民主的重要条件

万斯莱认为,在公共行政受到严重质疑的历史时期,仅仅提出一种新的管理改革是不够的,现在是必须改变公共行政本身特性的时候。除了广泛考虑的行政关系,还必须关注赋予每个行政人员权力,使之成为民主制度中独一无二的变革中心,实现对现代主义的超越。"西方政治和社会思想的霸权,现在被普遍认为是现代主义本体论,在本世纪被众多的社会批评家揭露为现代行政国家产生的物化框架。"② 在这种技术官僚的、以控制为导向的现代主义模式下,公共行政者似乎成为民主的对立方。

创新公共行政的第一要义就是认识到"公共行政的更大责任在于创造能够实现民主的条件"。③ 尽管存在信任危机,但公共行政仍然是所有公共机构中最适合进行重大民主变革的机构。它有能力连接社会、经济和政治舞台,可以结合民主的组织原则来完成"运行宪法"的任务。为此,公共行政人员必须对其职业承担现实的责任,逐步意识到程序上的模糊性,珍视文化的复杂性,利用自身的地位和权力来增强公民权并恢复民主制度。而不是将自己的民主责任感屈从于现代主义对监管的关注,从而增加公民与政府间的矛盾。公共行政者应当意识到为政府和公民服务的特殊地位,坚定民主立场,赋予民主行政更广泛的意义。公共行政

---

① Wamsley, Gary L. Wolf, James F., *Refounding Democratic Public Administration: Modern Paradoxes, Postmodern Challenges*, Thousand Oaks, C. A.: Sage Publications, 1996, p. 170.

② Wamsley, Gary L. Wolf, James F., *Refounding Democratic Public Administration: Modern Paradoxes, Postmodern Challenges*, Thousand Oaks, C. A.: Sage Publications, 1996, p. 294.

③ Wamsley, Gary L. Wolf, James F., *Refounding Democratic Public Administration: Modern Paradoxes, Postmodern Challenges*, Thousand Oaks, C. A.: Sage Publications, 1996, p. 304.

者必须做的不仅仅是与公民进行对话并找到与他们分担责任的方法,而且必须是活跃的、智能的工具。公共行政者应将政府视为一个散射的网络,而不是一个等级森严的官僚机构。在这样一个与各级公民互动的网络中,决策不是自上而下或自下而上的,而是从各级治理过程中产生的,从长远来看,正是这种思维,促使政府为公共利益服务,为民主体系服务。

第二节 葛德塞尔的为官僚制正名

查尔斯·T. 葛德塞尔(Charles T. Goodsell),美国弗吉尼亚理工学院和弗吉尼亚州立大学公共行政和政策中心荣誉退休教授。其主要著作有:《为官僚制正名:一场公共行政的辩论》、《美国州议会大厦:理解民主的圣殿》、《艺术照亮并启迪公共行政》(与 Nancy Murray 共同主编)、《城市空间的社会意义:建筑对于政治权威的作用研究》等。其中葛德塞尔最重要的代表作即是1983年出版的《为官僚制正名:一场公共行政的辩论》,该书的核心思想是:过去四分之一世纪以来,公共服务的质量被严重低估了,政府的行政机构往往被刻画为低效、没有竞争力、浪费并且粗鲁和不值得信任,但这恰恰并非正确,事实上,官僚制的缺点和不足在比例上远远比人们通常所认为的要少得多,公务员事实上也是兢兢业业的彬彬有礼的,官僚制仍是支撑民主体制的不二选择。

一 官僚制遭到的蔑视和贬损

自公共行政学创立之初,韦伯就提出了"理想的官僚行政组织体系",官僚制就成为政府组织结构的基础,曾经做出了巨大贡献。但是随着社会的进步特别是随着管理主义的兴起,私营部门的成功经验使公共部门受到越来越多的质疑,官僚也因自身的低效率、僵化、缺乏灵活性等而受到广泛的批评。葛德塞尔指出:"官僚制在学术界(至少在大多数人看来)的名声是臭名昭著的,它被经济学家、社会学家、心理学家、政治学家,甚至是公共行政和公共政策的学者所诟病。官僚人员被认为是工作业绩差的群体、预算是最大化者、庞大的蚁群和帝国的营造者,他们残忍地压迫自己的员工和他们的服务对象。"① 甚至在媒体和政客们看来，官僚制也遭到严重的蔑视和贬损，"我们的政府机构臃肿，比起公司来效率低下，工作氛围令人窒息，对普通民众冷漠无情。这些全是问题，而不是答案。官僚——人们用充满蔑视的神情说出这个词——到处被人们说成是一群懒惰、无能、走邪门歪道甚至是充满危险的人。"②

但在葛德塞尔看来，上述看法是不正确的，官僚制的"恶"被过分夸大了；事实上，官僚的声誉与其实际所为之间有很大落差，现实中的官僚制仍然在富有效率地运转，并且做得相当好。他说："尽管每天都有人在对我们强化那些政府行政人员的负面形象，但当我们在日常生活中接触这些行政人员时，他们的举动却和我们原先因受到引导而预计的有着很大的不同。不管是前面说到的税务人员、警察、海关官员，还是农业部的检查人员，都表明我们很可能会遇到一些辛勤工作并为大众的利益着想的行政人员，他们一点儿也不炫耀权势，反而表现得彬彬有礼并且幽默诙谐，他们会竭尽全力来帮助我们。然而这些人的薪水并不高。他们每天做着枯燥、困难，甚至是危险的工作。"③ 葛德塞尔指出，尽管官僚制不可避免都会有浪费、无能、滥用职权和渎职的个案，但总体而言，比起私人部门来说，他们仍然出色得"令人惊奇"，正是直接或间接地通过官僚制，许多集体行动才得以实现，没有了官僚制，我们国家在最近数十年间取得的广泛成就将不复存在。

二 人们对官僚制的误解

葛德塞尔认为，人们对官僚制的蔑视和贬损的主要原因在于对官僚制的误解，这些错误的误解包括四个方面：假设所有官僚机构都是一样的；怀疑官僚制是不顾少数族裔和穷人的中产阶级的机构；认为私人机构的效率总是高于公共机构的效率的观念；认为官僚制总是阻碍变革且

---

① ［美］查尔斯·T. 葛德塞尔：《为官僚制正名：一场公共行政的辩论》（第四版），张怡译，复旦大学出版社 2007 年版，第 21 页。
② ［美］查尔斯·T. 葛德塞尔：《为官僚制正名：一场公共行政的辩论》（第四版），张怡译，复旦大学出版社 2007 年版，第 4 页。
③ ［美］查尔斯·T. 葛德塞尔：《为官僚制正名：一场公共行政的辩论》（第四版），张怡译，复旦大学出版社 2007 年版，第 3 页。

不愿改变的想法。

(1) 官僚机构之间具有绝对一致性。人们通常会认为，所有的官僚机构都是不好的，并且，基于官僚机构本质上的一致性，从而其所表现出来的"不好之处"也有一致性。然而葛德塞尔通过大量调查证明，"即使在同一类型的官僚组织中，彼此之间也存在着很大的不同，因此，决定论者所认为的官僚组织的绝对一致性是不正确的"。[1]

(2) 官僚组织区别对待公众。官僚机构服务于中产阶级，不顾少数族裔和穷人的死活，这是人们对官僚机构的第二个误解，所以人们通常认为官僚机构是歧视穷人和少数族裔的。这些负责直接处理发生在街头和人们身边的公共事务的官僚称为"街头官僚"，在自由主义者看来，街头官僚们总是把穷人当作麻烦来看待，在稀缺资源的分配和优先权方面，官僚们对穷人的需求总是置之不理，矛盾油然而生。然而在葛德塞尔看来，在公共行政中确实发现对富人和穷人所提供的服务存在差异，但这种差异"却并不是官僚们主观上故意造成的。导致这种差异存在的原因在于历史上的种族隔离、现今的收入差距、居住地区的客观情况，以及各不相同的服务要求"。[2]

(3) 私人机构更加有效。如果说自由主义者坚持认为官僚对少数族裔和穷人存在偏见的话，那么保守主义者则坚定地认为私人组织比政府更加有效，这种观点使得"对政府进行企业化改革"的主张成为人们深信不疑的信条。这一信条的产生是两个观点的结果：一是认为即使政府的工作没有糟糕透顶，政府也是一种恶；二是认为私人组织的工作非常成功，否则的话它们就无法在市场上立足，而官僚机构则缺乏能力、效率低下、不负责任、顽固不化。然而在葛德塞尔看来，正如罗伯特·米尔沃德在一项研究中指出的：并没有广泛的证据可以表明私人组织在提供公共服务时花费的成本更少，并且也没有切实的证据表明公共组织在管理效率上比私人组织低。而戴维·帕克进行的一项跨国研究也表明：

---

[1] [美] 查尔斯·T. 葛德塞尔：《为官僚制正名：一场公共行政的辩论》(第四版)，张怡译，复旦大学出版社2007年版，第70页。

[2] [美] 查尔斯·T. 葛德塞尔：《为官僚制正名：一场公共行政的辩论》(第四版)，张怡译，复旦大学出版社2007年版，第73页。

没有任何关键的证据可以表明公共部门的效率比私人组织低下，尤其是在把提供的服务作为衡量标准时更是如此。[①] 因此，私人组织的效率总是高于政府这样一种假设并不完全正确。

（4）官僚机构总是阻碍变革且不愿改变。人们对官僚制的最后一个误解是，官僚机构不可避免地并且天生就是抵制变革的，由于官僚机构的惯性和现状，除非有外力的驱使，它们是无法革新的。人们由此得出结论：和私人部门中生机勃勃的现象相比，官僚机构显得落后于时代的发展，无法跟上时代的发展步伐，人们甚至列出了一连串的"官僚制缺陷"："安于现状、滞后、害怕变化、拖拉、不接受建议、学习能力低下、优柔寡断、顽固不化、缺乏想象力、障碍、拖延、僵化刻板、停滞不前、迟延、既得利益。"[②] 然而在葛德塞尔看来，这些都是对官僚制的误解，事实并非如此。葛德塞尔进一步指出："我们可以发现官僚组织的文化中并没有让它们天生就对变革存在抵制心理，它们自身的结构和所处环境并不能说明政府机构是迟钝的、顽固不化的、不具备学习能力的，以及抵制变革的。"[③] 相反，从政府改革的相关案例中可以发现，相比私人组织而言，政府的改革更加普遍。

三　官僚制的政治贡献

在葛德塞尔看来，实践中的官僚制可能与人们的看法相左：政府中存在的极度浪费、欺诈以及权力滥用等问题的原因很多时候并不在于政府本身，而在于私人承包者；那种刻板的官僚型人格的看法也是错误的，"尽管我们所有人都私下与官僚接触过，而且这些官僚通常满脑子都是规章制度，他们喜欢摆弄人，自己却没有创造性的想像力，但是这些官僚特征展现的比率微不足道。它们甚至是罕见的。"[④] 官僚制可能被看成歧

[①] ［美］查尔斯·T. 葛德塞尔：《为官僚制正名：一场公共行政的辩论》（第四版），张怡译，复旦大学出版社 2007 年版，第 76 页。

[②] ［美］查尔斯·T. 葛德塞尔：《为官僚制正名：一场公共行政的辩论》（第四版），张怡译，复旦大学出版社 2007 年版，第 83 页。

[③] ［美］查尔斯·T. 葛德塞尔：《为官僚制正名：一场公共行政的辩论》（第四版），张怡译，复旦大学出版社 2007 年版，第 86 页。

[④] ［美］查尔斯·T. 葛德塞尔：《为官僚制正名：一场公共行政的辩论》（第四版），张怡译，复旦大学出版社 2007 年版，第 158 页。

视少数族裔,但是实际上,政府已经成了少数族裔向社会上层流动的主要载体,这些年来一些少数族裔在政府雇员中所占的比例已经超过了他们在总人口中所占的比例。因此,葛德塞尔总结道:"官僚组织在开始生成的时候往往并不庞大。它们在规模上不随着时间而无止境地扩张;事实上,它们常常自我精简。它们在规模上随着组织确实生长,它们也不一定会超过自己需要完成任务量的增长速度。它们也并不一定会衰朽。事实上,在一些具体的例子里,大的组织往往比小的组织运行得更为良好。同样,设想中随时间而败坏的现象也并没有如我们所预期的那般普遍和符合实际。"①

在葛德塞尔看来,官僚制与民主实际上可以相融,这一点主要体现在官僚制的政治贡献中,这些贡献主要表现为以下几方面。

1. 官僚体系的第一个贡献是为政府的工作提供经费。政府的运行离不开经费,税收构成是它的财政基础,从而也为民主政治的燃料桶提供了燃料。

2. 坚持不懈地执行使命。这些使命包括扩大公民权利、减少传染病、确保食品与淡水资源的安全和建造州际交通网等。

3. 使选举算数。即,使民主选举变得有意义的能力,自由选举是民主体制中最重要的决定性环节,存在一个强大有力的回应性官僚体系,可不论哪个政党赢得选举都可以顺利地实施和推行它的政策,这样,民主体制才能正常运转。

4. 对政策进行干预。有关官僚制的一个纯工具性的观点认为官僚机构只执行政策而不制定政策,这显然是不正确的。事实上,把政策的制定与政策的执行相分离不仅是不可能的,而且官僚还常常对政策的制定施加影响,原因在于"他们通常比其他任何人更加了解如何更好地达到政策目标"。

5. 促进向上移动。官僚机构在改善边缘群体的生活状态以及帮助他们进入中产阶级的行列方面已经随着时间的流逝而取得了很大的成效。

6. 促进公民参与。促进公民参与是民主政体的重要特征,官僚机构

---

① [美]查尔斯·T. 葛德塞尔:《为官僚制正名:一场公共行政的辩论》(第四版),张怡译,复旦大学出版社2007年版,第197页。

通过各种途径鼓励公民加入社会团体和参与政治过程，其结果是它增加了"社会资本"，并通过建立和加强人们之间的相系而建立了信任，并促进民主制度的稳定性，同时极大地丰富了民主体制的内涵。

总之，黑堡学派不仅传承了新公共行政关于"民主"与"公平"等价值的传统，也不仅反思了以"市场化改革""企业家政府理论"等为代表的管理主义思想，更重新发现了公共行政作为公共利益维护者的价值、重新认识到了官僚体系在民主政治建设中的作用，从而为人们提供了一个新的视角理解公共行政的演化过程。但是黑堡学派也受到了学术界的批评，例如葛德塞尔的"为官僚制正名"就受到了拉夫尔·哈默尔（Relph P. Hummel）的猛烈攻击，并形成了著名的"哈—葛"之争，哈默尔认为古德塞尔并不是真的在"为官僚制辩护"，而是在为"美国式官僚机构辩护"，并且这种辩护会使公务员处于两难困境，从而对公务员造成伤害。

第十三章

公共选择理论

公共选择理论（Public choice theory）是伴随着凯恩斯主义陷入困境与新自由主义思潮兴起而出现的一种运用经济学工具来研究政治与政府政策的理论流派。公共选择学派发源于20世纪四五十年代的美国，当时的美国政府推崇持有"市场失败说"的凯恩斯主义，但是凯恩斯主义的应用并没有给美国带来持续的繁荣，一些经济学家试图用市场主义经济学来重新审视美国政府日益膨胀的权力与其带来的弊端，1948年邓肯·布莱克（Duncan Black）在《群体决策的基本原理》（*On the Rationale of Group Decision – Making*）中提出了著名的"中位投票者定理"（Median Voter Theorem），开创了政治问题研究的公共选择方法，正因如此，戈登·塔洛克（Gordon Tullock）将布莱克视为公共选择理论的"开山鼻祖"。1951年，肯尼斯·约瑟夫·阿罗（Kenneth J. Arrow）在其出版的《社会选择与个人价值》中提出了著名的"阿罗不可能性定理"（impossibility theorem），即不可能存在一种社会选择机制，使个人偏好通过多数票规则转换为社会偏好。"阿罗不可能性定理"推动了公共选择理论的产生，但是公共选择理论真正形成的标志是1957年詹姆斯·布坎南（James M. Buchanan）和沃伦·纳特（G. Warren Nutter）在美国弗吉尼亚大学创建了托马斯·杰斐逊政治经济学研究中心，逐步奠定了公共选择理论的基础。1962年布坎南和塔洛克共同出版了《同意的计算：宪政民主的逻辑基础》（*The Calculus of Consent：Logical Foundations of Constitutional Democracy*），该书被视为公共选择理论的奠基之作。1969年，布坎南与塔洛克在弗吉尼亚理工学院创立了"公共选择研究中心"，并创办了《公共选择》（*Public Choice*）杂志，1982年该中心转移到了乔治·梅森大学。

20世纪六七十年代以来，公共选择理论步入繁荣时期，周围聚集了一大批学者，如埃莉诺·奥斯特罗姆的《公共事物的治理之道》、文森特·奥斯特罗姆的《美国公共行政的思想危机》、曼瑟尔·奥尔森的《集体行动的逻辑》等。一些学者将公共选择理论分为三大流派：弗吉尼亚学派（Virginia School），以布坎南和塔洛克为代表，关注立宪规则、寻租、政府失败以及现实世界政治的研究；罗切斯特学派（Rochester School），倾向于运用数理方法和经济博弈模型等研究政治过程如投票、利益集团和官僚等行为过程；布卢明顿学派（Bloomington School），以奥斯特洛姆夫妇为代表，关注多中心秩序、公共行政、公共池塘资源，以及制度分析和多主体治理安排。此外，还有一个芝加哥学派（Chicago School），倾向于集体决策的纯粹经济理论研究，但是有学者认为这个学派不属于公共选择理论学派。

第一节　阿罗的不可能性定理

肯尼斯·约瑟夫·阿罗（Kenneth J. Arrow, 1921—2017），1921年出生于美国纽约。1940年获得了纽约市社会科学学院学士学位，1941年获得哥伦比亚大学文科硕士学位，1949年获得哥伦比亚大学数学博士学位。1949年进入斯坦福大学任教，1962年担任总统经济顾问委员会成员，后来任肯尼迪总统的经济顾问，还担任过经济计量协会会长、美国经济学会会长、管理科学研究会会长等职。1972年，由于阿罗在一般均衡论和社会福利经济学方面的成就，被授予诺贝尔经济学奖。阿罗的代表作是1951年出版的《社会选择与个人价值》（*Social Choice and Individual Values*），提出了"阿罗不可能性定理"，其他著作还有：《一般竞争分析》、《存储和生产的数学理论研究》、《公共投资、报酬率写最适财政政策》、《风险承担理论论文集》以及《组织的极限》等。

一　社会选择的类型与面临的问题

在阿罗看来，资本主义民主制度下有两类基本的社会选择方式：一类是投票表决；另一类为市场机制。在非民主社会中也有两类社会选择方式：一类是独裁决策；另一类是按照惯例作出社会选择。资本主义民主制度的社会选择方式是将社会效用看作个人效用的总和。于是，在民主制度下社会选择面临的最核心问题即为"从个体欲望达致社会最优的问题"。[1] 但是，阿罗认为投票这种机制是不科学的，"投票悖论"表明了投票机制从个人偏好汇总到集体的方法并不一定达到群体理性的理想结果，反而会加深个人效用与社会效用之间的分歧。社会选择一旦由多数人的个人选择来决定，就不会存在少数人的分歧，而且多数人的选择是否真正代表符合价值判断的观点也不能确定，这样决策出来的社会选择是不科学的。因此，以投票机制为基础的社会选择理论就面临着两个方面的难题：第一，是否存在着一种能够判断两种社会状态孰优孰劣的评判标准或准则？第二，如果能够给定一些基本的价值判断那么是否存在一个社会选择机制来执行这些价值判断呢？

二 阿罗不可能定理

阿罗认为，面临资本主义民主制下的社会选择难题也就是集中解决社会选择与个人选择如何协调一致的问题。众所周知，一个人所作出的选择往往是根据个人的主观判断进行的，他偏好什么就会选择什么。假如两样东西他都喜欢，他就会选择他认为对自己更有效用的那一种。按照古典经济学理论，每个人都有独特的偏好顺序，如果把不同人的偏好统一起来，就构成了社会的整体偏好。但是，社会的整体偏好是难以确定的，因为每个人偏好的评价标准是存在差异的，既没有办法将个人偏好进行直接的比较也不能进行数学上的运算。阿罗指出如果把社会福利作为社会选择的标准，就能统一偏好排序的价值标准，因为社会福利是"独立于个人愿欲、客观的社会善"[2]，它不以任何个人的价值观为转移。若想实现以社会福利为标准的社会选择，关键就是要寻找一个产出量适当的社会福利函数。如果能够找到满足条件的福利函数，就可以做出有助于社会选择的社会排序。阿罗认为这样的函数需要具备以下五个条件：

---

[1]〔美〕肯尼斯·J. 阿罗：《社会选择与个人价值》，丁建峰译，上海人民出版社2020年版，第2页。

[2]〔美〕肯尼斯·J. 阿罗：《社会选择与个人价值》，丁建峰译，上海人民出版社2020年版，第27页。

1. 不限定域条件，社会选择是完备的，即对应于任一种个人偏好组合的排序，都能产生社会排序，不对人们可能的偏好加以限制；

2. 帕累托性质，备选项 x 在所有个人排序中的位置都高于另一备选项 y，那么其在社会排序中的位置也高于 y；

3. 无关备选项的独立性，社会对任意两种备选状态的排序不受其他无关备选状态变化的影响；

4. 非独裁性，社会对任意两种备选状态的排序不是独裁的，即不能不受除某一人之外所有其他个人排序的影响；

5. 传递性，对于任何偏好组合，如果社会偏好 x 胜于 y，y 胜于 z，则社会偏好 x 胜于 z。

上述五个条件是相互独立的，并且只有全部得到满足，才能使社会福利函数有效。但是阿罗用数学推理的方法得到了这样的论断：如果备选项数量不少于三个，那么不存在同时满足以上五个条件的社会福利函数，这个结论即是"不可能性原理"。也就是说，如果有超出两种不同偏好的人来选择，而被选出的政策也超出两个，那么就不可能作出大多数人都感到满意的决定。因为把许多不同的观点加在一起，就会引起许多矛盾。因此，在每个社会成员对于一切可能的社会经济结构各有其选择的情况下，要找出逻辑上不跟个人选择相矛盾的社会选择，实际上是不可能的。

三　个人价值观

阿罗通过个人主义假设探讨了个人价值问题。他指出，得到令人满意的社会福利函数一种重要可能性就是对个体偏好序列施加两个条件：第一个条件是每一个个体对两种备选社会状态的比较，依赖于在这两种状态下他能得到的商品。换言之，如果在这两种状态下个体的享受无差异的话，那么他对这两种社会状态就无偏见。第二个条件是如果某一个体在一种社会状态下所获商品数量和享受比另一种状态要多，那么他就认为前者优于后者。

根据经济学中普遍应用的伦理原则，应确立两个个人主义价值判断标准：第一，如果在某一社会状态下按照每个人的趣味衡量要比另一个社会状态好，那么第一个社会状态就优于第二个社会状态；第二，在任意给定的局面下都有一个普遍接受的对不同福利分配的排序，这种价值判断经常具有平均主义的形式。

阿罗认为个人福利判断和社会福利判断的某些方面存在着完全的一致性。这种完全一致的价值观包括：对自由的渴求、对国力提高的企求，以及对平等的追求。完全一致同意的来源在于人们偏好的相似性，正如阿罗所言："个人口味的相似性，就其本质而言，可以导致对于社会备选项的愿欲。"[1] 例如，长寿是每个人的愿望，这种普遍追求形成了一种社会性诉求；虽然这种社会诉求源于个人主义，但是增加寿命的手段具备着社会性，因此具备着完全一致统一的条件。在阿罗看来，如果人们对决策过程和涉及日常生活的决策有着广泛的认同，觉得它们合乎心意时，我们便可以期待人们能够做出令人满意的社会福利判断，但是，现实中人们知识的不完备性往往会导致社会选择的分歧和矛盾发生。

阿罗进一步考察了决策过程中的价值观，人们对市场机制的偏好胜于对独裁式的选择机制。因此，决策过程的民主性、正当性有时甚至比决策本身更具备重要意义，"对决策过程的广泛认同要求人们必须对过程赋予无可比拟的价值，使过程的重要性超过所有在过程之下的决策的重要性。"[2]

总之，《社会选择与个人价值》是社会选择理论的开山之作，对福利经济学乃至整个现代社会产生较大影响。阿罗提出并证明的"不可能性定理"触动了当代经济敏感而深刻的问题，使社会选择理论步入了一个新的发展阶段。"不可能性定理"也被公认为是数学应用于社会科学取得的一项突出成果，阿罗由此创立了经济学和政治科学中的社会选择学派。但也有学者对此提出批评，主要认为阿罗讨论的集体仅仅局限于外在集体，忽略了集体行动中合作意向的凝聚作用。

---

[1] [美]肯尼斯·J. 阿罗：《社会选择与个人价值》，丁建峰译，上海人民出版社2020年版，第87页。

[2] [美]肯尼斯·J. 阿罗：《社会选择与个人价值》，丁建峰译，上海人民出版社2020年版，第102页。

第二节 布坎南的政府失败说

一 生平与著述

詹姆斯·麦吉尔·布坎南（James M. Buchanan），公共选择理论最有影响、最有代表性的经济学家，公共选择理论的创始人与领袖，被称为"公共选择之父"。布坎南1919年生于美国田纳西州的一个农民家庭，1941年获得田纳西大学文学硕士学位，1948年获得芝加哥大学博士学位。1949年布坎南在田纳西大学任教。1957年布坎南与纳特在美国弗吉尼亚大学创建了托马斯·杰斐逊政治经济学研究中心，并担任该中心主任。1962年布坎南与塔洛克合著出版了公共选择理论的奠基之作——《同意的计算》。1969年以后，布坎南在弗吉尼亚理工学院任教，与塔洛克一起创建和领导了"公共选择研究中心"，并创办了《公共选择》杂志。1986年布坎南被授予诺贝尔经济学奖，达到了他一生辉煌成就的顶点。布坎南一生学术建树良多，其中公共选择理论是他最为突出的贡献之一。布坎南的著作主要有：《公债的公共原则》(1958)、《财政理论和政治经济学》(1960)、《同意的计算：宪法民主的逻辑基础》(与塔洛克合著，1962)、《民主进程中的财政》(1966)、《公共产品的需求与供应》(1968)、《成本与选择：一个经济理论的探讨》(1969)、《公共选择理论：经济学在政治方面的应用》(与R.托尼逊合著，1972)、《自由的限度》(1975)、《宪法契约中的自由》(1977)、《赤字民主：凯恩斯勋爵的政治遗产》(与理查德·瓦格纳合著，1977)、《宪法民主中的财政责任》(与理查德·瓦格纳合著，1978)、《赋税的权力》(与G.布伦南合著，1980)、《自由、市场和国家：80年代的政治经济学》(1986) 等。

二 政府失败说的主要内容

自斯密提出"看不见的手"以来，传统经济学一直信奉自由市场能够使社会资源达到最有效的配置。但是20世纪30年代的经济危机打破了自由市场的神话，凯恩斯的政府干预主义兴起，人们寄希望于通过国家与政府的干预来引导经济走向繁荣。但是随着政府对市场干预的增强，政府干预的局限性和缺陷也日益显露出来，政府财政赤字与日俱增，经济停滞，大量政府开支被利益集团所俘获，这使得凯恩斯主义"在60年代初达到顶点，而在这10年的后半期，国家对经济的有效调节已不复存在"。① 另一方面，高校课程也被主张干预主义的主流派所占据，正如布坎南指出："几乎所有高等学府的经济学课程计划，都为那些只想模仿他们同行的主流派著作的平庸之辈所控制。"② 正是在这种情况下，布坎南等人创立了公共选择理论，公共选择即是作为政治经济学的一个独立或准独立分支学科出现的，它包括两个独立但又性质不同的要素，即交易经济学和个人行为经济学，布坎南指出它"不过是经济分析工具在政治领域的应用和延伸"。③ 公共选择理论的目标之一即在于揭示"政府失败"并试图克服政府干预的缺陷。

（一）政府失败的表现

1. 福利国家的失败。这里的福利国家即是对由私人所有、市场导向的经济运行实行一套通过集体决定的、强制的收入与财产的转移，即把经济中当前的生产成员的收入与财产转移给当前的不生产成员。福利国家在政府"自摇篮到坟墓"的干预措施中陷入了"超额负担"，而且福利国家的政治决策与改革总是失败的。正因如此，布坎南指出要"粉碎福利国家"，除了它就是一个失败，"现代福利国家代表着几乎一个世纪的错误。这完全等于是说，在一个可比较的时期内，一个国家在积累资本存量方面是失败了。"④

2. 政府工作机构的低效率。政府工作机构的低效率表现为两个方面。一方面是政府的扩张。政府部门的扩张包括政府部门组成人员的扩张和政府部门支出的增长。布坎南指出，由于政府官员也是个人利益最大化者，他们总是希望不断扩大机构规模，增加人员数量，并提高相关机构的级别和个人待遇，这样又会导致社会资源浪费、经济效率降低、社会

---

① ［美］詹姆斯·M. 布坎南：《自由、市场与国家：80年代的政治经济学》，平新乔、莫扶民译，上海三联书店1989年版，第19页。
② ［美］詹姆斯·M. 布坎南：《自由、市场与国家：80年代的政治经济学》，平新乔、莫扶民译，上海三联书店1989年版，第28页。
③ ［美］詹姆斯·M. 布坎南：《自由、市场与国家：80年代的政治经济学》，平新乔、莫扶民译，上海三联书店1989年版，第22页。
④ ［美］詹姆斯·M. 布坎南：《自由、市场与国家：80年代的政治经济学》，平新乔、莫扶民译，上海三联书店1989年版，第260—261页。

福利减少。另一方面是政府寻租造成腐败。寻租活动是人类社会中非生产性的追求经济利益的活动，也即用较低的贿赂成本或是对既得利益进行再分配的非生产性活动过程。塔洛克将寻租界定为"利用资源通过政治过程获得特权从而构成对他人利益的损害大于租金获得者收益的行为"。[①] 在布坎南看来，政治即是一个交易过程，"在最基本的理想中，政治是一个完全类似于市场的复杂的交易过程。"[②] 在这个交易过程中，利益集团为谋求政府保护，逃避市场竞争或获得既得利益，往往会向政府进行各种"寻租"活动，这样导致资源配置扭曲，造成"政府失败"和政府资源配置的低效率。

(二) 政府失败的原因

在布坎南看来，政府失败的主要原因可以归结为"政府官员的经济人角色"及"集体决策困境"两大方面。

1. 政府官员的经济人角色。布坎南认为，尽管市场也会存在缺陷，但是市场失灵并不是把问题交给政府去处理的充分条件。这是因为政府也存在失灵，政府的失灵主要源于其"理性经济人"假设。在布坎南看来，公共选择理论主张将人们行为的经济人假设与交易政治范例进行结合，认为经济市场的"经济人"假设同样适应于"政治市场"，就如经济市场中的"经济人"追求个人利益最大化一样，政府作为一个市场，政治市场的官员也会追求个人效用最大化，正如布坎南指出的："政治这个世界并非一片完美的净土。"[③] 因此，布坎南进一步指出："理想的集体主义实际上是不存在也确实不可能存在的，政治领域中的人也如包括市场在内的其他领域中的人一样追逐私利，一样的卑鄙，他就会在相当大的程度上放弃对集体体制的支持。"[④]

2. 集体决策困境。布坎南认为不同的体制结构会对个人所面临的关

[①] [美] 戈登·塔洛克：《对寻租活动的经济学分析》，李政军译，西南财经大学出版社1999年版，第27页。

[②] [美] 詹姆斯·M. 布坎南：《自由、市场与国家：80年代的政治经济学》，平新乔、莫扶民译，上海三联书店1989年版，第129页。

[③] [美] 詹姆斯·M. 布坎南：《自由、市场与国家：80年代的政治经济学》，平新乔、莫扶民译，上海三联书店1989年版，第38页。

[④] [美] 詹姆斯·M. 布坎南：《自由、市场与国家：80年代的政治经济学》，平新乔、莫扶民译，上海三联书店1989年版，第12页。

于选择的机会成本产生不同的影响，在私人决策中，个人选择的责任线条是清楚的，个人选择的机会成本即是由于放弃别的选择机会所造成的效用损失，每个人的行动是会通过其选择直接影响本人的生存。但是在集体决策场合，个人选择既不会对别人生存直接产生影响，又不会对个人生存直接产生影响，因此从选择的责任、行动的后果以及效果的归宿来看，"在一种集体决策中，至少在其理想的模型中，个人在进行选择时，既不承担决策的责任（即行动的责任），也不承担行为效果的归宿。在这种场合，个人选择基本是处于一种不负责任的状态"。① 也就是说，在决策过程中，也存在一个"群体的头脑"，它有足够的理性使相关的选择边际包括在自己的头脑之中，从这一点来看，集体决策也就是政府做出的公共决策也是会失败的，正如布坎南指出的："在集体决策条件下，民主政治即使是在其理想状态下，也是象天气变化那样反复无常。"②

（三）政府失败的矫正

1. 克服政府失败需要回归市场的理性。布坎南认为，要克服政府失败，就要回归市场选择，因为自由市场才能维护个人自由和市场秩序，从而促进经济发展和社会进步。他说："市场选择不是任意的，它对人剥削人的潜在可能是有严格限制的，市场是倾向于从政治控制中使人们的自由极大化的，始终作为人们的基本价值观念的自由在允许市场发挥主要作用的社会制度里是受到最好的保护的。"③ 在布坎南看来，市场是一个人们彼此相互作用而不管他们是谁都一样追逐自己目标的制度过程，但是这个过程却能产生出一种自然秩序。当然，这种自然秩序也是约束的结果，这是因为"在任何贸易或交易中，个人参与者总有一种要掩饰、隐瞒、欺骗和违约的追求私利的动机。法律、习俗、传统、道德戒律——所有这一切都是被设计出来或涉及到对这种短期追求私利行为进行约束或控制的。唯有这种制度约束运行有效，从市场过程中出现的自

---

① [美] 詹姆斯·M. 布坎南：《自由、市场与国家：80 年代的政治经济学》，平新乔、莫扶民译，上海三联书店 1989 年版，第 338 页。

② [美] 詹姆斯·M. 布坎南：《自由、市场与国家：80 年代的政治经济学》，平新乔、莫扶民译，上海三联书店 1989 年版，第 345 页。

③ [美] 詹姆斯·M. 布坎南：《自由、市场与国家：80 年代的政治经济学》，平新乔、莫扶民译，上海三联书店 1989 年版，第 10 页。

然秩序才能使不同的个人评价极大化"。① 在布坎南看来,市场作为一种"自发的秩序原则",即使存在缺陷,仍是克服"政府失败"的最有效的一种选择。他说:"只要市场能够起作用,就不需要国家来插手。只要国家提供了保护伞,市场就会允许一个人与别人之间相互发生作用,在这种场合,自由与秩序是结合在一起的。"②

2. 宪政规则的制约。布坎南认为要改善政治,就必然要改善或改革规则。这是因为"政治竞争是在规则结构内进行的。不要以为改善政治得依赖那些为'公共利益'奋斗的人,似乎那些人道德高尚,可以有权代理民众进行选择。竞争是由竞争规则来描绘的,较好的竞争是通过改变规则才产生的"。③ 在布坎南看来,公共选择观点直接导致对规则、立宪、立宪选择及规则选择的注意和强调,因此,宪政规则上的制约就成为"构造和设计出能最大限度地限制以剥削方式追求个人利益,并引导个人利益去促进整个社会利益的制度和规章。"④ 也就是说,个人利益的行为必须以受共同利益界限的限制和约束为先决条件,即使这种作为先决条件的结束的必要性并未经常被清楚地认识到,只有这样,个人追求私利的行为动机才可以促进整个人类社会获得福利。

3. 政治交易过程的制度约束。一种普遍的观点认为,对在市场交易中出现的"偏离正道"的追求个人利益行为进行内外约束,是自然的和必需的;然而,对于政治"交易"中符合"诚实"含义要求的品质,却没有任何同样的激励,虽然公开的受贿和贪污都有道德和法律的惩罚,但对于政治交易中背离市场意义上的诚实而言是微不足道的。因此,布坎南主张对政治交易过程进行制度约束,"如果从政治的复杂交易过程中出现秩序,能够被描述为体现了使不同来源的个人评价获得极大化的趋向,那政治的复杂交易过程便要求有一套制度约束和道德约束,这套约

---

① [美]詹姆斯·M·布坎南:《自由、市场与国家:80年代的政治经济学》,平新乔、莫扶民译,上海三联书店1989年版,第127页。
② [美]詹姆斯·M.布坎南:《自由、市场与国家:80年代的政治经济学》,平新乔、莫扶民译,上海三联书店1989年版,第393页。
③ [美]詹姆斯·M.布坎南:《自由、市场与国家:80年代的政治经济学》,平新乔、莫扶民译,上海三联书店1989年版,第34页。
④ [美]詹姆斯·M.布坎南:《自由、市场与国家:80年代的政治经济学》,平新乔、莫扶民译,上海三联书店1989年版,第39页。

束不是人们很熟悉的，但在本质上却非常类似市场交易过程所要求的约束。"①

4. 用道德秩序来弥补政府功能的不足。布坎南认为，道德秩序可以对人们的行为起着约束作用，道德秩序可以替代政府的部分职能，甚至出现"有秩序的无政府状态"。他说："有一个似乎可能更为现实的环境里，可以期望大部分人而不是全体人遵循道德秩序戒律，因此，政府可能限于只保留一种最低程度的、守夜人的或防御的国家职能。用更为一般的语言来说，政府的职能只限于实施法律。它不需要再干别的事。因此就某种意义而言，完全不需要统治。"② 在布坎南看来，道德秩序可以产生两个作用：一方面，是在道德秩序中，人们具有共同的国家目标，并且不需要国家的"命令"；另一方面，在道德秩序中，人们在不需要任何政府干预行为的法律结构内促进实现他们自己的目标。这样，通过道德秩序而不是政府的强制，就把个人目标与国家目标结合起来了。当然，有效的道德秩序行为规则是不能靠命令形成的，文化进化的方向是不能指定的，它是人们在市场行为中选择的结果。

总之，布坎南的公共选择理论在继承亚当·斯密时代形成的"经济人"假说的同时将经济市场行为分析推广到政治市场行为分析，其"政府失败说"为当时面临实行凯恩斯主义而弊端凸显的美国政府提供了新的改革思路，从而有效拓展了公共行政的研究视野。

第三节　奥斯特罗姆的公共行政的思想危机

文森特·奥斯特罗姆（Vincent A. Ostrom, 1919—2012），是美国著名的行政学家、政治经济学家、公共选择学派创始人之一。文森特1919年出生于美国华盛顿州，父母都是瑞典移民。1950年在加州大学洛杉矶分校获得政治学博士学位，博士学位论文题目是《水与政治》。博士毕业

---

① ［美］詹姆斯·M. 布坎南：《自由、市场与国家：80年代的政治经济学》，平新乔、莫扶民译，上海三联书店1989年版，第127页。
② ［美］詹姆斯·M. 布坎南：《自由、市场与国家：80年代的政治经济学》，平新乔、莫扶民译，上海三联书店1989年版，第162页。

后，文森特先后在怀俄明大学、俄勒冈大学、加州大学洛杉矶分校、印第安纳大学任教，并于 1967 年出任美国公共选择学会主席一职。文森特的主要代表作是 1973 年出版的《美国公共行政的思想危机》（*The Intellectual Crisis in American Public Administration*），该书将公共选择理论运用于公共行政的研究，提出了"公共行政的思想危机"，并指出其解决之道在于从"官僚制"走向"民主行政"。此外，文森特的其他著作还有：《复合共和的政治理论》（1987）、《美国地方政府》（与埃利诺·奥斯特罗姆等合著，1988）、《美国联邦主义的意义》（1991）、《民主的意义及民主制度的脆弱性：回应托克维尔的挑战》（1997）等。

值得注意的是，文森特·奥斯特罗姆的妻子埃莉诺·奥斯特罗姆（Elinor Ostrom，1933—2012）也是公共选择理论的创始人之一，两个人共同创建了"布卢明顿学派"（Bloomington School），最终公共选择理论的"布卢明顿学派"、"弗吉尼亚学派"和"罗切斯特学派"形成了三足鼎立之势。埃莉诺·奥斯特罗姆也在美国加州大学洛杉矶分校获政治学博士学位，也曾担任美国公共选择学会的主席，并于 2009 年度获诺贝尔经济学奖，她也是历史上第一位获得该奖项的女性，其主要代表作《公共事物的治理之道：集体行动制度的演进》（*Governing the Commons: The Evolution of Institutions for Collective Action*）从博弈的角度探索了政府与市场之外的"自主治理公共资源"的可能。奥斯特罗姆夫妇在生活与科研上共同合作了近 50 年，两人恩爱情深似海，埃莉诺曾将她最重要的著作之一《公共事物治理之道》题献给文森特，而文森特也将他最重要的著作之一《美国联邦主义》题献给埃莉诺；埃莉诺说，她获得的诺贝尔奖有一半属于文森特；文森特也说，埃莉诺是一位无与伦比的智慧伴侣。两人同于 2012 年去世，相隔仅 17 天。

一 公共行政面临的思想危机

文森特认为，公共行政面临的重要问题是："从事公共行政实践的人们所运用的种种知识是改善还是损害了人类的福利。如果根据运用于公共行政实践的知识所作出的行为之结果损害了人类的福利，我们就不得不断定这样的知识引起了社会的病症。"① 在文森特看来，不幸的是，社会病症的情境占据着主导地位，这是因为"我们的学说包含着很坏的药"。② 一方面，公共行政实践的意义越来越大；另一方面，受公共行政实践影响的人面临着逐渐变差的处境，采取补救的行动会使问题更加严重，这就是公共行政的思想危机。这种危机主要表现为以下几方面。

1. 公共行政的信心危机

在文森特看来，公共行政的信心危机也是公共行政身份危机。公共行政独立出来后，经过威尔逊、古德诺、怀特、古利克、厄威克等的发展，成了一门行政科学。但是文森特认为，自二战特别是"西—沃之争"以来公共行政的发展就陷于一种深刻的内部裂痕和身份危机，并且公共行政的研究再也没有恢复元气，"公共行政有时候显得是无原则的权宜之计，而不是有原则的行动。行政组织原则常常以被突破而不是以被遵循而著名。理论与实践之间的鸿沟日益难以弥合。"③ 即使经过数十年的发展，公共行政的身份危机并未得到令人满意的解决。因此，文森特认为，在这些情况下，"公共行政头等重要的事情是去认识在过去一代人时间里笼罩着该领域研究工作的信心危机，即身份危机。"④

2. 公共行政的范式危机。文森特认为，要理解范式问题，首先需要理解库恩在《科学革命的结构》中提出的常规科学实践和非常规科学实践问题，库恩认为常规科学实践主要有三类，即确定重要事实、理论与事实相一致、阐明理论；常规科学并没有涵盖科学的全部文献，还有非常规科学的实践问题，而非常规问题不是很容易出现，只能在特定背景下才能突现。在库恩看来，非常规问题是科学革命所赖以转动的轴心。

---

① ［美］文森特·奥斯特罗姆：《美国公共行政的思想危机》，毛寿龙译，上海三联书店1999年版，第13页。
② ［美］文森特·奥斯特罗姆：《美国公共行政的思想危机》，毛寿龙译，上海三联书店1999年版，第14页。
③ ［美］文森特·奥斯特罗姆：《美国公共行政的思想危机》，毛寿龙译，上海三联书店1999年版，第15—16页。
④ ［美］文森特·奥斯特罗姆：《美国公共行政的思想危机》，毛寿龙译，上海三联书店1999年版，第21页。

正是非常规问题的出现,"才使整个科学事业特别值得为之而献身"。① 当运用常规科学方法研究科学问题时,会无意中产生一些反常的新东西,当这些反常的新东西偏离原有预期的结果时,理论范式本身就成了问题,危机就产生了。当范式危机出现时,会有大量随机的相互竞争的研究策略和研究方案试图替代原有范式的不足,当这些情况大量出现时,学者社群就经历着一场思想危机。因此,"常规科学的进程终结于危机。在这一危机背景下科学革命起步了。当传统理论其他模式的发展依然无法解决主要危机时,完全不同的范式设计就有必要了。"② 在文森特看来,公共行政的范式危机实质上是传统"官僚制范式"所面临的危机,即传统公共行政理论在发展过程中面临着范式不足问题并孕育着新的范式变革。

3. 公共行政宪法危机。文森特认为,"水门事件"使美国处于"宪法危机"之中,这种宪法危机可以视作加强执行机关的权力并且把联邦行政的所有控制权集中于总统行政办公室等方面一系列努力的结果。在布朗洛报告及胡佛委员会之后,国会把实质性的立法权转移给了总统,总统权力得到进一步强化。这样导致的结果是破坏了三权分立的基础:当总统的发号施令替代原有的法律时,立法机关与司法机关的地位就降到了仅仅陈述一般原则的地位;当规则制定权因为行政重组法而转移到政府行政部门时,意味着法律成为道德层次的形式主义而不是实在法;而当把控制支出的制约权转移给执行部门,国会的立法过程越来越具有公共剧场的特性,戏剧中的演员"更关心其公共形象,而不关心其解决公共问题的能力。……明智的政治对话领域的言词丧失了其意义,公共生活变成了剧场"。③

二 解决危机之道:走向多中心的"民主制行政理论"范式

(一) 民主制行政理论的特征

文森特认为,在美国,民主制行政一直就存在,它根植于美国的传

---

① [美] 托马斯·库恩著,伊安·哈金导读:《科学革命的结构》(第四版),金吾伦、胡新和译,北京大学出版社 2003 年版,第 28 页。

② [美] 文森特·奥斯特罗姆:《美国公共行政的思想危机》,毛寿龙译,上海三联书店 1999 年版,第 23 页。

③ [美] 文森特·奥斯特罗姆:《美国公共行政的思想危机》,毛寿龙译,上海三联书店 1999 年版,第 149—150 页。

统之中，如汉密尔顿与麦迪逊的民主自治原则、托克维尔的自愿与自治原则结合起来的民主制行政体制等传统中就蕴含着丰富的民主制行政思想，只不过这些民主制行政理论的传统被学者们抛弃了，现在需要恢复回来。文森特指出，民主制行政的特质是"多中心"而不是单中心的，其基础或特征表现为："一是每个人都有资格参与公共事务处理的平等至上主义的假设，二是所有重要的决定都留给所有社群成员以及他们所选择的代表考虑，三是把命令的权力限制在必要的最小的范围，四是把行政机关的地位从主子的行政机关变成公仆的行政机关。"①

（二）民主制行政范式的基本主张

文森特指出，民主制行政范式可以作为官僚制范式的替代类型，其基本主张（Proposition）表现为以下几方面：②（1）在民主制下，政府与公民处于平等的地位，政府不见得比公民更容易腐败或更不可能腐败；（2）在民主制下，宪法界定了个体与政府的权力范围，并且这些权力之间是相互制衡的；（3）除非政治权威是分立的，否则这些政治权威容易为人所篡用来谋求私利或损害他人；（4）公共行政在政治范围之内做出公共服务的决策；（5）公共服务的组织安排是多样化的，政府并非唯一的主体；（6）建立在等级制基础上的单一权力中心政府结构，不仅会削弱行政机关对公民需求偏好做出反应的能力，而且也会削弱行政机关应付环境变革的能力；（7）单一权力中心的政府结构不会在时间、精力和资源花费方面做到效率最大化；（8）在民主制下，任何政府权力分散在具有多种否决权能的各种决策中心，发展其程度各不相同的多元的、交叠的政府机构，对于维持稳定的、在变化迅速的条件下能增进人类福利的政治秩序是必要的条件。

（三）民主制行政理论的多中心治理体制

虽然文森特认为传统官僚制模式造成了美国公共行政的思想危机，但是文森特认为，民主制行政理论并不排斥官僚制行政理论，而是反对

---

① ［美］文森特·奥斯特罗姆：《美国公共行政的思想危机》，毛寿龙译，上海三联书店1999年版，第87页。

② Rincent Ostrom, *The Intellectual Crisis in Amorican Pablic Administration*, Third Edition, Tuscaloosa: The Unirersity of Alabama Press, 2008, pp. 77 – 79.

把官僚制行政理论作为一切政府的良好行动指导。在文森特看来,民主制行政理论不关心居高临下、整齐、命令和对称性,而是关心多样化、可变性、灵活性和对选民偏好的回应性。民主制行政理论在本质上是一种多中心的治理体制,这种多中心治理体制的特征是"通过合作、相互竞争方式运转,冲突以及冲突解决产生的结果出现在组织内以及组织之间的领域里。这些领域与我所说的开放的公共领域是同等的"。①

(四)向民主制行政理论范式的转变

文森特认为,要使"官僚制行政理论范式"向"民主制行政理论范式"转变,就要来一场"哥白尼革命式"的变革。这场革命的核心是要在立宪层面上构建一个多中心的自主治理的社会,以实现自我组织和自主治理权能的基本技能,其中最重要的技能必须是与人类构建互相尊重、互利生产性工作关系的方式有关的技能。正如文森特指出的:"在民主社会起公共企业家作用的人只有在他们把自己看作是与其他公民一起工作的公民来建设社群个人参与实现自主治理权能的持久合作模式时才能够这样做。这就是民主体制如何能够得到发展,并在连续几代人里保持活力的道理。如果民主过程被看作只是取得胜利、支配他人的斗争工具,民主社会就不可能实现长期的活力。认为自己是行使管理权力的好心的牧羊人的行政官员只会创造倔强和缄默的群众。人类不是羊群。"②

总之,虽然也有学者诟病奥斯特罗姆提出的民主制行政理论是"老生常谈"、缺乏新意,但奥斯特罗姆对公共行政思想危机的反思,使公共行政陷入了"身份危机"与"合法性危机"之中,其提出的多中心民主制行政理论奠定了公共行政民主化的制度框架,对后续进一步发展和完善民主制公共行政理论具有开创性的意义。

---

① [美]文森特·奥斯特罗姆:《美国公共行政的思想危机》,毛寿龙译,上海三联书店1999年版,第164页。

② [美]文森特·奥斯特罗姆:《美国公共行政的思想危机》,毛寿龙译,上海三联书店1999年版,第175页。

第十四章

制度理论

制度是影响国家兴衰的一个重要影响因素，国家治理体系与治理能力的现代化，其中一个重要的方面即是制度能力的现代化。制度理论主要包括新制度经济学的制度理论和新制度主义的制度理论。新制度经济学理论是在以凡伯伦、康芒斯等为代表的旧制度经济学基础上发展起来的，以科斯的交易成本理论和诺斯的制度变迁理论为主要代表。与旧制度经济学关注纯粹的制度建构不同，新制度经济学作为一个新的流派，将新古典经济学的"完全理性"的基本假设修正为"有限理性"，更强调真实世界中的问题解决和个人行为的研究，其关注的焦点"不仅包括概念革命（如交易费用等概念的提出），而且还对经济学分析的一个重要前提——人的行为特征进行了重新界定"。[1] 新制度经济学的制度理论在中国已经成为一门"热学"，其关于制度起源、制度构成、制度功能、制度创新、制度变迁、制度移植以及国家理论，与交易费用的研究，不仅对公共行政学产生了深远的影响，而且对转型国家的制度建设也具有重要的借鉴意义。而新制度主义则兴起于20世纪七八十年代，它是在批判行为主义的基础上并传承旧制度主义思想的一个包含众多制度思想的理论流派，它主要以马奇、奥尔森、彼得斯等的新制度主义理论为代表。新制度主义与旧制度主义的主要区别是其关注制度的包容性和宽泛性，新制度主义包含了八个理论流派，即规范制度主义、理性选择制度主义、历史制度主义、经验制度主义、话语制度主义或建构制度主义、社会学制度主义、利益代表制度主义、国际制度主义。

---

[1] 卢现祥主编：《新制度经济学》，武汉大学出版社2004年版，第3页。

第一节　科斯的交易成本理论

罗纳德·哈里·科斯（Ronald H. Coase，1910—2013），新制度经济学的鼻祖，法律经济学的创始人之一。1910年生于英格兰，1932年获伦敦经济学院学士学位，科斯曾在英国邓迪经济与商业学院、利物浦大学和伦敦经济学院任教，第二次世界大战期间进入英国政府做统计工作。1951年41岁时获得伦敦大学理学博士学位，此后移民美国并在纽约州立大学水牛城分校任教。1955年任教于美国弗吉尼亚大学，1964年后主要任教于芝加哥大学并担任《法学与经济学杂志》主编。1991年，获诺贝尔经济学奖，主要理由是科斯发现和澄清了交易费用和产权对经济体制的生产制度结构及其运作的作用和意义。科斯最主要的代表作是《企业的性质》（*The Nature of the Firm*），这篇论文于1931年完成，但是直到1937年才在《经济学季刊》上发表，即使发表之后，该文被淹没了三四十年之后才重新被发现，并被公认为新制度经济学的开山之作，其提出的"交易成本"的概念更成为新制度经济学的理论根基，并影响到了行政学、政治学、社会学和管理学等方面。应该说，在经济学界以及社会科学界，一篇论文获得如此殊荣是极为罕见的，但科斯教授当之无愧。科斯另一篇代表作是《社会成本问题》（*The Problem of Social Cost*），也是一篇论文，于1960年发表。这篇论文不仅和《企业的性质》一起成为新制度经济学的经典，而且还开创了法学的一支新流派——经济分析法学。这两篇论文不仅被大量引用，而且成为经济学专业及管理学研究生的必读文献。

一　交易成本理论

新制度经济学被学界视为一场经济学领域的革命，实现这场革命最关键的即是概念的革命。科斯在《企业的性质》中提出了"交易成本"的概念，后来成为新制度经济学的支撑理论。事实上，"交易"一词并不是新制度经济学的发明，制度经济学的主要代表人物之一康芒斯（John R. Commons）在其《新制度经济学》（1934）中就将"交易"概念引入了制度分析，指出作为制度分析的"交易"可以分为三个基本的类型：

买卖的交易，即平等主体之间的交换关系；管理的交易，即上级与下级之间的命令与服务关系；限额的交易，即政府与个人之间的关系。在正统经济学那里，企业被视为生产函数，市场关系由供求表达。但是科斯提出的问题是：企业的起源或纵向一体化的原因是什么？既然经济主体之间可以通过市场交换实现合作，为什么还要存在企业？什么因素决定了企业的规模？正如科斯在《企业的性质》中指出的："假如生产是由价格机制调节的，生产就能在根本不存在任何组织的情况下进行，面对这一现实，我们要问：组织为什么存在？"[1]

在科斯看来，交易活动是稀缺的、有成本的，并且是可计量的和可比较的，例如搜寻新的市场需要交易费用、每一笔交易的搜寻与谈判都需要交易费用等，因此企业存在的目的即是节约交易费用，换句话说即是，用企业较低的内部交易费用来取代交易费用较高的市场交易，这样，企业作为一种有效率的组织就会出现。他说："市场的运行是有成本的，通过形成一个组织，并允许某个权威（一个'企业家'）来支配资源，就能节约某些市场运行成本。企业家不得不在低成本状态下行使他的职能，这是鉴于如下的事实：他可以以低于他所替代的市场交易的价格得到生产要素，因为如果他做不到这一点，通常也能够再回到公开市场。"[2]

在确定交易费用后，科斯的下一个问题是：既然企业相比市场能够有效降低交易费用，为什么还需要市场交易呢？这涉及企业的规模问题，即企业规模的边界在哪里的问题。科斯认为，对企业家来说，当企业规模扩大时，企业内部追加的交易成本也可能会随之上升，从而导致收益减少。那么企业可能扩张到什么程度呢？科斯认为，企业扩张的实际停止点在于："企业倾向于扩张直到在企业内部组织一笔额外交易的成本，等于通过在公开市场上完成同一笔交易的成本或在另一个企业中组织同样交易的成本为止。"[3] 如果在企业内部组织某些交易的成本多于在公开

---

[1] [美]罗纳德·哈里·科斯：《企业、市场与法律》，盛洪、陈郁译，上海三联书店1990年版，第3页。

[2] [美]罗纳德·哈里·科斯：《企业、市场与法律》，盛洪、陈郁译，上海三联书店1990年版，第7页。

[3] [美]罗纳德·哈里·科斯：《企业、市场与法律》，盛洪、陈郁译，上海三联书店1990年版，第10页。

市场上完成交易的成本，那么意味着通过价格机制来完成交易是存在的。在科斯看来，当其他条件相同时，企业在下列情况中将趋向于扩大生产：(1) 企业成本越小，随着企业交易增多，交易成本上升很慢；(2) 企业家犯错误的可能越小，随着企业交易的增加，失误增加越小；(3) 企业规模越大，生产要素供给价格越小，成本上升越小。

二　社会成本与科斯定理

科斯在《社会成本》一文中所要解决的问题是对他人产生有害影响的企业行为问题，如工厂排放出来的烟尘损害邻居的健康、邻居养的牛吃了别人家的庄稼、河流污染造成邻居鱼塘的鱼死亡等。这些问题实际上是一个用何种方式来正确度量和界定利益边界的问题。对这些问题，传统经济分析遵循庇古的福利经济学的观点，利用私人产品与社会产品之间的矛盾，解决方法是要么要求工厂主对烟尘所引起的损害负责赔偿、要么是利用税收对工厂排烟的行为征"庇古"税、要么是责令该工厂迁出居民区。在科斯看来，这种解决方案不可取，因为它不能达到使双方都满意的结果。科斯指出："人们一般将该问题视为甲给乙造成损害，因而所要决定的是：如何制止甲？但这是错误的。我们正在分析的问题具有相互性，即避免对乙的损害将使甲遭受损害，必须决定的真正问题是：是允许甲损害乙，还是允许乙损害甲？关键在于避免较严重的损害。"[1]

科斯以"养牛者走失的牛损坏邻近土地的谷物生长"为例，分析了对损害是否负有责任的两种定价制度：一种定价制度是养牛者对损害负有责任的制度。也就是说，农夫有种谷物的权利，而养牛者没有损害谷物的权利。在这种情况下，牛可以吃谷物，但是需要付费，那么，养牛的规模是多大呢？在科斯看来，牛群的规模是：追加生产的牛肉价值要大于包括增加的损坏的谷物价值在内的附加成本，否则增加牛群无利可图，牛群规模不会扩大；而养牛者占据邻近土地也不会促使农夫增加产量，因为"如果受损害的谷物价值是如此之大，以至于从未被损害的谷物的销售中得到的收入少于耕种该块土地的总成本，那么对于农夫和养

---

[1] [美] 罗纳德·哈里·科斯：《企业、市场与法律》，盛洪、陈郁译，上海三联书店 1990 年版，第 76 页。

牛者来说，达成一笔交易而不将这块土地留作耕种是有利可图的。"① 另一种情况是养牛者对损害不负责任的定价制度。也就是说，养牛者拥有让牛吃谷物的权利，而不必为此付费。在这种情况下，农夫的谷物损失会随着牛群规模的扩大而增加，农夫为了减少谷物损失而愿意支付养牛者费用，假如养牛者产值的增加大于不得不支出的附加成本，那么，牛群规模会扩大；反之则反是。事实上，无论养牛者是否对谷物的损失负责，牛群的规模都将一样。通过养牛者与农夫的案例，科斯提出界定产权的重要性："有必要知道损害方是否对引起的损失负责，因为没有这种权利的初始界定，就不存在权利转让和重新组合的市场交易。但是，如果定价制度的运行毫无成本，最终的结果（产值最大化）不是受法律状况影响的。"②

科斯通过"养牛者走失的牛损坏邻近土地的谷物生长"的案例表明，法院关于损害责任的判决对资源的配置没有影响，"法院面临的迫切问题不是由谁做什么，而是谁有权做什么，通过市场交易修改权利最初的合法限定通常是有可能的，当然，如果这种市场交易是无成本的，那么通常会出现这种权利的重新安排，假如这种安排会导致产值的增加的话。"③这就是"科斯定理"，即"若交易费用为零，无论权利如何界定，都可通过市场交易达到资源的最佳配置"。④ 科斯定理表明，在解决外部性问题时，如果交易费用为零，可以通过市场交易形式来替代政府管制和司法约束，从而实现资源的最佳配置。

但是"科斯定理"假定现实的市场交易中不存在交易成本，这是很不现实的假定。在科斯看来，市场交易是有成本的，这些交易成本至少包括"有必要发现谁希望进行交易，有必要告诉我们交易的愿望和方式，

---

① ［美］罗纳德·哈里·科斯：《企业、市场与法律》，盛洪、陈郁译，上海三联书店1990年版，第79页。
② ［美］罗纳德·哈里·科斯：《企业、市场与法律》，盛洪、陈郁译，上海三联书店1990年版，第83页。
③ ［美］罗纳德·哈里·科斯：《企业、市场与法律》，盛洪、陈郁译，上海三联书店1990年版，第91页。
④ ［美］罗纳德·哈里·科斯：《企业、市场与法律》（译者的话），盛洪、陈郁译，上海三联书店1990年版，第10页。

以及通过讨价还价的谈判缔结契约，督促契约条款的严格履行，等等"。① 那么，在交易费用为正的情况下，如何解决外部性问题呢？为此，出现了"科斯第二定理"，"科斯第二定理"表明的是：当交易费用为正时，不同的权利界定会带来不同的资源配置效率。正如科斯指出的，在市场交易成本为正的情况下，"合法权利的初始界定会对经济制度运行的效率产生影响。权利一种调整会比其他安排产生更多的产值。但除非这是法律制度确认的权利的调整，否则通过转移和合并权利达到同样后果的市场费用如此之高，以致于最佳的权利配置以及由此带来的更高的产值也许永远也不会实现"②。这样，科斯将权利的制度安排与资源配置效率结合起来，使得制度分析与交易成本一样，成为新制度经济学的核心概念。

第二节　诺斯的制度变迁理论

道格拉斯·诺斯（Douglass C. North，1920—2015），经济史学家，新制度经济学的主要代表人之一，1993年诺贝尔经济学奖获得者。1920年诺斯出生于美国马萨诸塞州坎布里奇市，1952年获加州大学伯克利分校博士学位。曾先后任教于伯克利加利福尼亚大学、华盛顿大学、赖斯大学和剑桥大学。1982年重回华盛顿大学任教。诺斯还担任过《经济史杂志》副主编、国民经济研究局理事、美国经济史学协会会长、东部经济协会会长、西部经济协会会长等职。诺斯主要代表作是《经济史中的结构与变迁》（*Structure and Change in Economic History*，1981）、《西方世界的兴起》（*The Rise of the West World*，2009），其中前者则更注重"论"，后者更注重的是"史"。此外，还出版了《制度、制度变迁与经济绩效》、《制度变化与美国的经济增长》（与戴维斯合著）等。在《经济史中的结构与变迁》中，诺斯提出了包括产权理论、国家理论和意识理论在内的"制度变迁理论"（Institution Change Theory），这三个理论说得具体一点

---

① ［美］罗纳德·哈里·科斯：《企业、市场与法律》，盛洪、陈郁译，上海三联书店1990年版，第91页。

② ［美］罗纳德·哈里·科斯：《企业、市场与法律》，盛洪、陈郁译，上海三联书店1990年版，第92页。

即是：(1) 描述一个体制中激励个人和集团的产权理论；(2) 界定实施产权的国家理论；(3) 影响人们对"客观"存在变化的不同反应的意识形态理论，这种理论解释为何人们对现实有不同的理解。①

一 制度变迁中的产权理论

什么是制度呢？诺斯认为，制度本质上是一种规则，一种关于经济秩序合作与竞争的规则。他说："制度是一系列被制定出来的规则、守法程序和行为的道德伦理规范，它旨在约束追求主体福利或效用最大化利益的个人行为。"②

在传统的各种经济增长模型中，制度因素是被排除在外的，即将制度视为已知的、既定的或将制度因素作为"外生变量"，而将各种物质生产要素的变革创新、规模经济、教育、资本积累、产业革命等看作经济增长的源泉。而诺斯则认为，制度性因素是经济增长的关键。他指出："有效率的经济组织是经济增长的关键，一个有效率的组织在西欧的发展正是西方兴起的原因所在。"③ 在诺斯看来，这种有效率的经济组织，正是制度安排的结果。也就是说，有效率的组织需要在制度上作出安排和确立所有权以便造成一种刺激，将个人的经济努力变成私人收益率接近社会收益率的活动，而这种制度安排确立了经济秩序的一种合作与竞争关系，成为一种有效率组织的来源。

将"制度"视为经济增长的一个主要"变量"，为理解经济兴衰提供了一个新的视角，如果在制度变迁中形成了一个有效率的组织，那么可以形成这样一种激励结构，使得个人在边际上完全能获得投资的社会收益，即私人收益与社会收益相等，从而实现经济增长；相反，如果在制度变迁中没有形成一个效率的组织或者说有效率的组织变成了无效率的组织，那么就不会为经济方面的创新活动提供激励，也就不会保证创新

---

① [美] 道格拉斯·诺斯：《经济史中的结构与变迁》，陈郁、罗华平等译，上海三联书店1994年版，第7页。
② [美] 道格拉斯·诺斯：《经济史中的结构与变迁》，陈郁、罗华平等译，上海三联书店1994年版，第225页。
③ [美] 道格拉斯·诺斯、罗伯特·托马斯：《西方世界的兴起》，厉以平、蔡磊译，华夏出版社2014年版，第3页。

活动的行为主体应该得到的最低限度的报偿或好处,从而阻止经济的增长。这也解释了为什么历史上的经济增长没有在整个西方世界同时出现而首先在尼德兰和英格兰地区出现,因为这些地区率先进行了产权改革,在制度上有效刺激了经济领域的创新活动。"而失败——西方世界历史的伊比利亚半岛和当代拉丁美洲、亚洲和非洲的大部分地区——则是经济组织无效率的结果。"①

在诺斯看来,有效率的组织必须做出某种制度安排,而制度安排的核心即是产权。因此,产权是影响经济组织效率的关键一环。在充满稀缺和竞争性的世界中,一方面,只有产权明晰,才能形成有效率的组织形式,明晰的产权有助于减少未来的不确定性因素从而降低产生机会主义行为的可能性,从而激发技术创新,缩小个人收益与社会收益的差距,提高组织的效率;否则,产权不清晰,将导致交易或契约安排的减少。另一方面,产权不仅要明晰,而且要成本最小化,由于产权还具有竞争性和排他性,只有成本最小化的产权才是有效率的,正如诺斯指出:"在给定现代技术、信息成本和不确定性的约束条件下,在稀缺与竞争世界中以最小成本解决方案而存在的产权形式将是有效率的。"②

此外,尽管诺斯对产权理论的发展有限,但诺斯对产权理论的一个重要贡献即是将产权理论与国家理论结合起来。在产权理论与国家理论的关系方面,诺斯认为国家界定产权结构,因而国家理论是根本性的。诺斯认为,国家最终需要为有效率的产权结构承担责任。他说:"最终是国家要对造成经济增长、停滞和衰退的产权结构的效率负责。因而国家理论必须对造成无效率产权的政治—经济单位的内在倾向作出解释,而且要说明历史中国家的不稳定性。不幸的是,在解释经济史中的长期制度变迁时,这一重要的基石却被人们忽略了。"③

---

① [美] 道格拉斯·诺斯、罗伯特·托马斯:《西方世界的兴起》,厉以平、蔡磊译,华夏出版社 2014 年版,第 198 页。
② [美] 道格拉斯·诺斯:《经济史中的结构与变迁》,陈郁、罗华平等译,上海三联书店 1994 年版,第 17 页。
③ [美] 道格拉斯·诺斯:《经济史中的结构与变迁》,陈郁、罗华平等译,上海三联书店 1994 年版,第 17 页。

二 制度变迁中的国家理论

国家理论首先要说明国家的性质。关于国家的性质学界普遍存在两种解释，即契约理论与掠夺理论。契约论认为国家是公民达到契约结果，它起着使社会福利最大化的结果；而暴力论则认为国家是掠夺剥削的产物，在暴力方面具有比较优势的组织。然而在诺斯看来，这两种都是片面的、不全面的，诺斯试图将契约论理论国家和暴力理论国家统一起来，从而将国家视为一种"暴力潜能"(violence potential)的分配组织，若暴力潜能在公民之间进行平等分配，便产生契约性的国家；若暴力在公民间的分配是不平等的，则产生了掠夺性国家。正如诺斯指出的："正是'暴力潜能'分配理论使两者统一起来。契约论假定主体间暴力潜能的平等分配，而掠夺论假定不平等的分配。"①

在诺斯看来，国家有三个基本特征：一是国家为取得收入而以一组被称为"保护"的服务和"公正"作交换，这些保护服务的总收入等于每一个社会个体自己保护自己拥有的产权的收入；二是国家试图像一个带有歧视性的垄断者那样活动，为使收入最大化而为每一个不同的集团设定不同的产权；三是由于总是存在着能提供同样服务的潜在竞争对手，国家总是面临其他国家或潜在统治者的竞争。② 正是国家这些基本特征，决定了国家具有两个目的，一方面通过规则使统治者租金最大化；另一方面就是降低交易费用使社会产出最大化。正如诺斯指出，国家提供的基本服务有两个目的："一是，界定形成产权结构的竞争与合作的基本规则，即在要素和产品市场上界定所有权结构，以便使统治者的租金最大化；二是，在第一个目的框架中降低交易费用以使社会产出最大，从而达到使国家税收增加。"③ 第二个目的将导致一系列公共（或半公共）产品与服务的供给，以便降低界定、谈判和实施作为经济交换基础的契约

---

① ［美］道格拉斯·诺斯：《经济史中的结构与变迁》，陈郁、罗华平等译，上海三联书店1994年版，第7页。
② ［美］道格拉斯·诺斯：《经济史中的结构与变迁》，陈郁、罗华平等译，上海三联书店1994年版，第23页。
③ ［美］道格拉斯·诺斯：《经济史中的结构与变迁》，陈郁、罗华平等译，上海三联书店1994年版，第24页。

所引起的费用。但是国家这两个目的存在着冲突甚至对抗，这种矛盾冲突使得国家具有内在不稳定性，从而导致国家兴衰更迭。

从诺斯对国家的性质、国家的特征与功能定位可以看出，诺斯对国家的看法始终存在一种内在的冲突与矛盾，这就使得国家既可能走向契约，也可能走向暴力，这种矛盾在学界看来即是"诺斯悖论"。诺斯悖论的本质在于说明：一方面，国家作为一种契约性质使国家成为有效产权安排和经济发展的一个必要条件，没有国家就没有产权；另一方面，国家又因为其暴力性质而对产权的安排和交易进行干预，从而造成个人财产的侵害及所有权的残缺，甚至造成经济的衰落。也就是说，国家作为一种"暴力潜能"分配的理论，它决定着有效率的产权结构，因而也决定着经济的兴盛与衰落。诺斯指出："国家的存在是经济增长的关键，然而国家又是人为经济衰退的根源；这一悖论使国家成为经济史研究的核心，在任何关于长期变迁的分析中，国家模型都将占据显要的一席。"[1]

三　制度变迁中的意识形态理论

新古典理论认为，在一般情况下，人们有获得某种好处而逃避付费的行为倾向，总想"搭便车"。但在诺斯看来，新古典理论只看到了问题的一面，却没有看到问题的另一面，当收益超过成本时人们违反社会规则，而当成本大于收益时，人们却能够遵守这些规则。为什么会这样呢？诺斯认为，这种现象说明仅仅用"成本—收益"方法来研究大有局限性，不无解释"搭便车"行为，也无法进一步说明制度的变迁，也不能捕捉到人们决策过程中的其他因素。为此，制度变迁需要一种新的解释理论，这种理论就是诺斯反复强调的"意识形态理论"。

在诺斯看来，这里的意识形态"是一种节约机制，通过它，人们认识到了他们所处环境，并被一种'世界观'引导，从而使决策过程简单明了"。[2] 同时，意识形态又与人们评判世界的道德与伦理观念交织在一

---

[1] ［美］道格拉斯·诺斯：《经济史中的结构与变迁》，陈郁、罗华平等译，上海三联书店1994年版，第20页。

[2] ［美］道格拉斯·诺斯：《经济史中的结构与变迁》，陈郁、罗华平等译，上海三联书店1994年版，第53页。

起，当他们发现经验世界的道德与伦理和意识形态不符时，就会试图去改变其意识观点，并会试图去发展一套更"适合"的于其经验的新的理性。

诺斯认为，不同的地理位置与职业的专门化对意识形态有重要的影响。从地理上看，相邻的人群虽然在经验方面各有差别，但是在意识形态方面却具有很大的相似性，并因此形成了共同的语言、习惯、禁忌和神话，并与其他人群相异；从职业专门化来看，不同的职业和劳动分工导致不同阶段的意识形态互不相同。

在诺斯看来，成功的意识形态有几个特点：一是成功的意识形态必须是灵活的。保持意识形态灵活性的目的在于能通过意识形态活动获得新群体的拥护和旧群体的忠诚；二是意识形态需要克服"搭便车"行为。也就是说，意识形态要能够"促进一些群体不再按有关成本与收益的单位的、享乐主义和个人的计算来行事。这是各种主要意识形态的一个中心问题，因为无论是维持现存的秩序，还是推翻现存的秩序，离开上述行为都是不可能的"。[①]

在诺斯看来，用意识形态来引导人们对现存体制合理性的理解可以大大减少人们的"搭便车"行为和降低交易成本，这是因为："如果每个人都相信私人家庭'神圣不可侵犯'，那么，可以在室内无人而门不闭户的情况下不用担心房屋会被毁或被盗。如果一个美丽的乡村被认为是公共'物品'，个人就不会随便扔抛杂物。如果人们相信政治民主的价值，他们就会把投票当作一项公民的义务来履行。为了所有者的利益，劳动会勤勤恳恳，管理会兢兢业业；契约就会像在法律上那样，同样在精神上受到尊重。"[②] 但诺斯指出，引导人们成为"搭便车者"的必要费用必须与现行制度合理性的理解正相关，也就是说，"搭便车"行为需要更高的成本。

从意识形态与反意识形态的关系来看，二者有不同的方法。诺斯认

[①] [美]道格拉斯·诺斯：《经济史中的结构与变迁》，陈郁、罗华平等译，上海三联书店1994年版，第59页。

[②] [美]道格拉斯·诺斯：《经济史中的结构与变迁》，陈郁、罗华平等译，上海三联书店1994年版，第59页。

为，如果占支配地位的意识形态旨在使人们相信现存的体制、规则与正义是共同存在，那么就要使人们出于一种道德感来遵守这些体制、规则和正义。而成功的反意识形态的目标则在于"不仅要使人们确信他们众目睽睽的不公正是现存体制的一个不可或缺的部分，而且要使人们确信只有通过人们参与改变现存体制的活动，一个公平的体制才能到来"。①

四 制度变迁的原则与过程

诺斯认为，制度变迁与技术进步有相似性，即推动制度变迁和技术进步的行为主体都是追求收益最大化的。当然，不同行为主体推动制度变迁的动机、行为方式及其产生的结果可能是不同的，可他们都要服从制度变迁的一般原则和过程。

制度变迁的原则在于：制度变迁的成本与收益之比对于促进或推迟制度变迁起着关键作用，只有在预期收益大于预期成本的情形下，行为主体才会去推动直至最终实现制度的变迁，反之亦然。这是因为制度是有成本的，"除非创建新的制度安排所带来的私人收益可能超过成本，否则新的制度安排是不会提出的。"②

诺斯认为，制度变迁的一般过程可以分为5个步骤：一是形成推动制度变迁的第一个行动集团，即对制度变迁起主要作用的集团；二是提出有关制度变迁的方案；三是根据制度变迁的原则对方案进行评估和选择；四是形成推动制度变迁的第二行动集团，即起次要作用的集团；五是两个集团共同努力去实现制度变迁。

总之，新制度经济学特别强调制度、法律、产权及治理在经济运行中的作用，其重点领域有以下几个③：（1）制度的构成与制度的起源；（2）制度变迁与制度创新，包括制度需求与制度供给；（3）制度、产权与国家理论；（4）制度与经济发展的相互关系。这些领域都和公共行政有关，特别是制度与交易成本问题，对于处于转型中的中国来说，要实

---

① [美] 道格拉斯·诺斯：《经济史中的结构与变迁》，陈郁、罗华平等译，上海三联书店1994年版，第60页。
② [美] 道格拉斯·诺斯、罗伯特·托马斯：《西方世界的兴起》，厉以平、蔡磊译，华夏出版社2014年版，第9页。
③ 卢现祥主编：《新制度经济学》，武汉大学出版社2004年版，第22—23页。

现制度能力与制度体系的现代化，就需要借鉴制度研究领域的文明成果。因此，新制度经济学的相关思想必将对公共行政产生深远的影响。当然，新制度经济学也受到一些学者的批评，例如：如果市场不是整合社会中个体力量的"看不见的手"，而需要来自社会的制度支持，那么市场有何特别的好处？

第三节 彼得斯的新制度主义

B. 盖伊·彼得斯（B. Guy Peters），美国匹兹堡大学政治科学系主任、教授。1970年获得密歇根州立大学博士学位后，曾任加拿大管理发展中心高级研究员、香港城市大学名誉教授。彼得斯是国际著名的研究政府治理与改革问题的专家、公共管理大师，其理论创新能力在美国公共行政学界享有盛誉。其研究领域包括比较公共政策与行政、美国公共行政、比较政治学、比较研究方法等。彼得斯的主要代表作有：《政治科学中的制度化理论：新制度主义》（*Institutional Theory in Political Science: The New Institutionalism*，1999）、《政府未来的治理模式》（*The Future of Governing: Four Emerging Models*，2000）。此外，彼得斯还出版了《公共政策的病态》《官僚政治》《比较政治学》《政策动力学》《政府会消亡吗？》等。在《政治科学中的制度化理论：新制度主义》一书，彼得斯对各种制度流派进行探讨，并将它们整合成"新制度主义政治分析方法"。

一 新制度主义出现的背景

彼得斯认为，新制度主义是相对于旧制度主义而言的，20世纪50年代以前传统政治学的研究方法称为旧制度主义，20世纪50年代到80年代行为主义政治学占据核心地位，而新制度主义则是在批判行为主义政治学研究方法的基础上发展起来，为了显示与旧制度主义的区别，故取名为新制度主义。

在彼得斯看来，旧制度主义强调组织结构的研究，强调正式的制度在国家治理中的地位，强调方法论上的整体主义，强调以历史为基础的分析。旧制度主义主要通过比较研究、历史研究、描述归纳法等重点研究成文法律和宪法、官僚机构、国家功能等正式制度，如霍布斯从人性恶的角度论述论证制度在挽救人类上的必要性、洛克发展出更具契约性的公共制度的概念、孟德斯鸠通过三权分立制度来实现政治结构均衡等，都属于旧制度研究的范畴。在彼得斯看来，旧制度主义具有五个"元理论"①，如下。（1）法律主义。即明确法律以及治理中法律为制度主义的核心地位。（2）结构主义。认为结构决策行为，结构主义为个人影响留下很少的空间或者根本没有留下空间。（3）整体主义。旧制度主义者常常是比较主义者，往往采取比较整个体制的研究方法，关注整个政治体系。（4）历史主义。旧制度主义总是关注当前的政治体制是怎么植根于历史发展以及社会经济与文化之中。（5）规范研究。旧制度主义往往采取规范与价值的分析，较少关注事实的研究。

20世纪50年代行为科学与理性选择理论兴起后，旧制度主义受到猛烈的批评。行为主义对制度的批判主要集中于三个方面：一是认为制度研究特别是规范研究和价值研究无法解决事实因素，行为主义批判价值研究是一种缘木求鱼，从价值出发去推导事实，而不是从事实归纳出价值；二是行为主义认为制度研究难以解释真实世界中的现实，认为传统政治是精英政治，缺乏大众参与，而政治精英难以反映真实世界中无数个微小个体的需求；三是行为主义认为制度研究自身存在难以解释的"悖论"，这个悖论就是：为什么同样的制度安排会产生不同的效果？例如拉丁美洲的宪政制度，很多是从美国搬过去的，为何产生不同的效果？因此，传统的制度研究存在很大的局限性，而行为主义与理性选择理论关注个体行为的研究、关注非正式政治行为的研究、关注事实的研究等，从根本上改变了政治分析方法，正因如此，彼得斯将行为主义和理性选择理论视为一场革命。他说："行为主义和理性选择理论这两个运行，都从根本上改变政治学，尽管它们在很多方面非常不同，但也有一些共同特征。这些特征包括关注理论和方法论、反规范的偏见、个人主义的假设和'输入主义'。"②

---

① ［美］B. 盖伊·彼得斯：《政治科学中的制度理论：新制度主义》（第三版），王向民、段红伟译，上海人民出版社2016年版，第6—11页。

② ［美］B. 盖伊·彼得斯：《政治科学中的制度理论：新制度主义》（第三版），王向民、段红伟译，上海人民出版社2016年版，第11页。

而新制度主义则是在批判行为主义的基础上发展起来。新制度主义者认为放弃对制度的研究是行为主义的一个主要缺陷，而实际上，组织和法律制度是政治生活必不可少的组成部分。新制度主义强烈地反对把行为确定为政治分析的基础要素，他们不相信行为能够为复杂地包含各种价值因素的政治现象提供合理的解释。特别是20世纪70年代以来的经济危机，更使新制度主义者相信依靠行为主义者的方案是解决不了现实问题的，需要重新思考制度的价值。1984年，新制度主义马奇和奥尔森发表的《新制度主义：政治生活中的组织因素》中就认为，由于行为主义的影响，作为政治生活基本因素的组织被忽略了，而实际上，组织和法律制度则成为政治生活的主导者。到20世纪90年代，新制度主义已经变成政治学的主流分析路径了。

二 新制度主义的理论形态

在彼得斯看来，新制度主义实际是对旧制度主义的传承，在发展新方法的同时也传承了旧制度主义的优点。新制度主义的制度概念在彼得斯那里也有了更广泛的内涵，他给制度下了一个最低限度的定义：① 第一，制度在某种程度上是一个社会的或政治的结构性特征；第二，制度是一段时间内的稳定性；第三，制度一定影响个人行为；第四，制度有某种共享的价值和意义。

相对于旧制度主义，新制度主义关注的焦点问题是：制度由何构成？制度怎样形成？制度如何变迁？制度与人如何互动？制度如何解释行为并能验证？制度如何设计？制度如何运行？什么是好制度？制度的限度在哪？等等。

在彼得斯看来，新制度主义表现为八个理论形态，它们是：

1. 规范制度主义（Normative Institutionalism）。以马奇和奥尔森为代表，重新回归了制度和制度分析的价值，强调价值和规范在组织与制度中的核心地位。

2. 理性选择制度主义（Rational Choice Institutionalism）。理性选择制

---

① ［美］B. 盖伊·彼得斯：《政治科学中的制度理论：新制度主义》（第三版），王向民、段红伟译，上海人民出版社2016年版，第18页。

度主义认为行为是规则和激励功能的使然,而非由规范和价值所引导。因此,制度是由规则和行为诱导构成的各种体系,在这个体系中,个人努力实现效用最大化。

3. 历史制度主义(Historical Institutionalism)。历史制度主义认为,分析的基本出发点在于任何政策或事实上任何政府体系是其早期历史中作出选择的结果,也就是说,政策具有"路径依赖"的特征。

4. 经验制度主义(Empirical Institutionalism)。经济制度主义者比其他制度主义更接近旧制度主义,认为政府结构影响着政策演进的方式和政府的选择。

5. 话语制度主义与建构制度主义(Discursive and Constructivist Institutionalism)。这个学派认为个体行动者通过话语、交流、协商、讨价还价等观念性行动,塑造或建出一种制度。

6. 社会学制度主义(Sociological Institutionalism)。社会学制度主义是一个描述国家与社会间关系结构的学派。

7. 利益代表制度主义(Institutionalism of Interest Representation)。利益代表制度主义关注的是诸如政党体系或利益集团网络等中观层次的政治结构和制度。

8. 国际制度主义(International Institutionalism)。国际制度主义把国际体系和国际视为制度,用制度框架来解释国际组织和主权国家的行为。

彼得斯认为,这八种制度主义作为新制度主义的理论形态,尽管存在许多分歧,但是它们有一个根本的共同特征,即强调制度,认为制度因素是社会分析的最恰当出发点,并且这些制度主义自然涉及另一流派的某个方面的次数,因此可以断定政治学中存在一种宽泛一门单独的、条理清晰的新制度主义政治分析方法。正如彼得斯指出的:"即使在仔细考察过各种各样的分歧后,我仍然愿意认为存在着一个核心,它足够证明这些流派被视为一种宽泛的——如果允许多样化的话——政治分析方法。将这些繁复多样的流派以及构成这些流派的繁复多样的成分凝聚在一起的根本因素,恰恰是它们都把制度看作政治生活的核心部分。"[①]

[①] [美] B. 盖伊·彼得斯:《政治科学中的制度理论:新制度主义》(第三版),王向民、段红伟译,上海人民出版社 2016 年版,第 192 页。

总之，彼得斯的新制度主义重新发现了制度的价值，并将它应用于政治、国家、政府的研究，从而拓展了公共行政的知识体系，特别是对于制度转型的国家来说，具有重要的借鉴价值。但是彼得斯将八个制度流派统一归为"一种"新制度主义，受到学者的批评；另外，对新制度主义的概念内涵的概括，也需要进一步完善。

第十五章

新公共管理理论

20世纪70年代末80年代初以来，伴随着西方经济危机的发展，西方国家普遍陷入严重的财政危机、管理危机和信任危机。一些国家掀起了"政府再造运动"（Reinventing Government），试图打破官僚制的泥潭，提高政府治理效率和治理效能。政府再造运动兴起于英国、美国、澳大利亚和新西兰，随之向其他国家扩展，演变成一场影响全球的"新公共管理运动"（the New Public Management）。新公共管理是一场以克服官僚制弊端、提高公共管理效率为核心的管理运动，其核心点在于强调效率的价值标准、强调顾客导向的管理风格、强调市场机制的有效性、强调私营成功管理方法的可靠性。新公共管理理论的代表人物主要有胡德、奥斯本、林登、萨瓦斯等。

第一节 胡德的新公共管理思想

克里斯托弗·胡德（Christopher Hood），英国著名行政学家。1968年，胡德毕业于约克大学，获得政治学学士学位。1971年，在格拉斯哥大学获得文学学士学位。毕业后，在格拉斯哥大学政治学系担任讲师。1977—1979年，胡德担任约克大学政府项目的研究员。1984—1985年，他担任新加坡国立大学法律系的高级特任讲师。1986—1989年，胡德被聘为悉尼大学政府与公共行政系教授。1987年，胡德于约克大学获得了博士学位。1989—2000年，胡德担任伦敦经济与政治学院公共行政和公共政策系教授。自2001年开始，胡德还担任着牛津大学万灵学院的教授。2001年，他入选极为尊荣的"英国社会科学研究院"院士。胡德的学术旨趣主要是政府行政、规制和公共部门改革研究。他的著作主要有：《行政的限度》(1976)、《政府工具》(1983)、《国家的艺术：文化、修辞与公共管理》(1998)以及《80年代的新公共行政》(论文，1995)等。其中《国家的艺术：文化、修辞与公共管理》使他获得了2000年英国政治研究学会的"麦肯齐图书奖"，2007年，由于对公共管理领域研究的持续贡献，胡德被美国公共管理研究协会授予著名的"乔治·弗雷德里克森奖"。

一 新公共管理的原则要素

新公共管理是一种新管理途径，在某种程度上缓解了传统行政模式的缺陷。对于何为新公共管理，有很多学者曾提出不同的见解。胡德认为，新公共管理具有七项原则要素："公共领域的专业化管理；明确的目标与绩效测量标准；强化产出控制；公共部门的分散化；引入竞争机制；对私营部门管理方式的重视；强调对资源的有效利用和开发。"[1] 此外，胡德认为，新公共管理吸纳了新制度经济学和管理主义的优点，其中新制度经济学以交易成本理论、委托—代理理论、产权理论等为其经济基础，而公共部门管理主义的关注重点在于经济、效率、效能的"3E"目标上，这使得新公共管理具有经济学和管理主义两个倾向。

二 新公共管理的范式争论

随着新公共管理改革的深入发展，很多倡导者认为新公共管理已经超越传统官僚制成为一种新的全球范式。胡德对此表示出质疑，他认为，"传统方式的部分失效并不必然表明任何新的公共行政模式将不可避免在全球范围内被接受；全球范式论忽视了当前地方政府'路径依赖'的独特性和典型性；全球范式论高估了当前公共管理变革的持续性，也低估了公共管理原则的自我平衡和自我修复能力。"[2] 此外，"公共行政的传统

---

[1] Christopher Hood, "A Public for All Seasons", *Public Administration*, Vol. 49, No. 1, 1991, pp. 4–5.

[2] Christopher Hood, "Cotemporary Public Management: A New Global Paradigm", *Public Policy and Administration*, Vol. 10, No. 2, 1995, pp. 105–106.

方法并没有在全球遭到全部失败。"① 因而，新公共管理不能作为一种稳定而有效的范式进行全球推广。

三 新公共管理的改革悖论

胡德认为，新公共管理改革存在三种悖论。首先是全球化悖论（paradox of globalization），新公共管理改革风靡全球，很多国家进行政府改革，但是不同国家不同地区改革的目标、改革的任务、改革的手段、改革的速度、改革的深度等各不相同。其次是不良改革景象悖论（paradox of malade imaginaire），这主要表现为：率先进行改革并顺利推进改革的国家取得了良好的成效；而那些迫切需要改革的国家反而无动于衷、进展缓慢。再次是管理主义悖论（paradox of half – hearted managerialis），新公共管理的改革以管理主义为价值取向，但在实际的改革过程中"公共部门的管理主义却普遍遭遇了惊人的不受重视的现象"②。新公共管理改革过程中出现的这些矛盾和悖论表明了新公共管理改革本身存在一些缺陷，需要在实践中不断地完善和发展。

第二节 奥斯本的企业家政府理论

戴维·奥斯本（David Osborne），被誉为"政府再造大师"，是"重新设计政府联盟"的创办者及前任董事长、美国国家公共行政学会的研究员、美国进步政策学院的研究员。奥斯本毕业于斯坦福大学，曾在耶鲁大学任教，长期担任共和党和民主党主要政治领导人和候选人的顾问，极力主张建立高效率的政府。1988 年，他出版了极其著名的《民主实验室》（*Laboratories of Democracy*）一书。1992 年，奥斯本与特德·盖布勒（Ted Gaebler）合作出版了《改革政府——企业家精神如何改革着公共部门》（*Reinventing Government: How the Entrepreneurial Spirit is Transforming*

---

① Christopher Hood, "'The New public Management' in the 1980s: Variations on a theme", *Organizations and Society*, Vol. 20, No. 2, 1995, p. 106.
② ［英］克里斯托弗·胡德：《公共管理改革中的三个悖论》，吕恒立译，《国家行政学院学报》2002 年第 6 期。

the Public Sector），提出了"企业化政府"的理论主张，此书出版后在全球引起了巨大轰动。1997年，奥斯本与彼德·普拉斯特里克（Peter Plastrik）又合作出版了《摒弃官僚制：政府再造的五项战略》（Banishing Bureaucracy：The Five Strategies For Reinventing Government），提出了政府再造的"五项战略"。特德·盖布勒是国际著名的政府改革理论的倡导者和实践者，除了任职于美国联邦政府的10多家部门机构之外，他还担任许多其他国家政府的顾问。

一 企业家政府提出的背景

（一）政府面临严重的信任危机、财政危机和管理危机

企业家政府理论提出的一个主要背景是政府面临着严重的信任危机、财政危机和管理危机。首先是面临信任危机。在奥斯本与盖布勒看来，对政府的信任降到了历史最低点。这是因为"我们的医疗保健系统已经失控。我们的法院和监狱已是人满为患，已经判了罪的犯人只好翻放。许多我们最引以自豪的城市和州已经破产。对政府的信任一再降到创记录的最低点"。[①] 其次是面临严重的财政危机。奥斯本指出，我们的城市被日益增加的贫穷、赤字和犯罪所困扰，成千上万的雇员被公共部门解雇了，而正式的政府预算却仍在鼓励浪费。"如果到财政年度结束时主管们还没有把预算的钱用光，就会发生三种情况，即他们会失去节余下来的钱；第二年他们得到的钱就会减少；预算负责人会责备他们，说他们上一年要的钱太多了。于是就产生了财政年度结束前政府突击花掉所有钱的老习惯。"[②] 再次是面临严重的管理危机。管理危机就是官僚制带来的问题，其特点便是行动迟缓，效率低下和刻板而且无人情味。例如在军队里，关于住房方面的管理手册有800多页，而人事管理手册多达8800页，"国防预算的1/3浪费在执行无益的规章制度上面，做那些不必

[①] ［美］戴维·奥斯本、特德·盖布勒：《改革政府：企业家精神如何改革着公共部门》（序），周敦仁等译，上海译文出版社2006年版，第1页。

[②] ［美］戴维·奥斯本、特德·盖布勒：《改革政府：企业家精神如何改革着公共部门》（序），周敦仁等译，上海译文出版社2006年版，第3页。

要做的事。"① 例如，就以一个价值100美元的普通蒸汽阀门为例，"这个阀门一漏气，一周要损失蒸汽50美元。由此我们可以懂得，一漏气就要马上更换。但是，我们要花一年的时间来更换它，因为我们的体制规定采购这类价值100美元以上的东西一定要买最合算的，所以，也许等一年便可以买到便宜2美元的阀门。在这段时间里我们就要损失价值3000美元的蒸汽。"②

（二）工业社会的官僚政府已经不适应信息社会发展的需要

在奥斯本与盖布勒看来，工业社会发展起来的传统官僚机构庞大又集权化、提供的服务千篇一律而不看对象，已经不适应信息时代的发展需要。这是因为今天我们生活在一个令人吃惊的时代："我们生活在全球性市场的时代，我们的各种经济组织受到巨大的竞争压力。我们生活在一个信息社会里，普通老百姓取得信息的速度几乎同他们的领导者一样快。我们生活在一个以知识为基础的经济中，受过教育的职工对命令指挥感到反感，要求有自主权。我们生活在微型化市场的时代，顾客们习惯于高质量和广泛的选择机会。"③ 在这样的时代里，内外环境和人们的需求已经发生了重大变化：要求高质量的公共服务以及高水平的经济效益；要求对体制机制进行改革以对顾客做出快速反应并为顾客提供多种多样的商品和服务；要求官僚机构不是靠命令而是靠说服和奖励来鼓励创新；要求运用成功的市场机制来鼓励放权、竞争和创新。

（三）理论与实践的推动

在企业化政府理论提出之前，很多学者对政府部门运用企业化管理方法与技术进行了研究。例如哈默和钱皮在《企业再造》中就提出了后来运用到了政府部门的"业务流程再造"的概念，指出业务流程即是"针对企业业务流程的基本问题进行反思，并对它进行彻底的重新设计，以便在成本、质量、服务和速度等当前衡量企业业绩的这些重要尺度上

---

① ［美］戴维·奥斯本、特德·盖布勒：《改革政府：企业家精神如何改革着公共部门》（序），周敦仁等译，上海译文出版社2006年版，第8页。
② ［美］戴维·奥斯本、特德·盖布勒：《改革政府：企业家精神如何改革着公共部门》（序），周敦仁等译，上海译文出版社2006年版，第9页。
③ ［美］戴维·奥斯本、特德·盖布勒：《改革政府：企业家精神如何改革着公共部门》（序），周敦仁等译，上海译文出版社2006年版，第13页。

取得显著的进展"。① 而霍哲则提出了公共部门"全面质量管理"的概念,指出全面质量管理主要强调的是以顾客为中心,增进公共机构对公众的回应性。而胡德对新公共管理原则的探讨直接成为企业家政府的理论来源。此外,在实践中,西方国家也实行了大量的探索,最著名的是英国在20世纪70年代末以来推进的民营化改革,这使得企业管理的理论、方法与技术被成功移植到了政府部门。

二 企业家政府的含义

一些学者认为,公共管理与私人管理是不同的,因此,政府不能像企业那样运作。但是在奥斯本与盖布勒看来,管理是相通的,政府部门也可以移植私营部门成功的管理方法、管理理论与管理技术。他们指出:"政府不可能像企业那样运作这一事实并不意味着它不可能更有企业家精神。任何机构,无论公营还是私营,都可以有企业家的精神,正像任何公私机构,都会出现官僚主义。"②

那么何为"企业家政府"呢?奥斯本和盖布勒指出,这里的企业家不是用来形容生意人,而是用来形容政府改革中出现的新情况,企业家把各类资源从生产效率低的地方转移到生产效率高的地方,这种情况不仅适用于私营部门,同时也适用于公共部门和志愿性部门。在奥斯本和盖布勒看来,企业家政府就是借鉴企业家精神与成功运用企业管理理论与方法的政府。他们指出:"大多数企业化的政府都促进在服务提供者之间展开竞争。它们把控制权从官僚机构那里转移到社区,从而授权公民。它们衡量各部门的实绩,把焦点放在后果上而不是在投入上。它们行为的动务不是来自规章条文,而是来自自己的目标,自己的使命。它们把服务的对象重新界定为顾客,让顾客们有所选择,选择学校,选择职业培训计划,选择住房。它们防患于未然,而不是在问题成堆以后才来提供各种服务。它们把精力集中于挣钱而不单单是花钱。它们下放权力,

---

① [美]迈克尔·哈默、詹姆斯·钱皮:《企业再造:企业革命的宣言书》,王珊珊等译,上海译文出版社2007年版,第25页。
② [美]戴维·奥斯本、特德·盖布勒:《改革政府:企业家精神如何改革着公共部门》(序),周敦仁等译,上海译文出版社2006年版,第18页。

积极采用参与式管理。它们宁可要市场机制而不要官僚主义机制。它们关注的中心并不简单是提供公众服务,而且也是向公营、私营和志愿服务各部门提供催化剂,使之行动起来解决自己社区的问题。"①

奥斯本与盖布勒指出,建立"企业家政府"的主要目的是运用私营部门成功的管理理论、方法和技术来改变传统的官僚体制,提高政府管理的效率和质量以适应信息社会的发展需要。这一点正如德鲁克指出的:"如果一个组织的结构是鼓励企业家精神和行为的,那么几乎人人都可以成为企业家。反之,如果一个组织的结构是鼓励官僚主义行为的,则几乎任何企业家都会变成官僚主义者。"②

三 企业家政府的十条原则

(一) 起催化作用的政府:掌舵而不是划桨

政府的主要职责是掌舵(政策和规则的制定)而不是划桨(直接提供服务)。传统政府专注于提供服务而忽略了航向指引的功能,导致政府大而无力。奥斯本认为,如果一个组织的最佳的精力和智慧都用于划桨,掌舵将会很困难。在奥斯本看来,企业化政府应该"转向一种把政策制定(掌舵)同服务提供(划桨)分开的体制"。③ 掌舵者应该确定问题的范围和性质,并利用催化手段整合各种资源,发现实现组织目标的最佳路径;而划桨者则聚精会神于把安排下来的具体任务认真做好,以便推动组织更快地向目标前进。

(二) 社区拥有的政府:授权而不是服务

奥斯本和盖布勒认为,社区拥有即是让社区拥有权力,把公共服务的所有权和管辖权从官僚人员和专业人士手中夺过来交给社区,更能发挥社区的作用。因为社区一旦能够自主地决定自己的事务,就比受他人控制更有积极性去采取负责任的行动。此外,社区比专业人士更了解自

---

① [美] 戴维·奥斯本、特德·盖布勒:《改革政府:企业家精神如何改革着公共部门》(序),周敦仁等译,上海译文出版社 2006 年版,第 16—17 页。
② [美] 戴维·奥斯本、特德·盖布勒:《改革政府:企业家精神如何改革着公共部门》(前言),周敦仁等译,上海译文出版社 2006 年版,第 5 页。
③ David Osborne and Ted Gaebler, *Reinventing Government*: *How the Entrepreneurial Spirit is Transform the Public Sector*, A William Patrick Book, 1992, p. 33.

已存在的问题,更关心社区成员,更具有创造性,也更能节约成本。但是给社区授权不容易实现,也不会自动发生,政府需要处理好从服务到授权的过渡,创造各种各样的机会,不同的社区只要作好准备就可以利用。但是当政府把所有权和控制权交给社区时,它们的责任并不因此而结束,"政府也许不再直接提供服务,但是仍然对保证满足居民需要负有责任"。①

(三)竞争性政府:把竞争机制注入服务中去

奥斯本和盖布勒认为,企业比政府更富有效率,其关键不在于公营对私营,而在于垄断对竞争。"哪里有竞争,哪里就会取得较好的结果,增强成本意识,提供优质服务。"② 人们猛烈抨击私营垄断效率低下,阻碍变革,却对公营垄断习以为常,将政府内部的竞争看作浪费和重复的行为。事实上,竞争有诸多垄断所不具备的好处:竞争可以提高效率,即竞争通过少投入多产出来确保高效率;竞争的另一个好处是鼓励革新,而垄断扼杀革新。竞争有多种类型,包括"公—私"竞争、"私—私"竞争、"公—公"竞争等。在政府服务中引入竞争机制,能有效提高服务的效率,但是对于竞争不能采取自由放任的态度,公共政策必须对竞争进行控制才能让竞争真正发挥作用,"如果不细心组织的话,表面看起来竞争性的市场也可能屈服于垄断组织的力量。"③

(四)有使命感的政府:改变照章办事的组织

大多数公共组织都是"规章驱动型"的组织,被烦琐的规章和预算所束缚,为了防止可能出现的错误,制定出无数个规章;而当错误出现时,又习惯性地制定出更多的规章,这样,就使政府被困在各类规章的海洋里。虽然政府离不开规章,但是如果规章过于烦琐,就会导致政府行动迟缓,失去对复杂环境的快速反应能力;此外,规章虽然减少了人们犯错误的概率,但是也可能扼杀人们的创造力。"许多政府雇员不能做

---

① David Osborne and Ted Gaebler, *Reinventing Government: How the Entrepreneurial Spirit is Transform the Public Sector*, A William Patrick Book, 1992, p. 44.

② David Osborne and Ted Gaebler, *Reinventing Government: How the Entrepreneurial Spirit is Transform the Public Sector*, A William Patrick Book, 1992, p. 54.

③ David Osborne and Ted Gaebler, *Reinventing Government: How the Entrepreneurial Spirit is Transform the Public Sector*, A William Patrick Book, 1992, p. 59.

他们认为是正确的事情，担心如果有人发现他们漠视规章而受到惩罚，干脆撒手不干。他们忘记了他们所属机构的使命，满足于照章办事。"① 企业家政府理论主张改变这种情况，推动公共组织从"规章驱动型组织"向"任务型组织"的转变，清除依附在政府船底的附着物，减少约束政府的繁文缛节，赋予政府雇员自主处理的权力，使其按照使命感来行事，从而使政府充满活力。

（五）讲究效果的政府：按效果而不是按投入拨款

传统的官僚主义的各级政府"注重的是投入，而不是结果，它们的拨款金额，给学校是根据注册入学的学童人数；给福利机构是根据有资格享受福利的穷人的人数；给治安部门是根据对付罪犯所需警察的估计人数。它们几乎不重视结果，不重视效果。"② 例如：一所学校的儿童成绩是否比另一所学校要好？有多少穷人摆脱了福利依赖并获得了稳定的工作？城市犯罪率下降了多少个百分点？公众的安全感如何？所有这一切，在传统的官僚主义者那里似乎无关紧要。更关键的是，当儿童成绩欠佳、福利费用膨胀、失业范围扩大、犯罪率上升时，传统的官僚机构反而获得了更多的资金。而企业家政府理论则不是这样，企业家政府理论强调按效果来衡量业绩，按业绩来拨款，这样就使政府专注于取得工作实效。

（六）受顾客驱使的政府：满足顾客的需要，不是官僚政治的需要

企业家政府理论认为，民主政府的存在是为公众利益而服务的，但是美国大多数政府却是"顾客盲"，不了解顾客的需求，不关心顾客的利益。政府成为"顾客盲"的根源在于"政府和其他公众服务机构是从议院、市议会和民选的其他委员会得到大部分资金。而它们的大多数'顾客'都是被拴住的：除非举家迁徙，他们对政府提供的服务几乎没有选择余地。所以公共部门的管理人学会忽视他们。大多数人在同政府打交

---

① David Osborne and Ted Gaebler, *Reinventing Government*: *How the Entrepreneurial Spirit is Transform the Public Sector*, A William Patrick Book, 1992, p. 61.

② David Osborne and Ted Gaebler, *Reinventing Government*: *How the Entrepreneurial Spirit is Transform the Public Sector*, A William Patrick Book, 1992, p. 82.

道的经验中,最大的刺激是官僚政治的傲慢"。① 这种情况降低了公众对政府的信任。而企业家政府理论则主张"把受机构驱使的政府倒转过来","把顾客放在驾驶员座位上",将驾驶权交给顾客,让顾客自主选择,倾听顾客的呼声,从而促使政府不断完善服务、提高效率。

(七) 有事业心的政府:有收益而不浪费

传统上,政府在公共服务过程中的主要经费来源是财政预算,公共部门的管理者只需要考虑如何把钱尽可能地花掉而不是考虑如何挣取更多的钱,即使财政紧张时也只是考虑着怎么省着点儿花,而当出现政府赤字时,政府需要考虑的就是想方设法通过税收来获得更多的资金,政府从来没有想过要像企业家那样赢利。导致的结果表现为:一方面政府陷入财政困境;另一方面则是造成巨大的浪费。而企业家政府理论主张,政府也应该像企业家那样,"以花钱来省钱,为回报而投资,使管理人转变为企业家。"② 也就是说,要让公共部门的管理者像企业家一样思考,让政府像企业一样成为一个"能挣钱"的行动者。

(八) 有预见的政府:预防而不是治疗

传统的政府把更多的时间和精力用来治疗,它们的思维定势就是全神贯注于划桨,哪里出了问题就出现在哪里。它们很少考虑要预防,而是一直等到问题成为危机了,然后才考虑如何去治疗,为那些受到影响的人,即无家可归者、吸毒者、失业者、因病陷贫者提供事后的服务。结果是我们针对问题的治疗花了大量的资金,雇用了更多的教师、警察和城市管理人员,提供了更多的福利资金和贫困补助,但是境况却并没有变得更好。而企业家政府理论主张,预防胜于治疗,政府要花少量的钱来预防而不是花大量的钱来治疗,必须建立一个有预见性的政府。也就是说,有预见的政府"使用少量的钱预防,而不是花大量钱治疗;它们在作出决定时,尽一切可能考虑到未来"。③

---

① David Osborne and Ted Gaebler, *Reinventing Government: How the Entrepreneurial Spirit is Transform the Public Sector*, A William Patrick Book, 1992, p. 83.

② David Osborne and Ted Gaebler, *Reinventing Government: How the Entrepreneurial Spirit is Transform the Public Sector*, A William Patrick Book, 1992, p. 90.

③ David Osborne and Ted Gaebler, *Reinventing Government: How the Entrepreneurial Spirit is Transform the Public Sector*, A William Patrick Book, 1992, p. 98.

(九) 分权的政府：从等级制到参与和协作

传统的政府是讲求官僚等级的政府，由于层级节制，权力集中于高层，再加上信息技术不发达、社会参与渠道较少，为了保证公共管理的效率，不可避免地采用集权式的管理。但是在今天，随着网络信息与科技的快速发展，社会环境发生了剧烈的变化，这就要求公共部门对社会和公众的需求做出快速的反应，"指挥系统的下情上达和上情下达已经容不得有须臾的等待。"[1] 这种变化使得传统政府已经不适应社会发展需求了。而企业家政府主张建立分权的政府，认为社会中蕴藏着丰富的治理潜力，政府不仅要向市场、企业、公众分权，而且还要向社区分权、向基层分权，以便增强政府灵活性，使政府能够快速地对环境变化和公众需求做出反应，同时通过分权激励创新精神。

(十) 以市场为导向的政府：通过市场力量进行变革

传统政府通过计划来管理，政府是管理的主体，政府因为害怕市场力量会损及政府的道德和公正价值，从而抵制市场力量在公共服务中的运用。但是随着信息以几何级数扩大，传统的政府在满足市场与公众需求方面显得力不从心，"在等级制的帝国中高高在上的达官贵人不再能为我们大家作出有效的决策，他们简直无法应付必须处理的大量信息和决定。但是市场却有能力办到。"[2] 企业家政府理论认为，公共部门的管理和私营部门的管理是相通的，政府完全可以借鉴市场机制的方法，政府通过引入市场竞争机制，不仅可以在政府内部形成竞争性的"内部市场"，从而提高服务质量并有效减轻政府的负担，而且可以通过"公私伙伴关系"来有效地提高公共服务的效率，更好地满足社会和公众的需求。

四 政府再造理论

在奥斯本与彼德·普拉斯特里克合著的另一本《摒弃官僚制：政府再造的五项战略》中，提出了"政府再造"的思想。什么是再造？奥斯

---

[1] David Osborne and Ted Gaebler, *Reinventing Government: How the Entrepreneurial Spirit is Transform the Public Sector*, A William Patrick Book, 1992, p. 150.

[2] David Osborne and Ted Gaebler, *Reinventing Government: How the Entrepreneurial Spirit is Transform the Public Sector*, A William Patrick Book, 1992, p. 171.

本首先解释了再造不是什么：政府再造不是改革政治体制；政府再造不是重组；政府再造不是减少浪费、政治欺诈或权力滥用；政府再造不是缩减政府规模；政府再造不是私有化；政府再造不是仅仅使政府更具效率的替身；政府再造也不是"全面质量管理"；最后，政府再造也"并不是要除掉花园丛生的杂草，而是要造就确保花园中杂草无处可生的政体"。① 在奥斯本看来，政府再造即是指"对公共体制和公共组织进行根本性的转型，以大幅提高组织效能、效率、适应性（adaptability）以及创新的能力（capability to innovate），并通过变革组织目标、组织激励、责任机制、权利结构以及组织文化等来完成这种转型过程"。② 奥斯本将政府体制视为一个有机体：一个生存、成长、随着时间变化而变化及消亡的复杂适应性系统。改变有机体的 DNA，就可以导致其不同的能力与行为。在信息化时代，政府体制已经无法迅速进化来做到"适者生存"，解决之道就在于"进行基因设计：即改变体制的 DNA"。③ 奥斯本认为公共部门 DNA 最基本的要素就是体制目标、激励机制、责任机制和权利结构、组织文化，与此相对应，政府再造也有"五项战略"。

（一）核心战略：明确组织目标

体制 DNA 的第一关键要素是体制目标，明确体制目标是组织发展取得绩效的前提。核心战略涉及政府的核心职能，即掌舵职能，致力于改进掌舵职能，明确组织前进的方向，革除对组织目标不再起作用的职能。实施核心战略有三个基本途径：第一，准备行动，即剔除对核心目标不再有用的职能，并将其放弃、出售或转移给其他主体；第二，掌舵和划桨相分离，即把政策规则制定者的角色和服务提供和执行的角色分离开，把目标不同的职能分属到不同的组织；第三，改进目标，即创设新的机制界定核心目标并使组织致力于实现目标。

---

① ［美］戴维·奥斯本、彼德·普拉斯特里克：《摒弃官僚制：政府再造的五项战略》，谭功荣、刘霞译，中国人民大学出版社 2002 年版，第 11 页。

② ［美］戴维·奥斯本、彼德·普拉斯特里克：《摒弃官僚制：政府再造的五项战略》，谭功荣、刘霞译，中国人民大学出版社 2002 年版，第 14 页。

③ ［美］戴维·奥斯本、彼德·普拉斯特里克：《摒弃官僚制：政府再造的五项战略》，谭功荣、刘霞译，中国人民大学出版社 2002 年版，第 40 页。

（二）后果战略：创设绩效后果

体制 DNA 的第二关键要素是激励机制，通过为绩效设定后果，政府再造能改变僵化的激励机制。将后果战略引入政府之中有三种基本途径。第一，企业化管理（enterprise management），即迫使公共服务提供组织像商业企业那样运作，设置一个财政底线，在竞争市场上发挥作用。第二，有序竞争（managed competition），要求政府服务潜在的提供者（私人公司或公共机构）以绩效为基础展开合同竞争。如果不可能签订合同，公共官员可通过竞争标杆进行绩效测量并与其他相类似组织的绩效进行比较。第三，绩效管理（performance management），这种途径是利用绩效测量、绩效标准、奖励来激励公共组织。

（三）顾客战略：将顾客置于驾驶员的位置上

体制 DNA 的第三关键要素是责任机制，即组织对谁负责。公共管理雇员遵循各项规章制度，使用政府资金提供公共服务，却不对结果负责。顾客战略改变这种模式，将责任转向顾客，赋予顾客选择公共服务的权力。实施顾客战略，通常有三种途径。第一，顾客选择（choice of public organization），它赋予顾客选择公共服务提供者的权力，并要求这些组织设置必须达到的顾客服务标准。第二，竞争性选择（competition choice），即"通过允许顾客控制资源，并将其置于相互竞争的服务提供者之中，把顾客战略与后果结合起来"。[①] 第三，顾客质量保证（customer quality assurance），即制定顾客服务标准，并对那些很好地满足了顾客需要的组织进行奖励，否则，将对组织进行惩罚。

（四）控制战略：将控制从高层和中央移走

体制 DNA 的又一关键要素是权力机构，即决策权所处的位置。官僚体制中大部分权力都集中在组织等级制度的顶层，雇员没有决策权，无法对日益变化的环境和顾客需求做出及时有效的回应。控制权的转移有三种途径。第一种途径是通过放松中央控制机构的管制而对组织进行授权。第二种途径是雇员授权，即"通过将决策、回应顾客及解决问题权力下放至对一线工作了如指掌的人员对雇员进行授权，像一些执行机构

[①] [美] 戴维·奥斯本、彼德·普拉斯特里克：《摒弃官僚制：政府再造的五项战略》，谭功荣、刘霞译，中国人民大学出版社 2002 年版，第 185 页。

所做的那样。"① 第三种途径是社区授权,将官僚机构的权力下放至社区。

(五) 文化战略:创造企业家文化

体制 DNA 的第五个关键要素是组织文化,包括政府雇员的价值观、行为规范、态度及期望值等。文化的变迁非常缓慢,常成为组织变革的阻力。官僚体制中等级规制、程序规则影响了政府雇员的行为,他们对墨守成规习以为常,惧怕革新,形成自我保护的文化,对政府改革起着阻碍作用。政府再造者通常通过三种途径来变革组织文化,即改变习惯、撼动心灵以及赢得心智。让人们重新理解组织的目的、作用、目标、价值、原则和战略,建立对未来的共同愿景。

第三节 萨瓦斯的民营化与公私部门伙伴关系理论

E. S. 萨瓦斯(E. S. Savas),系美国纽约城市大学巴鲁克学院教授,被誉为"世界民营化大师",曾任职于美国联邦、州和纽约市等各级政府部门。他致力于民营化改革 30 余年,并在包括美国在内的数十个国家中亲身进行民营化实践,积累了大量宝贵的实践经验,是民营化的先驱和主要倡导者。其主要代表作《民营化与公私部门的伙伴关系》(*Privatization and Public – Private Partnerships*)是政府公共事业民营化改革领域的一本经典著作,是新公共管理改革浪潮下运用民营化思想来重塑政府的一次具有里程碑式意义的尝试。该著作系统阐述了民营化的概念内涵、历史渊源、理论基础、发展动力、实施类型、发展阻力及未来趋势等,不管是对政府部门的理论家还是实践者,该著作都具有重要的指导意义。

一 民营化的概念

在萨瓦斯看来,全世界正在发生重大变化,变化的总体趋势是疏离政府而亲近其他社会机构,即民营化(Privatization)。在萨瓦斯看来,民营化是一个动态的概念,它意味着更多依赖民间机构,更少依赖政府来满足公众的需求,也就是说,它是在产品或服务的生产和财产拥有方面

---

① [美] 戴维·奥斯本、彼德·普拉斯特里克:《摒弃官僚制:政府再造的五项战略》,谭功荣、刘霞译,中国人民大学出版社 2002 年版,第 45 页。

降低政府作用，增加社会其他机构作用的行动，其最简单的含义即是"把政府扮演生产者角色的安排转化为私人生产者唱主角的安排"。① 在萨瓦斯看来，民营化不是简单化的政府退却，而是充分发挥公共部门与私人部门的作用，形成"公私伙伴关系"，这里的公私伙伴关系可以"界定为政府和私人部门之间的多样化的安排，其结果是部分或传统上由政府承担的公共活动由私人部门来承担"。②

二 民营化的动力

萨瓦斯将民营化运动的主要推动力分为现实压力、经济推动力、意识形态压力、商业动力、平民主义动力五个方面。

1. 现实压力。现实压力来自民营化后从成本收益的视角来追求更好的公共服务。这里的公共服务"不仅指一般意义上的服务活动如路灯维护、邮政服务、公交服务或运营电话系统，而且包括更广泛的社会职能如为退休者提供生活保障、抵御外来威胁、衣食供应、物品生产、保护濒危生物和环境等"。③

2. 经济推动力。由于经济日益发展，民营化能使人们提供各种服务，以减少对政府的依赖。

3. 意识形态压力。民营化可以减少政府规模和权力的过度庞大，减少政府对公众生活的干预，减少政府对市场决策的干预，从而保证民主化进程，使政府不再"骑在我们头上"。

4. 商业动力。运用私营部门的力量，可以克服国有部门的管理混乱、资源浪费和懒惰行为，使国有企业和国有资产能够具有更好的利用前景。但是从维持现状中获利的商业集团会反对民营化。

5. 平民主义动力。平民主义的核心观点是：公众对公共服务应拥有更大的选择权，他们应有权界定并处理共同的需求，而不是对官僚机构

---

① [美] E. S. 萨瓦斯：《民营化与公私部门的伙伴关系》，周志忍等译，中国人民大学出版社2002年版，第103页。

② [美] E. S. 萨瓦斯：《民营化与公私部门的伙伴关系》，周志忍等译，中国人民大学出版社2002年版，第4页。

③ [美] E. S. 萨瓦斯：《民营化与公私部门的伙伴关系》，周志忍等译，中国人民大学出版社2002年版，第5页。

过分依赖，他们可以在更大程度上依靠邻里、公民组织、宗教、种族或其他志愿团体。

三 民营化的形式

萨瓦斯指出，民营化有三种基本的类型，即委托授权、政府撤资、政府淡出或替代。每一类又包括以下几种具体的方法。

（一）委托授权（Delegation）

委托授权又称部分民营化，它是最常用的民营化方式，在委托授权下，虽然国家仍然承担全部责任，但是实际生产活动委托给了民营部门。委托授权通过合同承包、特许经营、补助、凭单制、法律委托等形式来实现。

1. 合同承包（Contract Out）。合同承包又称契约外包，它是政府与民营部门签订合同，将部分货品或服务委托给民营机构来办理。如垃圾收集、路面修护、街道清洁、设备维护等。

2. 特许经营（Franchise）。特许经营是政府授予某一私人组织一种非他性权利，直接向公众出售其服务或产品。特许有两种形式：一种形式涉及公共场域的使用，包括航空、街道、地下空间、电波波段等，如水电、煤气、交通运输、广播电视等，费用由使用者承担，但是政府保留"价格核准权"；第二种形式是私营部门租用政府的有形资产从事商业活动，但政府承担资本投资责任。

3. 补助（Subsidy）。即政府通过免税、低息贷款、直接补助等形式来吸引私营部门从事该项活动，并允许该部门向公众索取较低的费用。补助与合同承包的区别是：合同承包通常对某一服务提出非常具体的要求，而补助仅涉及最一般化的要求，如对企业录用低收入者的补助、电动车企业获取的补助等，只规定了一些基本要求。

4. 凭单制（Voucher）。凭单制又称抵用券，它是由政府核发给有资格使用的民众，实现先前由国家提供的服务的委托授权。与补助不同，凭单制是对合格的消费者提供的补贴，在食物、房屋、教育、医疗、运输等方面公共服务的提供都可以使用凭单制。

5. 法令委托（Mandate）。即政府把提供某一服务并承担相关成本作为对私营部门的法定要求，也就是政府以命令的方式要求私营部门提供特定的服务，如失业保险等。

（二）政府撤资（Divestment）

政府撤资也称为"转移型民营化"，它是政府"放弃某一企业、某一职能或某一资产"。[①] 像委托授权一样，撤资需要政府采取直接、明确的行动；与委托授权不同的是，撤资总体上说是一次性工作。政府撤资主要包括出售、无偿赠予、放松管制等形式。

1. 出售（Sale）。出售的方式包括建立合资企业、将企业出售给私人买主、将股份卖给公众、将企业出售给管理者或顾问、将企业或资产出售给使用者或顾客等。政府出售不再需要的土地、建筑、设备和其他资产，有助于防止政府部门的盲目扩张。

2. 无偿赠予（Free Transfer）。可以将企业无偿赠送给雇员、使用者或消费者、公众、原所有者，也可以赠送给符合条件的特定群体。例如将国有企业的股份赠送给特定群体，或将政府供水部门部分系统转让给乡村用水者协会等就是典型的例子。

3. 清算（Liquidation）。政府撤资还可以通过关闭经营不善的公营企业来实现，即对于经营绩效不佳的公营事业，可通过削减预算、关闭工厂，以及出售资产等方式使之退出市场。

（三）政府淡出或替代（Displacement）

政府淡出与前两种政府积极行为的方式不同，淡出是一个消极和间接的过程，即政府逐渐被民营部门取代。当公众认为政府所提供的生产或服务不能满足社会的需求，而市场的发展越来越能满足人们的需要，这里政府可以用消损的形式来实现民营化，这样可以用较少的政治争论和冲突来推动民营化。政府淡出主要包括民间补缺、撤出、放松管制三种形式。

1. 民间补缺（Displacement by Default）。当公众感到政府产品或服务无法满足需要，而私营部门意识到并采取措施满足公众需要时，可以采取民间补缺的方式。补缺式淡出更多依赖民营部门，更少依赖政府来满足公众需要。例如治安形势恶化时可采用民间保安公司来替代就是民间

---

① [美] E. S. 萨瓦斯：《民营化与公私部门的伙伴关系》，周志忍等译，中国人民大学出版社 2002 年版，第 131 页。

补缺的一个例子。

2. 撤出（Displacement by Withdrawal）。民间补缺对政府来说是一种无意识的行为，政府也可以通过限制公营企业增长或缩小其规模并让私营部门进入相关领域的方法，有意识地实现政府撤退或"卸载"。例如政府停止给某公营企业补贴，限制其扩张，经过一段时间使其走向衰亡就是例子。政府撤退往往伴随着民间补缺，例如一些新社区成立了协管会、邻里组织、市民协会等自治组织，形成了微型集体、微型政治实体和利益共同体社区，提供一系列集体服务如街道清洁、公园维护、积雪清除、垃圾清理、志愿救护、消防巡逻等。

3. 放松规制（Displacement by Deregulation）。如果在放松管制下允许民营部门进入公营独占的领域，那么民营部门就会挑战公营的垄断权甚至取而代之，这也会促进民营化。

四 反对民营化的理由

民营化在实践中会遇到各种阻力，这些阻力有来自操作层面的，有来自法律层面的，还有来自各方面（如工人、公共官员、商界、公众等）的反对。因此，萨瓦斯认为："民营化就像拆除炸弹，必须审慎对待，因为错误的决定会导致危险的后果。"[1] 反对的原因主要有以下几方面。

1. 意识形态。一些人相信政府在道义上优于私营部门，他们对民营化的反对出自本能，这种本能"痛恨民营化，并对私营部门持永久的怀疑态度。带着对市场和资本主义的天然憎恨，他们煽动对成功企业家的敌对情绪，把市场力量视为一种必须克服的罪恶"。[2] 实际上，民营化可能更富同情心、更人道，也可能带来"更多的福利、更多的尊严、更多的选择、更大的个人责任感"。[3]

2. 害怕失去控制。在一些国家，官员们担心民营化会失去控制权，

---

[1] ［美］E. S. 萨瓦斯：《民营化与公私部门的伙伴关系》，周志忍等译，中国人民大学出版社2002年版，第305页。

[2] ［美］E. S. 萨瓦斯：《民营化与公私部门的伙伴关系》，周志忍等译，中国人民大学出版社2002年版，第318页。

[3] ［美］E. S. 萨瓦斯：《民营化与公私部门的伙伴关系》，周志忍等译，中国人民大学出版社2002年版，第319页。

他们希望国有企业占领"经济制高点",从而实现他们的社会理想。他们认为,政府控制要害经济部门能够刺激经济增长和经济发展,影响价格和工资水平。

3. 民族主义。反对民营化的一个共同理由是基于民族主义,而民族主义又披着各种各样的外衣。民族主义主要表现为三点:国家安全的理由,这是对民营化势力的最后避难所;认为国外资本购买的国有资产,是一国的家底;担心外国主导,会损害来之不易的国家主权;等等。

4. 少数人支配。民营化在一些国家受阻或减缓的一个重要原因是:占人口绝大多数的集团担心少数民族的经济精英控制经济命脉。

5. 缺少资本和弱资本市场。认为民族资本不足,难以有效参与民营化进程,容易被外国势力和少数人所支配。

6. 财富的集中。认为民营化会使同样的少数人、少数富裕家庭变得更加富有,这被称为"家族化趋向"。

7. 私营垄断和缺少竞争。这种观点认为公共垄断企业可能转化为私营垄断企业,从而剥削公众。

8. 腐败。腐败在一些地方广为蔓延且根深蒂固,以至于公众对民营化怀有敌意,认为处于优越地位的官员和富裕家庭会利用民营化"充实自己的腰包",他们"本能地认为,将国有企业继续控制在政府手中,哪怕亏损也要优于将他们出售给那些亲信,即使这样做能防止公众资金的流失"。[1]

9. 缺乏管理技能。政府部门在民营化过程中缺乏必要的技能,正如凯特尔指出的,"如果政府不是一个精明的买家,知道该买什么,从哪儿去买,如何评价所购买的产品和服务,那么合同承包就会失败"[2]。

10. 缺少"社会正义"。一些穷人享受了政府的福利待遇,他们担心民营化会使处在社会底层的人们的生活更加困难。

11. 撇脂。反对民营化的另一个理由是会发生撇脂现象,即"私营部

---

[1] [美] E. S. 萨瓦斯:《民营化与公私部门的伙伴关系》,周志忍等译,中国人民大学出版社2002年版,第324页。

[2] Donald F. Kettl, Sharing Power: Public Gorernance and Private Markets, Washington DC: The Brooking Institute, 1993, p. 179–211.

门只对最佳盈利机会感兴趣而不会关注其他"。① 例如医疗服务，私营企业可能只会选择那些最有利可图的病人或服务项目，把那些成本高昂油水很少的病人或服务项目留给政府部门。

五 民营化的未来

萨瓦斯认为，民营化的发展方向已经不可逆转，未来因民营化而获利的主要领域包括政府企业、基础设施和社会保障。

1. 政府企业。例如美国存在许多政府公司，通常是国有或联邦所有的经济实体，承担着具有商业性质的公共服务职能，它们中有许多应该且将要民营化。

2. 基础设施。一些国家需要加强各种各样的基础设施如电力、电信、供水、供气、交通、环境治理等，以便促进经济的发展。但是这些基础设施意味着需要巨额的投入和技术，这为私营部门的介入提供了良好的机遇，推进民营化有利于促进竞争、降低成本、提高服务、吸纳超越政府能力的资本、知识和技术。

3. 社会保障。萨瓦斯认为，社会保障是最有可能实施民营化的社会领域。因为福利国家的实施使国家背上了沉重的财政负担，而福利国家被广泛认为是处于危机之中。社会保障的民营化可以采取更多的形式，如合同外包、凭单制、公私伙伴关系、民间补缺、政府淡出、非政府组织参与等，民营化不仅可以促进高水平和高质量的社会福利，还可以创造一个美好的社会，这是因为"民营化是一种手段而不是目的；目的是更好的政府，更美好的社会"。②

---

① [美] E. S. 萨瓦斯：《民营化与公私部门的伙伴关系》，周志忍等译，中国人民大学出版社2002年版，第329页。
② [美] E. S. 萨瓦斯：《民营化与公私部门的伙伴关系》，周志忍等译，中国人民大学出版社2002年版，第350页。

第十六章

新公共服务理论

随着新公共管理运动在全世界的开展,其受到的质疑也越来越多,尤其是新公共管理借鉴企业管理的理论、方法与技术来重塑政府部门,受到了广泛的批评。在这些批评中,20世纪八九十年代出现的新公共服务理论就是在批判新公共管理理论的基础上建立起来的一种新理论。

珍妮特·V. 登哈特(Janet V. Denhardt)和罗伯特·B. 登哈特(Robert B. Denhardt)是新公共服务理论的主要代表人物。珍妮特·V. 登哈特是南加州大学公共政策学院公共行政学教授,曾任亚利桑那州立大学公共事务学院教授。主要研究方向为组织行为学、公民参与、领导力、治理等,出版了《领导之舞》《公共组织行为学》《公共行政:一种行动取向》《意义之寻求》《公共服务的新生》等十余部著作。其中与罗伯特·B. 登哈特合著的《新公共服务:服务,而不是掌舵》(The New Public Service: Serving, Not Steering, 2007)是其主要代表作。罗伯特·B. 登哈特也是南加州大学公共政策学院公共行政学教授,此前为美国亚利桑那州立大学公共事务学院教授。曾担任美国公共行政学会会长,获得美国公共行政学会颁发的德怀特·沃尔多奖等诸多荣誉。主要研究方向为公共服务、公共行政、组织发展、行政伦理、领导力等。除了与珍妮特·V. 登哈特合著《新公共服务:服务,而不是掌舵》外,还出版了《组织理论》等20多部著作。

第一节 新公共服务理论产生的背景

新公共服务理论(the new public service)是在反思与批判新公共管

理理论及老公共行政理论的基础上发展起来的一种更加关注民主价值和公共利益、更加重视公民民主参与的一种新理论。而新公共管理（the new public management）是20世纪70年代以来兴起的一场以克服官僚制弊端、提高公共管理效率为核心的管理运动，其核心主张是强调运用成功企业管理的理论、方法与技术来重塑公共部门，从而有效克服政府面临的管理危机、财政危机和信任危机。

但是新公共管理理论在其风靡西方发达国家之时也受到了广泛而尖锐的批评。这些批评主要集中于以下几方面。（1）对新公共管理理论基础的批评。认为新公共管理主要借鉴了经济学的方法，但经济学本身是一门有缺陷的学科。（2）对新公共管理的管理主义倾向进行批评。认为新公共管理模糊了公共部门与私营部门的差异，而公共管理和私人管理在不重要的方面是相通的，但是在所有的重要方面是存在不同的。（3）对新公共管理的市场取向进行批评。认为市场本身存在缺陷，市场也会存在腐败和失灵，况且没有证据证明私营部门的效率一定比公共部门要高。（4）对新公共管理不恰当顾客隐喻的批评。新公共管理将公民视为顾客，认为顾客是一个被动的没有选择权的消费者，这违背了公民作为一个权利主体的公民精神。（5）对新公共管理重结果轻程序的批评。新公共管理以效果为评价标准，但忽视了过程中的公平正义。（6）对新公共管理效率价值的批评。新公共管理主张借鉴成功企业管理的方法理论与技术，并以效率、效果与效能为目标，必将损及民主、公正、正义等宪政价值、违背文官制度精神。

登哈特提出的新公共服务理论对新公共管理理论的反思与批判主要表现在以下几个方面。（1）谁拥有这艘船？谁拥有这艘船关系到公共行政价值的走向，新公共管理强调政府应该掌舵而不是划桨，划桨的任务交给市场。登哈特指出："当我们跑去掌舵时，也许我们正在淡忘谁拥有这艘船（ownstheboat）。"[①] 谁拥有这艘船？公民！政府不应该再停留在对公民的掌控上，而应该服务于公民。也就是说，重要的不是谁应该为这艘船掌舵或划桨，而是应该将公民放在这艘船的中心位置，是公民拥有

[①] Janet V. Denhardt and Robert B. Denhardt, *The New Public Service*: *Serving*, *Not Steering*, New York: M. E. Sharpe, Inc., 2007, p. 23.

这艘船，一切需要为公民服务。（2）民主与公平优先还是效率优先？新公共管理主张效率优先，将"三E"（经济、效率、效能）作为价值基础，但是却忽视了公平价值的需求，使得新公共管理无力承担起捍卫公共行政捍卫民主价值与公平价值的责任；而新公共服务则认为，把经济、效率与效能作为公共行政的目标是必要的，但仅此是不够的，还必须重视公民权、推进民主治理、实现社会公平。（3）是"顾客"还是"公民"？新公共管理将公民视为顾客，主张公共行政需要满足顾客的需求；而新公共服务则认为，公务员不是要将公民视为顾客，也不是仅仅关注顾客的需求，而是要将公民视为公民，主张在公民之间建立信任与合作。（4）追求个人利益还是公共利益。新公共管理主张引入竞争，建立公私部门伙伴关系，但是在市场化往往以个人利益最大化为目标，缺乏一种支配性的力量来确保公私伙伴关系过程中的公共利益；而新公共服务认为，个人利益的最大化并不能必然地推动公共利益的实现，只有建立在民主协商基础上的合作才能更有效地推动公共利益的实现。（5）公共管理者是企业家吗？新公共管理将公共管理者视为企业家，但是企业家精神追求的冒险和不受约束，追求的是代理机构的效率、效益与利益，难以实现公共责任与公共利益，而新公共服务则重视公民的参与和民主治理，认为这些超越了企业家精神。

此外，登哈特还对老的公共行政进行了反思与批评，老的公共行政是建立在"政治—行政二分法"基础上的公共行政。不管是泰勒的科学管理还是西蒙的行为主义行政学说，不管是韦伯的官僚制理论还是古立克的行政原则，其核心目标也是"尽可能地追求最高的效率"，然而组织效率的追求可能很容易以"牺牲公民对政府工作的参与为代价"。此外，这个老的模型"已经遭到了越来越多的攻击，尤其遭到了新公共管理支持者的攻击"。[1]

---

[1] ［美］珍妮特·V. 登哈特、罗伯特·B. 登哈特：《新公共服务：服务，而不是掌舵》（第三版），丁煌译，中国人民大学出版社2016年版，第8页。

第二节 新公共服务的理论来源

一 民主公民权理论

公民权涉及公民的权利和义务,也涉及公民的权利和责任,还涉及公民会超越自身利益去关注更大的公共利益。也就是说,在成熟的民主政体中,公民会去做他应该做的事情,而不只是一个关心自身利益的顾客,他们会超越自身利益去关注更大的公共利益,他们这样做不仅有利于社会进步,也有利于自己的成长。正是公民权和公民参与为新公共服务提供了理论支持,正如金和斯蒂弗斯指出的:"行政官员应该把公民视为公民(而不是把公民仅仅视为投票人、当事人或"顾客"),应该分享权威和减少控制,并且应该相信合作的功效。"[1]

二 社区与公民社会理论

社区是公民们进行有效协商与合作的场所,社区通过强有力的沟通与冲突解决系统来促进公民之间的协商与合作。在社区中,家庭、工作小组、公民团体、街区群体、俱乐部、志愿性组织等小团体形成了实现个人利益的"公民社会",并有助于建立个人与更大社会之间的联系。社区的这种互动本性不仅保证了公民的积极参与,而且"在个人与集体之间起着调节作用并且使得个人与集体保持一致"。[2]

三 组织人本主义和新公共行政

传统官僚组织是一个非人格化的组织,组织的运行不以个人意志为转移,也不受个人感情的支配,个人魅力在官僚制组织中是受到排斥的,这种情形不利于人的作用的发挥。而组织人本主义则改变成更少受权威控制和能够自我实现、自我满足的组织,从而增进创造性和对话,促进

---

[1] [美]珍妮特·V. 登哈特、罗伯特·B. 登哈特:《新公共服务:服务,而不是掌舵》(第三版),丁煌译,中国人民大学出版社 2016 年版,第 23 页。

[2] [美]珍妮特·V. 登哈特、罗伯特·B. 登哈特:《新公共服务:服务,而不是掌舵》(第三版),丁煌译,中国人民大学出版社 2016 年版,第 24 页。

感情的共鸣和尊重。而新公共行政学派则促成了一种更具人本主义的组织，这是因为新公共行政学派为组织人本主义提供了一种价值观基础，指出组织"不应该仅根据效率标准来评价。相反，诸如平等、公平和回应性这样的概念也应该开始发挥作用"。[1]

四 后现代公共行政

现代性中的中心主义、权威主义、科学主义、理性主义等在后现代状态下受到了质疑，甚至被解构；在后现代状况中，出现了一种类似"话语理论"的后现代公共行政，话语理论强调建立在去中心、去权威、去理性的草根民主权利，这就要求公民之间、公民与公共官员之间进行开诚布公的对话。为了使公共管理活动充满生机与活力，并增进公共管理的合法性，就必须增进公共对话，这也成为新公共服务的理论来源。

第三节 新公共服务理论的基本内容

在登哈特看来，新公共服务理论的基本内容表现为以下七方面。

一 服务于公民，而不是服务于顾客

在传统公共行政学家看来，公民是作为当事人存在的，其所关注的焦点要么是公共服务的直接供给，要么是要求对组织和个体的行为进行规制；到新公共管理时期，公民更多地被看作顾客，政府最终的目的是实现最大化的个人利益的聚合。而新公共服务则认为，与政府互动的并不简单地是顾客，而是公民。公民与顾客的差异表现在："公民被描述为在一个更广大社区环境中权利的享有者和责任的承担者。顾客则不同，因为顾客并没有共同的目的，相反，他们试图使其自己的个人利益尽可能地充分实现。"[2]

---

[1] [美] 珍妮特·V. 登哈特、罗伯特·B. 登哈特：《新公共服务：服务，而不是掌舵》（第三版），丁煌译，中国人民大学出版社2016年版，第29页。

[2] [美] 珍妮特·V. 登哈特、罗伯特·B. 登哈特：《新公共服务：服务，而不是掌舵》（第三版），丁煌译，中国人民大学出版社2016年版，第44页。

二 追求公共利益

追求公共利益是新公共服务的核心原则之一。但关于什么是公共利益，对于不同的人意味着不同的东西，人们几乎没有留下什么共识。就公共利益的内涵而言，主要存在四种阐释模式：第一，规范模式，认为公共利益就是一个决策的道德和伦理标准；第二，废止论，认为公共利益并非必不可少，由于公共利益不能加以测量或者直接观察，所以无用；第三，政治过程论，认为公共利益是一种通过特定政治过程来实现的公共需求；第四，基于共同价值观的模式，把公共利益视为一个含糊而有价值的语词。在新公共服务看来，公共利益不是个人利益的简单相加或聚合，而是行政官员"超越自身利益进而发现共同利益——公共利益并且按照共同利益——公共利益行事"。① 在新公共服务看来，政府不再是公共利益的单独主宰者，"政府的角色将定位于确保公共利益居于支配地位，即确保这些解决方案本身以及公共问题解决方案的产生过程都符合民主规范和正义、公正与公平的价值观。"②

三 重视公民权胜过重视企业家精神

传统公共行政由于受"政治—行政二分法"的影响，认为政策的制定过程由民选官员负责，而行政官员则负责政策的执行，因而行政官员在政策过程中的参与是一种被动的参与。新公共管理认为公共管理者不仅是企业家的扮演者，还是一种关注顾客需求的协调者。而新公共服务则关注民主治理及公民参与，主张行政官员应该鼓励公民的积极参与，并认为"致力于为社会做出有益贡献的公务员和公民要比具有企业家精神的管理者能够更好地促进公共利益，因为后一种管理者的行为似乎表明公共资金就是他们自己的财产"。③

---

① [美]珍妮特·V. 登哈特、罗伯特·B. 登哈特：《新公共服务：服务，而不是掌舵》(第三版)，丁煌译，中国人民大学出版社2016年版，第58页。
② [美]珍妮特·V. 登哈特、罗伯特·B. 登哈特：《新公共服务：服务，而不是掌舵》(第三版)，丁煌译，中国人民大学出版社2016年版，第48页。
③ [美]珍妮特·V. 登哈特、罗伯特·B. 登哈特：《新公共服务：服务，而不是掌舵》(第三版)，丁煌译，中国人民大学出版社2016年版，第61页。

四 思考要具有战略性，行动要具有民主性

与新公共管理通过授权来服务不同，新公共服务通过公民参与和共同努力来实现目标。新公共服务理论认为，公共事务的管理和公共利益的实现"可以通过集体努力和合作过程得到最有效并且最负责的实施"。[①] 在新公共服务看来，公共性的战略性远景目标的实现，不仅需要各方的参与、合作和联合，而且需要强化目标的执行，要让公民能够有机会和能力参与目标规划和社区建设，使公民成为民主政体中"政策执行恰当且必要"的组成部分。

五 承认责任并不简单

公共服务中的责任问题极为复杂。老公共行政认为公共行政官员的责任就是直接对政治官员负责；新公共管理认为公共管理者应该主要以效率、"成本—收益"和对市场力量的回应性来表现其所负责任。而新公共服务"既承认责任在民主治理中的中心地位，又承认行政责任的现实。我们不承认简单的效率测量方法或者以市场为基础的标准就能够恰当地测量或者鼓励负责任的行为。相反，我们认为，公共部门中的责任应该基于这样一种理论，即公共行政官员即便是在涉及复杂价值判断和重叠规范的情况下也能够并且应该为了公共利益而为公民服务"。[②] 也就是说，在新公共服务看来，公共行政官员不仅仅关注市场，也不仅仅关注宪法和法令，还需要关注社区价值、公民利益、职业标准和制度规范等。

六 服务，而不是掌舵

随着社会背景的变化，公共组织以及私营组织将需要更大的灵活性及适应性。领导的方法也在不断发生着变化：越来越多的人希望参与到公共过程中并影响决策制定；领导正日益不被视为层级制官僚机构中的

[①] [美] 珍妮特·V. 登哈特、罗伯特·B. 登哈特：《新公共服务：服务，而不是掌舵》（第三版），丁煌译，中国人民大学出版社 2016 年版，第 76 页。

[②] [美] 珍妮特·V. 登哈特、罗伯特·B. 登哈特：《新公共服务：服务，而不是掌舵》（第三版），丁煌译，中国人民大学出版社 2016 年版，第 88 页。

一个职位，而是组织中的一个过程；领导不只是涉及正确地做事，它还涉及做正确的事情。新公共服务者认为公共行政官员需要培养一种不同于注重个人控制的传统公共行政领导观以及具有企业家冒险精神的新公共管理领导观。而新公共服务则认为"公共行政官员不仅要共享权力，依靠人，以及作为中间人来协调解决方案，而且还必须把他们在治理过程中的角色重新界定为不是企业家，而是负责的参与者"。① 在新公共服务看来，公共行政官员在公共服务过程中不仅是公共资源的管家和公共组织的保护者，还是公民民主对话的促进者和社区参与的催化剂。

七 重视人，而不只是重视生产率

新公共服务关于人的看法完全不同于新公共管理和老公共行政。新公共管理认为"人性自利"，从而否定了个人可以跨越自身利益去关注公共利益、响应公共价值的理念。而老公共行政则认为人性就像"X理论"所描述的那样是天生懒惰和愚笨的，并且缺乏干劲和不愿承担责任。而新公共服务则将人性的良好要素如尊严、信任、责任、关心他人命运以及基于共同理想、利他精神和公共利益的公民意识等置于核心地位。在新公共服务看来，"诸如公正、公平、回应性、尊重、授权和承诺这样的理想不是否定而常常是超过了那种把效率作为政府工作唯一标准的价值观。"②

第四节 新公共服务与新公共管理及老公共行政的比较

从上述可以看出，新公共服务既不同于传统的老公共行政，也不同于新公共管理，而是作为一种可供选择的替代理论出现的。新公共服务与新公共管理、老公共行政的关系见表16—1。

---

① ［美］珍妮特·V. 登哈特、罗伯特·B. 登哈特：《新公共服务：服务，而不是掌舵》（第三版），丁煌译，中国人民大学出版社2016年版，第114页。
② ［美］珍妮特·V. 登哈特、罗伯特·B. 登哈特：《新公共服务：服务，而不是掌舵》（第三版），丁煌译，中国人民大学出版社2016年版，第123页。

表16—1　　老公共行政、新公共管理与新公共服务的比较

	老公共行政	新公共管理	新公共服务
主要理论基础和认识论基础	政治理论，早期社会科学提出的社会和政治评论	经济理论，基于实证社会科学的更精致的对话	民主理论，包括实证方法、解释方法和批判方法在内的各种认识方法
普遍理性与相关的人类行为模式	概要理性，"行政人"	技术和经济理性，"经济人"或自利的决策者	战略理性或形式理性，对政治、经济和组织的多重检验
公共利益的概念	公共利益是从政治上加以界定并且由法律来表述的	公共利益代表着个人利益的聚合	公共利益是就共同价值观进行对话的结果
公务员的回应	当事人和选民	顾客	公民
政府的角色	划桨（设计和执行政策，这些政策集中关注的是一个在政治上加以界定的单一目标）	掌舵（充当释放市场力量的催化剂）	服务（对公民和社区团体之间的利益进行协商和协调，进而创建共同的价值观）
实现政策目标的机制	通过现存的政府机构来实施项目	创建一些机制和激励结构进而通过私人机构和非营利机构来实现政策目标	建立公共机构、非营利机构和私人机构的联盟，以满足彼此都认同的需要
负责任的方法	等级制——行政官员对民主选举产生的政治领导者负责	市场驱动——自身利益的积聚将会导致广大公民团体所希望的后果	多方面的——公务员必须关注法律、社区价值观、政治规范以及公民利益
行政裁量权	允许行政官员拥有有限的裁量权	有广泛的自由去满足具有企业家精神的目标	具有所需的裁量权，但是裁量权应受限制并且要负责任
采取的组织结构	官僚组织，其特征是机构内部自上而下的权威以及对当事人进行控制或管制	分权的公共组织，其机构内部仍然保持对当事人基本的控制	合法性结构，它们在内部和外部都共同享有领导权
行政官员和公务员的假定动机基础	薪金和收益，文官制度保护	企业家精神，缩小政府规模的理念愿望	公共服务，为社会做贡献的愿望

资料来源：[美] 珍妮特·V. 登哈特、罗伯特·B. 登哈特：《新公共服务：服务，而不是掌舵》（第三版），丁煌译，中国人民大学出版社2016年版，第20页。

总之，作为一种在批判性反思新公共管理理论与老公共行政理论的基础上建立起来的一种新理论，新公共服务理论是一种关于"公共行政在将公共服务、民主治理和公民参与置于中心地位的治理系统中所扮演角色的一系列思想和理论"。[①] 新公共服务理论对民主、公平、公民参与和公共利益的推崇使其成为西方公共管理的一个重要理论流派，并对后续公共行政的发展产生了深远的影响。

---

① ［美］珍妮特·V. 登哈特、罗伯特·B. 登哈特：《新公共服务：服务，而不是掌舵》（第三版），丁煌译，中国人民大学出版社2016年版，第17页。

第十七章

罗森布鲁姆的多元行政观

如果说以往的公共行政是从单一的途径和单一的视角来研究公共行政的话，那么，"多元行政观"代表了一种多途径的研究取向。罗森布鲁姆根据美国立法、司法、行政三分权立的特点，创造性地提出了公共行政的多途径研究，即从管理、政治、法律三个途径对公共行政进行整合研究，使我们获得了对公共行政更为全面、系统的理解。

戴维·H. 罗森布鲁姆（David H. Rosenbloom），美国著名行政学家，现任美洲大学公共事务学院公共行政学教授。1964年在俄亥俄州的玛莉塔学院获得政治学学士学位，1969年在芝加哥大学获得政治学博士学位，先后在堪萨斯大学、特尔阿维维大学、佛蒙特大学以及著名的锡拉丘斯大学马克斯维尔学院任教。1994年被母校玛莉塔学院授予荣誉法学博士学位。罗森布鲁姆具有丰富的实践经验，担任过克林顿政府的人事政策与管理顾问、美国公共行政学会会长、美国《公共行政评论》的主编等，并多次来中国讲学。罗森布鲁姆获得的荣誉主要有：美国公共事务与公共行政学院联合会和美国公共行政学会的杰出研究奖（1992）、美国公共行政学会查尔斯·H. 莱文纪念奖（1993）、美国公共行政学会德怀特·沃尔多奖（1999）以及美国政治学会约翰·高斯奖（2001）等。

罗森布鲁姆的代表作是《公共行政学：管理、政治和法律的途径》（*Public Administration*：*Understanding Management*，*Politics*，*and Law in the Public Sector*，1986，与罗伯特·S. 克拉夫丘克合著），该书出版后被翻译成多种语言并成为多个国家公共行政教育的重要参考书。为什么一本完全以美国分权宪制这种独一无二的体制为基础写成的书会引起不同政治制度下的人们的兴趣？罗森布鲁姆在中文版序言中惊讶地指出："奇怪的是，尽管美国的公共行政有较高的效率，富于人情味，而且廉洁，但是它在美国人心目中的地位却非常之低，以至于许多美国人对别的国家想要学习美国的经验感到不可思议。"[1] 但是不可否认的是，正是本书与众不同的特性，获得了学界广泛的认可，正如罗森布鲁姆的第一版的序言中提到的："本书在许多方面均不同于这个领域的其他教材。它强调了公共行政理论与实务的复杂性；它提供了一个广博的知识框架；它强调理解公共行政；这是一本充满了雄心壮志的著作。"[2]

第一节 公共行政概念的再认识

一 对公共行政概念单一认知途径的缺陷

在罗森布鲁姆看来，公共行政是一项人类非常复杂的活动，从太空探险到街道清扫等工作中，都可以发现公共行政的踪迹。他指出："公共行政的活动范围十分广泛，几乎无所不包：从垃圾处理到太空探索；从管理十分发达的后工业经济到维持人民之基本生计；从发展研制最先进的生物制药技术到挨家挨户进行人口普查，诸如此类。公共行政之本质涉及处理政治、经济、社会、伦理、组织、管理、法律、科技等各个领域的关系，包括宏观的和微观的。"[3] 正因如此，所以任何对公共行政单一的理解或任何对公共行政单一的研究途径，都难以获得对公共行政全面而系统的理解。而长久以来，公共行政学者对公共行政的概念大都倾向于一种单一的理解，有学者认为公共行政就是政府落实其目的与意图的各种手段，有学者认为公共行政主要关注实现政治价值之手段，有学者认为公共行政完全等同于政府行政，等等。罗森布鲁姆指出："公共行政学者和实践者倾向于强调某一研究途径，这已经引起了混乱，因为不同的研究途径倾向于强调不同的价值、不同的组织安排、不同的加工处

---

[1] [美] 戴维·H. 罗森布鲁姆、罗伯特·S. 克拉夫丘克：《公共行政学：管理、政治和法律的途径》（第五版，中文版序言），张成福译，中国人民大学出版社2002年版，第8页。

[2] [美] 戴维·H. 罗森布鲁姆、罗伯特·S. 克拉夫丘克：《公共行政学：管理、政治和法律的途径》（第五版，第一版序言），张成福译，中国人民大学出版社2002年版，第14页。

[3] [美] 戴维·H. 罗森布鲁姆、罗伯特·S. 克拉夫丘克：《公共行政学：管理、政治和法律的途径》（第五版），张成福译，中国人民大学出版社2002年版，第589页。

理信息的方法，对公民的看法亦有根本的不同。"①

二 对公共行政的概念的多途径认知

罗森布鲁姆认为，由于公共行政是复杂的，并且无处不在，单一的认知虽然也是有益的，但是过于片面。要获得对公共行政的完整认知，就需要采用多元途径的认知方式。为此，罗森布鲁姆结合美国政府体制三权分立的特点，提出了公共行政的多元认知途径，他将公共行政定义为："公共行政乃是运用管理、政治以及法律的理论和过程来实现立法、行政以及司法部门的指令，为整个社会或者社会的局部提供所需的管制与服务功能。"② 在罗森布鲁姆看来，之所以这样下定义，是因为每个国家公共行政的一个重要前提即是要知道其背后的价值是如何影响公共行政的。美国也不例外，美国的政府体制体现了立法、司法、行政的三权分立与相互制衡的价值取向，相应的，公共行政也需要从管理、政治与法律三个角度去理解，才能获得对公共行政完整而系统的认知。

三 公共行政的特性

罗森布鲁姆认为，公共行政在许多重要的方向都与私营部门的行政有区别，公共行政最重要的特性即是其公共性。其原因主要有以下几方面。③

1. 以宪法为基础。宪法一方面对行政权力进行了控制，使得行政部门拥有的权力是极为有限的，相比之下，私营部门对部属拥有的权力反而较大；另一方面，宪法也确立了公共部门特有的、不同于私人管理的价值观，如代表性、透明性、责任等，这些价值观体现了公共行政的"公共性"方面，这一点不同于私营部门所持的价值观。

2. 公共利益。在罗森布鲁姆看来，公共行政的核心是促进社会的公

---

① ［美］戴维·H. 罗森布鲁姆、罗伯特·S. 克拉夫丘克：《公共行政学：管理、政治和法律的途径》（第五版），张成福译，中国人民大学出版社2002年版，第4页。

② ［美］戴维·H. 罗森布鲁姆、罗伯特·S. 克拉夫丘克：《公共行政学：管理、政治和法律的途径》（第五版），张成福译，中国人民大学出版社2002年版，第5—6页。

③ ［美］戴维·H. 罗森布鲁姆、罗伯特·S. 克拉夫丘克：《公共行政学：管理、政治和法律的途径》（第五版），张成福译，中国人民大学出版社2002年版，第6—15页。

共利益,这是与公共行政与私人管理的主要区别。人们认同公共行政并非因为公共行政是一项专门技能,而是公共行政代表一种实践社会道德与公共利益的形式。正因如此,公共行政必须回应社会公众的需求,否则民主制度便可能"无以为继"。

3. 较少受市场机制干扰。相对于企业而言,政府的运作基本不受市场力量的主导,其价格、服务、税收等较少受到市场的干扰。因此,政府能够以不考虑利润的原则从事各项运作,提供"公共物品"或"准公共物品",这些都是公共性的体现。

4. 作为主权的代理人。主权即是政治国家的最高权威,主权属于全体人民,而主权的行使则是通过人民选举的代议机关来实现。而公共行政机关则被视为"公共信托人",它以代理人的身份行使各项职能活动,其代表的是公众的利益或公共的利益,而私营部门代表的主要是自身的利益。

在罗森布鲁姆看来,公共行政的特质即是公共性,这一点与追求私人利益的私营管理有着本质的区别。他指出:"公共行政的任何定义都应该强调公共行政的公共性特质。即使公共行政与私营部门的管理有许多相似点,但彼此在关键之处却存在很大差异。就公共行政而言,其关切的焦点就在于公共利益,须在宪法的规范下运作,它较少受到市场力量的限制,它基于公众的信任来行使主权。相对地,私营部门的管理对公共利益的关切层面是较狭隘的,同时其主要影响力量的来源是市场而非宪法。……正如私营部门不可以永远从事非营利的业务一样,公共部门亦不可以采取私营管理架构作为主要的运作模式。故公共行政与私营部门管理的差异不仅将永远存在,而且更会持续表现在各自所拥有的价值与程序之中。"[①] 人们常问:"为什么政府不能像企业一样运作?"在罗森布鲁姆看来,对这个问题最有效的回答是:"那样做将迫使我们不得不削减诸如代表性、透明性以及其他公共价值的重要性。"[②]

[①] [美] 戴维·H. 罗森布鲁姆、罗伯特·S. 克拉夫丘克:《公共行政学:管理、政治和法律的途径》(第五版),张成福译,中国人民大学出版社 2002 年版,第 14—15 页。

[②] [美] 戴维·H. 罗森布鲁姆、罗伯特·S. 克拉夫丘克:《公共行政学:管理、政治和法律的途径》(第五版),张成福译,中国人民大学出版社 2002 年版,第 15 页。

第二节 公共行政的管理、政治、法律三种认知途径

罗森布鲁姆认为，公共行政研究的界限分明，各自有不同的阐述，管理途径把公共行政视作一种管理行为，与民营部门的运作相类似；政府途径关注公共行政的政治层面，强调公共行政的公共性特质；而法律途径则将公共行政视为一种法律事务，主张从主权、宪法及法律层面来理解公共行政。值得注意的是，三种研究途径反映了三权分立的宪法分权及政府功能在不同部门的分配："管理途径主要是基于行政部门的立场，去思考忠实的执行与落实各项法令规章；政治途径则是基于立法与决策的考虑；至于法律途径则强调的是政府的裁决功能、对维护宪政权利的承诺（"保卫自由"等），以及法治。"[①] 下面分别从价值、组织结构、个体差别、认知、预算与决策等方面说明三种研究途径的内涵。

一 公共行政的管理途径

公共行政的管理途径主要是从经济与管理的视角来看待公共行政，强调公共部门与私营部门管理的相似性和相通性，强调公共行政的经济与效率目标。公共行政的管理途径又分为两个：传统管理的途径与新公共管理的途径。

（一）传统管理途径

公共行政的传统管理途径建立在"政治—行政二分法"的基础上，主张政府行为的"非政治化"（nonpolitical），为此公务员应实现以"功绩制"为主要标准，而不能以政治党派为基础；在价值上主张商业价值的优先性，公共行政应该以管理效率为基础而非以法律为基础，认为可以将有效率、效能的管理简化为一套"科学原则"。

从组织结构看，传统管理途径为了追求效率、效益与经济的商业价值，主张公共组织的结构应该采取"韦伯理想的官僚制组织模式"，因为

---

① ［美］戴维·H. 罗森布鲁姆、罗伯特·S. 克拉夫丘克：《公共行政学：管理、政治和法律的途径》（第五版），张成福译，中国人民大学出版社2002年版，第16—17页。

官僚组织的科层制、权威、专业化、非人格化、以功绩为基础等有助于实现"以最小的投入达到最大的产出"。

从个人观点来看，公共行政的传统管理途径强调"非人情化"的观点，这也是官僚组织的"特殊德性"，韦伯将这看成官僚制的优势，意味着"非理性"情感不会对官僚体系中的工作绩效产生干扰。

从认识途径来看，传统管理途径基于泰勒的科学管理，认为可以经由科学方法来发展知识，将公共行政建设成为一门科学。

从预算方面来看，传统管理途径强调预算过程中要遵循效率、经济、效能、科学的价值取向，关注公共行政过程中的"成本效能"。

从决策观来看，传统管理途径主张理性决策，强调在决策过程中运用各种科学和专业化知识来实现决策的"最优选择"，但是传统管理途径不怎么重视公民参与。

(二) 新公共管理途径

新公共管理途径出现在20世纪90年代初，与传统管理途径相类似，新公共管理途径也是以改革为取向，着重于改善公共部门的绩效。其出现的背景是传统管理途径已经"破烂和老朽不堪"，民众丧失了对政府的信赖，政府陷入了严重的管理危机、财政危机与信任危机之中，正如罗森布鲁姆指出的："在多年反政府的政治喧嚣和负面的新闻报道之后，公共行政更成为无能与浪费的代名词。"[1] 正是在这样一种背景下，以奥斯本的《改革政府》为思想指导，一场以"新公共管理运动"为标志的大幅度行政改革运动或"政府再造"运动在欧美国家广泛进行，改革的内容主要包括：公共行政的焦点应放在结果而非程序上、妥善运用市场竞争机制、强调顾客导向、政府应扮演"掌舵者"而非"划桨者"角色、放松管制、广泛的员工授权、解决问题为导向的具有企业家精神的组织文化、标杆管理计划等。

新公共管理途径的主要特点是：在组织结构上，主张弹性的扁平化的组织结构，并整合组织内部各项活动，通过协作与合作像企业那样满足各类顾客的需求；对个人的观点方面，新公共管理将个人视为"顾客"

---

[1] [美]戴维·H.罗森布鲁姆、罗伯特·S.克拉夫丘克：《公共行政学：管理、政治和法律的途径》(第五版)，张成福译，中国人民大学出版社2002年版，第22页。

(customers)；在认知途径方面，大量借用"公共选择"理论概念，同时它也以"务实"的观点来决定什么该做或什么不该做并主张用经验观察、再造实验室、测量指标等来检验理论；在预算方面，主张采取"使用者付费"的主要手段和方式，重视公共服务生产与供给过程中的结果控制，但不太关心人员或设备等投入层面的问题；在决策观方面，强调决策过程要回应顾客需求，采用分散化的决策原则，建立绩效指标以及成本效能分析来推进决策的科学化与专业化。

二 公共行政的政治途径

公共行政的政治途径源自学者们对行政脱离政治的批判。20世纪30年代的经济危机使各国出现了行政集权的趋势，而"罗斯福新政"更是强调了总统不仅需要拥有政治权威，更需要具有行政权威来干扰经济危机。这样，政治途径的公共行政就强调了行政是一个政治过程，强调了公共行政需要具有政治上的"代表性""政治回应""责任"等价值，公务员在政策制定过程中也应具有参与的权利，而管理途径强调的效率观念则受到极大的质疑，因为它与许多政府问题并无多少联系。

公共行政的政治途径具有如下特点：在组织结构上，政治途径强调公共行政中的政治多元主义，认为公共行政的结构就是政治化，反映着不同团体的不同利益，公共行政的过程就是不同利益团体的矛盾、协调与冲突的过程；在个人观点上，政治途径的公共行政认为在公共政策过程中需要尊重每一个个体的权利，因为整个社会由各类团体组成，而团体又由个体聚合而成，这样，团体利益与个人利益是一致的，尊重个体也就尊重了团体；从认知途径来看，政治途径强调以科学事实为依据做出决策，而讨论、辩论、选举、民意调查等是常用方法，它常常基于公众、利益群体和媒体的意见作出决策；从预算方面来看，政治途径将预算问题视作一个政治问题，正式的预算分配计划显示了各种利益团体的偏好，是各种政治利益团体之间矛盾与冲突的表现形式，而非仅仅限于成本效能分析或顾客满意分析；从决策观来看，政治途径支持渐进决策的理念，认为决策的必要性取决于政治力量的支持或反对，而不是根据成本效能分析。

三 公共行政的法律途径

罗森布鲁姆认为，公共行政的法律途径有三个源头。其一是行政法，它主要是指"管制一般行政过程的一套法律和法规。行政法由法律、行政命令、中央行政机关如人事、预算、服务等机关的具有约束性的指令和宪法决定构成"。① 其二是公共行政"司法化"趋势，主要是将行政程序视作一种司法程序，将行政行为视作一种法律调整的对象，以便在个人与政府权力不对称的情况下更好地维护个人的合法权益。其三是宪法，宪法通过制约行政权力和保护公民个体权利来体现法治。一方面，从公民个体来看，宪法对公民相对于行政机关的程序性权利、自由权、生命权、财产权、隐私权等进行了平等保护；另一方面，从政府角度来看，当代表政府行事的行政官员在处理涉及公民个人权利特别是个人福利、生命财产权等权利时，必须遵循宪法规定的正当性程序规则。

法律途径的公共行政特别重视法治，其核心价值主要体现为四个方面。一是程序性正当法律程序，即强调"基本的公平性，被认为是保护个人免遭政府恶意的、武断的、错误的或反复无常的违宪剥夺生命、财产与自由权利的必要程序"。② 二是对个人实质权利的法律保护，即当政府在特定情况下需要对个人实质权利施加一定的限制时，法律对政府施加于公民权利的这种限制进行了约束，以保护公民的正当权利不受侵害。三是公平，即法律对那些因权利在政府行政行为中受到侵害的公民个体或团体提供法律救济的途径，以确保当事人的权益受到公平的保护。四是崇尚正直诚实的价值，即法律行使着否决的功能，对那些绕过法律程序而走捷径的行为进行限制，对那些维护良好风尚的行为进行鼓励，以推进社会正义。

法律途径的特点主要表现为以下几种。从价值层面来看，法律途径"不大重视管理途径所极力主张的成本效能观点。司法并不关注其裁决的

---

① [美] 戴维·H. 罗森布鲁姆、罗伯特·S. 克拉夫丘克：《公共行政学：管理、政治和法律的途径》（第五版），张成福译，中国人民大学出版社 2002 年版，第 35 页。

② [美] 戴维·H. 罗森布鲁姆、罗伯特·S. 克拉夫丘克：《公共行政学：管理、政治和法律的途径》（第五版），张成福译，中国人民大学出版社 2002 年版，第 36—37 页。

成本，其关注的焦点在于个体权利的本质，而不关注保护这些权利的社会成本"。① 也就是说，资源不充足永远不能成为政府剥夺个体宪法权利的充足理由。

从组织结构来看，法律途径的公共行政偏好的组织结构就是抗辩程序，这是为了最大限度地防止行政机关运用手中的权力来侵害公民个体的自由和权利，当行政机关的行政行为事实上侵害了公民个人的权利时，又能够提供最大程度的保护。

从对个人的观点来看，法律途径的公共行政将公民视作一个具有独立人格并能承担责任与义务的个体，每个人——不管其身份、地位如何——都享有为自己的权利进行辩护的权利，并且政府在任何决策过程中，都必须考虑公民个体的这种权利。

从认知途径来看，法律途径的公共行政主张司法审判是认知途径的最佳来源，也是发展知识的最佳手段；为保证少数人的权利不受多数人的侵害，以及为保护那些在经济、政治和社会上处于弱势地位的少数人权利被多数人进行捆绑和侵害，法律途径还认为民意调查或选举结果不能成为法律审判的唯一依据。

从预算来看，公共行政的法律途径强调预算过程的公开、公正与透明，符合法律规范，而不计较成本效益，即使坚持此原则的人会成为不受欢迎的少数派。

从决策观来看，"法律途径的司法裁决通常是渐进的。每一个新案的事实是根据过去判例产生的可以适用的法律原则进行评估。即使个案本身并无前例可循，法院仍倾向于从历史中寻找可以比照适用的情境。"②

四　公共行政三种途径的比较

从公共行政的研究途径来看，三种不同的研究途径对公共行政的看法各不相同，它们倾向于强调不同的价值取向、不同的决策观、不同的

---

① ［美］戴维·H. 罗森布鲁姆、罗伯特·S. 克拉夫丘克：《公共行政学：管理、政治和法律的途径》（第五版），张成福译，中国人民大学出版社2002年版，第37页。
② ［美］戴维·H. 罗森布鲁姆、罗伯特·S. 克拉夫丘克：《公共行政学：管理、政治和法律的途径》（第五版），张成福译，中国人民大学出版社2002年版，第40页。

组织结构安排、不同预算模式以及不同的认知模式和不同的个人观点。三种途径的比较见表17—1。

表17—1　　　　公共行政的三种认知途径的比较

特征	传统管理途径	新公共管理途径	政治途径	法律途径
价值	效率、效能及经济	成本—收益；顾客回应性	代表性、回应性及责任性	宪法的诚实和公平、正当程序、实质权利、平等保护、公平
组织结构	理想官僚制型	充满竞争的、企业化型	组织多元主义	行政裁决制（抗辩模式）
对人的认识	非人性化，理性人	顾客	群体成员	完整之个体，特定阶段组织成员理性人
认知模式	理性—科学主义	理论推理、经验观察、实验	协议、民意、政治争辩	归纳案件分析，演绎式的法律分析，反复辩论程序
预算	成本—收益	以绩效为基础；市场驱动	渐进主义	以权利保护为基础
决策观	理性—全面	分散化、降低成本	渐进模型	程序性渐进主义
政府职能特征	执行	执行	立法	司法

资料来源：［美］戴维·H.罗森布鲁姆、罗伯特·S.克拉夫丘克：《公共行政学：管理、政治和法律的途径》（第五版），张成福译，中国人民大学出版社2002年版，第40—41页。

第三节　公共行政三种认知途径的冲突与整合

公共行政的三种认知途径之间是什么关系呢？在罗森布鲁姆看来，这三种认知途径之间"时而冲突，时而互补，共同构成了公共行政研究的整体框架"。①

一 公共行政三种途径的冲突

在罗森布鲁姆看来，公共行政是一门复杂的学科，公共行政的每一种研究途径都有其独特的特征，这些特征往往并不兼容，因此，公共行政的三种研究途径相互之间存在许多冲突。"对公共组织和公共行政管理者而言，同时满足所有管理的、政治的及法律/宪政的要求是不可能的事情。基于效率的公共管理可能会忽略政治代表性和宪政性正当法律程序的价值。对公共行政某一方面的强调常常引起关注其他方面人士的批评。"② 就政治途径与管理途径而言，管理途径强调的效率观在政治途径的观点中被认为是不足为取的，因为公务员为了达成效率要求，可能会采取许多"便宜行事"的做法，这样做将会破坏行政程序的正常运作；就管理途径与法律途径而言，管理途径对经济、效率的追求也必将与法律途径强调的公平、平等价值相冲突；而法律途径强调的司法职能也与政治途径强调的立法职能存在矛盾与冲突。

罗森布鲁姆认为，公共行政的冲突的根源在于政治文化强调的三权分立，三权分立强调权力制衡，而不强调整合活动，使得公共行政的这三条途径也是相互对立的。公共行政三种研究途径之间的矛盾与冲突并非否定公共行政的价值，相反，它们共同促进了公共行政的发展。因为这些冲突在某些方面令人灰心，但是同样使公共行政的研究具有挑战性和吸引力。这种现象恰恰表明"在这个有趣的时代，公共行政既受到赞扬，亦受到责难"③。

二 公共行政三种途径的整合

既然公共行政的三种研究途径之间存在矛盾与冲突，那么它们之间

---

① ［美］戴维·H. 罗森布鲁姆、罗伯特·S. 克拉夫丘克：《公共行政学：管理、政治和法律的途径》（第五版），张成福译，中国人民大学出版社2002年版，第40页。

② ［美］戴维·H. 罗森布鲁姆、罗伯特·S. 克拉夫丘克：《公共行政学：管理、政治和法律的途径》（第五版），张成福译，中国人民大学出版社2002年版，第41页。

③ ［美］戴维·H. 罗森布鲁姆、罗伯特·S. 克拉夫丘克：《公共行政学：管理、政治和法律的途径》（第五版），张成福译，中国人民大学出版社2002年版，第41页。

是否可以实现整合呢？又如何进行整合呢？罗森布鲁姆首先认为公共行政的这三种研究途径是可以进行整合的，并提出了一些整合的方法，如确立价值的"优先顺序"、平衡当事人的利益、针对不同问题强调最合适途径的优点等。但是罗森布鲁姆也认为，三种研究途径的整合不能采取只强调一个途径而排斥其他途径的方法，"若试图通过某个唯一途径而排斥其他途径的办法寻求统一理论，那就会促进政府官僚机构的不公正作为，也将会招致众怒。相反，因为在行政机构中维护不同的价值观，不同的组织机构和对个人不同的看法就容易使三个方面的职能相互监督制衡起来。"① 此外，罗森布鲁姆也承认，要成功整合这三种研究途径是"极为困难的"。特别是在可预见的未来，公共行政呈现如下特征："更加复杂；更受政治观点的影响和主导；更加强调法律的重要性；更强调绩效；公共行政理论与实务的整合；文官制度的变革；重新界定管理；强调个人责任以及新的公共文化的发展。"② 这种现象使得公共行政的发展正处于"十字路口"，即公共行政已经从传统的管理途径占主导地位的时代，进入了运用政治的、法律的途径分析公共行政的时代。这个时代使得"如果整合不同研究途径所拥有的价值、结构与程序安排以及技术方法"更加迫切。但是目前"对此尚无良法，这也是为什么我们仍处在十字路口的原罪"。③ 这个重任落在未来公共管理者的身上。

---

① ［美］杰伊·M. 沙夫里茨、艾伯特·C. 海德、桑德拉·J. 帕克斯：《公共行政学经典》（第七版·中国版），刘俊生译，中国人民大学出版社2019年版，第462页。

② ［美］戴维·H. 罗森布鲁姆、罗伯特·S. 克拉夫丘克：《公共行政学：管理、政治和法律的途径》（第五版），张成福译，中国人民大学出版社2002年版，第588页。

③ ［美］戴维·H. 罗森布鲁姆、罗伯特·S. 克拉夫丘克：《公共行政学：管理、政治和法律的途径》（第五版），张成福译，中国人民大学出版社2002年版，第589页。

第十八章

赖特的政府间关系理论

不管是集权政府还是分权政府，政府间关系是公共行政的一个基本问题。通常意义上，政府间关系主要包含两个层面：一个是中央政府或联邦政府与地方政府之间的关系；二是地方政府或区域政府之间的相互关系。在美国，1955年政府间关系委员会（The Commission on Intergovernmental Relations）的"卡斯腾堡报告"（Kestnbaum Report）对联邦政府与州政府之间的关系进行了规范，指出"维护一个健康的联邦体系有两个方面，各州必须随时注意满足其公民的合法需要，以免越来越多的政府事务落在联邦政府的手里；同时，联邦政府也必须避免接管州政府及其下属机构以合理权限开展的活动，以免削弱州政府和地方政府的活力（vitality）"。[1] 但是政府间关系又是不断发生变化的，处于一个动态调整的过程，这种动态调整一方面表现为纵向的集权与分权的调整；另一方面表现为地方政府之间的合作与竞争。正因如此，美国自建国以来政府间关系就经历了二元联邦主义、合作联邦主义以及新联邦主义等阶段。

戴尔·S. 赖特（Dell S. Wright）是政府间关系领域的著名学者，也是北卡罗来纳大学政治学和公共行政学杰出教授。在密歇根大学获得学位后，先后在韦恩州立大学和爱荷华大学任教，并担任加州大学伯克利分校、新墨西哥大学和俄克拉荷马大学担任客座教授。主要代表作是《联邦主义、府际关系与府际管理：历史反思和概念比较》（*Federalism, Intergovernmental Relations, and Intergovernmental Management: Historical Re-*

---

[1] Richard J. Stillman II, *Basic Documents of American Public Administration Since 1950*, New York: Holmes & Meier Publishers, Inc., 1982, p. 36.

flections and Conceptual Comparisons, 1990)、《理解政府间关系》(*Understanding Intergovernment Relation*, 1996) 等。

第一节 联邦主义、府际关系与府际管理的起源

所有的国家，无论其规模和影响力有多大，都面临着一个基本的问题：那就是如何解决中央政府和地方政府之间的关系。这个问题即是政府间关系（或称府际关系）问题的核心所在。这个问题本质上也是一个宪法问题，因为宪法规定了国家治理的结构和权力范围；同时，这个问题也是一个政治与行政问题，即如何协调以政治为基础的宪法安排与以行政为中心的执行事项之间的关系问题。在美国，尽管联邦主义的出现最早可以追溯到建国初期的制宪会议时期，但是府际关系却是20世纪30年代才开始创造出来，而府际管理却是20世纪60年代才出现。因此，要理解府际关系，就需要理解联邦主义、府际关系及府际管理这三个概念及其相互关系。

一 联邦主义的起源及概念内涵

在赖特看来，在美国，联邦主义（Federalism, FED）的起源可以追溯到费城制宪会议上的制宪者，特别是可以追溯到麦迪逊和他的合作者所形成的"联邦主义"。在制宪会议过程中，联邦主义者自称联邦党人，坚持拥护在新宪法中得到体现的、以代议制为基础的联邦共和国制度，强调建立中央相对集权的强大的联邦政府，以保证政治上的统一，实现国内安定，促进经济繁荣，但也不过多侵犯各州和个人的权利。麦迪逊在《联邦党人文集》中就指出，联邦是"是防御外来危险的堡垒，是我们的和平保卫者，是我们的商业和其他公益的保护者；只有联邦才能代替破坏旧世界自由的军事机构，才能适当地医治党争的弊病，这种弊病对其他民主政府是致命，而且在我们自己的政府中也已显露出严重征候。"[①]

---

① [美]汉密尔顿、杰伊、麦迪逊：《联邦党人文集》，程逢如等译，商务印书馆2004年版，第65—66页。

赖特认为，行政学创始人威尔逊从有效性和行政责任方面对联邦主义进行了完善，这一点经常被忽视了。从有效性方面来看，威尔逊设想了一套强大而健康的各级政府相互依赖的治理体系的愿景。威尔逊指出："我们的任务在于联邦机构、为这些体制内的系统提供可能达到最好的活动方式；我们的任务还在于使得镇政府、市政府、县政府、州政府以及联邦政府保持同等强大的力量和同等确信的健康，使得上述各级政府不仅毫无疑问地为它们各自的主人服务，同时使得它们在互助的基础上保持相互依赖的状态。这是一项足以吸引最优秀人才的巨大和重要的任务。……我们面临的问题是，应当如何管理各级政府，才能使公职人员以清醒的服务意识竭尽所能地提供服务，为公众的利益服务，而不是独自为其上级利益服务。"[①] 从行政责任来看，威尔逊将联邦政治与行政部门直接联系起来，即行政长官不仅受制于上级，而且也受制于所在行政部门和社区，这样就使联邦主义不仅仅是政治部门的事，而且也是行政部门的事，从而深深影响着政府间的关系。

此后，赖特认为联邦主义还受到两个变量的影响。一个是政党，戴维·杜鲁门（David Truman）认为政党的存在是权力分散的象征，它使联邦主义的权力分散到政党手中，政党认同、政党忠诚、政党效力等都影响着联邦精神；另一个变量是专业精神，即文官的永久任期，这样就形成了两种官僚，即技术官僚（technocrats）和政治官僚（topocrats）。技术官僚代表了国家、州和地方政府中的"新专业主义"，而政治官僚则由州和地方各级的政治和行政通才组成，包括州长、州议员、市长、县行政人员和市政管理者。政党和专业精神也深刻影响国会、行政部门以及司法部门的关系，甚至技术官僚与政治官僚相互之间也存在冲突。

总之，联邦主义作为一种政治现象，反映了一种特殊的国家结构形式，也深深地影响着府际关系的建构与演进历程。从联邦主义视角看，美国政府体系由一个联邦政府（即中央政府或全国政府）、五十个州政府以及众多地方政府组织，而地方政府之下还有市政府和县政府，其中联邦政府与各州之间的关系是最为重要的，这也是由宪法进行规范的。因

[①] ［美］杰伊·M. 沙夫里茨、艾伯特·C. 海德：《公共行政学经典》（第七版·中国版），刘俊生译，中国人民大学出版社2019年版，第33页。

此，联邦政府与各州政府之间的关系就成为府际关系的主要影响因素。学界通常将联邦主义分为三个阶段：（1）二元联邦主义（dual federalism），即18世纪末到20世纪30年代大萧条以前，指联邦和州各自在宪法规定的权限范围内行使权力，各负其责，互不干涉的政治模式；（2）合作联邦主义（cooperative federalism），从20世纪30年代到60年代，"罗斯福新政"后，联邦权力得到前所未有的加强，处于联邦与地方自治相互合作与促进时期；（3）新联邦主义阶段，即20世纪70年代以来，伴随经济危机的发展，美国共和党总统尼克松实施一系列经济刺激政策，把一部分权力、资金、责任从华盛顿中央政府流向各州，其目的是限制联邦政府的权力，扩大州与地方政府的干预经济的职权。可见，由于联邦主义是不断变化的，因而府际关系也处于不断的动态变化过程中。

二 府际关系的起源及概念内涵

学术界普遍认为，"府际关系"一词较早出现在1937年克莱德·施耐德（Clyde F. Snider）发表的《1935—1936年的乡村与城镇政府》一文中；20世纪50年代，美国国会在法律用语中使用了府际关系概念，1953年成立了府际关系临时委员会，1968年通过府际合作法案，府际关系一词被普遍使用。

在赖特看来，府际关系（Intergovernmental Relations，IGR）起源于20世纪30年代，它与"政治—行政二分法"（politics-administration dichotomy）的消亡（demise）密切相关，也就是说，20世纪30年代的大萧条强化了政府的行政权力，行政权力更多地进入政策制定领域，联邦权力加强，各级政府为刺激经济发展，采取了一系列经济政策，政府间关系受到广泛关注。赖特认为府际关系的另一个起源是与新形式的协会组织的兴起有关，随着专业化的发展，一些新的协会组织如城市经理、政策专家等更多地进入了政策制定领域，扮演着重要的城市管理职能，从而改变了美国联邦体制的政治代表、政策制定和项目实施的渠道，也改变了政府间的关系模式。

关于府际关系的内涵，在赖特看来，如果说联邦主义关注的焦点是联邦与州之间的相互关系以及偶尔也涉及州与州之间的关系的话，那么府际关系关注的范围既包括联邦—州—地方关系，也包括州与州之间的关系，还包括联邦与州之间的关系以及州与地方的关系。也就是说，府际关系作为一种政府间关系模式，它普遍存在于同级政府之间以及不同级别政府之间的相互依赖与依存的制度关系、权力关系、人员关系、财政关系以及各种利益关系等。

三 府际管理的起源及概念内涵

赖特认为，联邦制概念在美国有两个世纪的历史、传统、法律和实践，府际关系的概念在美国的应用只有半个世纪，而府际管理直到20世纪70年代，才作为一个短语出现在公众场合。在赖特看来，府际管理概念的出现与三个重要的发展有关：一个是20世纪60年代至70年代以来，国家为应对危机而采取的经济政策相关，这些刺激政策对管理产生重要的影响；二是实施众多政府间计划方案的困难，管理危机、财政危机和信任危机使政府处于管理的困难之中；三是职业人员和政治行为者之间的鸿沟和差距，以及对官僚主义的抨击，要求加强管理行为。而府际管理代表了一种适度的、边缘的和温和的管理趋向，其特点主要表现在三个术语上，即解决问题（problem solving）、应对能力（coping capabilities）和网络（networking）。

但是府际管理因为对"管理"一词的强调而遭到了一些批评，批评者主要认为府际管理可能与联邦主义不相容，斯蒂芬·舍赫特（Stephen Schechter）就认为联邦主义和管理主义有本质的区别，联邦主义的终极目标是自由（liberty），而管理主义的终极目标是效率（efficiency）。尽管如此，赖特认为府际管理的出现是必然的，它受到两种力量的推动：一种力量被政治理论家们称为"组织时代"（the age of organization），不断涌现并拥有巨大权力的社会、政治和行政组织必须被管理，其成员也必须被引诱、驱赶和激励去完成既定的目标和任务；第二个力量是监管的升级（escalation of regulation），由于对政府及其官员的信任度在下降，而公民与行政机关之间关系的合法性也急剧下降，使得监管不断升级，成千上万的问题必须通过法院、行政上诉单位和程序解决或通过调解、谈判以及跨边界合作来解决，这就使府际管理问题日益成为一个受到广泛重视的问题。

第二节　联邦主义、府际关系与府际管理的比较

赖特认为，联邦主义、府际关系与府际管理是既有联系又有区别的概念，可以从六个系统特征来比较它们之间的关系。见表18—1。

表18—1　联邦主义、府际关系和府际管理的系统特征和比较分析

	系统特征	联邦主义（FED）	府际关系（IGR）	府际管理（IGM）
1	涉及的单位对象	联邦与州之间；州际之间	联邦—州—地方；州—地方；联邦—地方；州际之间	府际关系的基础上增加："政治与行政"连续统一体，"公—私部门"的混合
2	权力关系	联邦权力至上（权力的层次结构）	知觉层次结构（不对称的取向）	无层级的网络（矩阵管理）
3	解决冲突的手段	法律法规；法院；选举	市场；博弈；联盟	讨价还价/谈判；解决争端；直接处理
4	价值观	目标（任务）	权衡轻重（政治与行政）	产出；结果导向（管理）
5	政治商数	高阶政治（党派关系）	政策的制定（协调）	政策执行（问题解决）
6	主要参与者	选举的政客	管理上的通才	政策专家

资料来源：Dell S. Wright, "Federalism, Intergovernmental Relations, and Intergovernmental Management: Historical Reflections and Conceptual Comparisons", *Public Administration Review*, Vol. 50, No. 2, 1990, pp. 168–178.

一　第一个系统特征涉及联邦主义、府际关系及府际管理的关注对象

在赖特看来，从关注的对象来看，联邦主义在历史上关注的地方主要集中于联邦与州之间的关系，而对州际关系关注较少；而府际关系除了关注纵向的联邦—州—地方之间的关系以及联邦与地方政府之间的关系，还

要关注横向的州与州之间以及地方与地方之间的关系；而府际管理则除了关注府际关系外，还要关注"政治—行政连续统一体"（politics-in-administration continuum）的关系、公私部门之间的关系以及与非营利部门之间的关系。

二　第二个系统特征是权力关系

在赖特看来，联邦主义、府际关系与府际管理关于权力分配的模式是不同的，对联邦主义而言，虽然权力可能是分散的不同程度地聚合在一起，但是权力最终掌控在联邦政府手中；在府际关系中，权力分配模式呈现不对称状态，这种不对称需要各种方式的协调行动，尽管在感知到的上下级关系中可能存在一些持久性；而府际管理的权力关系本质上是"无等级"（nonhierarchical），网络的存在和普及使得特定实体之间存在不同的"依赖—自治型权力模式"，没有一个单一的或中央的指导来源。

三　第三个系统特征是解决组织间冲突的手段

赖特认为，由于冲突在政治和组织系统中广泛存在，因此需要考虑解决冲突的手段。联邦主义以宪法为基础来裁决各种冲突，法院和法律是解决冲突的主要工具；在府际关系下解决冲突的方式是通过市场手段、博弈手段或利益联盟；而府际管理中的冲突解决手段在于讨价还价和谈判。

四　第四个系统特征是价值观

在赖特看来，对于联邦主义来说，其价值观主要是追求宪法权利和自由，这些也是开国元勋们通过宪法的"游戏规则"来寻求和提倡的价值观；而府际管理的价值观即是实现特定或具体程序结果的价值如"效率""效益"等倾向；而府际关系则不同于上述二者，府际关系的价值强调去理解和权衡在政治管辖范围之间和相互之间运作的各种行为者的形象、取向或观点。

五　第五个系统特征是政治商数（political quotients）

在赖特看来，联邦主义主要关注党派关系等涉及"中心政治"的问题；府际管理关注的是低层次的、以实施为导向的政治问题，其相关解决战略的可见度明显较低，范围更有限，政治分量也较低；而府际关系的相关事件则被认定为具有中级政治和党派倾向的问题，主要涉及协调多种政策制定方面的问题。

六 第六个系统特征是参与者问题

赖特认为，联邦主义、府际关系及府际管理的参与者可以分为三类，其中联邦主义的参与者主要是选举产生的政客（民选官员）；府际关系的参与者主要是管理通才（多面手管理人才）；而府际管理的主要参与者是项目经理（政策专业人员）。当然，这三类人员也有交叉的地方。赖特指出，可以从政治、目的、权力、政策、判断力、优先权、计划、项目、程序等方面来区别三类参与者的角色，"政治、目的和权力是联邦主义的附属组成部分；政策、判断力和优先权是府际关系的组成部分；而计划、项目和程序则是府际管理的组成部分。"[1] 见表18—2。

表18—2　联邦主义、政际关系和府际管理的参与者角色

概念	跨行政区的角色		
	选举产生的政客	管理通才	项目经理
联邦主义（FED）			
政治（党派之争）	大	中	小
目的（任务）	大	中	小
权力（制裁、奖励）	大	中	小
府际关系（IGR）			
政策（方向性）	中	大	中
判断力（主观想象性）	中	大	中
优先权（权衡）	中	大	中

---

[1] Dell S. Wright, "Federalism, Intergovernmental Relations, and Intergovernmental Management: Historical Reflections and Conceptual Comparisons", *Public Administration Review*, Vol. 50, No. 2, 1990, pp. 168–178.

续表

概念	跨行政区的角色		
	选举产生的政客	管理通才	项目经理
府际管理（IGM）			
计划（功能）	小	中	大
项目（任务）	小	中	大
程序（方法）	小	中	大

注："大、中、小"表示角色参与的不同程度。

资料来源：Dell S. Wright, "Federalism, Intergovernmental Relations, and Intergovernmental Management: Historical Reflections and Conceptual Comparisons", *Public Administration Review*, Vol. 50, No. 2, 1990, pp. 168 – 178.

在赖特看来，联邦主义、府际关系及府际管理的系统特征所确定的是阐述每一个概念的分析重点问题，而不是行为上的排他性问题，即不涉及概念之间的相互排斥，也没有暗示哪一种概念具有更可取或不可取的品质。

第十九章

治理理论

治理理论是西方公共行政思想史上一个重要的理论流派，该理论发生的一个重要背景是传统的公共管理走向了公共治理。随着政府失灵及市场失灵现象的日益发展，治理理论探求一种合作式的治理模式，试图克服单一治理主体带来的弊端。公共治理更重视治理过程中的合作性、治理主体的多元性以及治理结果的有效性。本章主要介绍彼得斯的政府未来治理模式、博克斯的公民治理理论、史蒂芬·奥斯本的新公共治理理论等。

第一节 彼得斯的政府未来治理模式

B. 盖伊·彼得斯（B. Guy Peters），美国匹兹堡大学政治科学系主任、教授。1970年获得密歇根州立大学博士学位后，曾任加拿大管理发展中心高级研究员、香港城市大学名誉教授。彼得斯是国际著名的研究政府治理与改革问题的专家，公共管理大师，其理论创新能力在美国公共行政学界享有盛誉。其研究领域包括比较公共政策与行政、美国公共行政、比较政治学、比较研究方法等。他的主要著作有《政府未来的治理模式》《公共政策的病态》《官僚政治》《比较政治学》《政策动力学》《政府会消亡吗？》《政治科学中的制度化理论：新制度主义》等。其中《政府未来的治理模式》（*The Future of Governing: Four Emerging Models*，2000）是其主要的代表作，在该著作中，彼得斯提出了政府未来治理的四种新模式，即市场式政府模式、参与式政府模式、弹性化政府模式、解制型政府模式。这四种政府治理模式各有不同的理论基础，适用于不同的政府体制。

一 传统政府治理的六项特征

彼得斯首先总结传统政府治理的六项特征，这些特征在过去几十年是相当成功的，但在今天不断受到挑战。

（一）政治中立的公务员制度

传统政府治理是建立在"政治—行政二分法"基础之上的，奉行政治中立，"其基本思想是指公务员不应该有明显的政治倾向，他们应该能够为任何一个具有合法地位的统治者亦即任何一个政党组成的政府服务。"① 否则会导致他们无法忠实地服务不同党派的政府。但事实上，公务员制度出现日趋政治化的问题，并且公务员也确实参与了政策的制定。那么如何在承认公务员参与政策制定的同时又维护传统的民主责任就成为政府治理的新问题。

（二）层级制和规则

传统政府治理建立在韦伯式的层级节制与官僚制的基础之上。但是这种模式受到了挑战：一方面是基于市场的挑战，尽管人们承认公共部门与私人组织之间存在本质差异，但是即使在政治上持左派意识形态的也开始推行以市场为基础的改革；另一方面，参与方面的挑战，今天的政府已经很难拒绝公民的参与和投入，也就是说，"当代的政府组织已经不可能直接通过法律或其他命令式的方式来施行其公共计划方案；相反，政府在实施其政策和提供公共服务时必须事先与社会进行磋商。"②

（三）永久性和稳定性

传统政府治理中的公务员被看成一种终身职业，凭借一种"社会契约"获得职业的安全稳定。然而，这种永久性和稳定性不断受到质疑，一方面，新型组织如虚拟组织、特别工作组、跨部分委员会等对永久性和稳定性造成冲击；另一方面，永久性和稳定性导致了决策的僵化，并使政策协调变得更困难。未来政府治理将面临多样化雇佣制度的挑战。

---

① [美] B. 盖伊·彼得斯：《政府未来的治理模式》，吴爱明、夏宏图译，中国人民大学出版社2001年版，第4页。

② [美] B. 盖伊·彼得斯：《政府未来的治理模式》，吴爱明、夏宏图译，中国人民大学出版社2001年版，第9页。

(四) 制度化的公务员制度

建立制度化的公务员制度即建立公务员职业常任的制度体系。但是这一体系也受到挑战，一方面是随着临时聘任制的出现，政府人事任用失去了永久性的色彩；另一方面，即使公务员制度本身并没有受到挑战，但传统公务员的管理方式却受到质疑，例如公务员通过功绩来晋升，但是市场力量的介入，实际的绩效测量却趋于复杂化。

(五) 内部管制

传统政府治理模式下"公务员应该毫不迟疑地接受和响应其名义上的政治家发布的政策命令。这种要求超越了纯粹的政治中立"。[1] 政府的内部管制不仅抑制了创造力的发挥而且带来很多问题；解除管制将会带来更好的治理效果，但是解除管制可能并不适用那些更倾向于实行可被预测与更负责任的公务员制度的国家。

(六) 平等

传统政府治理不仅主张为目标相同的顾客提供平等的服务，而且主张为资格相同的公务员提供平等的报酬和工作条件。这种服务平等与结果平等受到了挑战，一方面在于以市场为导向的改革赋予管理者自由裁量权，存在不同层次和不同类别的服务；另一方面，平等还涉及责任及法律问题，权利相等的公民受到政府不同对待，是否合法或合乎道德需要进一步讨论。

二 政府未来的四种治理模式

(一) 市场式政府模式

彼得斯认为，市场式政府模式是一种最常见的政府治理模式，其基本观点是："当前有关政府改革的时代思源是利用市场并接受这样的假定，即私人部门的管理方法（无论是什么样的管理方法）几乎可以说是与生俱来地优越于传统的公共部门的管理方法。"[2] 应用市场方式来改革

---

[1] [美] B. 盖伊·彼得斯：《政府未来的治理模式》，吴爱明、夏宏图译，中国人民大学出版社2001年版，第12—13页。

[2] [美] B. 盖伊·彼得斯：《政府未来的治理模式》，吴爱明、夏宏图译，中国人民大学出版社2001年版，第25页。

政府的基本理论前提是相信市场作为分配社会资源的机制的效率。

市场式政府的特点是：从结构上看，市场式政府主张分散决策和政策执行的权力并向地方赋权；从管理上看，市场式政府强调私人部门管理的优越性，人事管理方面强调按绩取酬，财政管理方面将购买者与提供者分开并实行竞争投标以节约成本；从政策制定上看，强调权力分散下的自主决策机制；从公共利益方面来看，市场式政府一方面强调应降低公共服务的成本，另一方面强调扩大公民作为消费者与纳税人所具有的选择权。

（二）参与式政府模式

参与式政府模式是与市场式政府模式相对立的一种模式，它强调公民积极的参与，"致力于寻求一个政治性更强、更民主、更集体性的机制来向政府传达信号。"[1] 参与式政府模式的参与方法是多样化的，最简单的形式就是公民投票，还有政府允许各方发表意见、参与管理与决策以及基层民主参与等。

参与式政府模式的特点表现为：从结构上看，参与式政府模式强调公共组织的结构应该更为扁平且应缩减高低层级之间的差距；从管理视角来看，参与式政府模式赞同服务对象直接参与管理决策并重视团队的作用；从政策制定来看，参与式政府模式鼓励低层员工对政策的参与和协调；从公共利益方面来看，参与式政府模式认为公共利益可以通过鼓励员工、顾客和公民对政策和管理决策进行最大限度的参与来体现。

（三）弹性化政府模式

彼得斯认为，弹性化政府模式在当代政府改革中最受关注，但是概念也最模糊，并且失败也多。更准确地说，弹性化政府模式"是指政府及其机构有能力根据环境的变化制定相应的政策，而不是用固定的方式回应新的挑战"。[2] 弹性化政府模式对稳定性与永久性持批评态度，虽然稳定性与政府永久性仍然具有吸引力，但是"在主张弹性治理的人的眼

---

[1] ［美］B. 盖伊·彼得斯：《政府未来的治理模式》，吴爱明、夏宏图译，中国人民大学出版社2001年版，第59页。

[2] ［美］B. 盖伊·彼得斯：《政府未来的治理模式》，吴爱明、夏宏图译，中国人民大学出版社2001年版，第87页。

中，恒久不变的政府结构，显然既是浪费之源，更是有效治理的障碍"。①

弹性化政府模式的特征是：在结构方面设想在政府内部采用可选择性的结构机制，以取代那些自认为拥有政策领域永久权利的传统部门和机构；在管理方面经常采用临时方法，强调管理者必须具有调动劳动力以适应变化需求的能力；在政策制定方面倾向于采用更富实验性并具创新性的政策方法；在公共利益方面一方面主张减少花费、降低成本，另一方面强调加强政府间协调以适应环境的变化。

（四）解制型政府模式

政府治理的第四种模式是"解制型政府"，这里的"解制"与经济政策无关，而是指政府本身的内部管理。在彼得斯看来，解制型政府与20世纪80年代寻求减少并严格限制政府活动的政治主张是完全相反的，解制型政府模式的基本设想认为"如果取消一些限制和制约，政府机构就可以将目前的工作处理得更有效率，并且还可能从事新的创造性工作，以促进社会的整体利益"。② 解制型政府模式的基本假设是如果限制官僚体制行为的内部管制措施得以废除，官僚体制将会有能力并且愿意促进政府更好地运转。

解制型政府模式的特征为：在结构方面虽然可以接受官僚结构，但并不强调集中化的控制结构，而是允许单个的组织制定和执行自己的目标以发挥其创造力；在管理方面，一方面认为层级节制式的管理不仅可以接受而且可取，另一方面与参与模式相似，认为政府的创造力如果要真正得以发挥，就必须鼓励组织中各个层级的参与而不仅仅是高层的参与；在政策制定方面，解制型政府模式主要关心的便是"做出决策与执行法律的程序"；在公共利益方面，解制型政府模式主张公共利益可以通过一个更积极的、束缚更少的政府来实现，对公共部门的行为更多采取事后控制方法。

（五）四种治理模式的比较

政府治理的四种模式可以在结构、管理、决策以及公共利益等方面

---

① ［美］B. 盖伊·彼得斯：《政府未来的治理模式》，吴爱明、夏宏图译，中国人民大学出版社2001年版，第91页。

② ［美］B. 盖伊·彼得斯：《政府未来的治理模式》，吴爱明、夏宏图译，中国人民大学出版社2001年版，第109页。

进行比较（见表19—1），通过比较可以审查四种模式以及由其引导的改革的优势、劣势、内涵和彼此间的相互影响。但是值得注意的是，在彼得斯看来，政府治理的每一种模式必须考虑到与之相适应的背景，并没有任何一种新模式全方面优越于传统的治理模式。他说："我个人倾向于认为，尽管传统模式确实有失完善，但我们可以对其进行改造以便使其能够更好地发挥作用，那种认为新模式就一定优越于传统模式的看法显然不是事实。"[1]

表19—1　　　　　　　　四个新治理模式的主要特征

	市场式政府	参与式政府	弹性化政府	解制式政府
主要的诊断	垄断	层级节制	永久性	内部管制
结构	分权	扁平组织	虚拟组织	没有特别的建议
管理	按劳取酬；运用其他私人部门的管理技术	全面质量管理；团队	管理临时雇员	更多的管理自由
决策	内部市场；市场刺激	协商；谈判	试验	企业型政府
公共利益	低成本	参与；协商	低成本；协调	创造力；能动性

资料来源：[美] B. 盖伊·彼得斯：《政府未来的治理模式》，吴爱明、夏宏图译，中国人民大学出版社2001年版，第23页。

总之，彼得斯在评析传统政府治理的基础上，根据各国正在进行的如火如荼的政府改革归纳出了政府治理的四种新模式，即市场式政府模式、参与式政府模式、弹性化政府模式以及解制型政府模式。这四种治理模式各有不同的理论基础，适用于不同的政府体制，指明了政府治理改革、指明了前进的方向。但是该理论的不足之处在于：这四种模式能否概括政府未来治理的所有模式，是否还存在其他的模式如智慧治理模式等，显然，该理论在这方面是欠缺的；此外，四种治理模式的运用条件是什么？如何运用？有没有一种混乱模式的运用？等等，这些问题也有待深入。

---

[1] [美] B. 盖伊·彼得斯：《政府未来的治理模式》，吴爱明、夏宏图译，中国人民大学出版社2001年版，第20页。

第二节 博克斯的公民治理理论

理查德·C. 博克斯（Richard C. Box），美国科罗拉多州立大学公共事务学院教授。曾担任城市经理、地方规划、建筑安全与住房政策等方面的职务，对城市基层社区治理具有丰富的实践经验。其研究领域涉及公共服务、地方治理与政治、府际间关系治理等，研究成果在公共管理学界和政界引起强烈反响。博克斯于1998年出版的《公民治理：引领21世纪的美国社区》（*Citizen Governance: Leading American Communities into 21st Century*, 1998）是其主要代表作，该书聚焦于城市社区治理问题，创造性地提出了基于公民角色、代议者角色和公共服务职业者角色三种角色相互依存的社区公民治理理论模型。

一 公民治理时代的挑战

博克斯认为，社区治理经历了四个时期，即17世纪与18世纪的精英控制时代、19世纪以来的民主时代、20世纪初以来的职业主义时代，20世纪末以来进入了第四个时期——公民治理时代，这是一个新时代，这个时代的轮廓和未来的发展方向还不太清楚。

在博克斯看来，公民治理时代面临三重价值回归的挑战。

一是地方控制价值的回归。随着20世纪80年代以来的财政危机和资源的短缺，人们对国家级政府的治理能力表示怀疑，他们"已不太期望从国家级政府那里得到太多的东西，他们将目光转向州或地方政府，将它作为公共问题解决的中心"。[①] 这意味着社群主义精神的复苏，要求地方政府更多地发展社区的民主对话，要求地方居民承担起关注他们自己问题的责任，要求公民能够在地方事务中进行更广泛的参与。

二是小而富有回应性的政府的回归。随着政府再造及公共服务的民营化改革中的公私伙伴关系、全面质量管理、市场竞争、顾客导向等的出现，公民对政府的角色定位有了完全不同的认识，认为政府应是小型

---

① ［美］理查德·C. 博克斯：《公民治理：引领21世纪的美国社区》，孙柏瑛译，中国人民大学出版社2005年版，第5页。

化的并能明确适应公众需求的,而公民则"有权选择他们需要什么样的公共服务,需要多少公共服务,以及需要以怎样的方式提供公共服务,而不再是由选任官员或公共服务职业者来一厢情愿地决定。"①

三是公共服务职业者作为顾问而不再是控制者。在公民治理时代,传统的以精英控制为主的治理方式受到质疑,人们关注的焦点转向了传统民主价值的回归,要求对社区事务更深入地参与,并强调公民参与社区并进行坦诚对话的价值,而公共服务职业者不再是社会治理的控制者,而成了公共服务的咨询者、帮扶者和协调者。

二 公民治理的理论模型

博克斯试图将公民、选任官员(代议者)和公共服务职业者的角色和作用整合起来,从而提出了一个社区治理的开放的、民主的公民治理模型。在这个模型中,公民、选任官员和公共服务职业者角色分别体现为以下三个方面:"(1)公民成为社区的治理者而不是消费者;(2)选任官员的作用在于协调公民参与治理的种种努力,而不是替他们作出决策;(3)实战者关注的焦点是帮助公民实现其社区治理目标,而不是着力于控制公共权威机构。"②

(一)公民作为社区的治理者

博克斯认为,公民作为社区的治理者,他们期望在社会治理中扮演更为积极的角色,期望更富有积极意义的公共参与,而不只是作为搭便车者和守门人。但是博克斯也认为,公民治理也会遇到一些障碍。这些障碍主要表现为两个方面:一是那些在政治上或经济上拥有强势地位的人物为了维护自身利益可能抵制公民参与,甚至把公民参与看作一个潜在的威胁;二是传统代议的民主结构,这种结构在公民和公共服务者之间插入了民选官员,导致公民被排斥在积极的行政管理过程之外,这意味着公民将更多地依赖于民选代议者,从而又使得公民与社区的联系越来越疏远。

---

① [美]理查德·C. 博克斯:《公民治理:引领 21 世纪的美国社区》,孙柏瑛译,中国人民大学出版社 2005 年版,第 8 页。

② [美]理查德·C. 博克斯:《公民治理:引领 21 世纪的美国社区》,孙柏瑛译,中国人民大学出版社 2005 年版,第 4 页。

因此,"仅仅依赖于民选代议者来实现民众的意愿一定会塑造出不能充分知情、冷漠狭隘的社区公民形态,这些公民只有在他们期待政府所做的事情与实际状况存在严重偏离的时候,才会对公共事务感兴趣。"①

博克斯认为,公民参与治理的途径主要有以下几条。

首先,赋予公民积极的公民资格。在博克斯看来,公民享有"积极的公民资格"而不是消极被动的消费者和顾客,这里的公民资格即是"民众投身于思考、设计,影响公共部门的决策制定,至少在一定程度上,满腔热情地考虑公共利益"。② 只有赋予积极的公民资格,才能使公民更积极主动地参与公共生活。

其次,保持社区治理体系的开放性和易进入性。在博克斯看来,公民参与治理需要保持社区治理体系的开放性,"一个公民易于进入的和民主的社区制度把社区居民看作是公民,它允许公民就政策议题公开对话,认同人们有能力提出建议或采取具有真正影响的行动。一个封闭、由精英支配的体系把居民当作是不知情的消费性劳动力库或者当作顾客,他们通过控制一些公共制度设置,例如收集信息、公共听证、调查并锁定目标群体、建立无效咨询委员会等,来操纵公共态度。"③

再次,建立公民委员会或公民受托代理委员会来促进公民治理。博克斯认为,由于个体知识的局限性,需要成立公民委员会(Citizen Committee)或公民受托委员会(Citizen Commission)的机构来促进公民的参与。这样,社区公共服务的诸多功能可以交由委员会来承担,每一个委员会仅仅负责特定数量和规模的管理功能,以适应委员会每一个成员合理的任职时间以及志愿者能做出贡献的时间。

最后,通过邻里组织推进公民治理。在博克斯看来,在一些大城市社区中,由于各社区治理的多样性,政府很难进行统一治理,实现公民治理的一条好的路径就是建立各种邻里组织,通过它们面对面的参与来

---

① [美]理查德·C. 博克斯:《公民治理:引领21世纪的美国社区》,孙柏瑛译,中国人民大学出版社2005年版,第83页。

② [美]理查德·C. 博克斯:《公民治理:引领21世纪的美国社区》,孙柏瑛译,中国人民大学出版社2005年版,第62页。

③ [美]理查德·C. 博克斯:《公民治理:引领21世纪的美国社区》,孙柏瑛译,中国人民大学出版社2005年版,第69页。

实现社区的良好治理。例如通过邻里组织提供社区娱乐活动、培训社区工人、维护家庭关系、消除社区赌博等负面影响。

(二) 代议者作为协调者而不是代替决策者

根据代理理论与经济学理论，由于个体是理性的并追求自我利益的，代理人在代理过程中难免存在因信息不对称或因规避风险而采取逆向选择来损害委托人的利益。博克斯认为，在政府关系中，作为委托人的公民和作为代理人或受托人的政治家之间也存在类似情况，代议者作为受托人意味着选任官员依靠自身的良知和判断来解释公共利益。这必将出现"委托—代理"问题，例如拥有大型的地方或区域组织和人数众多的代议者群体可能仅代表少数居民的意愿——除非他们采取民意测验的方式。据一项研究显示："公民们认为，他们被拒绝进入政治过程，'没有一个人听从我们的意见'，特殊的利益集团和院外集团控制了政策的制定，'政策官员们只寻求那些能够满足自身利益的议程，而对公共利益则不闻不问'。"[1]

博克斯认为，在当代社区治理中，虽然公民直接参与的意愿越来越凸显出来，但是取消代议制治理机构既不切实际也不符合人们的意愿，适当的办法是既要明确代议者应履行的职责，同时避免代议制的失败。为此就必须做到以下两点。一是代议者（选举产生的管理当局）不再担任核心决策者的角色。博克斯认为，解决代议制问题的第一个办法是改变管理当局的角色和作用，使其不再成为核心决策者，把相关事务分别转移给内部公民团体、外部公民参与组织和行政管理机构，而管理当局只在出现各种利益冲突时才做出最终决策。"管理当局不该再作为社区利益政策的核心决策者，它应将界定和讨论政策的基本责任委托给公民委员会。……管理当局在面对关乎社区利益的决策时，必须保留最后的决定权，以检视是否应对公民董事会或委员会做出的决定予以支持。"[2] 二是代议者作为协调者的角色。博克斯认为，解决代议制问题的第二个办

---

[1] [美] 理查德·C. 博克斯：《公民治理：引领 21 世纪的美国社区》，孙柏瑛译，中国人民大学出版社 2005 年版，第 90 页。

[2] [美] 理查德·C. 博克斯：《公民治理：引领 21 世纪的美国社区》，孙柏瑛译，中国人民大学出版社 2005 年版，第 99 页。

法是将代议者的角色与功能定位为协调者和监督者,"管理当局即使不是在名义上,也应该在功能上改变为社区协调委员会。这一角色性的转变将使管理当局的功能从原有的核心决策主体成为公民参与、公共政策制定、政策或项目执行的协调人。"① 同时,管理当局还要在公共政策事务上鼓励开放与真诚的公民参与,并监督公民委员会时刻关注广泛的公民利益,而不会成为利益集团或公共官僚的代言人。

(三) 公共服务职业者作为帮助者而不是控制者

这里的公共服务职业者即是公共管理者或公共官僚。博克斯认为,在传统上,公共服务职业者扮演着控制者与执行者的角色,而控制者角色即是试图通过影响其上级、选任官员或公民态度来强化其意愿,从而控制政策过程和结果。在博克斯看来,控制者的角色对社会治理是危险的,对他们自己也是无益的,因为他们往往将公民和代议者视为"外边人""局外人""非专业人士"而阻止其参与治理过程,其理由是:"局外人不是专业人士,不能理解项目管理的技术事实,如果他们非要'闯入'专业行政活动,那么,只能引起行政管理的混乱延迟和非理性。"②这种将公民和代议者排除在行政管理活动之外会产生两个重要的问题:第一个问题是,由于公民和代议者不能有效参与社区政策过程,结果导致政策制定与执行缺乏广泛的民意基础,甚至出现政策冲突,这种情况破坏了合理性原则;第二个问题是,如果公众或其代议者不能很好了解社区成员的事务,即它们是怎样被管理的,那么,将会存在行政自由裁量权被滥用的潜在危险。

博克斯指出,在资源匮乏及公共服务接受公民监督的时代,随着向地方主义、小而富有回应性政府的复归,公共服务职业者必须转变其角色及功能,转变的方向即是从控制者的角色转向帮助者的角色。"我们只确定了一种角色,那就是帮助者(helper)的角色。帮助者通过为代议者解释公众意愿,向公民和代议者提供组织和技术的专业知识,以及对政

---

① [美] 理查德·C. 博克斯:《公民治理:引领 21 世纪的美国社区》,孙柏瑛译,中国人民大学出版社 2005 年版,第 100 页。

② [美] 理查德·C. 博克斯:《公民治理:引领 21 世纪的美国社区》,孙柏瑛译,中国人民大学出版社 2005 年版,第 118 页。

策制定和执行进行监控,以保证公民有机会参与等方式,在政策制定和执行过程中发挥积极的作用。"[1] 在博克斯看来,将公共服务职业者的角色转变为帮助者有两种好处:一种好处是,帮助者角色将目标设定在为促使有自觉意识的公众推动变革创造了条件,例如启蒙公众并赋予他们参与对话的机会、授权公众采取行动等;第二个好处是,帮助者"不会追逐更大的权力、自治和认同。相反,他们会把相关知识和由此产生的决策权力,让渡给那些将受到这些决策影响的人们。而这种控制权的转移却并没有使社区职业者的效力下降,因为社区居民在从职业者那里得到充分信息后,他们就会理解政策议题,并坚持进行有意义的变革"。[2]

三 公民治理模式的实施

(一) 以社区治理的原则为指导

博克斯认为,公民治理模式的实施应当遵循社会治理的基本原则。这些原则包括:规模原则,即站在被政策影响的社会公众的位置上来思考公共行政的目标与行动的一致性;民主原则,即在社区生活中赋予公民拥有更多选择和决定其社区未来的机会;责任原则,主要指代议者与公共服务职业者提供帮助与支持责任;理性原则,即公民、代议者与公共服务职业者能够清晰表达他们的价值、假定和理由。在博克斯看来,良好的社会治理的场景应是这样一种情况:"与好政策相一致的行动应在'最基层'展开;通过自由和开放的对话来实践决策;从公民到公共项目决策和执行之间的直接责任链清晰;公共决策过程被看作是一项极其重要的事情,需要经过深思熟虑。"[3]

(二) 整合公民治理的要素

这些要素主要包括以下三方面。一是公民协调委员会。公民协调委员会重新界定管理当局的角色,将民选当局的角色从"中心的决策者"

---

[1] [美] 理查德·C. 博克斯:《公民治理:引领 21 世纪的美国社区》,孙柏瑛译,中国人民大学出版社 2005 年版,第 117 页。

[2] [美] 理查德·C. 博克斯:《公民治理:引领 21 世纪的美国社区》,孙柏瑛译,中国人民大学出版社 2005 年版,第 121—122 页。

[3] [美] 理查德·C. 博克斯:《公民治理:引领 21 世纪的美国社区》,孙柏瑛译,中国人民大学出版社 2005 年版,第 125 页。

的角色转变为激励公民参与社区治理的"公民协调者"角色。二是公民理事会。公民理事会也可以称之为公民咨询委员会，它的主要职能是协助政府执行广泛的社区治理和社区服务职能，如警务、消防、物业、民政、公共设施、公园、娱乐设施等。三是帮助者。帮助者的角色即是"将公共服务的职业者角色由控制公共官僚机构转变为帮助公民理解社区政策议题和公共服务，帮助公民作出公共项目管理的明智决策，同时，帮助公民执行日常管理工作。"[1] 博克斯认为，这三个要素相互配合、相互促进，形成良好的公民治理格局。

（三）建立一个常设的公民治理委员会

委员会成员包括公民、组织工作人员、一个或多个管理当局代表以及新的委员会主席等。公民治理委员会的职责包括五项。（1）清单管理。即列出社区治理所需服务的目录和项目范围，以便确定哪些服务与项目需要公民委员会的监督和参与，并不是所有社区服务和项目需要公民参与。（2）确定每一个公民委员会的所能承担的社会服务与项目的数量和规模。由于知识能力的限制，每个公民委员会承担的服务数字也是有限的。（3）确定每个公民委员会的内部构成，包括任期、规划、地域代表、观点平衡等，每一个公民委员会都需要建立一个内外平衡的机制以维持公民委员会的正常发展。（4）需要确定每个公民委员会的职责，即公民委员会自身的构成和角色，不同的角色、不同的治理主体、不同的责任范围会产生不一样的结果。（5）让内部和外部的参与共同发挥作用。

（四）公民治理模式的五个步骤

博克斯认为，良好的公民治理有五个步骤，它们是：（1）使结构正式化，即将治理的权力和责任分配给公民委员会的所有成员，使其能够恰当地执行这些目标和任务；（2）培训工作人员，对成员进行培训，使其角色从官僚控制的角色转变为促进公民互动和服务的角色；（3）培训委员会成员，即通过各种培训让公民委员会的成员熟悉治理的规模，并熟悉自己的角色和责任范围；（4）解决问题，保持工作人员与公民的有效沟通以促进问题解决；（5）进行中期修改，对治理过程中的变化做出

---

[1] ［美］理查德·C. 博克斯：《公民治理：引领 21 世纪的美国社区》，孙柏瑛译，中国人民大学出版社 2005 年版，第 138 页。

协调和调整，保证治理的顺利进展。①

第三节　史蒂芬·奥斯本的新公共治理理论

史蒂芬·奥斯本（Stephen P. Osborne），英国爱丁堡大学国际公共管理方面的教授和公共服务研究中心的主任，同时也是国际公共管理研究学会（IRSPM）主席和《公共管理评论》（PMR）的主编。史蒂芬·奥斯本的代表作《新公共治理？——公共治理理论和实践方面的新观点》（*The New Public Governance?: Emerging Perspectives on the Theory and Practice of Public Governance*，2010）在反思传统公共行政与新公共管理的基础上创造性地提出治理领域的一个新概念，即"新公共治理"（New Public Governance）。新公共治理的核心观点即是从治理而不是管理的视角来看待公共服务的供给，也就是说，需要治理公共服务组织网络间的多重关系，以及公共服务组织、服务使用者与公民之间的关系。该书出版后引起了一些争论，争论的焦点在于作者提出的"新公共治理"是否会成为传统公共行政的新公共管理的新范式。尽管作者指出本书并不打算提出"新公共治理"是公共服务提供的一个新范式这样一个观点，但是在实际论述中，史蒂芬·奥斯本将新公共治理与传统公共行政及新公共管理进行了比较，"新公共治理"呈现出作为公共服务的一个新范式的趋势。

一　新公共治理的概念

（一）公共政策与公共服务提供的三种体制

史蒂芬·奥斯本认为，公共政策实施和公共服务的提供经历了三种体制："一是从19世纪后期到20世纪70年代末80年代初持续时间较长的公共行政；二是从20世纪70年代末80年代初发展到21世纪初的新公共管理；三是自那以后出现的新公共治理。"② 在史蒂芬·奥斯本看来，

---

①　［美］理查德·C. 博克斯：《公民治理：引领21世纪的美国社区》，孙柏瑛译，中国人民大学出版社2005年版，第139—140页。

②　［英］Stephen P. Osborne：《新公共治理？——公共治理理论和实践方面的新观点》，包国宪、赵晓军等译，科学出版社2016年版，第1页。

新公共管理时期是介于具有传统官僚主义特征的公共行政和具有多元主义特征的新公共治理之间的一个短期过渡阶段。在史蒂芬·奥斯本看来，与公共行政及新公共管理不同，新公共治理继承了公司治理、善治及公共治理的优秀成果，它并不是公共行政或新公共管理的一个分支，而是一个具有独特话语体系、可供选择的理论。"该理论建立在公共服务提供主体日益多元（plural state）和政策制定过程日益复杂（pluralist state）的现实之上，并在此情境下探索和理解公共政策的发展和实施。"[1] 史蒂芬·奥斯本强调，新公共治理扎根于"制度理论和网络理论"、从开放的自然系统理论中吸取知识、注重多元化的公共服务供给和过程控制、其核心资源分配机制是组织间网络。新公共治理与公共行政、新公共管理的比较见表 19—2。

表 19—2　　公共行政、新公共管理与新公共治理的核心要素

关键要素 范式	理论基础	国家（统治系统）的特点	焦点	强调的重点	资源分配机制	服务系统的特点	价值基础
公共行政	政治科学及公共政策	单一集权型	政治系统	政策制定和实施	等级制	封闭	公共部门的精神
新公共管理	理性/公共选择理论及管理科学	管制型	组织	组织资源管理和绩效管理	市场和古典主义或新古典主义的契约	开放理性	竞争效力和市场效率
新公共治理	制度和网络理论	公共服务提供主体多元化和政策制定过程的复杂性	组织及其所处环境	价值、意义和关系协商	网络和关系契约	开放自然	价值是分散与相互竞争的

资料来源：[英] Stephen P. Osborne：《新公共治理？——公共治理理论和实践方面的新观点》，包国宪、赵晓军等译，科学出版社 2016 年版，第 8 页。

---

[1] [英] Stephen P. Osborne：《新公共治理？——公共治理理论和实践方面的新观点》，包国宪、赵晓军等译，科学出版社 2016 年版，第 7 页。

(二)新公共治理的"新"

在史蒂芬·奥斯本看来,新公共治理的"新"主要体现在:[①](1)从理论基础来看,公共行政建立在政治科学和公共政策理论之上,新公共管理建立在公共选择理论和管理理论之上,而新公共治理则以制度和网络理论为基础;(2)从系统的观点来看,公共行政以封闭系统为特点,新公共管理以开放理性的系统为特点,而新公共治理则以开放自然的系统为特点,相较于前两者,新公共治理更加关注组织间的关系;(3)从资源分配机制来说,公共行政的分配机制以等级制为核心,新公共管理的分配机制以竞争机制、价格机制和契约关系的多样化组合为核心机制,而新公共治理则更强调信任和关系契约;(4)从价值基础来看,相较于公共行政和新公共管理,由于新公共治理下权威主体的多元化,多元价值共存成为新公共治理的常态。

(三)与新公共治理相关的一些重要概念

与新公共治理相关的还有一些重要的概念,这些概念由不同的作者提出。(1)元治理。彼得斯(B. Guy Peters)指出,"'元治理'即是对权力下放的治理过程的控制和引导。换一种说法,它是'对治理的治理'。"[②]元治理可以解释为:公共部门内部的大量组织和管理过程已经实现了相当程度的自治,进而有必要对治理的各个构成要件施以一定的控制。(2)治理创新。马克·穆尔(Mark Moore)和约翰·哈特利(Jean Hartley)认为,公共部门的治理创新与私人部门不同,公共部门的治理创新不单单局限于某个单一的组织之内,而是跨越了组织边界,进而改变了整个生产系统,它具有五个特征:"治理创新跨越了组织边界从而创造出基于网络的财务系统、决策制定系统和生产系统;治理创新拓展了新的更为广阔的资源;治理创新充分利用了政府在形塑私人部门的权利和责任方面的能力;治理创新重新分配了界定和判断价值的权力;除应从实现集体既定目标过程中效率和效益的角度来对治理创新进行评估外,

---

① [英] Stephen P. Osborne:《新公共治理?——公共治理理论和实践方面的新观点》(译者前言),包国宪、赵晓军等译,科学出版社2016年版,第viii页。

② [英] Stephen P. Osborne:《新公共治理?——公共治理理论和实践方面的新观点》,包国宪、赵晓军等译,科学出版社2016年版,第34页。

还应从提高社会公平和发展的程度对其进行评估。"[1]（3）治理力。简·克伊曼（Jan Kooiman）从互动治理的视角来理解治理力，依照互动治理的观点，治理力被视为整个社会系统的一个特质，基于此，治理力可以被定义为"任何社会实体或社会系统的总体治理能力"。[2] 由于任何系统的治理力的条件都是随着外部和内部挑战的变化而不断改变，因此，治理力"绝不会完全饱和"。

二　新公共治理的实践领域

新公共治理的实践领域主要包括合作伙伴关系的治理、合同关系的治理、组织间网络治理以及政策网络治理，这四个部分分别由不同的学者给出了答案。

（一）合作伙伴关系的治理

罗纳德·W.麦克奎德（Ronald W. McQuaid）认为，这里的伙伴关系即是"广泛的正式和非正式的跨部门合作"。[3] 伙伴关系可以将不同类型的公共服务连接在一起。合作伙伴关系的治理首先要理解合作伙伴关系的优势。这些优势主要有：提供具有灵活性和回应性的政策解决方案；促进创新与评估；共享知识、专长与资源；实现资源集中与协同效应；发展协调一致的服务；提高效率与责任；提升社区能力；增进合法化与"认同"。当然，合作伙伴关系在实践中也存在许多矛盾冲突，推进合作伙伴关系的成功因素有：详细的、清晰的战略；拥有对伙伴关系明确的战略领导与支持；形成伙伴关系间良好的信任、组织并认识人的重要性；形成合作与互利共生的能力；实现组织的互补、集群和共界；对合作伙伴的激励与共生互赖；实现行为导向和结果导向运作方式的价值。合作伙伴关系的建立还需要努力积累关系资本，并积极推进跨边界领导、公私合作以及充分发挥第三部门在公共治理中的作用。

---

[1] ［英］Stephen P. Osborne：《新公共治理？——公共治理理论和实践方面的新观点》，包国宪、赵晓军等译，科学出版社2016年版，第47页。

[2] ［英］Stephen P. Osborne：《新公共治理？——公共治理理论和实践方面的新观点》，包国宪、赵晓军等译，科学出版社2016年版，第67页。

[3] ［英］Stephen P. Osborne：《新公共治理？——公共治理理论和实践方面的新观点》，包国宪、赵晓军等译，科学出版社2016年版，第118页。

（二）合同关系的治理

合同关系的治理主要是对 20 世纪 70 年代末 80 年代初以来推进公共服务的民营化与合同外包过程中遇到的难题进行治理。因为政府虽然将部分公共服务实行了民营化与合同外包，但是政府的治理责任并没有终结。康西丁（Considine）提出合同关系治理的四种模式：程序治理模式，即以公共行政的中央集权和等级管理为特点，并且受到协议和指定实践的规则约束；公司治理模式，即关注合同的规划、预算和报告，重产出而不是投入；市场治理模式，公共部门鼓励潜在的供应商展开竞争；网络治理模式，关注不同供应主体之间的联系，对公民多样性的需求做出回应。[①]

（三）组织间网络治理

组织间网络治理的基本功能在于促进协商以及调和网络成员之间不同的价值理念，这种价值理念的基础在于信任。这是因为组织间各种契约关系、伙伴关系以及几乎所有合作关系，都会面临着各种形式的复杂化的风险，规避风险就需要信任。最终"信任"成为组织间网络合作的一个"锚"，各行动主体可以通过它来决定在合作关系中哪些风险可以承担、哪些风险不可以承担，并根据具体情况做出自己的决定。

（四）政策网络治理

虽然政策网络的概念存在广泛的分歧，但是政策网络包含四个关键模型的变体并且彼此互补。（1）铁三角。铁三角也称"三角交易模式"，被假定为三种稳定的制度安排，即利益集团、委员会与政府机构之间的网络关系。但是"铁三角"的结构排除了外部力量的渗透。（2）议题网络。议题网络的关键特征是"参与者数量众多，小到单个的个体，大到大型的利益集团，都可能是议题网络的成员"。[②] 议题网络虽然可以弥补"铁三角"的不足，但是由于参与者总是变化的，结果没有一个人能够真正地掌控议题的议程。（3）政策社群。政策社群介于"铁三角"与"议

---

① [英] Stephen P. Osborne：《新公共治理？——公共治理理论和实践方面的新观点》，包国宪、赵晓军等译，科学出版社 2016 年版，第 242—244 页。

② [英] Stephen P. Osborne：《新公共治理？——公共治理理论和实践方面的新观点》，包国宪、赵晓军等译，科学出版社 2016 年版，第 334 页。

题网络"之间,是政策网络成员间的一种特殊网络的稳定关系,它的特征表现为:数量更加受限的参与者、可以对政策议题进行高质量的互动、以专业群体的利益为主导等。但是政策社群可能发展成为一个为私利服务的既得利益集团。(4)倡导联盟。即参与政策制定者网络的联盟,每一个联盟拥有共同的核心信念,通过游说、委托研究、影响公共舆论等表达主张,影响政策网络的治理。但是倡导联盟也可能存在核心信念无法维持、影响有限等问题。

三 新公共治理的七个"新问题"

史蒂芬·奥斯本认为,未来新公共治理的发展需要解决好以下七个"新问题"。

(一)基本问题

即在对公共政策实施和公共服务提供的研究中,基本的分析单位应该是什么?其对理论和实践的影响是什么?史蒂芬·奥斯本认为,新公共治理的基本问题是"公共服务系统"[1],这个系统不仅包括了公共政策过程和公共服务组织,也包括了作为公共服务合作生产者的服务用户以及更广泛的公共服务提供的制度与环境这样的权变因素。

(二)结构问题

即在多元主体共同参与公共服务提供的背景下,何种组织架构是最合适的?史蒂芬·奥斯本认为,随着公共治理带来的碎片化和多元化的发展,分析单位不再是单个的组织,而是由公共管理者与公共服务组织构成的网络及混合式的组织形式。

(三)可持续问题

即怎样确保公共服务体系的可持续性,同时"可持续性"的含义究竟是什么?史蒂芬·奥斯本认为,学者需要从多个维度来考虑可持续性的问题,如组织生态问题和个体公共服务组织的可持续性、环境保护主义和生态可持续性等。

---

[1] [英] Stephen P. Osborne:《新公共治理?——公共治理理论和实践方面的新观点》,包国宪、赵晓军等译,科学出版社2016年版,第393页。

(四) 价值问题

即在这种体系下,支持公共政策实施和公共服务提供的价值是什么?史蒂芬·奥斯本认为,对于在混合型组织里工作的管理者而言,"他们的价值理念可能需要跨越不同的社会部门,并能够囊括这种新型的组织结构与组织逻辑的矛盾性"。[①]

(五) 关系技能问题

即关系绩效需要的关键技能是什么?史蒂芬·奥斯本认为,在组织间的合作活动中,需要拥有提高管理组织间治理、网络治理以及系统治理中的复杂过程的技能。

(六) 责任问题

在如此碎片化和多元化的体系中,责任的本质特征是什么?史蒂芬·奥斯本认为,新公共治理不仅通过聚焦公共服务系统把政治家的角色和政治责任与公共服务中非政府的服务提供者的责任联系起来,而且把可持续性问题和问责系统的需求相互联系起来。

(七) 评估问题

即在开放的、自然形成的公共服务的提供体系中,如何评估可持续性、责任和关系绩效?史蒂芬·奥斯本认为,需要超载简单的对单个公共服务组织进行评估的做法,需要发展如何在公共服务系统中评估多元绩效和合作生产方面的方法。

史蒂芬·奥斯本认为,这些新问题并不是对老问题的简单替代,未来对这些新问题的研究和共识的达成直接关系到新公共治理统一理论框架的形成。

总之,史蒂芬·奥斯本的"新公共治理"为公共政策的制定与公共服务的提供阐明了一个新的基于网络治理理念的分析框架,这一框架具有传统公共行政和新公共管理所不具有的优点。但是新公共治理理论在学界也引起了一些争论,争论的焦点在于"新公共治理"是否会成为替代传统公共行政和新公共管理的新范式。尽管史蒂芬·奥斯本在书中指出新公共治理的提出既不是对公共行政和新公共管理的一个规范性及政

[①] [英] Stephen P. Osborne:《新公共治理?——公共治理理论和实践方面的新观点》,包国宪、赵晓军等译,科学出版社2016年版,第396页。

策性的替代方案，也不是管理公共政策执行和公共服务提供的"最佳方法"，"毋宁说它为我们提供了一种概念模型，通过这个概念模型，它既可以帮助我们理解和评估 21 世纪公共政策执行与公共服务提供的现实，也可以帮助我们阐明在这个'已经发生巨大变化的新世界'中公共管理者面临的核心挑战是什么。"① 但是在实际论述中，史蒂芬·奥斯本将新公共治理与传统公共行政及新公共管理进行了比较，指出新公共治理已经被视为 21 世纪公共服务管理的重要理论构建和实践指南。另外，值得一提的是，尽管学界对该著作反映良好，也引起了国内学者的广泛兴趣，但是该著作毕竟是一本编著，通读全文，难免存在"拼凑"之嫌，内在逻辑及理论的完整性尚待深入研究，尽管如此，该著作仍是一本通向深入理解治理理论之佳作。

---

① ［英］Stephen P. Osborne：《新公共治理？——公共治理理论和实践方面的新观点》，包国宪、赵晓军等译，科学出版社 2016 年版，第 391 页。

第二十章

公共伦理与公共利益理论

自亚当·斯密于1759年出版《道德情操论》以来，公共行政的道德、伦理、公共价值与公共利益就一直受到学术界的关注。事实上，早在古罗马、古希腊时代，人们就将人类的良好治理寄希望于一个富有知识与美德，并且熟谙国家治理之道的贤明君主身上，例如西塞罗的"贤人政治"、柏拉图的"哲学王"治理等就是这种反映。尽管人性自利及自由市场的发展可能冲击着人们的道德心灵，但是学者们认为人类实现良好道德的治理也是完全可能的，这主要出于两方面的原因：一方面是人性方面的原因，一些学者认为人性具有两面性，即一面是人性自利，追求个人利益最大化的，但是同时人类本质上也是一个富有同情心的物种，正如斯密指出："人性之尽善尽美，就在于多为他人着想而少为自己着想，就在于克制我们的自私心，同时放纵我们的仁慈心。"① 另一方面，公共行政与私人行政不同，公共行政追求的是公共利益或者说公共价值，而这本身又包含着道德的成分，特别是在技术主义流行、物质利益凸显、功利主义盛行的时代，道德、伦理、公共利益可以弥补制度与法治的不足，从而实现德法合治的理想。最早将公共利益与公共行政一起讨论的是哈佛大学教授彭德尔顿·赫林，他于1936年出版的《公共行政和公共利益》（*Public Administration and the Public Interest*）中将公共利益引入公共行政领域，指出在各种利益的冲突下将公共利益等相关问题委托给政府行政部门是明智而谨慎的做法。此外，马丁·科尔的《开放公共价值公共服务机构实现卓越绩效的新模式》（*Unlocking Public Value：A New*

---

① ［英］亚当·斯密：《道德情操论》，谢宗林译，中央编译出版社2008年版，第23页。

Model for Achieving High Performance in Public Service Organizations, 1956)、理查德·弗拉斯曼的《公共利益：有关政治规范话语的文章》(*The Public Interest: An Essay Concerning the Normative Discourse of Politics*, 1966)，公共伦理与公共利益理论的其他代表作主要有库珀的《行政伦理学：实现行政责任的途径》(*The Responsible Administrator: An Approach to Ethics for the Administrative Role*, 1982)、艾赅博和百里枫所著的《揭开行政之恶》(*Unmasking Administrative Evil*, 1998)等。

第一节　赫林的公共行政与公共利益

彭德尔顿·赫林（E. Pendleton Herring, 1903—2004），美国政治科学家、行政学家。1903年出生于美国马里兰州的巴尔的摩，1913年他参加了伍德罗·威尔逊总统的就职典礼，这段经验使他最终进入了政治与行政科学领域。赫林于1925年获约翰斯·霍普金斯大学学士学位，1928年获博士学位，并进入哈佛大学工作，并同时在政府部门工作。1945年辞去哈佛大学所任职位，为卡内基公司（Carnegie Corporation）工作。1948年成为美国社会科学研究委员会（SSRC）主席，并曾任美国政治科学协会（APSA）主席等职。赫林的著作主要在哈佛任职期间完成，1936年出版的《公共行政与公共利益》(*Public Administration and the Public Interest*)是其主要代表作，该书主要探讨了民主体制下为了促进公共利益并且使民主国家的宗旨不被否定，民主政权需要做出一些妥协以实现利益冲突之间的平衡，从而促进公共利益。此外，赫林还出版了《联邦委员：他们的职业和资格研究》(1938)、《总统领导：国会与行政首长的政治关系》(1940)、《民主政治：美国的政治党派》(1940)、《战争的影响：武装下的美国民主》(1941)等。

一　公共行政的目的是公共利益

赫林认为民主体制下的代议制在实际情况中不具备代表性，因为有组织的少数群体会使得就公共利益达成共识的任务非常复杂，从而使民主本身因为不可调和的冲突而崩塌，因此，民主的妥协存在其基本的必要性。当民主系统不能够准确地具有代表性时，公共利益和公共福利就不能得到清晰的表达。

正因为代议制在将群体冲突综合为公共利益的统一概念方面存在着不足，因此官僚机构就承担了越来越多调和不同利益群体之间分歧的任务。为使分歧的调和达成，国会通过了一项阐述一般原则的法规，其中提到，补充条例中的细节要求官僚机构自行决定其实施法律需要的条件，赫林将其描述为"官僚机构履行职责方面比立法者处于一个更优位置"。[①] 在赫林看来，政府的结果（governmental result）就是建立一个强大的官僚机构并且拥有执行这些职能的广泛权力，而执行这些职能的广泛权力需要超越政治力量的控制，越过自身利益而认识到国家本身就是一个目的。赫林指出，公共行政的目标就是通过凝聚社会共识去达成公共利益的目标，他指出："为了公共利益而进行的行政管理需要就政府的广泛社会目标达成普遍共识。"[②] 赫林认为公共利益对于公共行政来说，就如同程序正义对司法体系来说同等重要，这说明了作为弥补民主国家的弊端而形成的强大的官僚机构在促进公共利益方面的重要性。

二 公共行政也是实现民主治理的途径

赫林指出，由于压力集团和部门利益之间的妥协，造成司法和立法在实际事务中的模棱两可，而官僚机构由于拥有较大范围的自由裁量权，所在民主国家的治理事实上需要强大的官僚机构来执行，自由民主国家必须由庞大的官僚机构来维持。但是由于官僚机构自身也存在问题，因此，将民主纳入行政管理中需要解决两个方面的问题："（1）保持官僚具有回应性和廉洁性；（2）利用公民的专长或者获得他们的同意让其参与到公共行政的过程中来。"[③] 赫林认为，保持官僚机构的回应性和廉洁性可以通过立法和司法的监督来实现，但是仅此是不够的，还需要通过公民参与来捍卫民主体系，即需要将公众控制纳入民主程序中，以确保行

---

① E. Pendleton Herring, *Public Administration and the Public Interest*, New York: McGraw-Hill Book Company, Inc., 1936, p. 7.

② E. Pendleton Herring, *Public Administration and the Public Interest*, New York: McGraw-Hill Book Company, Inc., 1936, p. 5.

③ E. Pendleton Herring, *Public Administration and the Public Interest*, New York: McGraw-Hill Book Company, Inc., 1936, p. 120.

政服务符合民主的要求。此外，因为行政部门被越来越多地赋予了权威和自由裁量权，还要注意官僚机构成为压力集团的目标所造成的问题。

三 符合公共利益的行政手段

赫林指出，要保留民主的优势而又不会引起官僚主义的滥用就必须找到符合公共利益的行政手段。为此，赫林提出了实现民主与公共利益所要满足的特定手段条件：

（1）官员必须清楚地表明他们的目的；

（2）他们必须愿意解释他们的活动；

（3）他们不能最终决定立法机关的意图是否能够得到实现；

（4）直接参与到某些局的管辖的特殊团体必须纳入行政程序；

（5）专家，无论在政府中工作与否，应该赋予他们提供专家意见的机会；

（6）特殊利益集团的意见必须得到征求；

（7）联邦政府的服务必须被安排并使之能够最有效率地完成他们打算的主要目的；

（8）只有为数不多的几个团体可以确保一个联邦的部门来集中他们的利益；

（9）其他利益集团的协调只能够通过建立部门间委员会或者特设机构来实现；

（10）与行政过程中的公众和利害关系的各种团体之间保持紧密的联系是至关重要的；

（11）官僚机构必须对群体做出反应，但是同样官僚机构也要对那些制定代表公众发声的政治首长负责；

（12）官僚机构必须寻求始终为公共利益而行动。

总之，赫林将公共利益引入公共行政领域，使公共行政成为了实现民主治理与公共利益的重要手段，无疑具有重要的理论与实践意义，明确了公共行政的价值追求。但是对于公共利益的深刻内涵及推进的具体途径，赫林论述不多。

第二节　艾赅博的揭开行政之恶

艾赅博（Guy B. Adams），密苏里大学杜鲁门公共事务学院教授，1977 年获得华盛顿特区的乔治·华盛顿大学公共行政学博士学位，曾任《美国公共行政评论》总编。研究领域为公共行政历史与理论、公共伦理以及组织理论。主要获奖有：1998 年获得国家公共行政科学院颁发的路易斯·布朗洛图书奖（Louis Brownlow Book Award）；2007 年获得马歇尔·迪莫克奖（Marshall E. Dimock Award），该奖为《公共行政评论》（PAR）杂志年度最佳作品奖。艾赅博的主要代表作是 1998 年出版与丹尼·百里枫①合著的《揭开行政之恶》（Unmasking Administrative Evil）。

一　行政之恶的性质及产生原因

（一）理解行政之恶

艾赅博和百里枫所理解的邪恶是一种"邪恶与过错的连续渐变模式"。② 这种渐变表现为一端是邪恶的大爆发，而另一端是小小的善意谎言。邪恶在当代正以新的危险方式出现，即行政之恶（Administrative Evil）。行政之恶在艾赅博和百里枫看来即是人们犯下恶行却不自知甚至还引以为傲，"行政之恶属于这个连续渐变中的那个部分，在那里人们犯下或者帮助犯下恶行，却不自知其恶。"③ 因此行政之恶的真实面目是被掩盖起来的，他们将其描述为"一种技术理性文化的现象"，它不局限于公共部门，是现代社会存在的一种现象。当行政之恶和公共事务相联系起来时，可能就会产生毁灭性后果，而公共伦理是识别和拒绝行政之恶的一种道德基础。

---

① 丹尼·百里枫（Danny L. Balfour），美国密歇根州大谷州立大学公共管理教授，1990 年在佛罗里达州立大学获得哲学博士学位。研究领域为组织理论与行为领域、社会政策、公共伦理等。

② ［美］艾赅博、百里枫：《揭开行政之恶》，白锐译，中央编译出版社 2009 年版，第 22 页。

③ ［美］艾赅博、百里枫：《揭开行政之恶》，白锐译，中央编译出版社 2009 年版，第 24 页。

(二) 行政之恶产生的原因

艾贼博和百里枫认为，从客体关系心理学角度分析，行政之恶之所以存在并且难以揭露，其原因主要有三个方面。首先，是距离和视角掩盖了行政之恶。从受害者的视角以及更为经常地从事后的角度看，邪恶更容易被识别。但是从加害者的视角看，要发现邪恶相当困难，例如在认不清战争的正义性之前，可能一场非正义性的战争会得到具有正义感人士的支持，这个就是视角问题。此外，距离也会使行政之恶难以揭露，无论是从空间还是从时间而言，人们总喜欢"事后诸葛亮"，然而，在自己同时期的历史背景下指称"邪恶"，却是一件困难的事。因此，艾贼博和百里枫指出："距离和视角是构成行政之恶面具的坚固材料。"[1] 其次，"行政之恶"会通过婉辞或专业术语以及去人性化描述使之得到掩盖，从而难以得到揭示。最后，在主张"技术—理性"的文化行为习惯中，大多数行为被当作"理所当然的事"，这就大大降低了人们对伦理与道德的关注。由于技术理性是一种排除了伦理和道德说理的专业主义模式，因而行政之恶在现代社会中难以被发现。同时，一些国家文化特质中的个人主义也成为理解集体和组织动力以及行政之恶的障碍。在艾贼博和百里枫看来，"行政之恶"可能被发现在任何环境里，正如艾贼博和百里枫指出："我们所看到的组织，机构甚至是国家都可能成为邪恶的容纳环境。"[2] 特别是当"行政之恶"披上"善"的外衣时是如此，当具备不良心理的客体在组织中将无法内化的憎恨与侵略表现出来时，组织形态会给"恶"披上"善"的外衣，这里的"行政之恶"更具有隐蔽性。

(三) 行政之恶无处不在

正因为行政之恶难以被发现，所以"行政之恶"无处不在，具有平常性。艾贼博和百里枫详细论述了二战时期一些国家公务员队伍和官僚在纳粹屠杀整个过程中的作用，艾贼博和百里枫说"那些在关键时刻上推动官僚机构从一点到另一点的鼓动者、计划者与实施者，他们都是来

---

[1] [美] 艾贼博、百里枫：《揭开行政之恶》，白锐译，中央编译出版社 2009 年版，第 30 页。

[2] [美] 艾贼博、百里枫：《揭开行政之恶》，白锐译，中央编译出版社 2009 年版，第 37 页。

自官僚机构内部"。① 这些公务员队伍或官僚不仅仅是唯命是从的普通职工，还是主动的"行恶者"，然而他们自身却看不到"行政之恶"甚或将"行政之恶"误以为是正义事业。在艾赅博和百里枫看来，戴着"行政之恶"的面具扮演着害人凶手的角色是常规甚至平常的现象，"当人们在意识与道德感的表层支配下行事（最乐观的情形），从而不能认识并承认自己行为的完整意义；或者在受道德错位下的意识支配时（最糟糕的情形），行政之恶即会发生。"② 即使在现代，公共行政的理论与实践中的"现代行政之恶"无处不在，处于公共部门的所有专业人士应当谨慎对待并进行批判性反思。

二　正视与矫正行政之恶

（一）正视当代公共行政之恶

艾赅博和百里枫指出，我们需要正视曾经发生的行政之恶。首先，美国公共政策和公务员主导下的针对德国火箭人才的"阴云行动"和"别针行动"是戴着面具的行政之恶，其忽视了冯·布劳恩等人在纳粹集中营对无辜生命的迫害。冯·布劳恩等人曾积极地决定并参与利用党卫军提供的奴工来建造武器，二战后冯·布劳恩等火箭科学家与工程师被带到美国，组成美国首批火箭研发队伍，设计并建造了推进阿波罗登月的土星火箭，使得这些"顽固纳粹分子"逍遥法外，而其人却因同样行动在战后被判战争罪。其次，马歇尔航天中心、NASA以及"挑战者"号与"哥伦比亚"号航天飞机中，人们自认为体现着职业伦理，最终却因为他们的作为与不作为导致了14人死亡的悲剧，只有当发生航天飞机失事这样的悲剧时，行政之恶才赤裸裸地呈现出来。"这样的行政之恶模糊不清且错综复杂，难以从中甄别人们的邪恶动机。它被掩盖得严严实实。"③ 最后，旨在解决混乱不堪的社会问题的"技术—理性"方案背

---

① ［美］艾赅博、百里枫：《揭开行政之恶》，白锐译，中央编译出版社2009年版，第70页。
② ［美］艾赅博、百里枫：《揭开行政之恶》，白锐译，中央编译出版社2009年版，第78页。
③ ［美］艾赅博、百里枫：《揭开行政之恶》，白锐译，中央编译出版社2009年版，第146页。

后，存在着某种隐晦的认识，它会在不知不觉中推动人们摧毁自己的社会，制造"多余人口"，并且在道德错位与行政之恶的基础上，带来毁灭性的公共政策。

(二) 行政之恶的矫正

艾赅博和百里枫认为，行政之恶向公共生活的伦理基础提出了根本性的挑战。根据伦理学的两大流派即目的论与义务论的观点来看，公共服务伦理中的技术理性方法只是一种必要而非充分条件，虽然技术理性传统下的公共伦理对两种流派都有吸取，但是这只是"对非伦理行为的一种防护，而不是万无一失的保险箱"。[①] 技术理性下的公共伦理面临着挑战，运用米尔格兰（1974）的"代理转换"（agent change）概念来阐述这个挑战是组织中的个人良心会屈服于组织权威，这将导致这样一种情况，即："当下的伦理规范对限制技术理性下的行政之恶无能为力。"[②]

艾赅博和百里枫指出，既然传统的技术理性解决不了"行政之恶"，那么就需要关注公共伦理的重建。以美国的民主政治为例，至少存在两种公共伦理的叙事方式：一种是基于恐惧自由主义的伦理，另一种是基于协商民主的伦理。前者强调自由，"残忍为首恶"的立场，努力避免最糟糕情形下的国家权力失控；后者则坚持协商民主的传统，要求人们相互沟通，增进对话，开放地接受自己态度、意见和立场的改变，主张对问题进行深入思考和讨论，以审慎和警觉来绕开行政之恶的陷阱。在艾赅博和百里枫看来，以"残忍为首恶"的自由主义是一种作为最低限度的公共伦理假设；而协商民主的伦理能够为远离行政之恶提供一些有力的保障，即实现广泛的讨论、审议、对话和交流等途径来实现广泛的价值共识，这方面，"人类可以以辛勤的劳动与审慎的警觉来做的更好。"[③]

总之，艾赅博和百里枫深刻揭示了公共行政与公共政策背景"行政之恶"的存在及其根源，系统论述了行政之恶的概念内涵并阐述了其规

---

① ［美］艾赅博、百里枫：《揭开行政之恶》，白锐译，中央编译出版社2009年版，第183页。
② ［美］艾赅博、百里枫：《揭开行政之恶》，白锐译，中央编译出版社2009年版，第186页。
③ ［美］艾赅博、百里枫：《揭开行政之恶》，白锐译，中央编译出版社2009年版，第199页。

避途径。但是其对行政之恶治理路径及治理机制的研究仍显薄弱。

第三节 库珀的行政伦理理论

特里·L.库珀（Terry L. Cooper），美国著名的行政伦理思想家，美国南加州大学公共管理学院"公民与民主价值"专业的教授。库珀先后在加利福尼亚大学洛杉矶分校、克莱蒙特大学和南加利福尼亚大学获得学士、硕士和博士学位。库珀的研究领域涉及行政伦理、公民参与以及公民权利等诸多方面。《行政伦理学：实现行政责任的途径》（*The Responsible Administrator: An Approach to Ethics for the Administrative Role*, 1982）和《行政伦理手册》（1994）是其在行政伦理学领域的代表性著作，这些行政伦理学著述奠定了库珀的西方行政伦理学的权威地位，使其成为该领域的领军人物。其中《行政伦理学：实现行政责任的途径》面世以来，深受欢迎，被美国公共行政学会评为公共管理学科使用广泛的教材。

一 行政人员伦理学

（一）公共行政人员角色中的伦理含义

库珀通过行政伦理问题引出了界定行政人员角色的义务并称之为"行政责任"。在他看来，行政人员具备客观和主观两方面的责任。

（1）客观责任。行政人员的客观责任包括了职责和应尽的义务两方面的形式。首先，公共行政人员不仅要维护法律，对民选官员负责；还要在公共政策过程中承担责任，而这是更基础的义务。其次，公共行政人员最直接的责任就是对上级负责和为下级的行为承担责任，即库珀说的"遵守你所供职的组织的等级职责制度"。最后，行政人员还要为公民负责。库珀认为对公民负责是行政人员最根本的义务，这也是一种"服务于公共利益的义务"。①

（2）主观责任。行政人员的主观责任来源于职业价值，这种职业价

---

① ［美］特里·L.库珀：《行政伦理学：实现行政责任的途径》（第5版），张秀琴译，中国人民大学出版社2010年版，第82页。

值经过长期的训练最后转化为自己内心的东西，表现为信念、态度和价值观，库珀将其描述为"信仰、价值观和被理解成禀性的个性特征等内部力量"。① 价值观是信念系统的核心，反映到具体的信念之中，最后体现为行政人员的态度。主观责任能够引导行政人员在组织中履行角色义务，即行政人员在组织价值观和原则引导下做出具体的、有个性的、独特的义务回应。

（二）公共行政人员的伦理学困境

库珀认为，由于现代和后现代背景下的公共行政环境差异很大，实践中的行政责任会发生不可避免的冲突，对公共行政人员来说，最常见的冲突类型有三种，即权力冲突、角色冲突和利益冲突。

（1）权力冲突。这种冲突体现在行政人员的客观责任的相互冲突中，冲突的权力来源于法律、组织上下级、民选官员和公众之间。

（2）角色冲突。角色冲突是行政责任冲突的关键，表现为行政人员角色和组织工作之外的其他一种或多种角色之间的冲突，库珀将其描述为"我们不仅仅是体验价值观本身，而是体验在价值观支配下的角色冲突"。②

（3）利益冲突。指的是个人利益、组织利益和公众利益之间的冲突。库珀指出在利益冲突中必须处理伦理问题和法律问题，即行政人员在处理利益冲突时要处理好个人利益和所承担的公共责任之间的关系。

二 行政组织伦理学

（一）维持公共组织负责任行为的两种方法

库珀认为，在公共组织中有两种保持负责任行为的途径：一种是来自公务员自身之外的控制，即外部控制；另一种是训练和强化公务员职业价值观和职业服务水平，即根植于从事实际工作的个体自身的内部控制。

1. 外部控制

当前被广泛使用的两种外部控制方式为伦理立法和道德规范。在库

---

① ［美］特里·L. 库珀：《行政伦理学：实现行政责任的途径》（第 5 版），张秀琴译，中国人民大学出版社 2010 年版，第 85 页。

② ［美］特里·L. 库珀：《行政伦理学：实现行政责任的途径》（第 5 版），张秀琴译，中国人民大学出版社 2010 年版，第 102 页。

珀看来，伦理立法有利有弊，一方面是伦理立法实现了集体道德裁决和政治性共同体建立的道德最低标准，从而成为行政人员的伦理规则；另一方面将伦理问题转变为了法律问题会造成"任何法律能够管辖的行动被从伦理领域驱逐了，人们不需要再浪费时间考虑自己的义务"。① 而道德规范与伦理立法相比其涵盖范围更加广泛且无具体的限制，道德规范因不同的组织的约束力和运行机制的不同而存在着巨大差异。

2. 内部控制

内部控制即是组织内部成员的职业价值观以及伦理规则方面的控制，从而规范行政人员的实务操作，这些都是根植于行政人员自身的控制。

（二）通向行政组织伦理学的途径

1. 整合组织规范、结构和伦理

库珀认为，符合道德规范的行为是不可能在孤立的情况形成并得以有效维持的，因此需要将行政组织的内部控制和外部控制两种方法进行整合，并且将道德、价值观融进法律、规则、制度和官僚机构当中来，构建一条保持负责任行为的行政伦理学途径。这条通向负责任行为的途径中，包含了四个构成要素，即个人道德品质：包括伦理决策技巧、精神品质、德性和职业价值观；组织制度：包括职责明确、协作安排、提出的异议渠道和参与程序；组织文化：包括范例、行为守则和信条；社会期望：包括公众参与和法律与政策。

库珀指出："最佳的负责任公共行政是行政责任的四个因素都支持道德行为。"② 在这样一种力量互动的系统中，公共行政人员才能够更好地通过伦理决策模型实现行政责任。

2. 在组织中保持伦理自主性

库珀认为经济学中的委托—代理关系排除了公共组织中伦理思考的效能，由于个人缺乏伦理自主性，行政人员的主观责任中个人价值观与对组织的归属感之间会形成冲突。因此，要使公共组织对公民负责并对

---

① ［美］特里·L. 库珀：《行政伦理学：实现行政责任的途径》（第5版），张秀琴译，中国人民大学出版社2010年版，第141页。

② ［美］特里·L. 库珀：《行政伦理学：实现行政责任的途径》（第5版），张秀琴译，中国人民大学出版社2010年版，第191页。

公民的利益负责，就要保持组织伦理的自主性。在库珀看来，对组织进行"限定"和"超越"是保持组织伦理自主性的行之有效的方法。"组织限定"指的是个人并不是完全服从于某一特定的集体，而是试探性地处理与所有集体之间的关系，库珀将其比喻为"生活并不只有一件事，要承认对多元的自我表达需求和交往需求"。①"组织超越"则是指在组织内工作的同时还要培养根植于官僚制度及其固有准则之外的道德价值观和道德原则，库珀称之为"对民主政治共同体身份认同"。而对于个人伦理自主性，库珀认为有三条伦理学途径：一是有必要对工作组织进行限定并培养一种超越组织的身份认同；二是有必要建立法律和法规机制以限制组织权力和保护个人行使伦理自主性的权利；三是如果想在具体情况下能够作为个体活动，就必须培养组织内外的自我意识，这些自我意识包括价值观、权利、需求、职责和义务。

三 实现行政责任的伦理过程设计

（一）公共行政伦理方案设计要素

公共行政伦理方案的设计要素主要有以下几个：（1）开始的时候，要小心假设，多想一想不确定性，然后才需要勇气来执行决定；（2）界定问题不要过于狭窄、简单和僵化，否则就不能抓住错误行为的基本要素；（3）解决伦理问题总是有时间期限的，而且往往需要同时具备多种解决方案；（4）公共行政中的伦理问题几乎总是发生在组织之中，而组织环境要么会鼓励伦理行为、要么会阻碍伦理行为、要么兼而有之，手头的伦理问题也一定会带来其他隐含意义。

（二）负责任的行政模式设计

库珀认为，公共行政组织和公共行政人员都面临着行政伦理缺失的困境，这将给他们带来腐败、专制/自大以及自私的威胁，最终导致他们产生不负责任的行为。因此库伯认为需要针对以上威胁对组织和个人伦理角色进行适当的规范。首先，需要完善组织制度和个人价值观使其具备抵抗腐败的行政责任；其次，完善组织和个人的活动范围，并且保障

---

① [美]特里·L.库珀：《行政伦理学：实现行政责任的途径》（第5版），张秀琴译，中国人民大学出版社2010年版，第222页。

个人合法权益使其能够保持民主和谦逊；最后培养组织和个人的奉献精神，使其所有活动都是为促进公共利益而存在。库珀提出了对组织和对个人负责的行政模式（见表20—1）。

表20—1　　　　　　对组织和对个人负责的行政模式

威胁	负责任的行政行为	
	组织的	个人的
腐败	拥有和完善有关组织、组织使命以及政策领域的知识。 决策要与组织的法定使命一致。 遵守组织的非正式规范和程序。 在特定的组织结构框架内活动	拥有和完善关于个人价值观、信仰、信念、世界观以及生活重点方面的知识。 基于公众的喜好、要求和利益，建议对机关使命实施法定改革。 基于公众的喜好、要求和利益、职业判断或个人意识，建议修改准则、规章、制度和程序。 鼓励与其他组织的部门、民选官员以及与公众进行合作
专制/自大	在现有的伦理法规和伦理立法范围内活动。 对组织等级制度负责	在政治共同体和个人意识的价值观范围内活动。 质疑、抵制和威胁与组织使命、职业法规以及政治意识价值观不一致的命令；建议为防止报复行为提供法律和制度保障
自私	拥有和完善职业领域内的系统知识 为组织工作和组织使命贡献时间和精力。 实施最佳的技术裁决	拥有和完善当前关于社会、政治和经济方面的知识。 保持和培养与家庭、社会以及共同体之间的关系。 为公众的定期参与提供现实可行的条件

资料来源：[美] 特里·L. 库珀：《行政伦理学：实现行政责任的途径》（第5版），张秀琴译，中国人民大学出版社2010年版，第253页。

总之，库珀的行政伦理思想以公共行政伦理为主线，以行政责任为切入点对公共行政中涉及的伦理问题进行了较为全面、较为深入的探讨，从而建立起一个以公共利益与价值观为核心的行政伦理与行政责任的互动模型。当然，库珀的伦理思想也受到一些批评，主要是批评库珀的行政伦理框架过于狭窄，不足以全面反映和说明行政伦理问题。此外库珀一方面想使那些受行政决策影响的人们对这个过程具有某种控制权；另一方面又仍然允许行政人员对伦理行为具有必要的个人自由裁量权，这本身也是充满矛盾的。

第四篇

公共行政学的创新与探索时期

20 世纪末 21 世纪初以来，公共行政在发展与繁荣的基础上进入创新与探索时期。特别是随着信息技术的发展和全球化的深度竞争，公共行政面临着新的形势、新的挑战，需要新的理论、新的观点、新的解决方案，从而使公共行政不断处于探索与创新之中。这个时期出现了四种趋势：一是学者们对现代主义公共行政进行了全面的反思，并猛烈地批判了现代公共行政的无能，从而提出了后现代公共行政；二是在全球化的竞争中，国与国之间的竞争加剧，学者们对国家能力日益重视，从而出现了国家能力理论；三是从国内来看，由于公共问题日趋复杂，需要政府之间、市场之间以及社会之间进行多元合作与共治，从而出现了整体政府理论；四是伴随现代颠覆技术如大数据、区块链、人工智能等的发展，出现了大数据理论、智慧治理理论等，从而推进了公共行政理论的不断创新和向前发展。

第二十一章

后现代公共行政理论

后现代公共行政理论是 20 世纪 90 年代以来在反思与批判传统尤其是传统官僚制理论基础上兴起的一种基于后现代主义视角的新的公共行政理论思潮,但它在许多方面又继承和发扬了现代公共行政的民主精神。后现代主义是对现代性的反思与批判基础上出现的一种思潮,现代性倡导对科学与技术压倒一切的信仰和信任、推崇技术的正面效果并且认为社会发展是现代思维希望的结果,而后现代主义则解构了客观真理、理性、科学、同一性、客观性、中心化这样的经典概念。福克斯和米勒在《后现代公共行政》中指出后现代主义是差异的复归或复仇,它肯定了随机的无序和不可同化的异常,现代与后现代之间的差异可用各种形式表述为:整合与分离;中央集权与地方分权;向心与离心;总体化与碎片化;元叙事与异类文本;熔炉式与凉拌式;可通约性与不可通约性;统一的冲动与多元论;普遍主义与相对主义;牛顿与海森堡。[1] 法默尔列举了一系列否定词来描述后现代性。他说:"我们应当把后现代性看作是对现代性核心的心灵模式的否定,看作是对上五个世纪以来作为重要思考之基础的假设的否定。我们应当把后现代性阐释为是对构成现代性的核心观念模式即时代精神的否定;其中包括对拥有一个时代精神的过程本身的否定。它否定中心化的主体和话语的非第一性,否定处于现代性哲学思考中心的基础主义和认识论谋划。它还否定人类的中心任务是世界的图像化,否定把主体的世界知识奠定在主体之中。它还否定现代性的

---

[1] [美]查尔斯·J. 福克斯、休·T. 米勒:《后现代公共行政——话语指向》,楚艳红等译,中国人民大学出版社 2002 年版,第 45 页。

中心化主体观所隐含的对理性的本质和地位的认识。它还否定宏观理论、宏大叙事和宏观政治。否定现实与表象之间的区分。"[1] 后现代主义作为一种重要的方法论，对公共行政的影响主要表现为：一方面，后现代主义对传统公共行政产生了解构的影响，特别是运用现象学、解释论、批判主义等方法对传统公共行政进行着无情的解构，推动着公共行政的后现代转向；另一方面，后现代主义还对公共行政产生建构的影响，后现代主义不仅是对公共行政的解构，在解构之后还需要建构，这种建构既有公共行政全新理论的建构，也有回归传统公共行政民主精神的建构。

第一节　福克斯和米勒的后现代公共行政的话语理论

查尔斯·J. 福克斯（Charles J. Fox），美国著名公共行政学家，美国得克萨斯科技大学政治学教授，公共事务中心主任。福克斯关注的焦点主要涉及公共行政与公共政策，特别在运用哲学尤其是当代哲学来解决美国政府实际治理的理论问题方面独树一帜。其主要代表作是《后现代公共行政——话语指向》（*Postmodern Public Administration：Toward Discourse*，1996），在该书中，福克斯提出了著名的基于后现代公共行政"话语理论"的"公共能量场"理论。休·T. 米勒（Hugh T. Miller），美国佛罗里达亚特兰大大学公共管理学院院长，曾在威斯康星大学、缅因大学、美国大学执教。主要研究领域为公共行政理论与实践、公共政策、后现代理论等。

一　对现代公共行政的批判

福克斯和米勒对现代视角下的公共行政进行了全面的反思、批判和解构，认为不管是现代公共行政还是其替代模式，都无法适应后现代多元化的情境。

---

[1] [美] 戴维·约翰·法默尔：《公共行政的语言——官僚制、现代性和后现代性》，吴琼译，中国人民大学出版社 2005 年版，第 197 页。

（一）对传统行政模式的批判

福克斯和米勒认为，传统的公共行政治理模式是一个逻辑上严格一贯性、环环相扣和愚蠢的照章办事的系统，"作为一种可以接受的治理模式，传统的治理已经死亡（dead）。"[1] 死亡的原因即在于"环式民主"怪圈的恶性循环，"它开始于个人倾向，然后集中于大众意愿，由立法机构编纂成法典，再由各级官僚机制来实施，最后由专门的选民进行评估。"[2] 在福克斯和米勒看来，"环式民主"建立在声名狼藉的"政治—行政二分法"基础上，它试图通过精确规则来约束政府行为以实现民众权利的愿望也因反馈循环的失调而失效，这是因为反馈循环的每一个阶段都可能存在问题："将环节中的一个漏洞补上的同时只会增加另一个漏洞的泄漏量。"[3]

（二）对传统模式替代理论的批判

在公共行政领域，随着传统治理模式的死亡，两个替代模式应运而生：（1）新制度主义或宪政主义；（2）社群主义或公民主义。福克斯和米勒认为，这两种替代模式也失败了。其中宪政主义过于保守，"因为它的论证已堕落为一种狡辩和歪曲；缺乏实在的指向物；并且从工具主义的性质讲，它似乎太依赖于既有治理结构。"[4] 而社群主义不仅具有极权主义倾向，而且在公民冷漠问题上也遇到了麻烦，因为它无法容忍未来的公民存在冷漠。此外，这两种替代模式总是关注合法性问题，这也是它们失败的原因之一。

二 后现代公共行政的话语理论

（一）话语理论的理论基础

针对传统治理模式及其替代模式即宪政主义和社群主义的失败，福

---

[1] Hugh T. Miller, Charles J. Fox, *Postmodern Public Administration*, Rerised Edition, New York: M. E. Sharpe, Inc., 2007, p. 3.

[2] ［美］查尔斯·J. 福克斯、休·T. 米勒：《后现代公共行政——话语指向》，楚艳红等译，中国人民大学出版社2002年版，第5页。

[3] ［美］查尔斯·J. 福克斯、休·T. 米勒：《后现代公共行政——话语指向》，楚艳红等译，中国人民大学出版社2002年版，第21页。

[4] ［美］查尔斯·J. 福克斯、休·T. 米勒：《后现代公共行政——话语指向》，楚艳红等译，中国人民大学出版社2002年版，第28页。

克斯和米勒提出了第三种理论模式,即话语理论。话语理论建立在后现代状况中的现象学、构成主义、结构化理论以及现代物理学的能量场理论的基础之上,但是为了避免陷入后现代主义的那种无政府状态,福克斯和米勒引入了哈贝马斯的交往能力理论,对真实话语的条件进行了严格的限定:"交谈者的真诚、表达的清晰、表达内容的准确以及言论与讨论语境的相关性。"①

(二) 话语理论的"公共能量场"

话语理论的核心概念即是"公共能量场"(public energy field),这里的"场"利用了库特·卢因的场理论,并利用现象学进行了改造。正如福克斯、米勒指出的:"场是作用于情境的力的复合。场的结构并不遵循固定的公式,而是取决于生物界正发生的事。我们界定的公共政策只是那些包含了公众关心的事,同时又具有活力和能量的场。能量一词意味着,场中有足够的目标和意图,这些目标和意图使人们被吸引、被激动、被改变。"② 公共事务就是这样一种能量场,在那里,有着各种能量或力的作用,它们各有自己的意向性和目的,从而形成一个公共的能量场。在福克斯和米勒看来,公共能量场是由各种灵活的、民主的、话语性的社会形态构成的,这些新生话语形态包括政策网络、机构间特别工作组和财团、协商性调节机构等。

也就是说,公共能量场是具有不同意向性的政策话语在重复性实践中为争夺话语意义而争斗的过程,在这里,没有一个意义先天地是真的或者说是本体论地确定的。

(三) 话语理论的正当性规则

福克斯和米勒认为,公共能量场是一个开放的能量场,在这种开放的能量场里,话语的准入应该是免费的、真实的、真诚的,也就是说,不同的话语能够在公共能量场里进行自由的交流、论辩、对抗,不存在强制性或者说话语被操纵的可能。这种开放性显然区别于"环式民主"

---

① [美] 查尔斯·J. 福克斯、休·T. 米勒:《后现代公共行政——话语指向》,楚艳红等译,中国人民大学出版社2002年版,第11页。
② [美] 查尔斯·J. 福克斯、休·T. 米勒:《后现代公共行政——话语指向》,楚艳红等译,中国人民大学出版社2002年版,第9—10页。

模式的限制状态，因为在"环式民主"模式的影响下，"目标的达成和政策的制定都有可能是为了有钱人、有良好组织的人以及那些为竞选提供资金、买了媒体时间段的特殊利益集团的利益。拥有社会权力的人能确保特定阶层的人被排除在讨论之外，剥夺了他们对事件提出不同看法的权利"。[1] 此外，为了防止官僚制的独白性言说，话语还必须是"异质性"的，在话语中必须要有"争辩、论证、反驳而不是和谐的异口同声"。最后，在公共能量场里，话语的准入不仅是免费的、异质性的，而且也是有规则的，这种话语的正当性规则主要表现为四个方面："（1）真诚；（2）切合情景的意向性；（3）自主参与；（4）具有实质意义的贡献。"[2] 在福克斯和米勒看来，在公共政策对话过程中，话语的真实性尤其重要，"一个真实的话语，是容不下撒谎者、骗子、傻瓜、自我放任者以及道德上的利己主义者的。"[3]

（四）话语理论的对话形式

福克斯和米勒认为，公共能量场中的公共政策话语主要有三种形式：少数人对话、多数人的对话和一些人的对话。在这三种话语形式中，少数人对话即是公共政策制定与修订过程被少数精英控制，成了少数政策精英的独白式话语，而公众被排除在外并处于话语冷漠状态；而多数人对话即是摆脱了精英统治的话语的庇护所，但是多数人对话也不是令人满意的，因为这种对话的一个负面效应即是容易导致无政府状态及无秩序的混乱，最终也不利于政策话语的形成。在福克斯和米勒认为，真正民主的公共的对话是一些人的对话而不是少数人的对话，也不是多数人的对话。也就是说："一些人的对话对于真实的话语的意义比少数人的对话或多数人的对话有更大的价值。"[4] 在福克斯和米勒看来，政策网络提供了一种一些人对话的方法，"拥有不同知识、利益和经历的

---

[1] [美] 查尔斯·J. 福克斯、休·T. 米勒：《后现代公共行政——话语指向》，楚艳红等译，中国人民大学出版社2002年版，第10页。

[2] [美] 查尔斯·J. 福克斯、休·T. 米勒：《后现代公共行政——话语指向》，楚艳红等译，中国人民大学出版社2002年版，第118页。

[3] [美] 查尔斯·J. 福克斯、休·T. 米勒：《后现代公共行政——话语指向》，楚艳红等译，中国人民大学出版社2002年版，第12页。

[4] [美] 查尔斯·J. 福克斯、休·T. 米勒：《后现代公共行政——话语指向》，楚艳红等译，中国人民大学出版社2002年版，第140页。

人利益和发言权的公共能量场把注意力集中在一个有限的政策可能性中。这种可能在于权力、利益和发言权的公共能量场中都充满意向性。听、说和相互劝服的过程有可能改变观点，调整期望，或者创造新的行为能力。"①

总之，福克斯和米勒对公共行政作出了杰出的贡献，不仅反思和批判了传统公共行政的不足，而且在后现代状况下构建了公共行政的话语理论，为公共行政做出了杰出的贡献。对这一点葛德塞尔进行了中肯的评价："他们快乐而又无畏地决定从事公共行政领域的研究。在第一次扫荡中，他们批判了大约90%的学术上站不住脚、民主意义上不被人接受、但作为传统观点存在的公共行政的教条。接下来，在第二次扫荡中，又把他们视为传统观点最有力的竞争对手的构成主义（是他们的称呼，不是我的）、社群主义等抛在一边。接下来，没有忘记再打一拳，他们莽撞地跑去建了一个基于批判理论、现象学和结构化理论之上的、所谓构成主义的新的理论立场，在这一学术平台上，他们建立了一个公共行政的'话语'理论。同时，我们的老朋友和敌人——官僚制，通过一种令人惊叹的、具有协调性的设想，在'公共能量场'中获得了重新的定位。……但是，福克斯和米勒的大胆还有第二种价值：他们对那些教条和哲学观点的贬抑和褒扬是可以自圆其说的。我已经很少看到这一领域有关认识论和本体论的论题被阐述得如此严谨。人们在读这本书的时候，被震撼、警醒，同时也被教育。"② 但是福克斯和米勒的话语理论也存在一些缺憾，福克斯和米勒指出："话语理论设想了一个所有人的民主，但是只有那些投身于公共事务的人会参与它。"③ 话语理论或者说公共能量场只对那些对公共事务感兴趣的人开放，并且只是一些人的对话，这样就将很多公民排除在外，从而限制了其功能的有效发挥。

---

① [美] 查尔斯·J. 福克斯、休·T. 米勒：《后现代公共行政——话语指向》，楚艳红等译，中国人民大学出版社2002年版，第143—144页。
② [美] 查尔斯·J. 福克斯、休·T. 米勒：《后现代公共行政——话语指向》（序言），楚艳红等译，中国人民大学出版社2002年版，第6页。
③ [美] 查尔斯·J. 福克斯、休·T. 米勒：《后现代公共行政——话语指向》（序言），楚艳红等译，中国人民大学出版社2002年版，第13页。

第二节 法默尔的公共行政的语言

戴维·约翰·法默尔（David John Farmer），美国当代著名公共行政学家，后现代公共行政理论的主要代表人之一。法默尔先后获得英国伦敦大学经济学博士学位和美国弗吉尼亚大学哲学博士学位，并具有多年的美国政府部门工作经历，现任美国弗吉尼亚州立大学政府与公共事务学院教授。广博的知识背景和丰富的行政经验为其行政理论的研究奠定了良好的基础。法默尔的主要代表作是1995年出版的《公共行政的语言——官僚制、现代性和后现代性》（The Language of Public Administration: Bureaucracy, Modernity, and Postmodernity），在该书中，法默尔从哲学的视角对"公共行政"的概念进行了再认识，并提出了公共行政的"反思性语言范式"，即公共行政的"语言理论"，从而为后现代公共行政理论增添了一种新的研究途径。

一 作为语言的公共行政

法默尔认为，公共行政理论在某种意义上就是一种语言。他说："语言不只是思维、认知和思想交流的工具。它也是构成我们世界观的观念、方法、直觉、假设和欲望的制造厂；语言构建了我们。"[1] 在法默尔看来，公共行政理论是由一系列具有实质意义的信息组成的集合，这些信息反映着某人对公共行政实践的所思所言，它们以某种方式排列着，就像计算机的储存信息一样，虽然这些信息的排列不一定是完备的，但却是可以辨识的。公共行政的语言就是公共行政信息的排列方式，这种排列方式主要有两个组成部分：一个组成部分是日常语言本身的构成，如公共利益、官僚、公民参与等语汇所构建和限定的语义；另一个组织部分是思维模式，思维模式比日常语言本身更重要，它可以阐述公共行政理论的存在方式，如公共行政研究的可行方法、公共行政的论题范围、公共行政的制度建构等就是这种思维模式的反映，它构成了公共行政理论研

---

[1] [美]戴维·约翰·法默尔：《公共行政的语言——官僚制、现代性和后现代性》，吴琼译，中国人民大学出版社2005年版，第1页。

究的语言游戏。法默尔认为，公共行政的语言就如思想中的语汇、句法、语法一样，主宰着公共行政的思维方法，主宰着我们言说公共行政的方式，并通过影响观念扩展的方式来形成新的知识。他指出："作为一种语言，公共行政理论体现为一系列的假设、直觉、观念、方法、担忧和希望，正是这些东西形成了公共行政的认识，指导着公共行政的作为。"①

　　法默尔认为，公共行政理论或公共行政语言是"动力机"，能够对现实中的公共问题提供强有力的解释。它不仅能解释公共行政理论的现代主义的圈套，也能解释公共行政理论在后现代性中可能出现的陷阱。但是这里需要运用一种反思性的研究方法，即公共行政的反思性语言范式或反思性语言阐释。所谓公共行政的反思性语言范式，即是"某一个体和群体对其与公共官僚制的语言的基本内容进行游戏的和谐的对话这一过程的介入"。②这里的"游戏"一词并非意味着缺乏严肃性，而是指公共行政的事实本质上具有的解释学特征所暗示的机遇的创造性实现；"和谐"则意味着思维的反思特征和语言与思维的关系的约束内可行的创造性机遇。在法默尔看来，反思性的阐释是一门艺术，就如对梦境的分析一样，"它力图描绘出和运用我们借以理解和创造公共行政现象的方法所具有的解释学的、反思的和语言学的系列特征；它还是一门考察构成我们用来观看的理论透镜的那一系列假设和社会构成物的艺术，它思考的是我们借以观看的那一系列替代性的、社会地构成的假设（它们又构成了另一组透镜）。这一阐释之所以是反思性的，就因为——基于相同的原因——其关注的焦点乃是透镜和替代性的透镜，而不是通过这些透镜而'被观看'的对象；也就是说，其所关注的是看的行为和看的视角选择。"③在法默尔看来，反思性的阐释所关心的焦点是："为什么我们只能看到（理解）我们正在看（理解）的东西，以及通过改变透镜来观看

---

　　① ［美］戴维·约翰·法默尔：《公共行政的语言——官僚制、现代性和后现代性》，吴琼译，中国人民大学出版社 2005 年版，第 2 页。
　　② ［美］戴维·约翰·法默尔：《公共行政的语言——官僚制、现代性和后现代性》，吴琼译，中国人民大学出版社 2005 年版，第 4 页。
　　③ ［美］戴维·约翰·法默尔：《公共行政的语言——官僚制、现代性和后现代性》，吴琼译，中国人民大学出版社 2005 年版，第 17 页。

(理解)不同的东西的可能性。"① 也就是说，我们首先需要关心的是，为什么我们只能看到我们正在看的东西和是否我们能以不同的方式观看，这就是反思性的阐释。就公共行政而言，公共行政的实体和事实并非自然之物，它们不是既定的，而是社会地构想或社会地建构的，公共行政的望远镜（眼睛）的本质将决定我们能看到什么，在这里，我们必定是通过语言的眼睛去观看世界，我们不可能摆脱语言的透镜，我们只能依据某一概念系统、某一视角来理解世界。

二 对现代主义公共行政的反思与批判

法默尔认为，现代主义公共行政尽管有其价值，但其作为一种解决公共官僚制的本质、规模、范围和功能等基本问题方面仍是有局限的。他指出："现代主义的公共行政理论，尽管有其价值，甚至能够产生出更引人注目的成果，但作为一种解释性的和激发的力量，其对解决有关官僚制的这些紧迫问题仍是一种限制。"② 在法默尔看来，现代主义是一个主体中心化的时代，其中的一个主旋律就是"理性化"。现代主义具有五条发展路线，它们分别是"特殊主义、科学主义、技术主义、企业模式以及已经走得很远的现代主义解释学"。③ 这五条路线合成的结果便是一种现代主义公共行政理论的视角。但是公共行政理论的现代主义方言是有局限性的，它面临着与每一重要的发展路线相伴随的"诸多悖论"。

（一）特殊主义的局限

法默尔认为，学科的专业化、自足以及分化构成了所有当代学科和专业的一个主要特征，这种现象即是特殊主义，它与普遍主义的矛盾是显而易见的，"对普遍性的迫切要求和对特殊性的关注就是矛盾的双方。"④ 例如主流的公共行政学理论都渴望一种普遍性，但是就其只局限

---

① [美] 戴维·约翰·法默尔：《公共行政的语言——官僚制、现代性和后现代性》，吴琼译，中国人民大学出版社2005年版，第18页。
② [美] 戴维·约翰·法默尔：《公共行政的语言——官僚制、现代性和后现代性》（前言），吴琼译，中国人民大学出版社2005年版，第9页。
③ [美] 戴维·约翰·法默尔：《公共行政的语言——官僚制、现代性和后现代性》（前言），吴琼译，中国人民大学出版社2005年版，第47页。
④ [美] 戴维·约翰·法默尔：《公共行政的语言——官僚制、现代性和后现代性》（前言），吴琼译，中国人民大学出版社2005年版，第69页。

于某一国家或民族的问题和经验以及社会知识的某一特殊分支而言，公共行政理论关注的只是特殊性。在法默尔看来，公共行政的特殊主义的矛盾主要表现为三个方面。一是从国家和民族的角度来看，公共行政的特殊主义不仅体现在学科分化方面，还体现在民族主义方面，而且后者时常帮助形成分化的准确形态，这使得公共行政学带有"地方主义"的特征。二是从公共行政中的公共来说，也存在矛盾和盲点，主要有三方面："首先，在公共行政管理和商业行政管理（以及在政治学和经济学领域）中存在一种倾向，即忽视了这样一个事实：公共部门和私人部门是社会地构成的。其次，这两个部门间的相互联系——出于所有实际的目的——是必要的和紧密的。最后，每一部门的基本运作原则有许多可相互传授。"[①] 事实上，公共领域和私人领域都是人为的产物，它们是被界定的，且能再次被界定，它们能再次被创造，甚至被抛弃。三是从行政方面来看，行政特征即职能的特征也存在矛盾，当职能遇到需要关注与之形成竞争的或相反的组织化的原则亦即政治与程序时，这一矛盾就出现了；此外，职能与程序的冲突还导致"同一性危机"，这一危机在"政治—行政二分法"中体现得更为明显，即公共行政缺乏强有力的理论指导；另外，行政的困难在宏观层面表现更为突出。

（二）科学主义的局限

法默尔认为，科学或实证主义命题的明显标志是它们在一定意义上被赋予了特权，认为依照科学程序推演定能获得更大的真理可靠性，例如西蒙就将公共行政视为一门科学，力图通过分离事实与价值和通过界定事实性命题为可验证的命题来建立一门行政科学。但是法默尔认为，现代主义公共行政的这种主张是有局限的，并充满矛盾的。这种矛盾表现为："一方是把公共行政学研究局限于科学过程，而否认价值判断的认识论地位，另一方则想把研究扩展到包括价值判断在内。"[②] 在法默尔看来，前者的盲点在于对道德思考没有充分的认识；而把公共行政学理解

---

① [美] 戴维·约翰·法默尔：《公共行政的语言——官僚制、现代性和后现代性》（前言），吴琼译，中国人民大学出版社2005年版，第81页。

② [美] 戴维·约翰·法默尔：《公共行政的语言——官僚制、现代性和后现代性》，吴琼译，中国人民大学出版社2005年版，第99页。

为一种道德科学的不利方面就在于缺乏富有特权的实证信息。此外，还存在一种矛盾冲突：一方面是公共行政学的研究局限于以主体间性为基础来获得知识，另一方面这一目标又希望能够把第一手的知识和理解包括在内。

(三) 技术主义的局限

发达的技术是现代性的一个典型特征，现代主义的技术理性化倾向于把公共行政研究从技艺转向以科学为基础的技术。作为技艺，公共行政学更多的是时尚的追逐者，并因常常追逐时尚而自降身份；而作为科学的技术，公共行政学被视为"人工物"的技术研究。把公共行政理论化为一种技术确实带来了一些有益的结果，如理论与实践之间的鸿沟在不断缩小等。但把公共行政当作一种技术的发展也导致了某些悖论：一方面是社会技术遭遇到学科边界的局限时产生的矛盾，"公共行政作为社会工程学必定会遇到边界的限制，因为所需要的更多的信息和技术超出了公共行政学科的范围。"[1] 另一方面是系统与系统环境不相适应的困难，寻求把公共行政作为社会技术系统不可避免地会与满足非系统的需要的愿望发生冲突，这也是公共行政作为技术系统的促进者与公共行政作为个体的施益者之间的悖论。

(四) 企业局限

法默尔认为，资本主义是在一个理性主义的体系内持续地追求利润的，这一体系能够使经济手段与这一追求相协调，它是资本主义的一个绝对必要条件，其之于资本主义就犹如水之于鱼。于是，一些学者总是极其轻率地谈论把私营企业的精神移植到公共企业或政府部门这一有价值的目标，以便在公共服务民营化的状态下使公务员对他们的"顾客"负起责任。在法默尔看来，这种将企业竞争性的方法与技术移植到公共部门的做法是有局限性并充满矛盾的，"自私的力量可以刺激公共服务，但结果并非最优的社会福利。"[2] 即使经济学和公共选择理论为公共行政

---

[1] [美] 戴维·约翰·法默尔：《公共行政的语言——官僚制、现代性和后现代性》，吴琼译，中国人民大学出版社2005年版，第134页。

[2] [美] 戴维·约翰·法默尔：《公共行政的语言——官僚制、现代性和后现代性》，吴琼译，中国人民大学出版社2005年版，第167页。

理论提供了机会,但是这些理性化的手段本身也是有局限性的,它会不断遇到经济本身所存在的一般矛盾。

(五) 解释学的局限

法默尔认为,现代主义公共行政对意义的探究产生了许多有益的成果,但是现代主义公共行政对意义的追求建立在理性的基础之上,这一点又存在其局限性和矛盾,那就是:"一方面我们要依赖于理性,而另一方面我们又认为这一理性本身已经被动摇了。"[①] 这一动摇已经被解释学的批判理论所完成,这些批判理论家如哈贝马斯、福柯、弗洛伊德等,试图解救现代性,但是最终却使得公共行政偏离了现代化的理性化和中心化的方向,并批判动摇了现代主义视作理性之基础的东西。例如弗洛伊德承认自足主体的观点是一个虚构,就动摇了主体之推理是一种理性的说法。法默尔指出:"现代主义公共行政理论处处碰壁,使得其解释和理解的能力大受限制。"[②]

三　后现代公共行政理论重建的四个途径

法默尔认为,后现代性是对构成现代性的核心观念模式的否定,后现代性也否认真理、理性、体系、中心化的主体和连贯性的理想,进而,经济学、心理学、物理学等这些科学根本就不存在,理论化本身也走向了终结,所有学科的科学构成将变成话语,而且是要受到解构的话语,而超现实则成为后现代性的核心观念。就公共行政来说,后现代话语的四个独特的兴趣点为:想像、解构、非地域化和他在性,"它们中的每一个都对公共行政研究有所助益。"[③]

(一) 想像

法默尔指出,想象意指对现代性的理性化的背离,这一背离既不是意味着对理性的废除,也不是对古典行政理论家所讲的幻想,它所意指

[①] [美] 戴维·约翰·法默尔:《公共行政的语言——官僚制、现代性和后现代性》,吴琼译,中国人民大学出版社2005年版,第174页。
[②] [美] 戴维·约翰·法默尔:《公共行政的语言——官僚制、现代性和后现代性》,吴琼译,中国人民大学出版社2005年版,第190页。
[③] [美] 戴维·约翰·法默尔:《公共行政的语言——官僚制、现代性和后现代性》,吴琼译,中国人民大学出版社2005年版,第11页。

的是："随着现代性的自足领域的爆炸，随着美学、科学和规范丧失了其排他的内部逻辑，想像将成为新的思维和行动动力的主导方面。"① 在法默尔看来，想像在后现代中对社会的影响类似于理性化在现代性中的影响，是普遍的和激发性的，现代性的理性化日益扩展以至于遍及整个社会，使越来越多的东西归属于理性的主宰之下，类似的，后现代性的想像也扩展到了整个社会，社会中的个体和社会的各要素都力图将想像置于其相互关系和其生活的核心地位。

法默尔指出，想像对公共行政的影响主要表现为两方面："从一个否定的角度来看，想像是一种行政精神，一种不依赖于规则的制定和程序的执行——如同在现代性中——的行政精神。从一个肯定的角度看，想像是这样一种行政精神，它赋予想像的运用首要的地位。"② 也就是说，从否定的角度来看，现代性依赖规则与程序的理性化导致了一系列后果，这一理性化的本质就是所谓的"照章办事"，即过分依赖规章的行政管理；而在后现代性看来，想像使公共行政期望一种偏离程序和规则的根本变革，想像可以不必依赖程序化的规则，这是因为规则和程序是如此烦琐，以至于很难看到它们全都能被街道办事处所理解和执行，想像就像没有规则的游戏，它更像是一种"没有规则的规则"，是一种创造性。从肯定的视角来看，想像关注的焦点即是给予想像的发挥以首要的地位，它着重于以"诗性的方式"来研究公共行政，我们可以从不同的视角不同的方面来建构公共行政的世界。

（二）解构

解构是一个关键的词。那么首先要了解什么是解构？法默尔指出："解构既不是一种方法，甚至也不是一种运作；它既不是一种分析，也不是一种批判。"③ 那么解构是什么呢？在法默尔看来，要求对解构下一个类似于词典的定义，就如同要求画出一个正方形的圆，因为解构否认这

---

① ［美］戴维·约翰·法默尔：《公共行政的语言——官僚制、现代性和后现代性》，吴琼译，中国人民大学出版社2005年版，第219页。
② ［美］戴维·约翰·法默尔：《公共行政的语言——官僚制、现代性和后现代性》，吴琼译，中国人民大学出版社2005年版，第229页。
③ ［美］戴维·约翰·法默尔：《公共行政的语言——官僚制、现代性和后现代性》，吴琼译，中国人民大学出版社2005年版，第244页。

种定义的可能性。例如×包含有×不能被定义的意思，那么，如果一意孤行、非要给×下一个确切的定义，这必定会遭遇困难。德里达指出，定义或翻译"解构"一词的困难来源于这样一种事实："所有的谓项、所有的概念定义、所有的词汇意谓，甚至句段的意谓——它们在某个时刻似乎是要把自己转让给那个定义或翻译——也要被解构或可以被解构，或是直接地，或以其他方式。"① 正如费迪南德·德·索绪尔将意义看作一种语言的深层结构一样，德里达将意义或价值整个地视为在语言内部决定的，在这里语言不指涉处身以外的东西，因此根本就不存在什么可确定的意义。德里达指出："'解构'这个词，和所有其他词一样，只有从它在一个可能的替代物链条中的铭写来获得它的价值，对于那一链条，人们太过轻率地称之为'语境'。"② 也就是说，解构是一种特殊的阅读，它接受文本中的符号没有任何指涉物，在后现代性中，符号能发挥各种不同的功能，不过，有一件事它不能做，那就是指涉作为基础的现实。

解构对公共行政有什么价值呢？解构的一个价值即是对它自身的解构。就公共行政而言，对现代与后现代文本的解构，其实就是对叙事的解构。官僚制的解构可用于拆除构成现代主义公共行政理论和实践的基础的叙事；也可用于拆除在后现代性中构成的叙事。这里的宏大叙事，即是对社会发展的一种解释，是对作为历史发展之基础的推动力的一种描述。例如启蒙主义将理性化等同于人类进步的观点就是一个宏大叙事的例证，效率是公共行政实践可行的目标也是一个例证。为什么非要破除公共行政的现代主义基础或现代主义叙事？法默尔认为，这是因为现代主义"基于各种幻觉的解决方法其实只会使问题变得更糟；错误的研究只会妨碍提出更好的修补措施"。③ 而后现代对于解构的诉求是严肃的，在后现代性中，既不承认任何认识论方面的特权话语，也不承认某一种通向真理的方法是更为可靠的方法，作为一种后实证主义，后现代主义

---

① ［美］戴维·约翰·法默尔：《公共行政的语言——官僚制、现代性和后现代性》，吴琼译，中国人民大学出版社2005年版，第246页。
② ［美］戴维·约翰·法默尔：《公共行政的语言——官僚制、现代性和后现代性》，吴琼译，中国人民大学出版社2005年版，第247页。
③ ［美］戴维·约翰·法默尔：《公共行政的语言——官僚制、现代性和后现代性》，吴琼译，中国人民大学出版社2005年版，第244页。

认为科学的公共政策也是一种"理论幻觉",科学和其他话语是一样需要"还原为话语"。

这里举一个效率的例子来说明解构对公共行政的价值。对官僚制中关于"效率"概念的叙事进行解构就可以分为三个方面。第一个方面就是强调效率概念是一个社会的构成物,但这产生的后果是我们作为一个社会在构建和重构所指方面有相当大的自由度,我们可以以别的东西为目标,也许会存在一个世界,在那里,效率并非所指之一部分。第二个方面是要指出效率概念这一社会构成物是与文化关联在一起的,在现代主义看来,效率是理性的,被视为投入与产出比的最优化;而后现代主义认为效率用途可能更大,效率被视为对社会控制有巨大价值的一种活动。第三个方面即是证明效率作为一个道德概念是不幸的,一方面,效率为人所不欲的例子有很多,"如果把效率定义为选择最优化的方法去实现某一或更多既定目标,那么,只要那目标是人所不欲的,效率也就是人所不欲的。"① 另一方面,效率概念本身是模糊的,例如就效率中的浪费而言,"不论在私营部门还是公共部门,从某一角度说是浪费,从另一角度说不一定是。"② 因此法默尔指出,现代主义公共行政中关于"效率"这个模棱两可的概念是没有意义,"当在规范的意义上将它阐释为一种管理方法时,它就是粗暴的,是有可能误导的;当不按规范意义阐释它时(一定程度上说,这在我们的文化中是可能的),它便是没有意义的统治资料。"③

(三)非地域化

这里的"非地域化",即是"意味着对强加于论题和情境研究的语码或格式——进行思考的方式以及结构思考对象的方式——的移除。"④ 现代主义的科学和行动科学,如公共行政理论,其实就是这种地域化过程

---

① [美]戴维·约翰·法默尔:《公共行政的语言——官僚制、现代性和后现代性》,吴琼译,中国人民大学出版社 2005 年版,第 266 页。
② [美]戴维·约翰·法默尔:《公共行政的语言——官僚制、现代性和后现代性》,吴琼译,中国人民大学出版社 2005 年版,第 268 页。
③ [美]戴维·约翰·法默尔:《公共行政的语言——官僚制、现代性和后现代性》,吴琼译,中国人民大学出版社 2005 年版,第 269 页。
④ [美]戴维·约翰·法默尔:《公共行政的语言——官僚制、现代性和后现代性》,吴琼译,中国人民大学出版社 2005 年版,第 285 页。

的参与者，其思维特征和学科的组织结构被编码化和地域化了。而后现代的非地域化即是要解语码化和解放，就是要移除那些形成我们的观看方式的语码。在法默尔看来，现代主义树状模式的地域式沉学科结构被后现代主义的交叉学科研究和跨学科研究所取代，人们希望公共行政的结构和领域不再以现在的方式存在，由于没有了依次排列的树状分权，独立的学科也就不存在了，各学科混杂在一起，融合为根茎状。他指出："后现代性所意味着的非地域化不只是在学术边界内爆的方面。它还意味着所知的公共行政理论和理论化的方式的终结。后现代性还常常被说成是意味着逻各斯中心主义的在场形而上学的终结，是表征的终结，是主体所表征的现存世界的终结。它还被描述为是对理性和精神这样的宏大叙事的抛弃，是哲学和历史的终结。"① 法默尔认为，在后现代性下，围墙已被打破，官僚制已经成为过去，在文本的世界中，有的只是多样化的书写，但思维方式是根茎的、非线性和游牧式的，这是一个非地域化的世界，我们没有一个专属公共行政理论的独特语言。

（四）他在性

"他在性"关涉的是"道德的他者"，而且显然，每个行动活动都直接或间接地会影响他人，例如影响到委托人、下属、上司甚至旁观者。在法默尔看来，后现代对待公共行政的伦理态度的批判性含义在"反行政"的口号中得到体现，"后现代的伦理态度意味着，任何行政活动都应是其计划的实施，但必须以这样一种精神来实施，在那里，行政能力同时要用来否定行政——官僚的权力。"② 在法默尔看来，后现代的"他在性"观点具有四特征，即："向'他者'的开放、偏爱差异性、反对元叙事和颠覆已建立的秩序。"③ 向他者开放即意味着公共行政的实践就是反权威主义，还意味着行政管理应力图使其所有的决策向共同体开放；偏爱差异性即是承认没有优先意义的存在，公共行政的实施力图避免各就

---

① ［美］戴维·约翰·法默尔：《公共行政的语言——官僚制、现代性和后现代性》，吴琼译，中国人民大学出版社2005年版，第300页。
② ［美］戴维·约翰·法默尔：《公共行政的语言——官僚制、现代性和后现代性》，吴琼译，中国人民大学出版社2005年版，第309页。
③ ［美］戴维·约翰·法默尔：《公共行政的语言——官僚制、现代性和后现代性》，吴琼译，中国人民大学出版社2005年版，第328页。

各位和类型化;反对元叙事意味着正义根本不存在基础,道德控制根本不存在基础,运用于公共行政的思维,就是要探究实施正义和消除非正义之间不同的实践关系;颠覆已有的秩序意味着反行政就是体现对反对现存在的建制过程中,后现代的行政管理者应是这样一种人,他有能力实践和发展"反行政"的旨趣。

总之,法默尔从后现代的视角,将公共行政理论视作一种语言,并提出了一种反思性的语言范式,使公共行政的研究和实践重新焕发出活力。法默尔对现代主义公共行政的批判以及从想像、解构、非地域性和他在性方面对后现代公共行政理论的思索,激发学者们对未来公共行政的深层思考。但是法默尔的解构现代主义公共行政理论的过程,对后现代公共行政理论的建构仍然不足;此外,将公共行政理论视为一种语言,有些观点也受到一些批评,"作者的这种思维历险有太多炫技之嫌,尤其是其对解释学和解构哲学的理解有太多可疑之处——虽然这两者都反对文本只有唯一一种正确的解释,但它们也决然不会认同一种完全主观的误读。"①

第三节 麦克斯怀特的公共行政合法性理论

O. C. 麦克斯怀特(O. C. McSwite),美国著名行政学家、后现代公共行政学派主要代表人物之一。麦克斯怀特教授是奥林·怀特教授和辛西娅·麦克斯万教授的笔名。奥林·怀特是弗吉尼亚工艺学院与州立大学公共行政与公共政策中心的公共行政学教授。辛西娅·麦克斯万是乔治·华盛顿大学公共行政学教授。他们曾任教于得克萨斯大学、南加利福尼亚大学、锡拉丘兹大学、北卡罗来纳大学等著名的高等学府。其主要代表作是1997年出版的《公共行政的合法性:一种话语分析》(Legitimacy in Public Administration: A Discourse Analysis),该书出版后即声誉鹊起,被认为是美国公共行政学术史上的经典之作。该书史论结合,对公共行政的合法性基础进行了深刻的反思,并对合法性问题提出了新的构

---

① [美] 戴维·约翰·法默尔:《公共行政的语言——官僚制、现代性和后现代性》(译者前言),吴琼译,中国人民大学出版社2005年版,第4页。

架方法，是合法性领域研究的一部力作，具有很高的学术价值。

一　公共行政合法性问题的本质就是一个话语分析

20世纪80年代以来的后结构主义背景出现的"话语理论"为公共行政的合法性问题提供了一个有力的方法论工具。根据这一理论，所有的文本，文学虚构、历史叙事、法律条文、身份表述、哲学写作甚至科学报告，都是社会地和历史地建构的，是各种文本规则和叙述元素的重新配置，是各种权力建制资源的再生产，是各种欲望和意识形态要素的重新编码，是各种意义的重复和增殖，理论真正成了一种游戏，一种话语的游戏。

根据话语理论，公共行政的合法性问题本质上是一个话语，正如该书的译者前言中提到的："在这个意义上说，公共行政的合法性问题就是一个话语，是我们对公共行政的一种意识形态表达，但同时，这些谈论和表达又总是要把自己说成是客观的、科学的和中立的，以保证自己的纯洁性和普遍性。我们不妨把这称做是一种神话学，它其实也是一个合法性问题，是一种使自身合法化的运作。反过来，对这种谈论方式和表达方式做历史化和语境化的运作，就构成为一种话语分析，一种解构公共行政神话学的策略。"①

二　公共行政在民主治理中的合法性争论

在麦克斯怀特看来，公共行政的合法性问题主要是公共行政在民主治理中的合法性问题。他指出："本书要讨论的主题是公共行政的理论话语；它关注的焦点是公共行政作为民主治理的一部分的合法性问题；它的目的是要帮助加强这种对话的自我意识——或者更确切地说，是要帮助加强进行对话的人们的自我意识。"②

关于公共行政在民主治理中的合法地位问题，赫尔曼·芬纳（Her-

---

① ［美］O.C.麦克斯怀特：《公共行政的合法性：一种话语分析》（译者前言），吴琼译，中国人民大学出版社2002年版，第2页。

② ［美］O.C.麦克斯怀特：《公共行政的合法性：一种话语分析》，吴琼译，中国人民大学出版社2002年版，第12页。

man Finer，1898—1969）和卡尔·弗里德里克（Carl Friedrich，1901—1984）就民主政府中政治部门和行政部门间的恰当关系发生了著名的争论，即"芬—弗之争"，争论的焦点在于，运用公共行政的裁量权执行公共政策时是否需要责任心。这一争论产生了一个奇怪的结果，即它以一种使其无法解决的方式建构了公共行政的合法性问题，同时争论又为某种精英统治模式提供了隐蔽的合法性，即"理性的人"的治理理论。

弗里德里克认为，管理中所面对的真正问题不是要控制行政人员的行为，相反，更为重要的是确保任何有效的行为，这是因为现代政府行为的复杂性不可避免地使得其主人与他们的代理人之间对于即将发生的行为或至少要实现的目标只有近似的理解，"在复杂情况下，'不负责任'实际上是不可避免的结果，因为主人与代理人在何谓合适的行为上不可能完全达成共识。"[1] 因此，弗里德克主张政府官员对行动采取大胆的创造性的态度，认为负责任的行为就是政府官员对实现政府的目标采取必要的主动，并消除议会对行政官员进行钳制的威胁，他相信"人民意志"的观念是绝对形而上学的，议会并不能真正体现和代表"人民意志"。而芬纳则对弗里德里克的观点进行反驳，芬纳认为必须对行政人员加以"纠正和惩罚"来确保责任，"人们（行政人员只是他们中的特殊）必须受监督；如果不通过惩罚的威胁让他们担负起责任，他们就会无法无天。"[2]

麦克斯怀特在比较弗里德里克与芬纳的争论过程中，指出他们在对话中存在四种主要的偏见。（1）第一个偏见是他们把人类的本质问题建构为人类是"善"的还是"恶"的这样一个二者必居其一的选择。因而它排列了另一个可供选择的假定，即"人类本质不是一种特性或一个本质，而是一个动态的、自然发生的、通过相互作用的过程产生的状态"。[3]（2）第二个偏见是他们都存在一种认识论上的矛盾观点，例如芬纳赞同

---

[1] ［美］O. C. 麦克斯怀特：《公共行政的合法性：一种话语分析》，吴琼译，中国人民大学出版社2002年版，第29页。

[2] ［美］O. C. 麦克斯怀特：《公共行政的合法性：一种话语分析》，吴琼译，中国人民大学出版社2002年版，第35页。

[3] ［美］O. C. 麦克斯怀特：《公共行政的合法性：一种话语分析》，吴琼译，中国人民大学出版社2002年版，第39页。

"事实与价值相分离",但又同意政治性的政策应当在尽可能的范围内指导行政。事实上,事实与价值在本质上是合并的,讨论价值而不讨论事实是没有意义的。(3) 第三个偏见是潜在的一致性,即他们都假定价值至少在某种程度上可以独立于行为来进行定义。(4) 第四个偏见是认为等级制是政府行为赖以建立的、必不可少的结构。事实上,等级就是权威,这是次要的。总之,麦克斯怀特认为弗里德里克与芬纳关于民主治理的争论提出了一个不可能回答的理论问题,这是一个"虚假回答的发动机",其目的是要确立现实主义地解决问题的必要,这一解决可被称为"理性的人"的治理,即"通过使对民主过程的结构做出理论的说明变得不可能,我们剩下的惟一选择就是选择理性的领导并相信他们,把我们对管理的参与根本上托付给选举和利益集团这两种天然工具"。[①] 在麦克斯怀特看来,芬纳和弗里德里克构架的问题是虚假回答的发动机。

三 公共行政学术史中的合法性话语批判

(一) 现代性公共行政只不过是一种政治立场的伪装

本书从后现代性的批判视角对公共行政的发展历史——从公共行政的创立一直到20世纪90年代的学术语境——进行了解构性的描述和解码,从而提示出公共行政合法性问题在各种理论话语中的变形。通过这一话语分析发现:根本不存在所谓客观的、理性的、科学的公共行政话语,公共行政宣称的所谓民主、平等、公正、理性等只不过是一种政治伪装,所有理论都是有问题的。"根本不存在什么科学的、客观的或绝对中立的学术话语,所有的理论表述都不过是某种意识形态愿望的投射,就连公共行政学科本身也不过是一种政治立场的伪装,是一种使自身和自身所代表的政治意识形态合法化的策略。美国公共行政理论话语中所不断宣扬的民主、平等、公正、理性等都只不过是一种政治伪饰,其背后隐藏的乃是各政治与经济利益集团的意识形态伎俩。所有的理论都必

[①] [美] O. C. 麦克斯怀特:《公共行政的合法性:一种话语分析》,吴琼译,中国人民大学出版社2002年版,第46页。

然地是被玷污的。"① 而麦克斯怀特将公共行政的学术问题视为一个"被确诊的病人",公共行政"与其说是像一个功能不良的系统,不如说是一个更大的功能不良系统中'被确诊的病人',这不仅包括它的父辈学科政治科学,而且包括一般的社会科学以及管理科学本身。"②

(二) 公共行政合法性危机的源泉

麦克斯怀特认为,围绕着合法性问题,形成了两种主要的公共行政话语:联邦主义和反联邦主义。它们分别代表着两种基本的社会意象:联邦主义公共行政话语代表着现代商业精神、视行为主体为原子化的个体并以技术精神为中心的社会意象;反联邦主义公共行政话语则代表以合作和联系为基础的有机会意象。对于联邦主义者,麦克斯怀特将1787年制宪会议视为一次"政变",因为它没有得到大多数国民的同意,也根本没有出现我们的教科书所说的那种完全普遍的同意,"公正地说,我们必须认为,是联邦主义者或者说宪法制定者引起了政变,这是一次具有典型意义的一般形式上的政变,它是秘密的,还带有些许暴力和一些修辞性的操作。"③ 麦克斯怀特认为,美国公共行政的真正源头是反联邦主义的精神,这一精神在民粹主义以及继之而来的进步主义运动中的表现催生了"好政府"的原初观念,并由此而萌发了公共行政运动。不像联邦主义希望通过理性来控制人类激情,反联邦主义者认为:"人类和人类德性不是个人理性的结果,而是参与和介入话语过程的结果。正是在话语中,建构了人这个行为者和他的行为;话语是保障自由的公民德性惟一可行的源泉。"④ 总之,联邦主义的政府致力于这样一种观念,即一个正在成长的建立在人自私贪婪的天性之上的商业商国将通过财富和安全给人提供依赖感,反联邦主义的小社会则是通过介入和互动过程提供这种东西。但是麦克斯怀特认为公共行政的合法性危机主要来源于更关注

---

① [美] O.C. 麦克斯怀特:《公共行政的合法性:一种话语分析》(译者前言),吴琼译,中国人民大学出版社2002年版,第3页。
② [美] O.C. 麦克斯怀特:《公共行政的合法性:一种话语分析》,吴琼译,中国人民大学出版社2002年版,第9页。
③ [美] O.C. 麦克斯怀特:《公共行政的合法性:一种话语分析》,吴琼译,中国人民大学出版社2002年版,第62页。
④ [美] O.C. 麦克斯怀特:《公共行政的合法性:一种话语分析》,吴琼译,中国人民大学出版社2002年版,第74页。

私人利益并日益与民众疏离的联邦主义,"正是在联邦主义的这种公民形成和它的与世隔绝的公共生活中,我看到了公共行政的合法性危机的源泉。"①

(三) 对公共行政历史理性主义的批判

麦克斯怀特考察了美国公共行政的历史,这些历史包括正统公共行政学、传统主义、西蒙的现代主义革命、公共行政的社会组织学、比较行政学、新公共行政运动、全面质量管理、新公共管理的政府再造运动、新制度主义、治理理论等。在麦克斯怀特看来,公共行政的思想史是对"貌似有理性的人的意识形态"的一种维护,运用理性来解决现代问题。这里的"理性的人"的概念即是"一种决策风格,尤其指根本上做出某一特殊的个人裁决或决断的风格。这是极其重要的:理性的人既不是科学的人,也不是德性的人——亦即道德哲学所讲的人。其存在的理由,就是科学和道德哲学不能为政策抉择提供明确的回答。他当然愿意成为科学的人或德性的人,能够技术地和道德地做正确的事。问题在于,没有人能拥有这样的知识。理性的人相信经验的和道德的大写真理确实存在,但人类常常只能近似地理解它"。② 而在后现代公共行政看来,理性是无用的,也是无效的,麦克斯怀特指出:"正是对公共机构的介入,使我认识到了理性的人的'问题'以及它对美国政府中公共行政的合法性造成的不良后果。"③

四 超越理性

尽管麦克斯怀特对公共行政的合法性问题没有提出一个完整的答案,但是却也为公共行政合法性问题的消解提供了结构。他说:"在本书的结语中,我并没有为合法性问题提供一个答案。即使论证的方方面面都很成功,它也不能支持这样一个结语。我希望本书能在不同的方面围绕着

---

① [美] O. C. 麦克斯怀特:《公共行政的合法性:一种话语分析》,吴琼译,中国人民大学出版社 2002 年版,第 85 页。
② [美] O. C. 麦克斯怀特:《公共行政的合法性:一种话语分析》,吴琼译,中国人民大学出版社 2002 年版,第 202—203 页。
③ [美] O. C. 麦克斯怀特:《公共行政的合法性:一种话语分析》,吴琼译,中国人民大学出版社 2002 年版,第 209 页。

合法性的问题成功地提出一种话语,更重要的是能成功地赋予合法性问题不同的结构。"①

首先是对意识形态的改造。麦克斯怀特非常重视意识形态的作用,"根本的东西在于心灵的样式、意识模式和表征人类经验的建构方式。我的反思使我将这种意识看作是最后的政治筹码或政治利益,所有其他的意识都源于此。……意识作为一种政治利益能够创造出完全超越于任何团体——甚至一个相当大的团体——基于本能的贪婪的社会系统。意识的'需求'是对总体性的需求,是对超验的完整性的需求,这种完整性将否定所有的特例甚至特例的可能性。"② 在麦克斯怀特看来,通过对意识形态的改造,能够产生一种新的和不同的主体性观念,这种观念将反思一种使人变得自我中心、个人主义和热衷于相互倾轧的意识模式,并选择一种针对关系和相互礼让的人际关系的话语,可以断言,一旦对我们的话语和制度的这种重构得以完成,合法性的问题将会消失。

其次是改变对话的性质。麦克斯怀特将公共行政的合法性问题视为一个话语分析。他说道:"读者应当记住的第一件事是主题:这本书是有关对话的——尤其是有关公共行政领域发生的理论对话的。本书的意图是要努力改变目前理论对话的性质,改变公共行政理论家谈论的对象以及他们相互谈论的方式。"③ 在麦克斯怀特看来,既然公共行政的合法性问题就是一个话语分析,那么公共行政的合法性的治理之道,就在于改变公共行政的话语对象及话语形式,这种改变即是"对由歪曲和谎言构成的意识形态的怯蔽"。他进一步指出,本书的核心即是"改变公共行政领域的理论对话。……我们渴望一种我们所有的人都能言说和倾听,我们所有的人都能就我们接下来该做什么进行商谈的对话"。④

再次是超越理性的合作的实用主义。麦克斯怀特认为,要解决公共

---

① [美] O. C. 麦克斯怀特:《公共行政的合法性:一种话语分析》,吴琼译,中国人民大学出版社2002年版,第18页。
② [美] O. C. 麦克斯怀特:《公共行政的合法性:一种话语分析》(前言),吴琼译,中国人民大学出版社2002年版,第5页。
③ [美] O. C. 麦克斯怀特:《公共行政的合法性:一种话语分析》(前言),吴琼译,中国人民大学出版社2002年版,第5页。
④ [美] O. C. 麦克斯怀特:《公共行政的合法性:一种话语分析》(前言),吴琼译,中国人民大学出版社2002年版,第7页。

行政的合法性问题，就需要使用一种替代理性话语的模式，即使用一种在不运用理性的情况下也能创造世界的话语模式，使其能够弥补理性的矛盾和局限。这种话语方式即是"合作的实用主义"，合作的实用主义在当代以后以现代主义的形式出现。这里的实用主义否定了传统政治的二元对立，将民主政治视作一种集体的协调行为，"实用主义在所有方面都挑战和否定了理性选择的先决条件。它把社会关系描画为一种合作的、有联合计划和联合行动作为基础的关系。作为一个同道的合作者，我可以介入同我的同事们的对话，而不必向他们'证明'什么，不必出于自身的动机（例如操纵他们）就他们对我的质疑申诉什么，总之不必保持什么'客观'。"[①] 麦克斯怀特指出，在后现代视角下，实用主义作为一种后现代哲学，可以为公共行政的合法问题勾勒出一个方法，因此应该采纳与公民合作的实用主义模式。在麦克斯怀特看来，合作的实用主义模式在后现代视角中也取得了良好的发展，如后现代公共行政的代表学者福克斯和米勒以及法默尔"倡导一种定位于公民的公共行政"，就是合作实用主义理论的体现。

[①] ［美］O. C. 麦克斯怀特：《公共行政的合法性：一种话语分析》（前言），吴琼译，中国人民大学出版社2002年版，第116页。

第二十二章

整体性政府理论

20世纪80年代以来,西方社会呈现出社会结构日益分化和复杂化、社会利益愈加多元与相互冲突等特征,各类社会问题频发、各种难题也接踵而至。这些问题需要跨越政府与社会之间的边界、政府与政府之间的边界、政府内部部门与部门之间的边界以及地区与地区之间的边界才能得到有效治理或解决,而传统治理的碎片化日益严重。面对此困境,整体性政府应运而生,整体性理论是针对政府管理模式中日益严重的碎片化问题而提出的一种新型治理结构,旨在实现机构、信息资源、业务流程、服务与沟通等方面的跨界流通与整合。整体性政府是后新公共管理改革的代表性话语,涵盖众多不同的称谓,主要包括:希克斯的整体政府(Holistic Government)、克里斯滕森的全局型政府(The Whole-of-Government)、汤姆·凌的协同型政府(Joined-up Government)。当然,整体性政府还有其他一些称谓,如跨域治理(Across Boundary Governance)[①]、互动管理(Interactive)[②] 等。尽管上述概念经常混用,但是也有一些细微区别,"这些称谓虽然表述各异,但基本上都表示同一种现象,即由新公共管理的理论与实践转向'整体政府'改革的理论与实践,并形成了一种有别于传统官僚制和新公共管理的新型范式。"[③]

[①] 林水波、李长晏:《跨域治理》,台湾:五南图书出版公司2005年版,第3页。
[②] 汪明生:《互动管理与公民治理》,台北:智胜文化事业有限公司2011年版,第62页。
[③] 曾维和:《评当代西方政府改革的"整体政府"范式》,《理论与改革》2010年第1期。

第一节 希克斯的整体政府思想

佩里·希克斯（Perri Six）是当代英国著名的行政学家、英国诺丁汉特伦特大学社会政策系的一名教授，曾在德莫斯（Demos）思想库工作。其主要代表作品包括《整体政府》(Holistic Government)、《摆脱贫困：从安全到机会网络》(Escaping Poverty: from Safety Nets to Networks of Opportunity)、《公共服务的契约文化：来自英国，欧洲和美国的研究》(The Contract Culture in Public Services: Studies from the UK, Europe and the USA)、《智能技术时代的隐私、身份和信任》(On the Cards: Privacy, Identity and Trust in the Age of Smart Technologies) 等。其中1997年的《整体政府》是其主要代表作，对后新公共管理改革中产生的碎片化及协调与整合问题进行了深入研究，提出了整体政府理论，从而形成一个跨部门协同的系统化理论体系。

一 功能性组织模型的缺陷

希克斯认为，经过一个世纪的发展，西方国家的政府现在都陷入了两难境地：一方面公众抵制纳税，另一方面他们对福利、教育、医疗保健、基础设施和社会秩序的需求不断增加。尽管各政府都在寻求不同方式的改革，改革结果仍然不尽人意，主要原因在于这些改革仍在功能性组织的框架内进行，而这些功能性的组织模型却存在8种缺陷。

（一）高成本（High cost）

希克斯认为"政府是昂贵的，而且不会呈现下降的趋势"。[①] 这是因为预算都是各部门各自为营，成本必须与职能挂钩，而不是与需求或结果挂钩。这使得应用可能会带来长期储蓄的投资模式变得困难。

（二）错误的集中化（Centralisation of the wrong things）

20世纪80年代和90年代初的改革者曾试图将提供许多服务的管理责任下放给地方机构，但是最终结果却是使得"情报收集、问责制、大

---

① Perri 6, *Holistic Government*, London: Demos, 1997, p. 26.

量政策制定和大量预算控制又重新集中了起来"。① 这导致公职人员缺乏创新性,而且削弱了服务质量以及公民对政府的信任。

(三) 对如何改变行为的粗浅理解 (Crude understanding of how to change behavior)

改革者意识到传统的命令和控制式监管不足以改变人们的行为,因此转向了使用激励措施,但激励措施往往非常昂贵,在某些情况下并不有效。

(四) 短期思考 (Short-term thinking)

希克斯认为,管理中的短期思维导致政府只注重短期问题的修补而忽视长期问题的预防,因此其创新能力也因其法律权力而受到限制,未能成为一股具有长远思维的力量。这种短期思考在预算中体现得特别明显:"政府职能化的做法使各部门陷入年度开支的范围内,并使它们无法长期维持下去。"②

(五) 重治疗而轻预防 (Too much cure, too little prevention)

希克斯认为,政府所提供的服务大多是治疗性的,但预防性方案却经常受到围绕这些服务而成长起来的巨大专业利益集团的抵制。政府政策的目标更大程度上表现为问题的解决,但对政治家来说,"兑现对他们的承诺是非常困难的,即便仅仅是管理将要解决的问题而不是解决。"③

(六) 缺乏协调和"倾销"问题 (Lack of coordination and problems of "dumping")

希克斯认为不能有效协调各功能部门,将会使得组织降低应对挑战的能力。而倾销手段的存在,反而加重了服务对象的困境。比如"倾销"发生在供应商完全停止向客户提供服务时,要么将服务转交给另一个客户,要么完全洗手不干,这显然会给客户带来更糟糕的结果。

(七) 评估错误的事情 (Measuring the wrong things)

政府的统计旨在实现对其绩效的衡量,但事实上只是衡量了活动水平,最终导致"太多评价都集中在管理和合作的效率上而忽略了实际付

---

① Perri 6, *Holistic Government*, London: Demos, 1997, p. 27.
② Perri 6, *Holistic Government*, London: Demos, 1997, p. 29.
③ Perri 6, *Holistic Government*, London: Demos, 1997, p. 31.

出"。① 这种情况使得政府难以有效地分配其战略资源。

（八）对不适当公众进行负责（Accountability to the wrong people）

政府为了挽回公民对其的信任，开展了更多的向下问责和服务活动，但是由于其盲目性，导致其对不适当公众进行负责，反而加重了政府负担。

二 整体政府理论的主要内容

（一）部门间主义（Inter-departmentalism）

部门主义即是对跨部门的工作伙伴、跨部门小组及跨越组织边界的机构进行协同工作，以实现部门之间的无缝连接。

（二）跨功能合作（Collaboration across functions）

传统的功能性组织将组织分割为碎片化的功能性部门，整体政府理论要求"形成一种运用整体的思维方式实现跨机构和专业进行协同工作，以求解决职能交叉性问题和提供整合服务的跨功能合作模式"。②

（三）以网络为中心的协调机制（Central coordinating mechanisms across network）

以网络为中心的协调机制是整体政府整合机构、进行协同运作的核心机制，它要求运用正式的非正式的信息技术及网络渠道来推进治理过程的协调与合作。

（四）中央集权化或具有更广泛职责的公共机构（Centralisation, or Fewer agencies with broader responsibilities）

在地方层次，环境卫生部门和社会服务部门可以兼并在一起，协同地发生作用；在国家层面，诸如教育和就业部以及环境、交通和地区部可以进行合并。这种职能合并的集权化趋势可以克服分权模式下应对政府碎片化及其所引发的"邪恶"政策问题。

（五）限制机构转嫁成本的能力（Restricting agencies' ability to pass on costs）

整体政府是要从根本上遏止成本转嫁问题，以提高政府自身综合解决问题的能力，比如在环境保护中，就有通过污者付费的原则以防止这

---

① Perri 6, *Holistic Government*, London: Demos, 1997, p. 34.

② Perri 6, *Holistic Government*, London: Demos, 1997, pp. 39–40.

些机构活动所产生的成本转嫁给其他机构。

（六）协同服务的生产方式（Joint production of services）

协同服务生产方式最重要的就是管理人员必须通过多学科的培训，掌握多学科的知识以实现共享性目标，比如从在公共服务中引进的"休息室"（Foyers）就给无家可归的年轻人提供了良好的服务，它承担起了住房供给部门和工作培训部门的服务职能；多学科团队（multi-disciplinary team）也实行了许多年，取得了诸多成功协同服务的经验。

（七）个案管理者（Case manager）

个案管理者是整体政府理论在操作层面上的一个创新，"个案管理者的权力不仅来自单个部门，而且可以跨部门和领域来应对它们所面临的交互性任务和问题。"[1] 如伦敦的哈克尼区就建立过跨服务功能的"浮动"行政人员。

（八）信息管理与跨边界整合（Information management and customer inter face integration）

当信息的流动跨越功能边界时，必须为公民提供关于个人信息的用途的新型保护措施，虽然确保对隐私和个人信息保密性的关注具有挑战，但这对政府中更大的整体主义的影响可能是非常巨大的。

（九）整体预算与采购（Holistic budgeting and purchasing）

改变传统预算方式也是整体政府的一个重要组成部分，如单一再生预算（Single regeneration budget）是整体预算和政府采购的一个重要案例，其重要经验就是跨越组织功能边界，建立各种活动领域的一个单一采购的预算，以克服传统预算中"击鼓传花"式碎片化预算的弊端。

希克斯认为整体政府所推行的整体性治理应着力于政府内部机构和部门之间以及政府内外之间的功能整合，力图将政府横向的部门结构和纵向的层级结构有机整合起来，将区域间结构和公私部门间结构整合起来，构建一个三维立体的整体性治理模型，如图22—1。

从图22—1可知，第一个维度是对不同治理层级和同一层级的治理进行整合，主要涵盖全球、洲、国家、区域以及地方五个层级，属于政府组织间关系的整合。第二个维度是对功能内部进行协调和整合，这既可

---

[1] Perri 6, *Holistic Government*, London: Demos, 1997, pp. 41-42.

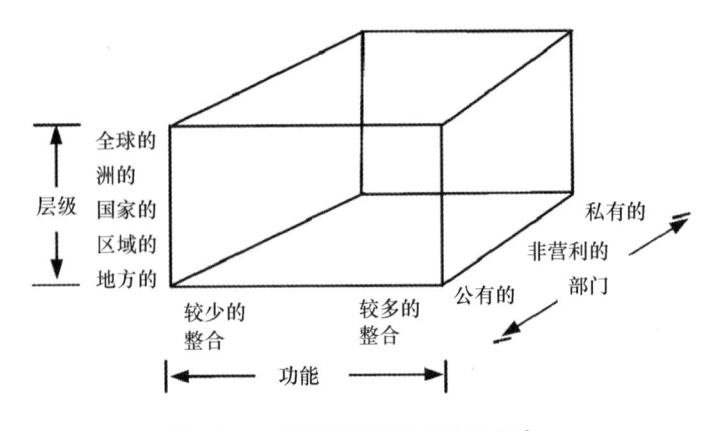

图 22—1　整体治理三个维度的整合

资料来源：曾维和：《后新公共管理时代的跨部门协同：评希克斯的整体政府理论》，《社会科学》2012 年第 5 期。

以在一些功能内部进行协调，如使海、陆、空三军合作，也可以在少数功能和许多功能之间进行协调，如保健和社会保障之间的整合，属于部门间合作。第三个维度是部门内部及部门间进行整合，这可以在公共部门内部进行整合，也可以在公有的部门与非营利的部门以及私有的部门之间进行整合，这一层次的整合属于新生伙伴关系的整合。

三　整体政府的实现路径

（一）整合预算（Integration of budgets）

整体政府工具的关键是预算和信息的整合，"围绕结果和目的设计预算，而不是职能或活动；更多的竞争来实现这些目标；要求成功的投标者建立跨越传统功能边界的合作关系；要求在实际中取得可衡量的进步。"[①] 有许多方法可以整合预算。例如，新西兰首创的方法中，制定将老年人的健康和社会护理整合为整体的计划，这种基于结果的整体预算中获得的资源，比存在部门之间或其他各级政府（如地方政府、财团、合作伙伴和私营部门）之间竞争时更加优越。

（二）单一区域预算（Single area budgets）

不同于实行以区域为基础的预算划分，应该不断增加主流预算的比

---

① Perri 6, *Holistic Government*, London: Demos, 1997, p. 45.

例，这些预算正在与特定的实际结果和激励机制竞争，以便对跨公共部门、跨职能和专业之间的障碍进行改进。希克斯认为，按单一区域进行整体预算将分散信息和情报收集的大部分工作，并给当地采购机构更大的财政空间，让它们根据自己的需要设计服务。

（三）案例工作者（Case worker）

个案工作者的角色可以进一步发展，例如对于失业人员来说，通过结合福利年龄和就业服务的功能，个别一线员工可以整合福利、培训和住房一揽子计划，以帮助尽可能多的目前长期失业的人找到工作。

（四）信息系统（Information systems）

在可能的情况下，我们需要整合政府的"前端"（front-end），或处理个人事务的部分。在政府的某些级别，例如在地方议会的社区一级，已经发展了"一站式商店"（One-stop shop）。"随着时间的推移，它们将以越来越综合的方式运作和管理，由于这些系统将处理大量的个人信息，其中更多的信息将在政府间共享，它们将需要遵守处理个人信息的新隐私守则。"[1]

总之，希克斯的整体政府理论既是对功能性组织模型进行反思与批判的产物，也是公共服务难以应对社会管理和公共服务需求日趋复杂化所产生的协同问题的一种直接回应。希克斯的整体政府理论形成了一种以跨部门协同为基本特征的系统化理论体系，为公共行政的发展提供了一个新的视角。

第二节 克里斯滕森的全局型政府思想

汤姆·克里斯滕森（Tom Christensen）是国际知名的公共管理学者、挪威奥斯陆大学政治学系终身教授、挪威国家科学院院士，曾担任欧盟、挪威等国家和国际组织的政府改革高级顾问，同时也是卑尔根大学、香港城市大学、复旦大学、中国人民大学等多所大学的客座教授，曾获国际行政学界有"诺贝尔奖"之称的国际行政院校联合会皮埃尔·德·塞勒斯奖（Pierre De Celles Award）。其涉及整体理论的代表作是与莱格瑞德

---

[1] Perri 6, *Holistic Government*, London: Demos, 1997, p.46.

(Per Lægreid)《基于全局型政府的公共部门改革》(The Whole – of – Government Approach to Public Sector Reform, 2007)。全局型政府将政府视为一个整体，强调组织之间进行多样化的网络合作与协调。

一 全局型政府的内涵

正如澳大利亚管理咨询委员会的《政府报告》所述，"全局型政府(Whole – of – Government) 指的是公共服务机构跨越业务组合边界以实现共同目标，并对特定问题做出政府综合反应。其方法可以是正式的，也可以是非正式的。并且可以专注于政策制定、项目管理和服务提供。"[1] 克里斯滕森指出，全局型政府并不是一组固定的思想或工具，它涉及的范围很广，既包括政策制定与政策执行，也包括组织间横向联系与纵向联系。其目标可以是一个群体、一个地区或一个政策部门。全局型政府活动可以跨越任何级别并涉及政府以外的团体，即"它不仅涉及到最高层的联合，也涉及到基层的联合，加强地方层面的一体化，并涉及到公私伙伴关系。"[2]

二 全局型政府兴起的原因

全局型政府的兴起有很多不同的原因，主要归结为三点。首先，它可以看作新公共管理改革中公共部门"支柱化"(pillarization) 的结果。基于新公共管理改革侧重于绩效管理、部门化、结构权力下放的措施，导致政府侧重纵向协调，不同角色和功能部门之间产生分裂，以自我为中心，缺乏合作和协调，阻碍了有效性和效率的实现。其次，社会性危机的影响。受到包括恐怖袭击、自然灾害、生物安全等危机的影响，越来越多国家意识到政府避免相互矛盾的结果和确保各机构之间共享信息的重要性，这对公共部门改革方向的选择起到很大的促进作用。最后，一些国家经过前期的结构性分权改革，使得中央政府丧失了调控、干预以及获取信息的途径。为了弥补新公共管理的不足，克里斯滕森从后新公共管

---

[1] Tom Christensen, Per Lægreid, "The Whole – of – Government Approach to Public Sector Reform", *Public Administration Review*, 2007, 67 (6).

[2] Tom Christensen, Per Lægreid, "The Whole – of – Government Approach to Public Sector Reform", *Public Administration Review*, 2007, 67 (6).

理（post – NPM）的视角出发，认为需要超越新公共管理的工具和经济取向，回归对控制和价值的强调，并从全局视角展现已有研究的优势。

三 全局型政府的方法

对于全局型政府方法（WG approach）的研究，克里斯滕森主要从结构、文化及神话三个视角进行分析。

（一）结构——工具理论视角的研究

从结构的角度来讲，克里斯滕森认为"全局型政府的方法通常可以被视为有意识的组织设计或重组"。[①] 这种观点是基于工具主义而提出的，即政治和行政领导人将全局型政府看作一种有助于政府组织合作的工具。工具主义观点主要有两个版本：等级制版本与协商版本。

1. 等级制版本

等级制主义认为政治和行政领导是同质的，在全局型政府方法的使用上是一致的，只不过采取了两种选择。一种选择是中央地位的加强或重申，比如英国在加强中央政府作用、建立战略单位等一直处于领先地位，这类措施主要与加强中央政治能力有关，但有可能使下级机构和组织丧失自主权；另一种选择是采用一种相当激进的自上而下的风格来实施全局型政府的计划，比如英国布莱尔政府的改革计划。

2. 协商版本

工具视角的协商版本主要观点是：公共机构内部是异质的，不同的单位拥有不同的结构、角色、功能和利益。环境中的主要利益相关者，包括私人行为者，也存在异质性。"无论是在内阁内部，跨部门工作组织或部门之间，还是参与协同服务提供的专门机构之间，工作的方式必然具有谈判特征。比如新西兰的全局型政府改革。"[②] 总之，全局型政府似乎更注重务实和灵活的合作，而不是正式的合作。

（二）文化——制度理论视角的研究

从文化角度来讲，克里斯滕森认为，公共组织的发展与其说是设计，

[①] Tom Christensen, Per Lægreid, "The Whole – of – Government Approach to Public Sector Reform", *Public Administration Review*, 2007, 67 (6).

[②] Tom Christensen, Per Lægreid, "The Whole – of – Government Approach to Public Sector Reform", *Public Administration Review*, 2007, 67 (6).

不如说是进化,依照特定的路径、历史轨迹和传统,每个公共组织最终都会发展出独特的制度或非正式的规范和价值观。在公共部门改革中,平衡碎片化与一体化、个性化与共同身份、市场压力与文化凝聚力是一个巨大的挑战。尤其在文化视角下,必须考虑改革的文化兼容性。结构的变革不足以实现全局型政府的目标,文化、过程、态度都是需要考虑的必要因素。与新公共管理运动相比,后新公共管理改革更注重建立一种强烈而统一的价值观,主张基于价值的管理和协作、团队建设、组织参与。此外,全局型政府改革的另一个文化方面是道德标准的不断提高,比如新西兰的改革提出加强核心公共服务能力,提升领导价值观和标准,从而将文化视为道德标准融入改革过程中。

(三) 神话——象征理论视角的研究

神话视角主要从神话、象征和时尚的角度来看待改革及其主要概念,即改革也是相关象征和时尚的改变。政府改革的理念往往会模仿私营公司的做法,即被私有公司或国际企业家"推销","装点门面"(Window Dressing)很重要,就像假装以一种成功的方式行事一样。主要目的是提高政治行政系统及其领导人的合法性而非解决特定的工具性问题。全局型政府作为一个流行词,也会有一些神秘的方面,主要表现在对它优势的充分肯定以及无条件信任,"很少有行动者对全局型政府提出异议"[1]。比如澳大利亚政府改革,这是一种反传统的观点,被视为一种时尚,用以凸显政治领袖尤其是行政领袖的大思想观念。从神话的角度来看,"改革的一个方面即是'以价值为基础的政府'的概念,这个概念似乎已经作为一种时尚传入并传播,但现在已经变得比以前的努力更加正式——在被书写和编纂的意义上。"[2]

总之,全局型政府的目标是促进组织之间的合作、网络和协作。但全局型政府也增加了其他的困难,比如不可知的风险、激进的议程和不可控的结果。因此,全局型政府不是万能药,并不适合所有的情况,"全

---

[1] Tom Christensen, Per Lægreid, "The Whole-of-Government Approach to Public Sector Reform", *Public Administration Review*, 2007, 67 (6).

[2] Tom Christensen, Per Lægreid, "The Whole-of-Government Approach to Public Sector Reform", *Public Administration Review*, 2007, 67 (6).

局型政府倾向于模糊纵向责任,但它面临的挑战是如何更好地平衡纵向责任、横向责任和对下面的回应。"①

第三节 汤姆·凌的协同政府理论

"协同政府"(Joined-up Government)在 1997 年由英国托尼·布莱尔政府提出,它是在吸取战后政府改革经验教训基础上的调和主义,是第三条道路在政府管理中的体现,其主要目的是要更好地解决涉及多个公共组织部门、行政级别和政策领域的协同问题。英国理工大学的汤姆·凌(Tom ling)研究员是协同政府研究的主要代表人物之一,他于 2002 年发表的《英国协同政府构建:维度、议题和问题》(*Delivering joined-up government in the UK: dimensions, issues and problems*)探讨了协同政府的内涵、维度和主要议题。

一 协同政府理论的背景

协同政府(Joined-up Government)既是对新公共管理运动反思的结果,也是一定的意识形态以及政府治理环境等内外因素共同作用的产物。20 世纪八九十年代,公共服务碎片化问题突出,公共政策的重要目标不能通过现有组织的独立活动来实现,但也不能通过创建一个新的"超级机构"来实现。为了解决公共管理与公共服务过程中的碎片化问题,英国首相布莱尔于 1997 年发起了一场旨在利用更加灵活的途径解决社会复杂问题的行政改革运动,这场行政改革运动的核心词语即是协同政府。

协同政府出现的背景可以归纳为四个方面。首先,协同政府是建立在对新自由主义批判的基础之上,新自由主义回避各种社会问题,片面追求"3E"标准使得政府信任度降低,因此政府必须寻求一条新的道路来增加对政府的认同。其次,协同政府是对新公共管理运动过程所导致的政府部门碎片化以及政府责任缺失的回应,新公共管理运动通过不断地将权力下放到底层组织从而试图打破各个部门的条块分割所造成的部

---

① [挪威]Tom Christensen、Per Lægreid:《后新公共管理改革——作为一种新趋势的整体政府》,张丽娜、袁何俊译,《中国行政管理》2006 年第 9 期。

门的自我中心主义,但是在 20 世纪 80 年代国家变得更为碎片化。再次,风险社会的来临催生了协同政府的产生,全球社会现在都面临着如恐怖主义、生态危机、生化安全等大事件的困扰,而这既不是部门主义的政府也不是碎片化的组织能够解决,这需要不同部门之间的协作。最后,科技以及组织技术的迅速发展极大地降低了横向沟通和合作的成本,同时也为不同部门间的信息共享创造了条件。

协同政府的提出,迅速引起了学术界的广泛关注,并成为英国工党公共部门改革的核心概念。在布莱尔政府中,有内阁办公室与财政部共同肩负起推动并形成协同政府的责任,内阁办公室负责范围广泛的跨部门机制,而财政部负责全面管理公共财政与服务的架构。

二 协同政府的内涵

从协同政府的内涵来看,协同政府强调的是多部门、多领域、多主体的协同治理,但它既不是寻求完全取消中央官僚体系,也不是在公共服务提供中完全不要市场,而是结合这两者。协同政府在政策提供中是战略的、整体的、注重结果的,既需要政府在公共服务中发挥重要作用,也需要公共部门、私人部门以及第三部门共同协作,其中政府部门发挥核心作用。在汤姆看来,协同政府的目标在于:"拥有整体而不是部分或线性思维,能够涵盖各种活动、习惯、行为和态度之间的互动;具有跨组织边界思考和工作的能力;让公众参与制定应对措施的方式;愿意以全新的方式思考和工作。虽然大多数人会被传统的组织、标签和假设所困或限制,但我们需要的是愿意接受非传统的和追求激进的;为学习型社会提供一种新的管理方式。"[1]

三 协同政府理论的维度

汤姆将协同政府理论分为四个维度,即"第一,与每个新型组织内部生活有关的方面(例如其文化和价值观、信息管理和培训);第二,那些涉及跨组织工作的维度(例如共享领导、集中预算、合并结构和联合

---

[1] Tom Ling, "Delivering joined-up government in the UK: dimensions, issues and problems", *Public Administration*, 2002, 80 (4).

团队）；第三，与服务提供有关的维度（例如与与客户联合协商与参与、共享客户关注占以及共享客户界面等）；第四，这些维度涉及"向上"的责任和激励机制（例如公共服务协议过程中共享产出目标、对结果的绩效衡量以及基于规则的监管等）"。① 用不同的方式表达，这些维度可以被认为是向内、向外、向下和向上。如图22—2。

新型组织（New types of organization）
构成因素包括：
·文化和价值观（culture and value）
·信息管理（information）
·培训（training）

服务提供的新方式（New ways of delivering services）
构成因素包括：
·联合协商/参与（joint consultation /inolvement）
·共享客户关注点（shared client focus）
·共享客户界面（shared customer interface）

新的责任和激励机制（New accountabilities and incentives）
构成因素包括：
·共享产出目标（shared outcome targets）
·绩效衡量（performance measure）
·规则（regulation）

跨组织工作的新方式（New ways of working across organizations）
构成因素包括：
·共享领导（shared leadership）
·集中预算（pooled budget）
·合并结构（merged structure）
·联合团队（joint teams）

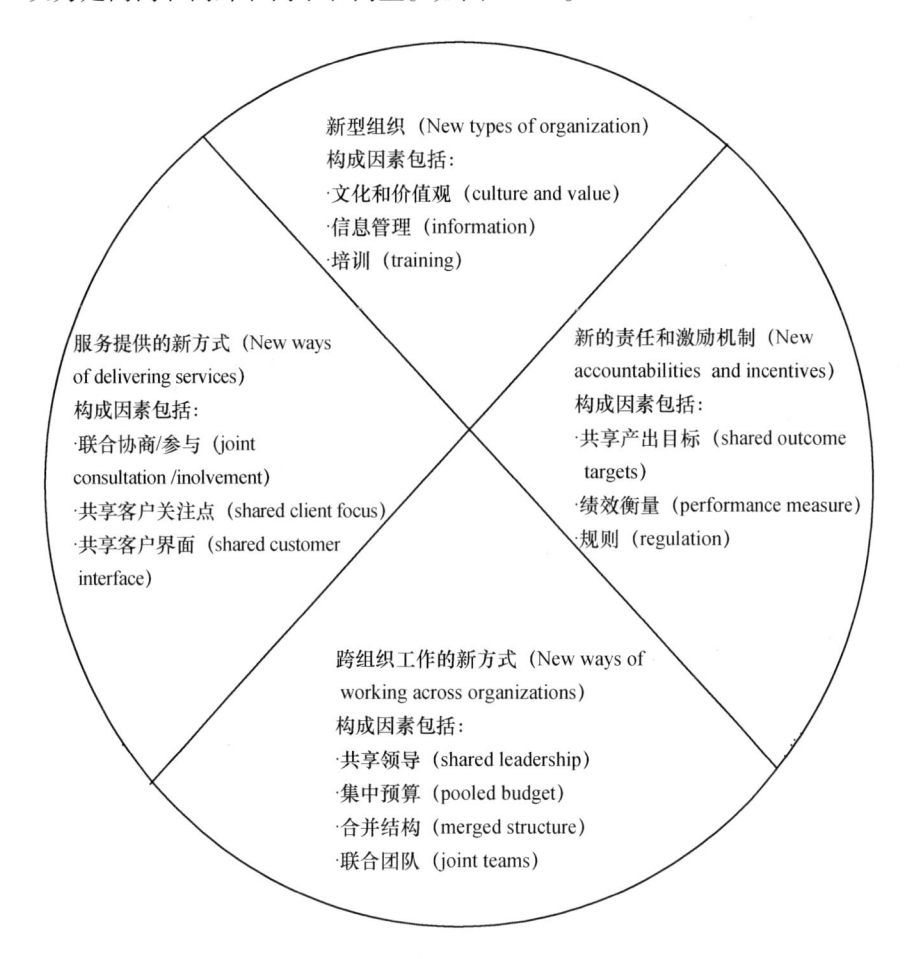

图 22—2　协同政府的维度

资料来源：Tom Ling, "Delivering joined‐up government in the UK：dimensions, issues and problems", *Public Administration*, 2002, 80 (4)。

---

① Tom Ling, "Delivering joined‐up government in the UK：dimensions, issues and problems", *Public Administration*, 2002, 80 (4).

从上述可以看出，协同政府的维度主要有四个，分别是以下方面。

1. 跨组织工作的新方式（New ways of working across organizations）

"协同政府"侧重于两个或两个以上组织使用的机制，在一个共享的议程中一起工作，同时保持他们自己的组织身份和目的。它提供了通过协调各项活动来确保更大的资金价值的前景，并承诺提供更好的公共服务。尤其是1998年英国报告指出的社区新政，证实了协同政府存在的重要性。工党政府下的协同政府具有以下特点："中央为地方伙伴关系提供资金；鼓励本地社区参与；发展合作关系；并通过项目传播最佳实践。"[①]

2. 新的责任和激励机制（New accountabilities and incentives）

公共部门的问责制一直存在两难局面，即在保持中央协调的同时，必须同时提供有反应的地方公共服务，这将总是造成紧张局势。伙伴关系工作带来的挑战不仅仅是审查机制曾经围绕着各个部门的部级责任而受到的挑战，而且也涉及如何将部长职责与其他责任制相结合。这将需要更多地考虑如何在通过合作和对话取得成果的情况下建立问责制，如何判断合伙人的行为是否值得信任，以及如何在被管理的个体对结果仅有有限控制的情况下进行绩效管理。

3. 新型组织（New types of organization）

不同于原有的组织形式及官僚作风，协作精神重视平等、适应性、判断力和结果。新组织形式需要让参加者更深入地了解需要什么样的新领导形式，以实现凝聚的成果和跨领域的政策；需要反思自己的领导方式；需要探讨领导力与公共服务组织绩效之间的关系。这种理想型的协同政府，将需要与目前公共部门截然不同的组织。

4. 提供服务的新方式（New ways of delivering services）

协同政府的第四个维度是试图让不同的决策者回应来自公众的相同信号，"一站式政府"就是众多以客户为中心的合作方式之一。还有其他让用户参与的方式包括教育、信息、咨询、参与、社区伙伴关系、委托控制和公共控制等。除了中央政府的大量举措，更多的公众参与活动发生在地方层面，地方服务的创新是创新的源泉所在。但公众参与政府的

---

① Tom Ling, "Delivering joined–up government in the UK: dimensions, issues and problems", *Public Administration*, 2002, 80 (4).

关系并不是简单的关系，公众与政府可以共享关注点、共享顾客界面以及参与公共决策等方式来实现协同。

总之，汤姆的协同政府理论对英国公共部门的改革经验进行了深刻总结，其提出的协同政府的内涵，特别是协同政府的四个维度为政府改革提供了理论指导，协同政府理论也解决了20世纪80年代以来全球公共行政面临的碎片化治理难题，为其提供了一个可供选择的新方案，对全球公共部门产生深刻的影响。

第二十三章

国家能力理论

在 21 世纪的今天，国家治理也是公共行政关注的重点领域，公共行政不仅需要关注政府本身的有效运转和公共事务的高质量治理，还要关注国家战略、国家整合、国家凝聚、国家认可等宏观层面的问题。研究国家治理的学者众多，从古罗马的西塞罗、柏拉图到现代的福山、肯尼迪等。本章主要介绍 19 世纪末至 20 世纪初以来在国家理论和国家治理理论方面的重要思想，包括福山的国家建构理论、阿西莫格鲁的国家为什么失败以及肯尼迪的大国兴衰理论。

第一节　福山的国家建构理论

弗朗西斯·福山（Francis Fukuyama），生于 1952 年 10 月 27 日，日裔美籍学者，哈佛大学政治学博士。现任美国斯坦福大学政治学系教授，曾在约翰霍普金斯大学、斯坦福大学、乔治·梅森大学任教。担任过美国国务院思想库政策企划局副局长、兰德公司研究员。主要著作有：《历史的终结与最后一人》，此文 1989 年发表在《国家利益》杂志上，认为自由民主制会成为"人类意识形态发展的终点"和"人类最后一种统治形式"，并因此构成"历史的终结"。《政治秩序的起源：从前人类时代到法国大革命》，该著作将政治秩序的探讨向前延伸到人类的灵长目祖先，力图通过多学科的综合研究，建立一个理解人类政治制度演化的宏大框架。《大断裂：人类本性与社会秩序的重建》，该著作从人类本性的角度论述了社会秩序建构的历史过程。《政治秩序与政治衰败：从工业革命到民主全球化》一书有刘瑜专文导读"如何到达丹麦"。《政治秩序与政治衰败：从工业革命到民主全球化》，该著作是《政治秩序的起源》的姊妹篇，考察了从法国大革命到阿拉伯之春和当代美国政治的深层功能障碍等事例，描绘了国家、法治与民主负责制这三大制度在世界各地由于发展顺序的不同而有不同结果。《信任：社会美德与创造经济繁荣》，该著作详尽而细密地考察了社会信任度在各国经济生活上的角色。《我们的后人类未来：生物科技革命的后果》，对于快速发展的生物工程可能对人类社会的影响提出了警告，指出生物科技如果漫无节制地发展下去，会根本改变人性及人类社会。《国家构建：21世纪的国家治理与世界秩序》(*State - Building: Governance and World Order in the 21st Century*)，该书是福山的代表作，出版于2004年，是《历史的终结与最后的人》的姊妹篇，主要观点是历史的终结决不会是一个自发的进程，阐述了现代国家的软弱无能与建构途径。

一 国家建构的含义及必要性

福山认为，国家建构（state - building）是一个双重过程：一方面，国家建构要强化现有的国家制度，加强现有国家制度的稳定性；另一方面，国家建构还需要新建一批国家政府制度以强化国家职能，以不断提高国家处理各类公共问题的治理能力。在福山看来，国家建构已经成为当今国际社会最重要的命题之一，这是"因为软弱无能国家或失败国家已成为当今世界许多严重问题（从贫困、艾滋病、毒品到恐怖主义）的根源"。[1] 福山认为，发展中国家更需要国家建构，特别是在发展中国家，政府软弱、无能或无政府状态，是严重社会问题的"祸根"，这主要受过去"有限政府"的影响及对"大政府"的抨击。举例说，在公共卫生领域，国家需要强大的公共卫生能力，需要加强政府制度能力来应对诸如艾滋病之类的公共卫生问题，但是由于政府职能的弱化，大大影响了发展中国家应对此类问题的能力。此外，贫困国家缺乏国家能力不仅困扰着贫困国家自身，也直接困扰着发达国家，因为这些人道危机也会波及发达国家，9·11事件就是例证。因此，福山指出，"国家弱化问题也构

---

[1] ［美］弗朗西斯·福山：《国家建构：21世纪的国家治理与世界秩序》（序），黄胜强、许铭原译，中国社会科学出版社2007年版，第1页。

成一个重大战略挑战。"①

二 国家职能与国家能力

福山认为，国家职能在现实中是分化的，既可以走向好的方向，也可以走向不好的方向。例如：国家职能的强制权力既可以用来保护财产权和提供公共安全，也可以用来没收私有财产和侵害本国公民的权利。国家对合法权力的行使实施垄断，既可以使每个人免遭霍布斯称之为"人人反对人人的战争"，又为国际间的冲突和战争埋下了隐患。政治学家们通常认为：现代国家政治的使命在于对国家的权力施加制约，把国家的活动引向它所服务的人民认为是合法的这一终极目标上，并把权力的行使置于法治原则之下。但是福山认为，这个意义上的现代国家根本不具有普遍的意义。在20世纪，既有自由世界秩序的崩溃，也有集权和更主动干预国家的繁荣。即使是美国极力推荐的一整套旨在弱化国家对经济事务干预的"华盛顿共识"也遭到"无情的抨击"。那么，人们会提出这样的疑问：自由西方制度和价值是否真正地放之四海而皆准？抑或如同塞缪尔·亨廷顿所指出的那样，"那是一个衰落的文明"。② 福山认为："不存在最佳的正式制度，也因此不存在最佳的组织形式。"③ 事实上，福山在论证中隐含着这样一个观点：人类的历史变化太快，国家的发展也是不断变化的、动态的，每个国家具有"独特无比的历史背景"，每种制度都会在实践中发生演变，没有一种是放之四海都正确的制度安排。福山认为，"真正的问题在于国家在某些领域必须弱化，但在其他领域却需要强化。"④

那么，国家在哪些领域必须弱化，在哪些领域必须强化呢？福山将国家职能分化为两种能力：一是政治方面的能力，即国家制度按照削弱

---

① [美]弗朗西斯·福山：《国家建构：21世纪的国家治理与世界秩序》（序），黄胜强、许铭原译，中国社会科学出版社2007年版，第2页。
② [美]塞缪尔·亨廷顿：《文明的冲突与世界秩序的重建》（修订版），周琪等译，新华出版社2010年版，第62页。
③ [美]弗朗西斯·福山：《国家建构：21世纪的国家治理与世界秩序》，黄胜强、许铭原译，中国社会科学出版社2007年版，第50页。
④ [美]弗朗西斯·福山：《国家建构：21世纪的国家治理与世界秩序》，黄胜强、许铭原译，中国社会科学出版社2007年版，第5页。

或限制国家权力的思想来设置；二是行政方面的能力，即实施法律与政策的能力。福山认为美国制度的优点是国家的政治职能与行政职能进行了有效的结合，一方面是从政治方面对国家权力进行了有效的法律约束，在这方面，国家职能是弱化的；另一方面，美国这个国家又特别强大，联邦、州和地方各个层级拥有强大的执法能力，执法范围无处不在。

福山进一步根据"国家职能的范围"和"国家力量的强度"建立了一个"四象限分析法"来分析不同国家能力对经济绩效的影响。见图23—1。

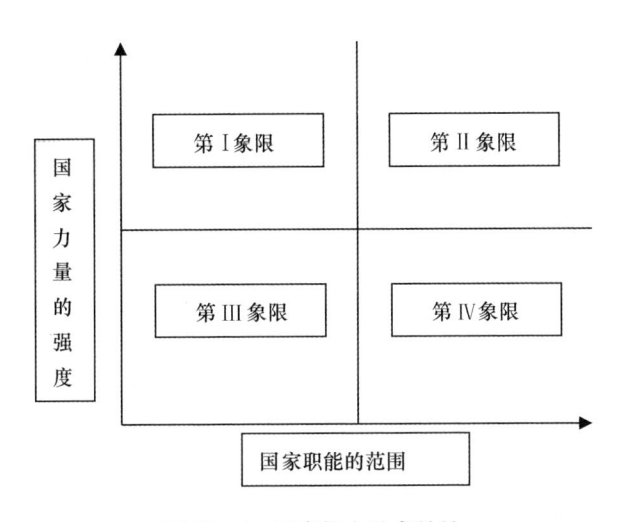

图 23—1 国家概念及有效性

福山认为，从经济学的观点来分析，国家能力最佳的位置是处于第Ⅰ象限，即国家职能范围要小但是国家力量强度要大；但是也有些自由主义经济学家喜欢第Ⅲ象限，即国家干预最少就是最好。在福山看来，国家能力也是变动的，具有动态性，可能从第Ⅰ象限跳到第Ⅱ象限或其他象限，反之亦然。但是总体看来，福山认为国家能力重于国家职能，"有证据证明，国家制度的力量大小从广义上讲比其职能范围宽窄更为重要。"[1] 这样，福山就把国家的制度能力摆在了首要的位置，制度能力也

---

[1] ［美］弗朗西斯·福山：《国家建构：21世纪的国家治理与世界秩序》，黄胜强、许铭原译，中国社会科学出版社2007年版，第19页。

成为国家治理能力的核心。

三　国家建构的有效途径

福山认为,不同的国家具有不同的建构路径。但是从国际上看,国家建构有三个区别明显的方面或阶段:第一阶级是所谓的战后重建阶段,这主要是指因国家权力崩溃而需要从基础开始重建;第二阶段的主要目标是创立在外国干预撤离后能自我维持的国家制度,这一阶段比第一阶段更困难;第三个阶段是解决增强弱国家的力量问题,这一阶段重点是提高国家能力。福山认为国家构建的关键在于提升国家制度能力,这种制度能力包括制度的有效供给与需求。福山指出:"国家构建和制度改革的成功实施绝大部分都发生在社会产生对制度强烈的国内需求的时期,于是制度便通过全面计划、照搬外国或因地制宜地借鉴外国模式这三种方式创造出来了。"① 此外,福山认为国家建构与政治体制、意识形态无关,也与是否集权、分权无关,而与整个国家政府的治理能力有关,正如福山后来在新冠肺炎疫情危机中反复强调的那样:"决定应对疫情表现的关键性决定因素并不是政治体制的类型,而是一个政府的能力,以及更为重要的是,对政府的信任。"② 在福山看来,国家建构还需要强化国家认同,特别是通过文化建设以及非正式规则来黏合社会价值,以强化国家认同。最后,国家建构还需要在加强合法性建设的基础上缩减国家干预的范围,同时加强行政执行能力建设,以建立一个"小而强的国家"③。

第二节　阿西莫格鲁与罗宾逊的国家为什么失败

德隆·阿西莫格鲁(Daron Acemoglu),1967 年出生于土耳其的伊斯

---

① [美]弗朗西斯·福山:《国家建构:21 世纪的国家治理与世界秩序》,黄胜强、许铭原译,中国社会科学出版社 2007 年版,第 34 页。

② 《美国知名学者福山:美国应对疫情不如中国,不是体制的错》,环球时报 2020 年 3 月 31 日。

③ [美]弗朗西斯·福山:《国家建构:21 世纪的国家治理与世界秩序》,黄胜强、许铭原译,中国社会科学出版社 2007 年版,第 114 页。

坦布尔，现任麻省理工学院的经济学教授。阿西莫格鲁 1989 年本科毕业于英国的约克大学，之后进入英国伦敦经济学院学习，并于 1992 年获得博士学位，毕业后留校任教。1993 年，阿西莫格鲁前往麻省理工学院（MIT）任职。2005 年，阿西莫格鲁获得了约翰·贝茨·克拉克奖（John Bates Clark Medal），该奖项是专门颁给 40 岁以下且对经济学的思想和知识做出杰出贡献的经济学家。2010 年开始担任伊丽莎白和詹姆士·基利安经济学教授。阿西莫格鲁的研究领域主要集中于政治经济学、经济增长、网络经济等领域。其主要著作有《独裁和民主的经济起源》（Economic Origins of Dictatorship and Democracy，2006）、《国家为什么会失败：权力、富裕与贫困的根源》（Nations Fail: The Origins of Power, Prosperity and Poverty，2012）等。其中《国家为什么会失败：权力、富裕与贫困的根源》通过考察古罗马帝国、玛雅城邦、中世纪威尼斯、苏联、南亚、拉美、非洲、欧洲大陆、美国、澳大利亚以及等区域各国兴衰状况，从制度层面分析了国家繁荣和衰败的历史规律。

詹姆斯·A. 罗宾逊（James A. Robinson），现为哈佛大学政府系大卫·弗罗伦斯政府学教授。罗宾逊于 1982 年获得伦敦政治经济学院学士学位，1993 年在耶鲁大学获得博士学位。先后在澳大利亚墨尔本大学、南加州大学以及加州大学伯克利分校任教。2004 年进入哈佛大学担任政府学教授。罗宾逊的主要研究领域集中于比较政治学、经济和政治发展。

一　国家繁荣与失败的根源

国家繁荣与失败的根源是什么？不同的学者提出了不同的见解，并逐渐形成了三种看法。一是地理假说，认为贫困国家和富裕国家的巨大差异是由地理环境的差异造成的。如非洲地理与欧洲的气候与地理差异形成了贫富差异。二是文化假说，认为世界不平等的根源在于不同宗教、信仰、价值观和伦理所形成的文化的影响。三是无知假说，这种假说认为世界不平等之所以存在是因为我们或者我们的统治者不知道如何让贫国致富。阿西莫格鲁和罗宾逊认为，以上三种假说都站不住脚，地理与经济增长不存在简单关系，文化也解释不了世界的不平等，无知假说更无实际用处。在阿西莫格鲁和罗宾逊看来，国家繁荣与失败在一定程度上是统治者有意为之的结果，如果说富国是有目的地"使其正确"的结果;那么穷国就是有目的地"使其错误"的结果,"穷国之所以贫穷是因为掌权者选择了造成贫穷的政策。他们使其错误并非是由于错误或无知,而是有目的的。"①

阿西莫格鲁和罗宾逊指出,国家是繁荣还是失败,其根源在于制度,即在于是采用包容性制度(inclusive institutions)还是采取汲取性制度(extractive institutions)。他们指出:"不同国家之所以在经济成就上存在差别是由于采用了不同制度、采用了影响经济运行的不同规则以及不同激励制度。"② 在这里,阿西莫格鲁和罗宾逊从包容性和汲取性两个维度对制度进行刻画,其中包容性制度又包括包容性政治制度和包容性经济制度,而汲取性制度又包括汲取性政治制度和汲取性经济制度。在阿西莫格鲁和罗宾逊看来,包容性制度与汲取性制度是理解国家繁荣或失败的核心要素,当国家采用了包容性制度时,经济的长期可持续增长是可能的;相反,"当一个国家存在妨碍甚至阻碍经济增长的汲取性政治制度所支持的汲取性经济制度时,国家就会失败。"③

二 包容性制度与国家繁荣

(一)包容性经济制度是国家繁荣的"发动机"

阿西莫格鲁和罗宾逊认为,国家繁荣的根源在于采用了包容性制度。包容性制度又包括包容性经济制度和包容性政治制度,二者相互促进、相互影响,共同实现了国家的繁荣。包容性经济制度即是"允许和鼓励大多数人参与经济活动,并尽最大努力发挥个人才能和技术,能够让个人自由选择。既然是包容性的,经济制度必须以具有保护私有财产、公正的法律和提供公共服务的特征,能够为人们交易和签约提供基础;它还必须允许新企业进入,并允许人们自由选择职业"。④

---

① [美]德隆·阿西莫格鲁、[美]詹姆斯·A.罗宾逊:《国家为什么会失败》,李增刚译,湖南科学技术出版社2015年版,第48页。
② [美]德隆·阿西莫格鲁、[美]詹姆斯·A.罗宾逊:《国家为什么会失败》,李增刚译,湖南科学技术出版社2015年版,第51页。
③ [美]德隆·阿西莫格鲁、[美]詹姆斯·A.罗宾逊:《国家为什么会失败》,李增刚译,湖南科学技术出版社2015年版,第58页。
④ [美]德隆·阿西莫格鲁、[美]詹姆斯·A.罗宾逊:《国家为什么会失败》,李增刚译,湖南科学技术出版社2015年版,第52页。

在阿西莫格鲁和罗宾逊看来，包容性经济制度是国家繁荣的"发动机"。包容性经济制度一方面要求社会上所有的人都有可靠的权利和机会，而不仅仅是精英阶层，包容性经济制度创造包容市场，不仅给人们追求最适合他们才能的职业的自由，而且还给他们这样做的平等舞台；另一方面，包容性经济制度还为繁荣的另外两个发动机铺平了道路，它们是技术和教育。持续的经济增长几乎总是与技术进步相伴，而技术进步需要拥有更多技术知识的工人，否则，世界上所有的技术都毫无用处。这是因为包容性经济制度"利用包容性市场潜在的能力鼓励技术创新、投资人力、动员多数人的才能和技能，这些经济增长异常重要"。[1]

（二）包容性经济制度依赖于包容性政治制度

尽管包容性经济制度影响着一个国家的繁荣，但是政治和政治制度又决定了一个国家拥有什么样的经济制度，所以，包容性经济制度又必须依赖于包容性政治制度。这里的包容性政治制度即是"足够集权和多元化的政治制度"。

包容性政治制度与包容性经济制度是相互促进、相互支持的。一方面，包容性政治制度是包容性经济制度的基础；另一方面，包容性经济制度又保障了包容性政治制度的存续。正如阿西莫格鲁和罗宾逊指出的："包容性政治制度把权力广泛分散于社会，并限制滥用。这种政治制度使篡权和破坏包容性制度的基础更加困难。控制政治权力者也不能轻易运用这种权力为他们自己的利益建立汲取性经济制度。同样，包容性经济制度使资源分配更加平等，有利于包容性政治制度的存续。"[2]

（三）国家能力是包容性经济制度运行的重要保障

阿西莫格鲁和罗宾逊认为，包容性经济制度的运行还需要国家能力的保障。也就是说，国家管理和治理社会的权力和能力也是保障包容性经济制度顺利运作的必要条件。这是因为可靠的产权、法律、公共服务的签订契约与交易的自由都依赖国家和相应的制度具有强制力能够强力

---

[1] ［美］德隆·阿西莫格鲁、［美］詹姆斯·A. 罗宾逊：《国家为什么会失败》，李增刚译，湖南科学技术出版社2015年版，第55页。

[2] ［美］德隆·阿西莫格鲁、［美］詹姆斯·A. 罗宾逊：《国家为什么会失败》，李增刚译，湖南科学技术出版社2015年版，第57页。

推行秩序，防止盗窃和欺诈，并保障私人各方签订的契约能得到执行。此外，社会要想运转良好，也需要其他公共服务，比如需要公路和运输网，以便货物可以得到运输；需要公共基础设施，以便经济活动可以繁荣；另外也需要其他一些禁止欺诈和不法行为的基本规范。尽管这些公共服务中有些是市场和私人提供的，但是这样做所必需的高水平的协调机制，在很大程度上依赖中央政府才能实现。因此，"国家是跟经济制度无情地捆绑在一起的，它们是法律秩序、私人产权和契约的实施者，也是公共服务的主要提供者。包容性经济制度需要国家，也利用国家。"①

阿西莫格鲁和罗宾逊以美国为例，阐述了包容性经济制度与包容性政治制度对国家繁荣的影响："美国的教育体系能够让盖茨和其他像他一样的人，获得一系列独特的技能，实现他们的才能。美国的经济制度能够让这些人非常容易地开办公司，不会面对不可逾越的障碍。那些制度也使他们为自己的计划融资成为可能。美国的劳动力市场让他们能够雇用有资格的人才，相对而言更富竞争性的市场环境能够让他们扩大公司和产品市场。这些企业家从开始就对自己梦想的计划能够实现满怀信心：他们相信这些国家的制度和法律，无须担心财产安全。最终，政治制度确保了稳定性和持续性。一方面，他们确信不存在独裁者篡夺权力、改变游戏规则、征用财产、监禁他们或者威胁他们的生命或生活。另一方面，他们也确信，社会中没有特殊利益集团能够扭曲政府的做事方式，做出有害经济的行为，因为政治权力是既有限又足够广泛地分散，这使得创造出来繁荣的激励因素的一系列经济制度能够出现。"②

（四）为什么包容性制度不被选择

既然政治制度和经济制度，最终是社会的选择，可以是包容性的，鼓励经济增长和国家繁荣的；或者是汲取性的，阻碍经济增长和国家繁荣。那么为什么自古以来世界很多国家没有选择这种包容性制度以实现国家繁荣呢？在阿西莫格鲁和罗宾逊看来，包容性制度之所以没有被选

---

① ［美］德隆·阿西莫格鲁、［美］詹姆斯·A. 罗宾逊：《国家为什么会失败》，李增刚译，湖南科学技术出版社2015年版，第53页。
② ［美］德隆·阿西莫格鲁、［美］詹姆斯·A. 罗宾逊：《国家为什么会失败》，李增刚译，湖南科学技术出版社2015年版，第29页。

择，主要原因在于统治者不愿意选择。而统治者之所以不愿意选择，是因为经济增长和技术变革通常伴着伟大经济学家约瑟夫·熊彼特所说的"创造性破坏"，新的制度、新的部门、新的技术会打破旧的制度、部门和技术，从而使得旧有制度的既得利益者失去原有的利益。因此，"对创造性破坏的担心通常会成为反对包容性经济制度和政治制度的根源。"①

三 汲取性制度和国家失败

（一）国家失败的原因在于汲取性制度

汲取性制度即是和包容性制度相反的制度，汲取性制度之所以被称为汲取，是因为"这些制度的设计，从根本上讲就是为了从社会一部分人那里攫取收入和财富，让另一部分人受益"。② 汲取性制度包括汲取性经济制度和汲取性政治制度，二者的关系是一种"强反馈循环"的关系。这是因为："政治制度能够让精英控制选择经济制度的政治权力，几乎不存在约束或反对力量。它们也能够让精英人物建构未来的政治制度并影响其演进变化。接着，汲取性经济制度使这些精英阶层致富，他们的经济财富和权力又帮助巩固他们的政治优势。"③ 这种"强反馈循环"也加剧了汲取性政治制度对政治权力与汲取性经济制度的双重控制，由于权力集中在少数人手中，他们不仅会因为自己的利益加强对汲取性经济制度的控制，同时还会运用他们在汲取性经济制度中所获得的资源，巩固对政治权力的控制。

在阿西莫格鲁和罗宾逊看来，尽管汲取性制度的细节在不同环境中有所不同，但通常都是国家失败的根源。这是因为"汲取性经济制度没有给人们创造储蓄和创新所需要的激励。汲取性政治制度通过固化那些汲取性制度中获益者的权力，来支持汲取性经济制度"。④ 汲取性制度导

---

① ［美］德隆·阿西莫格鲁、［美］詹姆斯·A.罗宾逊：《国家为什么会失败》，李增刚译，湖南科学技术出版社2015年版，第59页。
② ［美］德隆·阿西莫格鲁、［美］詹姆斯·A.罗宾逊：《国家为什么会失败》，李增刚译，湖南科学技术出版社2015年版，第53页。
③ ［美］德隆·阿西莫格鲁、［美］詹姆斯·A.罗宾逊：《国家为什么会失败》，李增刚译，湖南科学技术出版社2015年版，第57页。
④ ［美］德隆·阿西莫格鲁、［美］詹姆斯·A.罗宾逊：《国家为什么会失败》，李增刚译，湖南科学技术出版社2015年版，第278页。

致的国家失败常常表现为缺乏充分的经济活动，因为政治家们只乐于攫取资源，或者挤压任何种类的、可能威胁他们和经济精英们的、独立的经济活动，在极端情况下甚至造成全面的政府失灵，不仅破坏法律和制度，甚至破坏了最基本的经济激励。

（二）汲取性制度也能实现一定程度的繁荣

阿西莫格鲁和罗宾逊认为，汲取性制度下，精英们为了攫取更多的利益，也会想方设法地鼓励经济增长。因为，汲取性制度通常能够产生某种程度的增长。这有两种情况：第一种情况是，即便经济制度是汲取性的，当精英们能够直接将资源配置到他们自己控制的高生产率活动中时，增长就是可能的。第二种情况是，当汲取性制度允许某种程度的包容性经济制度发展时，也会实现一定程度的经济增长。正如阿西莫格鲁和罗宾逊所说的："许多采用汲取性政治制度的社会远离包容性经济制度，因为担心创造性破坏。但是精英们努力垄断权力的程度在不同社会存在差别。在有些社会，精英阶层的地位足够安全，当他们确信，转向包容性经济制度不会威胁他们的政治权力时，他们就可能允许进行某些变化。另一种情况是，当时的历史情形可能造成汲取性政治制度拥有了较为包容的经济制度，而且统治阶层决定不去阻碍它，这就提供了汲取性政治制度下出现经济增长的第二种方式。"①

但是在阿西莫格鲁和罗宾逊看来，汲取性制度尽管能实现一定程度的经济增长，甚至是国家繁荣，但是这种增长与繁荣是不稳固的、不可持续的。原因有两点，如下。一是这是由汲取性制度的性质决定的。汲取性制度不会导致创造性破坏，并且最多只能产生有限的技术进步，因此，在这种情况下增长不可持续。正如阿西莫格鲁和罗宾逊指出："持续的经济增长要求创新，而创新必然伴随创造性破坏，在经济领域内就是新的取代旧的，在政治领域内就是破坏已经建立起来的权力关系。由于控制汲取性制度的精英阶层担心创造性破坏，他们将会抵制它，汲取性

---

① ［美］德隆·阿西莫格鲁、［美］詹姆斯·A. 罗宾逊：《国家为什么会失败》，李增刚译，湖南科学技术出版社 2015 年版，第 65 页。

制度下萌生的任何增长最终都是短命的。"① 二是控制汲取性制度的那些人以牺牲社会其他人的利益获得大量收益的能力，意味着汲取性制度下的政治权力常常成为争夺的对象，其结果是经济增长的各种安排可能会"很容易地被汲取性制度自身所产生的内讧摧毁"。

四 汲取性制度向包容性制度的转变

既然包容性制度是经济增长与国家繁荣的根源，那么对于部分落后的并实现汲取性制度的发展中国家或不发达国家，有没有可能转向采用包容性制度呢？阿西莫格鲁和罗宾逊的回答是：有可能。但是主要受偶然因素的影响。偶然因素的影响主要有两个。一是受所谓"寡头铁律"（iron law of oligarchy）的影响。寡头铁律即是在许多采取汲取性制度的国家，在暂时转向包容性制度之后又退回到了汲取性制度，原因在于既得利益者阻碍新制度的建立，"推翻原来政体的新领导人承诺会进行激进变革，但是这种变革不会推翻原来的制度，反而变本加厉。"② 打破"寡头铁律"需要建立"更加包容的多元制度"，只有建立广泛联盟的多元政治制度，才能有效推动汲取性制度向包容性制度的转变。二是受所谓偶然因素如灾害、瘟疫、战争、技术革新等偶然性历史事件影响。要改变这种情况，就要进行制度改革，要抓住像技术变革等这样的"关键节点"进行制度变革，在制度变革中逐渐增加包容性因素，减少汲取性因素，从而推动汲取性制度向包容性制度转变。

对于中国的发展而言，阿西莫格鲁和罗宾逊认为中国大陆的复兴是伴随着摆脱高度集中的经济制度并转向更包容的经济制度而来的。改革开放以来，中国经济制度变得更为包容了，这为中国的繁荣奠定了良好的基础，"中国已经向包容性经济制度做出了重大跨越，这些跨越是以中国过去30年特别高的增长率为基础。"③ 但是当中国经济达到中等收入国

---

① ［美］德隆·阿西莫格鲁、［美］詹姆斯·A. 罗宾逊：《国家为什么会失败》，李增刚译，湖南科学技术出版社2015年版，第315页。
② ［美］德隆·阿西莫格鲁、［美］詹姆斯·A. 罗宾逊：《国家为什么会失败》，李增刚译，湖南科学技术出版社2015年版，第270页。
③ ［美］德隆·阿西莫格鲁、［美］詹姆斯·A. 罗宾逊：《国家为什么会失败》，李增刚译，湖南科学技术出版社2015年版，第320页。

家的生活水平标准之后,就会遇到"创造性破坏"这个难题,就必须继续推进中国正在进行的政治体制改革,转向"包容性政治制度"。

第三节 保罗·肯尼迪的大国兴衰理论

保罗·肯尼迪(Paul Kennedy,1945 -),现为美国耶鲁大学历史系资深教授,曾任英国皇家历史学会会长,重点研究和讲授当代战略、国际关系和大国治理。1945年肯尼迪出生于英国泰恩塞德(Tyneside),父亲在造船厂工作。1966年毕业于英国纽卡斯尔大学,是家中的第一个大学生,尽管他差点为了当一位赛马点评人而放弃学业。后又赴牛津大学攻读博士学位。1970年保罗·肯尼迪执教于英国东安格利亚大学,先后任讲师和教授。1983年,肯尼迪被美国耶鲁大学聘为教授,并入选英国皇家历史学会。

保罗·肯尼迪的著述主要集中于历史、大国竞争、英德关系、战略和外交等领域。著作主要包括《萨摩亚的纠纷:对1878—1900年英、德、美关系之研究》(1973)、《英国海上霸权的兴衰》(1976)、《英德对抗之缘起:1860—1914》(1980)、《外交背后的现实:1865—1980年英国外交政策的影响》(1981)、《战略与外交》(1983)、《大国的兴衰:1500—2000年的经济变革与军事冲突》(*The Rise and Fall of the Great Powers: Economic Change and Military Conflict from 1500 to 2000*,1988)等。其中《大国的兴衰》是其主要代表作之一,该书在保罗·肯尼迪43岁时出版,主要展示了自公元1500年以来至二战后美苏对峙期间全球范围内各个大国的兴亡盛衰,重点描绘了国际体系中一流强国在励精图治、富国强兵过程中经济与战略的相互影响。该书出版之后立刻引起了轰动,各国争相翻译出版,因为当时很少有学者把军事史、经济史、国际关系史等这样的混合视角来看待大国兴衰的历史。尽管有学者认为保罗·肯尼迪是一个"缺乏思想深度的历史学家",但是《大国的兴衰》一书至今仍深深影响着人们对大国关系与大国治理的思考。正如一位作者评述的:"但至今,没人可以忽略《大国的兴衰》,因为肯尼迪先生的非凡优势——将所有事件置放于一个整体框架中思考的能力,仍无人超越。"①

一　大国兴衰的历史经验

保罗·肯尼迪考察了公元1500年以来世界各国的力量对比及兴衰史，归纳了500年间大国此消彼长的兴衰原因、影响因素及历史经验。

（一）大国在世界事务中的相对地位总是不断变化

由于500年间世界各国兴衰的过程极其复杂，因此，保罗·肯尼迪将研究重心聚焦于"大国"身上。那么，什么是大国呢？在保罗·肯尼迪看来，这里的大国即是基于强大的经济、科技、军事等力量的国家。他指出："大国就是一个能保卫自己并可对付任何国家的强国。"② 那么，什么决定大国的地位呢？保罗·肯尼迪引用雷里·巴尼特的话指出："一个民族国家的力量并不仅仅存在于其武装部队，而且存在于其经济和技术资源，存在于用以指导其外交政策的灵活性、预见能力和果敢性，存在于其社会和政治机构的工作效率。最重要的是，国家力量存在于其国家本身，即存在于民族中；存在于他们的技术、能力、雄心、纪律、创造性中；存在于他们的信念、神话及其幻想中。进一步讲，还存在于这些因素相互联系的方式中。"③

保罗·肯尼迪强调，大国力量对比不会一成不变，大国的地位也是不断变化的：从公元1500年中国、俄国、日本的"权势中心"到17世纪西班牙、奥地利哈布斯堡王朝的崛起，从18世纪工业革命时期英国的脱颖而出到两次世界大战后权力中心向美国的转移，从第二次世界大战后美国和苏联争霸到中华人民共和国"以惊人的速度发展"，都表明了一流大国在世界事务中的地位是不断变化的。在保罗·肯尼迪看来，大国地位的不断变化主要源于国力的变化及技术与组织形式的变革。他指出："一流国家在世界事务中的相对地位总是在不断变化，主要原因有二：一

---

① [英]保罗·肯尼迪：《大国的兴衰：1500—2000年的经济变革与军事冲突（上）》（推荐序），王保存等译，中信出版社2013年版，第Ⅶ页。
② [英]保罗·肯尼迪：《大国的兴衰：1500—2000年的经济变革与军事冲突（下）》，王保存等译，中信出版社2013年版，第280页。
③ [英]保罗·肯尼迪：《大国的兴衰：1500—2000年的经济变革与军事冲突（上）》，王保存等译，中信出版社2013年版，第210页。

是各国国力的增长速度不同;二是技术突破和组织形式的变革,可使一国比另一国得到更大的优势。"①

(二)大国兴衰的影响因素

保罗·肯尼迪认为,决定大国兴衰的影响因素主要有以下几个。

一是经济与技术的实力决定大国的兴衰。保罗·肯尼迪认为,各大国经济与技术的变化对大国的地位有重要影响。也就是说,在综合经济力量和生产能力对比的变化与国际系统中各大国的地位之间,有一种因果的关系。正如保罗·肯尼迪指出:"世界上有一种变革的动力,这个动力主要由经济和技术的发展所驱动,然后对社会结构、政治制度、军事力量与各个国家和帝国的地位都产生影响。"② 在保罗·肯尼迪看来,世界经济变化的速度之所以快慢不一,就是因为技术发明和经济增长的速度本身是参差不齐的,它们受各个发明家、企业家以及气候、灾害、战争、地理、社会结构等的制约,其结果就是:世界有些地区或国家崛起了,而另一些地区或国家则是绝对地落后了。

二是军事力量影响大国的兴衰。保罗·肯尼迪分析了500年间大国竞争与战争状况,指出军事力量是影响大国兴衰的最主要原因之一。但是在保罗·肯尼迪看来,军事力量归根结底也是由经济力量决定的,"军事力量要靠足够的社会财富来支持,而财富来自生机勃勃的生产基础,来自健康的金融财政和先进的技术。"③ 保罗·肯尼迪指出,历史的事实表明,从长远看,在每个大国经济的兴衰与其作为一个军事大国的兴衰之间,有一种显而易见的联系。其原因有二:第一,支持庞大的军队离不开经济资源;第二,在国际体系中,财富与力量总是联系在一起。财富即是力量,当然,这里的财富不仅指财富的绝对量,还取决于财富的相对量,即取决于本国和邻国比较起来的财富多寡。正如德国学者霍尼希指出的:"一个国家当前富强与否不取决于它本身拥有的力量和财富,而

---

① [英]保罗·肯尼迪:《大国的兴衰:1500—2000年的经济变革与军事冲突(上)》(前言),王保存等译,中信出版社2013年版,第XII页。

② [英]保罗·肯尼迪:《大国的兴衰:1500—2000年的经济变革与军事冲突(下)》,王保存等译,中信出版社2013年版,第178页。

③ [英]保罗·肯尼迪:《大国的兴衰:1500—2000年的经济变革与军事冲突(下)》,王保存等译,中信出版社2013年版,第179页。

主要取决于邻国力量的大小和财富的多寡。"① 如果一个国家比邻国强大，它的日子就好过；如果一个国家比邻国弱小，它就会遇到麻烦。但这并不是说，一个国家经济力量和军事力量的增减将同步进行，而是在经济力量升降曲线和军事影响升降曲线之间存在一个引人注目的"时间滞差"。

三是资源总体实力。在保罗·肯尼迪看来，大国竞争与其相互之间能够动用的产生资源总量有关，虽然经济决定一切，但是除了经济和军事，还有其他一些力量对大国竞争产生重要的影响，"譬如地理位置、军事组织、民族士气、联盟体系等许多因素都可以对各国的国力起制约作用。"② 在历次大国竞争与战争中，胜利者通常属于"拥有最雄厚的物质资源的一方"。例如在第二次世界大战中，同盟国拥有的经济、军事、资源等总体实力相比轴心国就具有明显优势，"纵然把法国算在德国一边，同盟国也具有两倍于轴心国的生产能力（根据1938年不十分确切的数字，但这些数字肯定低估了美国的生产能力），3倍的'战争潜力'，3倍的国民收入。"③ 战后美国的崛起也是如此，美国是唯一因战争而大发其财，而不是因战争变得穷困潦倒的国家。在战争结束后，美国的黄金储备几乎占世界总量的2/3，美国产品占世界出口总量的1/3，这使得美国"可不受限制地在世界上为所欲为"。④

二 大国兴衰的未来趋势

保罗·肯尼迪根据大国兴衰的历史经验，预测了大国发展的趋势，这些趋势可以概括为以下几点。

一是全球性发展趋势。全球性发展趋势即是"太平洋地区的崛起"，这一地区发展基础十分广泛，包括日本强大的经济、中国急速变化的巨

---

① ［英］保罗·肯尼迪：《大国的兴衰：1500—2000年的经济变革与军事冲突（上）》（前言），王保存等译，中信出版社2013年版，第XVIII页。
② ［英］保罗·肯尼迪：《大国的兴衰：1500—2000年的经济变革与军事冲突（上）》（前言），王保存等译，中信出版社2013年版，第XX页。
③ ［英］保罗·肯尼迪：《大国的兴衰：1500—2000年的经济变革与军事冲突（下）》，王保存等译，中信出版社2013年版，第89页。
④ ［英］保罗·肯尼迪：《大国的兴衰：1500—2000年的经济变革与军事冲突（下）》，王保存等译，中信出版社2013年版，第92页。

人、工业繁荣的澳大利亚及新西兰、工业成功的中国台湾与中国香港以及韩国与新加坡等，还包括美国和加拿大沿太平洋的州和省等，这些地区一方面是其财富与生产方式快速增长；另一方面是其武器和军事费用的螺旋式上升，这表明竞争将加剧。

二是平衡发展的中国。中国迫切需要实现生产力的发展和装备现代化，"在实现武器装备现代化、满足人民的社会需求和将现有的资源用于非军事生产等方面，任何国家都没有中国那样急迫。"① 未来中国对世界的影响有三点：一是中国在发展经济的同时，也会增加它的对外贸易，但这并不表明中国要加入"自由世界"，而这恰恰是中国的精明所在；二是中国更愿意和它的邻国，哪怕是它怀有疑虑的邻国保持和平关系，但中国也强调决心维护自己的完全独立；三是虽然中国目前对军费实施严格的限制，但它并不是要使自己在将来成为一个战略上无足轻重的国家，正如乔纳林·波拉克指出的："从长远来看，中国代表着一种政治和战略势力，它是如此重要，以至于既不能把它看作是莫斯科或者华盛顿的附属物，也不能把它简单地看作是一种中间力量。"②

三是进退维谷的日本。日本获得成功的基础完全在经济领域，随着日本经济进入一个更加成熟的阶段，其增长速度确实在缓慢下降，但是仍可能比其他主要大国发展得更快。但是日本的军事实力和国际开支与日本在国际经济格局中的地位没有多大关系，日本在不与华盛顿产生裂痕的情况下，尽可能使其防务开支保持低水平。具有讽刺意味的是，由于美国可能要求日本承担"西太平洋的防务"，日本面临一种进退维谷的情况："如果日本不大量增加军备开支，它就要受到批评；而大量增加军备开支，它又要受到谴责。"③

四是得失关存的欧洲。在世界主要经济和军事力量中心来说，欧洲是唯一一个不具备主权国家性质的实体，经过几十年发展，欧洲开始进

---

① ［英］保罗·肯尼迪：《大国的兴衰：1500—2000年的经济变革与军事冲突（下）》，王保存等译，中信出版社2013年版，第186页。

② ［英］保罗·肯尼迪：《大国的兴衰：1500—2000年的经济变革与军事冲突（下）》，王保存等译，中信出版社2013年版，第197页。

③ ［英］保罗·肯尼迪：《大国的兴衰：1500—2000年的经济变革与军事冲突（下）》，王保存等译，中信出版社2013年版，第211页。

入不景气甚至衰落状态,经济低迷、内部分裂加剧、人口老化、工业设备陈旧、种族矛盾重重,整个欧洲弥漫着一股"悲观主义"情调。未来的趋势是:"如果欧共体能够真正团结一致地行动,它很可能提高自己在世界上的地位——不管是军事方面的,还是政治方面的。反之,如果人的不团结本性导致出现一种不利的结局,则欧洲衰落趋势就一定会持续下去。"①

五是矛盾重重的苏联。苏联作为世界上第一个社会主义国家,面临着紧张的国际局势。对外,它不仅恶化了与西欧、东欧、中东国家,以及日本等亚洲国家的关系,还由于和美国的争霸使苏联人产生了"被包围"感和不安全感。对内,苏联的主要困难在其经济结构,农业一直是最薄弱的环节、工业改革也困难重重,而国防开支在国民生产总值中的比例又太大,这一切都表明苏联正面临着左右为难的选择,而且"苏联摆脱其目前困难的希望不容乐观。如果没有庞大的军事力量,苏联在世界上就无足轻重;而有了庞大的军事力量,苏联既让他人感到不安全,也妨碍了自己的经济发展。这真使苏联进退维谷"。②

六是相对衰落的美国。尽管美国目前在经济上甚至军事上仍是天下无双、保持绝对实力,而且美国社会那种结构松散和自由放任的特性在适应变化的环境方面赋予它更好的机会,但是美国尽早逃脱不了两种重大考验。这两个考验是:"在军事或战略领域,该大国能否在其预期的国防需求和它所拥有的履行所承担义务的手段之间,保持适度的平衡;同这一点密切相关的是,面对不断变化的全球生产格局,该大国能否在相对的衰落中保持其实力的科技和经济基础。"③此外,美国还面临着两个挑战:第一是与世界生产相比,美国工业相对衰落;第二是美国农业也在衰落,这些都削弱了美国作为世界大国的地位,长远来看,使美国处于"进退维谷"的困境。虽然未来相当长一段时期内美国在一个多极世

---

① [英]保罗·肯尼迪:《大国的兴衰:1500—2000年的经济变革与军事冲突(下)》,王保存等译,中信出版社2013年版,第231页。
② [英]保罗·肯尼迪:《大国的兴衰:1500—2000年的经济变革与军事冲突(下)》,王保存等译,中信出版社2013年版,第255页。
③ [英]保罗·肯尼迪:《大国的兴衰:1500—2000年的经济变革与军事冲突(下)》,王保存等译,中信出版社2013年版,第256页。

界中仍将是个十分重要的大国，但这种衰落被其拥有的强大军事能力及其资本主义和文化在"国际化"方面的成功所掩盖。因此，"从最广泛的意义上讲，对美国能否保持其现有的地位这一引起公众日益广泛争论的问题的唯一回答，只能是否定的。"①

---

① ［英］保罗·肯尼迪：《大国的兴衰：1500—2000年的经济变革与军事冲突（下）》，王保存等译，中信出版社2013年版，第274页。

第二十四章

数字化政府理论

随着大数据、云计算、区块链、物联网、人工智能等颠覆性技术的出现，人类进入了一个新的时代，一个以智能与创新为驱动力的时代，一个人与机器并存的时代。这个时代有学者称之为"第四次工业革命"，这次革命将带来整个人类社会的深刻变革，并且这一变革正显现出极具冲击力的端倪。在公共行政领域，数字治理、智能治理、智慧治理等方兴未艾，深刻影响着未来公共行政的发展。

第一节 施瓦布的第四次工业革命

克劳斯·施瓦布（Klaus Schwab，1938—），德国著名经济学家和管理学家。1938年3月30日出生于德国的拉芬斯堡，后加入瑞士籍。他于1971年33岁时倡议创办了"欧洲管理论坛"，因为影响越来越大，该论坛1987年更名为"世界经济论坛"，论坛很快成为各国政府、企业及国际组织参与的世界顶级经济年会。由于论坛年会在瑞士小镇达沃斯召开，故也称"达沃斯年会"，施瓦布担任论坛主席。施瓦布曾获得哈佛大学约翰·F. 肯尼迪政府管理学院公共管理硕士学位弗里堡大学经济学博士学位以及瑞士苏黎世联邦理工学院工程学博士学位。2017年施瓦布教授访华参加"一带一路"国际合作高峰论坛，2018年国家主席习近平、国务院总理李克强分别会见了施瓦布。2018年12月18日，党中央、国务院授予国际友人克劳斯·施瓦布中国改革友谊奖章。施瓦布的主要著作有《机械工程领域的现代企业管理》（1971）、《第四次工业革命：转型的力量》（*The Fourth Industrial RevolutionWhat It Means，How to Respond*，2016）

等。其中《第四次工业革命：转型的力量》一书可以说是新科技革命的宣言书，系统论述了一场席卷世界的社会大变革，即第四次工业革命对人类产生的深远影响。

一 第四次工业革命的兴起、内涵及特点

（一）第四次工业革命的兴起与发展动力

人类正处于一个大变革的时代，这个大变革即是第四次工业革命的兴起。随着科学技术与生产力的发展，人类历史经历了三次工业革命。第一次工业革命从 1760 年到 1840 年，以蒸汽机的发明为标志，人类开始进入蒸汽时代；第二次工业革命从 19 世纪末到 20 世纪初，以电力化为标志，人类进入电气时代；第三次工业革命始于 20 世纪 60 年代，以计算机和互联网技术为核心，半导体技术、大型计算机技术、个人计算机、互联网共同催生了这次工业革命，给人类带来深远的影响。

第四次工业革命始于 21 世纪之初，以数字化革命为标志，人类开始进入数字时代。2013 年德国汉诺威工业博览会正式推出"工业 4.0 战略"，提出要打造"智能工厂"和"智能生产"，第四次工业革命开始引起人们关注。在第四次工业革命时代，数字技术正变得更为精深，一体化程度更高，智能化更为广阔，由此推动全球进入一个新的时代，即数字时代或智能时代。同前三次工业革命相比，第四次工业革命具有一些独特的优势："同过去相比，互联网变得无所不在，移动性大幅度提高；传感器体积变得更小、性能更强大、成本也更低；与此同时，人工智能和机器学习也开始崭露锋芒。"[1]

在施瓦布看来，第四次工业革命发展的动力来自颠覆性技术的出现，特别是数字技术的发展，"所有创新成果，无一不是借数字之力得以实现和发展的。"[2] 这些技术归纳起来主要有三类：物理类、数字类和生物类，施瓦布称之为驱动第四次工业革命的"三驾马车"。第一驾马车是颠覆性

---

[1] ［德］克劳斯·施瓦布：《第四次工业革命：转型的力量》，李菁译，中信出版集团 2016 年版，第 4 页。

[2] ［德］克劳斯·施瓦布：《第四次工业革命：转型的力量》，李菁译，中信出版集团 2016 年版，第 15 页。

物理技术,包括无人驾驶交通工具、3D 打印、高级机器人和新材料。在无人驾驶方面,随着传感器和人工智能等技术的进步,无人驾驶设备的性能将大大提高,并且成本更低、精确更高。在 3D 打印领域,可以很容易在医疗、服装等领域进行量身定制化服务,未来 4D 的出现甚至可以适应温度和湿度等环境的需求。而高级机器人的出现将"使人机协作很快成为司空见惯的事"。[1] 新材料如石墨烯等将会质量更轻、硬度更大、回收性及适应性大大增强,从而助于"打破发展对资源的高度依赖"。第二驾马车是颠覆性数字类技术,主要指物联网等。物联网又称为万物联网,它是一个基于互联网的信息承载体,推动着物理应用和数字应用之间的联结,并在"物—物"联结与"人物"联结中实现对物的智能化感知、识别和管理。将来,城市交通、能源网络、住房服务等都可以安装体积更小、成本更低、性能更智能的传感器,这将有利于实现精细化的管理方式和监测过程的优化。第三驾马车是颠覆性生物类技术,例如生物基因编辑工程,未来很可能诞生一些人为设计出来的婴儿,这些技术给社会、医学、伦理和心理学带来巨大挑战。

(二)第四次工业革命的内涵与特点

1. 它是一次跨学科、跨行业、跨领域的系统性变革。第四次工业革命绝不仅限于智能互联的机器和系统,其内涵更为广泛、更为丰富、更为深刻,是一次系统性的变革。表现为如下几方面。一是多学科融合的趋势。与单一的技术创新不同,第四次工业革命呈现出多学科融合的趋势,"从基因测序到纳米技术,从可再生能源到量子计算,各领域的技术突破风起云涌。这些技术之间的融合,以及它们横跨物理、数字和生物几大领域的互动,决定了第四次工业革命与前几次革命有着本质不同。"[2] 不同技术相伴相生,催生出许多以前只能在科幻电影里才能看到的创新成果。例如 AI(Artificial Intelligence,人工智能)技术就涉及物理学、数学、语言学、心理学、神经网络学等众多学科和领域。二是系统性变革

---

[1] [德]克劳斯·施瓦布:《第四次工业革命:转型的力量》,李菁译,中信出版集团 2016 年版,第 17 页。

[2] [德]克劳斯·施瓦布:《第四次工业革命:转型的力量》,李菁译,中信出版集团 2016 年版,第 5 页。

还表现为跨部门、跨行业之间的融合趋势。第四次工业革命打破了部门、行业甚至地域界限，使得部门、行业、地域之间的合作变得更为普遍。例如电信网络、有线电视网络和计算机网络的"三网融合"就是典型一例；而3D打印技术与基因编辑技术相结合，可以用于制造活体组织，以实现组织的修复和再生。三是出现了多领域融合的"平台效应"和"共享效应"。第四次工业革命利用网络技术、数字技术突破了传统平台的界限，将多领域的人、财、物聚合在一起，形成了强大的"平台效应"和"共享效应"。正如传媒战略家汤姆·古德温指出的："全球最大的出租车公司优步（Uber）没有一辆车，最受欢迎的社交媒体公司Facebook不制作任何内容，最有价值的零售商阿里巴巴没有任何存货，最大的住宿提供商Airbnb名下没有任何房产。"[①]

2. 它是一次基于速度、广度与深度的突破性变革。第四次工业革命的突破性变革主要体现为以下方面。一是突破了传统的速度。第四次工业革命背景下，新兴技术风起云涌，"创新的发展速度和传播速度比以往任何时候都快。"[②] Airbnb（空中食宿）、优步和阿里巴巴等颠覆者，几年前还籍籍无名，但如今早已家喻户晓。麦肯锡全球研究院在一项报告中指出，以人工智能推动的第四次工业革命正在引发社会的深刻变革，这场变革是"以往工业革命发生速度的10倍，规模的300倍，影响的3000倍"。[③] 二是突破了传统的广度。随着互联网的深度发展和数字技术的日新月异，普通大众的工作与生活不再受时空、地点、身份、地位、地域甚至国界的限制，人们能够使用无处不在的新兴媒体在无限广阔的虚拟网络中相互连接、共享信息、发展关系，使得新兴技术突破了原有的广度。三是突破了传统的深度。颠覆性的技术不仅引发生产力的变革，还进一步引发生产关系的变革。例如区块链技术作为一种可共享、可编程、安全、可信的分布式存储信用机制，为组织关系的变革带来了颠覆性的影响，"未来将能为各类事物提供登记服务，包括出生证明、死亡证明、

---

① ［德］克劳斯·施瓦布：《第四次工业革命：转型的力量》，李菁译，中信出版集团2016年版，第21页。
② ［德］克劳斯·施瓦布：《第四次工业革命：转型的力量》，李菁译，中信出版集团2016年版，第7页。
③ "Artificial Intelligence: The Return of the Machinery Question", The Economist, June 25, 2016.

所有权证明、结婚证、学历证明、保险权益证明、医疗程序和投票等。从本质上来说,但凡可以用代码表达的交易都可以用区块链技术进行登记。"[1]

3. 它是一次基于数字化、智能化、个性化的颠覆性变革。表现为三方面。一是数字化技术的运用。大数据不仅大量应用到了私营部门,而且大量运用到了公共部门,成为推动第四次工业革命不断向前发展的重要引擎,人们最终发现自己的世界"被各种各样的数据统治着"。[2] 二是智能化变革。人工智能、高级机器人等智能化技术不仅改变了人类的行为方式,甚至可能改变人类本身。例如:一台名为ConceptNet4的人工智能语言系统通过了智力测试,其表现要优于大多数4岁孩童,而三年前,它还无法与1岁孩童的水平相比。三是个性化定制。如果说第一次工业革命实现了标准化、第二次工业革命实现了规模化、第三次工业革命实现了大批量定制化,那么第四次工业革命实现了个性化定制。例如3D打印不仅能打印出物品,还能够定制"人体器官",这一过程被称为"生物打印"。

二 第四次工业革命带来的颠覆性影响及政策挑战

第四次工业革命将对国家、政府、公民、企业、股东以及公民个人产生颠覆性的影响。施瓦布认为,"在所有这些领域,最重大的影响之一可能来源于赋权,即政府如何与公民互动;企业如何与雇员、股东和客户互动;超级大国如何与小国互动。"[3] 而被赋权者属于一个分散的权力系统,只有加强合作才能取得成功。

(一) 第四次工业革命对劳动力市场的影响

劳动力市场是政府必须重视的民生问题。在颠覆性技术的影响下,劳动力市场会重新洗牌,因为技术创新会淘汰部分旧的工作,同时技术

---

[1] [德]克劳斯·施瓦布:《第四次工业革命:转型的力量》,李菁译,中信出版集团2016年版,第20页。

[2] [美]冯启思:《数据统治世界》,曲玉彬译,中国人民大学出版社2013年版,第244页。

[3] [德]克劳斯·施瓦布:《第四次工业革命:转型的力量》,李菁译,中信出版集团2016年版,第31页。

创新也会创造部分新的工作。技术变革必然会影响劳动力市场，"一方面，技术对就业是有破坏效应的，因为技术带来的颠覆和自动化会让资本取代人工，从而导致工人失业，或者把他们的技能用到其他地方；另一方面，这样的破坏效应也伴随着资本化效应：对新商品和新服务需求的增加，会催生全新职业、业务，甚至是全新行业。"① 但是新技术会在多大程度上取代人工，需要看资本化效应取代破坏效应的时机和程度。

（二）第四次工业革命造成了数字鸿沟和社会不平等

主要表现为三个方面。一是公共管理中的数字排斥和数字鸿沟。在互联网深度发展的背景下，具有根访问权的组织和人将拥有更多的资源，"任何人只要掌握了知识就拥有了权力，拥有根访问权限的组织几乎无所不能。"② 但是那些无法上网或上网条件有限的地区、组织和个人可能面临着数字排斥、数字赤字、数字鸿沟和信息孤岛，难以共享现代化科技带来的成果，加剧社会不平等。二是大规模的数字平台加剧了资源、利益与价值的集聚效应，从而获得越来越大的规模收益，其结果是造成"赢者通吃"，"这种情况如果发生，就会进一步加剧社会紧张局势和冲突，降低社会凝聚力，加剧社会动荡"。③ 三是第四次工业革命将加剧社会不平等特别是代际不平等。随着技术革新和网络深度发展，社会资源在更大程度上呈现"马太效应"，拥有更多社会资源的群体将拥有更多的发展机会，最终造成富者越富、贫者越贫的困境，更为糟糕的是，由于贫困的传递效应，贫困者的子女们在面对未来的社会选择时可能处于更为不利的社会地位。

（三）第四次工业革命带来的安全、隐私和伦理挑战

一是安全的挑战。科学技术的发展必将带来网络安全问题，技术是把双刃剑，带来好处的同时也会带来网络违法、网络犯罪、黑客攻击等一系列问题。例如仅 2018 年上半年，因数字货币的市场资产被盗而造成

---

① ［德］克劳斯·施瓦布：《第四次工业革命：转型的力量》，李菁译，中信出版集团 2016 年版，第 38 页。

② ［德］克劳斯·施瓦布：《第四次工业革命：转型的力量》，李菁译，中信出版集团 2016 年版，第 76 页。

③ ［德］克劳斯·施瓦布：《第四次工业革命：转型的力量》，李菁译，中信出版集团 2016 年版，第 49 页。

的损失高达17.3亿美元,创造了数字货币市场资产损失的新纪录。二是第四次工业革命带来的新技术将对人类的隐私权等造成冲击。互联网既可以带来无数的机会、收入和增长,同时也是"大规模、广范围、无差别、高强度监视的帮凶"①。大数据超强的远程数据收集、存储与精确的处理功能对隐私权具有天然的侵袭性,特别是其在非法运用时更是如此。三是第四次工业革命带来的道德伦理问题。颠覆性的技术以曾只在科幻小说中存在的方式不断扩展到人类寿命、健康、认知和能力的界限,最终会引发寿命延长、定制婴儿、记忆提取等诸多问题。正因如此,施瓦布指出:"确保科技服务于我们而不是奴役我们是每个人义不容辞的责任。"②

(四)第四次工业革命对政府自身的影响

第四次工业革命对政府自身也将带来颠覆性的挑战。一是对政府权力的挑战。第四次工业革命将赋权于非政府实体,从而打破了政府原有的权力格局。"进入数字时代后,很多维护公共权力的壁垒被打破,导致政府部门的效力和效率降低,这是因为其治理对象——公众可以获得更多信息,期望值也更高。通过维基解密,很多微小的非国家个体可与超级大国开展对抗,这体现了新权力格局的不对称性以及随之而来的公信力的丧失。"③ 二是对政府监督方式的挑战。伴随第四次工业革命出现的新技术、新业务、新模式等,政府需要在鼓励创新与防控风险中取得平衡,"政府必须在把风险最小化的同时,让创新蓬勃发展。"④ 也就是说,要建立灵活性的监管模式,"监管和立法生态应该具备灵活性和责任感,既要鼓励创新,也要把风险控制在最低水平,以确保社会的稳定和繁

---

① [德]克劳斯·施瓦布:《第四次工业革命:转型的力量》,李菁译,中信出版集团2016年版,第105页。
② [德]克劳斯·施瓦布:《第四次工业革命:转型的力量》,李菁译,中信出版集团2016年版,第106页。
③ [德]克劳斯·施瓦布:《第四次工业革命:转型的力量》,李菁译,中信出版集团2016年版,第71页。
④ [德]克劳斯·施瓦布:《第四次工业革命:转型的力量》,李菁译,中信出版集团2016年版,第74页。

荣。"① 三是对政府结构的挑战。第四次工业革命要求政府组织结构不仅具有透明度，更要具有灵活性，这就要求政府组织结构需要更加扁平化、网络化和弹性化，需要逐步由层级制结构转向更为网络化、更具协作性的模式。

三　掌控第四次工业革命

（一）应对第四次工业革命的四种智慧

施瓦布认为，应对第四次工业革命可以采取以下四种智慧。一是思维上的情境判断。在这方面，决策者们必须与外界高度互联并灵活运用跨越传统界限和边界的网络以强化合作的动力。施瓦布指出："只有汇聚商界、政府、公民社会、宗教团体、学术界及年青一代的领导人，并精诚合作，我们才有可能对事态发展获得整体性认识。"② 二是心灵上的情绪管理。情绪管理智慧是应对颠覆性变化的一种必备素质，包括自我意识、自我管理、自我激励以及社交能力等，"伟大的决策者之所以能够脱颖而出，正是因为他们具有高于常人的情绪管理智慧以及不断磨炼这种品质的能力。"③ 三是精神上的自我激励。自我激励即是自我激发智慧和创新的欲望，其核心思想是共享和信任，"在当前这样变幻无常的世界里，信任已然成为最珍贵的品质之一。只有当决策者全身心融入一个集体，做决策时永远考虑大家的共同利益而非追求个人目标时，才能获得并维护大家的信任。"④ 四是身体方面的素质。这包括强健的体格和抗压能力等。

（二）迈向新的文化复兴

在施瓦布看来，第四次工业革命将引发新的文化复兴运动，我们必须为这场新来的复兴运动做好准备。第一步也是最重要的一步，需要提

---

① ［德］克劳斯·施瓦布：《第四次工业革命：转型的力量》，李菁译，中信出版集团2016年版，第67页。
② ［德］克劳斯·施瓦布：《第四次工业革命：转型的力量》，李菁译，中信出版集团2016年版，第112页。
③ ［德］克劳斯·施瓦布：《第四次工业革命：转型的力量》，李菁译，中信出版集团2016年版，第113页。
④ ［德］克劳斯·施瓦布：《第四次工业革命：转型的力量》，李菁译，中信出版集团2016年版，第115页。

高认识、增进了解，注重从整体上层面来把控第四次工业革命。第二步是努力推进当代人和下一代人正确对待第四次工业革命，并在全面认识和统一的基础上达成关于未来的共识，以保证个人、集体及其所构造的系统能够严格遵从宽容、尊重、关心、同情的价值观和道德准则。第三步是在提高思想和达成共识的基础上，系统地推进我们的经济、社会、政治以及文化系统的改革，以便能够充分利用第四次工业革命带来的机遇。这方面最重要的是合作与创新，正如马丁·诺瓦克指出，合作是"拯救人类的唯一方法"；而这里的创新即是"系统性创新，而不是小规模调整或者边边角角的改革"。[①] 第四步是一切都归结于人、文化与价值观。这就需要以人为本，赋权于民，塑造一个为"所有人共享"的未来。

（三）把握技术变革的趋势

施瓦布最后指出了第四次工业革命的21项技术变革，指出掌控第四次工业革命就必须适应和掌控这些技术引爆点或技术变革的新趋势。这21项技术变革趋势是：可植入技术、可穿戴设备联网、万物互联、数字化身份、数字化家庭、全民无限存储、视觉交互、普适计算、便捷式超级计算机、大数据决策、人工智能与决策、人工智能与白领工作、机器人服务、无人驾驶汽车、比特币和区块链、智慧城市、共享经济、政府和区块链、3D打印、定制人类、神经技术。

第二节 舍恩伯格与库克耶的大数据理论

维克托·迈尔·舍恩伯格（Viktor Mayer–Schönberger，1966—），是奥地利籍数据科学家，被誉为"大数据时代的预言家"，现任牛津大学网络学院互联网研究所治理与监管专业教授，曾任哈佛大学肯尼迪学院信息监管科研项目负责人、新加坡国立大学信息政策研究中心主任，他的咨询客户包括微软、惠普和IBM等全球顶级企业，也是众多机构和国家政府高层的信息政策智囊。舍恩伯格在《科学》《自然》等著名学术期刊上发表论文一百多篇，其出版的《删除》一书，被认为是关于数据的开

---

① [德]克劳斯·施瓦布：《第四次工业革命：转型的力量》，李菁译，中信出版集团2016年版，第118页。

创性作品，并且创造了"被遗忘的权利"的概念而在媒体圈和法律圈得到广泛运用。肯尼迪·库克耶（Kenneth Cukier），生于英国，知名的大数据发展评论员，曾担任《经济学》数据编辑，并任职于《华尔街日报》（亚洲版）和《国际先驱论坛报》。舍恩伯格与库克耶合著的《大数据时代：生活、工作与思维的大变革》(Big Data: A Revolution that will Transform how We Live, Work, and Think) 一书，全面阐述大数据对人类生活、工作与思维产生的影响，并提出了掌控大数据时代的策略，不管是私营部门还是公共部门，这都是一本关于大数据理论的经典著作。

一　大数据的内涵与特征

大数据开启了一场重大的时代变革与转型，并正在改变我们的生活、工作、思维以及理解世界的方式，成为新发明和新服务的源泉。其内涵表现为以下几方面。

（一）更多：从抽样到全体数据

在舍恩伯格和库克耶看来，大数据意味着不是随机样本，而是全体数据。在数字时代，技术的发展使得我们处理数据的能力大大加强，瞬间能够处理成千上万的数据，而在过去，由于处理能力有限，一般采取随机抽样的方式，这样只能抽取一部分数据为我们服务，并且也损失了很多服务，比如你能欣赏一首歌曲的抽样吗？而在大数据时代，则不需要用随机抽样这样的传统方法了，而是可以采用"所有数据"的方法，如果在大数据时代仍进行抽样分析，那像是"在汽车时代骑马一样"，这就为我们提供了这样的一种可能："利用所有的数据，而不再是仅仅依靠一小部分数据。"[1]

（二）更杂：从精确性到混杂性

大数据的第二个特征是混杂性，而不是精确性。对于"小数据"而言，由于数据有限，其关注的核心是尽量保证数据的精确性，保证质量，减少错误，以保证结果的准确性。但在大数据时代，我们拥有各种各样、参差不齐的海量数据，当数量规模越来越大时，数据的精确性就不那么

---

[1] ［英］维克托·迈克-舍恩伯格、肯尼思·库克耶：《大数据时代：生活、工作与思维的大变革》，盛杨燕、周涛译，浙江人民出版社2013年版，第29页。

重要了。尽管海量数据的处理有时会不避免地导致部分信息的缺失，但是大数据处理结果的额外价值足以抵消或忽略错误数据造成的影响。在舍恩伯格和库克耶看来，大数据即便是执行一个简单的算法，也比小数据的精确算法更为有效，而且数据规模比算法系统本身更重要。正如，舍恩伯格和库克耶指出："当我们掌握了大量新型数据时，精确性就不那么重要了，我们同样可以掌握事情的发展趋势。大数据不仅让我们不再期待精确性，也让我们无法实现精确性。然而，除了一开始会与我们的直觉相矛盾之外，接受数据的不精确和不完美，我们反而能够更好地进行预测，也能够更好地理解这个世界。"①

（三）更好：从因果关系到相关关系

大数据的第三个特征是其之间的相关关系，而不是数据之间的因果关系。在小数据世界里，尽管相关关系也有用，但我们主要追求因果关系，讲究有因必有果，不仅要知道是什么，还要知道为什么。但是在大数据里，我们只需要相关关系就可以了。也就是说，"知道是什么就够了，没必要知道为什么。"② 这里的相关关系即是两个数据之间相互影响但不一定为因果的一种数量关系。相关关系强意味着当一个数据变化时，另一个数据也会随之发生相应的变化；相关关系弱即是一个数据值增加时，另一个数据值几乎不会发生变化。建立在相关关系分析法基础上的预测是大数据的核心，它不仅速度快、精确性高，还不易受到偏见的影响。例如在沃尔玛，蛋挞和飓风看起来没有什么关系，但是沃尔玛通过大数据分析发现每当季节性飓风来临之前，不仅手电筒销售增加了，蛋挞的销量也增加了，于是，每当飓风来临时，沃尔玛通常会把蛋挞放在靠近飓风用品的位置，以方便行色匆匆的顾客及时得到相关用品，并因此增加了销量。虽然相关关系已经被证明大有用途，然而因果关系也还是有用的，只是它不再被看作衡量的基础。因此，在大数据时代，由于人类改革了探索世界的方式，我们只需知道相关关系的"是什么"，而不

---

① ［英］维克托·迈克－舍恩伯格、肯尼思·库克耶：《大数据时代：生活、工作与思维的大变革》，盛杨燕、周涛译，浙江人民出版社2013年版，第56页。

② ［英］维克托·迈克－舍恩伯格、肯尼思·库克耶：《大数据时代：生活、工作与思维的大变革》，盛杨燕、周涛译，浙江人民出版社2013年版，第71页。

必去追求因果关系的"为什么"。

二 大数据的价值

(一) 一切皆可"量化"

大数据发展的核心动力来源于人类测量、记录、分析和预测世界的渴望，大数据时代是彻底的信息化，信息技术变革随处可见，人们开始关注数据本身了。当然，这里的数据化不同于数字化，数字化是用0和1来表示模拟数据的二进制码，而数据化则是指"一种把现象转变为可制表分析的量化形式的过程"。① 数字化虽然可以实现数据化，但是永远无法取代数据化；而数据化的核心是量化，当一切符号变成数据，它的应用就变得无限广阔。人可以阅读数据，机器也可以阅读数据了；当方位变成数据，就可以把位置信息进行存储和分析了；当沟通变成数据，就可以直接触摸到人类的关系、经历和情感。当世间万物都数据化了，就"只有你想不到，而没有信息做不到的事情了"。②

(二) 数据的价值可以出现边际效益递增

数据不同于物质，物质使用后其价值就递减了；但是数据的价值不会随着它的使用而减少，而是可以实现边际效益递增，这是因为数据可以被反复多次地处理和使用，并且对于不同的目的有不同的用途。因此，数据的真实价值"就像漂浮在海洋中的冰山，第一眼只看到冰山一角，而绝大部分则隐藏在表面之下"。③ 而数据的潜在价值就是"所有可能用途的总和"，数据就像是"一个神奇的钻石矿，在其首要价值被发掘之后仍能不断产生价值"④。

(三) 数据的再利用、重组和扩展的价值

数据的再利用即是数据可以实现多次使用而价值并不减少，例如消

---

① [英] 维克托·迈克-舍恩伯格、肯尼思·库克耶：《大数据时代：生活、工作与思维的大变革》，盛杨燕、周涛译，浙江人民出版社2013年版，第104页。
② [英] 维克托·迈克-舍恩伯格、肯尼思·库克耶：《大数据时代：生活、工作与思维的大变革》，盛杨燕、周涛译，浙江人民出版社2013年版，第125页。
③ [英] 维克托·迈克-舍恩伯格、肯尼思·库克耶：《大数据时代：生活、工作与思维的大变革》，盛杨燕、周涛译，浙江人民出版社2013年版，第134页。
④ [英] 维克托·迈克-舍恩伯格、肯尼思·库克耶：《大数据时代：生活、工作与思维的大变革》，盛杨燕、周涛译，浙江人民出版社2013年版，第135页。

费者可以运用搜索引擎多次搜索某一个关键词,而其价值并没有随着搜索的增加而降低。数据的再利用对于那些拥有大型数据资源而很少进行开发的组织和机构来说,具有非常重要的意义,因为这些数据随时可被利用并创造巨大价值。在实际的数据利用中,还有很多数据由于未被开发而处于休眠状态,这时就需要对数据进行重组或重建才能释放其蕴藏的价值,当我们将多个数据集重组在一起时,它们的价值总和一般要大于单个数据集价值的简单相加。此外,数据还可以扩展,例如,在街头安装摄像头,不仅可以追踪罪犯,还可以追踪交通客流量,为交通控制提供数据支撑。数据扩展的另一个价值是,收集多个数据流或每个数据流中更多数据点的额外成本往往较低,并可实现多种不同的用途。

(四)数据折旧、数据废气和开放数据的价值

随着数据存储成本的大幅下降,保存的数据会越来越多,这时旧的数据会在一定程度上折旧和贬值,但是并非所有的数据都会贬值,即使旧的数据也可能会再次利用,所以组织机构应尽可能多地收集数据,并尽可能长期地保存数据,因为即便数据的基本用途会减少,但其依然会有很大的潜在价值。数据废气即是用户在线交互的痕迹,如浏览网页的范围和次数、输入信息的内容与频次、光标停留的位置与时间等。数据废气既可以为组织带来强大的竞争优势,也可以为竞争对手设置很大的进入壁垒,例如政府机构可以通过大数据分析用户浏览政务服务网页的习惯,提供更具个性化的服务设计。同时,数据的开放会使数据共享得以实现,从而大大提高数据的使用价值并降低成本。在这方面,政府大有可行,因为政府是大规模信息与数据的采集者和收集者,政府的数据开放会实现数据在最大程度的共享,从而实现数据的共享价值。

(五)大数据促进工作、生活与思维的变革

大数据不仅改变了工作与生活,更重要的是,大数据促进了思维的变革,为潜在的创新提供了无限的可能。所谓大数据思维,在舍恩伯格和库克耶看来即是"一种意识,认为公开的数据一旦处理得当就能为千百万人急需解决的问题提供答案"。[1] 运用大数据思维,不仅能够优化生

---

[1] [英]维克托·迈克-舍恩伯格、肯尼思·库克耶:《大数据时代:生活、工作与思维的大变革》,盛杨燕、周涛译,浙江人民出版社2013年版,第167页。

产和服务,甚至会催生新的行业;不仅提供了企业的竞争力,甚至可会"撼动国家竞争力",这主要是"工业化国家因为掌握了数据以及大数据技术,所以仍然在全球竞争中占据优势"。①

三 大数据的挑战

(一) 无处不在的"第三只眼"

大数据时代,互联网的出现使得监视变得更容易、成本更低也更有用处,我们时刻都暴露在"第三只眼"之下。舍恩伯格和库克耶指出:"如今,已经不只是政府在暗中监视我们了。亚马逊监视着我们的购物习惯,谷歌监视着我们的网页浏览习惯,Twitter 窃听到了我们心中的'TA',Facebook 似乎什么都知道,包括我们的社交关系网。"②

此外,除了对隐私和倾向的不良影响外,大数据还会带来更多的威胁,尤其是数据结果的滥用。"我们冒险把罪犯的定罪权放在了数据手中,借以表达我们对数据和我们的分析结果的崇尚,但是这实际上是一种滥用。应用得当,大数据会是我们合理决策过程中的有力武器;倘若运用不当,它就可能会变成权贵用来镇压民众的工具,轻则伤害顾客和员工的利益,重则损害公民的人身安全。我们所冒的风险比想象中不要大。如果在隐私和预测方面对大数据管理不当,或者出现数据分析错误,会导致的不良后果比定制化的在线广告要严重得多。"③

(二) 大数据颠覆了传统的隐私保护政策

大数据对传统隐私保护政策的颠覆主要表现为三个方面。

一是对传统"告知与许可"政策的颠覆。传统的隐私保护政策建立在以个人为中心的基础上,涉及个人的数据在收集或使用之前需要履行告知义务,数据的收集范围、使用途径、使用方式与时间等,均需得到个人的许可、同意或认可。但是在大数据背景下,由于数据可以二次利

---

① [英]维克托·迈克-舍恩伯格、肯尼思·库克耶:《大数据时代:生活、工作与思维的大变革》,盛杨燕、周涛译,浙江人民出版社2013年版,第188—189页。
② [英]维克托·迈克-舍恩伯格、肯尼思·库克耶:《大数据时代:生活、工作与思维的大变革》,盛杨燕、周涛译,浙江人民出版社2013年版,第195页。
③ [英]维克托·迈克-舍恩伯格、肯尼思·库克耶:《大数据时代:生活、工作与思维的大变革》,盛杨燕、周涛译,浙江人民出版社2013年版,第195页。

用甚至多次利用,这就导致了个人的隐私权有被第二次利用的风险。尤其是很多数据表面看来似乎与个人无关,但是经过大数据处理后却可以追溯到个人,还有些数据虽然限定了用途,但是最终结果可能会产生涉及个人隐私的创造性用途,这样,就使得"告知与许可"在大数据时代失去了原有的意义。例如谷歌利用网页搜索对流感进行预测就是一个典型的创造性用途,要征得所有网页用户的同意无论是从技术上还是现实中,都几乎不可能。

二是对传统模糊化保护政策的颠覆。传统上保护隐私还有一个技术,那就是模糊化处理。但是在大数据时代,这个模糊化政策也失去了效用,原因在于"如果所有人的信息本来都已经在数据库里,那么有意识地避免某些信息就是此地无银三百两"。① 例如业主不成为窃贼的作案目标,可能要求谷歌将其房屋或花园作模糊化处理,但是这种模糊化可能起反作用,因为模糊化更显示出目标的特殊性,对盗贼来说就是一个"此地无银三百两"的例子。

三是对传统匿名化保护政策的颠覆。传统上的匿名化政策也是一种保护个人或组织隐私的一个重要策略,匿名化即是将涉及个人信息如名字、生日、住址等排除在数据信息之外,这样,在数据收集或使用时就不会威胁到个体本人。但是在大数据时代,这种匿名化的策略彻底失效了,因为大数据的相关关系使得海量数据可以交叉检验,最终只要数据足够多,都难以做到彻底匿名化。

(三) 为未来的不当预测买单

利用大数据,可以很好地对未来进行预测,例如一些地方采用了"预测警务"系统,利用大数据来预判哪些群体或哪些个体更容易犯罪,从而对这些群体或个体进行更严密的监视,这种"有罪推定式"的预判仅仅因为算法系统指出他们可能犯罪,实际上这些群体或个体并没有犯罪,但他们却受到了比别人多得多的监视。大数据分析的确可以通过预测和监控来发现人们的不良行为或意图,但是也可能带来一些负面影响,那就是罪责的判定不是基于现实的行为而是基于未来行为的预测,这将

---

① [英] 维克托·迈克-舍恩伯格、肯尼思·库克耶:《大数据时代:生活、工作与思维的大变革》,盛杨燕、周涛译,浙江人民出版社 2013 年版,第 198 页。

导致"人们不是因为所做而受到惩罚,而是因为将做,即使他们事实上并没有犯罪"。① 也就是说,如何仅仅用大数据算法系统来预判某人有罪进而对其尚未实施的行为进行处罚,这种"禁锢在可能性之中"的做法可能给司法公平正义及组织决策带来损害,因为"公平正义的基础是人只有做了某事才需要对它负责。毕竟,想做而未做不是犯罪"。②

（四）数据独裁

舍恩伯格和库克耶认为,过于依赖数据,甚至认为"掌握了数据,也就进一步接近真理",都会造成数据独裁。其实数据远远没有我们所想的那么可靠,错误的前提往往造成错误的结果,人们往往盲目信任数据的力量和潜能而忽略了它的局限性。正如舍恩伯格和库克耶指出的:"我们比想象中更容易受到数据的统治——让数据以良莠参半的方式统治我们。其威胁就是,我们可能会完全受限于我们的分析结果,即使这个结果理应受到质疑。或者说,我们会形成一种对数据的执迷,因而仅仅为了收集数据而收集数据,或者赋予数据根本无权得到的信任。"③ 舍恩伯格和库克耶反复告诫人们,必须杜绝对数据的过分依赖,不要让我们"成为数据的奴隶"④。

四 如何掌控大数据时代

舍恩伯格和库克耶认为,掌控大数据时代,不仅需要全新的法律与制度规范,更需要个人的责任、公正的重新定义及防止数据权力的滥用等。

（一）构建由"个人同意"到"使用者担责"的新的隐私保护模式

数十年来,人们一直把隐私权的保护掌握在自己的手中,"告知与许可"成为隐私权保护的核心原则。但是在大数据时代,这一切已不适应。

---

① ［英］维克托·迈克-舍恩伯格、肯尼思·库克耶:《大数据时代:生活、工作与思维的大变革》,盛杨燕、周涛译,浙江人民出版社2013年版,第202页。
② ［英］维克托·迈克-舍恩伯格、肯尼思·库克耶:《大数据时代:生活、工作与思维的大变革》,盛杨燕、周涛译,浙江人民出版社2013年版,第205页。
③ ［英］维克托·迈克-舍恩伯格、肯尼思·库克耶:《大数据时代:生活、工作与思维的大变革》,盛杨燕、周涛译,浙江人民出版社2013年版,第210页。
④ ［英］维克托·迈克-舍恩伯格、肯尼思·库克耶:《大数据时代:生活、工作与思维的大变革》,盛杨燕、周涛译,浙江人民出版社2013年版,第215页。

因为数据的价值的很大一部分体现在二级用途上，收集数据时已经很难再履行"告知与许可"的一般原则了。在舍恩伯格和库克耶看来，大数据时代需要重建隐私保护模式，在数据的使用中体现"使用者担责"的原则，在很多情况下，他们无须再取得个人的明确同意，就可以对个人的数据进行二次利用，但要对数据的风险承担责任。他们指出："在大数据时代，我们需要设立一个不一样的隐私保护模式，这个模式应该更着重数据使用者为其行为承担责任，而不是将重心放在收集数据之初取得个人同意上。"① 此外，保护隐私权除了使用者担责外，还需要对数据的使用实行时间限制。也就是说，监管机制可以决定不同种类的个人数据必须删除的时间。这是因为时间限制"通过限制个人信息存储和处理的时间保护了个人隐私，也可以消除'永久记忆'的恐慌——永不磨灭的数字记录让人无法告别过去。我们的个人数据就像达摩克利斯之剑一样悬在头上，多年之后也会因为一件私事或者一次遗憾的购买记录而被翻出来再次刺痛我们。时间限制也激励数据使用者在有权限的时间内尽力挖掘数据的价值"。②

（二）确保个人应该为他们的实际行为而非倾向负责

舍恩伯格和库克耶认为，在大数据时代，以往那种根据人们过去行为进行评判的公正概念受到挑战，公正还包括对人的预测行为的审判。这是因为有了大数据，人们就能利用大数据的预测功能对人的行为进行预测，并且有时这种预测也比较准确，而这可能诱使人们依据大数据的预测行为对个人进行判定，而不管这种预测行为是否真实反映了人的实际行为。这种情况一旦发生，不仅否定了人的自由权利，而且也否定了法律上的"无罪推定原则"。而"无罪推定原则"的否定不仅使人们不再为自己的实际行为负责，而且也摧毁了人们自由选择行为的权利。因此，"政府只能依法对我们过去的真实行为进行追究，而不可以追究大数据预测到的我们的未来行为；或者，在政府评判我们过去的行为时，也应该

---

① ［英］维克托·迈克－舍恩伯格、肯尼思·库克耶：《大数据时代：生活、工作与思维的大变革》，盛杨燕、周涛译，浙江人民出版社 2013 年版，第 220 页。

② ［英］维克托·迈克－舍恩伯格、肯尼思·库克耶：《大数据时代：生活、工作与思维的大变革》，盛杨燕、周涛译，浙江人民出版社 2013 年版，第 222 页。

防止单纯依赖大数据的分析。"①

（三）打破大数据的"黑盒子"

舍恩伯格和库克耶认为，大数据其实就是一个"黑盒子"，其运作远超出了我们的正常理解范围，例如我们只知道谷歌在预测流感时测试了4.5亿个数学模型，但是到底怎么测试的，我们却不知情，我们也无法知道。在这种情况下，"我们能看到大数据预测、运算法则和数据库有变为黑盒子的风险，这个黑盒子不透明、不可解释、不可追踪，因而我们对其信心全无。"②为了防止这种情况，就需要破除大数据的"黑盒子"，并使大数据始终处于透明和被监测状态，这就需要建立新的专业技术机构来进行监测。这个专业技术机构的职责就是扮演公正审计员的角色，监督和规制大数据的活动，以保护大数据使用中的个体与群体利益。

（四）反数据垄断大亨

舍恩伯格和库克耶指出，伴随着技术的发展，人类总是先创造出可能危害自己的工具，然后再想方设法来弥补损失和建立安全机制。在大数据时代，那些掌控大数据的个体和组织可能凭借其垄断优势成为"数据独裁者"或"数据垄断大亨"，数据垄断大亨的出现不仅阻碍了公平竞争，而且造成了"数据福利"的不公平。要防止数据垄断大亨滥用数据权力，促进大数据平台上的良性竞争，"政府必须运用反垄断条例。而且，就像世界上一些大型的数据拥有者那样，政府也应该公布其数据"。③

（五）重视人的主体性

舍恩伯格和库克耶认为，大数据虽然给我们提供了丰富的技术、资源和工具，并且大数据也能帮助我们更好地进行已有的工作、处理全新的事务。但是大数据的作用也是有限的，它绝不是魔术棒，不会带来世界和平，无法根绝贫困问题，更不能创造出另一个毕加索。这是因为"在大数据的世界中，包括创意、直觉、冒险精神和知识野心在内的人类

---

① [英] 维克托·迈克-舍恩伯格、肯尼思·库克耶：《大数据时代：生活、工作与思维的大变革》，盛杨燕、周涛译，浙江人民出版社2013年版，第224页。

② [英] 维克托·迈克-舍恩伯格、肯尼思·库克耶：《大数据时代：生活、工作与思维的大变革》，盛杨燕、周涛译，浙江人民出版社2013年版，第227页。

③ [英] 维克托·迈克-舍恩伯格、肯尼思·库克耶：《大数据时代：生活、工作与思维的大变革》，盛杨燕、周涛译，浙江人民出版社2013年版，第232页。

特性的培养显得尤其重要，因为进步正是源自我们的独创性"。① 因此，在充分发挥大数据作用的同时，更要重视人的主体性，铭记人性之本，正如舍恩伯格和库克耶指出的："大数据并不是一个充斥着算法和机器的冰冷世界，人类的作用依然无法被完全替代。大数据为我们提供的不是最终答案，只是参考答案，帮助是暂时的，而更好的方法和答案还在不久的未来。"②

---

① ［英］维克托·迈克－舍恩伯格、肯尼思·库克耶：《大数据时代：生活、工作与思维的大变革》，盛杨燕、周涛译，浙江人民出版社2013年版，第246—247页。
② ［英］维克托·迈克－舍恩伯格、肯尼思·库克耶：《大数据时代：生活、工作与思维的大变革》，盛杨燕、周涛译，浙江人民出版社2013年版，第233页。

参考文献

《马克思恩格斯选集》（第四卷），中共中央马克思恩格斯列宁斯大林著作编译局编译，人民出版社2012年版。

习近平：《习近平谈治国理政》（第一卷），外文出版社2018年版。

常士訚：《政治现代性的解构：后现代多元主义政治思想分析》，天津人民出版社2001年版。

陈伟：《西方政治思想史》，中国社会科学出版社2020年版。

丁煌：《西方行政学说史》（第二版），武汉大学出版社2004年版。

冯友兰：《中国哲学史》，华东师范大学出版社2011年版。

何艳玲：《公共行政学史》，中国人民大学出版社2017年版。

李剑农：《中国近百年政治史》，中华书局2015年版。

林水波、李长晏：《跨域治理》，台湾：五南图书出版公司2005年版。

刘军宁：《保守主义》（第三版），东方出版社2014年版。

刘泽华主编：《中国古代政治思想史》，南开大学出版社1992年版。

卢现祥主编：《新制度经济学》，武汉大学出版社2004年版。

马骏、刘亚平主编：《美国进步时代的政府改革及其对中国的启示》，格致出版社、上海人民出版社2010年版。

毛寿龙：《西方公共行政学名著提要》，江西人民出版社2006年版。

孙宇：《现代西方公共行政思想简史》，中国社会科学出版社2015年版。

谭功荣：《西方公共行政学思想与流派》，北京大学出版社2008年版。

唐任伍：《公共管理思想史》，商务印书馆2020年版。

王汎森：《中国近代思想与学术的系谱》，上海三联书店2018年版。

王振槐：《西方政治思想史》，南京大学出版社1993年版。

徐大同主编：《当代西方政治思潮》，天津人民出版社 2000 年版。

颜昌武、马骏编译：《公共行政学百年争论》，中国人民大学出版社 2010 年版。

杨奎松：《中华人民共和国建国史研究》，江西人民出版社 2009 年版。

叶立煊、郝宇青：《西方政治思想史》，华东师范大学出版社 2017 年版。

［澳］欧文·E. 休斯：《公共管理导论》（第二版），彭和平等译，中国人民大学出版社 2001 年版。

［德］克劳斯·施瓦布：《第四次工业革命：转型的力量》，李菁译，中信出版集团 2016 年版。

［德］马克斯·韦伯：《经济与社会》，阎克文译，上海人民出版社 2010 年版。

［德］斯蒂芬·沃依格特：《制度经济学》，史世伟等译，中国社会科学出版社 2016 年版。

［德］特奥多尔·蒙森：《罗马史》，李稼年译，商务印书馆 2017 年版。

［法］保罗·阿扎尔：《欧洲思想的危机（1680—1715）》，方颂华译，商务印书馆 2019 年版。

［法］亨利·法约尔：《工业管理与一般管理》，迟力耕、张璇译，机械工业出版社 2007 年版。

［法］卢梭：《社会契约论》，何兆武译，商务印书馆 2003 年版。

［法］卢梭：《论人与人之间不平等的起因和基础》，李平沤译，商务印书馆 2015 年版。

［法］孟德斯鸠：《论法的精神》（上册），张雁深译，商务印书馆 1959 年版。

［古罗马］西塞罗：《国家篇 法律篇》，沈叔平、苏力译，商务印书馆 1999 年版。

［古希腊］柏拉图：《理想国》，郭斌和、张竹明译，商务印书馆 1989 年版。

［古希腊］柏拉图：《法律篇》，张智仁、何勤华译，张增霖校，商务印书馆 2016 年版。

［古希腊］修昔底德：《伯罗奔尼撒战争史》，徐松岩译，人民出版社 2017 年版。

［古希腊］修昔底德：《伯罗奔尼撒战争史》，谢德风译，商务印书馆1985年版。

［古希腊］亚里士多德：《尼各马可伦理学》，廖申白译注，商务印书馆2003年版。

［古希腊］亚里士多德：《政治学》，颜一、秦典华译，中国人民大学出版社2003年版。

［加］唐·塔普斯科特、亚力克斯·塔普斯科特：《区块链革命：比特币底层技术如何改革货币、商业和世界》，万向金融实验室译，中信出版集团2016年版。

《马克思恩格斯全集》第20卷，人民出版社2001年版。

［美］B. 盖伊·彼得斯：《政府未来的治理模式》，吴爱明、夏宏图译，中国人民大学出版社2001年版。

［美］H. 乔治·弗雷德里克森：《公共行政的精神》，张成福等译，张成福校，中国人民大学出版社2013年第2版。

［美］H. 乔治·弗雷德里克森：《新公共行政》，丁煌、方兴译，中国人民大学出版社2011年版。

［美］O. C. 麦克斯怀特：《公共行政的合法性：一种话语分析》，吴琼译，中国人民大学出版社2002年版。

［美］艾赅博、百里枫：《揭开行政之恶》，白锐译，中央编译出版社2009年版。

［美］安东尼·唐斯：《官僚制内幕》，郭小聪等译，中国人民大学出版社2006年版。

［美］查尔斯·J. 福克斯、休·T. 米勒：《后现代公共行政——话语指向》，楚艳红等译，吴琼校，中国人民大学出版社2002年版。

［美］查尔斯·T. 葛德塞尔：《为官僚制正名：一场公共行政的辩论》（第四版），张怡译，复旦大学出版社2007年版。

［美］查尔斯·林德布洛姆：《决策过程》，竺乾威、胡君芳译，上海译文出版社1988年版。

［美］查尔斯·亚瑟·科南特：《美国国父列传：亚历山大·汉密尔顿》，欧亚戈译，北京大学出版社2014年版。

［美］戴维·H. 罗森布鲁姆、罗伯特·S. 克拉夫丘克、理查德·M. 克

勒肯著：《公共行政学：管理、政治和法律的途径》（第五版，中文版序言），张成福译，中国人民大学出版社 2002 年版。

［美］戴维·奥斯本、彼德·普拉斯特里克：《摒弃官僚制：政府再造的五项战略》，谭功荣、刘霞译，中国人民大学出版社 2002 年版。

［美］戴维·奥斯本、特德·盖布勒：《改革政府：企业家精神如何改革着公共部门》（序），周敦仁等译，上海译文出版社 2006 年版。

［美］戴维·哈维：《后现代的状况：对文化变迁之缘起的探究》，阎嘉译，商务印书馆 2003 年版。

［美］戴维·约翰·法默尔：《公共行政的语言——官僚制、现代性和后现代性》，吴琼译，中国人民大学出版社 2005 年版。

［美］丹尼尔·A. 雷恩：《管理思想的演变》，李柱流等译，中国社会科学出版社 1997 年版。

［美］道格拉斯·诺斯：《经济史中的结构与变迁》，陈郁、罗华平等译，上海三联书店 1994 年版。

［美］道格拉斯·诺斯、罗伯特·托马斯：《西方世界的兴起》，厉以平、蔡磊译，华夏出版社 2014 年版。

［美］德怀特·沃尔多：《行政国家：美国公共行政的政治理论研究》，颜昌武译，中央编译出版社 2017 年版。

［美］德隆·阿西莫格鲁、詹姆斯·A. 罗宾逊：《国家为什么会失败》，李增刚译，徐彬校，湖南科学技术出版社 2015 年版。

［美］弗兰克·古德诺：《政治与行政：政府之研究》，丰俊功译，北京大学出版社 2012 年版。

［美］弗兰克·梯利：《西方哲学史》，贾辰阳、解本远译，光明日报出版社 2014 年版。

［美］弗朗西斯·福山：《国家建构：21 世纪的国家治理与世界秩序》，黄胜强、许铭原译，中国社会科学出版社 2007 年版。

［美］弗雷德里克·泰勒：《科学管理原理》，马风才译，机械工业出版社 2007 年版。

［美］哈里·兰德雷斯、大卫·C. 柯南德尔：《经济思想史》（第四版），周文译，人民邮电出版社 2014 年版。

［美］汉密尔顿、杰伊、麦迪逊：《联邦党人文集》，程逢如等译，商务印

书馆 2004 年版。

［美］赫伯特·A. 西蒙：《管理行为：行政组织决策过程研究》（第 4 版），詹正茂译，机械工业出版社 2017 年版。

［美］杰伊·M. 沙夫里茨、艾伯特·C. 海德、桑德拉·J. 帕克斯：《公共行政学经典》（第七版·中国版），刘俊生译，中国人民大学出版社 2019 年版。

［美］肯尼斯·J. 阿罗：《社会选择与个人价值》，丁建峰译，上海人民出版社 2020 年版。

［美］拉塞尔·M. 林登：《无缝隙政府：公共部门再造指南》，汪大海等译，中国人民大学出版社 2001 年版。

［美］理查德·C. 博克斯：《公民治理：引领 21 世纪的美国社区》，孙柏瑛译，中国人民大学出版社 2005 年版。

［美］理查德·塔纳斯：《西方思想史》，吴象婴、晏可佳、张广勇译，上海社会科学院出版社 2017 年版。

［美］伦纳德·D. 怀特：《行政学概论》，刘世传译，商务印书馆 1947 年版。

［美］罗纳德·哈里·科斯：《企业、市场与法律》，盛洪、陈郁译，上海三联书店 1990 年版。

［美］迈克尔·哈默、詹姆斯·钱皮：《企业再造：企业革命的宣言书》，王珊珊等译，上海译文出版社 2007 年版。

［美］尼古拉斯·亨利：《公共行政与公共事务》（第八版），张昕等译，中国人民大学出版社 2002 年版。

［美］乔治·萨拜因著，托马斯·索尔森修订：《政治学说史：城邦与世界社会》（第四版），邓正来译，上海人民出版社 2015 年版。

［美］切斯特·I. 巴纳德：《经理人员的职能》，王永贵译，机械工业出版社 2016 年版。

［美］萨瓦斯：《民营化与公私部门的伙伴关系》，周志忍等译，中国人民大学出版社 2002 年版。

［美］塞缪尔·亨廷顿：《文明的冲突与世界秩序的重建》，周琪等译，新华出版社 2010 年版。

［美］斯坦利·L. 布鲁、兰迪·R. 格兰特：《经济思想史》，邸晓燕译，

北京大学出版社 2014 年版。

[美] 特里·L. 库珀:《行政伦理学:实现行政责任的途径》(第五版),张秀琴译,中国人民大学出版社 2010 年版。

[美] 托马斯·杰斐逊:《托马斯·杰斐逊自传》,王劲松等译,华中科技大学出版社 2015 年版。

[美] 托马斯·杰斐逊:《杰斐逊选集》,朱曾汶译,商务印书馆 2017 年版。

[美] 托马斯·库恩著,伊安·哈金导读:《科学革命的结构》(第四版),金吾伦、胡新和译,北京大学出版社 2003 年版。

[美] 文森特·奥斯特罗姆:《美国公共行政的思想危机》(第 2 版),毛寿龙译,上海三联书店 1999 年版。

[美] 文森特·奥斯特罗姆:《美国公共行政的思想危机》,毛寿龙译,上海三联书店 1999 年版。

[美] 西德尼·霍华德·美伊:《美国国父列传:詹姆斯·麦迪逊》,欧亚戈译,北京大学出版社 2014 年版。

[美] 伊森·凯什、[以色列] 奥娜·拉比诺维奇·艾尼:《数字正义:当纠纷解决遇见互联网科技》,赵蕾、赵精武、曹建峰译,法律出版社 2019 年版。

[美] 约翰·W. 金登:《议程、备选方案与公共政策》(第二版·中文修订版,第一版前言),丁煌、方兴译,中国人民大学出版社 2017 年版。

[美] 约翰·菲尔林:《美利坚是怎样炼成的:杰斐逊与汉密尔顿》,王晓平等译,商务印书馆第 2015 年版。

[美] 詹姆斯·M. 布坎南:《自由、市场与国家:80 年代的政治经济学》,平新乔、莫扶民译,上海三联书店 1989 年版。

[美] 詹姆斯·N. 罗西瑙:《没有政府的治理:世界政治中的秩序与变革》,张胜军等译,江西人民出版社 2001 年版。

[美] 詹姆斯·麦迪逊:《辩论:美国制宪会议记录》,尹宣译,译林出版社 2014 年版。

[美] 珍妮特·V. 登哈特、罗伯特·B. 登哈特:《新公共服务:服务,而不是掌舵》(第三版),丁煌译,中国人民大学出版社 2016 年版。

[日] 南博方:《日本行政法》,杨建顺等译,中国人民大学出版社 1988

年版。

［以色列］尤瓦尔·赫拉利：《人类简史》，林俊宏译，中信出版社 2017 年版。

［以］叶海卡·德罗尔：《逆境中的政策制定》，王满传等译，张金马校，上海远东出版社 1996 年版。

［意］尼科洛·马基雅维里：《君主论》，潘汉典译，商务印书馆 1985 年版。

［英］F. A. 哈耶克：《致命的自负：社会主义的谬误》，冯克利、胡晋华等译，冯克利统校，中国社会科学出版社 2000 年版。

［英］J. S. 密尔：《功用主义》，唐钺译，商务印书馆 1957 年版。

［英］J. S. 密尔：《代议制政府》，汪瑄译，商务印书馆 1982 年版。

［英］Stephen P. Osborne：《新公共治理？——公共治理理论和实践方面的新观点》，包国宪、赵晓军等译，科学出版社 2016 年版。

［英］阿萨·布里格斯：《英国社会史》，陈叔平、陈小惠、刘幼勤、周俊文译，商务印书馆 2015 年版。

［英］保罗·肯尼迪：《大国的兴衰：1500—2000 年的经济变革与军事冲突》，王保存等译，中信出版社 2013 年版。

［英］边沁：《道德与立法原理导论》，时殷弘译，商务印书馆 2000 年版。

［英］伯特兰·罗素：《西方哲学史》，耿丽译，重庆出版社、重庆出版集团 2016 年第 3 版。

［英］霍布斯：《利维坦》，黎思复、黎廷弼译，商务印书馆 1985 年版。

［英］洛克：《政府论》，叶启芳、瞿菊农译，商务印书馆 1964 年版。

［英］诺思科特·帕金森、罗伯特·奥斯本：《帕金森法则》，刘四元、叶凯译，中国人民大学出版社 2007 年版。

［英］维克托·迈克－舍恩伯格、肯尼思·库克耶：《大数据时代：生活、工作与思维的大变革》，盛杨燕、周涛译，浙江人民出版社 2013 年版。

［英］休谟：《人性论》，关文运译，商务印书馆 2018 年版。

［英］亚当·斯密：《道德情操论》，谢宗林译，中央编译出版社 2008 年版。

［英］亚当·斯密：《国富论》，王亚南译，译林出版社 2011 年版。

［英］约翰·密尔：《论自由》，许宝骙译，商务印书馆 1959 年版。

曹计庭：《试论 17 世纪欧洲古典主义的历史功过》，《湘潭大学学报》（哲学社会科学版）1995 年第 5 期。

蒋政：《洛克的"正当特权"理论：一个严格限定的政治妥协》，《岭南学刊》2015 年第 1 期。

颜昌武、刘云东：《西蒙—瓦尔多之争——回顾与评论》，《公共行政评论》2008 年第 2 期。

曾维和：《后新公共管理时代的跨部门协同——评希克斯的整体政府理论》，《社会科学》2012 年第 5 期。

曾维和：《评当代西方政府改革的"整体政府"范式》，《理论与改革》2010 年第 1 期。

张康之、张乾友：《学术史中的公共行政学概念澄明——三个基本概念的经典用法辨析》，《中国社会科学》2013 年第 2 期。

张梦中：《美国公共行政百年回顾（上）》，《中国行政管理》2000 年第 5 期。

竺乾威：《明诺布鲁克三次会议与公共行政研究的演进》，《中国行政管理》2018 年第 5 期。

［挪威］Tom Christensen、Per Logreid，《后新公共管理改革——作为一种新趋势的整体政府》，张丽娜、袁何俊译，《中国行政管理》2006 年第 9 期。

［英］克里斯托弗·胡德：《公共管理改革中的三个悖论》，吕恒立译，《国家行政学院学报》2002 年第 6 期。

Alexander Hamilton, John Jay, James Madison, *The Federalist*, New York: Random House, 1937.

Carl J. Friedrich, *The Public Interest*, New York: Prentice-Hall, Inc., 1962.

Chester I. Barnard, *The Functions of the Executive*, Cambridge, MA: Harvard University Press, 1938.

Christopher Hood, "A Public for All Seasons", *Public Administration*, Vol. 49, No. 1, 1991.

Christopher Hood, "Cotemporary Public Management: A New Global Paradigm", *Public Policy and Administration*, Vol. 10, No. 2, 1995.

Christopher Hood, "'The New public Management' in the 1980s: Variations on a theme", *Organizations and Society*, Vol. 20, No. 2, 1995.

Christopher Pollitt and Geert Bouckaert, *Public Management Reform: A Comparative Analysis*, New York: Oxford University Press, 2000.

Daniel W. Martin, *The Guide to the Foundations of Public Administration*, New York and Basel: Marcel Dekker, Inc., 1989.

David E. Mcnabb, *The New Face of Government: How Public Management are Forging a New Approach to Governance*, NW: CRC Press Taylor & Francis Group, 2009.

David Osborne and Ted Gaebler, *Reinventing Government: How the Entrepreneurial Spirit is Transform the Public Sector*, A William Patrick Book, 1992.

David R. Berman, *Local Government and the States: Autonomy, Politics, and Policy*, New York: M. E. Sharpe, Inc., 2003.

Diana Kendall, Jane Lothian Murray, *Rick Linden: Sociology in Our Time*, Scarborough: Nelson, 2000.

Donald F. Kettl, *The Global Public Management Revolution*, Second Edition, Washington, D. C.: Brookings Institution Press, 2005.

Dwight Waldo, *The Administration State*, New Jersey: Transaction Publishers, 2007.

Dwight Waldo, *The Study of Public Administration*, N. Y.: Random House, 1955.

E. N. Gladden, *A History of Public Administration*, London: Frank Cass. Pvii, 1972.

Ewan Ferlie, Laurence E. Lynn, J. R. and Christopher Pollitt, *The Oxford Handbook of Public Management*, New York: Oxford University Press, 2005.

Frank J. Goodnow, *Politics and Administration*, New Jersey: Transaction Publishers, 2003.

Frank Marini, *Toward a New Public Administration: the Minnowbrood Perspective*, San Francisco: Chandler Publishing Company, 1971.

Frederick C. Mosher, *Basic Documents of American: Public Administration (1776-1950)*, New York: Holmes & Meier Publishers, Inc., 1976.

Frederick C. Mosher, *Basic Literature of American Public Administration (1787*

–1950), New York: Holmes & Meier Publishers, Inc., 1981.

Frederick S. Lane, *Current Issues in Public Administration*, Sixth Edition, Boston: Bedford St. Martin's, 1999.

Frederick W. Taylor, *The Principles of Scientific Management*, York: Harger & Brothers Publishers, 1911.

Fred. W. Riggs, *Administration in Developing Countries: The Theory of a Prismatic Society*, Boston: Houghton Mifflin, 1964.

F. Ridley and J. Blondel, *Public Administration in France*, London: Routledge & Kegan Paul, 1964.

F. Willoughby, *An Introduction to the Study of the Government of Modern States*, New York: The Century Co., 1919.

F. W. Riggs, *The Ecology of Public Administration*, Bombay: Asia Publishing House, 1961.

George Berkley and John Rouse, *The Craft of Public Administration*, Ninth Edition, New York: McGraw-Hill Companies, Inc., 2004.

George Frederickson, *New Public Administration*, The University of Alabama Press, 1980.

Gerald E. Caiden, *Administrative Reform*, Chicago: Aldine Publishing Company, 1969.

Guy Peters, *The Future of Governing*, Second Edition, Revised, University Press of Kansas, 1996.

Henri Fayol, *General and Industrial Management*, New York: Pitman Publishing Corporation, 1949.

Henry C. Metcalf and L. Urwick, *Dynamic Administration: The Collected Papers of Mary Parker Follett*, New York and London: Harper & Brothers Publishers, 1941.

Herbert A. Simon, *Administrative Behavior: A Study of Decision-making Processes in Administrative Organization*, New York: the Macmillan Company, 1947.

Herbert A. Simon, *The New Science of Management Decision*, New York and Evanston: Harper & Row Publishers, 1960.

H. George Frederickson, New Public Administration, Alabama: The Unirersity of Alabama Press, 1980.

H. George Frederickson, *The Spirit of Public Administration*, San Francisco: Jossey-Bass Publishers, 1997.

HOOD C, *The Art of the State: Culture, Rhetoric, and Public Management*, Oxford: Clarendon Press, 1998.

Howard E. McCurdy, *Public Administration: A Bibliographic Guide to the Literature*, New York and Basel: Marcel Dekker, Inc., 1986.

Hugh T. Miller and Charles J. Fox, *Postmodern Public Administration*, Revised Edition, New York: M. E. Sharpe, Inc., 2007.

Jack Rabin, W. Bartley Hildreth and Gerald J. Miller, *Handbook of Public Administration*, New York: Marcel Dekker, Inc., 1989.

Janet V. Denhardt and Robert B. Denhardt, *The New Public Service: Serving, Not Steering*, New York: M. E. Sharpe, Inc., 2007.

John M. Gaus, *The Ecology of Public Administration*, in Richard Stillman (ed.), Public Administration: Concepts and Cases, Boston, MA: Houghton Mifflin Co., 2005.

John R. Greenwood and David J. Wilson, *Public Administration in Britain*, London: George Allen & Unwin, 1984.

Joseph A. Uveges, *Jr. Public Administration: History and Theory in Contemporary Perspective*, New York: Marcel Dekker, 1982.

Klaus König, Hans Joachim von Oertzen and Frido Wagener, *Public Administration in the Federal Republic of Germany*, The Netherlands: Kluwer-Deventer, 1983.

Laurence E. Lynn, JR., *Public Management as Art, Science, and Profession*, Chatham, New Jersey: Chatham House Publishers, Inc., 1996.

Lawrence R. Jones and Fred Thompson, *From Bureaucracy to Hyperarchy in Netcentric and Quick Learning Organizations*, Charlotte, North Carolina: IAP-Information Age Publishing, Inc., 2007.

Leonard D. White, *Introduction to the Study of Public Administration*, Fourth Edition, New York: The Macmillan Company, 1954.

Leonard D. White, *The Federalists: A Study in Administrative History*, New

York: The Macmillan Company, 1948.

Luther Gulick and L. Urwick, *Papers on the Science of Administration*, New York: Institute of Public Administration, 1937.

Lynton K. Caldwell, *The administrative Theories of Hamilton & Jefferson: Their Contribution to Thought on Public Administration*, Second Edition, New York: Holmes & Meier Publishers, 1988.

Martin Cole and Greg Parston, *Unlocking Public Value: A New Model for Achieving High Performance in Public Service Organization*, Hoboken, New Jersey: John Wiley & Sons, Inc. , 2006.

Michael M. Harmon, *Action Theory for Public Administration*, New York: Longman Inc. , 1981.

Owen E. Hughes, *Public Management and Administration: An Introduction*, New York: St. Martin Press, 1994.

Paul B. Weston and Kenneth M. Wells, *The Administration of Justice*, New Jersey: Prentice-Hall, Inc. , 1973.

Paul P. Van Riper, *History of the United States Civil Service*, Evanston, IL: Row, Peterson and Company, 1958.

Paul't Hart, *Groupthink in Government: A Study of Small Groups and Policy Failure*, Amsterdam Lisse : Swets & Zeitlinger B. V. , 1990.

Pendleton Herring, *Public Administration and the Public Interest*, New York: Mcgraw-hill book company, 1936.

Perri 6, *Holistic Government*, London: Demos, 1997.

Richard C. Box, *Critical Social Theory in Public Administration*, New York: M. E. Sharpe, Inc. , 2005.

Richard E. Flathman, *The Public Interest: An Essay Concerning the Normative Discourse of Politics*, Hoboken, New Jersey: John Wiley & Sons, Inc. , 1966.

Richard J. Stillman II, *Basic Documents of American Public Administration Since 1950*, New York: Holmes & Meier Publishers, Inc. , 1982.

Robert K. Merton, Ailsa P. Gray, Barbara Hockey and Hanan c. Selvin, *Reader in Bureaucracy*, Glencoe, Illinois: The Free Press, 1960.

Simon, H. , *Development of Theory of Democratic Administration: Replies and

Comments, American Political Science Review, 1952.

The Economist, "The Return of the Machinery Question", *Economist*, 2016.

Tom Christensen, Per Lægreid, *The Whole-of-Government Approach to Public Sector Reform*, Blackwell Publishing, Inc. , 2007.

Tom Ling, *Delivering Joined-up Government in the UK: Dimensions, Issues and Problems*, Public Administration, 2002.

Udo Pesch, *The Predicaments of Publicness: An Inquiry into the Conceptual Ambiguity of Public Administration*, The Netherlands: Eburon Academic Publishing, 2005.

Vice President AL Gore, *Report of the National Performance Review: Creating a Government that Works Better& Costs Less*, Times Books, 1993.

Vincent Ostrom, *The Intellectual Crisis in American Public Administration*, Third Edition, Tuscaloosa: The University of Alabama Press, 2008.

Waldo D. , *Development of Theory of Democratic Administration*, American Political Science Review, 1952.

Walter Hartwell Bennett, *American Theories of Federalism*, Alabama: University of Alabama Press, 1964.

Wamsley, Gary L. Wolf, James F, *Refounding Democratic Public Administration: Modern Paradoxes, Postmodern Challenges*, Thousand Oaks, CA: Sage Publications, 1996.

W. F. Willoughby, *Principles of Public Administration*, The Johns Hopkins Press, 1927.

后　记

自从2007年教授"西方公共行政思想史"课程以来，一直有一个愿望，想写一本西方公共行政思想史方面的著作，以便系统、全面地追踪全球公共行政的最新前沿理论与实践，就如罗素写《西方哲学史》、塔纳斯写《西方思想史》、萨拜因写《政治学说史》、兰德雷斯写《经济思想史》一样。经过十多年的积累、阅读与思考，并在美国访学期间系统地考察了西方公共行政发展的历史过程，阅读了上千本公共行政领域的著作，终成梦想。

读者很快会发现，这本《西方公共行政思想史》的写作方法与国内其他类似的著作不太一样，书中大量引用了原著的话语，为什么要这么安排呢？主要原因有两个：一是试图原汁原味地展现西方公共行政著作的思想。任何思想与理论，由于阅读者知识水平、理解能力以及人生阅历不同，一百个人有一百个看法，一千个人有一千个理解，如果你想表达一个人的想法，最好的方法仍是用他自己的话语来表达，引用原著可以尽量原汁原味地展现原著的思想而避免主观理解带来的偏差。二是为了阅读的美感和真实的体验。尽管写作是一件艰苦的事，但是在思想的汪洋大海中，阅读却是一种美，一种穿越心灵之美。每一本书我都进行了认真的阅读，我曾经每天花费18小时以上沉浸在阅读的汪洋大海里，如饥似渴，静静地与千百年来的先哲进行着思想的交流与灵魂的碰撞，原著中很多美好的语句和精致的观点，我觉得如果不把它们放进书中与读者分享，就会缺失了一点什么，况且这些精美的语句可以向读者展示原著更多的思想观念、语言风采及写作风格，进而获得更多的思想与信息。

读者也会发现，这本《西方公共行政思想史》在时空方面，将研究的视野拓展到了两千多年前的古希腊古罗马时代。尽管公共行政作为一门独立的学科被公认为起始于 1887 年威尔逊的《行政之研究》，但是并不意味着之前就不存在公共行政活动；相反，公共行政与人类的历史一样悠久，其中古希腊古罗马以来的柏拉图、亚里士多德、西塞罗、霍布斯、洛克、孟德斯鸠、密尔以及汉密尔顿、杰斐逊、麦迪逊等的著作中就蕴含着丰富的行政思想，只不过公共行政与政治学科或其他学科融合在一起，并没有分离出来罢了。从公共行政纵贯两千多年的演化历程来看，各种公共行政的思想、理论与流派相互碰撞、相互批判、相互吸纳，从而组成了一部琳琅满目、异彩纷呈的公共行政演化史，并在发展规律、创新动力以及演化趋势中带给人们知识、经验与启迪，推动着公共行政不断追求人类的良好治理和美好生活。

文字真是一个奇妙的东西，它穿越时空，让我们的思维与数千年前的智者晤对，聆听智者探索治国之道、经世之理、强国之智、富民之术，仿佛身在其中，并深深为其深刻的思想、执着的意志、奉献的情怀以及艰难的探索精神所感染、所振奋、所激励。智者们的这种家国情怀时时浮现在眼前，比如，柏拉图一生追求拥有"智慧与美德"的"哲学王"来治理国家，但是当理想与现实差距太大时，仍没有忘记经国治世之道，到 74 岁时不得已"舍正义而思刑罚""弃德化而谈法治"，终成人类历史上第一部法学著作《法律篇》，继续追求城邦治理的善业、美德和正义；马基雅维里在写作《君主论》时，当时被贬官后一家七口在乡下一个小村庄里过着贫困的生活，但没有忘记经国治世的理想，白天在农田里干活，黑夜单独"与古人晤对，探索治国之道"，终成千古名著《君主论》。"古来圣贤皆寂寞"，正是这些智者在无数黑夜中的探索，不断实现着人类的良好治理与美好生活，同时也激励着我们以"为天地立心，为生民立命，为往圣继绝学，为万世开太平"的理想和决心，在技术颠覆、观念颠覆、价值颠覆的时代思考一个公共管理学者的使命。我也希望这本著作能带来读者心灵的启迪、思想的涤荡、奉献的情怀以及不断探索与创新的勇气。

西方公共行政思想史的文献浩如烟海，要准确地收集与判断公共行政领域的思想与理论流派，本身就是一件非常严肃而又十分困难的事。

因为要判断哪些著作属于公共行政领域、哪些著作不属于公共领域却又包含公共行政的重要思想和理论，哪些著作应该收集进来、哪些著作应该部分收集进来……都是一件困难的事。正因如此，在写作过程中始终感到诚惶诚恐，并采取了以下几种方法：一是完全展示一个思想或理论流派的观点，如威尔逊在创建公共行政学时的思想就进行了完全的展示；二是部分展示一个思想或理论流派的观点，很多思想流派不仅纵向跨时长，而且涉及面广，要完全展示几乎不可能，只能展示有代表性的部分思想理论，如公共选择理论、公共政策学派等；三是部分著作只展示了与公共行政有关的思想与理论，而另一些著作则展示了更多的与公共行政相关的思想。由于学界对西方公共行政思想史的认识尚未达成共识，而对其进行资料收集与理论归纳本身受到学识、视野与观念的限制从而带有一定的主观性；因此，可能有很多经典的公共行政著作未能涉及，也可能很多"不那么经典"的著作反而被收录了进来，这种现象总是难以避免的。在此强烈建议，如果读者对某一个思想、某一个理论、某一个流派或某一个作者感兴趣的话，那么就请去阅读原著吧，毕竟，原著才是第一手资料。

值得注意的是，这本《西方公共行政思想史》是站在马克思主义的立场来进行研究的，著作中很多观点、思想与理论是与特定的背景、特定的环境、特定的事物、特定的国家相联系的。尽管我始终坚持忠于原著，但是书中难免存在许多不足之处，甚至有些观点可能存在偏颇之嫌，期待读者批评指正！我深知每一位学者科研之不易、工作之不易和生活之不易，所以我丝毫没有非难别人之性情。这正如就如孟德斯鸠在写作《论法的精神》时指出的："这本书里无数事物之中如果有一件竟是出乎我意料而冒犯了人们的话，我至少应该说，那不是我恶意地放进去的，我生来没有一点儿以非难别人为快的性情。"①

此外，我要感谢许多人——包括熟悉的和不熟悉的，他们都对我的研究产生了重要的影响。首先，感谢我的导师北京师范大学政府管理学院唐任伍教授，他"十年磨一剑"的《公共管理思想史》对我启发很大；感谢我在中国人民大学公共管理学院研修时的指导老师张成福教授，他

---

① [法]孟德斯鸠：《论法的精神》（上册），张雁深译，商务印书馆1959年版，第28页。

的才学与批判精神赋予了我创新的勇气；感谢经常和弟子讨论"国家大事"的张勤导师、中央机关的杨波以及企业部门的吕中军等，他们从实务部门提出的建议使我获得了丰富的实践资料；感谢丁煌教授、谭功荣教授、孙宇教授、何艳玲教授等，虽然未曾谋面，但他们对公共行政思想领域的探索，对我影响很大；感谢那些将西方公共行政原著介绍到中国的学者，正是他们的翻译，才有了公共行政领域系统的知识体系。特别感谢在美国留学期间经常和我讨论公共问题并给予我无私帮助的 Phillip 教授、Uday 教授、Bruce 教授、Kun Huang 教授、Shu Yangpeng 教授等，与他们对美国公共行政思想领域的探讨尤其使我受益匪浅。

特别感谢赵新峰教授在我学术生涯与研究过程中给予的谆谆教诲与无私帮助；感谢谢新水教授在研究过程中的学术讨论和辩论；感谢彭岩教授在研究过程中给予的倾力支持；感谢同事刘亚娜教授、张丽娜副教授、李春副教授、吴艳君副教授、吴芸副教授、廖娟副教授、陈晓正老师以及陈新明老师的支持和帮助，感谢有你们这样一个年轻有为、积极向上、才华横溢、无私奉献的研究团队。本书的出版得到了首都师范大学研究生教育经费资助。感谢纪高峰书记、吕拉昌院长、李红芸副院长以及傅树京副院长等在著作出版过程中的积极支持。特别感谢中国社会科学出版社对著作耐心细致的指导和支持。

此外，感谢我的学生崔伟、欧阳蕾、赵会会、胡玲、费欢、栗娜、王剑嫒、檀阳、傅凯文、侯雅雯、褚琪、张欣然、蔡艳婷、陈思凝等在资料收集与写作过程中提供的帮助。

最后，我要感谢我的家人。特别要感谢我伟大的至亲至爱的父母亲，世界上所有赞美的词语都表达不了他们的伟大、勤劳和宽容以及执着的精神。特别是母亲，她从小失去双亲，孤苦伶仃，到处漂泊流浪，吃过树根，尝过树叶，从来没有进过学堂，不认识一个字，却教导我立志成为一个胸怀天下、满怀家国情怀之人。多少个不眠之夜，每每想起她，我泪流满面，痛彻心扉。她的勤劳、她的质朴、她的宽容，赢得了所有认识她的人的尊重，并激励我克服世间一切艰难困苦，不断奔向前方……

李水金
2021 年 11 月于北京